1. 本书是教育部人文社会科学重点研究基地华中师范大学中国农村研究院 2016 年基地重大项目"作为政策和理论依据的深度中国农村调查与研究"（16JJD810004）的成果之一。

2. 本书是华中师范大学中国农村研究院"2015 版中国农村调查"的成果之一。

国家出版基金项目

天津市重点出版扶持项目

中国农村调查

（总第37卷·家户类第6卷·中等家户第4卷）

徐勇　邓大才　主编

天津出版传媒集团

天津人民出版社

图书在版编目(CIP)数据

中国农村调查.总第37卷.家户类.第6卷.中等家户.第4卷/徐勇,邓大才主编.--天津:天津人民出版社,2020.7

ISBN 978-7-201-15853-2

Ⅰ.①中… Ⅱ.①徐… ②邓… Ⅲ.①农村调查-研究报告-中国 Ⅳ.①F32

中国版本图书馆CIP数据核字(2020)第040619号

中国农村调查(总第37卷·家户类第6卷·中等家户第4卷)

ZHONGGUO NONGCUN DIAOCHA

出　　版	天津人民出版社
出 版 人	刘　庆
地　　址	天津市和平区西康路35号康岳大厦
邮政编码	300051
邮购电话	(022)23332469
网　　址	http://www.tjrmcbs.com
电子信箱	reader@tjrmcbs.com
策划编辑	王　玎
责任编辑	王　玎
装帧设计	汤　磊
印　　刷	北京虎彩文化传播有限公司
经　　销	新华书店
开　　本	787毫米×1092毫米　1/16
印　　张	36.25
插　　页	6
字　　数	1000千字
版次印次	2020年7月第1版　2020年7月第1次印刷
定　　价	750.00元

《中国农村调查》编辑委员会

主　编　徐　勇　邓大才

编　委　(以姓氏笔画排序)

本卷编辑整理　黄振华　何　婷

总　序

2015 年是华中师范大学中国农村研究院历史上的关键一年。在这一年,本院不仅成为完全独立建制的研究机构,更重要的是进一步明确了目标,特别是进行了学术整合,构建了一个全新的调查研究计划。这一计划的内容包括多个方面,其中,中国农村调查是基础性工程。从 2015 年开始出版的《中国农村调查》便是其主要成果。

学术研究是一个代际接力、不断提升的过程。农村调查是本院的立院之本、兴院之基。本院的农村调查经历了三个阶段。

第一阶段主要是基于项目调查基础上的个案调查(1985—2005 年)。

20 世纪 80 年代开启的中国改革开放,起始于农村改革。延续二十多年的人民公社体制废除后,农村的生产功能由家庭所承担,社会管理功能则成为一个新的问题。这一问题引起我院学者的关注。1928 年出生的张厚安先生是中国政治学恢复以后较早从事政治学研究的学者之一,他与当时其他政治学学者不同,他比较早地关注农村政治问题,并承担了农村基层政权方面的国家研究课题。与此同时,本校其他学者也承担了有关农村政治研究的课题。1988 年,这些学者建立起以张厚安先生为主任的农村基层政权研究中心,由此形成了一个自由结合的学术共同体。

作为一个学术共同体,农村基层政权研究中心有其研究宗旨和方法。在学术共同体建立之初,张厚安先生就提出了"三个面向,理论务农"的宗旨。"三个面向"是指面向社会、面向基层、面向农村,"理论务农"是指立足于农村改革实践、服务于农村改革实践。这一宗旨对于政治学学者是一个全新的使命。政治学研究政治价值、政治制度与政治行为。传统政治学更多研究的是国家制度和国家统治,以文本为主要研究素材。"三个面向"的宗旨,必然要求方法的改变,这就是进行实地调查。自学术共同体形成开始,实地调查便成为我们的主要研究方法。

自 20 世纪 80 年代中期,以张厚安先生为领头人的学者就开始进行农村调查。最初是走向农村,进行全国性的广泛调查,主要是面上了解。1995 年,在原农村基层政权研究中心的基础上,成立了农村问题研究中心,由张厚安先生担任主任,由 1955 年出生的中年学者徐勇教授担任常务副主任。新中心的研究重点仍然是基层政权与村民自治,但领域有所扩大,并将研究方法凝练为"实际、实证、实验",更加强调"实"。这种务实的方法引起了学术界的关注,并注入国际学术界的一些研究理念和方法。我们的农村调查由面上的了解走向个案调查。当时,年届七旬的张厚安先生亲自带领和参与个案村庄调查,其代表作是《中国农村村级治理——22 个村的调查与比较》。这一项目在全国东、中、西三个地区选择了 6 个重点村和 18 个对照村进行个案调查,参与调查人员数十人,并形成了一个由全国相关人员参与的学术调查研究团队。

第二阶段主要是基于机构调查基础上的全面调查(2005—2015 年)。

1999 年,国家教育部为推动人文社会科学研究,启动了教育部人文社会科学研究重点基地建设。当年,华中师范大学农村问题研究中心更名为"华中师范大学中国农村问题研究中心",由徐勇教授担任主任。2000 年,中心成为首批教育部人文社会科学重点研究基地。在基地成立之前，以张厚安教授为核心的研究人员是一个没有体制性资源保障、纯因个人兴趣而结合的学术共同体，有人坚持下来，也有人离开。成为教育部研究基地以后，中心仍然坚持调查这一基本方法，并试图体制化。其主要进展是在全国选择了二十多家机构作为调研基地，为全国性调查提供相应的保障，并建立相互合作关系。

作为教育部重点基地，中心是一个有一定资源保障的学术共同体，有固定的编制人员，也有固定的项目经费，条件大为改善，但也产生了新的问题。这就是农村调查根据个人承担的研究项目而开展。这不仅会导致研究人员过分关注项目资源分配，更重要的是易造成调查研究的"碎片化"和"片断化"，难以形成整体性和持续性的调查。同时，研究人员也会因为理念和风格不同而产生分歧，造成体制性的学术共同体动荡。为了改变调查研究项目体制引起的"碎片化"倾向，2005年，徐勇教授重新规划了基地的发展，提出"百村观察计划"，计划在全国选择100多个村进行为期10年、20年、30年以至更长时间的调查和跟踪观察。目标是像建立气象观测点一样，能够及时有效地长期观测农村的基本状况及变化走向。这一计划得到时任华中师范大学社会科学研究处处长石挺先生的鼎力支持。2006年，计划得以试行，主要由刘金海副教授具体负责。最初的试点调查村只有6个，后有所扩展。2008年，在试点基础上，由邓大才教授主持，全面落实计划，调查团队通过严格的抽样，确定了二百多个村和三千多个农户的调查样本。

"百村观察"是一项大规模和持续性的调查工程，需要更多人的参与。同时它又是一项公共性的基础工程，人们对其认识有所不同。因为它要求改变项目体制造成的调查"碎片化"和研究"个体化"的工作模式，为此，学术共同体再次出现了有人退出、有人坚持、有人加入的变化。

2009年正式启动的"百村观察计划"，取得了超出预想的成绩：一是从2009年开始，我们每年都要对样本村和户进行调查，调查内容和形式逐步完善，并形成相对稳定的调查体系。除了暑假定点调查以外，还扩展到寒假专题调查。每年参与调查的人员达五百人左右，并出版《中国农村调查》等系列著作。二是因为是调查的规模大，可以进行充分的分析，并在此基础上形成调查报告，提供给决策部门，由此也形成了"顶天立地"的理念。"顶天"就是为决策部门服务，"立地"就是立足于实地调查。这一收获，使中心得以在教育部第二次基地评估中成为优秀基地，并于2010年更名为华中师范大学中国农村研究院，由徐勇教授担任院长，邓大才教授担任执行院长。三是形成了一支专门的调查队伍并体制化。起初的调查者有相当一部分是没有受到严格专业训练的志愿者。为了提高调查质量，自2012年起，研究院将原来分别归于导师名下指导的研究生进行整合，举办"重点基地班"。基地班以提高学生的调查研究能力为导向，实行开放式教学、阶梯性培养、自主性管理，形成社会大生产培养模式，改变了过往一个老师带三五个学生的小作坊培养方式。至此，农村调查完全由受到专门调查和学术训练的人员承担，走向了专业化道路。四是资料数据库得以建立并大大扩展。过往的调查因为是项目式调查，所以资料难以统一保管和使用。2006年，我们启动了中国农村数据库建设。随着"百村观察计划"的正式实施，大量数据需要录入，并收集到许多第一手资料，资料数据库得以迅速扩展。

第三阶段主要是基于历史使命基础上的深度调查（2015年至今）。

农村调查的深入和相应工作的扩展，势必与以行政方式组织科研的现行大学体制发生碰撞。但是已经有一个良好开端的调查不可停止。适逢中国的智库建设时机，2015年，华中师范大学中国农村研究院成为完全独立建制的研究机构,由 1970 年出生的邓大才教授担任行政负责人。

中国农村研究院独立建制,并不是简单地成为一个独立的研究机构,而是克服体制障碍,进一步改变学术"碎片化"倾向,加强整合,提升调查和研究水平,目标是在高等学校中建设适应国家需要的智库。实现这一目标有五大支撑点:一是大学术,通过以政治学为主,多学科参与,协同研究;二是大服务,继续坚持"顶天立地"的宗旨,全面提高服务决策的能力,争取成为有影响力的决策咨询机构;三是大调查,在原有"百村观察计划"的基础上构建内容更加丰富的农村调查体系,争取成为世界农村调查重镇;四是大数据,收集和扩充农村资料和数据,争取拥有最丰富的农村资料数据库;五是大平台,将全校、全省、全国,乃至全球的农村研究学者吸引并参与到农村研究院的工作中来,争取成为世界性的调查研究平台。这显然是一个完全不同于以往的宏大计划,也标志着中国农村研究院的全新起步。

独立建制后的中国农村研究院仍然将农村调查作为自己的基础性工作,且成为体制性保障的工作。除了"百村观察计划"的持续推进以外,我们重新设计了 2015 版的农村调查体系。这一体系包括"一主三辅":"一主"即以长期延续并重新设计的"中国农村调查"为主体;"三辅"包括"满铁农村调查"翻译、"俄国农村调查"翻译和团队到海外农村进行实地调查的"海外农村调查",目的是完善农村调查体系,并为中国农村调查研究提供借鉴。

现代化是一个由传统农业社会向现代工业社会转变的过程,这一转变是从农村开始的。农村和农民成为现代化的起点,并规划着现代化的路径。19 世纪后期,处于历史大转变时期的俄国,数千人参与对俄国农村调查,持续时间长达四十多年。20 世纪上半叶,日本在对华扩张中,以南满洲铁道株式会社为依托开展对中国农村的大规模调查,持续时间长达四十多年,形成著名的"满铁调查"。进入 21 世纪,中国作为一个世界农业文明最为发达的大国,正在以超出想象的速度向现代工业文明迈进。中国需要也应有能够超越前人的大规模农村调查。"2015 版的中国农村调查"正是基于这一历史背景设计的。

"2015 版的中国农村调查"超越了以往的项目或者机构调查体制,而具有更为宏大的历史使命:一是政策目的。智库理所当然要出思想,但"思想"除了源自思考以外,更要源自于可供分析的实地调查。过往的调查虽然也是实地调查,但难以对调查进行系统化的分析,并根据调查提出有预见性的结论。在这方面,19 世纪的俄国农村调查有其长处。"2015 版的中国农村调查"将重视实地调查的可分析性和可预测性,以此提高决策服务的成效。二是学术目的。调查主要在于知道"是什么"或者"发生了什么",是事实的描述。但是这些事实为什么发生?其中存在什么关联?这是过往调查关注比较少的,以至于大量的调查难以进行深度的学术开发,学术研究主要依靠的还是规范方法,实地调查难以为学术研究提供必要的基础,由此会大大制约调查的影响力。"2015 版的中国农村调查"特别重视实地调查的深度学术开发性,调查中包含着学术目的,并可以通过调查提炼学术思想,使其作为一种有实地调查支撑的学术思想也可以间接影响决策。为此,"2015 版的中国农村调查"在设计时,除了关注"是什么"以外,也特别重视"为什么",试图对中国农村社会的底色及其变迁进行类似于生物学"基因测序"的调查。三是历史传承目的。在现代化进程中,传统农村正在迅速消逝。"留得住乡愁"需要对"乡愁"予以记录和保存。20 世纪以来,中国农村发生了太多的变化,中国农民经历了太多的起伏,农民的历史构成了国家历史不可或缺的部分。"2015 版的中国农村调查"因此特别关注历史的传承。

基于以上三个目的，"2015版的中国农村调查"由四个部分构成：

其一，口述调查。主要是通过当事人的口述，记录20世纪上半期以来农村的变化及其对当事人命运的影响。其主体是农民个人。在历史上，他们是微不足道的，尽管是历史的创造者，但没有哪部历史记载他们的状况与命运。进入20世纪以后，这些微不足道的人物成为"政治人物"，尽管还是"小人物"，但他们是大历史的折射。通过他们自己的讲述，我们可以更加充分地了解历史的真实和细节，也可以更好地"以史为鉴"。口述史调查关注的是大历史下的个人行为。

其二，家户调查。主要是以家户为单位的调查，了解中国农村家户制度的基本特性及其变迁。中国在历史上创造了世界上最为灿烂的农业文明，必然有其基本组织制度为支撑。但长期以来，人们只知道世界上有成型的农村庄园制、部落制和村社制，而没有多少人了解研究中国自己的农村基本组织制度。20世纪以来受革命和现代化思维的影响，人们对传统一味否定，更忽视对中国农村传统制度的科学研究，以至于我们在否定自己传统的同时引进和借鉴的体制并不一定更为高明，使得中国农村变迁还得在一定程度上向传统回归。实际上，中国有自己特有的农村基本组织制度，这就是延续上千年的家户制度。家户调查关注的是家户制度的原型及其变迁，目的是了解和寻求影响中国农业社会变迁的基因和特性。

其三，村庄调查。主要是以村庄为单位的调查，了解不同类型的村庄形态及其变迁实态。农村社会是由一个个村庄构成的。与海洋文明、游牧文明相比，农业文明的社会联系更为丰富，"关系"在中国农村社会形成及其演变中居于重要地位。中国在某种意义上说是一个"关系国家"，但是作为一个历史悠久、人口众多、地域辽阔、文明多样的大国，关系格局在不同的地方有不同的表现，由此形成不同类型的村庄。国家政策要"因地制宜"，必须了解各个"地"的属性和差异。村庄调查以"关系"为核心，注重分区域的类型调查，通过不同区域的村庄形态和变迁的调查，了解和回答在国家"无为而治"的传统条件下，一个超大的农业社会是如何通过自我治理实现持续运转的；了解和回答在国家深度介入的现代条件下，农业社会是如何反应和变化的。

其四，专题调查。主要是以特定的专题为单位的调查，了解选定的专题领域的状况及其变化。如果说前三类调查是基本调查的话，专题调查则是专门性调查，针对某一个专题领域，从不同角度进行广泛深入的调查，以期获得对某一个专门领域的全面认识和把握。

"2015版的中国农村调查"是一项世纪性的大型工程，它是原有基础的延续，也是当下正在从事、未来需要长期接续的事业。这一事业已有数千人参与，特别是有若干人在其中发挥了关键性作用；当下和未来将有更多的人参与。历史将会记录下他们的功绩，他们的名字将与我们的事业同辉！

2016年6月，教育部公布了对人文社会科学重点研究基地的评审结果，我院排名全国第一，并再获优秀。这既是对过往的高度肯定，也是对进一步发展的有力鞭策。为此，本院再次明确自己的目标，这就是建设全球顶级农村调查机构、顶级农村资料数据机构，并在此基础上，形成自己的学术领域和学术风格，而达到这一目标，需要一代又一代人攻坚克难，不懈努力！

徐 勇

2015年7月15日初序

2016年7月15日补记

凡　例

作为教育部人文社会科学重点研究基地，华中师范大学中国农村研究院历来重视农村调查与研究，《中国农村调查·家户类》是基地新版"中国农村调查"项目的重要成果，在付梓之际，特作以下说明：

1. 根据徐勇教授提出的"中国家户制度学说"，家户制度是中国的本源型传统和基础性制度，并在此基础上形成独特的中国农村发展道路。本项目旨在通过传统时期的家户调查揭示和挖掘这一本源型传统和基础性制度。

2. 在家户对象的选取上，本项目以1949年以前的完整家户为调查对象，并根据人口规模进行分类。其中，7口人及以下为小家户，8至13口人为中等家户，14口人及以上为大家户。本项目所调查的家户，分布在全国绝大多数的省份，具有广泛的代表性。每一位调查员在调查之前均受过严格的学术培训，每个家户的调查时间在15天以上。

3. 每一篇家户调查报告分为"家户的由来与特性、经济、社会、文化、治理"五章，重点围绕家户的"特性、特色、关系与层次"开展调查和写作。同时，在每篇报告的后面附有调查员的调查小记、日记等，供读者了解整个调查的进展与历程。

4. 在报告写作中，"市县名、乡镇名、村庄名、家户名、人物名、部门单位"等均为实名。报告中出现的照片、人名、数据等信息，均得到了访谈对象或数据提供者口头或书面授权。另外，写作中引用的档案材料、政府部门提供的资料、历史材料等均标注出处。

5. 本项调查主要通过老人口述获取信息、数据；因而报告中的数据可能不甚精准，其中土地面积、粮食计量单位也实难统一，仅供参考，请各位读者、学者在引用、使用的过程中酌情处理。

6. 在考察家户变迁时，调查有时会涉及土地改革、"文化大革命"等内容，但是调查者均怀揣学术研究之心，从家户的变迁与发展的历史视角去调查和写作，力求客观、真实地反映中国家户形态。

7. 在出版方面，项目组组建了审稿与编辑小组，严格审查、校审每一篇家户调查报告，并从中遴选出优秀的报告，集结成卷出版。

8. 《中国农村调查·家户类》的重点在于传统形态的调查，是一项抢救历史的学术工程。由于时间仓促，其中不免有错漏，也希望海内外学术界、读者提出批评、建议，帮助我们提高这套丛书的质量。

《中国农村调查》编辑组

目 录

12

19

第一篇

稳和相聚:凝力共筑中户生存路
——鲁东新建村杨氏家户调查

报告撰写:王晓琳 *
受访对象:杨秀兰

* 王晓琳(1993—   ),女,山东东营人,华中师范大学中国农村研究院 2016 级硕士研究生。

导　语

　　1947 年以前,杨家生活在山东省潍坊市寿光市道口区西黑村①。未分家之前家庭人口多达 11 人, 三代同堂、同居共食。杨家家长是杨德民, 杨德民与其妻杨孙氏共育有六个孩子——两个儿子和四个女儿。大儿子名为杨富彬,二儿子名为杨富林,大儿子杨富彬是杨德民与其第一任妻子于 1919 年时所生育的孩子。几年后第一任妻子因病早逝,杨德民续弦,娶了第二任妻子杨孙氏。因此, 大儿子杨富彬与二儿子杨富林及杨德民的四个女儿为同父异母的兄弟姐妹关系,但是六兄妹之间的关系十分融洽和睦,犹如亲生兄弟姐妹一般。大儿子杨富彬已经成家,妻子为张氏,两人共育有两个儿子,分别是杨光荣和杨光朱。

　　从总的家庭人口可以看出,杨家是一个普通的中户家庭,拥有的土地也不算多,除去有一个 0.3 亩左右的晒场之外,实际可供耕种的土地总共约为 5.4 亩,均靠杨家人耕种,没有雇用额外的长短工人。因此经济水平在村中属一般。杨家主要靠种植业和建筑手艺为生,靠粮食收成和当家人外出搞建筑赚取外快贴补家庭度日,农业生产为主,副业为辅,基本可以维持杨家这个大家庭的生计,未曾经历过特别艰难的时期。杨家一家居住在四合院式的房屋建筑中,总共有 9 间房间,北屋 5 间,东屋 3 间及 1 间厨房。

　　家长杨德民主要负责家中农业经营、劳动生产等经济方面的事务,并掌握着家庭的财政大权;而其妻子杨孙氏则为杨家的内当家人,主要负责统筹家里所有家庭成员的饮食起居、家务劳动,安排全家人的日常生活作息,内外分工较为明确。作为一个中户家庭,杨家的规矩并不算很繁杂,大部分都是一些约定俗成的,是 1947 年以前所处的社会环境下人们大多遵守的行为规矩和道德准则,也是身处那个时代的人们社会生存的一种共识。

------

　　① 西黑村:现位于山东省潍坊市寿光市道口镇,为西黑冢子前村和西黑冢子后村的前身。

第一章　家户的由来与特性

1947 年以前，在没有外界客观因素的影响和作用下人们一旦落户于一个村庄便会世世代代延续下去，成为这个村庄"忠实的守护者"，这一特性在杨家这个中等家户中同样展现得十分明显。在原村庄人口压力过大及官府"迁民"政策的引导下，杨家迁出原来的村落并落户于西黑村，从此逐渐发展壮大，至 1947 年共有 11 口人，三代同堂，此后便再未举家进行过大规模的迁移，表现出高度的稳定性；同时，这种稳定性同样也渗透于杨家的家户经济中。杨家长期以农业生产为主，兼营建筑业以维持生计，经济处于中等水平。

一、祖居道口，后迁至西黑村

杨家从当家人杨德民的父亲那一代开始就居住在山东省潍坊市寿光市的道口区，对于此前居住在哪个村落，杨家后人并不清楚，因为政策原因，之后才举家搬迁到了道口区的另一个村子——西黑村。由于当家人杨德民这一代兄弟众多，兄弟们各自成家立业之后仍旧居住在原先的这个大家庭中，随着时间的推移成员们各自的小家庭人口也不断增多，导致整个大家庭的生活压力尤其是房屋分配的压力越来越大。且下一代成家后仍旧和父母甚至更为年长的长辈同居共食的情况在 1947 年以前非常普遍。因此，这也直接导致该村庄的人口密度越来越大。与此同时，村庄周边地区则常年人烟稀少，致使各地区人口分布不均，增加了国家和官府的管理难度。因此，针对这一情况，官府出台了一项"迁民"政策。

所谓的"迁民"，是指针对兄弟多且均已结婚成家的大家庭，保甲长就会提议该家庭将兄弟们迁至人口密度相对较小的周边村落，从而达到均衡人口密度、缓解人口压力的目的。在官府这一政令的引导下，杨家当家人杨德民作为大家庭中已经成家的兄弟之一，带着自己的家庭搬迁到了寿光市道口区的另一个村——西黑村，此后便长期定居于西黑村。相比起原先居住的村庄，西黑村完全可以用"地广人稀"来形容，村民之间居住得比较分散。杨家迁至西黑村之后在村庄的西边寻了一个位置落脚。起初由于杨家没有足够的积蓄。所以没办法在西黑村盖全新的房子，恰好落脚处紧邻一户大户人家，这户大户人家有一处长期闲置的旧房屋，杨家家长杨德民考虑再三决定如果可以的话想暂时先以租住的形式在此安顿下来。因此前去和这户大户人家协商。这户人家的当家人非常友善，杨德民在说明来意之后大户人家的当家人爽快地答应了杨德民的请求。因此在村西头租住了旁边一户大户人家闲置的一处房子，后来经过全家人的劳作渐渐有了积蓄才得以建造属于杨家人自己的房子。

杨家当家人是杨德民，与杨德民同辈的还有三个亲兄弟。由于杨德民和自己的三个亲兄弟在相继结婚组建小家庭之后便分家，分别迁居到了不同的村子里。因此对于杨家当家人祖上的繁衍状况并不是非常清楚，只知道在四服上还有三个兄弟以及五服的三四户人家。杨家

3

当家人落户西黑村之后总共繁衍了三代,当家人杨德民一代,子辈杨富彬一代,孙辈杨光荣、杨光朱一代,再后来就陆续搬出去了。

二、家户基本情况

(一)三世同堂

1.六兄妹同父异母

1947 年以前,杨家总共有 11 口人,与当家人同辈的家庭成员有两位,分别是当家人杨德民及其妻子杨孙氏,子辈的家庭成员有 7 人,分别是长子杨富彬和其妻子张氏、次子杨富林、大女儿杨玉芹①、二女儿杨秀英、三女儿②及小女儿杨秀兰,家中第三代有两个成员,分别是长子杨富彬的大儿子杨光荣及二儿子杨光朱,三代人共居。长子杨富彬与杨家包括杨秀兰在内的其他五个兄弟姐妹并非同一个母亲所生,杨富彬的生母,即杨家当家人杨德民的第一任妻子,在生下杨富彬之后没几年便因病去世了。考虑到孩子尚且年幼需要有人照顾,且当家人杨德民还比较年轻需要一位贤内助帮忙操持家务,因此一段时间过后杨德民续弦娶了第二任妻子杨孙氏,并生育了一男四女共五个孩子。因此,长子杨富彬和家中其他的兄弟姐妹的年龄差距比较大,小女儿杨秀兰和长子杨富彬的第一个孩子杨光荣是同一年出生的,杨富彬和其妻子张氏一共育有两个孩子。除此以外,杨家并没有收养或者是过继别人家的孩子,也没有常年居住在自己家的非亲属成员。

表 1-1　1947 年杨家家户情况数据表

家庭基本情况	数据
家庭人口数	11
劳动力数	6
男性劳动力	2
家庭代际数	3
家内夫妻数	2
老人数	0
儿童数	3
其他非亲属成员数	0

2.家庭成员以中青年为主

1947 年以前,杨家属杨德民及其妻子杨孙氏为家中最年长者,除此以外再无辈分更高的成员。杨家是一个相对来讲比较年轻的家庭,家中的成员构成主要以中青年为主,尤其是青年,因此在劳动力方面算不上充足,日常的农业生产主要依靠当家人杨德民及长子杨富彬,家务劳动主要依赖内当家人杨孙氏和长媳张氏。次子杨富林和三女儿分别因意外和疾病早逝,去世是大概在十一二岁左右,其他家庭成员的身体状况均比较健康。在受教育方面,杨

---

① 杨玉芹:杨德民的大女儿,1947 年以后与孙继芳结婚组成家庭。
② 三女儿:姓名不详。

家只有长子杨富彬和小女儿杨秀兰接受过教育。杨秀兰在西黑村自己组织的学习班里接受过简单的教育,大约有两三年的时间。然而同样身为杨家的女儿,大女儿杨玉芹和二女儿杨秀英两个人却没有接受过一天的教育。杨家是个普通的中户家庭,"自食其力"是这个家庭最大的特色,不论是农业生产还是家务劳动都没有再额外雇人帮忙,因此,家里没有常年住家的非亲属成员,具体的家庭成员概况如下表:

表 1-2　1947 年杨家家庭成员情况表

成员序号	姓名	家庭身份	性别	年龄	婚姻状况	健康状况
1	杨德民	当家人	男	47	已婚	优
2	杨孙氏	妻子	女	44	已婚	优
3	杨富彬	长子	男	28	已婚	优
4	张氏	长媳	女	28	已婚	优
5	杨富林	次子	男	不详	未婚	因病早逝
6	杨玉芹	大女儿	女	20	未婚	优
7	杨秀英	二女儿	女	17	未婚	优
8	不详	三女儿	女	不详	未婚	因病早逝
9	杨秀兰	小女儿	女	9	未婚	优
10	杨光荣	长孙	男	9	未婚	优
11	杨光朱	次孙	男	3	未婚	优

注:因记忆有限部分人的姓名、年龄不详。

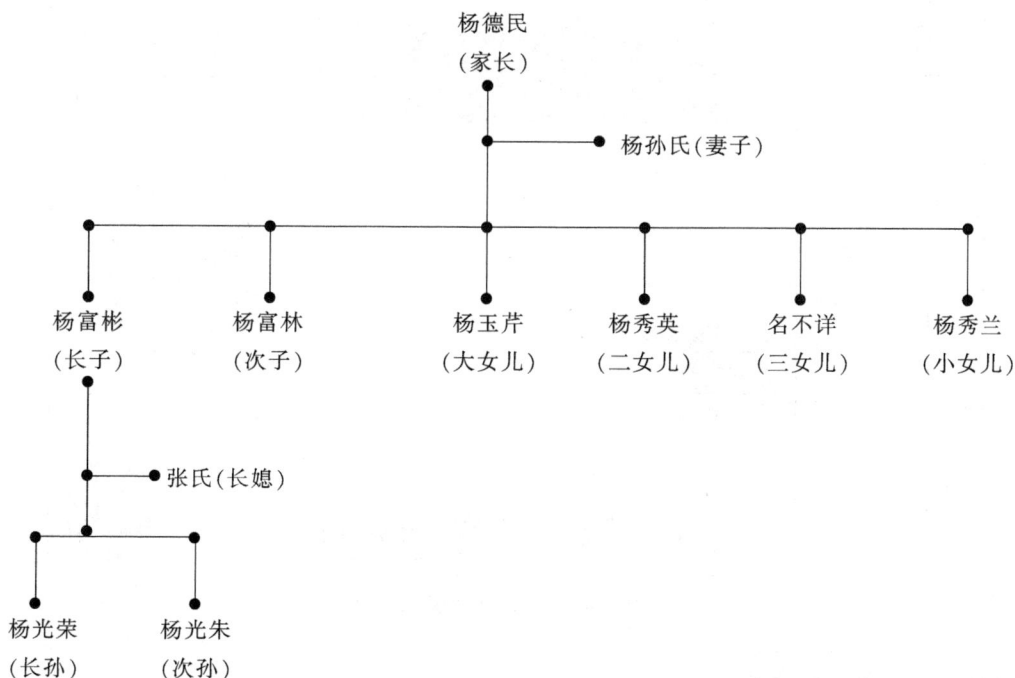

图 1-1　1947 年杨家家户结构图

(二)居于村庄中心

1947 年以前,杨家居住在村庄的中心位置,这个位置与村庄里唯一的一条河流——弥河①以及村庄中的主干道之间的距离都比较近,算是一个比较理想的地理位置。村庄内部没有分布着田地,村里大多数人家的土地主要集中在坡里②,房屋分布比较集中,因此村庄人口密度非常大,一户紧挨着一户。杨家初迁至西黑村时人烟还比较稀少,后期随着官府"迁民"政策的落实大量村民从周边村庄迁出并落户在西黑村,此后西黑村的人口不断增多,人口密度也随之增大,逐渐发展为一个人口密集、政治社会生活丰富的成熟村落,杨家在迁至西黑村之后便一直安居于此。

杨家的房屋结构为典型的北方四合院式,坐北朝南,共 9 间房屋,其中包括 5 间北屋、3间东屋③以及北屋东边的 1 间厨房。北屋由当家人杨德民及妻子杨孙氏和杨家尚未婚配的几个子女居住,外屋是平日里全家人吃饭、活动和开家庭会议商讨事情的地方,里屋则是当家人用来休息的房间,同时也是放置家庭贵重物品的地方。3 间东屋中的 2 间由长子杨富彬一家居住,剩下的一间用来当储藏室放置农具及生活杂物。东屋南边是茅房,不分男女。在院子的最南头也就是别人家的墙根底下放了几个囤④,用来放粮食和柴火。大门在北屋的西侧,进入大门右拐有一个猪圈,杨家曾养过一段时间的猪,之后便闲置了。出了大门右拐,一直顺着胡同朝北走就来到了村里最宽阔的一条南北大道,这条大道也是西黑村的一条主干道。

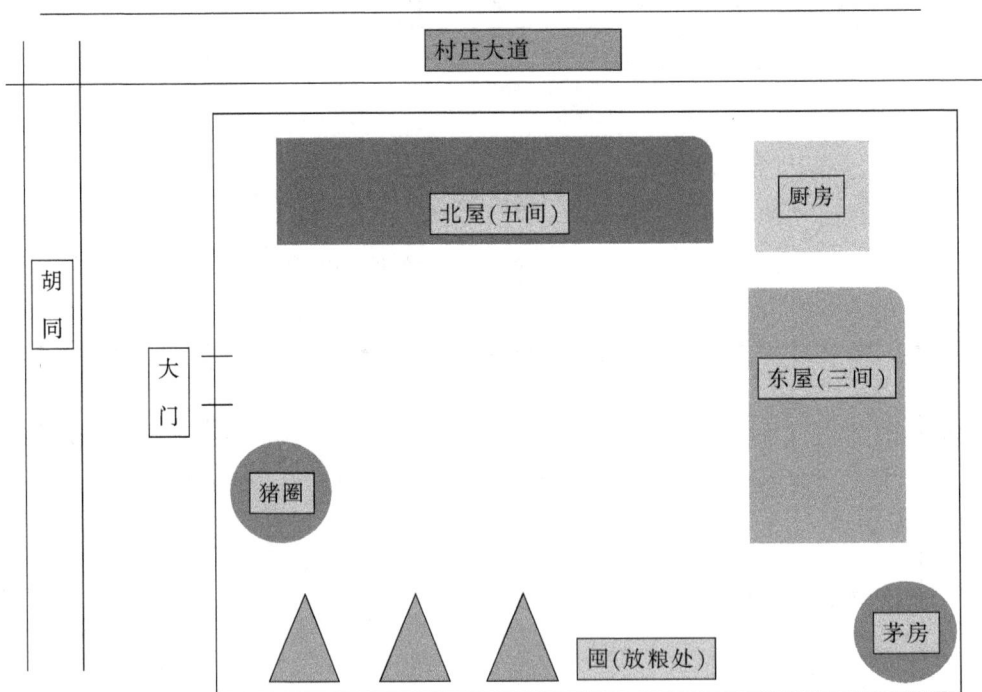

图 1-2　1947 年以前杨家房屋结构图

---

① 弥河:西黑村唯一的一条淡水河。
② 坡里:当地人对集中大片的农地的一种说法,例如当地人将下地干活称之为"上坡"。
③ 东屋:偏房。
④ 囤:用来存放粮食和柴火的容器。

(三)农耕为主

1947 年以前,杨家的土地分布比较分散,其中一部分是从别人家手里买来的,而非租种,大约有八分地左右。1947 年以前丈量土地的计量单位与现在的计量单位有所不同,1947 年以前所指的 1 亩相当于现在 3 亩地的大小,由此可知,1947 年以前的一分土地相当于现在的三分地,因此,杨家从别人手中购得的这部分土地实际上是 2.4 亩。后来杨家又从家附近的一户大户人家买来了一个长湾①,用来晒粮打粮,除了用作晒粮食,当家人杨德民也是想做长远打算,为了以后两个孙子将来结婚盖房子提前准备好的,面积也不小,大概有两百平方米。另有一部分土地位于高家地②,大约 1 亩,也就是相当于现在的 3 亩。家里曾经养过猪和兔子,但是受到喂养饲料不足等问题的限制只维持了一段时间就结束了,除此以外杨家还喂养着一头牛,并且是和父亲三服上的一个三叔合伙喂养的,即伙养。猪和兔子都卖了之后,家里喂养着的牲口就只剩下耕地用的这头牛了。劳动力方面杨家主要依靠当家人杨德民及其妻子、长子杨富彬及其妻子这四个家庭成员,其余家庭成员都还比较年幼,只能负担一些简单的劳动,但好在基本能够满足杨家在生产及生活方面的需求,没有再雇用其余的人员。每年家里的收入主要指望一年的粮食收成及当家人杨德民外出帮别人盖房子所赚的收入基本上可以维持全家人生活,光景好的话也会有富余。1947 年以前,粮食的计量单位为"斗",换算公式:1 斗等于 4 升,1 斗也可以换算成 30 斤。各类粮食会因为其各自价格的不同、作用的差异而有不同的处理方式。一般而言,杨家当家人杨德民不会将高粱拿到集市上买卖,所收高粱一部分会用作猪饲料。粮食的优劣会根据其所生长的位置不同而存在差异,上秧为好粮食,下秧为差粮食,质量上乘的粮食当家人会预留出来当作明年播种的种子。此外,从粮食的价格看,绿豆比较值钱,而麦子的单价又略高于豆子,绿豆一年的收成大概有二三十斤,主要去集市上换地瓜干和更多的高粱,一斤豆子能换二斤高粱。

表 1-3　1947 年以前杨家家计状况表格

土地占有与经营情况		土地自有面积	5.4 亩		租入土地面积		0
		土地耕作面积	5.4 亩		租出土地面积		0
生产资料情况		大型农具		1 个犁、1 个耙、1 口石磨、1 辆推车			
		牲畜情况		1 头耕牛、1 头猪、数只兔子			
收入	农作物收入					其他收入	
	农作物名称	耕作面积	亩产	单价	收入金额(折算)	收入来源	收入金额
	小麦	5(上地)	60 斤	5 毛/斤	—	建筑	—
	高粱	3(下地)	100 斤	2 毛/斤	—		
	谷子	2(上地)	60 斤	不详	—		
	棉花	4 分	20 斤	不详	—	收入共计	
	绿豆	4 分	30 斤	2 毛/斤	—		—
支出	食物消费	衣服鞋帽	燃料	肥料		租金	
	自给自足			0		0	
	赋税	雇工支出	医疗	其他		支出共计	
	—	0	—	—		—	
结余情况	收支平衡		资金借贷	借入金额		0	
				借出金额		0	

---

① 长湾:即晒场,用来打粮食晒粮食的地方。
② 高家地:地名。

（四）实实在在务农人

1947年以前，杨家没有人担任过乡长、保甲长、会首等职务，也没有任何人担任过官方职位。杨家在西黑村是一个普通的中户家庭，经济水平也处在村子的中等。因此不属于名门望族。包括当家人在内的所有家庭成员的文化程度都不算太高，不论是经济地位还是村庄影响力都只是一般家庭，家庭成员都是本本分分的老实人。在日常的人际交往中，杨家人待人和善，邻里关系和睦，几乎没有和村庄里的人产生过不可调和的矛盾，因此杨在村里的口碑比较好。

（五）中户人家

1947年以前，杨家有三代人，父亲是外当家，母亲是内当家，除此以外没有别的当家人，也没有管家。村里的大户人家家里土地多、财产多、房子多、人口也多，因此就算得上大户人家，而杨家不论是从人口还是土地、房屋上看只能算是中户，家里几口人的就只能算是小户了。西黑村里有一户孙姓人家有将近三十口人，算得上是村里的大户人家了。杨家是在迁民政策的规划下落户至西黑村，属于西黑村的新户。总的来说，杨家在村里属于中等水平，算是普通人家，没有什么影响力。

第二章 家户经济制度

作为一个中户家庭,杨家经济水平一般,全家人整年勤勤恳恳的劳作也仅能解决全家人的温饱问题,除此以外再无其他。杨家在经营方面的自给性较高,消费基本可以实现自给自足、自产自销。杨家家户经济总体表现为以家户为单位统一生产、统一经营、统一分配、统一消费。另外,经济基础薄弱这一现实决定了杨家以从事较为稳妥的农业生产为主,基本不涉足风险性较高的商业,家户经济特点表现为求稳而非致富。

一、家户产权

(一)家户土地产权

1.土地少且分布零散

1947 年以前,杨家的土地比较分散,分别分布在村庄的三处地方。其中第一块土地较少,仅为 8 分。1947 年以前所使用的土地计量单位和现在有较大差别,即 1947 年以前的一亩地相当于现在的 3 亩,二者之间的比例为 3:1。因此,这 8 分土地按照现在的土地计量单位来换算即为 2.4 亩。后来当家人杨德民又从一户大户人家买来了一个长湾,等收上粮食之后便将粮食放在长湾里,除了用来晒粮食和打粮食之外,在买这块地时当家人也有另外的考虑,为了给自己的两个孙子杨光荣和杨光朱将来结婚盖房子提前准备的,面积大概在两百平方米左右。第三块土地位于高家地,大约有 1 亩,也就是相当于现在的 3 亩。所以综上,杨家一共有 5.4 亩土地外加一个长湾,都是旱地,土质有好有坏,参差不齐。单就土地数量来说,杨家的这五亩多土地确实算不上多,要养活 11 口人,人地压力委实比较大。西黑村村民的大户人家主要分布在村庄的四周,只有少量土地分布在村庄内部,杨家的土地也都分布在村庄的边缘处。1947 年以前的农业劳动者普遍不会进行专门的灌溉,虽然村庄内部有一条淡水河穿过,客观上有助于灌溉的实施,但是杨家鲜少有灌溉的工具,因此,西黑村的农民主要是靠老天爷赏饭吃,雨水足收成便好,遇到旱年粮食产量便低于正常产量。

2.土地多为购买无租佃

杨家是从外村迁至西黑村定居下来的外来户,因此在西黑村没有从祖辈继承下来的土地,土地大多是从外人手中购得,除此以外没有别的来源。其中晒粮使用的长湾是从一户大户人家手中购得,这块长湾是这户大户人家闲置的一块土地,土地的肥力比较贫瘠,不太适宜耕种,所以才被闲置。但当家人杨德民考虑这块土地闲置着,况且自家的土地也不是很多,便与这户大户人家商量买下了这块土地,就算不能耕种也可以暂时先当作晒场使用,等孙辈结婚盖房子的时候可以在此处安置。1947 年土地交易基本上不使用现金,杨家所有通过买卖获得的土地都是用粮食购买的。另一块土地位于高家地,第三块也在距离不远的地方。杨家没有继承而来的土地,也没有赠与的,都是杨家用粮食买来的。西黑村的人口密度很大,村里没有荒地,也没有通过开荒而获得的土地。

3.土地所有权人人有份

家里的土地不论是从祖辈继承而来还是租佃又或者外购,只要所有权是属于杨家的,那么它便属于杨家每一个家庭成员的,全家人都有份参与对这块土地的使用和处置,也都有权享受由这份土地所产生的各种类型的收益。杨家没有属于个人的土地产权,也没有私房地或者体己地,这种类型的土地常出现在家里土地比较多的大户人家家中,大家长会刻意为女儿留出一块私房地待其出嫁的时候和嫁妆一块儿陪送到婆家去,而这块私房地也将只属于女儿自己的小家所有,婆家的其他家庭成员无权使用或随意处置这块土地,也不在婆家公共财产的范围之内。在西黑村有的人家还有养老地,所谓的养老地就是分家时,老人预留一块比较肥沃的土地作为自己的养老地耕种,剩下的土地分给儿子,等到老人年龄较大无力耕种时,再通过抓阄的方式分给其中一个儿子,这个儿子在耕种这块土地之余每年需给老人一部分粮食。

杨家的土地所有的家庭成员都有份,但是嫁出去的女儿不在此范围之内,村庄中流传着一句俗语叫作"儿子的江山,女儿的饭店",这句话便形象生动地说明了性别对一个人享有家庭财产所有权的影响。1947年以前的社会风气就是这样,人们普遍认为女儿一旦出嫁便意味着失去了对娘家的财产的所有权。与此同时,已经分家的成员对于原生家庭的公共财产也不再拥有任何权利,嫁进来的媳妇反而获得了家户财产的所有权。杨秀兰觉得土地属于全家人所有是件好事,有利于家庭的团结与和睦,况且团结力量大,大家一块儿耕种比一个人耕种要省力得多,个人的力量终归是太过渺小。

4.以地堙为边界

在西黑村,不同农户的土地之间是存在边界的,土地的边界是确保地邻之间和平相处、减少不必要的矛盾的重要保障。一个家庭对土地的所有权主要通过与外界的边界来体现,当村人将这条土地之间的边界称之为"地堙"。地堙从外形上看像是土地里的弧形长条状土沟,虽同样是土地,但是在地堙上却不可以耕种粮食,地堙属于两户家庭共有,以地堙为边界相互之间也不可越界耕种。土地除了存在像地堙这类比较清晰的物理边界之外,不同家庭之间以及内部家庭成员对于自家土地和外人土地也有着清晰的认知,即心理边界。

这种心理边界首先源自于内部家庭成员对自家土地的占有和保护意识,属于杨家的土地只能由杨家的家庭成员来耕种,外人不可以未经同意来耕种杨家的土地,且土地的继承权也主要由家里的儿子享有,外人同样不享有继承权。杨家人对于自家所拥有的土地有清晰的心理认同,知道哪块儿是自己家的土地,哪块儿是别人家的土地,家庭成员不会随意侵占别人家的土地,同样也不允许外人强行侵占自己家的土地。除继承权之外,对土地的经营权也归杨家人所有,包括对种什么农作物以及怎么种等事宜的决定,都由杨家当家人杨德民做主,外人无权干涉。农业收成即土地所产生的收益自然也归杨家人所享有,什么时候收割及如何进行分配和处置都由当家人杨德民做主。

5.当家人拥有最终决定权

1947年杨家在未分家之前,杨德民是杨家的当家人,也是杨家土地的实际支配者,是在土地买卖、租佃、置换、典当等一系列活动中拥有最终决定权的人。过程中其他家庭成员有权参与商讨并发表意见,但最终决定是由当家人杨德民做出的。刚迁居至西黑村时,杨家没有土地可耕种,这对一个以务农为主业的家庭来说便意味着没有生活来源。因此,当家人杨德民对家里人说想在村子里落脚就得先解决土地问题, 这一想法得到了杨家所有成员的同意和支持。随后,杨德民便做主相继购买了三处土地,其中一处为晒场。晒场是从一户大户人家手中购得的,起初对于是否要购买这块晒场内当家人杨孙氏还有些顾虑,一方面出自经济压力上的考虑,另一方面也觉得和大户人家做交易心里有些不踏实。但当家人杨德民在周全考虑之后,认为以后随着家庭人口的增多,房屋必然会不够住,趁着有这么一块价格比较理想的土地一定要提前买下来为将来做打算。因此,当家人杨德民在土地问题上是高瞻远瞩的,将土地交由当家人处理,家人们也最放心。

对土地最终决定权的归属取决于对家庭财政大权的掌控,杨家的财物均由杨德民掌管,在涉及土地买卖的交易中其对于家庭的经济能力及是否需要购置土地、房屋等重大家产的预判是准确的。在重大的经济交易中其他家庭成员会给予杨德民充分的支持和信任来助其实施最终决定权。如果遇到杨德民不在家且家中需要决策的情况时,内当家人杨孙氏或长子杨富彬可以代为决定。不论是由谁决定,都不需要告知四邻或者是请示保甲长,这属于家户内部事务。此外,部分大门大户人家会有一类称之为"私房地"的土地类型,由于私房地的属性为私有。因此,这一土地类型并不在当家人可支配的范围之内。

6.家庭成员出意见不决策

在土地买卖、租用中,杨家当家人之外的家庭成员均处于从属地位,没有最终决定权。但是在过程中可以提出意见和想法,和当家人共同商议,不可以擅自做出决定。在杨家,虽然所有家庭成员都可以参与讨论并提出意见,但是在实际情况中参与者主要为当家人杨德民及内当家人杨孙氏、长子杨富彬以及妻子张氏,其余家庭成员受到年龄等方面的限制参与程度十分有限。而在四个主要的参与者中,杨德民有最终决策权,内当家人杨孙氏和长子杨富彬可以提出意见并辅助决策,而张氏的作用相对较小,多数情况下仅扮演参与者的角色且很少提出建议。针对家庭成员提出的建议,杨德民会充分考虑以检验自己的想法是否存在不足之处,在权衡利弊后,杨德民认为自己的选择仍然最佳,那么在最终决策时也可能对家庭成员的意见不予考虑,就像在购置晒场时虽然妻子杨孙氏提出了顾虑,但是当家人杨德民在进行了长远的考虑后最终仍然决定购买。因此,除当家人杨德民以外其余的家庭成员在涉及土地的事务中仅参与商讨,不做决策;此外,在杨家内部,辈分和性别也会影响家庭成员的参与程度。

7.以手指边,强行侵占

1947年以前,人们对于土地十分敏感,这种敏感表现为只要是涉及土地人们从不含糊,一定都是清清楚楚的。土地与土地之间也都会有清晰的边界,因此在西黑村很少发生侵占他人土地的情况,杨家的土地没有被外人侵占过。但侵占他人土地的事件也确实存在,其中一件发生在西黑村的一户大户人家。这户人家在西黑村的口碑不太好,为人处世有些蛮横不讲理,经常会做出一些无视法纪和道德规范的行为。事件的起因是被侵占土地的这户人家有一部分是租种这位大户人家的,交租时大户人家突然找了个借口抬高了租金,农户自然是交不起的,因此大户人家便带着自己家的下人来到农户家的土地边上,站在地堑处"以手指边",意思是既然交不上地租,那么就只能卖地赔偿。他的手指到哪里,哪里以后就是他的田,然后命令下人楔上橛子插到地里作为界限,强行将他人的土地划归自己所有。被侵占的人家也进行了反抗,但是无奈大户人家人多势众,自己势单力薄。去找村庄的领导者理论,却被其以未交够地租错在自己为由驳回,最终也只能吃了这个哑巴亏。

一般像这种没钱没势的穷人家的土地比较容易被侵占。况且穷人家和大户人家家实力太过悬殊,就算被侵占大多也只能忍气吞声,村里的保甲长们表面上看着公正,实际上和大户人家一条心,碰到这种事情只会打个官腔搪塞过去,没有人真正会为穷人说句公道话。

8.土地产权获得外界认可

1947年以前,杨家的土地产权得到了外界多方的认可与保护。首先,在西黑村,各家各户的土地边界均十分清晰,村民基本上都能够做到一心耕种自家的土地,不会觊觎别人的土地,因此没有发生过被其他村民侵占过的情况,对于杨家土地所有权、耕作权以及收益权其他村民也都承认。街坊邻居间不仅不会随意侵占,在需要帮忙时大家也都会爽快地答应,相互协作。因此和睦的邻里关系是家庭土地产权能否得到保护的重要前提。如果要买卖、租用的话也会提前与杨家当家人杨德民商量,在取得同意之后可以进行相关处理,但是在没有取得同意时不可以强行处置。在家族内部,其他家庭的亲戚如果想要买卖、置换杨家土地也是需要提前和杨家商量的,不能擅自决定。虽为同一个家族,但是一旦分家之后,财产的归属也会发生变化,家族内不同家庭之间的土地、房屋等产权也不再是共享的状态,相互之间尊重彼此的权益。

杨家所在村庄的保甲长不可以随意买卖、置换杨家的土地,保甲长作为家庭以外的主体存在,对于杨家土地不享有任何合法权益。因此,保甲长虽有一定的权力,但也要在征询土地所有者的前提下行动。1947年以前,村庄内部村民之间发生土地买卖、租佃或置换等行为也均不需要知会保甲长或请其做见证人。村里及官府都没有侵占过杨家的土地,杨家的土地虽没有"红头契约",但是都有正规的地契证明自己合法享有土地所有权。

(二)家户房屋产权

1.四合院式房屋

杨家宅基地的面积并不算大,大约与现在五六分土地的面积差不多。1947年以前用来衡量房屋大小的单位并不是建筑面积,而是用"尺"来丈量房屋的宽窄,再来计算房屋的占地面积,因此杨家后人也并不清楚自家房屋具体的建筑面积。现在的1米长相当于1947年以前的约1.8尺,1尺等于10寸。杨秀兰目前居住的北屋的长宽分别为7米、6米。因此根据杨秀兰的描述,再计算成具体面积,两间北屋房屋的建筑面积大概为40平方米左右。杨秀兰目前所居住的北屋从外面看是一大间,实则是两间,分为外屋和里屋,延续了过去的建筑风格,以屋顶上的房梁为界限,左边算一间,右边算一间,虽然在空间上没有做实际的隔断,实际上算作两间房屋。而1947年以前,杨家的5间北屋就相当于杨秀兰现在居住房屋的2.5倍大小,即为100平方米,再加上3间东屋和1间厨房,房屋的建筑面积实际上为 150 平方米。房屋的建筑布局为四合院式的格局,1947 年前,北方农村的房屋建筑风格基本上均为四合院式,而且从现在北方农村房屋的建筑风格中也能看到 1947 年以前农村房屋风格的渗透和影响。

杨家用宅基地盖了 9 间房屋,杨家经济水平在村里属于中等,这种经济水平的高低也体现在了房屋的优劣好坏上,杨家的房屋在村里属于较为一般的,是大多数人家会选择的建筑类型,属于比较大众化的住房。房屋的建筑材料是用草和泥掺和起来的泥土,房子最下端与地基接壤的部分用的是砖,用砖先垒起一定高度的底座,以保证房子的稳固性,然后上面再用泥土盖起来。这一结构发展到后来变成结婚盖新房的时候女方家都会要求房屋底座要用大石块儿,那种房子相比起以砖作为地基的房子来说要更为稳固一些。

杨家从搬迁到西黑村后一直到 1947 年前的这段时间内,房屋仅发生过一次重大的变更。起初刚迁至西黑村时杨家租住的是别人家的房子,在西黑村落脚之后经过几年的努力也积攒了一定的积蓄,才盖起了真正属于杨家自己的房屋。杨家的长子杨富彬一家住着 3 间东屋中的 2 间,剩下的 1 间用来存放石磨、农具及平常闲置不用的杂物。当家人杨德民、妻子杨孙氏,以及自己几个未成婚的孩子住在北屋,大家都在一个大炕上睡觉,男孩们小时候和父母在一个床上休息。北屋的炕连着烧火的灶,冬天烧火做饭后炕就会变得比较暖和。所以全家人都在这一张大炕上住。北屋的里屋用来放床铺、褥子等铺盖,还有两个摞起来的柜子。

2.从租房到建房

杨家刚开始并没有属于自己的房屋,刚落户至西黑村时是租住旁边大户人家闲置的一间房子,名义上是租住,但是实际上由于房子已经闲置好久不住了。所以杨家租住期间,房屋的所有者并没有向杨家收取任何费用,杨家人对于这点特别感激。因此,逢年过节杨家人都会给这户人家送些自家做的食物以表达对房主的感激之情。后来家里逐渐攒了些积蓄之后才盖了属于自己的房屋。随着时间的推移,长子杨富彬成家后与妻子张氏先后生育了两个儿子,杨家的家庭成员也在不断地增多当中,原有的房屋已经无法满足杨家的住房需求了,因此当家人杨德民决定在原来房屋的基础上在北屋的东边增盖了一间房屋,形成了现在这 5 间北屋的规模。

3.房屋为家户成员所有

在未分家之前,杨家居住的房屋产权是由全家人共享的,杨家每一位家庭成员都有一份,都是这个房子的主人之一,因此房屋同土地一样在杨家内部体现着共有属性。杨家没有出现过和别人共享房间的情况,1947 年以前只有牲畜可以共用并轮流喂养,农具也可以共用,但是房屋这类比较私人的物件没有人愿意与别人共用,毕竟家庭与家庭之间还是有界限的,不同家庭的人很难和谐地共处于同一个空间之中,况且杨家的房屋单单供自家人住都已非常紧张,更谈不上与外人共居。家中长子杨富彬一家四口居住的两间东屋是小家庭专属的。所谓的"专属"也并不是指对房屋产权的专属,而是指对房屋使用权的专属,其他家庭成员在没有特殊情况下一般不会随便出入这两间房屋,是仅属于长子一家的私人空间,其余的房间尤其是堂屋则为全家人共同使用。共用的房间大家可以随意进入或者使用,年长的人具有优先使用权。而专属的房间除了居住人以外其他人不会使用,同时也会尽量减少出入的次数以避免尴尬,包括当家人在内。未分家之前对于杨家的房屋所有家庭成员都有份,包括出远门的成员、未出嫁的女儿、未成年的儿童、嫁进来的媳妇等人。如果已经分家只有分给自己的房屋才拥有所有权,没有分给自己的房屋即便是在一个空间内也不享有对该房间的所有权。

杨家的房屋是供全家人居住的,理应是属于全家人的财产,没有必要将所有权平均分配到每个人的名下;房屋属于全家人这种观点对一个家庭而言会增加这个家庭的向心力,大家会更加团结。再者说,杨家房屋算不上多也算不上大,即便真的按人口平均分配所有权,恐怕一个人连一个完整的房间都分不到。另外,虽然房屋属于全家人,但是家长相比起其他家庭成员来说在对房屋的一系列处置和决定中拥有更大的权力。

4.相互尊重的界限

杨家的房屋与邻居的房屋都有边界,在盖房子的时候当家人杨德民特意预留出了边界,即房檐最外侧再预留出大概半寸的宽度即为盖房的合理界限,这一距离的确定主要是为了防止下雨天的时候雨水顺着屋檐流下来流到别人家的地界儿里去。不论是谁,相互之间都不能越过这一最低的边界盖房子,否则别人看到自己的地方或者是本该预留出的公共位置被占了,邻居会不乐意,进而会影响到邻里关系。

杨家房屋归全家人使用,属于所有家庭成员的共同财产,外人在未经同意的前提下不能擅自使用。房屋的继承权由杨家的儿子享有,外人无权继承。虽然是家人,但是若已经分家也将无权继承,只能在必要的情况下使用。杨家家庭成员对自家所拥有的房屋有着清晰的心理认同,而且认同土地是全家人共同的财产。对于哪些是自己家的房屋产权哪些是别人家的房屋产权,家庭成员心理也有清楚明晰的界限。因此,家庭成员不允许外人随意越过边界来侵占自己家的房屋。杨家的房屋主要由当家人杨德民负责管理,包括对房屋的买卖、拆除、修建及重建等一系列决定均由当家人做出。过程中会与其他家庭成员商议,但不需要征得外人的同意,包括街坊邻里、宗族村庄等。此外,分家以后其他兄弟也不会主动参与或干涉杨家房屋的有关事宜。

5.家长支配

在针对房屋的买卖、典当、出租、建造中,杨家的当家人杨德民为实际的支配者。在买卖房屋时没有顺序可言,按照"价高者得"的原则进行。在当家人不在的情况下,家庭内的任何成员均不能擅自对房屋进行任何处理尤其是买卖房屋。对于专属于长子杨富彬一家的房间来说,杨家当家人也有处置的权力,需要和长子杨富彬提前商量,在征得其同意及保证小家庭仍有自己专属的居住空间之后才可以对其进行处理,杨德民所做出的一切决定都需要在尊重其他家庭成员的基础上进行,不可独断专行,否则会失去家人的支持和信任。当家人也可以对当前的房间进行二次调配,但要保证调配之后家庭成员均各有一席之地,做到科学合理的调配。

杨家没有祖屋,也没有买卖或者典当过房屋,但是曾经租住过别人家的房屋,后来也建造过产权属于自己的房屋。当时杨家人刚来到村子时没有钱盖新的房子,于是杨德民就决定先租住附近一户大户人家一间空置的房子,好让全家人有个暂时落脚的地方。后来,等全家的生活渐渐稳定下来,通过几年的辛苦劳作也积攒了一定的资本,当家人杨德民便决定盖一处属于自家的房屋。由于杨德民本身就对盖房比较在行,因此在杨德民的操持下房屋很顺利地盖成了。不论是租房住还是盖房住,都不需要告知周围的街坊四邻、家族、保甲长,家庭内部决定就可以了。

6.家庭成员辅助

在房屋出租、修建中,杨家其余的家庭成员不能做主,主要还是交由杨家当家人杨德民来定夺。但是作为家里的一分子,家庭成员可以向当家人提出建议,杨德民会听取其他成员的意见和建议并在加以权衡后做出决定。杨家定居于西黑村之后,受经济条件的限制一开始借住于别人家闲置的房屋中,经过全家人的共同努力家里的经济条件开始变好。当家人杨德民认为一直借住在别人家的房子里始终不是长久之计,而且住得也不踏实,因此便提出想要盖属于自家房屋的想法,而这一决定也获得了全家人的认同,都觉得是时候要盖房了。随后,在当家人的主导下,杨家全体成员都投入到盖房这件家庭大事中来辅助当家人做好一切准备工作。在整个盖房的过程中,当家人杨德民进行总的规划和设计,房屋的建筑风格、数量、选址及用料的多少等问题均交由当家人负责,其他家庭成员则打下手,做力所能及的事情以最大限度地减轻当家人的负担。因此,杨家其他家庭成员在涉及家户房屋产权的一系列活动中只是起到辅助作用。

7.鲜有侵占房屋边界

1947 年以前,相较于土地而言,房屋的边界和产权更为明晰。家庭成员与自家房屋之间的朝夕相处使得人们对居住的房屋存在一种特殊的情感,是类似于亲情的感情。房屋对于一个家庭而言是重要的组成部分。因此,家户对于房屋的侵占更为敏感,容忍程度也更低。正因如此,邻里之间几乎不会发生无意侵占他人生活空间的事情,更别说刻意的侵占行为了。杨家房屋也没有发生过被侵占的情况,杨家及其邻居都十分尊重他人房屋的产权边界,在建造房屋时也都十分注意生怕在不经意间侵占了别人家的边界,引起他人的不悦,所以大家都会相互照顾相互尊重,彼此忍让,不会发生刻意侵占他人房屋产权的事情。

8.房屋产权认可度最高

西黑村其他村民均承认杨家对其房屋的所有、买卖、利用、置换等一系列权利,不会随意侵占杨家的房屋。如果外人想要与杨家进行房屋的买卖、置换、租用等交易,都会提前与当家人杨德民商议,不会在未经同意的情况下而对杨家的房屋产权随意处置,外人也无权这样做。杨氏家族的其他家庭同样承认杨家对其房屋的所有、买卖、利用、置换的权利,即便是有血缘关系的同家族成员,也不能随意侵占杨家的房屋,更不能在不经过杨家人同意的情况下对其土地产权进行随意的处置,在做出任何决定之前都应该与杨家当家人协商解决。自家的房屋产权发生被别人侵占的情况时,杨家可以向同姓家族的人请求帮助和支援。1947 年以前,西黑村同样认证和保护杨家的房屋产权。村庄作为官府部门,更不能随意侵占杨家的房屋,也不可以在未经杨家当家人同意的情况下对杨家的房屋强行进行买卖、置换或者出租。杨家所在的县乡政府承认杨家对房屋的所有、买卖、租用、置换的权利,而且也没有出现过随意侵占杨家房屋、强行买卖租用或置换杨家房屋的情况,只有在取得杨家人同意的前提之下官府才能对其房屋进行相关的处置。

综上所述,从村民到杨家家族,再到村庄和官府,各个主体均承认杨家对其房屋拥有的各项权利,不会随意侵占杨家房屋或者在未经同意的前提下随意对杨家的房屋进行处置,尤其是拥有官方权力的村庄和官府,表现出了对于家户房屋产权的认可和尊重,因此在整个社会大环境之下,杨家房屋的产权在最大限度上得到了外界的认可和尊重。

(三)生产资料产权

1.具备简易农具

杨家的土地不算多,没有添置大型的农具,有的也仅是一些简易的、普通家户基本都具备的农具,如犁、耙等。用牲口拉着犁地松土的农具叫犁,锄地里杂草的农具叫耙。1947年以前,生活在西黑村的村民包括杨家人在内的所有人都是靠天吃饭,在农业生产经营的环节中没有浇灌农作物这一环节,雨多就涝,雨少就旱,雨水要是不多不少那么当年的庄稼收成就会比较理想,因此普通家庭一般不会置办水车等灌溉类的农具。除了农具之外,家里的牲口仅剩下一头牛,而且是与当家人杨德民三服上的三叔伙养的。杨家曾经养过猪和兔子,但是受喂养饲料不足等因素的限制只维持了一段时间便结束了,猪和兔子都卖了之后家里喂养着的牲口就只剩下耕地用的这头牛了。交通工具方面,杨家没有自行车,只有一个小推车用来载东西,平日用这辆小推车推着粮食、菜等需要卖的东西到集市上去卖,除此以外再无别的运输工具了。

2.生产资料均为外购

杨家的生产资料,主要是通过卖粮食挣得本金,然后再去集市上购买牲畜或者农具的方式获得。每到赶集的时候当家人杨德民都会带着家里种的菜和粮食到集市上卖,挣的钱有时会直接在集市上买些农具、牲口。杨家曾经饲养过的猪和兔子便是当家人在集上购买的,养大之后再拿到集市上卖换得更多的钱再用来买别的生产生活用品。除了有一头用来犁地的牛是与别人家共有的以外,杨家所有的生产资料都是完全属于自己家的。杨家的生活资料并不是很齐全,如果需要用的东西家里恰好没有,就会向家里有的邻居们借着用一下,等到别人家来借杨家的工具时,杨家人也会很爽快地借给别人使用,邻里之间相互帮忙便足以克服生产上的困难。一般能够借用的话,家里人便不会再购买,主要也是出于经济因素的考虑。

3.生产资料家户共有

关于生产资料的所有权问题,杨家人认为,杨家的生产资料如同房屋产权一样是属于全家人所有的,所有的家庭成员都有份,外人无法分享家户内部生产资料的所有权。在杨家所有的生产资料中,只有唯一的牲口牛是与别人家共有的。与杨家人共享这头牛的人家是与父亲三服的亲戚,两家人共同轮流喂养着这头牛,杨家喂养十天,然后再牵到亲戚家喂养十天,以十天为一个喂养周期,到了农忙的时候两家人也是轮流使用这个牲畜。在杨家,不存在属于某个个人所有或者小家庭所有的生产资料,全家人的农业生产劳动都在一起,土地也属于全家人所有,所以生产资料自然也是要一起使用的,没有单独分开或者需要区别使用的需要;而只有部分生活资料属于小家庭而不是全家人共有。

在杨家,所有的家庭成员对生产资料都有份儿,包括已婚和未婚的儿子、孙子,未出嫁的女儿、嫁进门的媳妇。但是嫁出去的女儿不享有生产资料所有权,其对于生产资料的所有权是来自于婆家,已经分家的成员也不再享有家庭生产资料的所有权。杨家人认为,生产资料本来就应该属于全家人,因为毕竟大家是一家人,相互之间是共同劳作共同生活的关系,没有必要将所有权分配到每一个个人,分得过于清楚不利于家庭和谐,人心容易散。而在生产资料的支配方面家长相比其他的家庭成员更有权力。

4.家长处于主导地位

在生产资料的购买、维修、借用中,杨家当家人为实际的支配者和决定者。首先,当家人杨德民决定生产资料的购买。在杨家,全家人共同的资产由当家人一手掌握,家中涉及生产经营方面的花销都要经过当家人的手或者征得当家人的同意之后才能进行。通常,什么时候购买,购买哪一类的生产资料以及购买量是多少均由当家人根据当前家庭经济状况和生产经营的需求程度来决定,内当家人和其他的家庭成员只负责使用。关于生产资料的维修,也主要是由当家人负责,这是由于男性本身对于生产工具的维修要比女性在行,所以杨家农具的维修一般是由当家人负责和管理。关于生产资料的借用,不论是向别人家借用还是借给别人使用都要向当家人说明,得到当家人的同意之后才可以借用。所以在生产资料的处理中,当家人占有绝对的主导权。在生产资料的购买、维修、借用中,不需要告知或者请示四邻、家族、保甲长等人,只需要跟当家人说好,得到当家人的同意之后便可以支配生产资料。另外,关于生产资料的共用也是由当家人主导,当时和当家人的远亲共用牛的事情就是当家人决定的,当时以杨家的经济实力要自家买牛还是有些紧巴的,后来正巧赶上那位远亲也有买牛的想法,两家人又有些亲戚关系,共用生产资料也比较放心,因此便决定两家人共同饲养这头牛。

5.成员处于从属地位

在杨家,虽然生产资料的购买、维修、借用等均由当家人说了算,但是家里其他的家庭成员也可以提出自己的意见和想法,处于从属的地位。有的时候当家人可能无法及时察觉生产资料的短缺或者损坏,这时候家里的成员可以提醒当家人要购买或者维修。通常对于一个普通家庭而言即便是简易农具也不可能置办齐全,因此难免会有向邻居借用的情况。农忙时,周围邻居时常会来杨家借用农具,在借用生产资料时通常会选择知会当家人杨德民,如果遇到当家人不在家的情况,内当家人杨孙氏或长子杨富彬可以代为行使外借权力。生产资料的购买和维修则主要由杨德民及其长子杨富彬负责,杨德民为首要负责人,即以男性成员为主,女性成员对于家户生产资料的使用、处置权力不太明显。

6.不易被侵占

杨家没有发生过家里的生产资料被侵占的情况,平常家里对于生产资料的存放比较注意,都会上锁,锁由当家人杨德民保管,所以没有发生被盗的情况。另外,别人家借用杨家的生产资料都会归还,没有因为借走后就发生伺机占为己有的情况,用完后都会及时完璧归赵。

7.有认可,无保护

村民对于杨家生产资料的产权是认可的,因此不会随意侵占杨家的生产资料。如果想要借用杨家的生产资料,一定会和杨家的当家人提前打招呼,知会一声,不会在未得到当家人的允许就擅自借走生产资料。杨家家族内部没有出现过强行或者随意借用、买卖杨家生产资料的情况,即便是在这种有亲缘关系的前提下也必须和当家人商量,在得到允许之后才能使用其生产资料。只要提前和当家人说明情况,当家人一般都会允许家族的亲人们借用。杨家所在的西黑村不会随意侵占杨家的生产资料,也不会在未得到当家人的允许之下强行征用。村庄对于杨家生产资料产权是认可和尊重的,官府的立场与村庄的立场一样,均承认杨家生产资料的产权,但是在生产资料的保护方面村庄以及官府并没有很好的措施和行动,很多时候生产资料受到侵占的家户都会选择自己解决或者是忍气吞声，一方面可能是由于侵占一方的家族势力较大，无法抗衡;另一个很重要的原因则是村庄及官府在维护人们生产资料产权方面做得不够，常常不作为。

综上所述，杨家生产资料的产权受到包括同村村民、同姓家族及村庄、官府在内的各类主体的尊重和认同，只要在征得当家人的同意之后，是允许各类主体外借用杨家内部的生产资料的。虽然杨家生产资料的产权没有受到过侵害，但村庄和官府对相关产权只能是认同有余、保护不足。

(四)生活资料产权

1.简易家具大晒场

1947年以前，杨家有一个用来晒粮食用的晒场，当地人们称之为"长湾"，形状为长方形，长度近似于五间房屋排起来的长度，宽度近似于两间房屋的宽度，整个晒场的面积大概在两百平方米左右。杨家晒场位于其房屋的东北方向，与房屋隔着三户人家的远近。杨家没有水井，平常用水都会去附近的弥河挑水，村里的村民基本上都是吃这条河的水，挑水要去距离两三里远的地方。村里面有一口井，不是私人的，也不知道是谁挖的，村里人对这口井的利用率并不高。因为井水比较咸，而河水比较甜。家里也有轧粮食用的石磨，但是没有石碾。杨家里有一些简单的家具，一张桌子，几把椅子，放衣服铺盖的柜子、箱子，以及每天用的脸盆、木架等，别的就没有了。大户人家不仅各式各样的家具齐全，而且做得也很考究，上面刻着精致的雕花，家具的样式和平常人家用的也明显不同。而且，大户人家的孩子结婚的时候光是嫁妆就得靠百十来个人力抬着，可想而知里面的家具也不少。油盐酱醋茶等基本的生活用品家家户户基本都有，没有固定的置办周期，因为杨家所生活的村子每隔五天就有一个集，因此这些生活用品什么时候吃完了去集市上买。

2.自制为主

杨家的生活资料以自制为主，部分需要去集市上购买。首先，粮食基本上能够自给自足，对于庄稼人而言粮食基本上都是自种自收，很少外购，多余的粮食一部分会储存起来当种子，剩下的会拿到集市上卖或者在收成不理想时，拿家中的上乘粮食兑换普通的粮食，二者价格不同，用上乘粮食可换得更多的普通粮食。其次，不需要外购的生活资料为棉花。1947年以前，普通人家里成员们穿的衣服都是用自己家产的棉花纺成线再织成布做的，与大户人家追求美观不同，普通人家穿衣只要合身干净且应季就好，一般不会去集市上购买，杨家也是如此。因此地里种植的棉花全部自产自销。除此以外，盐和油则无法自制，需要用粮食或其他食物进行交换或者用现金去集市上购买。

一般，通过购买所得的这些生活资料平日里在使用时都会比较节省，以杨家的石磨为例，石磨有大有小，由于无法自制，因此需要购买。在购买的时候会选择小型号的石磨，而有钱人家用的石磨比杨家的大得多，这样的石磨一般都不是靠人拉，而是用牲口拉。家里的小米就是放在石磨上把米糠碾下来。家里的家具都是当家人在结婚的时候置办的，包括桌子、椅子、柜子等，也属于外购的部分，没有继承下来的家具。

3.未分家前家户共有

对于杨家人而言，自家的生活资料同生产资料一样都是属于全家人，而不是其中的某个成员。因为在没有分家之前全家人在一起生活，共享同一个生活空间，吃饭是在一口锅里吃,穿的衣服是用自家地里产的棉花做的,自然也是共用家里所有的生活资料,所以对于这些生活资料,家里的每个成员都有使用的权利。杨家只有特定的少部分生活资料属于小家庭私有,比如长子杨富彬的小家庭里一些简易的家具,是其妻子在嫁到杨家的时候娘家陪送过来的嫁妆,因此这部分生活资料具有私有性质,在分家时也不会被列入名单之内,自动归杨富彬一家所有,其余全部是全家人共有。另外,杨家的生活资料没有和别人家共有的情况。

这种生活资料的共有仅限于在未分家之前,一旦分家之后家庭成员便和本家户的生活资料不产生所有权关系。另外,嫁出去的女儿也不再是娘家生活资料的所有者,但是未出嫁的女儿、嫁进来的媳妇、未成年的儿童都是本家生活资料的所有者。而常住在家里的非家庭成员,可以暂时拥有使用权,但是永远不会有所有权。在杨家人看来生活资料属于全家人所有是好事,这会让家人有很强烈的归属感,觉得这完全是自己的家,自己是被这个家庭承认的一分子。

4.家长支配

在生活资料的购买、维修、借用中,当家人杨德民是实际支配者。杨家的当家人分为外当家人和内当家人,对于部分比较日常的生活资料如柴米油盐酱醋茶这类,内当家人杨孙氏则为实际的支配者,因为内当家人是家庭成员一日三餐的主要负责人,因此这类生活资料的使用只有内当家人比较了解,包括什么时候该添置什么东西。而像家里的家具、石磨等这类比较大型的生活资料,外当家人会较为关注。不论是内当家人负责的还是外当家人负责的,生活资料的购买最后都是由外当家人也就是家长杨德民实际支配。家里的生产资料缺了什么需要添置,只要和杨德民说一下,他在去集市的时候就会负责置办回来。维修方面主要依靠当家人,或者是家里懂维修的家庭成员都可以,一般由男性家庭成员负责。维修都是靠自家的人修修补补,不会产生额外的费用。在借用生活资料时,当家人在就和当家人知会一声,当家人不在也可以和内当家人或者是家里其他成年的成员说也是可以的,在征得同意之后便可以借用。

5.家庭成员从属

除了杨家的当家人之外,其他的家庭成员也可以发挥一定的支配作用。例如,在当家人没有注意到家里某些生活资料缺乏时,其他家庭成员就会提醒当家人在最近的集市交易时要购买。涉及饮食上的生活资料一直都是内当家人杨孙氏做主决定要不要添置,如果需要她就会跟当家人说去赶集的时候别忘了买什么回来以提醒当家人。在生活资料的维修和借用上也是一样的道理,当家人在家的时候,主要还是当家人负责;如果当家人不在,那么其他家庭成员处理也一样,并不是非当家人不可。

6.生活资料产权不会被侵占

杨家的生活资料没有受到过外人的侵占,大部分是比较日常的东西,普通人家都置办得起,没有人会盯上这类的东西动歪心思,再者说杨家的生活资料本身也都不是什么特别值钱的或者是有特殊价值的东西,是最平常人家都有的,所以不会招致别人的刻意侵占。

7.生活资料产权获广泛认可

街坊四邻均承认杨家生活资料的产权,不会随意侵占。如果当家人不在要买卖或借用,只要和当家人杨德民或其他家庭成员商量一下就可以,杨家都会比较爽快地答应,但是不能在未经过杨家人同意的基础上强行买卖、租用。

杨氏所在的家族也没有发生侵占杨家生活资料的事情,均承认杨家对其生活资料的产权。作为同一家族的成员,在借用杨家的生活资料时也要与杨家人提前商量,不能不经同意就随意使用。家里的生活资料被他人非法侵占时,杨家还可以请求家族其他成员的帮助。杨家所生活的西黑村同样承认杨家对其生活资料的产权,保甲长也不会借职务之便而随意侵占杨家的生活资料。村庄如果需要借用杨家的生活资料也需要提前与杨家当家人商量,不能强行借用。官府对杨家生活资料的产权也认同,在需要借用时可在征得杨家家庭成员的同意之后借用,不可强行处置。

二、家户经营

(一)生产资料

1.劳力基本够用无雇工

1947年以前,杨家有六个劳动力,杨家当家人杨德民及内当家人杨孙氏,长子杨富彬及其妻子张氏,大女儿杨玉芹及二女儿杨秀英,小女儿杨秀兰年纪尚轻,因此参与家庭生产生活劳动的程度较轻,算不上一个完整的劳动力,其余的劳动力均参与家庭生产。儿媳张氏平常主要负担家务活,但是到了农忙的时候也会拿着农具下地干活,否则人手不够,地里的活忙不完。另外内当家人杨孙氏和大女儿杨玉芹、二女儿杨秀英也会参与地里的农活,帮家里出劳力。小女儿杨秀兰年纪很小,虽然有的时候也跟着家人下地,但是基本上帮不上什么忙。杨家的男性家庭成员必须下地干活,女性则不一定,要看地里忙不忙,忙就去帮忙,不忙就负责收拾家里,打扫做饭。如果家里有女性成员怀孕,便可以不参加家庭生产。

1947年以前杨家的劳动力基本够用,也没有劳动力外出找事做。遇到特殊年份会有忙不过来的时候,这时家里人就会和别的人家换工,但是不会请工和雇工,因为还要付给工人们工钱,不划算。穷人家一般不请工,大户人家土地多,会请长工或者短工帮其耕地,在当地长短工又称"米汉"。杨家曾为了解决家里农活忙不过来的困难而和小女儿的大叔家换过工,大叔家有三个儿子,再加上大叔四个人都来杨家帮忙干活。是否要和别人家换工都是由当家人杨德民决定的,首先由当家人出面找愿意和自己家换工的家庭,然后再商量怎么换,不需要告知四邻、家族、保甲长等人。为了方便说话,换工一般优先选择与自己家有亲戚关系的人。双方也不会相互支付报酬,大叔家的家人在帮杨家干完农活之后当家人杨德民都会留大叔一家一起吃饭以表示感谢,内当家人杨孙氏和儿媳张氏会早早地做好饭菜、摆好酒桌,两家的当家人便会一边喝酒一边聊天,酒足饭饱之后便回自己家。另外,小女儿杨秀兰当村的一个嫂子其丈夫去世得早,两个女儿的年龄也不大,家里没有男性成员,单靠嫂子一个人地里的活时常会忙不过来,所以杨德民有时会带着长子杨富彬去她家里帮忙干活,但不是换工,只是纯粹的帮忙。

2.土地自给自足

1947年以前,杨家自有的土地是5.4亩,算不上是地多的人家,但是也基本够自家人耕种。村里有的人家确实是有超过自家耕种能力的情况,一般都是家里的当家人不在家而在外地干活挣钱,家里人种不了自己家的土地,在这种情况下人们就会选择把自己家的土地出租出去给别人耕种,租种土地的人家一年到头收了粮食之后要交一部分给出租土地的人家,以粮为主,有时候也会用钱来代替。

3.牲口共有

1947 年以前,杨家的自有牲口只有一头牛,之前养过猪和兔子,后来因为喂养不过来以及饲料问题便都卖掉了,并且这头牛是与杨家的一户亲戚伙养的,这头牛基本上可以满足杨家的耕作需要,之所以想到要跟别的人家共有牲口,主要还是考虑到农业生产的需要以及家庭的经济状况。家里耕地的确需要牛来辅助,而且农忙的时候也很难借到,你要用的同时有牛的人家也正好要用,但是依靠自己家去买一头大牲口资金上的确有些困难,所以就想到要和别的人家伙养。与杨家人共享这头牛的是和当家人服期关系不算太近的亲戚,当家人觉得虽然关系不近但毕竟是亲戚,比起生人或街坊还是要更好说话一些,恰好这家亲戚也想要买牛,所以答应下来,买牛的钱两家各出一半。伙养的具体方式是共同轮流喂养这头牛,杨家喂养十天,然后再牵到亲戚家去喂十天,以十天为一个喂养周期,到了农忙时两家人也是轮流使用这个牲畜,在牲畜的使用上无所谓先后,如果赶上耕地需要用牲口时牲口正好在谁家,谁家就先用。

4.自有农具能满足基本需求

杨家的农具绝大部分来自于外购,均由当家人从集市上购得,包括犁、耙,以及石磨等,这些农具基本上可以满足家中农业生产的需求。有时家里为了省钱,能自己制作工具便不花钱另外购买,当然一般都是极为简易的农具才可以自制。家里的农具算不上齐全,有些能不用找别的农具代替的就尽量不用或者尽量不去借,有些工具不常用但是碰巧实在需要家里又没有的话再去借。借农具也不是一件很困难的事情,街坊邻居家里有的话也都很乐意向外借,只要用的时候爱惜一点到时候能够完好无损地归还就好。

(二)生产过程

1.男女分工明确

1947 年以前,杨家主要从事农业耕作,偶尔也会饲养家畜,曾经养过猪、牛,还有兔子。牛是与别人家伙养,猪是偶尔养过一次,由于家中没有能每天喂给它的饲料,后来便拉到集市上卖了。至于兔子一般都是喂到秋后,地里的粮都收上来没有青草喂了,便会把它卖掉,所以均不是常年性的。杨家没有成员从事手工业,除了种地之外,杨德民和长子杨富彬在农闲时会出门给别人修建房子赚点生活费,算是兼营一点副业,除此以外没有别的家庭收入。种地的收入在家庭的总收入中所占的比重最大,大约为总收入的五分之三,通过盖房屋所挣得的收入占总收入的五分之二。盖房子主要由杨德民和杨富彬二人负责,儿子在旁边给父亲打下手,顺带学习这门手艺,女性家庭成员不参与。至于家里的农业生产活动,在农闲时主要由男性家庭成员负责,若是赶上农忙就会全家一起帮忙干活。在不同的农业生产环节中,杨家男女成员之间的分工如下:犁地、耙地都是力气活,主要由男性成员负责;而锄草相对来讲比较轻松,一般由女性成员负责;到了秋收的时候收麦子,不分男女大家一起忙。女的把粮食包在四方形的包袱里背回家,而男的则用推车一趟一趟地将粮食运回家。看青也交由男性成员负责,在粮食快成熟的时候为了防止有人偷粮食,当家人杨德民都会在早晨和晚上专门去自家的农田里查看一次。收集牲畜的粪便属于杨家女性成员家务活的范围,平整晒场也一样。

(1)农业安排:杨家种植的作物主要是高粱、谷子、麦子以及少量的豆子,种植面积最小的是玉米。高粱是在清明前后种植,谷子也就是小米要比高粱晚一个节气耕种,而麦子则是在中秋节八月十五之后耕种,过了年5月份收割。所以整个耕种的顺序是麦子—高粱或者豆子—麦子,循环往复。地的好坏不同,种植的作物也会随之不同。一般来说,贫瘠的土地用来种高粱,比较肥沃的土地则用来种麦子。通常,3月份人们便开始犁地准备种庄稼。至于种植面积的选择和确定则比较随机,高粱和豆子的面积不定,但是玉米的种植面积一般是最少的,因为在1947年以前玉米不属于很值钱的粮食,所以人们种植得比较少。

(2)耕作过程:不同农作物的种植环节大致相同,都是经过犁地、耙地、锄草、播种、看青、平整晒场等环节,但不包括灌溉,当时人们种地要靠天吃饭,没有灌溉的意识。而且当时也没有便于人们进行灌溉的工具,灌溉条件极不方便。等到过年开春时,杨家人便扛着锄头去地里一遍一遍地来回锄,大概锄一锄再用耙子把大土块儿耙碎,为一年的耕种做准备。下过雨之后,或者种高粱,不种高粱就种豆子,如果种麦子就等收了麦子之后再种豆子。

2.牲畜种类多

1947年以前,杨家饲养过的牲畜有猪、兔子,以及与别人伙养的1头牛,一般由家里的女性成员饲养。牛主要是喂高粱和豆子的渣,或是玉米秸秆、谷麸一类的粮食。养猪主要是为了肥了卖钱,由杨德民牵到集市上去卖,卖牲口所得交由当家人保管,算作全家人的共同财产,但是有的时候牲口生病死了不得不卖的话,就只能以很便宜的价钱处理了。牛饲养一年生了小牛犊再把小牛犊卖掉,老牛留着帮家里耕地。家里的猪主要是喂野菜,或者地瓜、白萝卜的菜缨子再掺点面子,或者是黄荠菜的种子掺上点面子,都能用来当猪食。同时饲养这么多牲畜所产生的最大问题便是饲料不足,各类牲畜一天下来对饲料的需求非常大,因此杨家经常会陷入没有饲料的窘况。在这一问题上,养牛的压力还略小一些,毕竟是和别人伙养,况且牛在农耕的时候是必需品,是刚性需求,省不得。但是饲养兔子一旦到了秋后粮食收割了,青草的生长期也结束了,很难割到青草喂养,而供给养猪的饲料难度是最大的,要野菜和面子掺到一起搅拌好才可以。在饲料方面供给不足,杨家此后便没有再饲养猪和兔子,只留下了一头耕牛。

3.兼营副业

除了农业之外,杨家家庭成员没有从事过手工业,但在农闲的时候会外出去村里村外帮别人盖房子赚点收入,贴补一下全家的吃穿用度,算是兼营小小的副业,但主要还是以农业为主。家里没有从事商业的本钱,当家人杨德民也没有要通过做点小生意发家致富的念头,一直都是一个勤勤恳恳、踏踏实实的庄稼人、手艺人,喜欢靠实实在在的劳动维持生活,对生意没有太多的想法。不论是种地还是盖房子,靠的都是自己的双手,赚的也都是辛苦钱。

4.建筑手艺传承

杨家人唯一的手艺就是建房,手艺不知道是否是祖传的,但当家人杨德民会这门手艺,而且将这项手艺传给了家中的长子杨富彬。1947年以前,在乡村,家庭手艺的传承一直秉承着"传男不传女"的原则。一方面是因为这门手艺是个体力活,女孩子也干不了,所以只能教儿子学习;另一方面则是因为学习手艺活的目的是为了生存、维持生计,这些家庭重担男性需要考虑和承担的要更多一些,而女性则因受很多传统社会规则的限制错过了继承手艺的机会。不过,最根本的原因还是在传承二字上,老话说"嫁出去的女儿,泼出去的水",1947年以前的乡村社会普遍存在一种共识,即女性在出嫁之后成为别人家的人,因此无法做到对自家手艺的再传承。另外,手艺也并非只传长子,家里的儿子都可以学习这门手艺。

5.当家人外出带长子

杨家家庭成员没有常年外出的情况,但是杨德民和长子杨富彬在外给别人盖房子又离家较远有时便会住在外面一段时间,这类外出的情况一般都会发生在家中男性成员的身上,1947年前女性的活动范围很小,平常几乎没有机会出远门,当时的社会风气也不允许女人离家太远或者是长时间不回家。杨家男性成员离开村庄外出干活不需要请示或告知四邻、家族或者保甲长,跟家里人协商好并安顿好家里的事情便可。当家人杨德民在需要长时间外出时通常会先打点好家里的一切大事小情,比方说外出期间需要去集市上购买生产生活用品时,会提前嘱咐好长子杨富彬买什么、怎么挑选、去谁家买,地里的农活该做些什么、怎么做,以及遇到需要当家人出面解决的事情家里谁出面解决等。离家前当家人杨德民会整体地查看一番,该修的修,该买的买,以保证其在外出期间整个家庭正常的生产生活秩序不会受到太大的影响。

(三)生产结果

1.农业收成与消耗基本持平

杨家所在的西黑村位于山东省,属于华北地区,粮食最多一年收获两季。影响农作物收成的主要因素是雨水,如果当年的雨水充足,农作物就长得比较好,粮食收成状况便比较理想;如果当年比较旱或比较涝,均不利于农作物的生长,粮食的收成继而也会受到影响。杨家所处地区每年粮食产量的变动不是很大,因为旱涝灾害偶尔会发生,次数比较少,大部分的年月雨水还是正常的,产量的变动不算太大。1947年以前,西黑村有一年遭受了比较严重的涝灾,那一年杨家的粮食几乎没怎么收,都是靠陈年的旧粮食度过的。种粮食所得的收入属于全家人的共同财产,由家长统一管理和支配。家里主要靠种地为生,农作物的收成好坏决定着全家人的生存状况,因此所有的家庭成员都会十分关注当年的收成,收成好意味着日子就好过了,收成不好全家人就要节衣缩食度日。

1947年以前,家庭的粮食收成刚好能满足全家人的需要,光景好还可以存下一些粮食用来卖,赚的钱再来买别的或生产生活资料;但是如果收成不好可能就不够,不够或者吃存粮或者去集市上买质量下成的粮食弥补一下粮食缺口。

2.饲养家畜贴补家计

杨家养过猪,且只养过一头,生了小猪崽就拿到集市上卖了换些钱。当时主要给猪喂点野菜,或者地瓜、白萝卜的菜缨子再掺点面子,或者是黄荠菜的种子掺上点面子。除了养过一头猪,杨家还养过兔子,一般是从集市上买来小的,带回家来养,主要喂地里的青菜、杂菜之类的,等到了秋收地里都不长杂草的时候也就没有什么东西能喂它了,这个时候就会把兔子卖掉。饲养的这些家畜基本上能够满足家庭的需要,再多了家里反而没有足够的东西来喂,养牲口这件事需要量力而行,因为不算主业,所以能养多少算多少,权当给家里贴补贴补。

3.副业收入作补充

杨家没有从事手工业,农业生产之外唯一的副业就是当家人杨德民和长子杨富彬外出帮别人修建房屋。修建房屋属于一种季节性的劳动,有淡季和旺季之分。一般而言,春天人们选择破土动工的比较多。因此盖房生意比较好的时节是在春季,其他季节生意不算繁忙。尤其到了冬天,受天气原因的影响很少有人选择在冬天破土动工。因此这方面的收入也受到了一定的限制,仅仅作为家庭总收入的一个补充。修建房子的收入不算很多,占全家整年收入的五分之二不到,收入全数交由家长统一管理和支配。

三、家户分配

(一)分配由家长主导

杨家在进行分配时是以家户为主体进行分配的,不会以村庄或者宗族为分配主体,以家户为主体的分配方式是杨家在分配时所采用的唯一方式。杨家家庭成员在分配中以所在家户为基本单位,在家户内部进行分配。因此对于已经分家的兄弟或者单独吃住的父母来说即便是一家人,但是不参与家户的分配,分配范围以"同居共食"为根本准则,嫁进来的媳妇也在家户分配的范围之内,作为长媳张氏在分配时也占一个人的份额,而嫁出去的女儿则不在家户的分配范围之内。

分配主要由当家人杨德民主导进行,全家人的吃穿用度均由当家人进行宏观安排,当家人通常会和内当家人也就是其妻子杨孙氏商量,杨孙氏对于杨家整个家庭在吃穿用度上的把握更加准确、细致。因此在分配时会适当询问内当家人的意见,之后做出决定,没有发生过不被允许的情况。当家人如果不在,就由内当家人也就是当家人的妻子来决定,但只要当家人在,不论当家人是男还是女,最后都由当家人定夺。在杨家,除了当家人之外的家庭成员在分配时主要听从当家人的分配意见,如果对分配的结果有比较大的异议,可以当面向当家人提出,表明自己的意见和想法,如果是合理的意见当家人也会适当参考。杨家在大家庭的分配之余,没有进行其他的分配。由于小家庭没有独立的财产权,因此小家庭也不会单独进行分配,没有进行单独分配的资本,所有收入均交由当家人统一保管和处置。杨家在进行家户内部分配时,不需要告知或请示四邻、家族或者保甲长,而这些主体也不会反过来参与或介入到家户内部的分配,内部的分配属于家户内部的私事,外人不会干涉或影响分配。

(二)分配对象

杨家在进行分配时,分配的对象主要是内部所有的家庭成员,即仅限于在一起生活、在同一口锅里吃饭的内部成员,亲戚或者朋友邻居等外人均不在参与分配的范围之内。而分配物的主要来源是用整个家庭的收入购买的东西或是自家生产的物品,为通过农业生产和建房所赚得的额外收入。杨家的家庭成员中只要是在同居共食范围内的,均享有分配权,除了已经出嫁的女儿其他人均享有分配资格。

(三)分配类型

杨家的家户分配主要包括农业收入和副业(修建房屋)收入,其中又以农业收入为主,副业收入处于补充地位。

1.农业收入分配

杨家的农业收成主要是粮食的收成,土地都是自家的,没有租佃。因此不需要缴纳地租。粮食收成的税额是固定的,且以粮食的形式缴纳,不会因为今年遇到灾荒而减免纳税额。如果年景不好便意味着交完税之后供自家消费的粮食变少,如此一来便只能想办法通过买或者靠前一年储存的余粮度日。因此粮食收成讲求税款优先,交完税款后剩下的才是用于家户消费的部分,税款的缴纳主要交由当家人负责。

2.家庭副业收入分配

杨家的家庭成员中从事副业的人为当家人杨德民及长子杨富彬,农闲时会兼职建筑类副业,时常会在村里村外帮人们修建房屋以赚取一定的收入,贴补家用。而这部分收入也会全数交至当家人处保管并成为全家人的共同收入,由当家人负责统一支配。在杨家,不允许小家庭擅自存私房钱,如果副业的部分收入被长子私藏为小家庭的收入会受到当家人的训斥。所以副业的收入必须全数上交,然后由当家人分配,不能擅自使用。

3.农业收入分配为主

家中的收入分配主要包括农业收入和家庭副业收入,其中以农业收入分配为主。杨家不允许小家庭备有私房钱,因此不会有关于私房钱的分配。全家人吃及主要的日常花销都从公共的财产中出,因此也不需要分配钱和粮食。可供家户分配的也就是零花钱,但是零花钱的分配在家庭总收入中所占的比重较小,主要是为了以防万一而分配给家庭成员的,与私房钱有本质上的区别。

(四)家长在分配中的地位

1.家长为家户分配的实际支配者

在衣物、零花钱等分配中,杨家的当家人杨德民是实际支配者,拥有实际的支配权。若当家人不在,分配就由内当家人杨孙氏说了算。除了衣物、零花钱需要分配之外,私房钱是不允许的,缴纳赋税及食物的花销主要从家庭的公共收入中支出。因此这几部分不参与家户的分配。

2.家长在私房钱分配中的地位

杨家没有私房钱,小家庭的所有开销包括第三代上学的费用都是从公共收入中支出。在分家前是这样,分家之后另当别论,分家之后小家庭的收入就成为小家庭财产。

3.内当家人主导衣物分配

在杨家的衣物分配中,最终的分配意见和决定由当家人杨德民做出,但是由于穿衣用度内当家人比较熟悉。因此多数情况下当家人会听取内当家人的意见做决定,且与内当家人的说法基本保持一致,不需要请示外人,在衣物分配的过程中起实际支配作用的为内当家人杨孙氏,而当家人仅仅将内当家人的决定告知所有的家庭成员。分配时没有先后顺序或者优先权,唯一的准则就是"谁没有谁添衣",而不是所有的家庭成员都要平等地置办衣物,不是按人头配给。杨家一般会在换季的时候添置衣物,家里的棉花基本上都是自己家的棉花地种的,不会花钱去外面买。所有成员的衣服都是由家里的内当家人杨孙氏及长媳张氏还有家中会做针线活的大女儿杨玉芹、二女儿杨秀英完成,不分是大家庭还是小家庭。杨家家庭成员的衣服全部为自给自足,棉花自产自销,少有剩余,偶尔不够会优先需求比较急切的成员,但不会外购。

4.家长在食物分配中的地位

由于全家人同居共食,因此食物不属于被分配的范围之内,吃饭都是在一起吃,没有分配食物的必要。家里的粮食或是外购的食物大家都可以享用,不需要特意分配到每个人。在女性家庭成员的特殊时期例如怀孕时,考虑到营养的问题,当家人或内当家人会适当地给她多分一点儿,以供其在三餐之外需要的时候食用,但正常的一日三餐还是跟着全家人一起吃饭的。

5.家长在零花钱分配中的地位

零花钱在分配的对象中占据很小的比例,只存在于特殊的时期,在分配物中属非常规性的分配客体。首先零花钱的数额很少,是当家人为了避免特殊紧急情况的发生时所分配的,是象征性地给一些。在零花钱的分配中,由当家人安排决定,无须告知外人,分配时没有顺序,但是零花钱分配的对象主要是家中已经成家的儿子,而未婚的儿子女儿的零花钱则较少甚至没有,零花钱到底给多少由当家人来判断。

(五)家庭成员处从属地位

在分配中,当家人起着决定性的作用,是分配中的实际支配者。而家里的其他家庭成员处于从属地位,即在遵从当家人分配决定的同时可以针对分配结果提出意见。另外,对于衣物这类生活用品起实际决定作用的是内当家人。因此在当家人不在场的情况下分配可以由内当家人决定,其余家庭成员起辅助作用。

(六)分配统筹

1.全家需要,收支平衡

杨家在分配时,首先以全家人的需求为首要考量因素,在保证家庭总收入和总支出基本持平的前提下尽量满足所有人的需求。分配最主要的是衣服和零花钱,其余基本不分配。在分配时均本着公平公正的原则进行,你有我也有,家人才会觉得公平,否则家人相互之间难免会产生心结。

2.食物分配为先

在分配自家财产时,自家消费和地租赋税的先后次序是赋税优先于自家消费。因为赋税是交给官府部门,每个家庭都要履行这项义务,不可以家中没粮食为借口拖欠甚至不交,在粮食收成不好的情况下即便纳完税之后所剩无几也要先交税,再考虑自家粮食的消费。家里好的粮食留着卖以换取更多的普通粮,而自己家吃普通粮,再预留出一部分作为平日里给别人家红白喜事随的礼。与零花钱相比,衣物是必需品。因此在家庭经济比较拮据的情况下优先考虑分配衣物,没有零花钱便暂时先不分配。

3.按需分配

杨家在分配时秉承的原则是谁没有分配给谁。以衣物为例,基本的准则是要保证家里人一年四季都有相应的衣服穿,谁没有或者已经烂到不能继续穿才给他相应地添一件当季的衣服,如果他有这个季节穿的衣服,即便是之前做的也不会再给他添置。所以杨家在分配衣物时的公平并不是指平等的分配衣物,而是要保证大家一年四季都有衣服穿。在分配时会对特殊群体加以照顾,比方说孕妇,会在分配的时候多倾向于她一些,无论是穿衣还是饮食方面。当家人在分配时要站在公平的角度上,没有特权可言,否则当家人在人们心中的权威会受到影响。

(七)分配结果

在实际的分配过程中,赋税、食物都不需要刻意分配,这些主要从大家庭的公共收入中支出。衣物分配是重点,零花钱分配则较少。如果成员们有反对意见可以提出并说明理由,当家人会酌情考虑,分配结果会根据每年的实际情况而有所变动。

四、家户消费

（一）消费基本自给自足

1947年以前，在杨家所有的消费类型中，粮食和衣物占主要地位，其中又以粮食消费占比最高，这类花销属于日常的生活所需，且均能实现自己自足，几乎不需要外购。其次是人情、医疗方面的消费，虽然在各类消费中的占比不高，但也是杨家必不可少的消费。

1.粮食消费：先吃饱，再吃好

1947年以前，杨家在正常年份一整年的花销平均到一个人换算成粮食大概相当于一天一斤粮食，在正常的年景下，粮食基本上可以维持消费，甚至还会有少量的余粮留以备用。只有在遇到特殊情况，例如旱涝灾害的时候会出现无法维持的窘况，在这种情况下当家人会用积蓄外购粮食，内当家人也会在这段时期带着大家适当地节衣缩食以渡过这段困难时期。杨家的粮食绝大部分用于自产自销，在理想的年份还能有多余的粮食储备起来应急，粮食收成之后如果发现除了够自己消费之外还有剩余，还会特意将好的粮食挑出来留着去集市上换取数量更多的普通粮，另留一部分作为明年耕种的种子。杨家的经济水平在村里处于中等，在饮食上也主要讲求温饱。因此在粮食消费方面相比起质量更加注重数量，在吃饱的前提下再讲究吃好。粮食基本能满足全家人一整年的需求，自给自足。

2.食物消费：多菜少肉

家里的蔬菜基本上可以自产自销，杨家的院子前有一块菜地，种着各式各样的蔬菜，有茄子、白菜、豆角，还有萝卜等，基本可以满足全家人的需要，不需要外购。除了青菜和粮食之外，平常过年过节时吃的肉是从集市上购买的，但是杨家人一年到头吃肉的次数比较少，平日里舍不得买肉吃，只有过年的时候才会称一些，外购的肉也不会很多。

3.衣物消费：自给自足

杨家成员穿的衣物也不会外购，1947年以前普通人家基本不会买衣服穿，主要是自家产棉花，自己纺线织布，自己做成衣服。首先，在每年开春农耕时当家人杨德民会预留出一块用来耕种棉花的土地，一家人的衣物便出自于自己耕种的这块儿土地里所产的棉花。棉花收成之后，内当家人杨孙氏会找村里会弹棉花的人帮忙弹一下，之后和长媳张氏在闲下来的时候纺线织布最后根据成员们衣服的情况进行分配。如果棉花多就会为每个人做上替换的一身衣服穿，如果家里的棉花紧张就只能一个季节一身衣服从头穿到尾了。有的时候甚至冬季和夏季的衣服都不能单独备，只能将冬天衣服里面的棉花抽出来，只留下外层的布褂子，当做夏天穿的衣服。

4.中医为主，多食草药

1947年以前，生活在村里的人们看病并不是很讲究，这主要也是受经济条件的限制，家里大都不宽裕自然讲究不起，有了小病小灾不会选择去医院或者诊所就诊，而且西药很贵一般也是吃不起的。所以在杨家感冒发烧等这类小毛病都不去医院，主要靠在饮食上多吃点有营养的东西，比方说红糖水、姜水等发发汗便扛过去了。只有生大病的时候才会看医生，而且也以中医为主，医生把把脉，然后开点草药自己回家熬着喝。杨家的二儿子和三女儿去世时都是生急病走的，没有在医疗方面花费很多。

5.不送礼钱送食物

1947年以前,乡村社会的人情消费主要都体现在粮食上,一般随礼人们不会给钱,而是以粮食或者其他食物代替。比方说家里添了新成员,人们来看小孩一般都会选择送鸡蛋,回礼也回鸡蛋,还有的人会送挂面、米等,再就是送做衣服用的布,但是不论是以什么形式的东西代替,都不会送礼金。杨家的喜事仪式也都很简单,这方面的花销在全村来说处于普通水平,杨家经济水平中等,因此红白事不会大操大办。办喜事的时候只有亲戚们来并送些布单子,外人不送礼钱。办丧事的花销主要在购买棺材和请客上面,其余的东西比方说家人在葬礼上穿的鞋帽、寿衣等都是自己家做,不会外购。家里请客吃饭也都是大锅饭,谈不上宴请。

6.其他家户消费

除了以上几类消费类型,教育消费和住房消费也存在,但占比较小。杨家接受过教育的仅为杨家的长子杨富彬和小女儿杨秀兰。杨秀兰接受过一段时间的教育,是由村里组织的并且是免费的。而长子杨富彬上学所需的教育费用也仅仅是文具书本费,相关的花销在总的家户消费中占比也很低。而住房消费等非日常性的消费,仅在特殊时期生产过。刚迁至西黑村时,杨家借住于别人家的房子里,但是原房主没有收房租,因此没有产生住房消费。后来家里有了积蓄之后便盖了自己家的房子,房屋基本可以满足全家人的居住需要,此后很少再产生住房消费。

(二)家户消费,家户负担

杨家在粮食、食物、衣物、医疗、教育及人情等方面的消费都是由本家户来承担,家户之外的主体包括村庄、宗族等均不会承担杨家的相关消费。除非在特定的情况下,仅依靠家户承担难以为继,这时可以向同家族的家庭求助,在接到求助后同家族的人会在一定程度上伸出援手。在杨家,粮食和食物是供全家人一日三餐所用,衣物、住房也是为了满足全家人的需求,可以说消费的主体是杨家全部家庭成员。因此家户消费的承担者自然也是以家户为主体。另外,人情消费和红白喜事支出通常均是以整个家户的名义支出,代表着杨家这个家庭,因此这类消费也是从家户储蓄中支出的。

(三)家长在消费中的地位

在杨家,家庭内部绝大多数项目的消费例如粮食、住房、人情等都是由当家人做主,部分消费由内当家人决定和参与。

1.吃穿用度由内当家人决定

在杨家,正常年份下只要没有很严重的灾害基本的粮食收成都能满足全家人的生活需求,因此很少需要到集市上买。但是在粮食收成有富余的情况下,会带粮食去集市上换或卖,关于粮食的买卖方面均由当家人杨德民出面,除此以外日常的饮食消费则主要由内当家人决定和合理的计划,因为杨家的一日三餐等食物消费主要在内当家人管辖的范围之内,毕竟内当家人对家庭内的食物消费状况比较了解。因此食物消费实质上是由内当家人管理和支配。家里缺了什么需要去买的话再知会当家人,提醒其赶集的时候买回来。另外,家庭成员的衣物主要是靠家庭女性成员日常进行纺线织布做成的,属于家务活的范畴之内,因此内当家人对该方面的消费比较熟知,衣物方面的消费也主要交由内当家人决定。

2.其余消费由当家人主导

除了日常的吃穿用度,其余方面的消费则主要由当家人杨德民来主导。杨家的家庭积蓄是属于全家人的共同财产,且该财产是由当家人杨德民负责管理的。因此绝大部分消费均由当家人来处理,什么时候要花什么钱、怎么花、该不该花都由家长说了算。在迁至西黑村借住在别人家闲置的房屋几年过后,当家人杨德民认为家庭逐渐在村子里稳定下来并且也积攒了一定的家底儿,家庭成员不断增多。因此也到时候该盖一处属于自己的房子,有了属于自己的家,家人们的心会更加踏实。因此当家人便决定要盖新房。在盖房方面杨德民是内行人,因此盖房过程中的选址、用料、人工等所产生的一系列各项消费也都由当家人计划打算和安排。因此作为当家人,杨德民在家户的各类消费方面都能做到心中有数,对家庭的收支情况有一个大概的规划和认知,这样一来才可以确保整个家庭在整年的收支保持基本的动态平衡,不至于产生较大的"财政赤字"。

(四)家庭成员在消费中的地位

1.家庭成员有知情权和建议权

1947年以前,在整体的粮食消费过程中,总的来说在绝大多数的消费中当家人杨德民居主导地位,而其他的家庭成员不做主,仅有知情权和建议权。因此杨德民有义务将家户的消费状况定期告知包括内当家人在内的每一位家庭成员,并且在做出每一个比较重大甚至关系到本家户未来的生存状况和经济水平的消费决定之前要征求家户内所有家庭成员的意见,即便杨德民是作为拥有最终决定权的当家人,也不可以独断专行。

2.了解粮食消费情况

首先,关于粮食消费,在粮食收获之后,先由杨德民做总的分配。杨家的粮食总共有三种用途:一是用来作为明年耕种的种子;二是用来作为未来一年杨家所有人的口粮;三是在结束前两类分配之后若有剩余则将剩余部分带到集市上卖粮或者换粮[1],或储存起来在粮食收成不理想的年岁拿来给全家人应急。这三类粮食如何分配、具体分多少基本由杨德民全权做主。分配后,用作口粮的这部分粮食再由内当家人杨孙氏主导进行消费,而第一、三类用途的粮食则均由当家人负责处理。对于粮食的消费,其他家庭成员的参与较少,但基本的知情权可以得到保障。

3.日常类消费参与度高

杨家在食物消费以及衣服消费方面主要是听从内当家人杨孙氏的打算和安排,当家人参与较少,衣食消费属于日常类型的消费,人们每一天都在进行。因此杨家其余家庭成员在此类型消费的参与作用相比较其他的家户消费来讲体现得比较明显。首先在食物方面由于杨家全家人是同居共食,一日三餐没有所谓的先后次序,大家在一个锅里吃一样的饭菜,但在盛饭的过程中内当家人会有所侧重:一般会先为杨家的男性家庭成员尤其是家中主要的男性劳动力盛饭,内当家人会优先将菜汤中的菜给家里的男性劳动力吃,而家里的女性成员吃得相对就比较稀一些,对于这个做法其余家庭成员也不会有异议。因为大家都知道家里的农活主要靠当家人杨德民和长子杨富彬干。因此吃得好一点也是应该的。

此外,对于有特殊需求的家庭成员内当家人也会适当地给予其额外的食物分配。长媳张氏在怀孕初期害喜的症状比较严重,普通的饭菜有时候会难以下咽。所以身为婆婆的内当家人杨孙氏通常会在做完全家人的饭菜之余,根据孕妇的口味和意愿再单独为其准备饭菜,以

---

① 换粮:以新粮换取数量更多的陈粮。

保证其在孕期的基本营养,但这种情况也仅限于家庭成员们的特殊时期。衣物消费也交由内当家人负责,杨家衣物消费的原则是谁缺谁补,也就是说哪个家庭成员已经到了没有衣服穿的地步必须要添衣服了才会给他分配。因此,谁需要添置新衣以及谁衣服可穿目前不需添置,也都由内当家人决定。有时内当家人杨孙氏没有察觉到某个家庭成员的需求,那么成员们也可以告知她,内当家人再行判断。这类情况经常会发生在隔代的家庭成员身上,内当家人的两个孙子杨光荣和杨光朱在衣物方面的需要便时常是由其母亲张氏代为传达的。

4.非日常类:仅知情,少参与

在住房、人情、教育、医疗等方面的消费主要以当家人为主导,这类消费属于非日常类型的消费,且事关重大。因此家庭成员有知情权,但是鲜少建议,参与度较低。关于住房消费当家人在建筑方面最有发言权,是内行人。因此住房消费主要听从当家人的意见,成员们也很少提出意见,大家均认为当家人的意见比较专业。家户的人情消费由杨德民说了算,家庭成员听从家长的意见,家长作为一家之主对于村里的人情消费相对比较了解,对于人情方面的支出掌控和处理也较为准确和合适。红白喜事的消费属于比较重头的消费。因此其他家庭成员主要服从当家人的安排,谁需要谁就支出,没有先后顺序。至于教育的支出是否能够上学首先取决于当家人的决定。因此教育消费家庭成员自然也是听从当家人的意见,可以提出建议,但是不能违背当家人的最终决定。医疗消费,谁生病而且比较严重需要看医生吃药则会产生消费,没有先后顺序,按需分配。这部分消费出自家庭的公共支出。因此家庭成员听从家长的意见。

五、家户借贷

(一)以家户为借贷单位

1947年以前,杨家虽然也曾经出现过经济上的困难,但是并没有通过向别人借钱的方式暂度艰难时期。这主要是因为杨家当家人杨德民对于借钱这件事本身有些抗拒。在杨家刚迁至西黑村落脚时,妻子杨孙氏曾向当家人杨德民提出想要盖间属于自己的房子,好让全家人能够尽快安定下来。但是由于家庭积蓄不太够因此提出借周围邻居的钱凑一凑先把房子盖起来,之后再努力挣钱还上就好。但是这一想法遭到了当家人杨德民的反对,杨德民认为借钱是一件有风险的事,一方面是因为别人有可能会收利息,这样一来就要还更多的钱;另一方面则是因为当家人杨德民不太喜欢欠别人东西,也担心万一没有在规定的时间内还上会觉得在村子里抬不起头来,失信于人。因此,杨德民宁愿先借住在别人家的房子里,也不想通过借钱的方式着急盖房子。

平日里杨家也几乎不需要借钱,主要是因为家里不怎么用钱,家庭消费基本上都是自给自足,需要花钱的地方实际并不多。再者,杨家父子俩靠建房的手艺多少也能赚一些贴补家用,他们在外帮别人盖房子别人还管饭。因此家里的经济条件就没那么紧张了。

除了没有借贷行为之外,杨家几乎也没有向别人借过粮食,倒不是因为同样排斥借粮这个行为,而是家里粮食不够吃的话会用钱去买或者是用好粮食换取更多的普通粮,平日里也会提前储备部分粮食应急。因此几乎没有向周围的人借过粮食。不过相比起借钱,村里借粮食的情况要稍微普遍一些。

（二）家长为借贷首要责任人

万一家中真的遇上困难，过不下去必须要借粮或者借钱的话，一般都是以家户为借贷单位，并且由当家人出面代表全家人借贷而不是单纯的个人行为，毕竟借来的不管是粮食还是钱都是供全家人生存所用。所以借贷的基本单位就是家户。因此，如果还不上其他的家庭成员也有还债的义务，但当家人一般会成为第一责任人。

1947年以前，由于借贷的基本单位是家户，因此在杨家没有出现过也不允许出现以家内的小家庭甚至是以个人的名义单独借贷的情形。而且，1947年以前，人们对于借贷这件事的态度十分谨慎，并不是家里任何成员出面向外人借贷别人都会借，最主要的原因不是金额的大小或者是关系的亲疏，而是在借钱这件事情上，只有一个家庭的当家人出面人们才会觉得正式、靠谱，也才会放心地借钱。因此，以家长为借贷主体的借贷行为才是能够得到他人承认的借贷行为。借贷行为以家长为借贷主体，那么在还贷的时候家长自然也就成了第一责任人。借的钱到了还钱的时间如果还不上那么债主就首先会找身为第一责任人的当家人，但这并不意味着整个的借贷行为就与家户内部其他家庭成员无关。其他家庭成员也有义务、有责任参与到还贷中来，借钱是为了整个家庭，那么还贷也需要整个家庭的人共同努力。如果家庭在需要借贷时当家人不在，也可以委托家中其他有能力有担当的成员，一般情况下会选择长子代为出面借贷，其借贷行为的效力和当家人出面一样。

（三）立字据，找保人

借贷时需不需要签订契约取决于借贷金额的大小和借贷双方关系的远近。如果借贷的金额比较小且相互之间关系比较亲近，那么一般就不写契约也不需要保人。如果数额比较大或者相互之间没有什么亲缘关系，那么为了保险起见一般会签订契约或者是写个字据，但是不用抵押，另外还要找一个保人。保人起沟通协调的作用，因此当家人会选择与借贷双方都认识的人为保人，借贷双方也会比较放心。通常情况下，人们借钱会优先选择自己的亲人、认识的朋友借，而不会选择借外人的钱，主要也是为了在借贷的过程中好说话。

（四）主动还贷，再借不难

到了约定的还贷期限时，一般借款者会主动到对方家里还钱或粮。只有在超过约定期限之后还没有还款的情况下债主才会主动找上门来要，让债主找上门来要钱毕竟面子上不太好看，人们会觉得你做事拖拖拉拉，可能就不太愿意再次借钱给你了，"好借好还，再借不难"讲的就是这个道理。借款是由当家人出面，相应的，还款也是要当家人出面去还。遗产需要继承，一个家庭的债务同样也需要继承。家庭的债务不会随着家庭当家人的替换或者是死亡而终结，因为债务的承担者是整个家庭。如果在前当家人过世时债务没有还清，那么剩余未还清的债务将由继任的新当家人承担。

六、家户交换

（一）以家户为单位参与经济交换

杨家的经济交换集中表现为集市贸易。西黑村有专门属于自己的集市，集市的集期比较短，为五天一次。杨家的贸易活动范围不仅限于西黑村内部的集市，当家人杨德民偶尔有需要也会去邻村的集市上进行买卖。虽然西黑村的集市一周一次，但是周围的村庄都有集市且赶集的日期均相应的错开。因此每天都会有村庄在进行集市贸易，不一定非要等到本村的集期才去赶集，集市贸易的日期也是比较灵活的。

当家人杨德民主要参与三类集市贸易：一是粮食买卖，二是生活用品，三是买卖牲畜。粮食和生活用品类的摊位混在一起排列在西黑村南北大道的两旁；牲畜交易处则位于南北大道的最北端，自成一区，杨家的猪和兔子的买卖便在这里进行；生活用品类主要是柴米油盐酱醋茶、洋火①等。在杨家这个大家庭之下的小家庭没有单独展开过经济交换，长子杨富彬在进行集市买卖的时候不是以自己小家庭家长的身份进行的，而是代表着整个大家庭进行经济交换，否则便不能承认该经济交换行为的有效性。大家庭之下的小家庭不能单独进行交换。因为全家人的经济绑定在一起，生产和消费都是一个整体，不能也没有单独贸易的必要。1947年以前，村民们的经济交换行为基本都是以家户为单位的，家庭内的个人不能单独进行经济交换，以个人名义进行的经济很难得到外人的承认和信任。

（二）当家人主导交换

在杨家，当家人杨德民是经济交换中的实际支配者，无特殊情况下一般都是杨德民去赶集，需要买卖的东西也主要由当家人决定，偶尔会和妻子杨孙氏及其他家庭成员商议，但不需要告知请示四邻、保甲长等外人。若遇到特殊情况如当家人不在时，那么可以由内当家人即当家人的妻子或者长子代为进行集市贸易，长子杨富彬代为去集市进行交易的情况较多。有的时候杨德民及长子杨富彬均外出一阵子帮别人修筑房子，那么若是恰好到了集期并且又急需购买物品，内当家人杨孙氏也会代为赶集进行交易。在非当家人进行交易的情况下，参与交换的当事人须将交换和贸易的明细向当家人杨德民交代清楚。集市交易的费用均出自于杨家的公共收入，交易过后剩余的再放回到大家庭的公共财产当中。

因此，当家人在对外交易中起支配作用，而其他家庭成员（此处特指内当家人杨孙氏和长子杨富彬，其余家庭成员基本不参与杨家对外的集市交易）在经济交易中起辅助和补充作用，当家人不在或者无暇进行经济交易，当家人可委托其他家庭成员代为进行，但是不能在未经当家人允许的情况下擅自进行。

（三）交换客体

1.集市

1947年以前，杨家去集市购置物品主要是由当家人来完成的。内当家人或者是女性家庭成员也可以去，但是比较少，只是偶尔，集市贸易的主体主要是男当家人杨德民。等到杨秀兰出嫁并有了孩子之后，进行贸易的集市则演变成了女性的主要活动场所。集市的集期为五天一次，中间间隔四天。杨家有个小菜园子，除了普通的蔬菜之外种蒜比较多，菜园子里种的菜有时候自己家吃不了，就会将多余的菜拿到集市上卖钱，然后再买点别的生活用品或者是粮食。杨家没有洋车子②，赶集时当家人会把要带到集市上去卖的东西放在推车上推着去集市，从家出发到集市大概有十里地左右，光路上就要花费大概一两个小时的时

---

① 洋火：火柴。
② 洋车子：自行车。

间。所以当家人为了能赶到集市上抢占有利的位置，通常在赶集的那天早早起床准备，吃了早饭之后就出门。至于赶集回来时间不定，这主要看东西卖得快慢，卖得快就早回，卖得慢就晚回，但是基本上天黑之前一定能回到家。

除了这个集之外，还有一个离杨家相对来讲更近一点的一个集，大约是八里地远，两个集的日期不同，所以不会撞期，这两个集市平常杨家当家人都会去。集的名字主要是以其所在的村庄来命名的，离杨家比较近的集的名字是以杨家所在村庄——西黑村命名，即为西黑村集。由于集期较短且集市比较密集，集市基本能够满足商贩对交易场所的需要。因此，1947年以前，流动商贩这类贸易主体在西黑村并不十分普遍，其经营空间不是太大。

2.粮食行

当地的粮食行不在村里而是在乡里，乡的名字叫道口乡，主要也是由当家人出面进行买卖，人们每年交公粮也在这里。买卖粮食时如果不是特别多就用肩扛着去，如果比较多则用小推车推着去，用小推车的情况比较多。卖多少、买多少以及什么时候去买卖都由当家人说了算。

3.有"人市"，但无需求

在西黑村有买卖劳动力的"人市"，但是通常参与"人市"买卖的对象主要是有钱的大户人家，人口多，需要买些丫鬟下人随身伺候。而"人市"里用来买卖的劳动力通常是贫穷人家的孩子，孩子多的穷人家里吃不上饭，就会把孩子卖给大户人家当丫鬟下人，除了在大户人家孩子多少能混口饭吃之外，家里还能通过卖劳力来换取一些粮食以供其余家人食用。杨家没有这种需求。因此没有参与过这类的交易，只是经常看到集市上这种特殊的交易。

(四)交换过程

1.集市买卖，货比三家

杨家人尤其是内当家人杨孙氏算是比较会精打细算过日子的人，从来不会浪费东西，大手大脚花钱更是不会，用俗语可以形容为"恨不得一分钱掰成两半儿花"。所以，在集市买卖时一定会货比三家、讨价还价。谁去集市上参与交易谁就要货比三家，这种意识是印刻在家人的意识中并自然而然发生的行为，不用谁特意授权来做这件事，就像人们每天吃饭睡觉一样正常，买卖就是要货比三家。

2.熟人交易，有利有弊

在集市上买卖的人都是村里或者是邻村的村民，赶集时会碰到很多熟人，就难免会遇到与熟人进行交易的情况。和熟人进行交易，因为关系比较近，反而会不好意思讨价还价，但是也有一点好处，就是至少不会坑你或是被骗，有利有弊。所以不会刻意选择去和熟人交易也不会刻意避开，当家人都会根据实际情况选择。

3.过秤：一斤等于十六两

在集市上进行交易时必不可少的工具就是秤，只要是赶集买卖东西的人都会人手一个秤，人手动通过调节铁秤砣的位置来约①重量。秤的另一端是一个实心的大铁砣，秤杆上有刻

---

① 约：读作"yāo"，意为过秤、称重量。

度。1947年以前，秤所使用的计量单位和现在不同，斤与两的换算是一斤等于十六两，而1947年以后斤与两的换算变成了一斤等于十两。杨家的秤向来非常准，当家人杨德民在平日为人处世非常注重诚信，在教育子孙后代时常提到诚信对于一个人立世的重要性。因此从不会故意缺斤短两，否则从自己的良心上都过意不去。况且，在集市上买卖的大部分都是乡里乡亲的同村人，彼此都认识，要是缺斤短两被人们知道了，在村子里的名声也就臭了。

4.赊账

当地在买卖和交易的过程中允许赊账，那是在迫不得已的情况下卖家才允许买家赊账，毕竟多数情况下买卖双方是不认识或者不熟的，人们的生活都不富裕，没有那么多可以赊的账。杨家人不曾有过赊账行为，在赶集之前家里需要买什么大概需要花多少钱当家人提前都会估计好，拿上足够的钱再出门。

第三章 家户社会制度

杨家在社会制度方面集中表现为"合"与"和"。"合"是指在婚配方面讲究"父母之命媒妁之言",遵循长幼有序的传统秩序,养儿防老、"儿子的江山、女儿的饭店"等重男轻女的传统思想根植于杨家人的意识中,在微观层面与传统的社会伦理秩序高度契合。"和"则是指杨家具有和谐而单纯的人际关系,不论是家户内部的父子关系、婆媳关系,还是家户的对外交往,都比较和睦友善,形成了较为稳定的社会关系网。

一、家户婚配

杨家在没有分家之前部分家庭成员已婚配,家中没有打光棍或者是守寡的。所有家庭成员的婚姻都不是自由恋爱,都是经过媒人说媒,讲究"父母之命媒妁之言"。而且1947年以前的婚姻讲究的就是门当户对,大户找大户,小户找小户,"攀高枝儿"[①]的情况很少发生。

(一)家庭成员有序结婚

1947年以前,家中的四个孩子三个已经结婚,分别是杨家的长子杨富彬及大女儿杨玉芹、二女儿杨秀英,小女儿杨秀兰因年纪尚轻,所以尚未婚配。家中没有光棍、守寡或者是离婚的情况,且当时的社会环境不兴离婚。所以,整个村子也没有多少离婚的。长子杨富彬的结婚对象是外村的,大女儿和二女儿也都嫁到了外村,但距离西黑村都不是太远。家里成员结婚都是由村里的人说亲,村里的媒婆对谁家的孩子到了需成亲的年纪都了如指掌。所以家里孩子的亲事都是媒婆说的亲,没有自由恋爱。当地没有不允许通婚的姓氏或者是村庄,在当地允许同姓结婚,只要没有血缘关系即可。

(二)婚前准备

1.儿女婚事由家户当家人做主

1947年以前,杨家长子到了成婚的年龄,娶妻的事宜主要是由杨家当家人杨德民决定,妻子杨孙氏也会站在女性的角度和当家人一起帮孩子选妻子。家里大人给孩子说什么样的亲,孩子就结什么样的亲,长子杨富彬没有不同的意见,即便不愿意但是最终还要听从当家人的意见,不需要告知或者是请示四邻、家族、保甲长,儿女的婚事由孩子的父母说了算,外人没有发言权。在三代同堂的情况下,孩子的婚事主要由父亲做主,年纪最长的家长也有发言权,但婚事主要是由孩子的父母做主。

2.大众化的婚配标准

杨家长子杨富彬在结婚前,定亲事的标准与当时的大多数人的标准差不多,没有什么特

---

① 攀高枝儿:用来形容经济水平差异较大的家庭结亲,对于家庭经济处于劣势的人家来说即为"攀高枝儿"。

殊的大众化的标准。首先,身体健康是最基本和起码的要求,同时年龄上要和自己的孩子年纪相仿,年龄相差不能太大。但是当时有一种比较奇怪的现象就是穷人家一般喜欢找比自己家儿子小的女孩儿当儿媳妇,但是大户人家则倾向于找比自己的孩子年龄大的当儿媳妇。其次,长相要求不高,一般女孩的长相即可,只要没有特别明显的缺陷比如脸上有大块胎记的就可以。最后是结婚对象的脾气秉性,1947年以前人们对于女方长相的要求并不高,一个好的结婚对象的标准,或者适不适合娶回家当老婆的决定性因素在于这个人的脾气秉性,尤其是孩子的父母都喜欢勤劳、善良、贤惠的女孩子,对于家务活样样精通的女孩最受长辈欢迎。对于男方的要求则没有女方这么烦琐和细致,主要是男方身体健康,没有什么不良嗜好或者是名声不好的,为人正直、踏实肯干就可以了,对于长相没有太多要求。

3.婚姻目的:传宗接代

1947年以前的婚姻最终的要目的就是为了家族的传宗接代,很少考虑个人因素,因此在一段婚姻中的自我意识体现得非常淡,什么时候结婚由当家人决定,就连结婚对象都是"父母之命,媒妁之言",在这种基础上结成的婚姻显然不是为了个人而是为了整个家庭,甚至是一种义务。

4.不结婚不见面

在当地,自由恋爱并不被当时的社会风气所接受和允许,而且现实生活中也确实很少有人通过自由恋爱而结婚。男女双方在定亲之前相互都不见面,又何来自由恋爱之说,根本没有这种机会。绝大多数人都是到了结婚、揭盖头的那天才知道自己的妻子或丈夫的模样如何,不论美丑、自己满意还是不满意,一辈子便也就这样定了。

5.聘礼或嫁妆:普通配置

不论是不同儿子结婚时的聘礼,还是不同女儿结婚时的嫁妆,当家人都会尽量保持一样或者差不多,否则家里的兄弟姐妹之间或是姑娌之间就会攀比,会觉得当家人偏心,反而把事情弄得比较棘手。多就都多,少就都少,都是自己的孩子所以尽量"一碗水端平"。受限于经济条件,杨家的聘礼比较简单,会为女方准备铺盖的几床被子,再买布做一两身衣服,如果女方的娘家比较穷,还会在聘礼里面加上桌子和几个椅子之类的家具。娘家比较宽裕的女方家里自己会陪送这些,就不需要男方在聘礼里面准备了,男方则会另外准备一些戴在头上的银花等首饰,聘礼在结婚的前一天送到女方家里。当时,女孩儿结婚打扮得并不多么讲究,就是穿上喜服,然后头上戴上"五凑花"银簪、"围花"①。结婚之前,首先会定亲,定亲在当地又称为"送件儿",婆婆家蒸上白面馍馍,再给女方做两身新衣服,还有鞋、袜子、羊毛杠子②等,通过双方的媒人把这些东西送给女方,女方家收下了就带代表两家定亲成功,意思是"你家的闺女就是我们家的准儿媳了"。定亲后,两家父母也不会走动。

(三)家长主导成员婚配

婚配过程中,家里的结婚方案主要由双方家庭的当事人参与制定,由男方家来安排媒人。杨家孩子在结婚的时候没有写过婚帖,都是家里人亲自通知亲朋好友说家里要办喜事,并邀请人们参加。家长主要负责照顾来参加婚礼的宾客,再就是在行礼的时候作为男方的父

① 围花:当地女孩儿结婚时戴的头饰种类,围在头上一圈上面点缀着小花。
② 羊毛杠子:女子扎头发时用的发饰。

亲接受孩子们的行礼。杨家的其他家庭成员在婚配的过程中处于跟随的状态，一般当家人做出的决定其他家庭成员都会无条件支持，并且协助当家人完成婚配事宜，基本不发表意见。

（四）婚配原则

1.结婚顺序，长幼有序

在杨家，家庭成员的结婚顺序讲究"长幼有序"，一般年龄大的优先，这是一般情况下的原则，也是当时农村地区公认的家庭的结婚顺序。但是也不排除特殊情况，在特殊情况下可以逆顺序进行。比方说家里的兄长身体有疾病不好说亲，弟弟有中意之人，那么就会让弟弟先结婚，不会要求弟弟一定要等哥哥结婚之后才能结婚，妹妹同样如此。所以还是会根据家里的实际情况来定，在正常的情况下基本按照年龄进行。

2.结婚花费，讲求公平

婚礼的花费主要就在彩礼以及办婚事这两个大项上，儿子结婚的时候需要给儿子的小家添置一些基本的家具，还有铺盖，提前给儿子准备好结婚用的房子，别管是大还是小。如果是比较穷的女方家，则不需要给家具，只给一些粮食就好。或者是女方的娘家特别困难的时候，在准备结婚时他们也会说什么聘礼或者家具都不用准备，只需要给娘家一些大洋①。一般人家会给几十块大洋，有钱人家能达到上百元。杨秀兰曾听自己的婆婆谈及婆婆两个女儿的婚事，当时公公和别人在外面卖羊做生意失败了，欠下了很多债务，实在没办法，公公就想着给家里的两个女儿说亲，向男方家要点钱当作彩礼，当时每个女儿分别向男方要了一百块左右的大洋。杨家所有家庭成员的结婚花费都差不多，没有特别大的差异。

（五）其他婚配形式

1.纳妾

杨家没有出现过纳妾的情况，纳妾一般是在大户人家才会出现，穷人家不会娶小老婆。通常是因为妻子没有生男孩所以纳妾。杨家的邻居是一户大户人家，有纳妾的情况。因为妻子一直没生孩子，所以就纳了个小妾，但是这个小妾也一直没有生出孩子，就因为这个原因这个大户人家前后娶了五个老婆，但是都没生出孩子家里的大人们在说起这件事情的时候都说生不出孩子的原因应该是那个当家的有问题。如果是因为妻子没有生孩子而纳妾人们可以接受，但是有的人因为喜新厌旧，家里的原配不复当年姿色，就想再娶个年轻小姑娘，这种情况人们有时候会在背后议论。但是这些在1947年以前都是很正常的现象，当时还未实行一夫一妻制，所以纳妾也不犯法。一般给别人当小老婆的都是穷人家的闺女，富人家的孩子一般不会去给人家当小老婆，除非是这个男方家庭财力雄厚或者是势力很大，在很多地方都经营生意，那么也会有富人家的女儿想要嫁过去，借此壮大娘家的势力。

纳妾一般是由当家人或当家人上辈的老人提出的，其他人不能反驳。只有在一种情况下当家人的妻子会提出希望自己的丈夫纳妾，就是妻子没有生男孩或者是没有生育能力时，考虑到家庭传宗接代的任务，通常在当家人没有提出要纳妾的情况下迫于周围人们的压力，当家人的妻子也要提出帮当家人纳妾的要求。纳妾不需要向保甲长请示，属于家庭内部事务，由当家人做出决定即可。纳妾也要举办婚礼，但是规模相比起和妻子结婚的规模来说要小很多，

---

① 大洋：银圆。

37

没有那么隆重。

2.童养媳

杨家没有过童养媳。童养媳一般都出身于穷人家庭,因为娘家太穷以至于养不起孩子,就会让自己的孩子早早和男方定亲。定亲之后娘家人就会将女儿送到婆家抚养,当地人将这一过程形容为"团圆着",等到女孩儿长大到可以婚配的年纪之后再将女儿从婆家接回娘家,然后为他们举办婚礼将女孩从娘家再嫁到婆家。童养媳的年纪一般在十岁左右,娶童养媳的男方一般年纪比较大,因为某些原因一直讨不到老婆,年纪相当的女孩们一般不会选这样的人结婚,所以就花钱从穷人家买个女孩儿养着,等年纪大了再成亲。杨秀兰婆婆的女儿就是以童养媳的身份卖给了男方家,当时公公在外的生意失败,欠下了难以负担的外债,后来忍痛将自己的两个女儿卖给了男方,然后分别向男方要了一百块儿大洋用来还账,才度过了比较艰难的那段时期。娶童养媳和娶平常人家的闺女是一样的,该走什么流程就走什么流程,没有差别。

3.改嫁

杨家所生活的地方的社会风气是不允许改嫁的,尤其在大户人家更是很少出现改嫁的情况。在大户人家,如果丈夫去世,婆婆会要求儿媳妇一直守在婆家,为自己的儿子守着。但现实情况是成为寡妇的部分女性在丈夫去世一段时间后会向夫家的长辈提出改嫁的请求。因此改嫁现象也确实在西黑村存在。一般,原夫家同意守寡女性改嫁的唯一条件是女子改嫁的对象要拿钱给原夫家才能将其带走,否则她便无法改嫁,只能一直待在原夫家守寡。改嫁一般是由女方提出,由现任丈夫给原夫家一定的补偿才可以。在当地,即便发生了丈夫去世妻子成为寡妇的情况,女人也通常会选择一直守在夫家,为丈夫守寡,尤其是在有了孩子或者是年纪已经较大的情况下,更不会选择改嫁。杨家大女儿杨玉芹结婚时,在婆家,她的上面有三代婆婆,老老婆婆、老婆婆还有婆婆,她的老婆婆在二十三四岁时便成了寡妇,当时其和丈夫育有两个孩子,一女一男。有一天,老公公没得到允许去房间拿了两个鸡蛋,在和邻居聊天的时候喝着小酒吃掉了,老公公的父亲知道了就生气地打了自己的儿子,结果老公公一气之下喝大烟就被"闹死"①了,老婆婆一下子变成寡妇,之后老婆婆的婆婆对老婆婆说:"别走了,留下来权当给我当闺女",就这样老婆婆一直在夫家守着寡并养大了孩子。

4.入赘

入赘这一婚姻现象在杨家生活的乡村鲜有发生,人们对于入赘的认同和理解比较低,认为入赘是婚姻的下下策之选。因此,在 1947 年以前,为人父母如果知道自家的孩子入赘到女方家里,这对于父母而言本身就是一件非常不光彩的事情,说出去不太好听,面子上也过不去,甚至会让家里人在村庄中无法挺直腰板、抬头做人。基于这一社会现实,不到万不得已当家人一般不会让自家的儿子入赘到女方的家中。1947 年以前,男孩儿对于一个家庭而言意味着传承,意味着对这个家户血脉的延续,因此人们会想方设法生出男孩儿以确保本家族的香火得以延续。在这种重男轻女性别观念的影响下,男方的家庭自然而然难以接受自己的儿子去女方家给别人当儿子,给人一种将自己辛辛苦苦养大的儿子拱手送人的感觉。因此,一般对于正常的家庭来说,没有特殊情况,人们不会选择让自己的孩子入赘到女方家。

---

① 闹死:毒死。

而同样没有儿子的女方家庭一般不会轻易招女婿入赘,而是尽可能选择侄子过继。在人们的传统伦理观念中,女婿终究是外人,侄子再怎么说毕竟也是有亲缘关系的自家人,是自己兄弟的儿子,宁愿选择过继也不选择招婚,就是基于不想让自家的家业落到女婿的手里。入赘最常见于男方的家庭有两个及以上的男孩,家庭条件不太理想难以说亲,而女方家中没有男丁且也无法通过过继来解决,双方就会以男方入赘到女方家的形式缔结婚姻,而通常情况下女方的家境多数比较殷实,基本不需要男方家出彩礼,只要人去就好。而由于先天经济地位的不平等,那些入赘到女方家的女婿通常在家里没有地位也没有决定事情的权利,有的还会受欺负,地位很低。

(六)婚配终止

1.休妻

杨家没有发生过休妻的情况,当家人杨德民对于婚姻做到了从一而终,除了自己的第一任妻子因为健康原因去世而自己不得不续弦之外,从没有主动休妻的行为,在与妻子杨孙氏的夫妻关系中也没有做出过不忠于婚姻的事情。不仅如此,杨德民对于自己的子女在婚姻方面的态度也非常严格,常常教导儿子作为一家之主要承担起家庭重任,与妻子共同经营好自己的小家;而对于自己的女儿杨德民则常会提醒妻子杨孙氏,要有意识地培养女儿勤俭持家的能力和恪守妇道的道德观念,不能做出让自己的夫家蒙羞的事情。

另外,休妻多出现在经济状况为中等及以上的大户人家,最主要原因还是"婚姻成本"。对于一个普通家庭而言,婚姻是件大事,而举办婚礼从家户消费的角度来说更是不可轻视的部分。彩礼、典礼、新房、置办家具等一系列活动的开支均比较庞大,因此人们在结婚对象的选择上也会慎之又慎,不敢草率地做决定,一旦选择几乎就决定了一个人的后半生。因此,在像杨家这种普通的家庭里,只要对方的身体状况、人品没有太大的缺陷或者瑕疵,两个人基本上都能磕磕绊绊地过一辈子。而对于经济条件比较好的家庭,尤其是大户人家来说,他不受婚姻成本的约束,因此如果对现在的妻子不满意了,便会再娶,因此,休妻的现象发生概率也会比经济水平较低的家庭要更高。

2.守寡

在杨家没有发生过丧夫守寡的情况,在杨家的亲戚当中唯一有此类情况的就是杨玉芹的老婆婆,她从二十三四岁时守寡,当时她和自己的丈夫育有两个孩子,一男一女,小的那个孩子刚刚出了满月。老婆婆的婆婆劝老婆婆说毕竟已经有了孩子,希望她别改嫁,留在家里好好把孩子抚养长大,她会像对自己的闺女一样,所以老婆婆就一直在夫家守寡并养大了孩子,再没有动过改嫁的念头。因此,选择守寡的人有很大一部分是因为已经有了孩子,在这种情况下女性会选择留在婆家而不是回娘家,与孩子为伴,并照顾好公公婆婆。对守在夫家没有改嫁并且照顾孩子长大的媳妇,在婆家分家产的时候会受到照顾。如果没有孩子,夫家也希望媳妇继续留在家,除非媳妇执意要改嫁,那么要给婆家一笔钱或是别的形式的财产,婆家才会放人。

二、家户生育

(一)女多男少,无非婚生子女

杨家不算典型的大户人家,只能算得上是中户人家。当家人杨德民的父辈有兄弟四个,而叔伯辈有三个孩子,两男一女,即杨德民的弟弟、杨德民的妹妹以及杨德民本人。杨德民和弟弟、妹妹相继组建了各自的家庭之后便不太经常来往。当家人杨德民和妻子杨孙氏一共育有六个孩子,也就是说杨家二代成员有五人,两男四女,分别是长子杨富彬、次子杨富林、大女儿杨玉芹、二女儿杨秀英、三女儿及小女儿杨秀兰,三女儿在年纪比较小的时候因为一场急病去世,次子杨富林则是因为小的时候顽皮爬墙从高处摔了下来,回家后躺了几天病情恶化便早逝了。长子杨富彬和其妻子张氏一共育有两个儿子,大儿子名为杨光荣,二儿子名为杨光朱。杨家的家教十分严格,所以没有出现过没结婚就生育的情况,这种事情在村里也很少见,是极其有伤风化、败坏名节的事情,一旦出了这种事,尤其是对女孩子家而言,便意味着没有婆家肯再要她。

(二)生育的目的与态度

1.生育多为传宗接代

1947年以前,人们生孩子首要的目的是为了传宗接代,纳妾、过继等很多重大行为都是因为没有生出孩子或者是没有生出男孩才出现。因此人们在生育时怀有强烈的传宗接代、延续香火的心态。其次,生育的另一个重要的目的就是养老。1947年前,人们的养老形式主要是依靠自己的儿女尤其是儿子,没有儿子甚至是没有孩子,老了就会陷入无人照顾的困境。所以人们便都指望着靠儿子为自己养老送终。最后,还有一部分原因是因为多生孩子,孩子长大了能够作为一个劳动力,帮助家里进行农业生产。

2.重男轻女,增添劳力

在生育子女上,村民主要是倾向于生男孩,男孩能够继承香火,除此以外能为家里出更多的劳力。再者说,儿子结了婚还是和自己住在一起,能给自己养老,但是女儿不一样。在人们的眼中,"嫁出去的女儿泼出去的水",女儿嫁到婆家之后就成为外人。杨家的子女大部分在二十岁出头的年纪结婚,没有不满十八周岁就成亲的情况,这个年龄在村里来说不算早也不算晚,有的人家孩子在十五六岁的时候便已成亲。生育一般是在第一年的时候就怀孕生了第一个孩子,当时人们结婚了就想着赶紧要孩子,也没有刻意去限定结婚几年之内不要孩子,不会刻意避孕。

杨家不倾向于多生,有儿有女三四个就好,主要还是考虑到家庭的经济情况,生得多了也有可能养不起。有钱人的人家不会限定,希望孩子越多越好,这样人丁才能兴旺,家族才会越来越壮大。

(三)生育过程

1.期待早生

1947年以前,乡村社会的传统意识形态决定了生育是家庭成员对于其所在家户的一种责任,是传统道德观念下人们必须要做的事情。所以谈不上由谁来决定生或不生,生孩子对于家户中结婚的夫妻来说是一项义务,一切都是顺其自然,结了婚之后长辈就希望儿媳尽快有好消息,越快越好。在1947年以前人们也不懂得避孕,在没有生育计划的前提下,基本上只要妇女怀孕了都会把孩子生下来。

2.怀孕初期也需干活

1947年以前,人们的生活条件都一般,基本上每个妇女一生都会生五六个甚至是十个八个孩子。因此人们对于怀孕也不觉得是一件很金贵的事情、需得到特殊的照顾。1947年前的妇女们即便怀孕了也还是会干活,不会从早到晚地在家里休息,什么也不让她干。妇女们在怀孕的前半阶段和怀孕前在劳动和家务上并没有什么区别, 只有到了快生产的近一个月内,因为肚子太大活动不便,妇女可以减少劳动量,做力所能及的家务即可。这已经算是给予照顾的了,甚至生活条件差的家庭妇女们,直到生产前依旧到地里劳作,因为来不及请产婆直接在农地里生产的情况也不少见。

3.头胎请产婆

1947 年以前,妇女生产以请本村的产婆到家来接生为主,一般情况下不会专门去医院。杨家的长媳张氏在生育第一胎时内当家人杨孙氏请来了村中接生经验丰富的产婆为其接生,但是从第二胎开始杨家便没有再请产婆,而是由婆婆杨孙氏协助儿媳张氏分娩。之所以在生育第一胎时会为儿媳请产婆是因为张氏没有经验,为了避免意外发生,因而请了经验丰富的产婆助产。在顺利生下第一个孩子之后,自己在生育方面也有了一定的经验再加上婆婆杨孙氏在旁协助,此后第二胎的生产便没有再请产婆而是自己生产。生育几乎不需要什么费用,唯一的花销就是在产婆帮助接生之后作为感谢要给产婆一点东西,一般是粮食或者是其他食物。1947 年以前的生育过程可以用"简易"二字来形容,不通过专门的医疗机构,也不需要购买种类繁多、五花八门的婴儿用品,人们不会将生育视作一件家庭大事,妇女们在生育之后也会很快下地劳动。

4.婆婆照顾坐月子

生产后,妇女的月子主要由婆婆负责照顾,为期一个月。但是实际上,在月子的十几天左右产妇就要下床开始忙活一些简单的家务活了。此外,在饮食上,妇女在怀孕期间以及月子里会受到特殊的照顾。首先,在刚怀孕时由于害喜食欲会比较差,为了保证孕妇的营养婆婆会专门询问儿媳妇有没有什么特别想吃的,婆婆会单独给孕妇做,过了这段敏感的时期之后和家里人的饮食便不再有差别。另外,在产后坐月子期间,为了保证产妇身体的恢复和母乳的充足,婆婆也会专门做些有营养的东西给儿媳吃,在杨家所谓营养的东西是指鸡蛋和面饼子,只有孕妇才能吃上鸡蛋这种珍贵的东西。

5.大户小户有差异

大户人家和小户人家在生育过程中还是存在一定的差别,大户人家毕竟人手多,有的经济上也较为宽裕,所以孕妇在孕期及产后都能够得到比较好的照顾,而小户人家则不同,人少意味着照顾的人也少,甚至没有,什么事情都要靠孕妇本人。

(四)生育仪式

1.回礼因人而异

生育后,杨家没有特别举办什么仪式,普通人家的仪式相对来讲都会比较简单,并没有设宴宴请过来道贺的宾客,亲朋好友在知道家里添了新成员之后,会带着礼物过来看看产妇和小孩。当时没有给份子钱的,都是给点粮食或者是食物吃,比方给点鸡蛋,或者是给点面,还有的人家擀成面饼然后再切成宽度相等的条子①送过来,人家送礼过来,添了丁的这家人也要回礼,回礼与人们来时所带的礼物在价格上基本上持平,如果来的时候带的礼多,那么回礼的时候家里人就会相应地多带一些,来的时候带得少,回礼的时候也会少一些。

---

① 条子:面条。

2.分享喜讯

生育后通知亲朋好友来看小孩首先一个目的是想要和乡里乡亲分享家里添丁的喜悦；其次，是希望刚出生的孩子能够得到大家的祝福健康长大。当家人杨德民的第一个孙子出生以后，身为爷爷的杨德民抱着孙子一边笑一边非常高兴地对家里人说："杨家终于后继有人了。"对于儿媳第一胎是不是男孩，身为公公婆婆的杨德民和杨孙氏有特别的期望，内心总希望儿媳能够为杨家生下一个男丁以确保杨家的香火不断。大孙子杨光荣出生后，当家人杨德民通知了杨家的亲朋好友以及儿媳张氏的娘家人共同庆祝杨家添丁这件喜事。受经济条件的限制，杨家宴请的范围通常不大，主要集中于杨家的近亲以及张氏的娘家人，大家会来看望一下产妇和小孩，然后坐在一起由当家人杨德民以及长子杨富彬作陪和亲戚们开开心心地吃顿饭以示感谢。除此以外，街坊邻居知道了杨家添丁的消息后根据远近关系决定要不要去探望和送礼，杨家不会专门挨家挨户通知大家。

3.费用家户出

杨家添丁后不会举办特别讲究的仪式来庆祝，主要就是自家人忙活一大桌子菜来招待前来贺喜的亲戚们，不会产生过大的开支。生育时准备宴席以及给大家回礼所产生的花费均算作杨家的公共支出，因为当时还没有分家，所以家庭的全部收入都掌握在当家人手中，自然任何名目的花销也是从家庭的公共财产中扣除。1947年以前村里人随礼不拿份子钱，都是以实物代替，或是十几个鸡蛋，或是几把面条，而杨家在收礼的同时也要回礼，而回礼主要是以鸡蛋为主，在这一来一回当中二者相互抵消基本上也没有因回礼而产生过大的开支。

4.规模有差异

生育仪式的规模会因为家庭的大小、人口的多少、经济水平的高低而有很大的不同。显然，大门大户、有钱人家的生育仪式会办得更烦琐、更隆重一些。比如在小孩满月的时候会举行抓周的仪式，把许多有着不同寓意的物品摆放在小孩的面前，小孩爬过去抓起什么便意味着孩子长大后会从事和所抓的物品相关的行业或职业，是对孩子的未来一种美好的期望。而从宴客规模上来说也会有明显的差异，西黑村的大门大户、名门望族在宴客时会覆盖全村，甚至邻村的熟人朋友也会前来道贺，来道贺的客人都是庄内庄外有头有脸的人物。而普通人家的宴客规模比较小，有的人家甚至不会宴客，有人来看孩子后，当家人给回礼而已。

(五)孩子起名

杨家孩子的名字都是由当家人杨德民起，当家人如果是孩子的爷爷，那么名字就由孩子的爷爷来决定而不是孩子的父亲。名字一般都是在孩子出生之后再起，因为孩子出生之后才能根据孩子的性别来决定叫什么。男孩的名字一般是按照家谱来起，家谱上排到哪个字，孩子的名字就用哪个字。1947年以前，孩子也有大名和小名之分，大名和小名都是由当家人来起，而小名出现的时间要比大名早很多。小名通常是在孩子刚刚出生后便已起好，但是小名相对大名来说有一定的随意性，不用按家谱定，且在家庭内的使用频率较高。而大名则是在孩子七八岁左右要上学的时候再起，主要是在家庭范围以外进行社会活动时使用。

三、家户分家与继承

（一）分家

1.儿女成家,家户庞大

杨家原先有两个儿子,由于二儿子因为一场意外去世,家中的男孩就只剩下长子杨富彬。所以基本上没有分家的必要,儿子继承当家人的位置之后,杨德民和妻子杨孙氏便一直追随着自己唯一的儿子杨富彬一家生活,直到终老。从杨家最后未分家的原因可以知道,在当时,分家的一个首要因素就是家中有两个及以上的儿子且随着年龄的增大他们渐渐娶妻生子组建了自己的家庭,整个大家庭的人口比较多,平日里行动起来也不方便,个人的小家有小家的想法,也希望有属于自己的空间。因此,对于一个家户而言子女成家立业并育有后代是当时人们选择分家的一个重要原因。分家一般是由当家人提出和决定的,当家人会综合考虑家里的情况,做出是否要分家、什么时候分家及如何分家的决定。另外,也有儿子提出想要分家的情况,这也是允许的,儿子可以提出先要分家的想法,当家人会听取儿子的建议考虑并做出决定,一般儿子提出分家的想法后当家人都会同意。儿子可以提分家,但是儿媳妇不能提,会给当家人一种想急着分家产的感觉,这种行为在当家人眼中是不好的。另外,分家属于家户内部的事情,家庭外部成员一般不会对一个家庭的分家过程产生或轻或重的影响,甚至亲戚也不会发表意见,也不在村里管理者及保甲长的管理范围之内。

2.分家资格:以家户为边界

分家时只有家户内部的成员才能分到家产,只有家庭内部的成员有分家产的资格,家庭外部成员则没有参与家产分配的权利。因此,分家的范围以家户为边界。此外,除了家庭外部成员无资格参与分配,已经出嫁的女儿从传统伦理观念上来讲已经不属于娘家。因此既不参与分配也不再享有分家产的资格。但过继来的儿子虽然没有直接的血缘关系,但是其资格与亲生儿子相同,分的家产在数量或是总的价值上也应持平。而在家庭内部成员中,主要的分配原则是平均分配,这样做的好处是避免家庭内部因为分配不均而引发矛盾。每个家庭对于分家都有自己的规定,没有统一的标准。

3.分家见证人:非必要,不见证

分家是否需要请见证人也因家庭而异,对于小户或中户家庭而言,家庭关系不太复杂,需要分配的财产也比较清晰,所有人对于分配标准也没有任何异议,人们一般不会专门请家户之外的人来参与见证。因此,只要对于当家人的分配各个小家没有异议或者是出现难以协调的矛盾,一般情况下分家的家庭并不需要另外请见证人做见证。相比之下,大门大户由于家户的规模较为庞大,人员关系复杂,需要进行分配的土地、房屋等财产多而繁杂,对于分配标准大家也难以形成统一的意见,各有各的想法。因此,在分家的过程中极易遇到比较棘手的问题或者产生严重的分歧,进而产生不可调和的矛盾。这时候单靠家户内部的人协商很难解决问题,基于这种情况当家人便会请自己的亲兄弟过来主持公道或者提出较为中立的意见建议,为问题的解决做个见证。

4.当家人做主分家

分家的一系列事项均主要由当家人做出决定,主要包括分家的时间、分家的内容、分家的范围、分家的标准等具体的事项,涉及比较重要的财产时,例如房子、土地、积蓄等,均采取

平均分配的原则。因此在重大事项上家庭成员很少产生不同的意见，对于当家人做出的决定，其他家庭成员一般都会服从，若有其他意见也可以提出，但是最后仍由当家人定夺。在需要家户外部的人出面见证的情况下，分家的具体事宜由当家人听取见证人的意见之后做出定夺。

5.契约:分家单

分家时会根据复杂程度决定是否要写分家单。大门大户在分家时所牵涉的人员、财产比较多，也比较复杂。因此为了避免在今后的生活中兄弟之间因为先前分家的事情发生矛盾，当家人会选择找自己的兄弟也就是叔叔伯伯辈的人做见证，拟定分家单。分家单的内容主要包括家户内部的财产清单、分配细则及财产分配安排，最后落款处由当家人签字生效。如果分家的过程比较简单，需要分配的家产也不是很多，那么当家人就选择口头进行分配，如果没有人提出反对意见，那么家产的分配就此便定下来了。

6.外界对家户分家的认可与保护

分家对于一个家户而言属于内部事务，在当家人及内部家庭成员做出最后的决定之后外人一般不会干预。在分家时当家人也不需要向村庄及官府报备，分家的时间、采用的分配原则等具体事项都由当家人在家户内部决定，不需要得到外界的应允。分家结束后，房屋和土地的最终归属也不用向村庄交代，与此同时村庄及官府也会对家户内部的分家进行任何形式的官方认同，分家不在其管辖的范围之内，不涉及公共事务。

(二)继承

1.继承资格:儿子继承

享有继承资格的人仅限为家庭内部成员中的儿子，家庭外部成员无论在什么情况下都没有资格分得家产。拥有继承资格范围的仅仅限定为儿子，过继和收养的孩子享有与亲生儿子同等的继承权利。未成家的儿子和未出嫁的女儿在分家时当家人会为其预留出结婚时所需的物资，具体的内容由当家人决定。但是已经出嫁的女儿便不享有继承权,娘家的一切财产在继承时都将与已经外嫁的女儿无关。一般情况下，在享有继承权的儿子均已成婚的情况下，继承权都是平等的，继承的家产同样也是平等的，没有优先次序。在有儿子的情况下，当家人不会指定另外的继承人，一定是由自己的儿子继承家业，但是也不排除有特殊情况，例如家里的儿子不孝，不赡养老人或者有虐待老人的行为，则当家人有可能将继承的资格转给自己的兄弟。杨家没有入赘到别人家的儿子、抱养给别人家的儿子及被逐出家门的儿子。

2.当家人拍板决定

首先只有家中的儿子才享有继承权的资格,绝大多数情况下儿子们会享有这项权利,但是,并非只要是家中的儿子就拥有继承权。如果儿子有不孝、不赡养老人的行为,那么有可能会失去继承的资格。因此,是否享有继承资格还应该由当家人做决断,当家人说谁有谁就有,当家人说谁没有谁就没有,即便他是家里的儿子。除了当家人之外的其他家庭成员不能决定继承条件,除非当家人已去世,那么便交由内当家人及家中的长子共同商议决定。家庭外部成员不能干涉和影响继承人的条件,村里的保甲长也不会介入。

3.房屋土地为主要继承客体

杨家的继承主要涉及房屋、土地、储蓄这三大部分,至于家里用的生活用品,其中的大部分在分家之前各自的小家便均已置办,而之前"同居共食"时的厨房用品则在分家之后由各个小家负责。继承的主要形式表现为实物,而官府中的职位和领导身份则不在继承的范围之内。

4.默认继承

在确定继承权时由当家人做主,包括享有继承权的人选、继承的具体内容,其他家庭成员对于当家人所做的决定会遵从。在确定继承权时,主要是默认确定,不需要专门立字据。杨家在继承权的问题上没有产生过纠纷,因为享有继承权的仅为杨家的长子,没有其他与其分享继承权的人选,长子继承家产之后由长子一家人担负起赡养老人的责任。在不同类型的家户中,家户的继承也大同小异,关键的原则基本一致,即由儿子继承,其他规定则视家户的实际情况而定。

四、家户过继与抱养

(一)过继

1.家无男丁延续香火

在一个家庭中,如果儿媳妇没有生出男孩儿,可能就会考虑过继一个,但只要生了男孩即便是一个便不会过继。过继的对象也有讲究,并不是随便从一个陌生人的家庭中找个男孩过继,一般需要与家户有一定亲戚关系。或者直接过继自己亲兄弟的儿子也就是自己的侄子,这样一来即便不是亲生的儿子但是理论上讲都是有很近的亲戚关系。因此能够很自然地成为一家人。过继对象会优先考虑亲兄弟的孩子,但如果亲兄弟家中只有一个男孩儿,便不符合过继条件,这时可以退而求其次选择堂兄弟家,甚至只要是本家的也符合过继的条件。所以过继主要考虑的是血缘关系的远近。而出继的家庭主要考虑到两家是亲戚关系,且过继家庭没有儿子确实有些于心不忍。在1947年以前没有儿子意味着一个家庭的血脉没有办法延续和传承,长辈也会担心将来老了没有儿子给自己养老送终,是比较严重的事情。因此在家里有多余儿子的前提下亲兄弟甚至堂兄弟都会同意出继。但是不到万不得已的时候人们也不会选择过继,会觉得还是自己亲生的孩子更好,不会有异心。

2.过继次序:优先亲侄

在考虑过继的时候,在人们的潜意识中会更倾向于选择与自己血缘关系更近的家庭。因此会优先选择自己亲兄弟的儿子。如果亲兄弟也没有儿子或者只有一个儿子,会再考虑堂兄弟的儿子,以此类推,血缘关系也是由近到远。而在亲兄弟有两个以上儿子的情况下,这时过继便没有先后顺序,不会出现过长不过幼的情况,有的人会选择过继大一点的孩子,有的人喜欢过继年龄小一点的孩子,因人而异。如果实在没有找到可以过继的人选,那在老人百年之后,就由亲兄弟的儿子也就是亲侄子出面在葬礼中担任儿子的角色,为自己的叔叔或者是大爷送葬,走到西南方向的大路对着天上的老人说让他往那个方向走,人们称此为"指路";如果逝者连侄子都没有,就由女儿为过世的老人"指路"。

3.完全过继和不完全过继

过继时,出继家庭决定是否出继取决于出继人的父母及其大家庭的家长,二者在慎重的考虑后做出决定而不是出继人本人,在当家人不在场的情况下不能擅自决定是否出继,必须通知当家人或者与代理当家人商量决定。不论是出继还是过继都不需要向家族族长请示，也没有必要向村庄的管理者打招呼，这是属于家庭内部的安排，保甲长不参与或者干预。

过继的形式分为完全过继和不完全过继这两种情况。所谓"完全过继"是指过继后过继者便成为过继家庭完全意义上的家庭成员，从过继的那一刻开始他便是这个家庭的一员，享有一切作为这个家唯一的儿子应享有的一切权利，也必须履行相应的责任和义务，最重要的便是赡养老人、经营家庭，在老人百年之后仍然作为这个家的成员继续生活。而"不完全过继"则是指在老人在世期间担任儿子的角色，但在老人百年之后为其养老送终后便回到原生家庭的过继形式。出继时，考虑到入继家庭与出继家庭的关系较近。因此入继家庭不会在过继时给出继家庭财物。但是在过继之后，意味着过继家庭将来的家产全部都由过继人所拥有，即仅他一人有权继承一切财产，因此家产继承权一定程度上弥补了出继家庭的损失。

虽然没有财物方面的往来，但是在过继的过程中会写一份类似于契约一样的单据，称为"过继单"，由当家人双方签订并保管。如果亲兄弟当中仅有一个儿子可以出继，那么一般就不需要写过继单；如果亲兄弟家的儿子在两个及以上就有写"过继单"的必要了。这主要是因为如果所有亲兄弟里可过继的男孩儿就一个，留在自己家的儿子继承自己家的家业，过继的儿子将来继承入继家庭的家业，所有孩子之间刚好是公平的。但是如果孩子多于两个，而出继家庭仅选择了其中一个兄弟的孩子过继，那么在继承家产时，其中一个亲兄弟的孩子就会一个人继承出继家庭的全部财产，这样一来就会引起其他亲兄弟们的"攀瓣儿"①。而写了这份过继单之后，白纸黑字，其他兄弟家便不可再攀比什么。

过继时，除了需要书写一份过继单之外，还需要出继家庭和入继家庭双方找一个中间人作为过继的见证人。如果家里是亲兄弟两个，就不需要请中人；如果是兄弟三个及以上，就需要请中间人做见证，见证人就是除了出继和入继以外其他的兄弟，请他们来见证家族里的这件大事，过继之后，大家在一起吃顿饭即算完成。出继时不会刻意考虑出继人的意愿，出继者也很少有不愿意的情况。因为兄弟们都不是很富裕，甚至有时候家中的房屋都不够住，过继还可以让自己的孩子多继承一分家产。所以基本上都不排斥过继的行为。

4.回继

在过继之后，也会有回继的情况发生，产生回继的原因主要是在过继者搬到新的家庭居住以后有可能会发生子女之间关系处不来的情况，如果矛盾严重到无法调和的地步，那么会考虑回继。由出继家庭的家长和入继家庭的家长共同商量讨论回继的相关事宜，其他家庭成员一般不介入。家庭外部成员同样不能主导回继的事宜，因为其不属于家庭内部人员，无权干预别的家庭的事情。

5.过继获家族见证和认同

家族对于内部发生的过继行为只要是在整个家族所有兄弟的见证下完成的均获认可和保护。这种认可是指需要在除当事人家庭之外的兄弟见证签订"过继单"的认可，之后会将孩子的名字变更到入继家庭一支。而过继的儿子会享有作为过继家庭唯一儿子应享有的一切

---

① 攀瓣儿：攀比、嫉妒、不满。

权利，不会受到差别对待，在家族内部也不会被人瞧不起或者感觉自己低人一等。因为在1947年以前，过继是一件非常正常也非常普遍的事情，过继的对象一般都是亲兄弟，说到底其实都算是自家人，不会有一种外来人进了自家门的感觉，大家都会像一家人一样相处。过继不属于西黑村管辖的范围之内，村庄的保甲长甚至是官府部门不会过问，而出继与过继家庭也不需要专门向村庄及官府报备相关事宜。

（二）抱养

1.抱养原因各有不同

抱养与过继略有不同，过继是在家庭里没有儿子的情况下发生的行为，而抱养并不是完全起因于家里没有儿子。首先，家中没有儿子是选择抱养的原因之一，西黑村有人是因为家里没有儿子而选择向亲戚家抱养小孩，他们家是兄弟六个，其中老三家里有三个女儿没有儿子，老四家里有三个儿子，老六有两个女儿一个儿子。所以三大娘就向老四要了一个儿子又向老六要了一个女儿，等到小孩一岁多一点不吃母乳的时候三大娘便抱到自己家养育。其次，不论是以前还是现在人们都渴望儿女双全。因此在一个家庭中即便已经生了男孩但是没有女儿也会成为人们选择抱养别人家女儿的动机之一。抱养的对象有亲戚家的孩子，也会抱养不认识人家的孩子。之所以把孩子送给别人抱养主要还是因为受家庭生活水平的限制，孩子又多，甚至到了快要吃不上饭的程度。因此为了孩子能够吃得饱、穿得暖，生活得更好一些，一些家庭宁愿把孩子送给家庭环境好并想要孩子的家庭，孩子反而能过上好日子，不用跟着自己受穷。所以把孩子送给别人养也是出于为孩子好，即便心里舍不得行为上也要舍得。

2.抱养不讲求次序

一般抱养孩子的家庭经济水平都在中等或者中上等左右，就算再添加一张嘴也养得起，只有在经济能力允许的条件下人们才会考虑抱养。如果家里只有女儿或者儿子，就会考虑抱养一个儿子或者女儿。抱养与过继一样，同样不讲究顺序。可以抱养本村的，也可以抱养外村的，哪里能找到符合抱养条件的就从谁家抱养。抱养与过继最为明显不同的一点是抱养的孩子在被抱养之后不再与原生家庭保持联系，且抱养家庭也比较排斥孩子跟被抱养家庭保持联系，而过继毕竟是在具有血缘关系之间的家族进行的，二者很难割舍或者分开。

3.家长决定，鲜少询问孩子意见

抱养的孩子年龄一般偏小，所以在抱养时很少甚至不会询问孩子的意见，主要由家长说了算，抱养的形式也由父母二人决定，可与大家长共同商量，但是大家长一般会尊重孩子父母的意见。抱养不需要向家族族长请示，也不需要向保甲长报告。

抱养与过继的另一点不同则是钱物交易，过继不需要入继家庭给出继家庭钱物作为补偿，而抱养则不同，抱养家庭需要向被抱养家庭支付一定的现金或粮食作为补偿，而可见的收益也是部分家庭想要将孩子送出的主要动因之一。过继需要签订契约不需要支付钱物，而抱养则需要支付钱物但不需要签订契约。抱养一般都是由中间人牵线搭桥完成，极少数抱养家庭是双方直接进行交易完成。一般中介掌握送养孩子家庭的信息，而想要抱养孩子的家庭会找到中间人帮其找想要送养孩子的家庭，由中介牵线完成抱养的交易。抱养一般会选择年龄较小的孩子，但没有不能抱养长子的约定俗成，主要看抱养双方的意愿。抱养需要在双方家庭的当家人均在场的条件下才能进行。

4.抱养反悔需赔偿

抱养一段时间后,如果抱养孩子的家庭发现有不妥之处因而不想继续再抱养可以反悔,相当于在过继过程中出现的回继现象。但是抱养反悔之后,抱养家庭需要向被抱养家庭进行一定的赔偿,以现金或者是粮食的方式;但如果是由于被抱养家庭隐瞒了孩子的生理缺陷而在日后的生活中被抱养家庭发现后反悔,这种情况则不需要抱养家庭做出任何补偿。

5.被抱养者享有同等权利

抱养的孩子与过继的孩子同样能够得到全家人及整个家族的认可,抱养后当家人会按照家谱为孩子起名字并将孩子的名字写在自己家这一支里,这也意味着抱养的孩子正式成为这个家庭的一员,家里人会对抱养的小孩一视同仁,抱养小孩将可以享有亲生小孩的各种权利,在衣食住行等各个方面和家里其他的孩子一样。外人对于被抱养的孩子在表面上都会同等看待,不会用异样的眼光去审视,但是由于其身份的特殊性,外人难免会对抱养的小孩议论纷纷,但是随着时间的推移不管是家人还是外人都会在思想上逐渐习惯和接受被抱养小孩的存在,且被抱养的小孩会被登记在抱养家庭的户籍中,得到官府部门的认同。

(三)买卖孩子

1.生活所迫,多来自偏远山区

买孩子主要是在家里没有男孩或者是没有孩子情况下,一个家庭会考虑买别人家孩子。如果家里有了孩子并且是儿子,再买孩子的可能性就比较小,但也有买的情况。这些被买卖的孩子主要都是流窜于各地的人贩子从比较偏远的地方贩卖过来的。1947年以前,国家的法律体系不是很完善,对于贩卖人口的管制不是很严格。因此贩卖孩子的情况比较猖獗。这些人贩子都是流动作业,在各个村子中寻找需要购买孩子的家庭。买卖的孩子有男孩儿也有女孩儿,而且男孩儿和女孩儿的标价是不同的,男孩儿要比女孩儿贵一些。

被买卖的孩子主要来自于我国的西南部地区,比如在杨家所居住的西黑村中人贩子贩卖的主要是来自四川的孩子,四川等地处偏远山区人们生活水平比较低,比较穷,但是孩子又多,养不起。所以就会把孩子卖掉接济家里的生活。但独子的家庭不会考虑卖孩子,即便再穷也还是要考虑延续香火、传承血脉,为自己养老送终的问题。

2.买者获益,卖者获利

1947年以前,西黑村周遭出现过两类买卖孩子的类型:一种是源于客观条件的约束,家里孩子很多而且生活极其困难甚至连温饱都成问题,在被逼无奈的情况下只能卖孩子,一般优先年龄小的女孩;而另一种情况则是出于主观的意愿,有些女性未婚先孕,又不懂得流产。因此为了保住自己的名节以便之后还能结婚嫁人,就只能等到孩子生下来悄悄卖掉。

买孩子的家庭一般是出于没有子嗣传承香火、养老送终的,出于此原因买孩子的家庭不论贫富都会倾其一切实现想要一个孩子的愿望。所以贫富并不是决定一个家庭是否买孩子的决定性因素。

3.家长在买卖孩子过程中占支配地位

是否买卖孩子及买卖哪个孩子由孩子的亲生父母决定,买卖的孩子通常都是襁褓中的婴儿或者是很小的孩子,并没有自我意识。父母也几乎不会询问孩子的意见,更不需要请示族长或者村庄的管理者。因为买卖孩子是违法行为,所以买卖孩子的所有过程通常暗中进行,不被外人所察觉。买卖孩子与过继不同,过程中未掺杂任何私人的感情,双方通过中间人进行的纯粹是金钱上的交易,而且也不需要写契约,买卖的过程通常是"一手交钱,一手交货"。买卖孩子通常通过中间人,这些中间人一般都是从事非法活动的人贩子,买家不需要专门给中间人报酬和礼物,中间人在转卖小孩的时候会自动提高价钱从中赚取差价。通常买卖孩子不是长子,或者是已经懂事有辨别能力的孩子,而是刚出生不久对周围事物没有什么意识的婴儿,这样的孩子会使整个买卖过程顺利很多,而买家也不会产生孩子不跟自己亲近的风险。买卖孩子与过继不同,过继之后如果后悔可以回继,但是买卖一旦结束便不能反悔,买家无法找到卖家把孩子还回去,更找不到人贩子。对于买来的孩子外界是认可的,但是在村里难免会对其议论纷纷。

五、家户赡养

(一)以家户为赡养单位

赡养老人属于家户内部的事情,家户之外的人如叔叔伯伯可以干预。作为当事人的长辈,如果当事人作为儿子没有履行赡养老人的义务,不孝顺父母,那么叔叔伯伯有权力也有这个资格来管教自己的侄子,同时也能起到教育及警示其他家庭成员的作用。但是家户以外的街坊四邻或同村的外人不会插手干涉,只是偶尔会说闲话议论而已。在杨家,需要承担赡养责任的成员主要是身为儿女的家庭成员,包括长子杨富彬、长媳张氏以及大女儿杨玉芹、二女儿杨秀英,两个女儿虽已出嫁但是也要承担赡养父母的责任。儿子和女儿只是在赡养的内容上有所区别,但是二者都需要承担赡养义务。

(二)儿女赡养责任有差异

杨家当家人杨德民及其妻子杨孙氏共育有包括小女儿杨秀兰在内的六个子女,两个儿子、四个女儿,属于多子家庭。在这个多子家庭中,儿子和女儿所担负的赡养责任的具体内容是有所差异的。1947年以前,家中老人主要是跟随儿子生活,如果有多个儿子,则主要跟长子或者是年龄最大的儿子居住或者由几个儿子轮流抚养,老人的日常都会由儿子及媳妇负责照顾。另外在老人生病的时候花钱看病均由儿子承担,且儿子和儿媳也要在床前照顾老人直至痊愈。

家中的女儿们随着嫁为人妇,回娘家的时间也会大大减少,只有在回娘家的时候才能忙活娘家的事,帮父母洗洗涮涮,过年过节的时候常回娘家看看,回家时要给父母买点东西带着礼物回娘家,这在当地叫做"行孝"。女儿的赡养在多数情况下是出于自愿,而儿子的赡养则多半是一种必须承担的义务。在有些家庭没有儿子只有女儿。因此赡养的责任就只能由女儿承担。

(三)养老地养老

杨家当家人杨德民和妻子杨孙氏所采用的养老形式是"养老地养老",是指在分家之后,父母将一部分土地预留出来自己耕种,剩余的土地平分给几个儿子,等到父母无力耕种自己的养老地时就会将养老地交由某个儿子继承,而这个儿子则向父母交一部分粮食来赡养父母。小女儿杨秀兰的婆家采用的就是这种养老方式。赡养方式的选择主要根据家庭的实际情况确定,老人只有一个儿子,只能由儿子赡养,在养老方式的确定上父母和全家人达成一致,没有不同意见,并且养老问题属于家户内部事务。因此不需要告知街坊四邻、家族以及保甲长。在赡养中,除了家长之外的家庭成员主要起到辅助的作用,家长承担主要责任,而其他家庭成员辅助家长尽到赡养义务,时常回家看看,帮老人收拾收拾,老人的重大事务主要还是由当家人做主,其他家庭成员跟随并支持。

不同类型的家庭养老难度和压力也有所不同,家庭人口多的大户子女众多,养老方面的压力较小,但像杨家这种小户家庭,只有一个儿子,赡养的责任就落在长子杨富彬一个人的肩上了,长子在经济和精神上的压力会比较大,需要在农闲时帮别人盖房子来补贴。

(四)养老钱粮

分家时养老粮是由当家人来确定的,以年为单位,杨秀兰的公公家兄弟四人,每个人在平均分得了老人的养老地之后需要每年给老人一袋高粱养老,当时一袋是一百五十斤,再交一部分豆子用来打油吃,另外还要交一部分麦子。每个儿子不管最终能收多少粮食都是要给老人一样多的定量的粮食。如果碰到有的儿子家里当年确实困难,拿不出这么多养老粮,那么以"今年少拿明年多拿"的办法解决,在总的数量上要保持平等,不然对别的儿子就不公平了。养老钱粮一旦决定,其他家庭成员便不能随意更改,必须经过当家人的同意。如果在上交养老粮的过程中发现养老粮给得多或者少了,再由当家人根据实际情况确定养老粮的数量。不同类型的家庭养老钱粮的多少也有所不同,大门大户土地多、孩子多,一年所交的养老钱粮也会相对多一些,小门小户上交的养老粮则比较少。

(五)治病与送终

1.儿子照料,女儿探望

杨家老人的治病与送终主要是由家庭内部成员负责,相比起女儿来讲,儿子在其中承担着主要的责任,女儿主要协助儿子照顾老人。老人生病了,治病的钱由儿子全部承担,如果是分家了则由儿子们平摊,不允许有的儿子不交钱,这是不孝的表现。如果几个儿子中有谁不愿意出钱,那么其他几个兄弟就会教育他,给他讲道理,说服他拿钱出来。而日常照顾老人的重任则主要由儿媳妇们承担,由她们床前床后伺候,直到老人的病痊愈。至于出嫁的女儿则不需要其在床边一直照顾,偶尔过来探望即可,看看老人的情况,给老人买点营养的东西之类的,尽尽孝道。1947年以前医疗条件不太发达,而且穷人也多,即便是像杨家这样经济水平中等的家庭还是去不起医院,家里的爷爷当时生病只能一直躺在床上,没有钱送到医院治疗,请了村里的医生简单瞧了瞧,然后开了几服草药,每天喝草药来控制病情。给老人治病的一切事宜均由当家人杨德民决定,出嫁的两个女儿会时不时回来看望,并且会在婆婆家的村庄打听一些有利于治疗疾病的偏方给当家人尝试一下。

2.儿子出钱给老人送终

老人去世之后,丧葬的花费也均由儿子承担,儿子多的就平摊。在丧葬中,长子所扮演的角色与其他儿子有一些细微的差别:出殡时,站在队伍最前面棺材后面的人都是长子,由长子领队,其他儿子在后面,儿媳、女儿、外甥及孙子孙女依次紧跟在儿子的后面。

(六)赡养老人是评判品行的重要标准

杨家的长子杨富彬对自己的父亲和母亲一直都非常孝顺,妻子张氏也将婆家人照顾得十分周到,已经嫁为人妻的两个女儿因为就在不远的邻村,因此也会时常回娘家看看,兄弟姐妹相处得非常和谐,晚辈们在赡养老人上一直都做得非常好,周围邻居都非常认可,没有什么可以指摘的地方。在村里,不孝敬老人在人们眼中是一件让别人特别看不起的事,那些对辛苦抚养自己长大的父母不孝顺的人名声会非常差，人们不愿意和这样的人来往。不仅如此，还经常会议论指责他们，有时会将这种人当成反面典型来教育自己的晚辈。

六、家户内部交往

总的来说，杨家的家庭关系比较和谐，基本没有发生过导致整个家族决裂的事情，但是一家人在一起生活难免会有磕磕绊绊，会有"锅碰着碗、碗碰着筷子"的时候，但是时间一长家人们也就不再计较了，也不会影响到家庭成员之间的感情。

（一）父子关系

1.权利义务相辅相成

作为父亲，当家人杨德民在儿子小的时候除了关心孩子的衣食住行还有教育问题，要培养儿子形成正确的人生观和价值观，养成良好的品行，成为一个顶天立地的男子汉，承担起继承家业的重任。等到儿子长到一定的年龄，当家人还要操心儿子的婚事，婚姻大事讲究"父母之命媒妁之言"，婚姻大事要父母做主，所以为儿子找一个人品好的妻子也是在1947年以前的社会环境下身为父亲对儿子的重要责任之一。讨到老婆后，还要给儿子准备结婚的房子，虽然没有任何一条法律规定父母有责任给孩子准备房子，但是父母都会像是自己的责任一样一辈子辛辛苦苦省吃俭用为儿子准备婚房，这正是具有中国传统特色的父子关系。

在这类关系里，父亲对于儿子的权威是绝对的，这种绝对权威表现在儿子的婚姻大事上，也表现在为儿子确立人生方向中。1947年以前，有很多子承父业的情况，只要父亲有特殊手艺，通常会将手艺传承到儿子手中，让儿子拥有生存的饭碗。杨家当家人是个有手艺的人——帮别人盖房子赚取外快全家人的生活才不至于捉襟见肘。因此当家人也想教会儿子自己的这份手艺，将来能够养活自己的家庭，毕竟只靠种地、靠天吃饭也极不稳定。所以不管儿子是不是喜欢学这门手艺，当家人都要求其作为家中的长子必须学会。杨家当家人对于自己儿子的管理和教育十分严格，同时也是尽职尽责。在杨家人的眼中，身为当家人的杨德民同时也是一位十分负责任的父亲。所谓的"好父亲"就是能够将自己的孩子调教成一个正直的人并教会他生存，而所谓的"好孩子"就是赡养老人、照顾妻儿、能够维持家业。

2.日常交往，父为子纲

1947年以前，在正常的父子关系中，身为父亲会教育自己的孩子，孩子犯了错可以训斥甚至通过体罚惩戒，但不会出现随意役使孩子的情况，正所谓"虎毒不食子"，即便是打骂出发点通常也是为了孩子能够成为一个更好的人，而不是像对待下人一样随意役使。对于父亲而言，儿子首先要有一个服从的态度，如果父亲说得确实不对，也可以相互沟通讲道理。如果父亲做错了，作为儿子也有义务善意地提醒父亲让父亲注意，但是不能批评，要注意说话的态度和方式方法，要保持父亲作为家庭唯一当家人的形象和权威。父亲对儿子的绝对权威并不是不分青红皂白地妥协和顺从，也绝对不是专制。

像朋友一样可以相互开玩笑甚至是大闹的这种父子关系是绝对不会出现在1947年以前的父子关系当中的。就算在一个家庭中父亲和儿子相处得再和谐，都不会逾越根植在父子关系中的纲常伦理，即"父为子纲"，在父亲的面前作为儿子还是需要保持那一份尊重和敬畏。因此相对于"怕",将这种父子关系形容为儿子对父亲的一种尊敬更为贴切。虽然很少会开玩笑,但是父子坐在一起喝酒聊天在杨家还是常有的事。有时会因为家里发生了一些令人高兴的事,比方说今年的粮食收成喜人,或者是家里添了新的人口,又或者是办了喜事等,作为杨家的当家人和家里的长子,杨德民和杨富彬也时常会让长媳张氏做些下酒菜,喝着小酒聊聊家里的事,以及未来的事,谈谈自己对事业及家庭未来的规划,讨论的都是属于比较宏观的事情,基本很少会向对方说心里话或是吐露心事,父子之间通常会将自己比较柔软的一面隐藏起来自己消化,是比较男人之间的一种谈话风格。

3.小冲突,易和解

杨家父子之间也发生过冲突,也会有抬杠的时候,但都只是偶尔发生,冲突过去也就过去了,没有什么,也不会影响父子之间的关系,日后该怎么相处还是怎么相处。能够引发争吵的都是一些家庭内部的事,比方说长子杨富彬想要外出打工,多挣点钱贴补家用,但是当家人杨德民认为家里就只有这么一个儿子,自己年龄又大了,很多事情需要儿子在家里帮忙料理。因此不太想让儿子出远门,在家种点地帮别人盖盖房子也足够一家人生活,家中包括内当家人杨孙氏、长媳张氏在内的其他家庭成员也同意当家人的想法。所以后来在当家人杨德民的坚持下,长子杨富彬经过了慎重的考虑便放弃了外出打工的想法。在诸如此类的争执中,家庭成员并不是一直和父亲站在一边的,如果当家人说得有道理,家庭成员就会帮助当家人一起说服长子;如果长子说得有道理,那么家庭成员就会帮助长子劝说当家人,所谓"帮理不帮亲"就是这个道理。对于这种发生在家庭成员内部的争执或者是矛盾外人一般不会介入,这属于别人家的家务事。只有父子之间发生了非常大的矛盾甚至到了动手的程度时,可能叔叔伯伯辈的家长才会介入调和。

(二)婆媳关系

杨家的婆媳关系总体来说比较融洽,并没有一直处在不可调和、水火不容的状态。偶尔也会有争执和矛盾,但是媳妇对婆婆一直都很尊敬,婆婆对媳妇也像自己的亲女儿一样看待。

1.婆婆媳妇亲如母女

大多数情况下,都是媳妇照顾和伺候婆婆的日常生活,但是在媳妇怀孕及生完孩子坐月子期间都是婆婆照顾媳妇。内当家人杨孙氏在儿媳妇怀孕期间,由于儿媳妇害喜比较厉害,为了让儿媳妇尽量多吃都会问儿媳妇想要吃些什么东西,是酸的甜的还是辣的,然后根据儿媳妇怀孕后的胃口给儿媳妇专门做她爱吃的食物。到了快要生产的那段日子,家里的家务活基本上都是由内当家人杨孙氏忙活,尽量不让儿媳妇累到,毕竟家里就杨富彬一个男丁。因此内当家人杨孙氏特别宝贝儿媳妇张氏怀着的这个孙子。孙子出生之后,伺候儿媳妇的任务就落到了杨孙氏的肩上,照顾孙子、给儿媳妇做饭、洗洗涮涮等都由内当家人一个人完成,儿媳妇的身体在月子中得到了很好的恢复,没有落下什么病根。除了在儿媳妇怀孕和做月子期间照顾她,杨孙氏还有义务教导儿媳妇张氏,尤其是在张氏刚嫁进家门对家庭内的事务还不是很熟悉的时候,对于身为儿媳妇要做的家务活也需要有人调教。这些都是杨孙氏所需承担的责任。

婆婆对媳妇不会随便役使,媳妇嫁到婆家就是婆家的家人了,只要媳妇恪守妇道、勤俭持家,婆婆都会把媳妇当成家人来相处。婆婆不会对媳妇随意打骂,会尊重媳妇。婆婆打骂和役使媳妇的情况常发生在大户人家,尤其是当婆婆发脾气比较厉害的时候,媳妇做得婆婆不满意了,可能就会招致婆婆的打骂。但是像杨家这类小门小户,人们都是过着最平实的日子,每天为柴米油盐酱醋茶而忙碌,不会出现婆婆故意刁难媳妇的情况,大家都是希望把日子过好,正所谓"家和万事兴",身为婆婆应该在为人处世方面给媳妇做一个好榜样。

媳妇作为晚辈,应该听从婆婆作为过来人的建议和要求,不能随着自己的性子想干什么就干什么,要懂规矩。如果婆婆的命令或者建议有不对的地方,媳妇可以提出来,进行善意的沟通,而不能直接顶撞婆婆,让婆婆脸上挂不住。媳妇做错了事,婆婆可以批评、训斥,但是婆婆做错了事情,身为媳妇就不可以直接指责或提出批评,毕竟媳妇是小辈,要尊重长辈,可以私底委婉地向婆婆提出。所以无论什么时候都要注意长幼有序,遵守纲常伦理。

2.婆媳关系非常融洽

杨家的婆媳关系一直是非常融洽的,内当家人杨孙氏和长媳张氏两个人都是脾气非常温和的人。张氏嫁到杨家之后一直勤勤恳恳,帮杨孙氏忙前忙后操持家务,也十分认真地向内当家人学习厨艺和针线活,不到一年张氏就能够在没有杨孙氏的指导下做好家里的后勤工作了。在杨家,经常能看到内当家人杨孙氏和儿媳张氏一起为家庭成员准备一日三餐,杨孙氏炒菜的时候张氏会帮助婆婆洗菜择菜打下手;如果张氏炒菜,杨孙氏也会帮助儿媳忙活。杨孙氏时常会和儿媳坐在屋门前聊着家常,一起纺线织布给家里人做衣服,有时两个人还有女儿都会凑在一起,一边做着杂事一边聊着女性的话题。所以,张氏不会有害怕婆婆的感觉,而杨孙氏对于儿媳张氏而言就相当于第二个母亲。

3.偶有冲突,不会结怨

杨家的婆媳之间偶尔会发生小的冲突,但是都不很严重,随说随忘,两个人都不记仇,都知道大家是为了这个家及成员们好。矛盾主要是关于孙子的教育问题、照顾丈夫即婆婆的儿子的衣食起居问题还有回娘家的问题等。

关于孙子教育问题的争执:由于当时杨富彬是家中唯一的儿子,所以杨孙氏对杨富彬的第一个儿子也就是自己的大孙子十分宝贝,孩子跌倒了,杨孙氏会立马抱起来,孩子的年龄很大了还需要杨孙氏喂才吃饭,有时候会对着长辈发脾气,儿媳张氏觉得婆婆杨孙氏过于溺爱孩子,男孩子放养就好,不必这么惯着他,否则以后性格会特别霸道和自私。但是杨孙氏心疼孙子,看不得孙子受一点委屈,孙子的什么要求都会依着他,媳妇看不惯婆婆太过于溺爱孙子,而婆婆觉得媳妇对孙子照顾不周,因此婆婆和媳妇之间会因为孙子的抚养和教育问题产生分歧和矛盾。

关于照顾丈夫的衣食起居问题:为了贴补家用,当家人杨德民和长子杨富彬时常会外出为街坊四邻盖房子,回到家的时候会特别累,有时候杨富彬懒得洗漱直接上床睡觉,媳妇就会嫌弃丈夫身上又是泥又是土也不知道洗洗再睡,婆婆知道了就会心疼儿子,觉得丈夫在外面辛苦地干活养活家人,回来后累得一动不想动,婆婆认为作为妻子应该伺候丈夫洗漱睡觉才算是尽到作为一个妻子的本分。因此婆婆会因为这个问题对儿媳妇产生看法。

关于回娘家的问题:1947年以前,嫁出去的媳妇在没有得到婆婆的允许时是不能随便回娘家的,尤其是在农忙家里尤其需要人手的时候。有时儿媳张氏想回娘家看看,但是内当家人杨孙氏认为家里现在正是需要人帮忙的时候,不适合离开,便不同意,而张氏有时会违背婆婆的意愿执意回家,这样便会引起婆婆的不满和抱怨。在发生这种类似的冲突之后,有时候随着时间的推移两个人会渐渐气消,如果是媳妇的错,婆婆会跟媳妇讲讲道理,对她说这种做法是不对的,以后要记得不要再犯,比如说不经过同意就回娘家这件事。而如果是婆婆做得有些过分,媳妇也会委婉地小心翼翼地和婆婆说出自己的想法,只要摆明道理,讲清楚说明白杨家婆媳之间任何矛盾都可以化解,加之其他的家庭成员也会出面帮忙说和,一家人永远没有隔夜的仇。但外人不会介入家户内部婆媳之间的冲突,杨家也不会插手别人的家务事。

杨家小女儿杨秀兰的婆婆曾讲,当年杨秀兰婆婆做媳妇的时候,自己的婆婆对自己就很一般。当时自己怀孕了不爱吃东西,想吃点缸里腌的咸菜,结果婆婆就不允许,就说"你别吃萝卜,吃那些缨子吧,留着萝卜我们还要吃呢",显然媳妇在家里没有地位也不受重视,即便是怀孕了也不会给予特别的照顾,只有母亲才会心疼自己,给了自己点钱。于是,杨秀兰的婆婆就用这些钱买了些葱吃,吃完后嘴里有味儿结果被婆婆发现了,婆婆生气骂道:"买来葱就知道偷着吃,拿出来分给大家吃!"杨秀兰的婆婆就反驳自己的婆婆说:"这是我娘家给我钱让我买的,我怀孕了都不许我吃点好的,我娘心疼我给我点吃的你还要我都分了!"就吵起来了,婆婆的脾气也是比较大,于是就说不出话来了。在大家庭里若是炒几盘菜端上饭桌,媳妇们都吃不着,得先给家里的老人们把菜舀出来,然后再分给家里的儿子们,分完之后基本上也剩不下什么了。

(三)夫妻关系

1.夫妻之间相互照顾

杨家的夫妻关系比较和谐,不论是外当家人和内当家人的夫妻关系,还是长子杨富彬和妻子的夫妻关系都还算得上和睦,虽然也存在小吵小闹的情况,但是处得来的夫妻也都是"床头打架床尾和",没有什么隔夜仇,关起门来还是照样过日子。在一对夫妻关系当中,做丈夫的应该疼爱妻子,承担起养家糊口的责任,尽最大的努力让妻子跟着自己过上好日子,日常生活中也应该学会关心妻子,妻子生病了要为妻子找医生看病,还要一直照顾妻子到痊愈。另外,在妻子怀孕生产期间,丈夫也应该无微不至地照顾妻子,体谅妻子怀孕的辛苦,让妻子吃点有营养的东西补补身体,日常生活中妻子若是受了委屈要知道安慰妻子等。而妻子对于丈夫同样也要无微不至的关心,照顾好丈夫的饮食起居,照顾好两人的孩子,尽量减少丈夫在生活中的负担,做丈夫坚实的后盾,支持丈夫的事业。

夫妻之间应该相互扶持、相互关心,丈夫不应随意役使妻子,也不会恶意打骂妻子。如果犯了错误,丈夫可以对妻子进行说教,或者是呵斥,但是很少有打骂的行为发生。夫妻之间打骂在杨家人看来是一种非常伤害双方感情的行为,有分歧双方可以沟通交流,最好不要动手,虽说妻子应该服从丈夫做出的任何决定,但是前提是丈夫应该尊重妻子,而不是一味地要求对方听从服从自己的想法和决定。

2.妻子以丈夫为中心

平时夫妻相处得比较融洽,都是打打闹闹哭哭笑笑地过日子,只有两个人在的时候会聊聊自己的孩子、聊聊家里的其他家庭成员,说说家里的日子现在过得怎么样,都是一些比较平实的话题。毕竟两个人过日子难免会遇到困难,两个人要相互扶持、相互安慰着向前走。所以在杨家,夫妻之间既有爱情,也有友情,既是夫妻也是亲人,不会有妻子怕丈夫或者是丈夫怕妻子的情况,两个人之间经常会说说心里话,因为那个年代似乎结婚之后最亲的人、最能理解自己的人就是伴侣了,只有对方才是完全跟自己一条心。与杨家这种小门小户不同,在大门大户里,丈夫和妻子的关系往往比较恪守夫妻的伦理纲常,即"夫为妻纲",凡事都要以丈夫为中心,要听从丈夫的一切决定,不能与丈夫顶嘴吵架,否则会遭到婆婆的训斥。所以大户人家的妻子日子常常过得小心翼翼,必须秉承"丈夫就是自己的天"的信念而生活。

3.床头打架床尾合

杨家的夫妻发生过冲突,不过也都是正常的夫妻吵架,次数算不上多也算不上少,有的时候就仅仅是吵吵两句,也有的时候也会大吵甚至到需要家里人帮忙调解的程度,发生这种情况的次数比较少,等到吵架的原因弄清楚了便能和好继续过日子。1947年以前,人们表达感情比较内敛,夫妻吵架和好了之后,也不会刻意向对方说软话,求得对方的原谅,有的时候一句关心的话说出口"你饿了没,饿了的话我去做饭",对方就知道自己已经不再生气,这件事就算翻篇了。

(四)兄弟关系:长兄如父

杨德民有两个儿子,即杨富彬和杨富林,但是二儿子在小的时候生了一场病便早逝了,家中仅剩长子一人维持家业。二儿子还在世的时候,两个人相处得比较融洽,长子杨富彬与二儿子杨富民的年龄差距比较大。所以很少发生两个人争风吃醋或者争抢东西的情况,大部分情况下都是身为大哥的杨富彬在照顾和谦让自己的弟弟。

正所谓"长兄如父,长嫂如母",兄长对于弟弟而言是兄弟的同时也会像父亲一样,有些时候陪着弟弟打闹、玩耍,但也有的时候要教育弟弟,教会他做人的道理,毕竟兄长要更年长更成熟懂事一些。1947年以前,家里的孩子多,一般的有四五个孩子,但是父母就两个人,每天还要干农活在家里忙里忙外,根本照顾不过来。所以除了父母带孩子之外,家里的长子在一定程度上扮演了父母的角色帮助家里的大人照看弟弟妹妹,等到弟弟长大懂事后,兄长也有义务教会弟弟生活生产上的技能,例如干农活,或者是父亲传给兄长的手艺活再由兄长教给弟弟,教会弟弟如何生存生活。如果父母不在了,兄长还需担负起父亲的责任帮助弟弟解决人生大事——娶媳妇。等到弟弟有了自己的家庭之后,他的生活基本上安定下来,兄长的责任便宣告结束,剩下的就是兄弟之间相互帮衬过好日子了。杨家兄弟情深,这种关系在父母过世之后显得更加重要,除了自己的家庭,与自己最亲的就是亲兄弟,在自己的家庭遇到困难、难以为继的时候最先伸出手、不求回报帮助自己的也是亲兄弟。所以兄长对弟弟决不会因为年龄大就可以随便对弟弟役使,也不能随便打骂。对于兄长的话,对的弟弟自然会听从而且必须要听从,如果不对可以向兄长指出,可以表达意见和想法。在杨家人心中,一个好兄长的标准就是在自己做好的情况下还能带好弟弟,以身作则,对弟弟产生的是好的影响,在两个人成长的过程中学会相互帮扶,让自己的家庭和弟弟的家庭虽不是大富大贵,但只要能达到丰衣足食的程度就算尽到了一个做兄长的责任。一个好弟弟就是应该做到小的时候听兄长的话,长大后帮助兄长维持家业,结婚后能够兄弟相互帮扶,不拖累兄长。

杨家的兄弟关系更像是父子,在兄长还是孩子的时候就开始照顾弟弟。因此弟弟对于兄长更多的是依赖,弟弟会像跟屁虫一样跟在哥哥身后去这去那、干这干那,而不是那种类似朋友的兄弟关系。所以兄长没有和弟弟喝喝酒、说说心事这样的事。家里的弟弟还在世的时候，兄弟关系非常融洽，因为两个人的年龄差距较大，所以哥哥和弟弟很少因为争抢东西而吵闹，大部分情况下兄长都会忍让弟弟。发生争吵的情况大多是由于弟弟太过于顽皮不听兄长的话，兄长就会比较生气，有时会像父母一样训斥一两句或者象征性地打两下，不再让弟弟无理取闹，但都是吓唬弟弟，不会真的使劲儿打弟弟。有时候兄长管不住弟弟，父母就会过来教育弟弟跟弟弟说要听哥哥的话。

七、家户外部交往

（一）对外权利义务关系

1.街坊四邻和谐相处

杨家在对外关系上一直都比较和谐融洽，和村里的街坊四邻的关系也都很好，没有和别人家发生过什么冲突和矛盾，在村里一直是谨小慎微地生活。如果杨家需要帮忙，周围的邻居都会过来，邻居家需要帮忙杨家也会有钱出钱、有力出力。比如说遇到邻居家办红白事，杨家就会出人帮忙。红白事一般比较麻烦，仅仅靠自己一家人完全忙不过来。所以，在听说邻居家要办红白事时杨家人会先去邻居家问一下办事的那天需不需要帮忙，如果需要等到那天杨家人就会早早收拾好去邻居家，有时甚至前一天晚上就要过去。如果邻居家说人手已经够了，用不着过来帮忙开开心心地当客人吃喜宴就好，那么家人就会在邻居家办喜事的那天过去当宾客参加喜宴。相互帮忙除了因为是邻居关系还不错之外，一部分原因也是因为面子问题，有时候两家人相互帮忙在外人眼中是一种关系好的标志。如果住在旁边的邻居办喜事，都没有叫自己家的人帮忙，人们就会认为这两家人看来平时相处得也不是很亲近，不熟，借此就会产生这两家人之间是不是有什么矛盾或者是哪户人家不好相处这类的想法。所以在邻居叫自己去帮忙的时候不会觉得是件麻烦事，反而会高兴邻居在需要帮助的时候想到自己家。

除了红白事，再就是盖新房，这在农村人看来是和红白事一样重要。所以街坊邻居或者是关系近一点的亲戚在盖房子的时候，杨家的男性成员尤其是当家人和家里的长子都会去帮忙，通常这种仅靠自家人忙活很困难的事一旦街坊四邻都来帮忙，就显得容易多了，也不觉得很辛苦、很麻烦。再加上杨家当家人和长子本来就会帮别人盖房子的这个手艺活。因此去了能帮上很大的忙。邻居知道杨家父子来了就会放心很多，会说"这次盖的房子肯定是又结实又宽敞的了"，见到别人这么信任自己，杨家人也会觉得很高兴、很自豪。盖完房子后，房子主人家会给村里来帮忙的人做一顿丰盛的午饭来表达自己家对所有来帮忙的人的感谢。所以街坊邻里之间就是这样相互帮忙，相互走人情相处，有时候一个好的邻居比自己的亲戚更为重要，"远亲不如近邻"就是这个道理。

2.亲戚节庆互走动

从心理上来讲亲戚要比邻居近一些，毕竟是亲人，但是从日常交往的频率来讲就远不如与街坊四邻的交往多了，尤其是和亲戚不住在一个村或是隔得比较远，可能只有在过年过节的时候才会相互问候，或者是自己家、亲戚家遇到难事过不去了才会相互求助帮忙。虽然杨家不经常联系自己的亲戚，但是亲戚和邻居的不同是，如果是平常不走动的邻居可能就不会去帮忙，如果是亲戚就算平常联系较少，这层关系是不会随着时间的推移而改变的。因此即便是一段时间不联系了,只要亲戚有难杨家能帮的还是会帮。

3.村民之间互帮助

杨家不仅与村内的村民相处融洽,与周围临近的几个村的人们也都有联系,交往圈比较广。这主要与杨家当家人及长子时常在村内村外给别人盖房子有关。杨家父子盖房子的手艺好,脾气也好,所以一传十、十传百,大家就都愿意找他们盖,名气逐渐由村里传到了周围的几个村。于是附近的村民们也会找到杨家人帮其盖房子,一来二去的,杨家认识的人就比较多了。邻村的都知道在这个村子里有个盖房子手艺很好的人家,走在路上,人们都会很和善地跟杨家人打招呼。另外,过年过节尤其是过年的时候,村里村外就会出现很多要饭的人,很多比较穷的村民都会出门讨点东西吃,有些大门大户人家虽然有钱,但是心肠不好,从来不搭理这些在他们眼中看来是"叫花子"的人。但是他们若是讨到杨家的门上,只要家里不是特别困难,有多余的粮食杨家都会多多少少施舍给他们一点。所以杨家后人说自己的父母算得上是心肠好的人,孩子们的品行也都不坏。

4.主佃关系比较紧张

关于主佃之间,虽然在1947年以前杨家没有租佃过别人家的田地,没有身处于主佃关系中,但是村中靠租佃土地的人家并不少。在杨家人的所见所闻中,主佃关系除了经济上的往来之外,很少有其他的,更不用说有什么感情在里面。一般来讲,出租土地的通常是大户人家,土地多、粮食多,财产也多,而租种别人土地的人家大多数经济状况处在中下水平,经济差异较大。所以"物以类聚,人以群分",主佃之间除了租种土地之外一般没有联系,处在这种关系中租种土地的人们反而会感觉低人一等,在大户人家面前常常受压迫和屈辱。所以在权利义务方面,除了佃户需要在规定的时间向大户人家交上规定的粮食之外没有别的关系,二者间的社会关系也因经济地位的差异而变得有些微妙。

(二)平等待人,和谐相处

在邻里关系、街坊关系、亲戚关系、朋友关系以及主佃关系方面,除了主佃关系之外,在其他关系中人与人之间都是平等的,没有高低贵贱之分。就杨家而言,邻里关系、亲戚关系都比较融洽,邻里街坊之间常常来往,不管是大事小情,只要需要帮助了都会想到处得好的邻居。而亲戚平常走得动虽然不多,但是关系也很好,在重要节日里也会相互走动,联络感情,家里有什么事情需要帮忙了就相互帮帮,不会出现一方惧怕某一方的情况,这种心态只存在于主佃这样的关系中。在主佃关系中,首先双方处于不平等的地位,佃户永远都是求着大户人家,生怕大户人家抬高租金,自己家租不起地连饭都吃不上。所以在主佃关系中双方永远都不平等。

(三)无冲突,少纠纷

杨家人很少与外人发生冲突,杨秀兰能记得起来的也就只有因为盖房子而引发的和同村人之间的纠纷。当时杨家当家人给同村的一户张姓人家盖的房子出现了一些问题,张姓人家以建好的房子有缺陷为由要求杨家退还为其盖房子的钱,杨家当家人觉得出现问题的确是自己的失误,但是如果问题不大只要修好就可以了,退钱有些严重。况且修建这个房子自己也花费了不少时间,两家人因为退钱还是再修缮僵持不下,最终杨家当家人说服了张姓人家并查看了房屋出现的问题,帮张姓人家解决了问题同时向张姓人家提出如果以后有任何问题,还可以来找自己,如果是小问题杨家当家人愿意免费帮忙修缮,算是弥补之前的失误,也当是两家人化解矛盾交个朋友,最后事情在当家人的努力下得到了圆满的解决。

在对外冲突中,处理的单位是家户。而这其中,家户处理的主要人是当家人。当家人在的情况下主要由当家人出面处理冲突,而其他家庭成员主要起到辅助作用;在当家人不在的情况下,内当家人或者是长子可以代为处理,有时处理得不好,邻里个人之间的冲突也会演变成两个家庭之间的冲突,大家都不想自己的家人受别人的欺负,都帮着家人对抗外人,矛盾就会越积越深,甚至范围还有继续扩大的可能。通常,邻里之间发生比较严重的矛盾且当中没有一方肯让步致使局面陷入僵局的时候,周围的邻居或者是比较德高望重的人会看情况出面进行调解,大家便会看在他人的面子上各退一步。

第四章　家户文化制度

受经济能力的限制和传统思想观念的约束,杨家家庭成员的受教育状况并不理想,学校教育没有得到当家人充分重视,家户的整体文化水平偏低。另外,在教育方面还存在重男轻女的观念,一定程度上忽视了女性成员受教育的权利。而家庭教育则在杨家人的成长过程中占有重要地位,内外当家人较为注重对家庭成员进行家户利益优于个人利益观念的灌输,重视对后代生产生活技能的教导和良好品行的塑造。杨家在节庆习俗上比较偏大众化,娱乐生活也较为简单,但在祖先祭祀方面尤为重视,注重祖先在维系家户、家族情感关系及凝聚力、向心力方面的作用。

一、家户教育

杨家家庭成员受教育水平整体来讲都不是特别高,老一辈人中基本上没有受过什么教育,年轻一辈的文化水平也都不高,在教育方面存在"重男轻女"的情况,男性成员都能接受教育,但女性成员中接受教育的几乎没有。如果家里的男孩儿不想读书,家里也不会强迫,回家来掌握一门手艺能够操持家业就好。

(一)家户教育概况

1.男性有优先受教育权

1947 年以前,杨家当家人杨德民接受过两三年的教育,虽然认识字,但是识得并不多,而内当家人杨孙氏没有接受过教育,没有什么文化。在同辈人中,杨家长子杨富彬上过几年学,但时间不长。杨家两个年龄比较大的女儿杨玉芹和杨秀英都没有上过学,因为当家人杨德民认为,女娃上学没什么用,家里也没有那么多富余的钱能供得起家里所有的孩子上学。所以就没有让大女儿和二女儿上学,等到两个女儿年龄大一些就直接出嫁了。即便到了孙辈,也还是有女孩因为这种教育上的重男轻女观念而成为文盲的,如杨秀兰的大女儿,一辈子都没有进过学校的门,当初杨秀兰的婆婆坚持说女孩上学没啥用,再者说家中这么多孩子她作为老大得帮忙照看,家里根本没有条件供其上学。杨德民的小女儿杨秀兰之所以有机会接受教育,主要因为赶上了免费受教育的机会,再加上对家里的农活杨秀兰也出不上太多的力帮忙。因此,在小女儿杨秀兰的再三恳求下当家人杨德民才决定同意其去上学。

小女儿杨秀兰大概是在十三四岁的时候开始上学,但实际上也不是正儿八经的学校,前后上了两三年或者三四年,之后便不上了。所以杨秀兰多少认识一些字。在读书的那几年里杨秀兰每天只上半天课,上午上课下午放学回家后帮家里干些力所能及的家务活。而身为杨家长子,杨富彬接受的则是正规的小学教育。因此男女受教育的机会在杨家并不平等。虽然大哥杨富彬在受教育方面有先天的优势和便利,但是由于其自身不擅长也不爱好学习。因此其接受教育的年岁也并不是很长。而杨秀兰没有再上学则是因为其年龄大了，加上家里极缺劳动力。所以当家人没有让其继续接受教育，希望她回家帮着干活充当一个劳动力，就这样杨秀兰便再也没有接受教育。杨家让哪个孩子上学不让哪个孩子上学主要取决于性别，另外再就是考虑家庭的经济条件，而孩子的聪明程度并不是决定家庭成员上不上学的因素。后来，杨家的当家人换成长子杨富彬之后，其与妻子张氏育有两个孩子，但由于都是男孩，因此两个孩子到了上学的年纪之后自然而然就去上学了。杨家默认男孩一定要上学，不求一定要多么有文化，但是要达到识字的程度才行，否则以后结婚了没法当个合格的当家人。所以孙子上学的问题没有经过讨论，长辈们均默认同意。至于女孩也不是一定不能上学，虽然杨德民的大女儿及二女儿没有上学，但是小女儿杨秀兰还是接受了当时的免费教育，没有给家里造成经济负担，这也是她有机会接受教育的一个重要原因。

(二)私塾：贵族教育

1947年以前，杨家没有送孩子到私塾上过学，男孩上的是村里普通的小学。杨秀兰见过村里的有钱人家、大门大户会花钱请专门的老师到家里去教书，普通人家没有这样的条件。杨家小女儿杨秀兰接受免费教育时所学的内容要比家里大哥上的小学以及私塾所学的内容要浅显一些，主要是认字、学写作文、学记日记以及"写仿"[1]，老师还给学生们发了两本书，一本是算数，一本是语文，整个教学过程中只有这两本教科书，每个星期老师都会给学生们布置一个作文题目，让他们回家写一篇作文。

(三)学校教育，男多女少

1947年以前，杨家晚辈中只有两个孩子接受过教育，而其中只有长子杨富彬上过学。杨富彬当时上的是小学，小学就设在西黑村内，上学来回非常方便，由父亲杨德民接送孩子。在杨家可以上学的只有男孩，女孩受教育的情况不太理想，要不就是一天学都没上，要不就是只能接受村里的免费教育，之后就不允许再上了。上学的学费主要指书本费，再就是一些文具之类的，都不是很大的花销，学费从全家人共同的积蓄中出。男孩可以上几年，但是不能不上，当家人杨德民认为，作为男孩多少还是要有点文化才可以，女孩便无所谓，终究是要嫁人操持家务的，知识学多了也没有任何用处。因此有能力就让女孩儿上，没有能力就不上，视情况而定，即便没有文化也不会影响女孩找婆家。所以孩子上不上学读不读书还是要看当家人的安排。

(四)成长初期以家户教育为主

小时候孩子的教育主要来自于家庭。1947年以前，由于杨家家里条件有限，孩子们的受教育程度都不高，在性格形成以前主要受家庭以及周围家庭成员尤其是长辈的影响，爷爷奶奶对孙子孙女产生的影响不是很明显，家庭教育主要还是来自于自己的父母以及兄弟姐妹。父亲主要教导家里的男孩，女孩则主要由母亲负责，因为性别不同，教导的内容也会有所不同。父亲对男孩的教导主要体现在教会孩子担当和负责任方面，其次就是生存技能，包括干农活和手艺活，而母亲对女孩的教导主要体现在做家务方面，例如纺线织布、洗衣做饭等。此外，母亲也会时常教育女儿要守规矩，成为别人的妻子之后要恪守妇道、勤俭持家，这样才不会被别人说闲话。相比之下，亲戚和邻居对于孩子的教育的影响则比较微弱。1947年

---

[1] 写仿：以对联的方式练习毛笔字。

以前的人们成人早,结婚早,当家早,十五六岁在人们眼中便已经成人了,可以作为家里的劳动力了。

(五)家教与人格形成

在孩子的成长过程中,父母的作用最重要,父母为人处世的方法、脾气秉性会对孩子的人格产生深刻的影响。在杨秀兰的印象中,父亲杨德民和母亲杨孙氏的性格十分温和善良,很少与他人发生矛盾,一辈子都本本分分地靠双手勤奋劳动来维持家业,从来没有做过违背良心的事情。所以受父母的影响,家中的孩子也都成长得很好,没有性格特别不容人的。虽说家里并不是十分富裕,但总的来说过得还算是踏实平和,父母之间、婆媳之间、兄弟之间、姐妹之间都和和睦睦、相亲相爱。风俗习惯也是从小就受到家中长辈的言传身教,包括红白事、过年过节时的讲究和忌讳等等。

(六)"穷人孩子早当家"

在 1947 年以前的乡村社会里,孩子们成长、当家的时间都比较早,更不用说普通人家的孩子,正所谓"穷人的孩子早当家",普通人家的孩子在十五六甚至十三四岁的时候就已经像个小大人似地帮家里干这干那,能够作为孩子任性的时间对于他们而言极其短暂。在杨家,不论是长子杨富彬还是大女儿杨玉芹、二女儿杨秀英,甚至包括小女儿杨秀兰在内,都是在十三四左右的时候就已经懂事并开始学着帮家里干活分担家庭重任。杨家内外当家人在孩子们渐渐长大的过程中都尝试着开始教孩子们学习生产生活技能,比如杨家长子在跟随父亲下地干活的时候,当家人杨德民会在劳作的过程中向儿子杨富彬传授一些农业生产方面的知识和经验,也尝试着让儿子熟悉地里的各种农活,例如锄地、犁地、播种及收割等,毕竟农村人主要以种地为生。所以农活是必须教给孩子的一项重要生存技能。

另外,除了教农业生产知识,杨家当家人还有一门手艺活——盖房,村里人会这项手艺活的人不是特别多。因此这项手艺活在村中还比较"吃香"[①]。杨德民会在给别人盖房子的时候带上儿子,从帮忙打下手开始,一点点地学每一道工序,直至学会可以一个人应付。而女孩主要是由母亲或者是嫂子教着学习一些家务活,比方纺线织布、做饭做衣服、包包子、擀面条等,都是嫁人以后到婆家需要做的事情。1947 年以前,村里未出阁的姑娘大约在十六七、十八九岁的时候便开始考虑终身大事,如果在娘家时没有学会相应的技能,到婆家什么都不懂,会遭到婆家人尤其是婆婆的嫌弃,人家会说是女孩的母亲没有将女儿教好之类的话。因此,女孩在十四五岁左右便开始学习做家务。

(七)子承父业学手艺

杨家人有一门手艺活——盖房,这门手艺活是从当家人杨德民的父亲一代传下来的,后来又传给了杨德民,再由杨德民传给长子杨富彬。这门手艺活在一家人的生计中占有比较重要的地位,除了靠种地、收粮食,剩余的花销基本上都是靠父亲的这门手艺活养活全家人。但是后来大哥的孩子长大了通过学习走出了农村,有了一份很体面的工作,这份手艺活也就没有继续传承下去,以前盖房子的手艺已经随着时间的流逝逐渐被现代技术所取代。杨家的这门手艺不传外人,只传给自己的孩子,而且传男不传女。说到底盖房也是个体力活,终究不适合女孩子,一般都是年龄大的孩子学,学会了还可以由兄长教给弟弟,都是为了让孩子学会

---

① 吃香:意为顾客多、生意好。

这门手艺活,在以后的日子里遇到粮食不收的时候不至于吃不上饭被饿死。而长子杨富彬也很愿意跟父亲学这门手艺活,的确对家中的生活有很大的帮助。

二、家户意识

(一)五服之内为自家人

杨家人一直有着非常强烈的家户意识,与邻居相比,还要属有血缘关系的人最为亲近。1947年以前,人们用"服期"来形容亲属关系的远近,而五服之内的人通常被认为是自家人,而五服之外的人则不在自家人的范围之内。古代,"五服"二字指的是五种孝服,后来词意经过不断演变,主要指代五辈人,比如在山东胶东半岛一带有"五服之内为亲"的说法,即上面那句话往上推五代,从高祖开始,高祖、曾祖、祖父、父、自己,凡是血缘关系在这五代之内的均在亲戚的范围之内,即同出一个高祖的人都是亲戚,从高祖到自己是五代,就称之为"五服"。一般情况下,家里有婚丧嫁娶之事,参与者多为五服之内的亲属。因此,不仅自己的家人是自己人,亲叔叔伯伯、出嫁的姑姑、舅舅舅妈,还有亲姨等都可算作自家人,已经分家的兄弟也算是自家人,虽然分家了但是血缘关系没变。可能有些五服的亲戚住得比较远也不常联系但是因为五服的关系也算是自家人;有些人虽然住得比较近,平时联系得也比较密切,但是没有任何血缘关系,这样的人即便再亲近都不能算作自家人。

因此,1947年以前人们对于自家人和外人的判断都是基于上述标准。以此为标准,出去打工常年不回家的人算自家人,而寄宿在家的人即便每天都住在一起,也不算自家人,因为没有血缘关系。但是有一种情况例外,过继来的孩子或者是收养的孩子。过继的孩子虽不是亲生的,但一般都是过继亲侄子。所以有血缘关系,属于自家人的范畴。收养的孩子多数情况下是完全没有血缘关系的人,但是收养过后会写入自家的家谱。因此理论上来说也属于自家人。另外,大户人家的管家、长工短工还有伺候人的丫鬟这些人则不算作自家人,只能算是下人。邻居也不算是自家人而是外人,作为外人邻居一般不会介入别人家的家事,除非别人有求于邻居,出于彼此间熟识的程度会出手相助,在别人没有求助的情况下擅自掺和别人的家事会被认为是多管闲事。杨家不会主动介入别人家的家事,认为管好自己家的事、过好自己的日子就好,生活本就不容易,更没有什么闲心去关心别人家的家事。

(二)家户一体意识

1.一荣俱荣一损俱损

在分家之前,杨家人在生产生活上都会相互帮助、相亲相爱,毕竟是一家人,而且还在一个屋檐下生活,可谓是"一荣俱荣一损俱损"的关系。因此,家庭如果遇到困难大家都会齐心协力,努力共渡眼前的难关。家里如果哪个成员被外面的人欺负,家里人也不会坐视不管,会和被欺负的家庭成员一起去讨回公道,要在受到外来伤害的时候团结起来一致对外。这其实是在维护全家人的尊严。如果对外人的欺负忍气吞声,别人就以为杨家人都好欺负,别人也就不会把杨家任何一个人放在眼里。在一个家庭内部,成员们则会相互照顾,例如在分家的时候,如果其中某一个人的条件要明显弱于其他兄弟,大家都会适当地多给他分点东西,照顾照顾他。但是在分家之后兄弟之间的救济便不如分家之前那样密切,大家都有了自己的家庭,都成了自己家庭的当家人,都倾注心力于自己的小家,相互之间如果没有发生什么原大家庭层面的事情,或者是其中一个兄弟向其他人寻求帮助,一般不会经常联系,各过各的。

2.心往一处想,劲往一处使

"发家致富"是每个家庭共同的目标。在1947年以前,大多数人都是苦着过来的,没有享受过什么舒坦的日子,每天一睁眼就要为了全家人的生计而忙碌,一年到头也仅仅是能够解决全家人的温饱问题,有的人家甚至连温饱愿望都实现不了。所以"发家致富"对很多的家庭来说是一个梦想,而且是遥不可及的梦想。不论能不能发家致富,家庭里的每个人都能为把日子越过越好而努力,心往一处想,劲儿往一处使,若是家里的一个人发达了,全家也都会跟着沾光。

(三)家户至上意识

1.家户利益优于个人利益

在杨家人的眼中,个人和家庭是部分和整体的关系,家庭是由个人组成的,每个人好了整个家庭才会好;相反,家庭如没有个人,失去了家庭这条纽带整个家族的成员就会像一盘散沙。在家庭利益与个人利益发生冲突的时候,首先还是要以大局为重,要有牺牲小我成全大我的观念。当家人要有这样的大局意识,家庭成员更要站在整个家庭的立场上考虑和行动。以家中的小孩上学这件事为例,以杨家的财力无法支撑所有的孩子去学校接受教育。所以一定得有人做出让步和妥协,放弃上学的机会以成全他人,家里的两个女儿杨玉芹、杨秀英当时也是十分想进学堂看看感受一下,当个有文化的人,至少想识些字。但是受家庭经济条件的限制,显然这个机会只能让给家里唯一的长子杨富彬,父亲杨德民也不让她们上学,她们也只能接受,没有再据理力争。对于没机会走进校门接受教育这件事杨家两个女儿肯定有些遗憾,但是考虑到家庭的实际情况也不再感到特别委屈。所以,于杨家人而言家庭利益高于个人利益,个人免不了要为家庭利益做出一定的让步。

2.为大家牺牲小我

杨家没有人在外地打工,但是家里的长子杨富彬曾经动过要外出打工的念头。但是因为家里的当家人不是特别同意,认为家里就这么一个顶梁柱,要是走了剩下家里老的老小的小,再不就是女的,万一发生什么事根本应付不来,考虑到全家人的利益杨富彬便放弃了外出打工的念头。另外,杨富彬现在的妻子并不是第一个定亲的对象,第一个对象在说媒的时候杨富彬对于女方的条件十分满意,但是由于女方要的彩礼杨家无力承担,最后只好不了了之。所以,不论是个人的利益甚至是一辈子的婚姻,在家庭利益面前都得让步。

(四)家户积德,造福子孙

杨家人认为"人在做,天在看",老天爷看得见人们的所作所为,也是公平的。所以他们坚信"善有善报,恶有恶报,不是不报,时候未到",现在造的孽,以后会变成对后代的恶报;现在所积的福,以后也会变成子孙的好运和福报。所以,虽然杨家人没有多余的力量来劫富济贫,但是坏事也是万万不能做的。杨家人从不敢有害人之心,偶尔在过年的时候有来要饭的穷人,儿媳张氏就想要打发这些人走,但是内当家人杨孙氏会说:"给他们点儿干粮吃吧,大过年的就当是行善积德了。"以前如果谁家走出了一个厉害的人物出人头地,人们都会说"一定是祖上烧了高香了,到了这一辈子孙才会这么有出息了。"所以,从这些想法中就可以知道杨家人相信这种积德、回报、轮回说法。

三、家户习俗

杨家虽不是什么大户人家,规矩讲究也没有那么烦琐,但是在重要的节日中也必须遵守习俗和禁忌,而且全家人都要在一起过,不会去别人家过,别人也不会来自己家过节,节庆通常以家户为单位进行。

(一)节庆习俗概况

1.重大节日习俗

（1）春节

在杨家生活的西黑村,春节是从小年那天开始算起的,小年是指农历的腊月二十三。进入腊月二十三之后人们便开始陆续为过年做各种准备,也意味着正式进入过年的阶段,比如置办年货、大扫除等。这些准备同样也有讲究,风俗规定腊月二十三不能扫屋,而腊月二十五是屋的生日,也不能扫屋,除了这两天以外的日子可以进行大扫除。清扫之外还要置办各式各样的年货,杨家平常吃得很节省,只有在过年的时候才能吃上点鱼肉,除了平常吃不到的肉,还会蒸上白面馒头、包子、年糕等之类的面食,这些平常杨家人不轻易吃。这些就是所谓的年货,而且这些年货要一直吃到正月十五左右。小家长们准备的年货毕竟少,像那些大家长,家里准备的年货花样比较多,而且会有一个专门的屋子用来放置各式各样的面食,一笼一笼的,规模堪比馒头房。

贴春联是在大年三十那天,1947年以前,人们家里贴的春联不是从集市上买来的,即便是再有钱的人家也都是自己或者是找会写的、字写得好的人来写,杨家也是如此。当家人杨德民认为,自己给自己家写春联送祝福寓意才更深。只要日子还过得去的基本上都会把旧的春联撕下来换成新的,这象征着辞旧迎新,新的一年有新的气象,全家人团圆欢欢喜喜过新年。

大年初一那天,一家人早早起床吃完饺子之后就要去到全村各处给村里人拜年,包括年夜饭在内的这几顿饭都是自己家的人一起,外人不会参加,过年时大家都是各自和自己的家人一块儿过。走亲戚的时候,首先看亲戚们是不是同村的,如果和自己家在一个村子里,那么在这一个村子范围内先走关系近的人,比方说大爷叔叔家,然后再走关系一般的,走完之后再去外村,去外村拜年一般就只走亲戚关系的人家。春节出门走亲戚拜年杨家的女性不参加,只有当家人和家中其余的男性成员也就是儿子们出门走亲戚、拜年。拜年的时候不会带礼物,到了对方家里张口说个"过年好",和街坊四邻相互寒暄几句聊聊天就紧接着赶往下一家,不会在别人家逗留很久。到了年初二儿子要陪着儿媳妇回娘家。

（2）清明节

在清明节这一天,按照当地的习俗要到祖坟为逝去的长辈或者是晚辈上上坟添添土,置办点儿祭品等,即上坟①。在清明节的前一天由逝者最亲的家人们去为其修坟,因为对于去世的来人来说他的坟就相当于他住的房子。所以给他修修坟也相当于给逝者打扫房子了。在杨家,上坟主要由当家人杨德民和长子杨富彬负责,上坟所需要准备的纸钱、香以及祭品等则由内当家人杨孙氏准备。

---

① 上坟:扫墓。

（3）元宵节

在正月十五那天，头等大事自然是祭祖①，家里人会包饺子吃，那天村里还有一些节庆活动，习俗和春节有些类似，象征着春节的结束，在人们眼中一旦过了正月十五便意味着这个年结束了。

（4）中秋节

八月十五中秋节这天，杨家人会一起包饺子，或者是买些鱼、肉等平常很少吃的食物，还会买上一些苹果、月饼。到了这天的晚上，村里面关系不错的人会聚到一起拉呱聊天，男人们会弄点儿下酒菜，备上一壶小酒，边喝着酒边谈天说地。

2.红白喜事

（1）喜事

有钱人家里娶媳妇是用花轿来抬新媳妇，花轿做得非常讲究，花轿顶上用各式各样的花装饰起来，还安着一面小镜子，镜子在阳光下会反光，便会显得整个花轿亮了许多。普通人家的花轿不会搞这些装饰，就只是简简单单的一个轿子。有钱人家结婚时还会雇上"喇叭匠"，即站在迎亲的队伍里面吹小曲儿的人。当迎亲队伍进了庄之后喇叭匠便开始吹戏，然后女方的娘家就会派人扛着板凳走到队伍的对面把队伍拦下不让他们继续往前走，喇叭匠就会吹一会儿戏，过会儿主家即男方家里就会给吹戏的一些赏钱，之后便一直重复这个过程，不断地被拦下、吹曲儿、给赏钱，一直持续到落轿的时才停止，之后跟随队伍来接新媳妇的人便过来迎接媳妇进入花轿。这些都是有钱人家的婚礼，在杨家这样的普通人家没有这些讲究。杨德民的大女儿结婚时，男方仅仅用了一台普通的花轿来迎娶自己的女儿，此外也没有过多的庆祝仪式。

（2）葬礼

在葬礼上，杨家人有"哭灵"的风俗。哭灵并不是要一直哭，而是来外人吊丧的时候家里人就会在旁边哭。杨德民的父亲当时是村里办丧事的时候受雇于办丧事的人家帮抬架子的其中一员，当时有一户人家办丧事时，用纸糊了很多东西，特别齐全，有油纸伞，也有吹喇叭的小人儿，各式各样的牲口、下人等等，据说当时那户有钱人家葬礼的灵棚恨不得快要搭到自己家的坟地上去的架势，意思是说有钱人家的灵棚搭得特别气派、特别长。葬礼上还请了戏班子和舞龙舞狮队，走到固定的地方就在那里停下舞一会儿。在刚出家门口的地方放上棺材，前面摆上桌子，桌子上摆着各式各样的菜，如果来了客人，例如儿子、女儿的亲家，在将棺材抬着刚刚出了院子大门的时候便要将棺材放到架子上，由儿子的亲家或者是女儿的亲家来棺材前拜一下，有人过来给祭拜的人倒上一杯酒，然后祭拜人把酒慢慢倒在地上，跪在地上磕头之后再抬着棺材走，这个叫做"迎门祭"，一路上各种祭拜的人都是提前确定好的。

除此之外，还有"坐祭"和"路祭"之说，"路祭"是来到村庄的主干道上时进行，就是在抬棺材的路上到特定的位置摆上桌子摆上菜祭拜。如果是十六岁以下而且单身的人或者小孩夭折的，在埋葬时按当地的风俗不能埋进老坟②，因为他还是单身，没有成亲。随后，要想将其

---

① 祭祖：详细内容见家户信仰"祖先信仰及祭祀"部分。
② 老坟：祖坟。

迁入老坟中,首先要给死去的孩子说阴亲①,如果死了的是男孩,那么就找一个死了女孩的人家,帮两个孩子配阴婚,然后便可以埋进老坟里。杨家老坟在自己家的某块土地中,都是按顺序一个一个地埋到老坟里,年龄大的辈分最长的在最前面,然后依次呈金字塔形往下排列。

(二)以家庭为单位共庆佳节

杨家在过年过节的时候一般是以家庭为单位,就是在自己家过,未分家的时候整个大家庭聚在一起过。如果分家了但还住在一个院子里,那么在节庆的时候也还是会一起过;但如果已经分家平常的节日在自己的小家过即可。已分家的儿子要回父母家过,女孩要回婆家和老人一起过年,没有女儿回娘家过年的情况。不论是过年还是过节,不论是大家还是小家,都是以家庭为单位过年。除了自己不会去外人家过年,外人也不会来自己家过年,即便是亲戚也没有此类情况,就算是那个人孤身一人,没有家人一起居住,过年的时候也只能自己过,而不会去打扰别人家过年。过年在一年当中是全家人最重要的全家团圆的日子。所以常年在外打工的人也都会收拾行李回家与家人、亲戚和朋友准备过年,就算平时赶不回来,过年的时候都要赶回来全家一起庆祝,当地没有和至亲之间吃"轮流饭"的习俗。

(三)节庆仪式,家长支配

在春节前一周左右的时间里,人们通常会为春节做一系列的准备,包括清扫房屋、置办年货等,各项事宜主要由当家人进行前期统筹和规划,之后再进行。

杨家过年大扫除时一般是全家人一起上阵,在清扫之前当家人杨德民会先根据清扫任务的难易程度和成员的年龄、劳动能力等因素进行科学合理的分,以免两个人重复做同样的清扫,费时又费力,一般桌椅板凳的擦洗、地面的清扫等会交由家里年纪较小的成员杨秀兰及她三个姐姐,床褥铺盖的清洁则主要交由内当家人杨孙氏及长媳张氏,而难度和危险系数较高的房梁清扫、农具的清洁等则由杨德民及其长子杨富彬完成。通常在需要全家人的共同努力下才能完成的事情当家人在其中担任着领导和统筹的角色,与此同时也会承担其中难度较大的部分。大年初一早晨,人们通常要早起吃完饺子出门拜年。杨家拜年的范围为本村以及居住在邻村的杨家亲戚,太远的则不去。

拜年不需要全家出动,仅由当家人杨德民带着长子杨富彬代表杨家去给亲戚邻居问好送祝福就可以,内当家人杨孙氏及长媳张氏主要负责留在家里招待来杨家拜年的亲朋好友们。此外,祭祖是春节非常重要的一个环节,分为"请祖"和"送祖",且一年只有两次,分别是春节及正月十五元宵节这两天。祭祖全家族的人都要参与,但是女性成员不能站在祭祀的队伍当中,只能跟随着站在一边观看,由家族中的最年长者主持。请祖时,由男性家庭成员组成的队伍行进到村庄的大街上放鞭、烧纸、上香等,由家族中辈分最高的男性当家人主持,各家庭中的当家人协助参与。

西黑村在平常的节日里很少举办全村性的庆祝活动,一般是在春节庆祝活动会比较丰富多彩、热闹一些。过年期间的节庆活动一般都是安排在大年初二之后,是全村性的庆祝活动,比方演戏,表演人员主要是由村庄组织的学习班接受教育的女孩男孩学着唱。冬天快过年的那段时间每到晚上,参加表演的人们就都凑到一起学要演出的节目,当时杨家小女儿杨秀兰还连续两年参加了村里的节目,演唱曲目以吕剧为主,比方《李二嫂改嫁》,而且这种节

---

① 阴亲:阴婚。

目基本上都是自愿表演的,不会强迫人们去,也没有报酬,完全是义务性的。除了在西黑村内进行表演之外,还会出庄给别的庄里的人表演。表演队伍打着鼓敲着锣往村外面走,到了外庄,那里的人已摆好台子等着表演队伍。除了演戏的,还有扭秧歌的、踩高跷的、打花棍的,打花棍就是在一根棍子上裹上颜色鲜艳的布,棍子的两头摆上穗穗,然后就像孙悟空耍金箍棒一样来回花式的表演,各式各样的节目都有。此类节庆活动杨家当家人几乎没有参与过,通常都是以观众的身份观看,家庭其他成员在参与村庄这些节庆活动时也需要提前向当家人杨德民报备,在获得允许之后才能参与。

四、家户信仰

1947 年以前,杨家人所在的村庄中有人信仰宗教,但是具体信仰什么宗教不得而知,信仰宗教的人在人们的眼中非常神秘。杨家人中没有信仰宗教的,但是家里面供奉一张神像,是类似于财神爷、门神这样的神像。除了在过年过节的时候会象征性地拜拜,杨家内当家人每年还会带着包括杨秀兰在内的几个孩子去邻村的一个庙里拜神,祈求一家人的平安和顺遂。

(一)家神信仰及祭祀

1.信奉海神

在寿光当地,信神拜神的人非常多,尤其是家里养船并经常下海的人,各家的桌子上一定会摆着一尊神像。这类人主要供奉海神爷娘、河神爷娘。另外,平常人家里供财神和关公的也比较多。神像放置的位置也十分讲究,主要在里屋,也就是当家人平日里用来休息的房间,杨家后人听父母说将神像放置在里屋周围的环境比较安静,神灵便不会受到打扰。而在堂屋的话,人们出来进去会使周围的环境有些乱。当地人们在拜河神爷娘、海神爷娘的时候,都会提前给这些神明做脚上穿的鞋子,成双成对的,有给男性神像穿的鞋也有给女性神像穿的鞋,不长也不短,再做上衣服,过了雨水这个节气之后人们便准备出海。

早晨起来,人们出海之前,家家户户用簸箩抬着给河神爷娘、海神爷娘做的这些衣服鞋子还有纸制金元宝这类贡品,用中等大小的纸箱子盛着,抬着鞭和炮仗来到河沿上。金银元宝有大有小,大的是给大官[①]的,小的是给小官[②]的,每个神多多少少都会有。人们首先将鞭和炮仗点燃,祈求未来在海上的这段日子平平安安,然后将大大小小的鞋子都摆放到河沿上,之后便将准备的贡品及用金色的纸和银色的纸叠的金元宝和银元宝投到海里送给海神河神。在祭拜这些神仙的时候,除了准备以上这些东西,人们还捎带手备上些水果点心之类的东西,有些比较讲究的人家还会做些菜,比方肉、鱼之类的供奉神仙。这些祭拜的仪式均由家里的当家人组织主持。

2.祈求平安

不论人们信奉的神明有何不同,最终的目的都是为了祈求这些神明保佑自己及整个家庭一生的平安、顺遂。拜财神是为了保佑全家财源广进,不愁吃穿;拜河神海神是为了保佑家人出海时能够平安归来;拜关公是因为关公是"忠、勇、仁、义、信"的象征,商人拜关公是因为

---

① 大官:地位较高的海神。
② 小官:地位较低的海神。

做生意最讲求"诚信"二字。拜神明主要由家长主持祭拜仪式,女性成员不能主持。在祭拜的过程中当家人杨德民会教家中长子杨富彬学习其中的各种规矩,待更换当家人之后便由长子也就是新的当家人来主持祭拜仪式。

(二)祖先信仰及祭祀

1.祭拜祖先,维系情感

杨家成员对于祖先的了解并不是很多,祖上是干什么的,是普通人家还是大户人家,都知之甚少,唯一和祖宗相关的物件就是每年在祭祖时,在请祖、送祖的过程中摆出来的老祖宗的一张画像。祖宗对于杨家而言是维系整个大家庭的重要纽带,拥有共同的老祖宗意味着大家永远是一脉相承的,永远属于一个大家庭。这种共同点会让大家彼此之间的关系更为亲近,也使得整个家庭更具有凝聚力和向心力。杨家每年都会在特定的时间祭拜祖先,一年两次,分别是在春节及正月十五这两天,祭祖对于家庭来说至关重要。因此也是必不可少的,不祭拜意味着对老祖宗的大不敬,老祖宗自然也不会保佑全家人的平安健康。家里老人的牌位并不是摆在堂屋中,也不是摆在别的屋里,平时都会收起来放好,不会一直摆在公开的空间里,只有在一年两次的请祖送祖的过程中牌位才能顺次摆出来供子孙后代们祭拜,但是只有牌位没有老人的遗像,还有一张老祖宗的画像。

杨家的祖坟位于杨家的一块田地里,这块祖坟占地面积大概有半亩地左右,就在村内,距离杨家的房屋不是太远。家人尤其是家里的儿子们会在清明节的时候到杨家的祖坟给长辈们修修坟、添添土。当需要埋葬不同代际的人时,要按辈分从前到后顺次埋葬,辈分最大的人在祖坟的最前头,然后按辈分顺次往下排列,呈金字塔状。每年修缮祖坟的资金都是由各个家庭一起平摊,共同出资。杨家的家谱均由当家人负责保管,家谱就只有一个版本,和家里的钱物、地契等一同放置在小木盒中,并将小木盒放置在当家人居住的里屋放衣被的柜子中,再上锁,钥匙也交由当家人保管。家谱是神圣的,不可侵犯的,不能被自家人及外人随意亵渎和破坏。家庭全员都可以写进家谱,只不过在时间上有所差别,男性成员出生之后就可以写进家谱,而女性成员只有在死后才能写入家谱,而且主要由当家人来上家谱。家谱对于家庭成员而言是一种承认和认同,是证明自己是杨家人最有力的证据。杨家人十分重视孝道,无论父亲是不是当家人,长子杨富彬都十分尊重老父亲的意见和建议,在长子当家期间对于父母的指示也都十分听从,从来没有置之不理的情况发生,家庭成员很懂得长幼尊卑的道理,很少有晚辈顶撞长辈的现象。在老人需要养老的时候,孩子们也都主动承担起赡养老人的义务。因为在杨家不养老会被认为是最大的"不孝",会受到家里其他成员的谴责。

杨家人祭拜祖先主要由两个目的:首先,希望祖先们在天上过得好,表达作为其子孙对祖上的思念之情;其次,希望老祖宗和其他逝去的先人们在天之灵能够保佑自己的子孙后代一辈子平安健康地过完这一生,老人能够颐养天年,小孩子能够健康长大有出息,不要有大灾大难,保佑杨家整个家族都能够延续下去、长盛不衰。在过年和正月十五的时候,全家族的人聚集到一起,摆上祖先的画像、灵位及各类贡品,请祖、送祖,跪拜祖先并向祖先祈福。

2.各家家长组成祭祖队伍

家长在祭祀祖先的活动中占支配地位,祭祀仪式由家长负责组织和主持,祭祀过程中跪拜、上香、请祖及送祖的环节都是由当家人带领其他家庭成员完成。祭祖的参与人数众多，是由几兄弟一起祭祖，全家族的人都要参与，但是女性成员不能站在祭祀的队伍中，只能跟随着站在一边观看，由家族中的最年长者负责主持，程序也比较烦琐。祭祖时由于需要摆放的东西过多，桌子上摆放不开，杨家人祭祖不用桌子，而是将祭品摆在一张床上。摆放祭品的床大概在一米半左右，祭祖的时候专门腾出这样一张床，在床的两头顺次将家族的排位摆好，中间则摆放老祖宗老两口的画像。请祖和送祖习俗在当家人杨德民还在世时一直延续着，但是在杨德民死后，这类习俗便中断了。

请祖时，由男性家庭成员组成的队伍来到屋外面的大街上，队伍前面摆放着一个簸箩，簸箩是在跪拜时给祖宗烧纸钱用的，队伍的最前面有一个人负责用一根大长竹竿挑着一挂鞭炮，点燃以后便朝路中间甩过去。放完鞭炮之后，再烧纸钱，烧完纸钱，最年长者便走到前面点上香，点香意味着老祖宗知道家里过年了，孩子们请自己回家过年，就算将老祖宗请到家里来了。请祖活动结束之后所有人便抬着簸箩回屋，回到屋里之后再将牌位、画像及祭品摆在床上开始祭拜。在杨家，女性不参加祭拜祖先仪式，包括女儿、媳妇及孩子在内的女性家庭均不能出现在祭拜的队伍中，只能站在队伍的两侧观看。男孩们要参与祭拜，跟着父亲或者是叔叔、大爷等人站在队伍的后面。在杨家，孩子们都比较听话，大人说要怎么做孩子们就怎么做，很少有撒泼打诨的，尤其是在祭祖这么严肃的场合下更是不会发生。

家族之间也会相互祭拜，以家族为单位。杨家家族在将老祖宗请到家里之后，村里别姓家族的人也会过来祭拜一下，据杨家后人回忆，当时杨家家族和王姓家族的人曾经相互祭拜过。王姓家族中由当家人及其他男性成员组成的队伍带着祭拜时用的香和烧纸，放置在一个木制的盘子里端着，到了杨家之后跪下给老祖宗烧点纸上个香再磕两个头，完成之后，杨家家族的人也会去王姓家族给其家族的老祖宗祭拜。这种以家族为单位的祭拜是相互的，只有你给我们家祭拜了我们才会去给你家拜，主要也是为了面子上好看，没有特别的意义，否则相互之间就都不拜。这种祭拜并不是很普遍，大部分情况下人们还是自己拜自己的祖宗。

（三）庙宇信仰及祭祀

1.官庄神像，"挂袍"还愿

1947年以前，杨家所在的村庄有一座庙，庙的中心供奉着一尊神像，神像两侧还一边站有一个小孩，如同两个散财童子一样。这座庙距离杨家不是很远，坐落在村里比较靠近中心的位置，从杨家出来顺着小路走到村里的大路上，然后顺着村里面一条南北向的主干道一直向北走，便能找到庙宇所在的位置。

祭拜一般由家里的老人们进行，有的时候也会带着比较大的孩子一起去拜。杨家人很少去自家所在的西黑村的庙祭拜过，倒是经常去邻村的庙宇祭拜，邻村的庙相比起本村的庙来说更受欢迎，去的人也比较多。在邻村——官庄里面有一个庙，庙的名字不详，里面供奉的是一个叫李老爷的神像。据传这位李老爷医术精湛，曾经为皇上看好了病，之后便名声大噪，皇上痊愈之后很开心特命人在官庄为这位李老爷修建了这座庙，还为其塑了像，此后这个李老爷便成为十里八乡家喻户晓的大名人。李老爷能为人们治疗各种各样的疮病。所以，只要有人生了疮，家人就会专门来到李老爷所在的庙里给李老爷上香拜拜，祈求李老爷让家里的病人赶快痊愈。

另外,官庄每年都会"赶会",是在每年的六月十三日,前后持续三天。如果家里的病人痊愈了人们就会趁着赶会的时候来到官庄的李老爷庙里来还愿,有的人会拿一小布袋米或面,或者是给李老爷做身衣服送去,也有的人会给李老爷"挂袍","所谓"挂袍"是指买上一块颜色鲜艳的布,红的、粉的,或者是绿的,什么颜色的都可以,直接给李老爷披上。所以在庙里就能看到李老爷的身上披了厚厚的一层彩色的绸子。

2.大人带孩子去祭拜

1947年以前,男女老少都可以去拜神,家里的老人、小孩、女人们都可以去,当时的人们会习惯性地将对未来美好生活的期待寄托于神像,希望可以通过虔诚的祭拜得到诸神的庇佑。杨家当家人杨德民偶尔会和家人一起去,但不是经常。一般家里的成员们要是想去就一起去,要拜就全家人一块拜,以家户为单位。拜神的主要是家里的母亲、儿媳妇或者是未出嫁的女儿等女性成员比较多,但在想要出门去庙里祭拜前都会提前知会一下当家人再出门,当家人也不会阻拦,只要知道家人出门的行踪即可。有一年,小女儿杨秀兰跟随内当家人杨孙氏赶庙会,庙会人山人海的,挤都挤不过去。庙所在的位置有三间屋,屋的左侧是入口,右侧是出口,人们就只能顺着人流从左边进去右边出来,想从另一边进来根本找不到可以挤进去的地方。庙的南面有一个正门,西边有一个小侧门,人们带着香纸、烧饼,有的还煮上几个鸡蛋带去给李老爷上贡,神面前有一个簸箩,人们就把带着的这些贡品全部都放到这个簸箩里面。庙里面还有专门负责维持秩序的管理人员,一个男的和一个女的,分别站在入口处和出口处,以防人太多发生事故。

五、家户娱乐

(一)当家人社交决定家户社交

1947年以前,通信工具不发达,人们的交际圈较为狭窄,平时来往的街坊邻居基本上都能算作自己的朋友,一般成为朋友的人都是与自己同龄或者是年纪相仿的人。那时社会风气比较守旧,因此基本上都是男的和男的比较交好,女性和女性比较聊得来。例如相互住得近的两家人,当家人和当家人走得比较近,这个家的内当家人和那个家的内当家人比较熟络,下一代里两家的女孩们比较友好,而男孩们相互玩儿得比较好。由于杨家当家人时常在村内村外帮盖房子。因此交际圈相对来说比较广,能说得上话或者是见面点头打招呼的人很多,要好的人也有几户。所以当家人的社交范围的大小很大程度上决定了其所在家户的社交范围的大小,家庭成员的社交多是在当家人社交网之上顺延开来。

家里的妇女是不能和外面的男性交往的,否则别人知道了会说闲话。所以交朋友在很大程度上会受到"男女有别"的限制。家庭成员交朋友一般不需要特意知会当家人,只要交的朋友没有道德上的问题,心眼儿不坏就好,除了大的社会环境所带来的限制,基本上在交友方面家人都比较自由。交朋友比较随意,不需要搞特殊的仪式,朋友就是相处的时间长了相互之间投脾气的人自然而然就成了好朋友,不需要仪式来证明。朋友之间除了在日常的生活中会相互串门相互聊天之外,在朋友有难的时候也会及时伸出援手,有多大的劲儿就出多大的力。相互之间借个东西使最平常不过,在遇到红白事这种比较大的事时更是会相互帮忙或者是邀请朋友来参加。所谓"物以类聚,人以群分",不管是现在还是以前,人们的朋友圈会根据

70

经济等级来划分,没听说乞丐会和大户人家搭上的,都是生活差不多的人才比较容易玩儿到一起。

(二)打牌

打牌在当地的叫"打纸牌",除此以外没有别的叫法,当时流行于富人之间的纸牌的玩法主要有"保皇""够级""对门"等。杨家所在村庄没有将打牌作为娱乐消遣的,打牌在人们的心中并不是一件好事,只有村里的大户人家才将打牌作为消遣。况且他们聚在一起并不是单纯的打牌,还会赌钱。只有村里的那些大户人家才有闲钱拿出来赌,平常人家里几乎不会或者很少会将打牌作为消遣。人们休闲的时候一般就是出来去邻居家串门或者是聚在村里的阴凉处聊天,各家的当家人有时到了晚上还会让自己的老婆弄几个下酒菜边喝边聊。

(三)串门聊天

1947年以前,人们主要休闲方式就是串门聊天,杨家人平日里也时常会去周围的邻居家串门,男女老少都可以出门。男的主要在家里聊聊地里的农活,聊聊自己的事业之类;女性有时凑在家里,有时会在院子外面一边做着针线活一边聊着家长里短,一般情况下不会留在别人家里吃饭,因为自己家也会做饭,主要还是回家陪家人一起吃。随着杨家长子杨富彬越来越能承担起杨家的家庭重任之后,当家人杨德民便逐渐将家里的大事小情转交给长子负责,而杨德民慢慢成了杨家名义上的当家人,自然休闲时间也变得比较多,平日里时常会带着自己的两个小孙子去周围的邻居家串门聊天,除了能消磨时间之外,另一方面也能帮着看看小孩儿,陪小孩儿一起玩儿,当家人串门之后要回家,孩子也要跟着一起。另外,杨德民和妻子杨孙氏很少一块儿出去串门聊天,因为内外当家人总要有一个人留在家里才会觉得比较安心。

(四)逛庙会

1947年以前,在杨家所居住的村子的邻村在每年的六月十三日有庙会,人们称之为"赶会",每年一次,会持续三天的时间,全部或者部分家庭成员会一起去热闹一下。庙会是在邻村——官庄的李老爷庙附近举办的,规模很大,周围十里八庄的人们都会来赶庙会,有的拜神还愿,有的来看表演唱戏,也有来买东西吃的,各式各样的活动都有。杨家小女儿杨秀兰赶庙会时除了和家里人一块拜神之外,还特别喜欢看戏,有很多故事都是她在看戏的过程中才知道的,在村里过年时参加的戏曲表演也是在庙会上看别人表演学会的。

(五)其他娱乐活动

村里一般只有在过年的时候才会组织村里的人们表演节目,过年的时候都已经进入农闲时期,所以都会去看。有的是全家人一块儿去,有的是孩子们三五成群地去,但是要得到家里当家人的许可才可以。节庆活动在大年初二开始,参与表演的女孩男孩在年前就会把要参加的大人孩子们组织起来一起练习,在临近表演的那几天,甚至到了晚上也会练习。除了戏曲节目,还有表演扭秧歌的、踩高跷的、打花棍的,打花棍就是在一根棍子上裹上颜色鲜艳的布,棍子的两头摆上穗穗,然后就像孙悟空耍金箍棒一样来回花式的表演。杨家小女儿杨秀兰在村庄组织的学习班学习的那几年每年都会参加村里每年一次的娱乐活动,这类活动不分男女都可以参加,但参加这些活动的前提是要得到当家人杨德民的允许。起初,小女儿杨秀兰在向当家人杨德民表达想要参加村里的节庆活动的想法时,当家人刚开始不太同意,认为身为一个女孩子整天在外面抛头露面的让周围的人看到了名声不太好，所以拒绝了小女儿的提议。但是杨秀兰不这样认为，和父亲耐心地说出了自己的想法，也请节庆活动的组织者一起来说服父亲，杨德民才同意。但如果当时当家人没有同意，杨秀兰是不可以瞒着父亲或者是公然违抗父亲的意见而行动的。

第五章　家户治理制度

杨家家户的内部治理主要由内外两个当家人主导,外当家人为杨德民,内当家人则是杨德民的妻子杨孙氏。除了衣食等日常生活方面由内当家人统筹安排之外,杨家在生产生活方面的事务包括财产的掌管、农业生产的安排、成员的婚配、家规家法的修订维护等均由外当家人杨德民主导。在对外方面,当家人杨德民是包括家族、村庄及国家公共事务在内的一切对外活动的代表。因此,外当家人杨德民为杨家的首要治理负责人。相对于有序的家户内部治理而言,在涉及村庄和国家的外部治理方面杨家则呈现参与度低、影响力弱的特征。

一、家长当家

(一)家长人选,取决辈分

杨家的当家人只有一个,即为杨德民,准确地说是外当家人,杨德民的妻子杨孙氏是杨家的内当家人。通常来讲外当家人为男性,内当家人为女性。当家人的确立不需要经过投票选举等过程,而是出于所有家庭成员的共识,即在一个家庭中辈分最高的男性家庭成员即为该家庭的当家人。因此,辈分是决定谁来做当家人的决定性因素。由于当家人杨德民的父亲早逝,次子也在未成年时因为一场意外去世。因此,杨德民父亲死后杨德民便顺理成章地成了家中的大家长,掌管起家族的事务,而妻子杨孙氏则掌管起家庭内的事务。如果在确立当家人的过程中发现按照辈分理应成为当家人的成员如家中长子因为身体、品行等原因无法担任,则当家人的位置顺延到下一位二儿子这里。所以身体素质和品质德行是衡量一个人能否成为当家人的辅助要素。

家长即家中最有权威的那个人在当地的叫"当家人",当家人即为家中具体管事的人,这两个职位都是由当家人担任。当家人主要是家庭以外的人员对家庭中的大家长的一个称谓,例如保甲长有事上门找当家人,进门后如果看见的不是当家人,第一句话便是"你们家当家的在不在,我找他有点事。"而对于家庭内部成员来说,在称呼家长时仅需按各自的辈分进行相应的称呼即可,例如家中的儿子可称当家人为父亲,母亲可称其为孩子他爹,儿媳妇可称其为公公,而不是唤其"当家人"。在杨家,当家人拥有绝对权威,家中大事无论家庭成员商量的结果是什么最后均由当家人拍板决定。因此,家庭成员们对家长的信任和尊重是绝对的,对当家人的服从也是绝对的。在确定当家人的人选之后,不需要专门在家里的门牌上写上当家人的名字借此来告知周围的街坊四邻当家人的更替。因此村庄中的人们对于当家人的确立存在一种"共识",这种"共识"会指导人们根据一个家庭的成员组成来准确判断该家庭中当家人这一角色的"扮演者"。

女性当家的情形在杨家所在的村庄也存在,这类情况一般发生在家中外当家人因各种原因离世,且内当家人又坚持没有改嫁,下一代中只有女儿没有儿子,即在已没有男性成员的家庭中,成为寡妇的成年女性便顺理成章地成为自身所在家庭的当家人。杨家当村①的一个表嫂其家庭便是女性当家。丈夫去世后她坚持未改嫁,家中只有两个年幼的女儿且没有儿子。因此这个嫂子便成了这个家庭的当家人,操持着家里的大事小情。

(二)家长的权力

1.权力强弱呈差序格局

在一个家庭中,家长的绝对权威除了在历史和血脉的传承中源自成员们的共识之外,更多的是来自于家庭成员内部的支持和拥护。因此,家长的绝对权威建立在全部家庭成员认可的基础上。杨家当家人有外当家人和内当家人之分,并非外当家人管理整个家庭方方面面的事务,外当家人杨德民主要负责家庭的农业生产以及对外的社会交往,而内当家人杨孙氏负责的事务相对来讲则比较细微,主要是整个家庭衣食等方面的内部事务,而且随着与家户关系血缘亲近程度的不断减弱,管理和约束力的强弱也会随之降低,由可以命令到只能提出建议。在杨家,做媳妇的想要回娘家必须知会外当家人或者内当家人,如果没有得到当家人的允许儿媳妇不可以随便回娘家,对此家长具有绝对权威。但是当家人杨德民并不是任何事都一人决定,当家庭遇到大事时,也会与家庭成员相互商量寻找解决的办法,不会出现一人独断专行不考虑其他家庭成员意见的情况。家中长子杨富彬结婚时,由于家中房屋比较紧张,当家人杨德民曾召集全家人开家庭会议商讨,是否重新调整和分配居住的房屋还是在北屋的两侧增建长子杨富彬一家居住的房屋。在考虑到目前杨家的储蓄并不十分宽裕,尤其是办喜事也将是一笔不小的开支。因此,杨德民决定重新调整一下和分配一下房屋,为刚成家的长子杨富彬腾出一间单独的房屋供其小家居住,其他家庭成员做出适当让步,在征得所有家庭成员的同意之后,关于房屋问题在当家人的主持下得到了妥善解决。

2.当家人掌管,无私产

杨家的财产收入主要来源于农业生产和帮别人盖房子获取的收入,全家人一年的口粮基本上靠种地来满足,而家庭所产生的额外花销则主要靠杨德民及其长子杨富彬在村里村外帮别人盖房子赚取外快,用来购买洋火、盐及其他家什②。全年下来所得收入均由当家人主要是外当家人杨德民掌管,并以当家人的名义全家共有,是属于杨家所有家庭成员的财产而非当家人的私人财产,但是对财产的支配则必须经由杨德民同意之后方可使用。在杨家,家庭成员不可以存私房钱,包括杨家当家人在内的家庭成员在外的所得须全部交由当家人支配。例如杨德民和其长子杨富彬在村庄靠盖房子赚取的收入全部放置在当家人处作为公共财产支配使用,长子杨富彬即便是这笔收入的赚取者之一也不可私自支配,且大部分时候杨富彬在外赚取的收入并不经过自己之手而直接归杨家当家人保管,若发现杨家家庭成员有藏匿私房钱的现象,杨德民不仅会将私房钱全数没收,而且还会对其进行批评教育,同时做出这类行为的成员也会失去当家人杨德民对其的信任。

家里的贵重物品如地契、现金等均由当家人杨德民保管,钱财及重要单据等贵重物品会专门放置在一个小木盒中,并将此小木盒放置在一个柜子里,且这个柜子摆放在当家人杨德

---

① 当村:意为同村。
② 家什:意为各类基本的、日常的生产生活用品。

民休息的房间中,柜子平日里会上锁,锁头有两把钥匙,一把由当家人保管,另一把作为备用钥匙储存好。此外,像衣物等不是特别贵重的物品则摆放在柜子中比较显眼或者方便取放的位置,放贵重物品的木盒则放置在柜子中较为隐蔽的地方用衣服遮盖起来。退一步讲,就算不给柜子上锁也是安全的,家里人都知道这些是贵重的东西。因此不会擅自偷拿或挪动。另外,杨家的女性成员们基本上都不识字,也都看不太懂盒子里面那些所谓的地契或者是单据,对这些东西并不会产生好奇心或占有欲。

在杨家,家长杨德民不会给家庭成员零花钱,也不允许家庭成员私下存零花钱,需要用钱时要向其说明缘由,比如,想要拿点钱去集市上买块布做新衣服之类的花销,然后由其决定要不要给及给多少。家中已成婚的儿子杨富彬可以多少有零花钱,但数目相对较少,仅仅是够为自己的小家添置小物件或日常生活用品的程度,这是已成婚的家庭成员与未婚子女相比唯一的一点"优势"。家中长子成婚时的聘礼或者彩礼的数量也由当家人杨德民来决定,儿媳妇张氏进家门之后所带来的嫁妆由其所在的小家支配,这部分财产不属于杨家的公共财产而属于小家的私有财产。因此杨家当家人不会参与支配。不仅如此,由于嫁妆是属于新媳妇所在小家的私有财产。因此在分家时这部分财产也不在分家的名单之上,分家时直接归儿媳张氏所有。

杨家一年的粮食收成从属性上来说是公有属性,即属于全家人的财产,所有家庭成员都有份,是供全家人一日三餐的口粮。至于一日三餐,则主要是由内当家杨孙氏及儿媳妇张氏负责,由内当家人根据家中粮食的存储状况以及成员的数量来决定三餐的食物种类及需要的量,外当家及男性成员很少参与或发表意见。杨家一般交完税后会将剩余的粮食储存在一个名叫"囤"的容器中,外形呈圆柱状,容量非常大,即便是两个人张开手臂围也都不够,是农村家庭中用来存水的瓮的"加强版"。这两种容器唯一不同的是,瓮是上宽下窄,而囤则是上下一样粗。囤的下面铺着的是用荆条编起来再用泥泥起来的坚硬的像隔板一样的东西,在这个荆条做的隔板下面再铺上四层砖担起来,目的是为了防潮、防止粮食发霉。像这样大小的囤杨家有好几个,分别用来存放不同的粮食,例如高粱、大豆、谷子之类的,不同的囤存放着不同的粮食,村里几乎每家人都有三四个这样存放粮食的容器。

另外,存放粮食也有讲究,新旧粮食不能混合放在同一个囤里。刚打下来的粮食新鲜、成色好,一般都是留着卖换取更多的陈粮食①,而陈粮食则留着自己家食用。杨家的粮食不需要专门派人看管,盛粮食的容器一般都放在院子外面。为了防止雨雪天等粮食产生霉变,通常人们会用高粱秸秆绑成一个圆锥形状的类似草帽一样的盖子,将其扣在囤的入口处,再用麦子秸秆搭成的"苫子"②一层一层地覆盖到盖子之上,将粮食与外界基本隔绝开来,其作用相当于现在的塑料布,以此来储存粮食。

在土地房屋买卖的过程中,写各种单子或契约时落款人一般写杨家当家人杨德民的名字,而且只写他一个人的名字,只有当家人签名的单据才被家族和村庄其他人承认。

3.内当家人按需分配

杨家家庭成员在添置新衣服时依据的唯一的原则是按需分配。1947 年以前,由于家庭

---

① 陈粮食:意为去年或者往年剩余的粮食。
② 苫子:用麦子秸秆编织成的草席,用来铺在囤上起到隔绝外界环境的作用。

条件一般,家庭成员多,布料又比较紧张,杨家的家庭成员基本一个季节就两套甚至一套衣服,连可以换洗的衣服都置办不起。因此很难达到每一年每一个季节都添置新衣的程度,只有在家人们的衣服破得实在不能继续再穿的情况下,杨家内当家人才会考虑为其添置新衣。所以在分配棉花时也只有需要添置新衣的人才能分配到棉花,并不是依据平均分配的原则进行分配。每年杨家家庭成员添置的新衣主要由内当家人杨孙氏及儿媳妇张氏负责,年龄较大的女儿如大女儿杨玉芹、二女儿杨秀英也会在一旁帮忙。一般来讲,杨家大家长杨德民的衣服主要由内当家人杨孙氏做,其余已婚男性成员的衣服则由自己的妻子做,也就是说长子杨富彬的衣服由其妻子张氏负责,而小孩儿的衣服则由母亲做。

4.农业劳动,家长统筹

杨家的家庭成员在进行劳动生产时有明确的分工,一般由当家人杨德民做出具体的劳动生产安排,之后家庭成员们各自履行自己的职责。由于杨家的男性劳动力较少,因此在农忙时节,家里的部分女性成员如内当家人、儿媳妇也会下地帮忙,但不算主要劳动力。女性成员在农忙时除了干点农活之外,主要任务还是负责给家里人做饭,顺便给在地里农忙不回家的男性家庭成员们送饭吃。农闲时,杨家当家人杨德民和家中长子杨富彬会外出,通过帮同村或者邻村的人盖房子赚取外快,而女性成员则在家担负起操持家务、照顾小孩的重任。

家里年纪大的老人一般不会下地干活,家里的农活均交由晚辈去做,他们主要负责帮晚辈们照看照看小孩、做做饭,帮家里忙活一些轻松的、力所能及的杂事。但也不是所有的家庭都是这样,有的老人虽然年事已高,但是身体健康状况还很好,也会偶尔下地帮忙,或者是在自己家的院子外面打理一下菜园子等等。俗话说"穷人家的孩子早当家",穷人家的孩子们不论男女,一般在十五六岁左右便开始参加劳动生产,由于他们当中大多数人不上学或者上几年学就辍学了,所以参与农业生产的年龄也普遍偏小。大户人家的孩子一般不会下地干活,平日里女孩们会学习琴棋书画、女工绣花,到了一定年龄就直接出嫁;男孩们会一直在私塾里上学或者是家里请教书先生,长大后子承父业、娶妻生子。

5.父母之命媒妁之言

1947年以前,不论是穷人家还是富人家,娶媳妇及嫁女儿都讲究"父母之命媒妁之言"。因此,杨家孩子们的婚姻大事都是由家里的外当家人杨德民和内当家人杨孙氏决定。但如果有的家庭爷爷是当家人,则婚姻大事最终也会相应地由爷爷拍板决定,孩子的父母也要听从爷爷的安排。结婚需要当家人做主,同样离婚时也需要得到当家人的同意,如果当事人想离婚,但是当家人不允许便不能擅自决定离婚,当家人同意才可以。这期间需要通知女方的娘家人,但是不需要必须得到娘家人的同意才能离婚。1947年以前,人们可以选择单方面休妻,另外如果当家人对儿子的媳妇不满意,可以直接命令儿子休掉现在的妻子再娶,而儿子不能违背当家人的意思,必须照做。

杨家的祭祀通常是由当家人杨德民做代表站在所有家庭成员的最前面进行。在当家人弥留之际,会留下文字或口头遗嘱,希望后辈人遵照遗嘱将当家人生前想做但没有完成的事情完成。当家人的遗嘱对于家中后辈人来说是不可违背的,且必须要完成老人的遗嘱,否则会有老人死不瞑目的说法。此外,遗嘱的具体形式会因老人文化程度的高低而有所不同,当家人如果有文化,一般会立下白纸黑字的纸质遗嘱;如果老人没有文化,则会留下口头遗嘱,遗嘱里面还包括对养老地的分配,等等。

6.以家长为代表参与对外活动

在对外关系中,杨家家长可以代表整个家庭,也能够以家庭的名义向外人借贷。在村庄的开会、投票等事宜中,杨德民身为杨家当家人会以户代表的身份参加,且只需当家人一人参加即可。在交粮纳税时,同样是由当家人杨德民出面将粮食带到村里上交。家庭成员如果要外出打工,必须要取得杨家当家人的同意,在当家人同意过后才能出远门。另外,在外打工所挣得的工钱一般会将绝大部分寄回家里给当家人使用,自己留一部分解决日常生活需求,对于这部分钱的使用不需要征得当家人的同意,可随自己的意愿支配。如果儿子出远门打工,想带妻子一块儿去,也需要知会当家人并得到当家人的同意,在未取得当家人的应允之前妻子不能擅自离开家去找丈夫。

7.当家人权威的"相对性"

在杨家,家长的绝对权威是建立在所有家庭成员的支持、信任和服从的基础之上的,而这种支持、信任和服从又是建立在当家人的开明、贤能、明智等一系列服众的良好品质上的。因此,家长的绝对权威并不是没有约束的,如果家长的美好品行在当家的过程中逐渐消失的话,就会失去家庭成员对当家人的信任,而相应地,当家人也就失去了他的绝对权威和绝对地位。

作为一家之长,杨家当家人杨德民不能私自以家庭的名义借债用于自己的私事并对家庭成员隐瞒借贷事实。因为无论是当家人还是家庭成员欠债最后都是全家人一起来负担,即使是在分家后也要父债子偿。因此如果当家人借债之后还不上就会连累家庭成员一块儿背负债务,这是极不负责任的表现。在做出借外债的决定之前当家人需要让每一个家庭成员知晓这一事实以及解释借贷的原因。虽然当家人拥有绝对权威,但是也不能完全为了满足自己的私欲而做出全家人都反对的行为举止,否则会失去全家人对当家人的信任与服从,继而影响家庭和睦。另外,作为一家之长杨德民管理着家中众多的成员,必须做到"一碗水端平",不能偏心其中的某个家人,否则除了不能服众之外,还会引起晚辈之间的相互猜忌、妒忌,令兄弟姐妹之间产生嫌隙,不利于整个家庭的和谐。

杨家当家人杨德民虽然不是很有文化,但是算得上是一个明事理的当家人。所以家庭成员对于当家人非常依赖和信任。当家人也比较自律,从未有过吸食鸦片或沉迷于赌博的情形发生。穷人家因为受经济条件的限制反而很少发生当家人沉溺于赌博和鸦片的情形,反而是富人家、大户人家的当家人家财雄厚,容易沉迷而无法自拔。一旦当家人因沉迷赌博或鸦片无法自拔,难以承担起管理家庭的重任时,便意味着他不能再承担起当家人这一职务,家庭成员会开会进行决议考虑是否让他继续担任当家人还是要选取新的当家人。所以,杨德民作为杨家的当家人,首先应该以身作则才能服众,只要事情在情理之中,大家便都能够理解并给予支持。但是如果家长所做的决定全家人均表示反对,当家人理应考虑是不是自己的问题,而不是不顾全家人的意见一意孤行,民主对于一个当家人能否维持自己的绝对权威十分重要。

8.家长权力代理,优先同辈兄弟

如果一个家庭的家长过世,而且后辈又都是女儿,那么可以选择请一个本家的人来当代理家长,一般来讲,请与家长同辈的叔叔伯伯作为家庭的代理家长的情况比较常见。而这种代理会随着分家或者是家中女婿的入赘作为结束的标志。在叔伯担任家庭的代理家长期间,当家人可以行使的一切权力，代理家长都可以行使，同时也可以代表被代理家庭参与村里的会议、投票等相关事务。

（三）一力担当，以身作则

作为一个家庭的大家长，其承担的责任非常重大，大到整个家庭的农业发展、房屋修建及对外社会关系，小到全家人的衣食住行、家庭成员之间的人际关系及家庭是否和睦和谐等，当家人需要时时刻刻关心维系。在家庭陷入困难缺衣少食的时候，当家人有责任和义务去解决这些问题，如果需要出面向外人借钱借粮食，也都是由当家人出面。所以，家长是一个家庭中所有家庭成员的主心骨，同时也是这个家庭的精神支柱。

一个好的家长首先应该学会自律、自我约束。相较于家庭成员而言，家长的权力和地位最高，作为家庭中的核心人物，只有严格要求自己，才能以身作则，影响家庭成员，而且赢得家庭成员的尊重和信任。其次，在管理大家庭的过程中，要做到民主、公平，管理一个大家庭就像管理一个小团体，在大家庭中每个成员对于同一个问题、同一件事都有自己的看法和意见，如何考虑和综合所有人的意见做出明智的决定又能获得所有家庭成员的认同和支持是非常考验当家人管理智慧的一件事。另外，虽然大家生活在一个集体当中，但是难免会有人有私心。所以在同居共食的过程中如何做到"一碗水端平"，不让家人有不公平的感觉也是影响一个大家庭能否家和万事兴的重要因素之一。反之，如果作为一家之主不仅做不到这些，反而给家庭成员做出了不好的示范，沉迷于赌博、鸦片等不良嗜好，便会失去家人对自己的支持和信任，甚至会失去当家人的身份。

随着当家人年纪渐长，会受到年龄、健康状况等因素的影响而无法负责家里家外大大小小的事情，这时就需要选择一个新的当家人带领全家人生活下去。但是，如果前当家人在当家期间获得了家庭成员的一致认同和支持，即便其不再是家庭的当家人，不再负责家庭大大小小的事务，其作为家长仍然具有一定的影响力，在家庭会议或是成员的心中家长的意见仍旧会被新当家人和家庭成员作为重要参考。在一个家庭中，虽然存在着外当家人和内当家人之分，但是在实际家庭生活中，内当家人则服从和听从于外当家人。因此，在一个家庭中能够代表全家人做决策的就只有外当家人。

（四）家长的更替

1.代理家长首选长子

在遇到当家人因出远门务工经商等原因长期不在家时，家中便需要选出一个代理当家人代替管理家中的内外事务，照顾好一家老老小小。家长代理人的人选主要取决于家中长子的年纪，如果当家人杨德民离开时家中长子的年龄过小无法承担起照顾整个家庭的重任，便暂时由内当家人杨孙氏也就是当家人的妻子担任代理当家人；如果长子已经成年，可以担负起整个家庭的重任，则由长子暂时代理当家人。如果当家人因身体原因暂时不能当家，则可以选择代理当家人，人选的确定同样依据长子的年纪，如果当家人将长期卧病在床，则会考虑确立新的当家人，或者仍旧担任当家人的角色，但只是名义上的，而实际的当家人则会交由妻子或已成年的长子担任。如果当家人已经去世，那么全家人将会直接确立新的当家人。在此原则下，杨家代理当家人的首选为杨家长子杨富彬。

2.家长更替顺序

在一个大家庭里，当家人更替的顺序取决于这个大家庭是否分家。如果几个兄弟之间还没有分家,仍旧处在"同居共食"的生活状态下,则在更替当家人时会首先考虑从同辈中选择接替的人选。例如,作为当家人的老大去世了,那么老二就会接替老大顺理成章地成为新的当家人;如果几个兄弟已经分家,那么新当家人的人选就会在其几个儿子当中确定,无特殊情况时基本上由长子来担任新的当家人。如果家庭过去的当家人有妻有妾,当家人过世,且妻妾都有儿子,则新当家人则由妻子所生的儿子当家,也就是长房的长子担任。新当家人的确立取决于其母亲的地位及新当家人的辈分,品行不是最首要的因素。因此即便妾的儿子能力再强也不会略过妻的长子而选择妾的儿子成为新当家人。但如果妻没有儿子妾有,那便只能选择妾所生的长子来担任新当家人,在有男性成员的前提下不论是不是正室所生,均要先考虑男性成员当家。

新当家人并非只能是男性而不能是女性,在一些情况特殊的家庭里会选择由女性来做当家人。例如,与杨家同村杨秀兰的一位表嫂,她的丈夫因疾病英年早逝,且家中没有儿子只有两个女儿,此后她也没有改嫁。在这个家庭中,杨秀兰的表嫂便成了名副其实的女当家人,不仅是内当家人,同时也是外当家人。

3.更替标志:财权转移

杨家在完成当家人的更替之后,前当家人杨德民在当家期间所保管的东西均需移交给新当家人即长子杨富彬,包括放有贵重财物的柜子的钥匙,并向新当家人说明家中各类房契、地契的详细内容,家规家训及家谱等世代传承的物件。另外,在移交由其保管的重要物品之后,作为当家人所拥有的绝对权威也会自然发生转移,包括代表家庭参与会议、进行表决等一系列社会活动的权力,在家庭会议中的最终决定权、统筹整个家庭的农业生产及家庭成员的日常生活的种种权力。

完成当家人的更替之后,在对外方面也会发生一定的变化,例如,村庄花名册上当家人的名字会变更,周围邻居会称杨富彬为新的杨家的当家人,而人们对于老当家人的称呼会基于二者之间的辈分来确定。家庭不会将当家人的更替刻意告知四邻,而是在此后日常的交往中逐渐更新周围人的认知。

二、家长不当家

(一)家长不当家:长子当家

当家人杨德民在考虑到年龄和身体健康状况这两个因素,决定提前将当家人的职责交给家中长子杨富彬担任。当家人杨德民的身体状况一直不是特别好,随着年龄的增长对管理家庭也越发感觉到吃力。因此在更替当家人之前便已经开始时刻注意培养其长子杨富彬的统筹管理能力,并逐渐将家内家外的各项大小事务交由长子处理,使他提前熟悉并进入角色。在觉得自己的儿子基本上可以胜任当家人的角色之后当家人杨德民便正式完成了当家人的更替,"退居幕后"担当辅助的角色,在新当家人杨富彬碰到困难或者力不从心的时候及时地给予指导。因此,杨富彬作为家中的长子,又在其父亲的辅助下非常好地担任起了当家人的角色,并将家庭管理得井井有条。因此也获得所有家庭成员的支持和信任,家人非常服从新当家人的安排。

杨富彬在管理家庭时,事关家庭未来的生产生活的大事需要与包括前当家人在内的所有的家庭成员商量,例如,房屋的增建、土地的租种及家庭中的婚丧嫁娶等大事。而日常生产生活中的事务则自己做出决定即可,比如耕种粮食的时间、粮食的种类及各种粮食的种植面积等。家庭的日常生活吃穿住行则主要交由自己的妻子张氏负责。在杨富彬成为新的当家人之后,妻子张氏也就顺理成章地成了杨家新的内当家人。

当家人的更替是一种彻底的更替,而不仅仅是名义上的。因此身为当家人所应具有的权力新当家人同样拥有,包括财产管理权,财物也实际上转为由新当家人保管,旧当家人不再过问。但如果新当家人发生将家里的公共钱财挪为私用的情况时,其新当家人的身份可能会暂时被大家长收回,待考察过后再行决定要不要继续保留其当家人的职责。因此,家长在卸任当家人之后除了辅助新当家人之外,还对新当家人起着监督的作用。

(二)家长不当家:妻子当家

杨家中没有发生过妻子当家的情况,但是在西黑村里的确存在妻子当家的情况。家长不当家而由妻子当家的情况主要发生在丈夫去世家中没有儿子仅有女儿,而且女儿还未出嫁,妻子也坚持没有改嫁的家庭中。在这种情况下由于家庭中没有可以成为当家人的男性成员。因此过世当家人的妻子便成为家庭中的女性当家人。妻子当家在对外的社会生活中与男性当家人拥有同样的权力和地位,即可以代表家庭参与村庄会议、选举,可以以家庭的名义借款且落款处写上自己的名字,邻居在婚丧嫁娶需要帮忙时也可以代表家庭去帮忙。因此,女性当家人作为家中唯一的当家人,既担负着内当家人的责任,同时也担负着外当家人的责任。

三、家户决策

(一)当家人画沙聚米

家里的大事及家外的事务主要由外当家人即杨德民说了算,而家庭的内部事务主要由内当家人杨孙氏说了算。如果当家人出远门,家里的大事小情则均由内当家人说了算。只要是当家人做出的正确、合理的决定,其余家庭成员都应该无条件支持和执行。除非当家人的决议受到了家中绝大部分人的质疑,此时当家人会重新考虑并慎重决定。因此,当家人在做决定时通常会秉承民主的原则,不会独断专行。即便没有经过家庭会议而是由当家人通过常识判断做出的决定,只要家庭成员觉得是最佳决定,也会服从和遵循。通常需要当家人开会动员的事件主要是指关系整个家庭未来的经济发展状况或者生活环境的事情,征求全家的意见之后由当家人做出决定;而在日常生活的过程中产生的琐事则由当家人独自判断并做出选择即可。

(二)家庭成员建言献策

杨家在落户至西黑村之后所面临的首要问题是农业生产,这是关系着杨家生存的重大问题,无地可种便意味着没有经济来源。考虑到这些,当家人杨德民便有了想要买地的想法,但毕竟土地的买卖对于庄稼人来说也是一件关系重大的事。因此,杨德民趁着全家人都在北屋吃饭的空档把自己的这个想法提了出来,想要征求一下家人的意见和想法。在杨家,除了杨德民之外,在家庭的重大事务上能够说得上话的是内当家人杨孙氏及长子杨富彬,二人在听到杨德民的这个建议之后立马表示同意和支持,也都认为土地是当前的首要问题,应尽快解决,全家人的生产生活才能步入正轨。在取得全家人的支持之后杨德民便做主相继购买了三处土地,其中晒场是从一户大户人家购得的。起初对于是否要购买这块晒场内当家人杨孙氏还有些担心和顾虑,觉得和大户人家做交易心里有些不踏实。但当家人杨德民在周全考虑之后认为趁着价格还比较理想一定要买下来为将来做打算。事实证明,当家人杨德民在土地问题上是高瞻远瞩的。当家人杨德民所进行的大部分决策会参考家人的意见,但是家人提出了不同的意见而杨德民慎重考虑后若仍然坚持的话,最后还是会以杨德民的决策、意见为主。

杨家的房屋主要由当家人杨德民负责管理,包括对房屋的买卖、拆除、修建及重建等,均由当家人决策,过程中会与其他家庭成员进行商议。杨家人刚来到村子的时候没有钱盖新的房子。于是杨德民就决定先租住附近大户人家一座空置的房子,好让全家人有个暂时落脚的地方。等全家的生活渐渐地稳定了下来后,家里通过几年的辛苦劳作也积攒了一定的资本,当家人杨德民才决定要盖属于自家的房子。由于杨德民本身就对盖房比较内行,因此在杨德民的操办下房屋很顺利盖了起来。事务的重要程度及其影响力决定了是否必须要家长做出决定,像扩建房屋、买卖土地等重大事项便要当家人进行决策,而在日常生活中经常面临的问题,如一日三餐的安排、家人衣物的增添等可以不必刻意向当家人请示。

四、家户保护

(一)对外矛盾,家长出面

在日常的社会生活中,杨家人待人和善,与街坊四邻也相处得极为融洽,很少与别人家发生矛盾或争执,唯一一次比较大的争执是发生在当家人与长子为别人盖房子的时候。农闲时,当家人杨德民和长子杨富彬会外出帮村里村外的人盖房子,也算是一门手艺活,顺便赚点钱贴补一下家里的吃穿用度。某次,在杨德民和儿子杨富彬给同村的一户张姓人家盖完房子一段时间之后,张姓人家的当家人因为房子存在问题而找上门来,以建好的房子有缺陷为由要求杨家退还为其盖房子的钱,但当家人认为如果真的有问题那么他愿意免费为其进行修缮并做最后的检查保证不会再出问题,全部退钱似乎也不是特别合理。两家人因为退钱还是修缮的问题僵持不下,最后在当家人的努力下,双方达成一致,由杨德民和杨富彬对张姓人家的房屋进行修缮,确保不会再出现问题,如果问题没有解决,房屋的漏洞无法修缮,那么当家人便全额退款。最终当家人来到张姓人家家里查看了房屋出现的问题,发现问题不大完全可以解决,因此便帮张姓人家进行了简单的修缮,事情得到了圆满的解决。

因此,杨家不论是谁与他人发生争执或矛盾,一般都是由当家人出面进行调解或者解决。当家人作为这个家的代表、一家之主,说的话会让不管是家人还是外人都更加信服一些。发生矛盾时,家人并不会一味地"护短",偏袒家人,而是会首先弄清楚事情的原委,再做判断,就像在房屋纠纷中,家里人也没有直接说对方无理取闹,而是在确认了究竟是谁的过错之后才做出了判断,事实证明的确是自己家为其盖房子时出现了小小的疏漏,如果家里人不分青红皂白一味地指责别人而推脱责任,那么以后人们便不会再找当家人盖房子,口碑臭了生意也会受到影响。

如果发现家庭成员犯错,例如小孩子打人或者是偷东西等这类比较严重的事情,一般需要当家人出面并且带着自己家的小孩赔礼道歉,如果犯的错误是无心之失或是比较轻微,那么便不需要当家人出面,由其父母出面解决即可。在做好善后工作之后,当家人对犯错较为严重的家庭成员还要施以小小的惩戒。但如果是家人受到了别人的欺负,当家人也会为家人讨回公道绝不会忍气吞声，因为保护家庭成员在外不受欺负也是当家人的重要职责之一。在1947年以前那个比较封闭的社会中，人们坚持"家丑不可外扬"的处理方式，即便家里发生了非常难堪的事，人们首先要做的就是不能让外人知道或者看见，更不愿接受别人的帮助和同情，宁愿打落牙齿往肚里咽。正所谓"人言可畏"，任何人或者家庭都不想成为人们茶余饭后的谈资、村里的笑柄，让外人看笑话在杨家人看来是一种"亲者痛，仇者快"的事情。

（二）情感支持

家里人在外面受了委屈或者是听到别人说自己的闲话，一般都会找家人诉苦，杨家小女儿杨秀兰在村子里和自己的小伙伴儿们玩儿，有时候也会打打闹闹，甚至最后会当真生气回家哭。哭着回到家后有时候内当家人杨孙氏会安慰她，说对方是不小心的，不是故意的，不要放在心上；而与母亲采取宽慰的方式安慰女儿不同的是，在小女儿杨秀兰和家中的亲姐妹诉苦的时候，大家通常会一起说欺负她的那个人的坏话，与她"同仇敌忾"，一起闹，一起笑。所以，家人对于杨家而言是非常重要的存在，无论在外面受了多大的委屈或者是多孤单寂寞，看到家人在身旁关心自己、支持自己的那一刻，便会觉得为这个家庭所付出的一切都是值得的。

（三）防备天灾

1.涝灾

1947年以前，杨家虽没有遭受过特别严重的灾害，但是偶尔有几年因为涝灾粮食大幅度减产，甚至到达颗粒不收的程度。杨秀中种的大片高粱当时刚刚收起穗，准备要晒米，老天爷便开始不再出太阳天天下起雨来，当时人们并不懂得通过往外排水的方式来抗涝，涝了也就涝了，没有别的方法避免农业生产上的损失，所以到最后高粱全都烂在了地里。西黑村的农民种地主要是"靠天吃饭"，旱了、涝了粮食便收得少，雨水刚好时就收得多，也不会有人特意进行灌溉。若是田地离河比较近，还有可能时不时地灌溉一下，那些没有条件浇水的农户便只能祈祷老天爷能赏口饭吃，保证一年风调雨顺。在因为灾害粮食不收的情况下，杨家主要是靠存粮度日，每年秋后打下粮食来当家人都会提前将粮食进行简单的分配，并预留出一定量的粮食储存起来以备不时之需。又或者是由当家人杨德民用家里唯一的托运工具小推车推着家里质量上乘的粮食去集市上换取富人家普通质量的粮食，通过以少换多的方式来解决家里粮食紧缺的问题，但不会通过求神、拜神来求雨，国家也不会给受灾严重的群众一定的救济或者是补贴，只能依靠自己解决。

2.蝗灾

除了洪涝灾害以外，杨家还遭受过一次蝗灾，也是杨家在西黑村所遭遇的唯一一次大规模的蝗灾。当时杨家人渐渐看到远处田地的上空密密麻麻黑压压的一片，心里还在犯嘀咕："那是些什么东西，怎么从来没见过呢？"后来家里人去地里一看才知道村里发生了严重的蝗灾，大家都非常恐慌，觉得蝗虫完全是没有办法控制的东西，只能眼睁睁地看着这些蝗虫肆无忌惮地破坏辛辛苦苦种下的粮食而一点办法都没有。据说那一年的粮食基本上是惨淡收场，家里基本上只能靠去年的存粮勉强度日。

3.抗灾

在遇到灾荒时，杨家的粮食常常不够吃，在这种情况下除了靠当家人去集市上用好粮食换取更多的陈粮食的方式解决之外，在食用时，像谷子这类的粮食便不去皮，直接在碾子上连皮带粮一块儿碾碎了吃,靠这样的方式勉强让全家人吃上饭,只有在粮食比较宽裕的时候才会将谷子去皮后熬成小米粥喝。家里人也都非常懂事,知道日子不太好过,也不会嫌弃带皮的粮食不好吃或者想吃更好的东西,都会为大家庭着想,一起节衣缩食共渡困难时期。

4.逃荒

1947年以前,人在大自然面前非常脆弱无力,一旦老天爷发了脾气降下灾祸,单靠自身的力量完全没有办法解决抵抗,唯一的办法就是逃荒。杨家小女儿杨秀兰一生经历过的唯一一次逃荒,是在她结婚并有了孩子后,整个村庄中村民们的生活渐渐开始变得十分困难,一年到头的粮食收成连一家人基本的果腹都变得捉襟见肘。于是,当家人便做出了要带全家人一起逃荒的决定。当时听说新建村人烟稀少,很少有人来此定居。因此便想要带领全家人到一百多里地之外的新建村"开疆扩土",暂时作为生存下去的过渡。逃荒的时候家里的粮食、衣服等物资特别缺乏,一路上都得节衣缩食地过日子,平日里虽说不是天天能够吃上细粮,但偶尔吃一些还是可以的,但是在逃荒的那段日子里别说细粮了,就连粗粮的供应都非常紧缺。在准备逃荒的时候当家人将家里储存好的细粮或者是当年产的质量上乘的粮食拿出来跟村里的有钱人家换更多的粗粮,以保证全家人基本的生活。除此以外,还在准备逃荒之前烙上几张面饼准备着,路上要是饿了可以就着凉水吃下去。由于逃荒之前在粮食准备上还是比较充足的,所以路上并没有出现要饭的情况,一路上靠着提前准备的这些干粮顺利地撑过去了。

从原来的村子到新的村子大概有一百多里地,全家人早晨很早便起来出发赶路,走了一天一夜到了晚上七八点钟的时候才到达落脚地,当时也没有像火车、飞机这样发达的交通工具,甚至连自行车这种基本的代步工具都没有,就是靠着人的这两条腿一步一步地走了这么远。家里有一辆独轮的小推车,逃荒时带的吃的、衣服、吃饭用的家什、睡觉用的床单被子及种地用的锄头、铁锨等耕地用的工具等这些必备的财物就都放到小推车上,年幼的孩子们也都坐在小推车上,当家人推着小推车,其他家庭成员就跟随在当家人身后赶路。

当家人在做出逃荒这个决定时本来是打算将逃荒作为权宜之计,认为自家的土地和房屋还都在这儿,总有一天等困难过去了全家人还会再回来。因此临走的时候房屋及土地的契约也都随身带着,当时住的四间房子在临走时烧了两间,剩下的两间外加院子便交给了老人公公的大哥他们一家帮忙照看,但是时间一长,他们也顾不上帮忙管理了,风吹日晒的房子渐渐便不能住了。而家里的土地就暂时闲置在了原来居住的村子里,走的时候不需要向村里的保长打招呼,是走是留都取决于家庭内部当家人及其家庭成员的决定。新建村落脚之后,通过开荒有了属于自己的土地和房屋,全家人便再也没有回去原来的村子。

(四)防备盗贼

1947年之前,村子里没有出现过大规模的土匪抢劫行为,但小偷小摸在村子里经常发生。通常这种小偷小摸都是单人行动或者是两三个人的小团伙,如果需要放哨,那么团伙作案的可能性比较大。小偷的目标通常是那些一眼就能看出家底不薄的有钱人家和大门大户,穷人家一般还入不了那些小偷的眼。村里的富户们通常也会为了防止被偷被盗而修建一些保家护院的设施或者是雇人看家护院,因此小偷偷盗时被逮到的事情也时有发生。由于当时的法治体系并不是十分完善,再者小偷一般都是一些居无定所,或者是一无所有的光棍,因此,这种没有生活目标一辈子碌碌无为的人就算抓到他们把他们偷的东西都拿回来,然后再骂一顿甚至打一顿,也就不能再把他们怎么样了,对他们而言也不会起到很明显的震慑作用。不仅如此,有些小偷还会记仇,他要是在偷东西的时候被抓住了并且受到了处罚,下次说不定他还会瞄准这户人家打击报复,他们就指着偷抢这种方式养活自己,人们又没有那么多闲工夫天天盯着防着,而且在惩处方面也没有什么特别有效的手段或者措施来遏制此类现象的再次发生,偷盗现象也时常处于一种屡禁不止的状态。

1947 年以前,西黑村除了偷盗之外,还发生过绑票的事情。一般来说绑票要钱这种事情也是以大户人家为主要的威胁对象,如果绑架的是穷人家的人,就算真的想交钱赎人,但也确实没有富余的钱,给的钱少绑匪反而还觉得不值当。村里一旦有人碰到这类的事情,唯一的办法也只能是交钱赎人,就算是找到村里的保长或者是一些有威望的能人出面,也必须交钱才能把人领出来,硬是不给的话人质便有可能会遭到撕票。

(五)防备战乱

1.全家出逃,躲避战乱

1947 年以前,村庄没有发生过比较重大战役或者是战乱,但是在整个国家处于战乱的时期,村庄时常会发生乱杀人及乱抢东西的现象,这些不法行为的主体通常是国民党或者是日本人的军队。他们沿路"扫荡"到了哪个村,哪个村的村民们就苦不堪言。这些人进村之后就挨家挨户的"扫荡",家里有养鸡的就把鸡抢走,有粮食的就把粮食抢走,只要是看上去比较值钱的东西或者是能吃的东西这些人一概都不给人们留,全部拿走。村里的人因为害怕这些军队的烧杀抢掠行为,在听闻他们进村之后便都跑到附近的坡里或者是一些偏僻的比较荒芜的地方躲起来,甚至慌张到连家里的财物都顾不上,任凭他们翻找任凭他们抢夺,人们当时唯一的想法就是活命,能保住命才最要紧,等军队走后再回到自己家里。当时杨家在村庄的东南方向种植了一大片瓜地,离村庄大概有几里地的距离,当家人杨德民在知道鬼子进村"扫荡"之后便带着全家人跑到了自家的那一大片瓜地中躲藏,这才躲过了鬼子的"扫荡",有时候也会躲在高粱地或玉米地里。杨家人躲在庄稼地里时,虽然看不到远处的鬼子军队,但是一抬头就能看到头顶上有一架飞得特别低的飞机在天空中来回盘旋,在搜寻着看有没有躲着的人,当时吓得全家人躲在庄稼地里大气也不敢喘一下,等到飞机飞得远一点再接着逃跑到更安全的地方躲避。

遇到鬼子来"扫荡",杨家人时常要离家躲个几天几夜,所以在逃跑之前通常会带上足够的干粮,例如高粱面之类的解决逃跑期间的吃饭问题。与小女儿杨秀兰同村的三婶因为裹了小脚所以跑得不快,被日本军给抓住了。三婶子的二儿子在村里开着一个小商店做着小买卖,日本人把他抓住了说他是八路军开合作社,给他好一顿毒打,之后趁着那些人都在搜刮东西的时候才逃了出来。因此,由于战乱频繁,村庄有些人家里就会藏有枪支来防身,尤其是大户人家、富人家拥有枪支的比较多,家里有了闲钱,就从倒腾枪支的人手中买几把枪放在家中,防国民党和鬼子的军队及偷盗之类的事情,这些武器一般都是由当家人保管,其他人是没有机会也不能擅自支配或使用。

杨家使用的是木制门,窗户是纸糊的而且很小,战乱时期家里人有时会躲在家中透过小窗户向外面看,能看到天空中有很多飞机呼啸掠过而且飞得特别低。当家人杨德民对孩子说,飞机之所以飞得这么低是因为飞机上的鬼子在搜寻,看村庄里还有没有人,如果发现了他就会投下炸弹或者拿枪扫射。西黑村曾来过一支军队,据杨家后人回忆,这支军队是国民党的十五旅,和保护老百姓的八路军不同,十五旅进入村庄后会抢老百姓的家产。村里还未成婚的姑娘们为了防止被鬼子祸害,会梳上"纂"①,佯装成已婚的妇女。除此以外,村里人还会采取很多方法来对抗鬼子的"扫荡":砍枣树阻路:村庄的道路两旁长着许多枣树,为了阻止鬼子军队进村的脚步,为全村人争取更多逃跑及躲避的时间,人们会将路两旁的枣树砍倒打横放在路上作为"路障",给日本军队制造麻烦,减慢日本军队进入村庄的速度;土墙:在一进村的位置,人们泥了两堵高墙在村头的道路两旁,两堵土墙上还分布着几个四方形的洞,是为了方便村里的人探查敌人的动向;高粱只掐尖,为了藏人:地里种的高粱在必要的时候也能作为藏身的有利物件,为了最大限度地隐蔽自己的踪迹,人们在收割高粱的时候仅掐去高粱的顶部,即为"掐尖",维持高粱原有的高度,保证高粱地的隐蔽优势。

2.打更:铜锣子

在日本鬼子横行霸道时期,整个西黑村时常处于一种极度的恐慌之中,人们晚上经常不敢睡觉或者是睡不好,就怕半夜鬼子来了逃不出鬼子的魔掌。所以那段时间村里会派一个人专门负责打更巡夜,人们将其称为"铜锣子",这个名字是来自于巡夜人用的一种铜制的名为"响锣"的工具,因此得名"铜锣子"。每天晚上巡夜人都会敲着这个响锣在村子里巡视,并且嘴里还喊着"平安无事",人们只有在听到这四个字之后才能比较安心地睡觉。除了保护整个村庄的安全,"铜锣子"还有另一个隐性的功能——传信。

(六)其他保护

1.瞭望小屋

不论是小偷小盗,还是日本军队的烧杀抢掠,首当其冲的都是村里的大户人家。因此为了防止盗贼的入侵,村里的大户人家及富人家都会在自己院子的大门外修建一个小屋,此小屋位于一出大门的右侧,高于自家居住的房屋而低于炮楼的高度,且只有一层,主要是用来查看大门周围的情况,一旦发生异常便能在第一时间做出反应,户主不会在小屋中看家护院,而是花钱雇一个人专门负责看守,在遇到险情时及时禀告。除了防止盗贼小偷之外,修建瞭望小屋的另一个主要原因在于有些大户人家财大气粗,在村中的品行和口碑较差,会引起很多人的不满和仇视,有时会有村民在大户人家房屋周围偷偷放火以报复大户人家的嚣张跋扈。因此瞭望小屋也是为了防止同村人报复。

2."夹皮墙"

战乱期间,不论是村庄还是村民个人都未曾修建过地道,但为了防止外来军队的烧杀抢掠,大户人家会在屋内修建一种叫"夹皮墙"的设施来保护自己的重要财物。所谓的"夹皮墙"是指在当家人所居住的房间中修建一堵不起承重作用的墙,这面墙的中间是空心的,里面有较大的空间可以放东西,类似于古代暗格,在外面看起来其与普通的墙面无异,但通过小机关打开之后里面相当于一个储存空间。这个设施的作用主要有两个:一是存放家中重要的财物,防盗防偷抢;二是必要时人也可以进入该隐蔽空间躲避,起到保护生命安全的作用。

3.其他保护

杨家的经济条件在村里虽不算富有,但是也处于中等水平,家里的内外当家人一直努力

---

① 纂:将头发梳成一个发髻扎在脑后。

经营，也从未让孩子们处于出门乞讨的境地。但在 1947 年以前，村里有一大部分人就连基本的温饱都没办法做到，只能靠乞讨为生，因此经常会有或来自村庄内或来自村庄之外的穷人上门乞讨。尤其是在过年过节的时候，大年三十及初一是一年当中乞丐出门乞讨最集中的时间段。过年的时候就算是经济水平一般的人家也会准备比平常丰盛的食物，出于怜悯之心及为子孙后代积德的想法，通常人们不会拒绝乞讨的人，多少都会打发点。所以过年期间出门乞讨成功的概率最大，平常的日子遇到乞讨的人上门可能不会理会。村里除了巡夜的人之外，还有一种组织名曰"保安团"，这一组织是某一军队在村庄驻扎时所成立的，有穷人也有富人，穷人比较倾向于和八路军一条心，而富人则更倾向于和国民党一条心，二者的政治立场并不完全一致。

五、家规家法

（一）成文家规，祖辈传承

1947 年以前，不论是大户人家还是中户及小户人家基本上都是有家规家训的，而大户人家和小户人家家规家训的主要区别在于繁简程度有所不同。大户人家的家庭人口多，人际关系也相对来讲比较复杂，因此需要制定内容比较翔实的家规来约束一个家族内部成员的行为规范。而小户人家的人际关系较为简单，家规的内容相对来讲也较为简单。杨家家规在后人有记忆以来便已经存在，家规的制定者应该为当家人杨德民的父辈或祖辈中的当家人，内容主要涉及严于律己，不沾染赌博、酗酒等不良嗜好，尊老爱幼，勤俭持家等方面。客观来说，家规是一种传承的象征，在一个家户中通常不会常年放置于公共空间，而是保存在当家人所居房间的柜子中，钥匙由当家人保管，以防丢失。虽然家规并不常年示人，但是家庭成员均对家规的具体内容有所了解，其中小孩的家规教育是由其家长进行，通过言传身教，潜移默化地影响下一代孩子的言行举止。而家庭的新晋成员，如新嫁进来的媳妇对家规家训的学习则是由其婆婆来教导和引领。一旦有人触犯了家规家法，便会受到相应的惩罚，惩罚的执行一般是由家规的教导者实施，并非交由当家人负责。一个家庭内部仅存有一份正式的家规家训，即使一个小家内部有小家范围内使用的成文或不成文的家规，在制定之初也要遵守基本的原则，即不能与整个家族的最高家规家训的精神和宗旨相违背，若产生冲突则以大家庭的家规为准。

1947 年以前，杨家的孩子到了结婚的年龄时，杨家不允许孩子通过自由恋爱找对象，一定要家里的大人找媒婆子来说亲，自己不能决定。另外，关于家里的农业经营耕种什么作物、耕种多少均由当家人说了算，而内当家主要决定衣服、三餐等日常事务。家规家训讲求的是一种自我约束，因此杨家的家规家训约束的范围仅限于整个家庭内部，对外人包括朋友、邻居在内及关系更为亲近的亲戚均没有约束力。

（二）默认家规

1.源自传统伦理道德观念

除了成文的家规家训之外，家中还有一些默认的家规，即不成文的家规。这类家规虽然没有文字化，但是其所产生的约束和规范作用丝毫不弱于成文的家规家训。默认家规通常伴随着时间的流逝在家庭成员的规则意识中逐渐得以强化而形成，是一种自然而然形成的意识和观念，其包括两部分：一是在成文家规的规定下更加细节化的约束和指令性要求，二是随着时代和社会环境的变迁而产生的一些对于新事物或新的人际关系的规定。不论是成文家规还是默认家规,其对家庭成员的约束力是同样的,任何一位家庭成员都必须在这两类家规所规定的范围之内参与社会生活和进行人际交往,不得越距,一旦违背便会受到与违背成文家规同等的惩罚。

2.长幼有序,男性优先

在一切以当家人的意志为核心的家规的指导下,做饭和吃饭时的规矩包括以下方面:本着男主外、女之内的原则家中的一日三餐主要是由婆婆及儿媳妇负责,且分工各不相同。其中烧锅、切菜等前期准备工作主要由儿媳妇们负责,婆婆负责炒菜。在炒菜的过程中婆婆有义务将各式菜品的详细做法展示给儿媳妇,儿媳妇也有义务在婆婆的教导下努力学习熟练,提高自己的家务技能。待一段时间儿媳妇基本具备了做饭的技能后,家庭的一日三餐则交由儿媳妇们负责,婆婆指导。若家中还有未出嫁的女儿,则在旁帮忙并顺带学习。

关于菜品的选择主要是由内当家人负责,内当家人杨孙氏会根据家里所储存的粮食和蔬菜来确定一日三餐的主要内容。除此以外,当家人或者家里的男性成员如果想吃一些别的饭菜可以提出,如果在现有的家庭条件和经济状况下可以满足的话也会予以考虑并满足,但家中的儿媳妇不能随便提出想吃什么不想吃什么,孕期可另外考虑,否则会被教育说其不懂事不识大体。这也是默认家规的其中一个内容。吃饭时由于家庭成员众多,所以全家人都不会在桌子上吃,而是分散在锅台和炕周围。当家人和儿子们一般是围着锅台吃,老人们在靠近锅台的炕上吃,而内当家人及媳妇和女儿则围在其他的炕上吃。吃饭的地点也会因为季节的变化而有所不同,夏季由于天气较为炎热,家庭人口众多,所以会选择在房屋外面的院子里坐在板凳上吃,而春秋,尤其是冬季则会在屋内吃。

在吃饭的时候也有很多规矩,比如说节约粮食。杨家在村庄中的经济水平属于中等,能吃饱但也仅限于此,和大户人家等富人家的生活相比仍旧差一大截。因此,整个家族都非常崇尚节俭,知道粮食来之不易,在饭桌上决对不允许有浪费的行为,吃多少就盛多少,不够的话可以再去盛,但是不允许浪费粮食。盛饭的时候也要长幼有序,先给老人盛,然后是家里的男性成员和小孩儿,最后才是媳妇们和女儿们,动筷时同样遵循长幼有序的原则,在老人动筷之后晚辈们才能开始吃饭。

遇到特殊时期,如农忙时中午时间比较紧张,为了节省时间多干活,中午会选择不回家而在田里吃饭。农忙的时候家里有人给在地里干活的人送饭。通常送饭是由家中的媳妇或者女儿承担,用扁担和水桶挑上喝的水,炒上几个青菜还有腌的小咸菜,再带上几个馒头给他们送过去吃。由于在地里干农活特别需要消耗体力,且多为男性家庭成员,因此往往会带比平时多的菜量。有时晚上也需要在田里干活干到很晚,所以也会有送晚饭的时候。吃完饭后家里的媳妇和女儿们负责统一收拾餐桌并刷锅洗碗。村里的大户人家一般雇丫鬟还有米汉,这些伺候和帮忙的下人在吃饭的时候不能和大户人家在一个桌子甚至一个空间吃饭,大户人家的丫鬟们一般都是在伺候家里的老人吃完饭之后,才能到下人们固定吃饭的地方,即放着牲口饲料的草屋里吃饭。

3.东为上,西为下

家里日常座次讲究"东为上,西为下",就如同古时候皇室的规定,皇后永远坐在皇上的左手边,而宠妃则只能坐在皇上的右手边,讲究"左为上,右为下",与"东为上,西为下"在空间上来讲是同样的道理。因此,家中八仙桌旁的两个椅子一般来讲是当家人也就是外当家人坐左边,而内当家人坐右边。爷爷奶奶还在世的时候,只有爷爷奶奶可以坐在这两个位子上,晚辈甚至是家中长子也不能逾越;而当爷爷奶奶去世后,该位子便交由继承当家人位置的长子及其妻子。

家庭在宴请客人时,座位的安排也有一定的讲究:首先,宴请餐桌座位是有主次之分的,上座位于正对屋门的位置,该位置是家里老人坐的。其次,主客坐在东面,陪客坐在西面,儿子们则在剩下的座位中挨着客人依照年龄的顺序顺次坐下。当客人主要为本家亲戚时,则优先按年龄来安排座位,其余依辈分;当客人中有奶奶的娘家、母亲的娘家及姐妹的婆家的时候,座位首先是按辈分安排,即奶奶的娘家要优于母亲的娘家,而姐妹的婆家相较于母亲的婆家而言是客人,因此要优于母亲的婆家就座;其次按年龄安排就座。当客人主要是街坊邻居的时候,安排座次主要依据辈分而不是关系的远近,辈分高的人会被安排在上座。

4.大事小情均需请示

生产中的一切事项和决定主要请示当家人杨德民,杨家主要以种植业为主,因此生产中的绝大部分事项均是关于土地经营与管理的。例如,全年的生产与种植计划怎样规划与打算,什么季节种植什么作物,哪类作物种植面积大概为多少,耕地、犁地、播种以及锄草等各项农业生产环节是如何分工的,生产工具的使用和借用,农忙时是否需要雇工等,大小事项均需向当家人请示。如果当家人年纪较大,不直接参与生产,家庭成员可在做出初步决定之后询问当家人的意见,分析决定的可行性,最后再做出最终的决定。

家庭生活主要是向内当家人杨孙氏请示,例如一日三餐具体要做什么、做多少、怎么做,什么时候需要添置衣服、给谁添置、添置多少,什么时候购买生活必需品等物资之类的问题均需向家庭中的内当家人请示,部分涉及家庭开支的事项还需内当家人在收到请示后再和外当家人商量,做出最后的决定。除此以外,购田置业这类大宗交易则主要向外当家人请示并交由其做出决定,关于家中小孩的上学问题同样如此。涉及与外界进行交往的社会活动的事项,则主要向外当家人请示,如偶尔家里的大人会带着小孩参加村里一年一次的庙会,拜拜佛、烧烧香,顺便赶集置办点生活用品,这些外出活动均需得到当家人的同意。

请示的形式以口头请示汇报为主,召开家庭会议为辅。以上需请示的情况中,家庭生活的请示及与外界交往中的请示均以口头请示汇报即可,这类事务均为日常性活动。因此请示的形式也相对而言较为简便易行。而涉及家庭生产、购田置业等重大事项时,则需全家人在一起进行慎重的商讨,之后由当家人综合所有意见做出决定。因此请示的形式会随着请示事项的重要程度而随机变化和灵活选择。当请示被拒绝后,家庭成员不能违背或者私自变通当家人的意愿而擅自做出决定,这是违反家规的,可以与当家人进一步商量,但最终的行动以当家人所做出的决定为准。若家中的老当家人过世,家中的晚辈们遇到问题时不需要向老奶奶请示,而直接向新的当家人请示即可。家中几兄弟分家之后也有少量事项需向家中长辈请教再行决定,例如,涉及家庭成员变动的过继或者抱养等事项,或者增建房屋等此类重大事项仍需参考长辈的意见做出决定。

5.小家户,少宴请

一般来讲,老人所在的家庭属于中等水平的家庭,因此,家里不会请长工并且也没有必要请上工酒和下工酒。但家庭中若是进行土地交易,则在土地交易顺利完成之后当家人要宴请客人,主要对象包括在土地交易过程中起见证作用的见证人,以及交易的双方,简单地准备点白酒及下酒菜,表示对对方及见证人的感谢和顺利完成土地交易的庆祝。另外,家中破土动工建房开工及房屋竣工时也要请客庆祝,与周围人分享盖新房的喜悦,向帮助完成新房修建的工人表示感谢,一般由家庭的当家人组织宴请,并由当家人作为代表发出邀请。

除了部分生产需要请客之外,日常生活中也有需要宴客的情况:家中的子女在结婚及生孩子的第十二天要设宴款待周围的亲朋好友。对于中等经济水平的家庭来说,只有结婚生子这类比较重大的事情才会考虑举办宴席,而大户人家这类较为富余的家庭则会在定亲、结婚、生子、新生儿满月及老人过寿的时候才大摆宴席大宴宾客,除此以外家中的白事也会适当请客,但相较于喜事而言规模及宴客的人数均不及喜事,1947 年以前在宴请宾客时不下帖子,均是口头通知客人。

宴请客人的范围会根据家庭的经济情况而有所不同,像杨家这种普通家庭其宴客范围仅限于关系较近的亲戚和街坊四邻。针对亲戚的宴请会根据邀请事由的不同而产生细微的差异,例如,家中是因喜事请客时,出席的亲戚包括当家人杨德民的兄弟姐妹、杨孙氏的娘家及儿女亲家的部分亲戚;而家中是因白事请客时,则仅宴请杨家两个当家人及自己女儿婆家的直系血亲,规模较小。村中有名望或者是家财丰厚的人家的宴请范围则可能会扩大到全村村民、与其经济水平相同的大户人家财主富户、乡绅贤士及村中的管理者、保甲长这类人。在宴请中,同一次宴席宴请不同的群体,饭菜的数量和质量并无差别,宴席的级别相当于现在的大锅饭。由于宴请规模较小,因此一般不需要借用邻居家的房间和院子,仅在自己家的房屋及院子中设宴即可。菜品的准备均由家庭内部的女性成员及部分亲朋好友帮忙完成,不会另外请专业的厨师掌勺。但是厨具炊具及吃饭用的锅碗瓢盆会向周围邻居借。

宴请时主要由当家人及家庭的男性成员负责安排客人,家中的女性成员主要负责准备宴席。红白喜事的宴请要请当家人的亲兄弟陪客,一般来说客人中有男也有女,因此陪客的时候会由男主人陪男客人,女主人陪女客人。席间当家人会到每桌敬酒,以表示对客人的感谢。宴请时在开席之前当家人会发言致辞,之后当家人会向在场的所有宾客敬酒,发言致辞的结束便意味着开席。开席之后,当家人会逐一到各个桌子前向大家敬酒,一轮敬酒结束之后所有人可在吃完饭之后离开,散席并没有固定的时间节点。

6.进出居室:打招呼,懂避嫌

杨家的房屋为坐北朝南朝向,共有 9 间房屋,分别是 5 间北屋、3 间东屋以及一间用作厨房的小北屋。杨家当家人杨德民和妻子杨孙氏住在 5 间北屋里,长子杨富彬和妻子住在东偏房中,此处的小北屋是指在北屋的侧面再盖的一间房屋,称为"小北屋",小孩子则跟随父母在一间房居住。家中来客人需要居住时,一般客人会跟随家长居住在北屋,普通人家房屋不是特别宽绰,几乎没有专门用来给客人居住的房屋,而大户人家则会修建专门的房间供客人居住。房屋有院子但没有篱笆,院子内没有摆放特别的东西或物件,栽种部分树木,包括桃树和杏树,当时栽种苹果树还不是特别普遍。另外,在院子的南面有一片菜地,里面种着南瓜、豆角、葱之类的蔬菜,这样一来就不用经常上集市上花钱买菜了,基本上可以达到自给自足的程度。院子没有门楼,一般是财主家中在建造房屋的时候才会修建的建筑,一般修建在大门的右边。

晚上休息和早上起床都是有一定规矩的,这种规矩也属于一种不成文的默认家规。晚上休息时只要吃完饭将饭桌收拾好之后,便可以返回自己的房间自行安排睡觉。但早上起床的时间不能随意,尤其是嫁进门的儿媳妇,一定要比公公婆婆早起来准备早晨饭,否则会被婆婆嫌弃不懂规矩,而且早起为全家人准备食物是身为儿媳妇的责任和义务。尤其是到了农忙时,家里的男性成员会在天刚蒙蒙亮时下地干活,因此媳妇要在天还不亮的时候早起为外出下地干活的家人们准备早饭,晚上太阳落山天黑之后农忙的人才回家,在其回到家之前就要为其准备好饭菜。

一般来讲,北屋的外间也就是全家人一块吃饭聊天、用来接待客人们的房间,为公共空间,其次是偏房用来放置农具及杂物的空间以及房屋外面的庭院均属于公共空间,而私人空间则是家庭成员休息睡觉的地方。家庭成员在公共空间的活动没有太大的约束,但在私人空间则表现为家庭成员之间在非必要的情况下尽量减少对他人私人空间的打扰,以免发生尴尬的情况,因此私人空间不能随意进出。如果无法避免要进入其他家庭成员的私人空间,则要在得到当事人的同意之后才能进入,但新进门的媳妇还是要尽量避讳独自一人进入公公的房间或者是小叔子的房间。反之,公公和小叔子也应尽量避免或减少进儿子媳妇(嫂子)的房间的次数,而母亲进入儿子媳妇的房间相比较而言则较为随意。

房屋的修建和布局除了遵循基本的房屋建设规则之外,没有请专门的风水大师看风水,这是普通人家的情况,而大户人家的房屋布局则十分讲究风水,例如大门的朝向。西黑村里有一户大户人家曾因为风水大师说大门的朝向不好而将大门拆除重新调整方向再建的。家庭议事一般在家长的房间,也就是北屋,进门之前要跟家长说一声"我来了"之类的话,和父母打个招呼顺便能够避免尴尬的情况发生。五间北屋是当家人杨德民和内当家人杨孙氏住,三间东屋中留出一间来放置杂物、耕地用的工具,剩余两间给儿子及其媳妇住。

7.清洗衣物,男女有别

所有家庭成员的衣服主要是由家中成年的女性家庭成员做,已婚男子的衣服由其妻子负责,而未婚男子的衣服则主要由其母亲负责,未出嫁的女儿的衣服部分由自己负责,制作难度较大的由其母亲也就是内当家人负责,老人的衣服由母亲和儿媳共同负责,小孩的衣服由其母亲负责。洗衣和制衣的分工大致相似,家中老人、外当家及内当家的衣服由内当家洗,已成婚儿子一家人的衣服由其妻子负责,未出嫁的女儿衣服自己清洗,未成家的儿子衣服有时由母亲清洗,有时由嫂子清洗,但儿媳不会清洗公公的衣服,这也是处于避嫌的考虑。

洗衣服的地方也会因季节的变化而有所不同,例如冬季时由于气候寒冷,主要在屋内洗衣服,而到了春秋尤其是夏季村里的妇女们就会三五成群来到河边清洗衣服,能够到河边洗衣服主要还是得益于家住得离河边比较近,如果比较远可能就都在家里洗衣服了。到了晚上,妇女们还会相约一起到河边洗澡。在清洗衣服时,人们既用不起肥皂,也没有像洗衣液这样的清洁类生活用品,穷人家就只能用碱面清洗衣物,抹上碱面之后主要是用手搓,然后在投入河中清洗出来便可,而用棒槌敲打衣服清洗衣服方式主要在曲阜地区。除了用碱面清洗衣物,人们还会使用烧火做饭时灶库里的豆秸燃烧之后的灰烬来替代碱面。洗衣服会用专门的盆来清洗,即便是普通人家中洗脸盆和洗衣服的盆也是分开的。洗完衣服后谁洗的谁负责晾晒,家里用来晾晒衣服的地方就在院子里,用木头支起一个架子,将衣服搭在木棍上晾晒。洗衣服时人们会刻意分开洗,但是晾衣服时则在一处晾干,最后由儿媳妇将已晾干的衣服收好。另外,家里有个不成文的规矩,就是干净的水或者是第一遍水给家里的男性成员尤其是当家人洗衣服,而二轮水给家里的妇女和小孩洗衣服,规定主要是因为男人出门在外要穿比较体面一些,因此一般用干净的水洗他们的衣服。

(三)家规家法的制定者

家规家法并非由当家人制定,而是由祖辈传下来的。当家人杨德民曾经在提及这份家规的来源时提过,在其父亲的爷爷辈时家训便已存在,因此到底它已经存在了多久已经无从考究,但是可以肯定的是这部家法在其存续期间便一直发挥着对家庭成员的约束力,而且全家人也一直谨遵家规不敢越距。因此只要在一个家庭中还有家法的存在,家庭成员就会遵守,因为它象征着老祖宗对子孙后代的劝诫和忠告,俗话说"不听老人言,吃亏在眼前",所以家法不论何时都必须遵守。但随着社会生活的发展和变迁,人们的开放程度逐渐提高,有部分家规已经不适合再约束当下的人际关系,同时随着新生事物的出现和新型人际关系也会产生部分新的规矩,因此在这一过程中就需要对家规进行修订的情形。

(四)家规家法的执行者

作为当家人,首先要以身作则严守家规家法。只有这样,他才能要求家里的其他家庭成员一起遵守;只有这样,在家庭成员触犯家规家法时,当家人才有资格批评和教育犯错的人。长子杨富彬刚刚结婚的时候,张氏刚刚进门没多久,但是每天早晨很少早早起来帮助内当家人杨孙氏一起忙活饭,过了一段时间还是没有变勤快的迹象。所以,有一天晚上吃完饭,家里人坐在一起聊天,当家人杨德民就委婉地提及了此事,希望长媳张氏能够早一些起来帮助婆婆忙活家务。张氏听到这些话之后也意识到了自己的不足,于是之后每天都会早早起床帮忙操持家务。当家人一般会采用比较委婉或平和的态度提醒家中的人不要违背家规家训,而不是总是用训诫的方式。如果当家人违反了家规家法,较为严重的情形需要家族中其他兄弟主持公道,而轻微的情形则只需内当家或长子进行简单的提醒即可。在日常生活中,家庭成员之间也有相互监督和相互提醒的义务,如果发现有家人违反家规且较严重,需由当家人处理,家庭成员没有私自处理的权力。

(五)家规家法的影响力

当家人基本不会专门在特定的时间对家庭成员进行家规家法的教育,家庭成员对家规家法的习得主要靠当家人的以身作则和耳濡目染,在过日子中逐渐将"规矩"二字嵌在自己的行为中。小孩是由其父母负责教育,若是爷爷还在当家人的位置上,则爷爷也有教育的权力,但教育的主体还是小孩的亲生父母。正所谓"无规矩不成方圆",家规家法对于一个家庭的和睦有着重要的作用,对子孙后代的健康成长和人格健全也起着关键性的作用,一个家庭如果没有属于自己的家规家法那么这个家庭也不完整。

(六)家庭禁忌

1.顺应节气忙生产

家中在生产上的禁忌并不是特别多,一般来讲,生产上只要顺应气候和二十四节气进行耕种,基本上就没有什么太大的问题,关于耕种有老一辈人总结流传下来的顺口溜,比方说"清明黍黍谷雨谷",这句老古话的意思是:清明节前后是种植"黍黍",即高粱的最佳节气,谷雨前后是种植谷子最好的时候,也是要顺应节气从事农业生产之意。

2.进门媳妇禁忌多

相比起农业生产的自由和随意,生活上的禁忌则比较多,而且绝大部分均是与新进门的媳妇有关:第一,新媳妇进门的第一天晚上,婆婆要出门为其点亮第一盏灯,点完灯之后新媳妇才开口叫第一声"娘",老话称之为"从南京到北京,婆婆来点灯",意思是不论是地处南方的南京还是北方的北京,这种风俗都是一样的。另外,在结婚的第一天新媳妇不能进婆婆家的房门,从第二天开始才允许进入婆婆的房门。

第二,娶进门第一年的大年初二必须回娘家过,娘家那边会派人过来叫人,借新娘子回娘家住两天再送回来,然后在婆家住大约三四天之后再回娘家,这次回娘家什么时候回来就可以自己决定,没有什么禁忌和要求;新媳妇从娘家回来时最好不要空着手,古话说"媳妇往家走,婆婆张着口",意思是婆婆在门口等着新媳妇从娘家带东西回来,称"张着口",而新媳妇如果从娘家空着手回来什么礼物也没带,婆婆就会不待见媳妇。正月十五必须在婆家过,古话说"新媳妇不过十五,婆婆养活皮虎"①,意思是如果新媳妇不在婆婆家过正月十五,婆婆家的孩子就不乖,这与部分地区的"躲灯"习俗恰好相反。

第三,新媳妇第一年结婚,三月三和六月六也必须在婆家过,否则就有"新媳妇不过三月三,婆婆把着门口空望天",以及"新媳妇不过六月六,死她婆婆的脸心肉"等说法,这两种说法都是说如果新媳妇不在婆家过相应的节日,就会克自己的丈夫、婆婆的儿子。

第四,新媳妇拜堂的时候,不是先跟新郎官对拜,而是先由公公领头,丈夫在后,新媳妇跟在丈夫后面拜,拜完祖宗之后再行对拜礼。

第五,有不允许新媳妇在婆家过节的俗语,例如"十七八走绣花枝,一二十里走枯灵机",意思是新媳妇如果初十七八回婆婆家,说明在婆婆家过得很好,而到了腊月二十再回婆婆家说明这个媳妇家里男人死了,所以才不愿意早回婆家准备过年,其实也有"克丈夫"这层意思,即媳妇不能在婆婆家过腊月二十,否则克丈夫。除了有关媳妇的生活禁忌之外,已成婚闺女回娘家也有一定的禁忌,例如"闺女腊月二十三,不睬娘家边",意思是娘家已成婚的女儿在腊月二十三之后不允许再住娘家了,不然娘家的嫂子会觉得自己家会被回娘家的女儿踩穷。

除了在红事上有部分禁忌,白事上也要注意,例如孝子一百天不能剃头,否则意为不孝,因为古话说"身体发肤,受之父母",意为在丧葬期间不能随便剃发。

逢年过节的时候也会有忌讳,比如正月里有舅舅的人不能理发,否则"死舅舅";另外,大年初一这一天不能洗头或者洗澡等,否则会认为将一年的好运气都洗走了,不太吉利。

六、奖励惩罚

(一)对家庭成员的奖励

有时家庭成员干活比较积极,在平时的农业劳动中表现较好,杨家家长就会对其进行口头称赞和鼓励,但物质上的奖励很少见。因为杨家的生活属于中等,没有富裕的钱或是物资作为奖励的东西;另外,杨家全家人的花销全部掌握在当家人手中,一年的盈余和收成均由当家人支配,其他家庭成员没有支配的权力,由于全家人"同居共食",因此也不允许小家庭或者是家庭成员个人拥有私房钱物,所以在对家庭成员进行奖励时也不倡导给零花钱等物质奖励,而代之以精神奖励。虽然是精神奖励,但是却能对全家人起到激励的作用,一个人受

---

① 活皮虎:调皮或者不正经的孩子。

到夸奖之后其余人也会奋起直追,如此一来不仅家里的农业生产搞上去了,还能促进家庭的团结与和睦,一举两得。

(二)对家庭成员的惩罚

在杨家这个大家中,只有当家人才有权惩罚家庭成员;但在小家庭中,妻子犯错丈夫有惩罚的权力,孩子犯错父亲也有惩罚的权力,但丈夫犯错妻子不能直接惩罚丈夫,而是要请示当家人由当家人决定要不要罚及怎么罚。在惩罚的时候,通常会避开亲朋好友及邻居,在只有家庭内部成员聚齐的时候进行,古话说"家丑不可外扬"。因此,当家人不会选择有外人在场时惩罚家庭成员,而让别人看笑话。

农忙的时候,媳妇通常是不允许随便回娘家的,但是杨家儿媳张氏曾经因为在农忙时节没有知会当家人擅自回娘家而受到当家人杨德民及婆婆杨孙氏的训斥。一般来讲,如果是因为懒、早上起不来不是特别严重的事,只需婆婆提醒教育几句就可以了,不会训斥,更不会体罚。如果擅自回娘家这种触犯家规的事,则需要当家人出面进行教育和警告,称之为"话备",只有在媳妇犯了不守妇道、有违妇德之类较为严重的事情时,才会对其进行一定程度的体罚。家里的小孩子做错事时,如果是因为玩闹而不小心误伤这种无心之举,则由孩子的父亲向对方赔不是;如果是偷东西、偷钱等品行败坏的事,则要当家人出面赔礼道歉,如果孩子的父亲去世了,则由孩子的母亲负责承担孩子所犯的错误并在今后的日子里严加管教。

家庭里的惩罚是有界限和范围的,也就是说杨家的惩罚仅针对杨家所有的家庭成员,而不涉及家庭外的人,家庭外的人对家庭内的人犯了错误时应由家庭外的人所在家族的当家人出面惩罚,给家庭内的当家人一个交代,而家庭内的当家人不能越过其当家人直接对其进行惩罚。当家人在一个家庭中的绝对权威决定了当家人对家庭成员做出的惩罚是不可置疑也必须服从的,否则会受到更严重的惩罚。惩罚的形式和等级会根据所犯事情的严重程度决定,影响较为轻微的则教育即可,情节较为严重的则责骂、呵斥或警告,极其恶劣的则有可能会受到体罚甚至将其逐出家门。

七、家族公共事务

(一)参与主体

杨家在每年过年的时候都会组织请祖送祖活动,在请祖送祖活动中不只派家里的一个人代表全家参加也不是全家人都参加,而是每个家庭的男性成员不论年龄大小参加,并组成请祖送祖的队伍,年龄小的男性成员由父亲或者是叔叔伯伯带着参加,但女性不允许参加,只能在请祖队伍旁边观看。

(二)事务类型

过年的时候,祭祖是非常重要的一个环节。在当地,祭祖又称为"请祖",意为把祖宗请到家中来,祭拜过后再将祖宗送走,此为"送祖"。请祖和送祖习俗一年只有两次,为过年的这天及正月十五。祭祖的参与人数众多,是由几兄弟一起祭祖,然后全家族的人都要参与,但是女性成员不能站在祭祀的队伍中,只能跟随着站在一边观看,由家族中的最年长者负责主持,程序也比较烦琐。祭祖时由于需要摆放的东西过多,桌子上摆放不开,杨家人祭祖不用桌子,而是将祭品摆在一张床上。摆放祭品的床大概在一米半左右,祭祖的时候专门腾出这么一张床,在床的两头顺次将家族的牌位摆好,中间则摆放老祖宗老两口的画像。请祖时,由男性家庭成员组成的队伍来到屋外面的大街上,队伍前面摆放着一个簸箩,簸箩是跪拜时用来给祖宗烧纸钱的,队伍的最前面有一个人用一根大长竹竿挑着一挂鞭炮,点燃以后就朝路中间甩过去。放完鞭炮之后,再烧纸钱,烧完纸钱,最年长者便走到前面点上香,点上香就意味着老祖宗知道家里过年了,孩子们请其回家过年,就将老祖宗请到家里来了。请祖活动结束所有人抬着簸箩回屋里之后就将牌位、画像及祭品摆在床上开始祭拜。

杨家家族内部没有集体出资供孩子上学或者是筹款修建祠堂或者是寺庙的情况,爷爷辈或是父辈各自组建了家庭,当了家庭的当家人。所以一般情况下都是自己过自己的,相互之间没有过多金钱的交易或往来,只有像那种关系特别亲近的家族,内部的各个家庭才会相互救济,有福同享、有难同当。

八、村庄公共事务

(一)参与主体

1.村务会议

村里召开村务会议时,杨家由当家人杨德民作为全家人的代表参加,在当家人可以或有能力参加会议时,任何人不得代替当家人参加会议;如果当家人由于特殊原因不在家或者因为健康原因无法参加会议、表达意见时,可选另外的家庭成员代为参加,且多为男性,一般会选择家中的长子代替当家人参加村庄会议,在没有男性成员能够代替参加的情况下则不参加,但不能选择女性家庭成员代为参加。如果家里是由女性当家,则可以代表全家人参加会议,在会议上与男性当家人同样具有发言权。在会议上,杨德民作为杨家的当家人有权代表全家人提出意见或发表看法,其所发表的意见看法即视为全家人的意见看法。

2.征税会议

村庄召开征税会议,首先会通知全村各家当家人参加,要让全村村民都了解村庄相关事项的决议。虽然征税会议主要是针对家中有土地耕种的村民召开的会议,但是为了确保全村村民对村庄事务的知情权,不论家中有没有土地,也不论家中的土地是属于自己的还是租种他人的,均需要参加,并对会议做出的各项决议进行表决。在参加村庄会议时,杨家当家人一般很少发言,仅作为普通的村民参与会议并表决。通常,在村庄会议上发言或者表达意见的人大多是村中有威望、有地位或者家庭较为富裕的,这些人有更多的发言权,其发言也会获得更多人的认可和赞同。同样,基于这类人在村庄重要的影响力,在决议的过程中这类人提出反对意见时被保甲长纳入考虑范围的可能性更高。会议结束后,当家人在回家后尤其是晚饭期间向全家人传达村庄会议的主要内容和决定。部分针对特殊群体的会议,如佃农会议、商人会议当家人一般不会参加,土地耕种的是自己家的,并非租佃而来;家里也没有从事商业的家庭成员,因此像这种针对性较强的会议一般不会参加,村里也仅通知与特殊会议有关的特殊对象参加。

3.修桥修路

1947年以前,村庄修建的桥梁基本上都是木质的,而不是钢筋水泥的,将长木条绑成一个平面,然后在木质平面上放一块铁板,就建成了一个简易的桥梁。因此,村里需要修桥、修路、修庙时,首先会向各家征集修建公共设施的材料也就是木材,每家每户的院子内外都种着树木,因此当村里向各个家庭征集材料时人们就会将家里的木材交给村里供其修建桥梁,有板的就提供板,有木材的就提供木材,这些材料都没有的就多出点钱就行了。在没有材料的前提下村里也会适当要求人们集资修建。除了征集材料和筹钱之外,村里还会要求每家每户以家庭为单位出一个青壮年劳动力参与桥梁的修建。当家人杨德民在安排选择家庭成员参加公共建设劳动时,主要考虑年龄和身体素质这两个因素,一般会选择年龄较长且身体素质较好的男性家庭成员参加,不会采用轮流的方式,确定好哪个人参加后此人便专心参与村庄事务的建设而不参与家中的农业生产,生产由剩下的家庭成员负责。公共设施建设一般不会考虑女性,主要因为女性在体力上不及男性,且在 1947 年以前女性主要负责家庭内部的家务活,较少抛头露面。如果家中没有符合要求的壮实男性青年,那么在筹资时多出一部分资金以解决无法提供劳动力的问题。由于杨家的男性劳动力较少,在此类需要每家贡献劳动力的情况下就只有当家人杨德民或者是长子杨富彬代表杨家出人,除此以外没有别的人选。至于具体是由当家人出面还是让长子杨富彬出力则由杨德民视情况而定,如果当家人决定参与,则长子杨富彬则要在这段时间担负起管理整个家庭的生产生活的责任;如果决定由杨富彬代为出力,则其他家庭成员如内当家人杨孙氏及长媳张氏要参与生产以弥补家户内部短时间劳动力的不足。

4.打井淘井

村里没有组织过打井淘井,在村里不论是穷人家还是富人家都没有专门在自己家打井,村庄唯一的一口井在杨秀兰有记忆以来就已经存在,并不是全村人共同打出来的。即便有一口井,但是这口井的利用率并不是太高,这主要是因为该村庄靠近弥河,这条河流属于走流①河,且距离村庄较近,靠山吃山,靠海吃海。因此全村人的吃水、用水、洗衣洗澡主要靠这条河流而极少去村里唯一的这口井打水。

5.开展集体活动

村里平常很少有节日活动,一般都是在节庆尤其是春节的时候组织活动,丰富多彩、热闹一些。参与表演的女孩男孩学着唱,快过年的那段时间,一到了晚上参加表演的人们就都凑到一起学要演出的节目,当时杨秀兰还连续参加了两年村里的节目。戏曲表演的曲目主要是吕剧,这种节目表演基本上都是自愿的,不会强迫人们参加,但是也没有报酬,完全是义务性的。除了演戏的,还有扭秧歌的、踩高跷的、打花棍。打花棍就是在一根棍子上裹上颜色鲜艳的布,棍子的两头摆上穗穗,然后就像孙悟空耍金箍棒一样来回花式的表演,各式各样的节目都有。杨家家庭成员,尤其是还未成年的孩子,在参与家户外部的村庄公共活动之前必须征得当家人杨德民的同意,不得擅自决定或隐瞒不报,如果没有获得杨德民的应允不可随意外出,否则会被当家人短期禁足。

6.村费征收

村庄征收村费时主要是向每家每户的当家人征收,杨家的钱财全由当家人杨德民负责

---

① 走流:活水。

保管,所有家庭成员都没有额外的零花钱或者是私房钱,因此家庭的各项开支需要向当家人申请,而村费的征收自然要向当家人索取或者由当家人直接交给村里的负责人。如果家里没有钱交村费,杨德民一般也不会拖欠,而是向邻居借钱来交。如果征收村费时当家人恰好外出不在家,则家中的花销主要由长子杨富彬或者内当家人杨孙氏负责,多数情况下由杨富彬代劳,由其将村费交至村负责人。

7.治理灾害

村庄在发生旱涝灾害时,会根据灾害的严重程度决定是自己家管理自己家还是全村人团结起来共同抵御灾害。杨家所在的村庄距离弥河比较近,在某一年下大雨的时候曾经面临着整个村子被淹没、庄稼被涝的危险,因此村里的保长号召全村所有的人行动起来为了抵御涝灾而修建了"护庄坝"。所谓的"护庄坝"顾名思义就是保护村庄的土坝,位于弥河与村庄之间,是一个由土堆砌而成的防潮坝,为了保护全村人的房屋以及农田不被上涨的河水冲毁,整个村庄全员出动开始修建护庄坝,在修建护庄坝时由于时间紧任务重,和在修建公共设施时每家仅出一个青壮年劳动力不同,全村只要是能出得上力的、帮得上忙的均加入了护庄坝的修建当中。杨家参与"护庄坝"修建的主力是当家人杨德民及长子杨富彬,在筑坝期间杨家的农业生产交由其他家庭成员负责,由于主要劳动力变少,杨家的农业生产进度会在一定程度上受到影响。此外,包括杨孙氏儿媳张氏在内的村庄的妇女也参与进来,负责前方队伍的后勤保障。

8.维护村庄治安

当村庄发生战乱或者是敌军占领村子进行烧杀抢掠时,村庄自身的防御力几乎为零。当真正的战争来临时村民唯一能做的就只有通过逃跑来自保,从来没有过全村人一起对抗敌军的行为,主要也是因为村庄内部没有武装力量,同时村民手中也没有可以用来保卫家园的武器,战争时整个村庄通常处于一种"大难临头各自飞"的状态。但日常的治安维护仅凭村庄自身的力量还是可以做到的,例如每天的巡视、打更。在村庄治安极度混乱的那段时间,村里会派一个专门的人负责打更巡夜等。

(二)筹资

村里在组织修建一系列公共设施需要筹资筹建材时,首先都是找当家人,家庭中的财政大权主要是掌握在当家人手中,任何支出和花销都要得到当家人的同意或者知会当家人。因此向每家每户筹资时直接找当家人是最省时省力的途径。筹资是按一家一份的标准征集,资金的来源主要出自家庭的公共资金。在村子组织修建公共设施或者治理灾害时,首先会在前期筹集资金来支付在修建过程中产生的公共费用,如果在工程竣工之后,所筹集的资金出现了缺口,后期再按家庭总户数进行均摊。杨家交给村庄的筹资当家人杨德民会跟所有家庭成员说明这笔资金的去向,此后会由当家人交由村庄负责人。

(三)筹劳

村里组织修建桥梁、公路等公共设施时,前期在进行筹资之外,也会在村里按一家一户的标准征集劳动力,每家每户劳动力的人选由当家人确定,当家人则主要根据年龄、身体强壮程度等因素综合判断代表家庭出劳动力的人选。如果遇到在筹资之外还需要筹劳的情况,而某些家庭由于特殊的状况难以派出劳动力参加公共设施的修建,那么可以多出一份资金来弥补劳动力的缺失;反之,如果在筹资时,家庭交不起这笔钱,可以与村庄商量采取不交钱多出力的办法来弥补。除此以外,村里没有修建过庙宇、打井淘井等公共设施。除了桥梁、村庄小路之外,村庄还团结全村人共同修建抵御洪涝灾害的"护庄坝",这一公共设施出现在特殊的自然条件下,在村庄的历史进程中仅组织修建过一次。修建护庄坝时筹劳的情况与修建桥梁、公路的情况略有差异。在修建护庄坝时由于时间紧任务重,修建周期较短。因此,与在修建桥梁、道路时每家仅派出一个青壮年劳动力代表不同,全村范围内每家每户只要可以从事体力劳动的男性劳动力及部分成年女性劳动力均参与了堤坝的修建。

村里没有组织过集体看青,都是自家顾自家的。

村里没有寨墙但是有一座炮楼,这座炮楼不是村里修建的,而是日本人占领村庄期间为了打仗时便于勘察敌情、隐蔽军力而修建的,日本军队走后便遗留下来了。杨秀兰小时候经常帮母亲杨孙氏跑腿送东西到母亲的娘家,这座炮楼就修建在杨孙氏娘家前面的不远处,远远望去会看到炮楼上有很多四方形的洞,有时候会看到里面有人来回走动。

九、国家事务

(一)纳税

杨家所在村庄是以家户为单位进行纳税,采用的标准是按家户人口来计税,纳的税主要是粮食。因此每年交税的时间均在秋收之后,一年交一次,将规定的粮食税交上,剩下的才是自己的。

杨家每年的纳税一般是由当家人杨德民出面,到了收税的时间村里的保甲长会通知各门各户,之后各家的当家人会将相应的粮食交到村里。如果当家人不在,则保甲长会通知内当家人杨孙氏,杨孙氏会知会家中的长子杨富彬,一般是家中的男性成员代为出面将规定数目的粮食上交,没有产生过不纳税或者延迟纳税的情况。在上交粮食之后,还会有"验粮"的环节,即村里会有专门的人对粮食进行检验,粮食的干湿会对重量产生一定的影响,检验时会用一根木棍插入粮食一直到底部,如果木棍有变湿的迹象,说明粮食的水分含量过大,即视为不符合标准,要带回家再次晾晒;如果木棍是干的,则符合要求。杨家偶尔也会遇到粮食收成不理想的时候,即便如此杨德民也会先确保公粮的缴纳之后再考虑家户内部的口粮问题。即便到了剩不下粮食只能靠去年的存粮过日子的境地,公粮也必须要交,且不可拖欠,"自己落不下,也要交公粮",这也一直是当家人杨德民内心秉承的一种信念,先公后私。

(二)征兵

1.人道主义征兵,守护农村传承

1947 年以前,由于国家战事频繁,需要大量的青壮年扩充军队增强军事实力。因此在西黑村时常会看到有长官带着队伍来村里面征兵。1947 年以前军队的伤亡率极高,一旦参军就面临着上战场杀敌,极有可能战死沙场。鉴于这一实际情况,当地官府在征兵时并不是只要符合条件的男性均要强制性参军,而是在考虑农村家庭血脉传承的前提下设定体现人道主义原则:首先,家里如果只有一个儿子,那么该家庭则不在官府征兵的范围之内;其次,如果一个家庭中儿子的数量多于一个,那么这个家庭需要参军的人数即为儿子的总数减一。也就是说在征兵过后要保证每个家庭还有一个儿子。派兵对象的选择表面上是由当家人在家户内部自行决定的,实则不然。上级部门要求每个家庭内部在确定征兵对

象时要遵守一个原则,即"选大不选小,选强不选弱"。也就是说在确定征兵对象时主要考虑两个因素:年龄和身体素质,年龄大的要优先于年龄小的,身体素质好的要优先于身体素质差的。况且征兵是不以意志为转移的一项义务,只要是符合征兵条件的家庭,就必须按规定出规定的人选,不得以任何借口和理由推脱,否则就会招致同村人的闲话,引起人们的不满和怨念,产生"凭什么你们家可以搞特殊""你们家不出人那我们也不去了"……诸如此类的言论。

虽说确实有不愿意当兵的现象存在,但是村里并没有"买兵"的现象,主要还是由于人们的经济水平一般,不具备"买兵"的经济条件。但是有过"躲兵"的,所谓的"躲兵"就是征兵时不愿自己的孩子被征的家庭会在上级进村征兵的时候用各种方法把孩子藏起来以躲避上战场的命运,杨秀兰婆婆的二女儿的大伯哥就曾经为了"躲兵"而离开了家远赴东北。当时东北地广人稀,通过开荒获得了很多土地就在东北定居了,随后还将杨秀兰丈夫的哥哥也叫到了东北一块儿生活。当时杨秀兰丈夫的大哥也是出于"躲兵"的考虑便追随前者到了东北生活,征兵的来了之后家里人就对外宣称孩子是跟随家里的亲戚去外地干活了回不来了,这样才免去了征兵的苦。征兵过后,一般村里会针对当兵的家庭给予适当的照顾和优惠,比方过年过节的时候村里会派人到当兵的农户家里送点肉,或者是在农忙的时候帮军属干干农活,锄锄地或是收收庄稼之类的,减轻征兵家庭在生产生活上的负担。除了征兵之外,村里还征过军粮,和征购不同,当时征军粮人们完全是免费将部分粮食拿出来供应军队,如同纳税一样是一种义务,无所谓愿意不愿意。若是不愿意村里的保长也会教育你:前方的部队那么辛苦地打仗保护咱们老百姓,咱们支援前线一点粮食不是应该的嘛!所以一般情况下不管出多还是出少人们还是会象征性地交一部分粮食来供应军队。

2.强抓壮丁,缺乏人道主义

抓壮丁被西黑村村民视为"另一种形式的征兵",或者更直白一点说其实是一种不合理也不合法的行为。与正常的征兵相比较而言,抓壮丁的过程则显得更为非法化。征兵是在遵循"留一子"的原则下向符合条件的家庭征兵的行为,而抓壮丁则完全没有原则或标准可言,只要是身体健康能上战场打仗的男性,不论他是否是家中唯一的儿子,一旦被发现就会被抓去当壮丁,几乎相当于明抢,是单方面强制性的行为。而当时抓壮丁的实施者主要是国民党和日本鬼子,而八路军则通常都是通过正常的征兵程序进行征兵。

(三)摊派劳役,男性为主

村庄中摊派劳役主要是按家户人口计算的,保甲长先找当家人,由其决定该家庭劳动力的人选,一般会在家里的众多儿子中选择符合条件的人出劳力。村庄曾因清淤①而摊派过劳役。劳役的选取有固定的标准,首先,"派男不派女";其次,劳役的年龄范围在18~55岁之间,55岁以后的劳动力则不算在摊派劳役的范围之内。摊派劳役没有工钱,相当于白干,且不同于集体化时期摊派劳役时生产队负责劳力们的一日三餐,在1947年以前出劳力村庄不负责一日三餐,全部都由自己解决。杨家在摊派劳役时主要由当家人杨德民和长子杨富彬代表杨家参与,必要时杨家的成年女性,如内当家人杨孙氏及媳妇张氏也会同村庄其他女性一起为

---

① 清淤:清理河道,此处的河道指弥河。

参与公共建设的村庄劳役提供后勤服务,解决吃饭问题。

(四)村庄选举,金钱游戏

西黑村的村长及保甲长等管理类的职位均由全村村民选举产生,一家一票取代一人一票,由西黑村每户家庭的当家人投票,包括担任当家人角色的女性在内的所有女性村民没有投票权不参与西黑村的选举。1947年以前,在村庄选举中参与竞选的人不是家族势力大就是家财丰厚的,最后当选的保甲长十有八九都是与村里的大户人家交好的,大户人家会给这些当选人送礼,巴结他们,在必要的时候这些当权者也不是站在全村人的立场上而是倾向于大户人家,穷人在政治选举中的影响是微乎其微的。杨家在西黑村政治参与中影响力平平,留下的政治痕迹也不明显,包括当家人杨德民在内的杨家所有的家庭成员对于村庄政治生活的关注度较低,只有在需要每家每户派代表出面参与村庄的政治活动时当家人杨德民才会出席,而其余成员的政治参与几乎没有。因此从整体上讲,处于一种被动参与的状态。

调查小记

2017 年 8 月 7 日

今天是进行家户访谈的第一天，同时也是我首次接触家户制度调查。和土地改革口述史、合作化口述史访谈相比，家户访谈不仅在内容上更丰富了，而且难度上也提高了不少。家户制度所要探究的是一个家庭的政治、经济、文化及治理方面的各项制度，通过对这些制度的研究探究家户的单元性及家长的支配性等特有的性质。因此，家户调查是对调研员综合能力的考验。

这次的访谈对象是过去接受过我土地改革访谈的老人——杨秀兰。在说明了来意之后，奶奶热情接待了我。老人对于我的访谈似乎也显得驾轻就熟，我们很快便进入了状态，这个顺利的开始在很大程度上消除了我之前的担心，增加了我的自信心。在访谈过程中，我愈发感觉到家户访谈的重要性和独特性，通过对一个家庭甚至一个家族的访谈，我们可以深切地了解新中国成立前这个家庭所生活的社会环境和历史文化底色。在访谈过程中奶奶向我介绍，杨家从受访者爷爷的父亲那一代开始就住在寿光县道口区（现为乡），后来到了受访者的父亲这一代因为家里的兄弟多，结了婚之后家里的地方不够住，当时针对这一情况村里出台了一项"迁民"政策，即家里兄弟多且又陆续结婚了的村里就会将兄弟们迁出去分散一下人口。因此父亲带着全家人来到了道口区的另一个村——西黑村。来到西黑村之后在村西头寻了一个位置，刚开始家里没有足够的资金买地盖房，因此租住了旁边一户大户人家闲置的一处房子，后来经过全家人在农业生产上的共同努力，渐渐攒下了一定的积蓄才得以建造了属于杨家人房子。杨家当家人落户西黑村之后总共繁衍了三代，当家人杨德民一代，杨秀来一代，以及当家人的孙子辈一代，再后来人们就陆续搬出去了。在杨家这段家户迁居史中，可以看出家庭的传承性和沿袭性，家户内部的联系十分紧密。

2017 年 8 月 9 日

今天是访谈的第三天，在经过了前两天的访谈之后，我和奶奶两个人都有些疲惫了，对于有些问题奶奶记不清了也会觉得有些抱歉和沮丧。因此，我决定先跳过家户提纲中比较困难的部分，选择访谈家户文化制度这部分比较轻松的内容。

在访谈过程中，我第一次听说了在新中国以前的那个社会阶段中一些有趣的、闻所未闻的文化。在寿光当地，信神拜神的人非常多，尤其是家里养船并经常下海的人家的桌子上一定摆着一尊神像。这类人主要供的是海神爷娘、河神爷娘；另外，平常人家里供财神和关公的比较多。虽然自己是无神论者，认为这些并不能真的起到什么实质性的作用，但是在那个人力很微弱的社会环境中，神明的存在在一定程度上也增强了人们在面对困难时的信心，是那个时代特定的产物。

2017 年 8 月 12 日

今天是访谈的最后一天,在连续六天的奋战后,我艰难地完成了任务,连老奶奶都觉得我太不容易了。奶奶说多亏了我的这次访谈,自己也再一次回忆起了小时候的很多事,因为自己也是女生,因此老人和我很自然地聊起了以前的婚姻制度。

1949 年以前的婚姻目的都是为了家族传宗接代,很少考虑个人,在一段婚姻中的自我意识体现得非常淡,不会像现在这样还讲究什么感情之类的,什么时候结婚由当家人决定,就连结婚对象都是"父母之命媒妁之言",自由恋爱是不允许的,而且现实生活中也确实没有通过自由恋爱结婚的,男女双方在定亲之前相互都不见面,何来自由恋爱,也根本没有自由恋爱的机会。绝大多数都是到了结婚揭盖头的那天才知道自己的丈夫长得是什么样子,不论美丑,自己满意还是不满意,一辈子也就这样定了。那时候离婚的也不是很多,觉得人差不多就跟着过一辈子了,不像现在的社会离婚率这么高,人们的生活好了,婚姻反而不稳定了。所以说,一个时代的制度随着时间被淘汰了并不说明它一无是处,在特定的历史环境中父母之命媒妁之言维系了社会的稳定。

老人说,社会往前这么快地发展着,再也不会回到过去的生活环境中了,虽然那时候的生活很简单,日子也很单调,但是家里十几口人住在一起热热闹闹的,吵吵闹闹的过也是很开心的,不像现在大家都有了自己的大房子,也很少回来,家里也没有以前那么热闹了。可以感受到,那个时代还是给这些老人的心里烙下了时代的印记,无法抹去。

从 2017 年暑假展开的家户调研及家户调查报告的写作,随着此次报告的最终定稿渐渐接近尾声了,回顾这段时间调研及写作历程感触良多。

2017 年暑假家户调研是我研究生入学以来的首篇家户报告,虽然已经有了近一年的口述史调研与写作经验,但此篇家户报告在经过多次的修改、完善之后最终能够定稿并获得出版的机会于我而言着实不易。与口述史整理相比,家户报告的调研与写作更加考验写作人的调研、写作与思考能力,它不仅是将受访者的讲述完整地记录下来,更重要的是要在这些原始资料的基础上突出包括一体性、单元性、双重性等在内地家户特性,展现出具有鲜明特色的家户经济、文化、社会、治理等制度,最终进行提炼总结并进行理论创新,为研究生毕业论文选题提供灵感。因此,能够完成一篇精致的家户报告对于正处于研究生二年级并面临毕业论文选题的我来说意义重大,相信此篇报告的定稿也将会为我即将开始的毕业论文开题及写作奠定良好的基础。在此,我要向在家户报告写作过程中给予帮助的所有人表达真诚的感谢。

首先,要感谢在 2017 年暑期家户调研开展之前为首次涉足家户调查的我们进行培训、提供经验、传授技巧的师兄师姐,正是在他们总结的经验的指导下我才能够顺利地开启此次暑假家户调研之旅。其次,要感谢愿意成为我的首位家户受访者并全力支持我调研的杨秀兰老人,老人今年已有 81 岁的高龄,在调研期间忍受着高温酷暑配合我完成了为期一个多星期的访谈,访谈过程中还十分照顾我,待我如亲人一般。因此,完成好这篇报告也是我为了不辜负老人对我的支持所必须要达成的目标。再者,要感谢不辞辛劳、夜以继日、不厌其烦地为我们审核报告的审核小组的成员,黄振华老师、张航师兄、何婷同学等人,有了这些人的付出,我的家户报告才能顺利定稿。感谢徐勇教授、邓大才院长及华中师范大学政治科学研究院提供给我这次的锻炼机会，使我在一次次的实地调研中不断积累经验，提高写作水平。最后，更要感谢我的父母，感谢他们对我生活的关心和学业的支持，因为有了他们的支持我才能够飞得更高，看得更远。未来，我将以优异的成绩来报答他们的养育之恩。我相信，越努力，越幸运！

第二篇

幼子当家:农耕小户的自强
——秦川丁家村谢氏家户调查

报告撰写:赵　雯[*]
受访对象:谢运昌

---
[*] 赵雯(1994—),女,陕西西安人,华中师范大学中国农村研究院 2017 级硕士研究生。

导　语

　　谢家所在的村庄坐落在西北地区的秦川大地,于"八百里平川"的平原地带,土壤肥沃,一年四季,麦谷轮耕,所住村庄名为"丁家村"①,是西安城脚下居住了两百余小户的村子,村庄至今沿袭"幼子养老"的传统,谢家也是其中之一。

　　在传统时期,谢家原祖籍山西,曾是河金县谢家庄的村民,因山西自然灾害缘故,粮食歉收,饥饿成灾,于光绪三年(1877年)随部分谢家庄村民逃荒至陕西,后定居西安,依靠盖房手艺谋生,并获得村中房屋与田地。

　　在谢家成为村里老户后,共拥有旱地十亩,"水地"②六亩,房产四间半,其中有不足一间房的"厦子"③。父亲谢天成是家中当家人,与母亲谢刘氏共养五子。谢家在1933年分家,谢天成与谢刘氏跟随小儿谢生福一起生活,随后形成八口之家。由谢生福担任新当家人,负责管理家庭财务、保护家庭成员、参与家庭与外部的交往活动以及决定家中大小事务。妻子谢李氏为内当家,负责照顾两位老人和孩子的饮食起居及处理家庭内部事务。

　　在文化方面,谢家的先辈读书甚少,从当家人谢生福开始接触教育、上私塾、识大字,此后谢家子女纷纷接受了不同程度的文化熏陶,其中当家人的儿女纷纷接受了小学、初中教育。后来由于村庄事务的摊派与战乱因素中断学业,但谢家一直秉承"学习、教育改变现状"的态度,鼓励和支持孩子上学。在社会交往中,当家人谢生福对于家庭成员的要求极为严格,虽然家境贫苦,但在子女心中树立起了自立自强的坚毅形象。作为家中的支柱,当家人承担对外交往、村庄事务的责任,在保护家庭外部不受干扰和侵害的同时,诚信买卖粮食、耕种土地,在同村人的心中留下本分、忠厚的形象,大家因此对谢家友善、尊敬。

　　总体上看,谢家虽为村中清贫小户人家,但其代表着传统时期众多小家户的生活情况,其中谢家分分合合的家庭重组、新旧当家权力的更替、琐碎家庭事务的处理、家庭教育中对本分的执念,使得谢家在子孙繁衍过程中形成了"大家多分,小家独立;权力均分,忠厚传承"的家户特点。

---

① 丁家村:在行政区划后划分到西安市雁塔区,位于电子城电子一路,现今属于城中村。
② 水地:在当地指肥沃的土地,区别于南方水田。
③ 厦子:指农村中不是稳定房屋构造的小房间,多为临时搭建的茅草屋。

第一章　家户的由来与特性

谢家原居住于山西省谢家庄,光绪三年(1877年)闹粮荒,全村包括谢家均无粮糊口,父亲谢天成决定带领全家人一同迁徙。逃荒途中遭遇饥饿、生病、要饭等不堪,侥幸存活后来到西安城下,依靠父亲谢天成盖房子的手艺和一家人踏实肯干的品格在西安市丁家村落户,在村中占有土地16亩,并由谢家子孙继承,世代务农。自此,谢家落户陕西重新生活、建设新家园,儿孙繁衍生息。

一、家户迁徙与定居

(一)山西粮荒谢家出逃

1.山西饥荒成灾

"光绪二年(1876年),夏收差,秋苗也被旱死,光绪三年(1877年),夏季大旱,田间看不到绿色。四月十四又降冰雹,漳河南岸的岭头至监漳,三十二村遭雹损失更大,小麦死尽。六至十月又无雨,秋禾全死。"其间山西连续三年收成欠佳,在以秋粮为主的山西晋东南,后果不堪设想,民食草根、树皮、谷草、饿殍遍野,死者无数。第四年农业情况仍未好转,大旱、夏无麦、秋歉收,共有饥民29245名。光绪五年(1879年),仍计有灾民50087人。统计可知光绪年间,壶关共计人口95765人,光绪四年(1878年)灾民占人口总数的30%,光绪五年(1879年)灾民占人口总数的52%。①

山西耕地面积约为530万亩,因大量种植鸦片侵占良田和劳动力,造成粮食种植不足,部分农民健康和劳动能力受到影响。山西巡抚曾国荃曾说:"此次晋省荒歉,虽曰天灾,实由人事。"谢家在光绪三年(1877年)迁往陕西定居,只记得年间山西闹灾荒,各家各户都没有粮食下来,实在饿得不行,父亲谢天成的山西老家已无人敢在这里待下去,许多村人均拖家带口往西边省市逃荒,于是谢家也跟随村民进行迁徙。

该年在省城任职的长治人御史郭从矩奏称:"山西遭受严重旱灾,受灾极重的八十四州县灾民超过五六百万,饿死者十之五六,有全家饿死无一留者,诚自来未有之奇灾也。"谢家作为小家也同样受到灾害影响,看到村民们纷纷逃跑求生,父亲谢天成也决定带着母亲与妻儿背井离乡。由谢刘氏收拾好家中重要物品,带上孩子、粮食,到别处讨生活。

2.谢家无奈选择逃荒

谢生福成为谢家新当家人后,父亲谢天成就不再参与家事管理,晚年向谢家后代讲述逃荒过程,通过口口相传记录着家庭重大变迁。在饥荒年间,所种小麦因没有雨水浇灌,村中的

---

① 刘斌:《一个山西小民的光绪三年记忆》。

农民没有收获粮食,使得村民饿死众多,很多家庭不得不选择外出讨饭谋求生路。谢家人也紧随大流离开山西,一边跑一边找可以落脚的地方。谢家人一起赶路,拉着架子车、带上干粮就离开了谢家庄。路上做手艺、讨饭,最终才来到陕西,躲过山西灾荒。

(二)族谱不见踪迹

谢家在逃荒之前,家中的事情并没有专门记载下来。谢家曾有族谱传下,里面记载着谢家姓氏缘由,因灾荒出逃族谱在途中不见踪迹。父亲谢天成晚年还曾与谢生福一同回老家寻找祖先痕迹,寻问村里人是否还知道那些"天"字辈老人时,发现大多已不在世,谢家老宅也化为乌有。山西逃荒的故事是通过后人口述相传得来的,并无文字记载。此后谢家已无从考证祖上繁衍到第多少代。族谱丢失,随着山西灾荒全部化为乌有,谢家后久居陕西。

(三)逃荒经过记忆犹新

逃荒之时,谢家的老当家人谢天成带全家出逃,谢家在外省没有熟悉的亲戚、朋友,但饥饿使一家人只抱有一个念头,就是活命,于是全家人裹上棉被、带上干粮和简易家当,以及车、牲口就开始随村人逃荒。最后走到陕西,在丁家村落户。谢天成对逃荒路上的经历历历在目,一路上都是灾民,人们看到粮食就抢,当街要饭,吃树皮草根。吃了这些东西的人们,多是剖了肚子草根还烂在肚子里,活活被乱东西吃死。

饥荒年间来到西安城外的丁家村,该村子因处在丁字路口而得名"丁家村",与丁姓无关。随后谢天成把在山西盖房子的手艺用在给村里人帮忙干活上,得到村人的认可后在村里住下,继续发扬谢家忠厚老实的传统。

(四)落户秦川丁家村

谢家的祖上迁入陕西后,落户于陕西省西安市城边上一小村,丁家村。自光绪三年(1877年)出逃已在西安居住较长时间,此后再无迁徙,成为丁家村中以小家为单位的独户存在。

长期定居此处后,购买田契、地契都要经过当地管理村庄的人同意,由于村民老实、本分,对外人也和善友好,父亲谢天成靠盖房子的手艺争取到田地,分别在村东头和村南头,其他村民的田地分别在村北边、东边以及南边。起初谢天成得到的田地共有 16 亩,都为旱地。谢家在此村由先前的三代人繁衍到四代、五代、六代人,若不按分家算,家中要有四十多个子孙后代,虽然丢失了家谱,但谢家分支较多。

丁家村村庄面积整体较小,原与旁边白村接壤,在两村之间形成通向南边田地的丁字小道,两村名字由此而来。后来的城市规划中将两个村庄分开,田地合并用于工业与商业建设,形成如下村庄面貌,如图 2-1 所示:

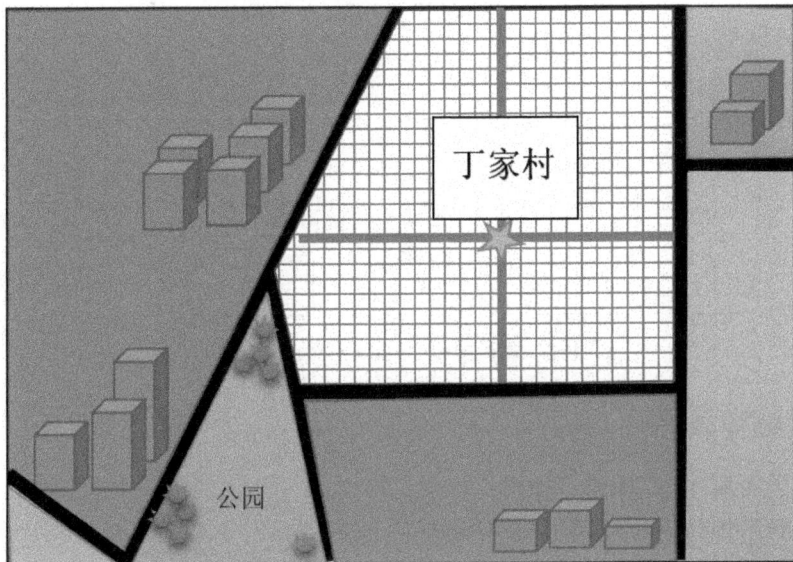

图 2-1　村庄地理位置图

（五）儿孙六代繁衍

谢家迁入陕西时人口稀少，在丁家村落户后再无迁徙，父亲谢天成留给谢生福的房子就在村十字中心东边第二户，此处原是谢天成当年的老宅，分家后归谢生福所有。父亲谢天成与谢生福一起生活，谢生福还有四个哥哥，分别是大哥谢生金、二哥谢生玉、三哥谢生满、四哥谢生堂，均为父亲谢天成与母亲谢刘氏所生。分家后四兄弟分开居住，各自管理自家事务，平时农闲、过节也会相互走动。谢家在大灾过后仅有一小家，独门独户；如今已是拥有第六代人的大姓人家了。丁家村姓谢的家户少来也有十二三户，与谢家都有或远或近的亲属关系，多是叔伯、侄子关系。

老当家人谢天成与母亲谢刘氏为五个儿子操办婚姻大事。谢生福的大哥谢生金一人一户，终生未娶，没有子嗣；二哥与谢沈氏婚后养育两儿一女；三哥与其妻谢李氏生育四个儿子；四哥与其妻谢吕氏生育三儿三女；谢生福与妻子谢李氏生育三儿一女，家庭成员迅速增加至二十八人之多。1933 年老当家人谢天成为儿子们分家，使儿子们分别成立小家，各自生活。谢家在 1877—1949 年间，家庭人口数由逃荒后的七人，逐渐增加为二十八人，子孙繁多。1949 年前谢家近三代家系关系如图 2-2 所示。

```
                    谢天成
                   (谢刘氏)
    ┌─────────┬─────────┼─────────┬─────────┐
  谢生金     谢生玉     谢生满     谢生堂     谢生福
 (未婚)    (谢沈氏)   (谢李氏)   (谢吕氏)   (谢李氏)
    │         │         │         │         │
 过继1儿    2儿1女      4儿      3儿3女     3儿1女
```

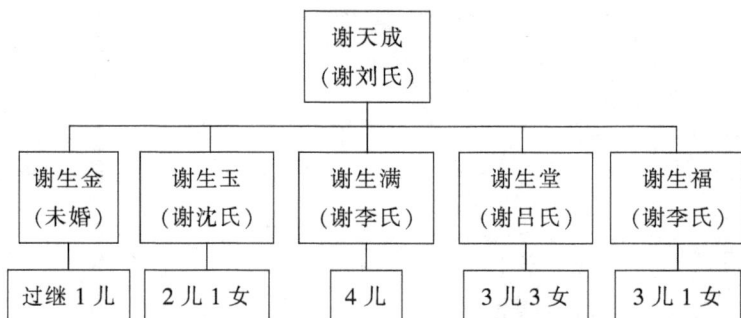

图 2-2 谢家 1949 年近三代家系关系图

二、家户基本情况

(一)小儿子当家

谢家的家庭结构简单,没有较为复杂的代际关系。无收养、抱养情况,只知道当家人谢生福的大哥因无子嗣,曾过继了亲戚弟兄家的儿子与其共同生活。从 1933 年分家之后,两位老人一直与小儿子谢生福家庭共同生活,此后一直由谢生福当家。谢生福在当家期间很少外出,多是在村中、邻村、县城边活动,不会去太远的地方。谢生福在分得的四亩土地上勤恳劳作,秉承老人的教导学习生产经营和管理家务的本事,一辈子从事农业劳动,其与村庄的往来只有交纳粮税和摊派劳役等活动,没有参与政治活动,也没有与乡镇官员的接触和来往,是村中较为普通的农户。从 1933 年开始谢生福逐渐成为谢家名副其实的当家人,组成八口人的中等人口家庭,在生活中谢生福和妻子谢李氏共同抚育四个孩子成长和对家中两位老人进行赡养,其家庭成员结构如图 2-3 所示。

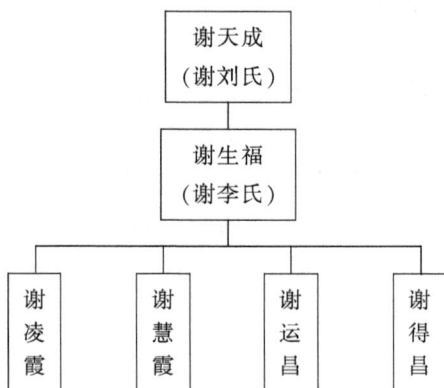

```
              谢天成
             (谢刘氏)
                │
              谢生福
             (谢李氏)
    ┌─────────┬────┴────┬─────────┐
   谢          谢         谢         谢
   凌          慧         运         得
   霞          霞         昌         昌
```

图 2-3 1933 年分家后谢家成员结构图

1933 年后谢生福和妻子谢李氏共同劳动经营家庭,其中谢家劳动力方面要靠当家人谢生福,谢李氏有时会去帮丈夫下地干活,待谢生福与谢李氏的子女较大时才真正参与到家庭劳动中来。例如在儿子谢运昌大概十岁的时候就开始帮谢李氏喂养牲畜做一些小农活;到了十二三岁就可以扛锄头下地帮助当家人谢生福劳动。等到 1949 年,谢家子女稍长大一些,可参与家中劳动的人口数量增加,除未成年的儿子谢运昌外,其他儿女都具有劳动能力,可帮助当家人谢生福和谢李氏做一些农活。谢李氏在家庭的管理中更侧重于家中生活方面的料理,如准备柴、米、油、盐等及做饭、打扫房间、做家务活、教养孩子和照顾老人,对于生产劳动稍加兼顾。谢家劳动力共5人,男性劳动力与女性劳动力分工协作。如表2-1所示。

表2-1　1949年谢家户情况表

家庭基本情况	数据
家庭人口数	8
劳动力数	5
男性劳动力	3
家庭代际数	3
家内夫妻数	1
老人数量	2
儿童数量	1
其他非亲属成员数	0

(二)"吃没文化亏"

1949年,谢家为上下三代的八口小家,家中四个大人,四个小孩,分别为谢生福的父亲谢天成、母亲谢刘氏、妻子谢李氏、大儿子谢凌霞、二女儿谢慧霞、三儿子谢运昌、四儿子谢得昌。在分家后两位老人一直跟随小儿生活,随后因年老多病相继去世,管理家庭事务的责任由谢生福和谢李氏承担,此后谢家的当家人为谢生福。

谢生福当家后,大儿子谢凌霞的年龄大约在二十岁,正直青年,身体状况良好。三儿子谢运昌尚小才十五岁,有时可以帮当家人谢生福去地里拾捡树叶,做一些简单的农活。同时帮助他的大哥、二姐拿些东西,以及帮助父亲喂牲口、去地里拔草、浇水等。

1949年前,父亲谢天成和母亲谢刘氏那一代就没有上过学,到了谢生福与四个弟兄这一代也只是有过短暂学习,当地开办过"私塾""小学",谢生福曾上过两三年村上办的私塾学校,到儿子谢运昌一代大多有过短期的读书经历,但没有上完初小,未曾毕业。所以父亲谢天成晚年总在自己孙子们面前念叨,要好好读书,不能吃没文化的亏。谢家是无宗教信仰的家庭,但平时会像村里人一样迷信,拜一拜土地爷、观音等来安神。谢生福当家后,有时觉得家里事情不顺心也会买点烧纸、祭些点心,拜拜佛祖,祈求平安。诸如财神爷、关公、菩萨、灶爷的祭拜,算不上宗教信仰。此外,家庭成员并未参加任何社会组织。谢家家庭成员的基本情况如表2-2所示。

表2-2　1949年谢家家庭成员情况表

成员序号	姓名	家庭身份	性别	年龄	教育情况	婚姻状况	健康状况
1	谢天成	父亲	男	不详	0	已婚	差
2	谢刘氏	母亲	女	不详	0	已婚	差
3	谢生福	当家人	男	60	3	已婚	良
4	谢李氏	妻子	女	58	0	已婚	良
5	谢凌霞	大儿子	男	24	7	未婚	优
6	谢慧霞	二女儿	女	21	2	未婚	优
7	谢运昌	三儿子	男	16	8	未婚	优
8	谢得昌	四儿子	男	9	8	未婚	差

(三)定居西安城边

1.丁家村的宏观位置

1949 年前,谢家所在的丁家村是距离西安城十里多路的小村落,位于西安城的西南方位上,这里现在属于雁塔区的管辖范围。如图 2-4 所示,村庄距离市中心不远处,多是在陕西的平原地带,数辈村人靠种地为生,一年两季,玉米、麦子为主要粮食作物,当地人以面食为主。

图 2-4 丁家村方位图

2.谢家房屋坐落位置

1949 年前,谢家的房屋有过一次改造,但具体修建年份不清楚。村里给谢家批的地位于村十字中心东边街巷第二家的位置,房子周边是邻居家的房屋,四周没有空地,家家户户紧凑相邻居住,共用一堵院墙。谢家的房子坐南朝北,为南北狭长走向,结构为土坯子做的瓦房,当地人称为"土窑房"。

在房间的布局上没有什么讲究,是典型的北方院子。因当地人喜爱坐南朝北的房子,大多数家户也是同样的南北走向。谢家大门朝街道的南侧开着,位于村十字边上,可以看到村里人走动。谢家前前后后共有六间房子,门口一间给牲口、家禽,剩下四间为家人居住,没有正房、偏房之分,小孩挤在通铺上睡,夫妻一间。后来增加两间偏房在中间院子的后方,腾出一间作为厨房,一间作为老人房。出了院子就是街道,去种地也要走街道,没有专门的会客厅和客房,多数时候全家人一起在当家人的房子中间吃饭,位于院子右侧的大房中。在分家后,其他弟兄拿田地在别处重新盖房,与谢生福所居住的老房不在一处。图 2-5 所示为房屋居住情况。

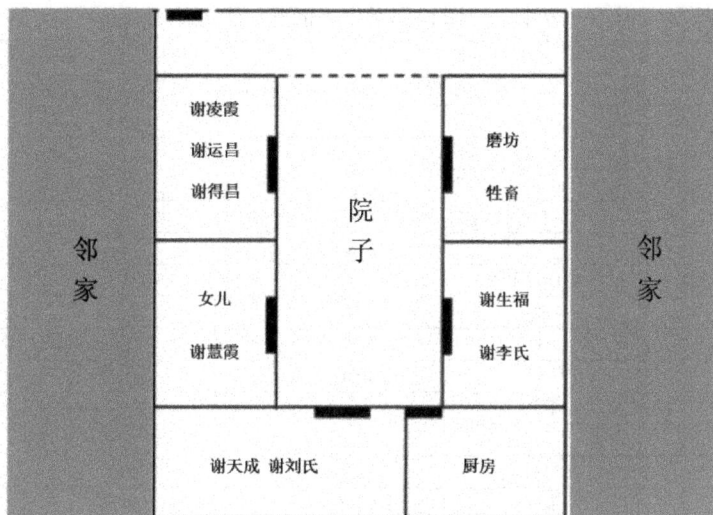

图 2-5　谢家房屋居住图

（四）耕作小份土地

1949 年前谢家总共拥有四亩旱地，在当地村庄没有水田只有旱地。小儿子谢生福分家后所得的土地由家庭成员八人共同所有，由当家人谢生福安排家庭成员进行耕种。家中孩子未长大时，一直由谢生福和谢李氏进行耕作。此外，每年儿媳谢李氏还在家中饲养一些家禽、牲畜补贴家用，曾喂养过羊、牛、鸡等数量不多的家禽、牲畜，用于维持生计。当家人谢生福大多数时候是在地里劳作，让妻子谢李氏管好家里，如照顾年迈的老人谢天成和谢刘氏，管教调皮的男孩和教女孩如何做女红。孩子们有时打闹玩耍后，也会听母亲谢李氏的话在家里帮忙扫地、擦桌子、喂家禽、帮助爷爷和奶奶干活。

土地上的事务主要由年长的孩子和谢生福负责耕种，有时父亲谢天成会告诉谢生福一些种植的方法。如遇到雨雪天气要去看地里的庄稼，生怕地里的庄稼倒了影响收成。父亲谢天成虽年老无法继续从事农业生产，但总会在谢生福从地里回来时多问几句，当家人谢生福自然会安排好地里的活，不让父亲操心。妻子谢李氏在没有人帮丈夫干活的时候也会去地里帮忙，一般是农忙的那几个月去，忙完琐碎的家务事就赶紧跑去地里，给当家人谢生福送饭。

谢家的土地仅有四亩，所以谢生福一直采取精耕细作的种植原则，将四亩土地划分为两种，其中三亩土地用来轮流种植玉米和小麦；剩下的一亩像村里人一样，用来种收获快的应季蔬菜。除种地外谢家没有其他经济来源。一年两种两收，主要食物依靠自家种的玉米、小麦，蔬菜一般是要拿到城里卖的，家里人不舍得吃。当家人谢生福不答应，其他成员也不敢吃。谢家依靠农业种植维持日常开支、勉强能维持生活。如表 2-3 所示为 1949 年前谢家的家计状况。

表 2-3　1949 年前谢家的家计状况表

土地占有与经营情况		土地自有面积	4 亩	租入土地面积	0 亩
		土地耕作面积	4 亩	租出土地面积	0 亩
生产资料情况		大型农具		牛车 1 辆	
		牲畜情况		耕牛 1 头	
雇工情况		雇工类型	长工	短工	其他
		雇工人数	0	0	0
收入	农作物收入				
	农作物名称	耕作面积	产量	单价	收入金额(折算)
	麦子	3	250 斤/亩	一亩地交 30 斤公粮,其余自留	
	玉米	3	400 斤/亩	一亩地交 30 斤公粮,其余自留	
	白菜	1	4000 斤/亩	0.01/斤	40 元/亩
	萝卜	不详	—	—	—
	青菜	不详	—	收入共计	—
支出	食物消费	衣服鞋帽	红白份子	肥料	租金
	自足	不详	不详	自足	0 元
	赋税	雇工支出	医疗	其他	支出共计
	30 斤/亩	0 元	不详	不详	120 斤粮食/年
结余情况	结余 _0_ 元		资金借贷	借入金额	0 元
				借出金额	0 元

(五)与外界政治无瓜葛

1949 年以前,谢家没有担任过乡长、保甲长、会首等职务的家庭成员,其他民间或官方职位也未曾担任过。谢家刚迁入时威望在村中不高,长期居住后因谢家为人谦和,在丁家村受到村人尊敬、爱戴,与村人关系较好,经常走动。谢家在官府中没有亲戚,与外界往来中交纳粮食的时候最多,其次是参与村庄的公共事务,如摊派劳役和挖战壕等,其他时候只管理自家土地和成员,与外界无政治上的联系。

(六)小户男主当家

1949 年前,谢家家中有三代人共同生活,世代务农,为村中的小户家庭。由当家人谢生福管理家庭事务,谢生福为外当家,谢李氏为内当家,此外谢家没有别的当家人,也请不起管家。谢家 1949 年前只有八口人,由当家人谢生福和谢李氏共同承担,由于孩子们尚小、老人年迈均无法为当家人分担家庭重担,主要依靠谢李氏对当家人谢生福的帮助。

由于是小村落并没有什么罕见的大户人家,多是平常小户,大户多是田地多、家庭成员众多,等级秩序也很严格的家庭,可以请长工、短工干活,也可娶妻、娶妾,家中骡子、牛马更是所占较多。村里这样的大户人家较少有,多是小户人家,所以也没有大户那么大的阵仗,多是一夫一妻,本分生活。

谢家的家庭成员只有八人。在村中,算不上大户,是普通的小户家庭。当地多是按土地多少、家庭的经济能力和生活资料的丰富程度来划分家庭大小。谢家土地不多,农具仅有耕地的锄头、耙子等农具,并不能与有土地、有财产的大户相提并论。总体来看,谢家是普通小型家户,在村中的地位和影响力也相对较小,仅能顾上自家生活,无法在村庄事务中发挥主导作用。

谢家迁徙到西安生活多年,从过去的新户已成为村庄的老户。当地并没有对老户、新户进行严格划分,在此地长期居住的农户即为老户,并无其他家户类型,后人也并不清楚。

第二章　家户经济制度

　　谢家共有土地四亩,全为旱地,一年两种,以种植玉米和小麦为主,兼有少量工地种植蔬菜作物。谢家土地、房屋及家中生活消费等经济活动由当家人谢生福管理,其他家庭成员服从父亲分配。其中,当家人谢生福代替父亲谢天成继续从事农业生产劳动,从父辈获取农耕技术、管理家庭经验、教导后代的方法以及家庭生活消费经验。除此之外,谢家对外的经济往来较少,主要是由当家人谢生福承担家庭经济管理责任,妻子谢李氏承担日常生活琐事管理责任,家庭成员共同协作。

一、家户产权

(一)家户土地产权

1.种植土地稀少

　　1949年以前,谢家共有四亩土地,均为自己所有,全部为旱地。当地为西北地区,需要每日人工灌溉,未有河流穿过,每日必按时浇灌三次,早中晚各一次,村东头有一口井,供浇灌时使用。但谢家土地的位置优越,分布于村南,地下有暗水流经,水源充足,日照较久,大多不需要人工浇水,可天然灌溉。当地处于渭河平原,黄沙土质,算是肥壤之地,多旱少雨。谢家多靠天吃饭,用气候判断收成好坏。谢家老少众多,经济拮据,全靠所种粮食为生,对于土地丝毫不敢买卖,土地变更只会在谢家家庭成员中流转。

2.入村买地儿孙继承

　　谢家自光绪初年迁入陕西境内后,靠手艺为生在城外十里丁家村落户,村人与当家人谢生福闲谈时还会回忆起父辈人的盖房事件。谢家为人厚道诚信,可以留在丁家村中全靠该手艺,购置十六亩耕地,经村中甲长同意,有地契田、契为证。由于家庭贫寒清苦,谢家对自家土地十分珍惜,往后几代耕种的土地,全部是从祖上继承而来。当地买卖土地时候较少,一般人家均靠种地为生。嫁娶行为一般以粮食、棉花为聘礼,穷人与穷人结亲,较少拿出土地作为陪嫁,女儿出嫁没有土地相赠一说。村子周围均为各村耕地,无荒地开垦,土地均有主家,要想开垦、另得一处新地要经甲长、各家共同证明才成。

3.成员共担土地风险

(1)家户土地共有

　　谢家表示自家土地均是归全家人所有,不属于私人所有,也不属于部分人所有。在谢家,当家人谢生福、妻子谢李氏对土地有耕作支配的权力,老人谢天成、谢刘氏也有支配权,成年的孩子也有。但家庭成员对土地的支配权交给当家人谢生福统一管理,所有土地的使用都需要经过当家人谢生福的安排、吩咐才可进行支配。由年长的儿子谢凌霞进行种植,较小的儿子谢运昌拔草、捡树叶子,同时在一旁观察父亲谢生福和兄长谢凌霞的劳动过程,从而学习土地种植经验。

分家时谢生福儿女尚小。但按照当地分家传统,土地也是按照谢家中儿子数量实行均分,若有不愿种地、精通手艺或想经商之子,可酌情分配其他物品作为代替。谢家认为土地应全家共有,无论男女老少均有照看土地的责任,达到继承家业的目的。谢家没有私房地、体己地等私人土地,也没有养老地,但当地有"幼子养老"的传统,即由家中最小的孩子成家立业后赡养老人。如谢生福是家中最小的儿子,在其成亲后继承老人谢天成部分土地和旧宅,挑起管理家庭的重担,继承老人种植庄稼的农活技巧,继承当家人管理家庭事务,负责老人谢天成和谢刘氏的晚年赡养,因此当地无养老地的做法,均由幼子赡养老人。

(2)家庭成员有责

谢家认为土地属于谢家全家人所有,除未成年儿童尚小不懂事,体弱不能干重活、出嫁后的姑娘已属于夫家人之外,只要是谢家成员均有权分配土地,包括过继、入赘的成员。但所有的家庭成员不仅享有土地收获的权利,同时兼顾种植土地的责任,当家人谢生福对土地的分配和使用具有绝对权威,当家人谢生福有权决定谁可以种、种什么、种多少作物,其他成员无此权力,老人将当家权力交给谢生福。妻子谢李氏和孩子也只能听从当家人谢生福的种植安排,有些时候可提少数意见。谢家遵从"种地者多种地,善技者多闯荡"的原则,各司其职。

此外,分家后的五个兄弟拥有各自家的土地,不会去侵占其他兄弟的土地,反倒是在农忙时互相扶持。谢家的土地、房屋所有权有明晰划分,即使是自家兄弟也不能随意侵占。

(3)产权态度鲜明

谢家认为土地属于全家,所有成员也应知晓,一致赞同,无人认为土地应分配给个别人独有。土地属于全家人所有,在土地的使用管理上老人有话语权,因为老人阅历丰富,在家中权威与当家人谢生福同样大,比其他家庭成员在土地使用上更有经验。当家人谢生福会在当家的头几年向父亲请教种地的经验,之后按照老人的指导安排儿子们分工劳作,其中讨教经验的过程就是家庭成员共同学习、商议的过程,有利于家庭整体的团结与和睦。

4.界石为界互不侵犯

(1)界石

谢家的土地和邻里的土地均有明显的物理边界,其中界石是最明显的标志。当地农户大多用界石作为自家房屋、土地和别家的分界线。具体表现为取一块高约40厘米,长宽各10厘米的长方体白石,埋于谢家和邻居家土地划分线各一半的地下,在日后耕作、认地上若有冲突便可挖出来为证。除此之外,当地村中小户的边界要简单许多,例如用两家界限之间的泥土垒砌10厘米高的一道梁子,插上树枝在两边,或是挖一条比平日灌水要深些的沟渠,区分各家边界。

物理边界明显清楚地划分各家农户,土地东南西北比邻是谁家都清楚地写在地界单上。日日相见的邻家也相互尊敬,大多数农户不会肆意冒犯他家边界,谢家也不会轻易去侵占别家的土地。一是有界石为证,二是地契拿出便可再次验证,三是村中多数是普通农户,不愿与邻居争吵惹事,都忠厚本分做人。如果有谁家越过界石在别家地里耕作或出现侵占别家土地的行为,会受到邻居的指责和监督,在村里也会十分没有面子,村里都知道"做这样的事会丢自家面子",因此很少出现此种情况。

(2)社会边界:自家耕作,邻里皆知

谢家对自家土地有耕作使用权,家庭成员可以耕种,须听从当家人谢生福的安排。家庭成员都有自己对土地的耕作权,但也不能不经当家人同意私自使用土地,只有当家人谢生福分配后才可使用。如同分家后各弟兄不能私自占有赡养老人的小儿子谢生福家的土地,同样,其他弟兄的土地也不能被谢生福私自占有和继承。对于非谢家成员的外人,在不经过主家同意时无法耕种其土地。若主家不在,肆意使用或侵占主家土地,邻居看到生人便会吆喝斥责:"你是从哪来的人,别人家的地你也敢动",事后邻居会告诉主家家里人田里的事情,让其留心。再遇到此种事情,就会找村里的保长出来说话,讨个公道。因此,谢家土地都有明显的边界,只有得到当家人的同意、相应的借问、租借程序后才可使用。

对土地的继承权只要是谢家自家人都享有,当家人继承父亲留下的土地,细心经营。对于谢家而言,不是谢家成员者均属于外人,没有继承土地财产的权利,就连已出嫁的女儿、过继出去的子女也无继承权。相反,若是过继到谢家的儿子或者谢家的上门女婿有继承相应土地的权利。此外,常年居住一起,虽不是一家人但早已默认为谢家人的家庭成员也有继承权。分家后,各家继承各家已分土地,不能再次享有别家耕地。如早年谢家分家,谢家前四子各有土地和房子,老人谢天成夫妻与第五子居住,前四子则不可再要第五子家的土地继承权,各家归各家所有。

(3)心理边界:一致认同,十分清晰

谢家当家人谢生福对自家拥有的土地亩数、位置、土质、种植情况十分清楚,其家庭成员对谢家所拥有土地也都清楚,不能容忍受到别家侵占。其当家人谢生福的儿子谢运昌在长大后懂得自家的土地不能被别人侵占,有保护谢家人口、土地的责任。村里人同样对自家土地和别家土地的划分非常清楚。若发现有侵占谢家土地的行为,邻居会帮助不在的当家人对侵占者进行指责并告发,丝毫不会容忍他人侵占谢家土地。当地人较多老实本分,一般不常出现此事,如果遇到打仗军队驻扎村中,侵占土地、住房的行为就要另当别论,许多农户只有"忍"。

(4)治理边界:共同经营,由当家人分配

谢家的土地经营权由当家人谢生福发话、指挥长子和次子经营,全家人共同拥有。谢家当家人谢生福根据老人谢天成的口头指导安排儿子们具体的土地种植。如何时种、种什么、灌溉施肥等事宜,因老人有种地的经验可以教导子孙种地。有时儿子们会商量种植的方法,讨论今年可以种植的作物,但具体怎么种还是听从当家人谢生福的指挥,家庭成员一起商量之后再做决定。每年土地的粮食产出归家庭所有,听当家人统一分配,外人不能干涉,宗族、村庄也不可。对于土地的经营权、收益权,分家之后的父母兄弟是不能干涉的,分家后只需管好自家土地的收成即可,如果分家后弟兄无种植之道可来弟兄家学习取经、找长辈父母商量,让父母和兄弟们共同帮其出谋划策,借鉴之后再回家做决定。

5.当家人为主要决定者

(1)当家的一人做主

谢家没有土地买卖、租佃、置换、典当的情况,由于人口多、粮食少、土地的更替情况在当地很少有。一般小户只有到了生病急需用钱,或者出现紧急情况时才会想出土地买卖的法子以添家用,平时不会买卖、典当土地。在家中,女人谢李氏不主事,多数时候要听从当家人谢生福的,小孩更没有发言权,老人将家里的管理权全部交给当家人谢生福后对家中的事务几乎不插手,让儿子去做,不对的时候才会指导几句,其他时候全听当家人谢生福一人的。当家人谢生福是实际支配者,即使谢生福在家庭中的权力非常大,但所做决定关乎整个家庭的好坏,所以轻易不擅自买卖土地,谢家也从未有过对自家土地进行租佃、置换、典当的想法。

听谢家介绍,村中有卖土地换钱用来娶媳妇的其他农户。当家人考虑到子女以后的结婚问题,如果家里太过贫穷会用土地换一些金钱为儿子娶媳妇所用,但绝大多数时候,村里的婚姻习俗也是,穷人愿意和穷人结亲家,双方父母给子女说媒也是用粮食作为嫁娶定金,互相照应,由此定下好事,也大大减少了结婚成本。

村中其他家里的土地买卖、租佃、置换、典当等活动,也是由该家掌柜的即当家人说了算。如果当家人不在家,家中代理者无决定权,必须由当家人回来才可以决定。比如允许买卖土地的权力、安排处理相关事宜的权力均不能擅自进行,若当家人离开前有给家庭成员吩咐了一些事,则有权进行处理。在土地的实际支配问题上,支配者不同,情况也不同,有如下三种:

第一,家长当家,一人决定,几人共议。即先前以老人谢天成为家庭的核心,老人具有很高的话语权和威信力,老人不当家后由当家人谢生福行使当家权力,决定对土地的支配,其他家庭成员享有沟通、商议、建议的权利。当地对土地的支配权可分为两种性别的当家人:一是男人当家:经过他一个人决定后可以和其他成员商议,在听取其他人的建议后再做决定,如果男当家人已有自己的决定可不采取其他成员建议,不需经过家庭成员同意。二是女人当家:女人当家多数考虑周全,如果仅剩母子二人,则女人做主,无人商议;如果公婆在家,决定之后需要告诉公婆所作决定,无反对者再进行,遇反对则再商议;如果丈夫也在,根据女当家人的家庭权威而定,若女性权威高则不需要与丈夫商量,凭女性做主。

第二,老人已老,儿子当家。当地有"幼子养老"的传统,老人年迈后由儿子继承当家的责任,管理家庭事务。谢家就是沿袭当地幼子养老的传统,父亲年老时将当家权力让给幼子谢生福继承,由小儿子当家,头一两年谢生福需跟在老当家人的身后听老人传授管理家庭事务的经验,在观察老当家人如何管理及如何处事的过程中,慢慢学会独立管理。父亲谢天成教导谢生福后就不再插手家庭土地种植上的事务、为孙子辈娶妻的事务、家庭财务的管理等,转向养老和带孙儿的晚年生活中,即老人不再参与管理,全由儿子进行;若老人去世,儿子当家后遇到问题则要与亲兄弟们商量,共同拿定主意。

第三,兄弟当家,共同商议。当地村中有父母早逝、弟兄几人共同当家的情况,这时长兄照顾弟弟,替代父母担任家长。如果父母不在,家中弟兄视长兄如父,因兄长年龄最大、最懂事,且有较为丰富的社会经验,其他兄弟均要以兄长为榜样,听从兄长的教导,如同对待父亲一样尊重兄长,与长兄共同商议土地买卖的事项,避免一人独断犯错。

(2)土地买卖,掌柜决定,成员共议

谢家没有过土地买卖的情况,仅有自家购置的土地,因家贫而仅靠土地为生,土地丧失则家庭不保,因此丝毫不敢卖出一分。即使是遇到天灾人祸,买卖土地也是再三思量,找家里人共同拿定主意才可。

村中有些人家会进行土地买卖,一般是由当家人决定,只需要买卖土地双方拿出自家地契,再请一位公证人公证,两家各写一份证明自家土地买进、卖出的自述信,公证人进行公证宣读,让两家签字、摁手印即可,各家都妥善保管自述信。如果后期出现土地纠纷的问题就用签字、摁手印的自述信"说话"①,再有纠纷不清就请公证人来证明。土地买卖不需要告知或请示四邻、家族、保甲长,这在村中算是不大不小的事情,但村子小,各家各户如若有一人知晓,茶余饭后也是家家知晓的事情,一旦买卖土地落实,本家去买下的地里干活,天长日久邻里四舍也就都知道了,不需要一一告知。

土地买卖具有优先次序,进行土地买卖之前,当家人会先问本家兄弟,即"肥水不流外人田",一是可以在有钱买回时再买入,和自家兄弟好商量;二是卖给自己兄弟比旁人要好,终归是自家的土地,"在谁手里都一样"。如果兄弟们不要,便可卖给旁人。当家人不在家时,无论是卖土地还是买土地都不可。一般买卖土地都是要找当家人的,若当家人不在,买卖者也会说"过会儿我再来"或"回来给我说一声",买卖者也知是大事,其他家庭成员做不了主,即使说定也没当家人说话顶事。如果男人当家,买卖土地可自己做主,也可和家人共同商议,但后者较少;如果女人当家,买卖土地需和公婆、丈夫商量,一同决定后才能成事,单独决定的女当家较少,仅有母女二人时,则由母亲决定;如果儿子当家,若长辈年老不当家,儿子在买进卖出时做决定,要告知长辈进行商议,经过允许后才可进行土地买卖,如不允许可再议,若反对强烈则不再提此事。若父母不在,则由儿子一人决定,也可找兄弟姐妹商议。代理家长无实权,没有权力买卖土地,只可管理家庭吃穿等小事,大事不能擅自做主,若做主会受到当家人的训斥。对于大家庭内属于个人或者小家庭所有的土地,如私房地,家长有买卖的权力,若没有分家,必须听家长的统一分配。但当地一般很少有私房地,土地是家户共有的,遇到周转不开、婚丧嫁娶才会忍痛割爱,一般不会买卖土地,各家都格外珍惜自家土地,不会擅自卖出。

（3）土地租佃,当家人做主

谢家不存在土地租佃的情况,但可获知一般当地村民进行土地租佃的情况。在土地租佃活动中,由当家人安排和做决定,比如村中有一户崔家,崔当家的就曾租佃过土地,由当家人负责,其他家庭成员,如妻子、子女没有说话的权利,"全听掌柜的安排"。土地租佃不需要和谁商量,也不用告知或请示四邻、家族、保甲长,只需要两家都同意即可。租佃活动没有明确的优先顺序,租佃给谁家都可以,主要看两家的交情和耕种能力,若没有强壮的男丁,即使交情再深也不会租佃,若劳动力充足即使交情不深也会拉近距离,租给谁全凭当家人决定。每年租金收益全由当家人拿着,从平时花销到日常起居开销,其他成员也无异议。

（4）土地置换听当家人

谢家不存在土地置换的情况,不清楚家长在土地置换中的地位权利,但如果家中土地要进行典当活动,也需家长说话。土地置换需要置换双方达成一致,否则不能换,与土地买卖相同,取出自家地契进行交换,请第三人证明,第三人一般是村中较为有威信的老人,是历年专门负责土地事宜的公证人。置换规则为一亩换一亩,旱田换旱田,水田换水田,上等地换上等地,也可用中下等土地折中赔偿。若置换土地的规则不统一,换地人觉得不划算可不换。村中

---

① 说话:陕西方言,在此处为作为证明、证据的意思。

很少有土地置换一说,生怕"被圈套",所以几乎没有置换的人家,即使进行土地置换大多也没有成功的实例。

（5）土地典当,当家人拿主意

谢家不存在土地典当的情况,典当活动一般在贫穷人家少有,即使穷途末路也会选择卖出土地或租给别家,很少典当换成金银。贫穷人家大多以种菜种粮为生,只为饱腹,在外很少用钱,也不需要太多钱财留在家中。当地若真要典当土地,有专门的典当场所进行典当活动,需要典当证明,但不需要告知或请示四邻、家族、保甲长。

6.家庭成员无擅自支配权

（1）成员无权利支配土地

谢家在土地买卖、租佃、置换、典当等活动中,除谢生福之外的家庭成员不能做主,在当家人谢生福对土地进行支配的过程中,家庭成员可以提出自己的想法,供当家人参考,但不能擅自做主对土地进行分配,若被当家人发现,会受到相应的训诫和惩罚。

当家人谢生福外出的时间很少,由于要照看家庭和老人,除了赶集、看戏,一般都在家种地,不会长时间外出。如果真遇到谢生福不在家的情况,也只能等当家人回来后才能再继续讨论土地分配事宜。分配土地是大事,在谢家进行土地分配时,所有小孩、老人、弟兄、叔伯、公证人都要在场,听当家人谢生福郑重宣布分配事项和分配结果,之后才能离开。

在村中,如果小家中是男人当家,其他家庭成员只有建议权并执行当家人分配结果,最终还由当家人决定;如果女人当家,还需要听从长辈[①]和其他家庭成员的意见,考虑周全后再做决定;若为单亲二人家庭,则家中女人自己做主,别人没有干涉的权力;如果兄弟当家,其他家庭成员也有建议的权力,但管理土地的权力还是集中在当家人手中,其他兄弟可以提出考虑不周的地方,但只是意见,是否采纳还是当家人做主。当家人好比一家的主心骨,全权代表全家,在大事上,如家中的土地问题,其他家庭成员只能建议,无决策权。

（2）成员不可擅自买卖土地

谢家没有过买卖土地的活动,村中其他家户也一样,很少买卖土地。如果进行土地买卖活动,也是各当家人出面,双方土地必须在两家当家人手中才能进行买卖,还要有村庄公证人证明。在谢家,由当家人谢生福决定,其他家庭成员可商议,但没有最终对土地买卖的决定权。若谢生福决定要进行买卖土地后,谢生福的父母、配偶谢李氏、儿女们可以建言献策,提出自己的看法和意见,供当家人再做定夺。有时候其他成员的意见如果很在理,谢生福也会改变自己对土地买卖的决定,衡量该买卖是否划算。其他家庭成员的意见在谢家起到平衡的作用,虽没有当家人谢生福一样的决定权,但建言献策也起到了维护家庭利益的作用。

妻子谢李氏是女人,其不当家也不太过问谢生福男人们的事情。如谢李氏嫁进谢家只负责养育孩子、侍奉公婆,过多干涉当家人谢生福的事情,会让村里人说"这家女的管得多""男人不能行"等闲话,所以谢李氏只管种地、做饭、做家务活,其他的不过问。但是在村上,若女人当家,多数会听从家庭成员的意见,女人是无太多实权的当家人;若兄弟当家,未分家时会听其他兄弟的意见,兄弟之间为整体,有共同管理家事的权利,买卖土地也有自己的一部分

---

① 此处的长辈指女性当家人的公公和婆婆。

田地,所以不得不管,若兄弟已分家,则其他兄弟不会过多过问兄弟家土地的买卖情况,兄弟自己做主即可。

（3）土地租佃成员可建议

谢家没有租佃土地的活动,但根据村中崔家租佃的事例可知,租佃活动由当家人说了算,其他家庭成员几乎没有任何决定权,也不会出现擅自决定的情况,更何况租佃土地在村中很少见,一般大户人家才有租佃一说,小户人家自给自足的较多,无钱租佃,也不敢租佃。一是土地少,让别人去种增加一笔人工开销;二是给别人家干活,大多"村上没有几户大家,自家的地也照看不过来"。若有租佃行为,都是各家谁当家谁说了算,都很少与家庭成员商议,"女人不管事,小孩更不管事",只有当家人拿主意、做决定。谢家没有置换土地的活动,村中也很少见置换土地的农户,"有置换的也一般不成事"。若有土地置换活动,也是由谢生福做主,家庭成员会采取建议的方式。

（4）典当土地当家人决定

谢家没有置换土地的活动,但村中有不种地去谋手艺经商的单身户,专门去离村不远的西安城内的当铺,抵押地契,换取路费盘缠。由于是一人独户,没有家庭成员,也就是自己说了算。若谢家典当土地,就需要一家人共同商议,其中老人要同意、妻子要同意、年长的孩子可以建议,但最后由当家人谢生福做主。一般谢生福是不会不顾全家人死活,去典当土地的。

7.土地产权不可侵占

（1）家户土地产权的侵占类型

谢家的土地没有出现过被外人侵占的情况。一是村中没有侵占土地的恶霸和不讲道理的大户人家;二是村民关系往来较好,都会护着自家和他家的土地不被外人侵占,若是本村人侵占也会遭到当地人的唾骂,没有好下场。一般当地人是不会涉嫌侵占他人土地的,会丢本家的脸面,有也是外村人侵占。只要是在别人家的地里种自家粮食,跨过界石去别家拿菜、拾柴,都算是侵占了别家土地。村中多数人不愿为一点土地闹得四邻不和。邻里之间不仅不侵占他人土地,还礼尚往来,交往亲密,起到互相保护的目的。

（2）家户土地产权侵占的条件

谢家的土地从未出现过被侵占的情况,寡妇家庭、人口少无男性家庭、邻里关系不好的家庭更容易被侵占土地。不过村中多数中农、贫农家户,若有孤寡者,村上也会有相应的帮助措施,如每年多分一些棉花、粮食使其贴补家用。村上不会有无缘无故侵占弱者土地的行为,经发现,会被村人耻笑,村里人会说"那谁家都成那样了,你还和人家过不去",因此村中的舆论压力使得村民更爱惜自身的名声,不敢胡作非为。即使出现土地侵占的行为,大多是外村人,并非当地人。

（3）对于侵占家户产权的态度与认知

谢家的土地没有出现过被侵占的情况。如果土地产权被他人侵占,当家人连同全家成员都不会糊里糊涂地容忍,会力争到底;村中其他村民知道后也会为此打抱不平,实在不行也会拿出自家产权证明,找保甲长和有威望的人出面调解。一是土地是农民的本钱,没有土地,农民无法生活,因此看得格外重要;二是村中普通农户居多,比起钱财、权力,农民更在乎脸皮、面子比什么都重要。

8.谢家土地受村庄保护

(1)家户之间对土地产权认可

凡是有地契且常年住在本地的人家,村民整日相见,必然承认各家土地的所有、耕作、收益的权利。村民也不会随意侵占他人的土地,若想拥有别家的土地,必须经过正规的交换程序才行。总之,凡是土地上的事,必须经过当家人同意,不能强行买卖。谢家的土地没有受过侵占,也没有过任何土地买卖、租佃、置换活动。

(2)家族保护家户土地产权

谢家所在的家族对自家拥有的土地数、所在地都知晓,也承认谢家土地的所有、耕作、收益的权利,不敢随意侵占谢家的土地。若家族其他成员要买卖、租用、置换谢家的土地,必须要和其当家人谢生福商量,当家人说可以则可以,说不可以则坚决不可。家族中也是和睦相处,不会为争土地丢了谢家人面子;再者谢家土地稀少,分家后小家土地更少,谢生福家就仅有四亩土地,仅靠种地养活一大家子就已经捉襟见肘,所以当家人谢生福不会变卖土地,更谈不上买卖或对外出租了。

(3)村庄认可谢家土地产权

村庄的保甲长承认谢家土地所有,同时告诫其不可随意侵占别家土地,谢家也同样受到村庄的认可和保护。保甲长不仅没有权利私自买卖、租用、置换各家的土地,而且还有保护各家土地不被外人侵占的责任。谢家也是如此,若遇到外人侵占,保甲长要出面对两家纷争进行调解。

(4)政府承认谢家对土地的拥有权

谢家所在的村庄、县乡政府承认谢家对土地的所有、耕作、收益的权利,县乡政府有专门记载各村土地的档案,而各村又有专门记录各户土地多少的账簿,该是谁家的地,一看便知,没有争议。"自家的地就是政府也不能侵占",县乡政府不可以随意侵占土地,还要在适当的时候出面保护各家土地产权,要侵占也要有相关文件下发各村各户才行。

(二)家户房屋产权

1.谢家房屋概况

1949 年前谢家宅基地有 30 亩,住房面积有 15 亩,用土和干草末合成的泥浆建造房屋,当地人称为"土坯子房"。贫穷人家一般用泥土和碾碎的麦秆建房,一是保温,可抵御当地冬天的寒气;二是散热,夏天房屋透气性好带来凉气。村里很少有用砖垒墙的人家,家境好一些的大户房屋也是土墙,不过用料更精细些,所盖房屋也更加结实牢固。当地人大多喜爱坐南朝北的桩子①,可通风、可晒太阳、晒衣物。盖房子同家中娶媳妇、添人丁一样,是件大喜事,成为贫家安身的重要资本。

谢家的房屋也是坐南朝北走向,位于丁家村十字中心东北角的优越地段,由于十字中心是村民往来的交通要道,前门街道上往来的村民很多,父亲谢天成在此居住后建有四间房,迎进门是一个宽约 5 米,长约 10 米多的露天院子,院子两边各有两间房。后来儿子成家后,手头阔绰了,又在院子后面增加了两间房并开辟出一块地,搭了棚子,作为厨房,后面的房子住父母,较为安静,前面的房子给儿子住,另外腾出来一间作为磨坊和牲口房。建筑材料随处

---

① 桩子,即所谓的宅基地,是陕西人对房屋建筑面积的通俗叫法。

可取,将又长又圆的木头磨光,用来做房屋的主梁,外层再用泥土垒成墙,梁上搭着无数根较为细小的小梁,先铺上一层密密的茅草,后又添上瓦片,像木质的油纸伞一般牢固,抗风抗雨。只有屋顶上凿出的口子可以通风、采光,无其他窗户。

2.父辈搭建房屋

谢家的房屋是继承于父辈的,自迁入以来,买地盖房,落户于丁家村。从父辈谢天成之手搭建起来,父辈的老房子也都是由当家人谢生福的儿子们继承,在原先的基础上不断修缮,用泥浆搭建。一般用粮食换取木材。谢家也有盖房手艺,省去许多活,大多由当家人谢生福自己完成,盖成后在此老房中居住已有六十余年了。当家人谢生福一直居住在老人的老房子中,经常会组织儿子们对房子进行修缮、重建等事宜,后代都以子承父业的方式将房屋继承下来并不断修缮。作为居住过六代人的谢家祖宅,不可拆除,历代儿孙可为其添砖加瓦。

3.房屋共有

(1)房屋为家户所有

谢家的房屋由当家人谢生福统一管理,属全家人共有。家庭成员都享有居住、出入的权利。谢家房屋不属于当家人谢生福一人所有,也不属于某个家庭成员个人。对于个人所居住的房间,家庭成员有摆放物品、安排规制的使用权,但房屋整体的修补、拆建、添置、典当权力都要听从当家人谢生福的分配,具体的使用更是要听从当家人谢生福、长辈的安排。

(2)拥有所有权的成员范围

谢家认为家里的房屋家庭成员都有份,但出入其他人的房间要应门、提前打招呼,表示对成员的尊重和礼貌。在外打工的成员常年不回家,因此房屋被腾出留给其他弟兄居住,或放些杂物,或留给来家中作客的远房亲属暂住;出嫁的女儿在娘家就没有固定的房间了,如果过节探亲,可回娘家小住。谢家的女人谢李氏会提前打扫空房间,暂时收拾出一间干净的房子留给回家的女儿谢慧霞住;若实在没有空余房间,就和母亲住在一起,让家中男子单找房间居住。分家后的弟兄都有自己所分的桩子地,不与父母同住,但谢生福因承担赡养义务所以与父母同住,在老宅继续生活,不需像兄长们一样搬去别处。谢家要是遇到儿子娶媳妇、孙子满月等大事,当家人谢生福就会吩咐谢李氏腾出一间好房子,或是让年长的兄长选一块风水好地为家人找工匠搭建一处新房子作为婚房,用来迎接新人。在当地,有喜事要求事事都新,家中会将最好的、上等的物品留给新人或家中年龄最小的人使用,寓意欣欣向荣。

(3)谢家成员认可房屋共有

谢家成员认为,房屋归全家人所有,成员在家中享有住房的使用权,来回调换房间时需要告知当家人谢生福,如果谢生福同意就可调换,或者告知母亲谢李氏也可,则弟兄之间可以调换房间或相互使用。为了保护每个成员拥有独立空间和个人隐私,进入房间时需要敲门、过问之后,得到允许才可进入。谢家认为,"人在房在,房在家在",每一位成员都有保管和维护家庭财产的责任和义务,房屋、财产共有使得家庭团结、和睦,人人都为家庭整体着想,若将房子划分到每人手上,"年幼者不知事,年长者勤于独立",会导致家庭分裂,则不利于整个家庭的运转。

4.房屋边界分明

(1)物理边界:一桩为证

谢家的房屋左右两边都有邻居,以桩子地契为凭证,两家共用一面墙,墙下埋有界石,藏于地下,如果遇到纷争可作为凭证,挖出来看。房屋之间边界清晰,谢家自家弟兄、父母、长辈可住在一起,也可临时越过边界,但四邻不能越过房屋的边界,在谢家的边界上修建自己的房屋,不能侵占谢家半点土地;邻居之间可以相互走动,但不能过多参与谢家的家事,对于谢家琐事没有管理的权力,如庭院卫生、牲畜照顾、家事争吵等。

（2）社会边界:家人享有,儿孙继承

谢家的房屋归谢家人使用,家庭成员都有份,外人不经同意不能使用,房屋可以由掌家的当家人儿子继承,如谢生福可继承老人谢天成的房屋,为老人养老送终。除此之外,未出嫁的女儿谢慧霞也享有继承权,一旦出嫁则没有继承权,在村中若家中只有女儿,父亲去世后可将房屋继承给出嫁的女儿,再由女儿对房屋的归属权进行分配;分家后的弟兄,在分家时就已重新分配过土地和桩子地,不牵扯房屋继承的分配问题;出远门做生意的谢家成员也享有继承权,但可暂时由家里的成员,如当家人谢生福可享有保管权,谢李氏也可为其保管。但外人没有继承谢家房屋的权利,因不属于家庭成员,无血缘关系所以不能继承。

（3）心理边界:成员均知,一致认同

谢家的当家人谢生福和家庭成员都对自家所拥有的房屋有清晰的心理认知,一致认同土地、房屋归全家共同所有。自家的房屋产权不能受到别家的侵犯,同时谢家老实做人、本分做事,也不会随意侵占村中别家房屋。谢家长辈们也经常教导家庭成员要与邻居和睦相处,认为多吃亏是福气。同样,谢家的房屋也不可被他人侵犯。在谢家成员的心中房屋是生活的根本住所,从小耳濡目染获得房屋的重要性。对于看到侵占或被别家侵占房屋的行为,左右邻居会帮忙说公道话,不会坐视不管,当家人谢生福对自家房子的态度更是坚决承认,一点也不容忍他人侵犯,必要时必定要讨个说法,让左邻右舍评评理。

（4）治理边界:家人管理,成员协助

谢家当家人对房屋进行管理,对房屋进行买卖、拆除、修缮、重建的大事也要由当家人亲自做主,成员协助,但外人无权干涉。村中很少出现买卖、拆除、重建房屋,但修缮房屋的活动却是必须要做的。土房结实,但住过七八年后会出现裂缝、漏雨、掉灰等现象,泥土干裂严重的地方还会导致房屋塌陷,甚至房屋坍塌,所以需要在发现时及时补救。如果刚结婚的新人进门,往往需要重新修建房屋、添置新屋、装点家用,不过贫穷人家一般讲究很少,新媳妇也是贫穷人家的孩子,对房子要求不会太高,注重实在过日子的比较多。修建房屋要由当家人谢生福做主,和家庭成员共同商量后进行,但不需要外人插手,当家人谢生福认为,"没有血缘他说什么话,一般外人也不会管这些事"。同样,修自家房屋也不需要经过村庄同意。

5.房屋支配听当家人

（1）家长为房屋的实际支配者

1949 年前谢家的房屋没有买卖、典当、出租的情况,但在 1946 年曾在院子后面添置了两间房,用于儿子们长大后娶媳妇。修建费用均是当家人谢生福平时用打下的粮食换取的劳工、材料,再由全家人共同修建。

（2）谢家无买卖房屋行为

谢家的房屋是祖房,不能随便卖出,否则全家人无处可住。谢家没有买卖房屋的情况。村中有需要买房子的,会先买地再盖房,没有会把自家房子卖出的情况,买卖房子不需要告知四邻、家族、保甲长,只需当家人谢生福做主即可。

（3）谢家房屋无出租不典当

谢家1949年左右有六间房和半间厨房，供老人谢天成和谢刘氏、当家人谢生福和谢李氏以及三个儿子一个女儿居住，无多余房间，谢家八口人同吃同住，所以无房屋出租情况。同时，谢家没有典当过房屋，也不清楚其他村民家中典当情况，但西安城内有当铺，可将房屋地契进行抵押。村中没有大户人家，也谈不上卖给谁。

（4）家庭成员共同修缮

谢家曾在院子后面建造过房屋，主要是考虑到儿子们娶妻生子房间不够住的情况，当家人谢生福决定再建两间屋子，谢李氏和孩子们对此都说不上话，谢生福自己决定修缮的事情。当家人谢生福决定后告知老人，老人谢天成觉得行，则开始修建。房屋是谢家共有的产权，除家庭成员同意外，不需要告知四邻、家族、保甲长，家里人共同商议便可，旁人没有话语权。

6.成员共议建言献策

（1）谢家成员无完全支配权

谢家家庭成员有对房屋的使用权，同时也有参与家中大事的讨论权，但不能发挥支配作用，谢家有关房屋的买卖、典当、修建活动都由当家人谢生福做主，其他家庭成员可以进行商议，提出自己的想法。如果当家人谢生福不在家，其他家庭成员不能擅自决定，要等当家人回来再进行商议。如果当家人是女性，在自己做决定后，还需要问公婆和其他家庭成员的意见，需协助才能完成决定，否则不满足大家共同的心意，事后会生出许多争端；如果是长辈退位、儿子当家，为表示对老人的尊重，也要告知长辈自己所作的决定，不能一人独大；村中一般无兄弟当家情况，因为在兄弟当家之前就已分家，各兄弟各为一家，各当一家，但如果自己不好决定，也可找其他兄弟商量，确保事情稳妥；如果是代理当家人，大事不能擅作主张，平时生活小事可以自己决定，如当家人未在家，可回话给别家过几天再来，可说明未在家原因，但房屋买卖、典当、修建不能做主。

（2）谢家无房屋买卖

谢家没有买卖房屋的情况，谢家房屋仅够八人使用，没有闲置房屋可以进行买卖，一般人家不会卖房，也无钱买房，只继承祖宅，供儿孙使用。

（3）房屋无须典当

谢家没有典当房屋的情况，家中没有受到太大的波动，无须典当房屋谋取生路，再困难也会有粮食填饱肚子，家中都是老实本分之人，也无外债要还。即使房屋破旧，也是维持或必要的修缮，村中大多农户也如此，轻易不会典当自家房屋。

（4）成员共同修缮房屋

谢家修建房屋是家庭成员人人有份的大事，不但要供奉祖先、放鞭炮保平安，还要找村里人帮忙干活体现家户人缘好。在修建房屋时，其他家庭成员都同意，当家人谢生福做决定，盖新房本身人人添喜，不会提出意见，愿为家中添砖加瓦。

7.房屋产权私有

（1）房屋产权的侵占类型

谢家的房屋从未出现过被外人侵占的情况，村中无强盗、恶霸，大户人家也不会随便侵占他人房屋，若是被侵占，都会寸分土必争。

（2）房屋产权侵占的条件

谢家房屋如果被外人侵占，多是墙垣多少的小事。若要侵占了全部房屋，村中无人有这本事，寡妇、少口之家、邻里不好的家庭也不会受到侵占，村民有自己内心处事的准则和底线，不会无辜欺负比自己弱小的家庭，反而农户会更加同情，抱成一团，相互照顾。

（3）村民反对房屋侵占

若是一般人侵占，全家人都不会容忍，会抗争到底，其他村民也会说句公道话，为主家争取权利；若是政府、土匪强盗侵入，为保全家人性命，当家人也会暂时妥协，担起一家人生活的责任，但第二种情况从未有过。

8.外界认可房屋产权

村民认可和尊重房屋产权。其他村民不仅对别家房屋产权认可，自家房屋也受到尊重，不会随便侵占他人房屋，若想拥有房屋会找当家人商量，是否可以买卖。村庄的土地数量较多，各家各户相差无几，也不会看上谁家房屋。此外，家族保护家户房屋产权。由于谢家迁入此村，无宗族在此，买卖、租用、置换房屋都是一家做主。村中没有宗族，但有三座庙，供村民祈福叩拜。若谢家的房屋被人侵占，可以寻求村人、保甲长的帮助。

村庄承认房屋产权的所有。谢家的房屋受到村庄的保护，各家都有房契、地契在手，别人无法随意侵占。村里若要买卖、租用、置换谢家的房屋，必须和谢家当家人谢生福商量，主家同意才可，主家不同意作罢。如果房屋被外人侵占，村中村民、保甲长都会出面解决，为谢家讨回公道。同时，政府保护房屋产权。谢家所在的县乡政府一般不会管理房屋纷争的小事，但同样县乡政府也不能随意侵占家户房屋，相反还要保护各家的房屋产权，若纷争太大，政府也会出面协商，保全各家公正公平。

（三）生产资料产权

1.农具简单

谢家无大型农具，只有简单劳作的犁、耙、水车，用于在地头耕作使用，邻居之间也会相互借用，用完必还。家中还有一头老黄牛用于耕地，有时一头牛耕地太慢，会借用邻居的牛搭伙，两牛一同耕作。若是谁家没有农具，信誉好的可以反复借用；若信誉不好，普通农户的当家人会推脱不借，说是"已经借给别家"。村子离县城近，来回可步行，也可坐牛车，主要是在赶集、去县城卖粮食时用。家中平时由谢李氏磨小麦、编簸箕，当家人谢生福在给儿子结婚时买了别家一个旧磨子，专门用来磨粮食，有时会借给别家使用。

2.农具亲手制作

谢家的生产资料中犁、耙是从县城里专门卖农具的店铺买的，买农具回家后，还可寻找有用的木头，自制手柄，安好之后使用。此外，水车、牛车都是自己亲手做的，请村上会做车的能手教的，寻找合适的木头，自己琢磨琢磨，做了一个多月才做出来。平时谢李氏在家编草鞋、编草帽、织布、拢竹竿。当家人谢生福使用的农具也可继承，让儿子们不断修补。谢家没有和别家共有的或公用的生产资料，偶尔去借，用完便还。

3.农具私有可相互借用

（1）谢家私有

谢家认为家里的农具、牲畜是属于全家人的，家长对家中的生产资料统一进行管理和分配，全家人也都有使用、维护的责任。家中虽生产资料单一偏少，但没有与其他家户共有的情况,多数是别家来谢家借用,谢家当家人谢生福为人谦和,也多会借出,共享自家东西。谢生福为儿子娶妻买入的旧磨子,归家庭所有,家中人口多,整日磨面是平常事,日子多了也就无人计较磨子归谁,只知为家中财产,归家庭成员共有。

（2）生产资料成员共有

谢家认为生产资料归全家人所有,出嫁的女儿是没有份的,不能将家中的生产资料带到夫家,但回家时帮父母料理家务也能使用;分家后的兄弟,若需要借用生产资料必须告知当家人;反之,只要是进入谢家的人,无论是小孩,还是嫁入的媳妇、入赘的女婿都有使用的权利。在生产资料的继承上,只有部分家庭成员能继承,正如谢生福可将生产资料继承给分家后养育自己的小儿子,其他弟兄分家后,均不可继承。

（3）一家共有,团结和睦

谢家认为生产资料应该属于全家人所有, 没有必要将生产资料的所有权分配给每个家庭成员。当家人谢生福比其他成员多出一项管理资料和分配资料的权力。由于谢家也没有大型农具,分家兄弟之间也会相互借用,只有土地和房子私有,其他农具可自己置办也可搭伙使用。生产资料归家庭所有人共有,有利于全家人承担共同的责任,享受共同的权利,农具太少时家庭成员也是轮流使用,共同维护,有助于凝聚潜意识中的家庭团结。

4.当家人分配生产资料

（1）当家人为实际支配者

谢家在生产资料的购买、维修、借用等活动中,谢生福是资料的实际支配者。按照平时资料的分配和使用,如果当家人不在,普通种地农具还可照例使用,若是车、牛等重要生产资料,必须经过当家人同意才可使用。

如果当家人是男性,男主人做主,怕事的男人会听女主人的话,由女主人最终管事;如果当家人是女性,女主人做主时会听取公婆的意见,其他家庭成员服从安排;如果是儿子当家,则由儿子做主,长辈年老不参与劳作,也无参与权;如果是兄弟当家,兄弟需告知其他兄弟再分配;无代理当家存在。

（2）当家人做主购买生产资料

在生产资料的购买活动中,由当家人谢生福安排。当家人本人决定之后不需要跟家庭成员商量,也不需要告知或请示四邻、家族、保甲长,若一人忙不过来,可让家中年轻人帮忙共同购买。一切都是当家人做主,不需要告诉家中以外的人。

（3）家长安排生产资料的维修

谢家当家人谢生福安排生产资料的维修。农具使用多次损坏后家庭成员须告知当家人,当家人谢生福确定需要维修时会找工匠进行维修或自己修缮。一般家用农具主要是自己进行手工修补,实在不行时就换掉,很少直接买新的或请匠人维修。只要是自家人可以亲力亲为的事情,绝不花钱请外人干活。资料的维修也不需要告知或请示四邻、家族、保甲长,没有不允许维修的情况。所需的维修费用要由谢生福承担,家中一般当家者管财,其他人出力。若当家人有事外出,留下维修的活,家人执行维修任务即可,不需要再请示当家人,此外男女当家、儿子兄弟当家也是同样处理。

（4）借用资料由当家人出面

在生产资料的借用活动中,谢家由当家人谢生福出面借用资料。日常生活中主要是借自家没有的农具,所借家户,都是谢生福熟悉的、村中几家关系好、走动多的人家。具体的借谁家、怎么借、借什么都由当家人谢生福自己决定。借用时,当家人可以当面借,也可嘱咐给谢家的女人谢李氏或儿子去借, 不一定非要当家人本人出面, 只需给借农具的人家说一声就行。借用农具是村子里常有的事,是两家家户之间的事,不需要告知或请示四邻、家族、保甲长。男女去借是一样的,没有太大分别。

（5）家庭成员共有生产资料

谢家没有与别家共用的生产资料,但会有一牛耕地劳力不足、牲畜生病的时候,当家人谢生福就会出面,或让儿子谢运昌去谁家借用一下牛。农具的使用上如果紧缺并不需要和谁商量,全凭当家人谢生福一人做主即可,告知或请示四邻、家族、保甲长也是没有必要的,与牲畜的主家谈好借几天、几时还即可,一般农户也不会用租金说话,都是村中的人情,只要用完牲畜给牲畜饮饱吃足, 还回去就行。在生产资料的使用上男人和女人同样都算作一份劳力,土地上的耕耘分外公平,没有不同之处。

5.家庭成员无支配权

（1）家庭成员可商议

谢家在生产资料的购买、维修、借用等活动中,除当家人谢生福之外的家庭成员对生产资料不能发挥支配作用,只能针对生产资料的使用和分配提出意见,但不能擅自决定,还要以家长的分配为最终结果。在全家讨论分配的过程中,除了太年幼的小孩无发言权外,其他家庭成员都可以委婉地提出意见。若家长是女性,则根据掌家的时间和家中权威决定,年轻、刚掌管家事的女人不服众,家庭成员提意见时也会说许多阻挠、不善的话,针对女当家人。

（2）家庭成员要服从当家人的购买分配

谢家在购买生产资料时,其他家庭成员不仅要服从当家人谢生福的安排,而且还要跟随当家人去集市购买所需生产资料,服从当家人谢生福或谢李氏的管理。

（3）家庭成员亲自维修生产资料

谢家没有什么大型生产工具,也就没有维修一说,主要是锄头、耙子、镰刀一类各家都有的小工具,经常会在每天劳作中生锈、断裂、边角损坏。当家人谢生福不仅会种地,对农具的修补也有自己的一套本领,利用常年不用的残铁对农具进行修补,在赶庙会时买下磨刀石以打磨镰刀,实在不经用了才会去县城买农具,在地里拾些木头,削成小棒,做成手柄。如果当家人谢生福不在,叮嘱儿子完成农具维修事件,成员才有权进行。

如果当家人是男性,由当家人主事处理维修农具的活动;如果女性当家,由于其一般不精通农具的修补工作,会让家里的男人去干这些体力活;如果是儿子当家,也和男当家一样,不需要和其他人商量,自己做主即可,若儿子刚刚开始掌管家事,可能会找家长、弟兄商量,听取有经验者的建议,如去哪家维修划算、哪家人好、如何进行修补等事项;如果是兄弟当家,兄弟一人处理即可,和男人当家、儿子当家有相似之处。

（4）听当家人指挥借用生产资料

谢家在生产资料的借用活动中, 较少借用别家的生产资料, 多为别家借用谢家生产资料。别的当家人会出面提前和谢家打好招呼,说是家里有人来牵牛犁地,当家人谢生福就告知家里其他成员,让有人来借时把牛牵给人家,或得空送到那家。凡是当家人谢生福做下的决定和说过的话,儿女们定会放在心上、按情况处理,完事后给父亲回话。借用农具的归还一般由家中男当家、儿子去还,由于都是体力活,所以女人们很少插手,最多给借的人说一声"你自己拿"。如果女人当家,家中无男人,就只能自己去借去还,长此以往锻炼出来的女性也和男性一样,很少有让别人帮忙的时候,大多自己扛着;其他当家人也同男当家一样,自己做主,本人出面或请家庭成员出面均可。

6.农具私有

谢家的生产资料没有出现过被人侵占的情况。不仅是谢家,村中也很少有借了不还、侵占别家生产资料的事情。虽然借用农具大多都是口头上的话语,但谁借的、何时还都是言出必行、讲信用的,若使用时损坏了农具也是要自己修好再还的。谢家认为如果家中有一样东西被侵占,无论是当家人还是其他成员都要与其抗争夺回,让村里人都知道哪家是借了东西不还的,没信用的,侵占这家也会受到村里人的诟骂,在村里抬不起头,或者会让保甲长评理。

7.外界认可并给予保护

(1)村民认可谢家对生产资料产权的占有

村中各家对其他家产的生产资料产权都予以认可和尊重,不会随意侵占别家产权,可借可还,但不会去偷去抢。如果要借用也会和当家人谢生福打过招呼之后再借,不会做出格的事情。村中人大多老实忠厚,脸面比任何东西都值钱,不会用信誉被诋毁的大事去担上侵占别家农具的罪名。

(2)家族对家户生产资料认可并保护

谢家在村中没有家族,自迁入陕西省内,仅此一家姓谢。谢家也从未出现过被村人侵占、被家族成员侵占、外来者侵占生产资料的情况。但有被农户借用农具的情况,借用都要和谢家当家人谢生福说一声,经当家人同意才可借用。当家人不同意就不能借,其他家庭成员不能做主。强行买卖、借用的情况是不允许发生的,没有逼迫一说,若强行侵占的是村里人,则由四邻、保甲长出面调解;如果是谢家弟兄侵占,有长辈、家长主持公道;若是政府、当官的侵占,则不敢言,自认吃亏倒霉。

(3)村庄对生产资料保护

谢家所在的村庄、保甲长承认谢家对其家生产资料的产权,村里人不可以随意侵占他人生产资料,认为不经本人同意的买卖、借用是不成立的。如果村中有人要买卖、借用谢家的生产资料,必须与谢生福商量,不能强行买卖、借用。若谢家生产资料被他人侵占,村民、保甲长都会出面进行调解。

(4)政府认可家户的生产资料所有权

县乡政府也承认谢家对其生产资料的产权,但政府一般不会管理村庄的小事,若事情不大,不会传入政府耳朵;若真有侵占一说,村上解决不了,政府定会出面调解,但从未有过。即使是县乡政府也不能不经同意买卖、借用谢家的生产资料,更不可强行买卖、借用。

(四)生活资料产权

1.当家人自制家具

1949年以前谢家有晒场,大概三四分地,就在自家门前的街道,或在自家院子里进行晾晒。谢家还有一口水井,在院子的东北角处,是当家人谢生福和儿子们挖的,用时两天,没有请人打井花钱;除了自家本身就有的旧磨子,村上还有可以让村民合用的公共碾子,摆在村中央,谁家要用就排队先后,逐一去碾。谢家的磨子是从卖磨子的村民手上花了200块钱买来的,供家人一同使用。家中还有一些简单的生活用品,如五张二十厘米高的木凳子,一张四方的红漆桌、脸盆架、雕有花纹的大台柜、被褥、枕巾,这些都是娶媳妇时候置办的,平时只是维修,并不怎么添置。油盐酱醋等厨房用品也少不了,都是妻子谢李氏去管,当家人谢生福不插手,没有时谢李氏会告知当家人要去买,具体多久置办一次,没有定数。

家中最多吃到的调料是盐和辣子。都是自家种的辣椒红透后,晾干、磨成细粉,用烧热的油淋上,拌着面条吃。平时很少用油,每次就放一丁点或者不放,油是自家种的油菜所榨的菜籽油。村里还有会做酱油、醋的好手,因为要花钱买或者用粮食换,所以谢家很少吃。

2.李氏缝补衣物

谢家里里外外的生活资料绝大多数都是自家做的,很少买东西,也很少换东西。除了碾子是村民共有外,其他都是按照自己先做,做不了再请人做的顺序进行的。用坏了就补、不够了就缝,按照"缝缝补补又三年"的习俗省吃俭用。除自制外还有的是继承自谢生福父辈、婆妻陪嫁的生活用品,当家人谢生福的衣服、鞋子,老人的生活用品,小孩的布兜,床上的被褥基本都是家里的女人谢李氏日日缝下的,不够时再用粮食换钱买。

3.生活资料成员共有

(1)生活资料为谢家所有

谢家认为家里的生活资料都是属于全家人的,如桌椅、碗筷、日用品、调料用品等,一家人饮食起居在一起,吃饭、睡觉、日用是分不开的,但不是本家继承得来,是女人谢李氏娘家的陪嫁物品,如衣柜、镜子、闺房床褥都要谢李氏说了算,只供自己和丈夫谢生福使用,个人的洗漱贴身物品也归个人私有。若是家中的牲畜、水井、磨子,这都是共有,成员均可使用。

(2)成员共同使用

谢家认为除去陪嫁的、个人私有的生活资料,家里的生活资料家庭成员都有份。外出打工者常年在外,但也有共享生活资料的权力,若回到家中同样享有;嫁出去的女儿谢慧霞没有份,一切都要听夫家的安排,不再是娘家的人,但逢年过节回娘家可以暂时使用,入赘的女婿、嫁入的媳妇都有份,但已经分家的兄弟们没有份;谢生福家未成年的儿童可以使用生活资料,但没有被分配的权利。

(3)成员认同资料部分共有

谢家认为没有必要把生活资料所有权分配到每个人,一是生活资料紧缺,无法满足每个人的需求,大家都是紧紧凑凑地节约着;二是有些可以分配给个人,比如衣服、鞋子、洗漱用品,但桌椅、水井、磨子全家只有一个,只能轮流去用;三是生活资料共有,可以听当家人谢生福分配,减少争吵、利于家庭和睦。

4.公共财产当家人支配

(1)当家人为生活资料的实际支配者

谢家在生活资料的购买、维修、借用等活动中,当家人谢生福具有实际支配权,如果当家人不在,由女主人谢李氏根据当家人嘱托去购买、维修、借用生活资料,回来后向当家人汇报。对于专属于孩子们个人或老人的生活资料,当家人谢生福没有支配的权利,如女子嫁妆、个人衣物用品、箱柜等,若当家人谢生福要对其安排,一定要征得谢李氏或谢慧霞的同意才可使用。在生活资料的交换使用中,谢家成员也可商讨进行,很多时候并不需要当家人出面。

（2）生活资料购买全家人决定

谢家在生活资料的购买活动中，一般听当家人谢生福安排和决定。但家中多数生活资料是由女人谢李氏进行打理的，若缺啥少啥，女主人会告诉当家人谢生福，谢生福会根据需要的程度适当进行购买。需要购买时，当家人谢生福可以自己去置办，也可让年长的儿子或谢李氏去购买，老人一般多待在家里由子女去购买生活资料。一来减轻当家人的负担，二来锻炼孩子成长的本事。购买什么、买多少，都是根据家里的情况和当家人谢生福的意思，大多是夫妻二人共同做决定，或妻子谢李氏独自做决定，当家人只管账。家庭小事不需要告知四邻、家族、保甲长，也不需要取得外人的允许。油、盐、酱、醋、衣物由女主人谢李氏自己置办就行，要是置备桌椅、板凳、房门等大件生活物品则需要谢生福做决定。

（3）维修资料当家人做主

在谢家，板凳使用久了不结实，就补一块木头，由男人来做。家具一般也不会有太大问题。谢李氏很爱惜家中物品，为人勤快，每处都会好好擦拭。一般都是自家维修，不用请匠人修理。

（4）资料由当家人出面借用

谢家在生活资料的借用活动中，当家人谢生福需要当面去借，一般不用和家中人商量，除非是借非常重要的、关乎整个家庭需要的东西。借用时，有时别家当家人不在家，女主人也可以搭话做决定，但村中很少有借用生活资料的事，平常最多是借凳子、桌子，只要两家人说好，去取就可以了，不需要告知四邻、家族、保甲长，也不需要取得外人的允许。借用桌椅办红白喜事的较多，或是村上让各家搬凳子看戏都是常有的事，有借有还，"自家有事也要靠乡党们帮忙"。

5.家庭成员服从支配

（1）其他家庭成员无支配权

谢家在生活资料的购买、维修、借用等活动中，除当家人之外的其他家庭成员不能对生活资料发挥支配作用。由于谢家其他家庭成员不管账，经验不足，不能擅做决定，必须服从当家人谢生福安排，若当家人不在家，女主人谢李氏可按照丈夫的意思继续安排活动，其他成员没有支配权。

（2）女主人在购买中起主要作用

谢家在生活资料的购买活动中，当家人谢生福起决定作用，女主人谢李氏辅助他。生活起居一直是女主人管的事情，由此谢李氏对生活资料的使用最为清楚，当女主人告诉谢生福需要购买时，当家人才会决定购买，但具体买什么、买多少还是谢李氏起主要作用，其他家庭成员，如儿子、女儿无权决定，老人有说话的权力，但很少让儿媳妇去买东西，儿子们多充当劳力，陪同其去买。

（3）家庭成员一起维修

谢家在生活资料的维修活动中，主要是靠当家人谢生福和儿子们对家具进行小修小补，谢李氏和女儿对衣物、床褥进行缝补，没有出现过大修大补的情况。

（4）听当家人支配去借用

谢家在生活资料的借用活动中，多由当家人谢生福出面去借，或由家庭成员去借，借的最多的就是厨房用品，如油、盐、蒸笼、大锅等。对于家中的小事情，家庭成员也能自己做主，谢李氏曾让儿子去邻居家借过一口大铁锅,只需要和邻家媳妇说好,答应即可,并不需要经过当家人同意,对于生活上细小的家务事一般都是女人经手、女人和女人谈妥就行。

6.生活资料私有不可侵占

谢家生活资料没有出现过被外人侵占的情况,村中有借牛不还、借车不还的情况,但从未有过借用生活物品不还的情况,村人朴实,大多相互扶持,"这一帮那一帮,日子就过成咧"。若是强盗,更是看不上这些不起眼的东西,对于谢家的桌椅板凳等家具并不会偷盗,村中其他家户很少存有可被侵占偷盗的贵重物品。

7.外界认可保护

村民对生活资料产权认可。其他村民承认各家的生活资料产权,不会随意侵占谢家的生活资料,如果村民要买卖、借用,都会与当家人谢生福商量,或是告诉女主人谢李氏所借的东西,若本家不允许借用,旁人也不能强行买卖、借用。

同时,家族对家户生活资料保护。村中没有谢氏宗族,但无论谁家遇到生活资料被侵占的情况,旁人都会主张为谢家争回所侵占的物品。

村庄保护谢家生活资料。谢家所在的村庄、保甲长承认谢家对生活资料的产权。保甲长也不能随意侵占谢家的生活资料,村里不经过当家人谢生福的同意不能购买、借用谢家的生活资料,只有与当家人谢生福商量,才能开展买卖、租用、置换活动,绝不能强行买卖、借用,否则会引起村民众怒。

政府承认家户对生活资料的所有。县乡政府承认谢家对其生活资料的产权。县乡政府不能随意侵占村中任何一家户的生活资料。政府若要侵占,必须有政府的通知文书,否则私宅不能闯入。因为政府与家户联系较少,无直接接触,也没有出现过侵占情况。

二、家户经营

(一)生产资料
1.劳力不足
（1）参与家庭生产的劳力构成

谢家1949年前,谢家家中有五人参加劳动,分别为谢生福与其妻谢李氏、谢生福的两儿一女。因为此时家长谢天成和谢刘氏已年老不能下地干活,参与劳动的事全由当家人谢生福安排。在当家人谢生福的儿子中只有老大谢凌霞和老三谢运昌比较年轻,所以常常跟随父亲谢生福出入田间地头,年幼者只能干一些拔草、浇水等轻松的活。每当去田里干活,当家人谢生福的妻子谢李氏都会和女儿在家中做女红,待到晌午时做好饭、盛满水,让女儿或谢李氏亲自拿到地里去,端给谢生福和弟兄们吃,顺便帮忙干点农活,等吃完饭收拾碗筷再回来。

谢生福将种地的本领教授给年长的儿子,儿子们便去田里实践,田里种什么、怎么种、怎么浇水施肥都要一一向当家人谢生福请教,谢生福的本领也是从其长辈那获得的。长子将地里的情况向当家人谢生福汇报,谢生福平时也会和儿子们琢磨一些种植方法。种地是家里的大事,一年都靠地里的劳作养家糊口,所以全家人都很上心。家里未成年的儿童还未上学,或放学后都要来田里帮忙,如除草、浇水、挖野菜、捡树叶树枝等,回去喂牲畜都要做,帮家里分担家事。外人不会无缘无故参加谢家的生产劳动,一是没有多余的钱和粮食养劳力;二是别人也不会干没用的活,活活饿死。除非谁家地多,谢家出劳力干几天,别家再来帮谢家干几天。

（2）劳动力自给但无劳力调剂

1949年前谢家的劳动力勉强够用，即使够用也未出现劳动力外出的情况，更无请工、帮工、换工、雇工的情况。

请工：谢家自己耕种，无钱请工。村里的大户人家请工一般由当家人决定，不需要和谁商量，也不需要告知或请示四邻、家族、保甲长。请工没有优先顺序，请村里人较多，很少请村外的人。如果是短工，干完活按天数给工钱；如果是长工，一般管吃管住，每月给一袋粮食作为报酬，很少给长工现金，还可用衣服、鞋子作为报酬。请工大多是在秋收农忙之时，其他时间不请工。无论男女，谁当家谁请工。

帮工：谢家没有帮工、也从未当过帮工，自始至终从未离开过村子，村中很少有可以请帮工的人家，即使是管三顿饭，也是大户人家才能管得起，一般小家支付不了。大户人家的帮工没有工钱，只管吃饭睡觉，有的是村里人请村里人当帮工，只用管三顿饭，傍晚就回自己家睡觉了；有的是村里人请村外人，不仅管饭还要管住。一般也只有农忙收麦时候大户人家才会请帮工，麦子收完就可以"走人了"，称为"麦客"①，行走于麦田之中。

换工：谢家很少参加生产活动中的换工，因自家实际劳动的只有三个男性，自己的耕地还忙不过来，没有多余的年轻男丁参与换工。但村中换工的家户较多，因为各家都可获利，不用花钱，所以很情愿进行。一般是否换工由当家人谢生福提议，老人谢天成也同意才可以进行，换工是家庭里的大事，有时还需要问问妻子和所换男丁儿子的意思，若不愿意也不成。但不需要告知他人，或请示四邻、家族、保甲长。

雇工：谢家没有额外的经济收入，只靠种的农作物每年可换回粮食吃，没钱雇工，也不需要雇工。村中雇工只需要当家人同意，不需要和谁商量，也不需要告知或请示四邻、家族、保甲长。雇工无优先顺序，主要看男丁身体健壮、干活能力，长工或者短工根据农忙时地里农活的多少决定，若当家人不在家，不能随便雇工。

2.土地自耕自种

1949年以前，谢家自有土地面积四亩，均为旱地，足够家里人耕种，有饥荒年是普遍粮食不够吃，但没有出现土地不够自家耕种而租佃土地的情况，村中大部分村民都是自家种自家土地，很少有租佃土地的情况。

如果超出谢家自家耕种能力，多出的土地是不会进行出租的，而是将多余的粮食地换种其他应季蔬菜，由于村子离西安城很近，只有不到十里的路程，种应季蔬菜的效益高，可以拉到城里去卖，村中有些家户如骆家还在多余的地里种点甘蔗，拿到城里换钱。至于土地如何合理分配，全听当家人谢生福的安排，有时候谢李氏也会听路上村里人谈论种地的消息，回家后和谢生福商量种什么作物的事情，儿子们只管种地和卖力气，对于考虑一家的生计还没有想法，一切都听当家人谢生福的安排。村中一般没有缺地少地的农户，都是按各家人头分配土地多少，不会出现有人没地种、有人种不完的情况，一人两亩地是标准的分配，各家也不愿把自家地拿出来让别人管理，谢生福曾说"只有帮忙一说，哪来的出租"。

丁家村没有土地租佃和土地出租的情况，村里多为一般贫苦家庭。一是自家土地人均一

---

① 麦客，指靠出卖体力劳动为生的人，在农忙时节，为大户人家收麦子，一般主家管饭。

份,只够自家种植;二是未形成固定的土地租赁和买卖关系,一般听从当家人的安排。

3.饲养家禽贴补家用

1949年以前,谢家饲养了一头老牛,除此之外还饲养过母猪一只、猪仔十五只、羊一只、鸡十只,因为自家有一头牛,平时在田间犁地要方便很多,基本能够满足谢家的耕作需要,很少有借用、合养或者共用牲口的情况。

以耕牛搭套为例。谢家虽饲养一头老牛,但也有牛生病、不舒服,或是地里耕不过来的时候。谢生福对自家牲畜十分爱护,每耕作两个时辰都会让牛休息一阵,喂些水,再继续干活。若牛生病,谢生福整夜整夜睡不好觉,直到牛病好了,他才松一口气。一般地里不忙时,就是一牛上一个套,犁地要慢一些,一牛一天可以犁两亩地;若可以借来别家的牛一起用,再好不过,两只牛搭一个套可以增加犁地速度,很快就可以犁完。借牛主要是找经常来往的邻家,或去村中讲信用、懂道理的人家借,经常你借我家牛,我借你家牛,互相协助,"就把事办成咧"。搭套没有谁优先一说,主要是看两家当家的关系远近、是否可信,只要当家人出面说话,搭套的事就成了,儿子去也行,但需要当家人谢生福和邻家提前说好,否则别家当家人是不会让其儿子给牛搭套的。

4.农具相互借用

谢家大部分农具都是当家人谢生福自己制作的,如木车、铁锹、铁锨、镰刀、锄头的手柄,在铺子上买回铁头,自己安装上长木柄,家中所需的农具都是由当家人谢生福保管与安排,进行购买制作的,若能自制的农具一般不会选择购买,一是怕花钱,能省则省;二是材料现成,木头村里随处可见。小型农具基本可以满足日常耕种的需要,也用不上太大型的农具;若是犁头坏了、锄头没了暂时可以向邻居借用,但各家户都要种地,"拿了别人的,别人没有的用怎么办",所以平时用农具也格外爱惜,减少损坏。

一般是在田间干活过程中,家里帮忙的人来多了,工具不够,会借邻地正在休息的农户农具一用,说声"用一会儿你的锄头,等会儿给你",那边的农户便会应一声"没问题哩"便就答应了,耕作完成时将借用的多余锄头归还给所借农户。村里很少有什么大型农具,都是小家小户使用的普通锄头、铁锨,农民也很大方,不怕你不还他,尽管借用,家家户户去地里也是走在路上结伴而去,有忙互帮。

(二)生产过程

1.男耕女织共同劳作

1949年前,谢家一直从事农业耕作和饲养家畜,无副业生产。绝大多数时候都在地里耕作,由当家人谢生福和儿子们干,谢李氏和女儿谢慧霞负责在家中纺线、弹棉花、饲养家畜,为男人们准备饭食、做家务活。四亩地,分别种有粮食三亩,蔬菜一亩。谢家和其余各家一样,一年两种,每年六月二十之前种完玉米,换季播下小麦,来年再用小麦割下的麦茬碾成粉灰,上在地里当作下一季的肥料。无论种植什么农作物,都要经过翻地、犁地、下种子、锄草、灌溉和收割的程序。谢李氏体力不够很少出体力下地干活,家里人一有时间,就会去地里帮忙,多数时候挑上一壶水去给田地里的当家人谢生福送饭。顺道在地里拔几个长好了的玉米、蔬菜拿回去做饭,小孩也要干农活,放学回来要去地里捡野菜、烂叶子,带回家喂猪。

在不同的生产环节中,当家人谢生福和儿子负责体力活,妇女谢李氏和女儿负责简单的劳作环节,具体的耕作分配要听当家人谢生福的安排,当家人不需要请示或告知任何人,也不需要和谁商量,告知或请示四邻、家族、保甲长,全由自己做主。老人谢天成老年时不再种地,但也会在家中指导小儿子谢生福如何种、种什么的耕作技巧。

2.女主饲养家禽

1949年以前谢家曾饲养过牛一头、鸡十只、母猪一头,猪仔十五头、羊一只。谢家的牛主要用于耕地和拉车,每天早晚饮三次水,其他牲畜一般也是由家里的女人谢李氏喂养,每日拌饲料、捡烂菜叶子喂食。

谢家原先养着一头母猪,由女主人谢李氏喂养,平时将剩菜剩饭、地里烂掉的菜叶子拿回来煮熟给猪吃,后来母猪育种后生了十五只小猪仔,养到健壮就拉到县上的宰猪市场卖掉。家里人平时很少会吃猪肉,养猪都是用来卖钱的,"若留下一头猪吃掉也就罢了"。家庭成员都不舍得吃,一头猪价钱也就几十块钱,若是牲口因病死了,卖就卖了,也没有人追究卖家的责任。买卖牲畜的事不需要跟谁商量,谢李氏和当家人谢生福商量即可,也不需要请示或告知四邻、家族、保甲长。

3.女子织布补贴生活

1949年以前谢家家庭成员除了农业之外没有从事过其他职业,谢李氏多在家里缝补一些衣服,做做女红打发时间,在农忙、做家务活之余还会纺一些线,与村里的媳妇们学学织布、弹棉花等手工,大多数都是自学而成,做得多了可以卖钱贴补家用。做这些手艺活,不需要跟谁商量,是闲时的"岔心慌"[①]。

谢家的儿子学什么手艺,既要看当事人的意愿,也要看当家人谢生福的意愿,家里面的手艺尽量不要重复,避免出现自家人和自家人抢生意的情况。男性当家人在手工业、副业上的决定权比女性当家人更大。如果是兄弟当家的话,晚辈学什么手艺会与晚辈的父母商议。

4.无手艺传承

谢家一开始迁入陕西时会做一些盖房的手艺,安家之后再没做过,家中也无其他手艺。当家人谢生福教育儿子时会劝说孩子们学些手艺,日后好养活自己,兄弟们多是根据自己的喜好选择种地或是经商,去学学手艺,但没有门路也无从下手,一般都是让儿子去学,女儿不用学,只用在家做做女红,和母亲谢李氏学好当媳妇的活就行了,村里人也都这样认为并这样去做。

5.外出不携带成员

谢家的家庭成员外出的情况很少,多在村中走动,很少去县里或西安城。只有过年、重要节庆、每逢赶集时,需采购东西才会外出。有时邻村搭台唱戏,才会带上妻子一起去看,和挣钱多少无关。带谁由当家人谢生福决定,被携带者也要赞成和愿意一起前去。谢李氏和孩子们很少出门,多在家待着。当家人外出不需要告知或请示四邻、家族、保甲长,自己做主就行,但出门前要告知家中其他家庭成员,让家里人放心。

(三)生产结果

1.粮食歉收无法温饱

谢家所在的陕西西安,属于温带大陆性气候,一年可收两季粮食,分别是春季和秋季,按当地价格计算,一年麦子亩产三百斤,玉米亩产只有一两百斤,除此之外,还有蔬菜的种植收

---

① 岔心慌,是北方当地闲时没事做,找事情做打发时间的说法。

成，一般白菜亩产可达一千斤，萝卜亩产七千斤。影响农作物收成的因素主要是气候，其次为肥料、病害虫等，若今年雨水充沛，无旱无涝，则收成一定大好。1946—1947年由于虫害泛滥，没有农药，收成不好，1949年麦子长得最好。

谢家全家人都关心每年收成的好坏，这将直接影响下一年的播种，以及全家人的生活用度。对于收成，当家人谢生福及谢李氏和老人们都很关心，小孩子不懂事，也不知道大人们操心的事情，其中当家人谢生福最为关心，每天都要去地里看看，直到这一季收获才可放心。

1949年以前谢家的收成基本可以满足家里的需要，前提是没有自然灾害的发生。若遇到饥荒年，则无法满足温饱，年年颗粒无收，家里光景也很惨淡，粮食不够时只能由当家人谢生福安排，小孩先吃，大人再吃，将稠米粥熬成稀米粥，挖野菜为生。每年打下的粮食钱，都由当家人收着，供以后给儿子娶媳妇、盖房、遇到天灾人祸时使用，其他家庭成员也没有争议，要用钱时会和当家人商量，同意后便可由个人独自支配。

2.家禽买卖

谢家一年最多养一头猪或是其他家禽，每年饲养的牲畜都各不相同，主要根据家庭需要和每年光景的好坏决定。若家里有老人、孕妇或小孩，则会多养一些鸡和羊，母鸡下蛋后，拿到城里去卖，留一两个给老人谢天成和谢刘氏吃，养羊挤的奶会专门给妇女和小孩喝，每年饲养的牲畜没有多少区别，有就养，没有就不养。1949年前，饲养的家畜主要是赶去集市上卖，不供家里需要。谢家的家禽多数是卖了，少数过年宰杀给孩子们吃，所得收入都由当家人谢生福统一管理和支配。

3.手工制作留作家用

谢家做手工的主要是女人谢李氏。不曾向外卖出，只供家里使用，谢李氏缝补的衣服是为当家人谢生福、老人和孩子做的，媳妇所纺的线也是用来和邻家换几块好看的花布供家里使用，都穿戴在家里人身上，故无手工业收入。

三、家户分配

(一)分配主体

1.按家户主体分配

谢家在分配时，是以家户为分配主体。没有宗族分配，村庄也不会额外进行分配。除了村上公共劳动、交纳税赋才会各家分配，家户是最重要的分配主体。

2.家庭基本分配

谢家家庭成员在分配中是以所在家户为基本分配单位，在家内展开分配活动，参与分配者必须是长期在家中的成员。虽然是一家人，但已分家的兄弟以及单独吃住的父母不参加本家户的分配，具体分配要听家中当家人谢生福的指示。家中无其他非家庭成员的分配，若存在此种分配，但不是谢家本家人也无法参与。

3.家长主体地位至上

在分配过程中，主要由当家人谢生福主导，包括农具、田地、房屋等大型财产分配；谢李氏负责食物、衣服、家务等分配活动，如何分配只需要当家人谢生福和妻子商量，不需要跟其他家庭成员商量。

4.当家人不在妻子分配

如果当家人谢生福不在,家里还有妻子谢李氏可以进行分配,但所分配范围有所限制,并非任何东西都可分配。除生活所需的小型分配外,家中重要的、大型财产和资料分配还要等当家人谢生福回来后才能继续进行。在外出次数上,谢家当家人很少外出,若外出必定会和家里人交代,安排好家中的事情以及告知成员问题处理的方法,其他家庭成员只需按照当家人谢生福的方式处理即可。

5.家庭成员服从分配

谢家除当家人谢生福之外的其他成员在分配中只具备服从分配、享受分配结果的权利。在分配过程中,只有当分配不合理时才能向当家人谢生福提出意见。当家人谢生福在家中一碗水端平,对子女都很公平,子女也很少抵抗父亲的言语。在种植方面,儿子种地必须请示长辈或父亲,询问种地的计量、方法、诀窍;女儿、谢李氏在家做家务、烧饭时要询问老人和丈夫谢生福的想法和意见,再进行饭菜的准备。在谢家,小辈一定要听长辈的话,不能顶嘴、耍赖、不作为或胡作为,即使当家人的指示错误,也要先按长辈的指示完成,不能提出异议。此外在分配的群体上,谢家无论是分家前还是分家后都是家长做主、统一分配,无小家分配,单独过日子的小家已不再算作参与分配的范围。

6.村庄不能介入

谢家家户内部进行分配时不需要告知或请示四邻、家族、保甲长,分配是以家户为单位的家户内部事务,家长最大,不需要听外人安排,四邻、家族、保甲长若听到家户分配中的事情也不会介入,旁人不能管理家户的事情,不然会惹村里闲话,介入不当还会遭到家户集体对抗,一致向外。

(二)分配对象

1.家庭成员可分配

谢家在分配时,当家人谢生福以及其他家庭成员均是可分配对象,即本家户成员。若是经常往来的亲戚、朋友也有可参与部分分配的权利,如送些粮食给弟兄家,或给朋友、亲戚送东西。

2.分配物自家种植

谢家分配的分配物来自自家农业种植、饲养牲畜所得收入,无手工业和副业收入。家户之外的资料,要根据资料本身的所属情况,看可否进行分配,如借用需还的资料可进行分配,只是提前使用而已;若是暂时搁放在家户家中的他人资料,只能保管,不能分配。

3.全家人均有分配权

谢家家户成员都可以享受分配权,当家人谢生福将家里的资料进行统一管理后,根据每月所需再进行分配,归全家人所有。出嫁的女儿谢慧霞没有家里资料的分配权,随夫家生活。

(三)分配类型

1.粮食家用,蔬菜卖出

谢家的农业收成主要包括两部分,一亩蔬菜地的收成拿到县城换钱,三亩粮食地的收成供自家消费。所种蔬菜的种类主要有白菜、萝卜、辣椒、青菜等。每年的农业收成里十分之一需要被用去缴纳定额租,一年交一次,所收地租不太重,如果遇到灾荒年景,官府会减免地租。当地人将其叫做"交公粮",绝大多数是佃户自己去交,不用交钱,用粮食代替。按照每年粮食收成的十分之一收取粮食，有时当家人谢生福也会让儿子送去，村里有专门收地租的人，交到村上专门场所,按照几斗进行计量。

谢家的农业收成也需要纳税,是和地租一起交的,一亩地纳两毛钱,没有钱的农户拿粮食、棉花抵,同定数量有时比较高,若粮食打得多还可满足家户用度;如果遇到灾荒年景,官府会统一减免纳税额。税额统一由保甲长告诉每家每户,进行征收,收齐后由保甲长代缴官府。每年收成无论多少都要先紧着地租、农业税先交,剩余的用于家庭消费,若交不上,保甲长会每日来家里催要,或出男丁做苦工,或写欠条,直到还清为止。

谢家在缴纳赋税、交租金时由当家人谢生福做决定,只需谢生福一人答应即可,不需要跟谁商量,也不用告知或请示四邻、家族、保甲长,村中每户都要上交,无一例外。

2.手工衣物自家使用

谢家家庭成员没有从事收入性手工业者,除了男子外,家中妻子谢李氏平时都会做一些缝衣、纺线、制作鞋袜、被褥的女红贴补家用,从未向外卖出过,也无收入可言。所做手工直接穿戴在家人身上,家户共有。

3.无副业收入

谢家家庭成员中无人从事副业,儿子谢运昌在当家人谢生福去世后自己去做过煤窑厂的工人,但时间很短仅有半年,不算做长期副业。儿子谢运昌所获收入也仅是短期内贴补家用的一时计策,随后再无外出。早先家中粮食不够吃,当家人谢生福就需要去城里打点零活,当家人的儿子也会去外面找点零活维持家庭生活,每次儿子们都会将打工收入交给当家人谢生福进行支配,是家庭困难时的暂时过渡计策。

谢家的副业收入很少,若有也一定归全家成员所有,让当家人谢生福统一安排。一般外出副业收入不会私藏,因只有救急时才会外出找活,所得收入是接济家中生活用的,不敢乱来,若有私藏,被当家人发现会遭到训斥、打教一番。

4.粮食和衣物分配

家中的收入分配主要包括粮食、衣服、用品等方面的分配,谢家没有私房地存在,也无零花钱一说,平时主要是衣、食、住、行的分配,若家中成员谁需要用钱,当家人才会考虑拿钱。可供谢家进行分配的主要是粮食和衣物上的划分,其中粮食是最主要的。

(四)家长在分配中的地位

1.当家人分配为主

谢家仅有衣物、食物分配,没有私房钱、零花钱、缴纳赋税、租金的分配活动,一切赋税都由当家人谢生福组织缴纳,当家人谢生福为最主要的实际支配者,妻子谢李氏为次要分配者,重大的事物分配没有当家人决定不行,若当家人不在家,要等当家人回来才行,其他家庭成员没有分配的权力;衣服、物品、日用品由女当家谢李氏分配即可,不需过问当家人。

2.无私房零花钱

谢家无私房钱、零花钱分配,全家人的财产都是共有的,不属于个人的财产部分,谢家很少会有除赋税以外的开销,如果要用钱,一定要和当家人谢生福商量,决定后才可以分配。

3.女主人分配衣物

谢家在衣物分配中,由家里的女主人谢李氏安排和决定。如果天冷了,看家中男人谢生福的衣服破烂,当家人会叮嘱媳妇给自己和孩子们缝制棉衣,在平时女主人谢李氏也会在闲时赶制被褥。家中多数时候是让男人去集市,看到集市上好看的花布可买回家中加工缝制衣物。先是为老人做衣,这项重任落在家中手艺最巧的女子身上,女主人谢李氏只进行缝制,儿子衣物也由妻子谢李氏和未出嫁的女儿谢慧霞制作。

4.当家人分配粮食

谢家在食物分配中,当家人谢生福将每年打下的粮食数统计后,分成12个月份的平均用量,具体每日做饭的粮食数由女主人谢李氏掌管,每顿做什么饭、用多少水、多少米都要由谢李氏问过长辈,再由谢李氏自己决定。吃饭时没有量的规定,谢李氏做好饭后要先盛给长辈谢天成和谢刘氏,其次是当家人谢生福,最后才是自己和小孩,不够吃的可以再盛,饭食的好坏要根据家里打粮的多少而定,粮少时全家人一同喝稀饭;粮多时饭菜会好一些。

(五)家庭成员在分配中的地位

1.成员服从安排

谢家没有私房钱和零花钱分配,其他分配均要听从外当家人谢生福、内当家人谢李氏的安排。除此之外,其他家庭成员只能服从安排,若不服从,可能连已有的分配都没有。

2.根据需求分配衣物

谢家平时只补衣、缝衣,很少有新衣穿;在过年、大节庆才能有新衣穿,当家人赶集带回好的布料,由谢李氏裁剪,根据家庭成员中男女的需求决定衣服的分配。

3.李氏分配粮食

谢家的食物分配要听从谢李氏的安排,具体饭食由做饭的妇女决定,其他成员只需享用,但盛饭、夹菜都有一定的长辈次序。其次是家长交租。谢家在缴纳赋税、租金时由当家人谢生福做主,其他成员不能擅自决定,要听当家人统一安排,若拿不出赋税时,家人可以一起商量解决方法。

(六)分配统筹

1.考虑全家收支平衡

谢家在分配时首先要重点考虑全家的需要,照顾到家庭成员的感受,不能有太过于偏心的现象。若有偏心,兄弟之间会产生不满和争吵,若不能短时间化解矛盾,则会成为家庭不和睦的原因。

2.食物分配为先

农户在分配自家产品的时候,先以公家缴纳地租、赋税开始,剩下的才用于自家消费。当地税赋较低,基本交赋税后可以满足农户生活需求。若赋税太高,农户不愿缴纳,会一同去找保甲长说事,但此情况根本没出现过,官大压民,普通农户对有权力的官没有抗争能力,为了自保都会乖乖纳税。其次,食物分配优先、后者衣物,无私房钱、零花钱分配,粮食是解决温饱最直接的物品,如果自己吃都不够,不会进行买衣物之类的活动。

3.按量分配

谢家在分配时要按照长辈优先、按需平均分配的原则。分配中,谢家的老人、病人、妇女、小孩享有提前享受、增加营养的权利,如饲养牛羊产奶给小孩喝,饲养鸡所下鸡蛋给老人补身体。其他家庭成员没有质疑,都有照顾长辈和抚养小孩的责任,大人都会让着小孩。

当家人在分配中没有特权,分配过程中要先紧着全家人的吃穿,剩下的才留给自己,当家人是家中付出最多却不求收获的人,一心为家里人着想。年景不好时,全家人一起同甘共苦,有啥吃啥、没穿的就不穿,粮食不够的时候,妇女会想方设法做一些野菜、稀粥。在家中大人和小孩吃的一样,青壮劳力会让给老人和小孩先吃。

(七)分配结果

1.家庭分配的比重

在谢家的实际分配中,地租赋税占粮食总量的五分之一,其余粮食用于生活消费,衣物比重很少,偶尔才会裁制新衣,大多是旧衣缝补。家庭副业收入少之又少,家里需求不够时迫使男性外出打工。谢家分配没有具体的比重,只是粮食分配最多、衣物次之、金钱最后,其他可有可无。

2.成员之间互相谅解

对于已有的分配结果,谢家家庭成员很少有意见,懂事的弟兄都会相互体谅。分家后,弟兄的生活自己过,谢生福也不与弟兄们相互攀比,各过各的,友好往来。根据每年收成,当家人谢生福分配后,家庭成员根据消费情况互相调整,自行解决。

四、家户消费

(一)家户消费及自足程度

1.勉强自足

谢家1949年以前平常一月三斗粮,一年三十六斗粮,按一斤八分算,一年也有四百多花销,粮食占的比重最大。此外饲养一些牲畜,卖钱以备后用,在村里属于普通水平,足够温饱,但是靠天吃饭,需节衣缩食,勉强够用。若遇到灾荒年景,就要向亲近的邻居、亲戚借粮。

2.粮食自产自食

谢家1949年前每年除交税租外,都留些粮食供家里人消费。粮食充足时不需要外购,根据粮食多少下锅烧饭,实在不够才会向邻居借米,改日有粮食再归还。当地灾荒的年景较少,平常年基本够吃。谢家当家的女人很会过日子,无论粮食多少,都能维持家庭生活消费。

3.食物匮乏

1949年前谢家每年的食物消费情况不详。需从外购买的主要有盐、酱油、醋等调味用品。其他猪肉、蛋、奶均没有向外购买过,平时很少吃肉,主要以蔬菜、野菜、面食为主。有时需要买粮油,在粮油铺里进行购买,三担粮食换一桶油,主事的女主人,炒菜放油格外节省,平时不用时藏在柜橱里,不让小孩乱动。平时家庭成员很少吃鸡蛋、喝牛奶或羊奶,特殊日子,如过年才能吃点荤菜。

4.衣物重复使用

谢家1949年前不会每年购买衣服或布料,几乎在衣物上不花钱,几个弟兄之间的衣服都是扯一块粗布,用所有边角进行裁剪缝补,做成大小各不同的尺寸,一件衣服可以换洗着穿三四年,哪里开口子就拿小布贴在上面,和整体缝在一起,弟兄三个,小时候轮着穿;鞋子几乎是用干草尾编的草鞋,把脚磨了口子也得穿。要是有人抱怨,谢李氏还会打骂、说教孩子,非常严厉。当家人谢生福在集市上要是偶然见到一块好布,一定买回去让谢李氏缝制衣物,多数时候当家人的衣服是新的,撑门面走亲戚用,其他成员都要穿旧的。

5.当家人修建房屋

谢家的房屋基本可以满足全家人的居住需要,先前四间房时,弟兄们没结婚,同睡在一张炕上、住在一间屋里,只有已经结婚的长辈、父母才能有自己独立的房间,后来再加盖两间后宽松了很多,可住下好几人。闲置的房子作为饲养牲口的棚子和灶房。当家人的父亲谢天成和妻子谢刘氏单独住一间,在院子后面较为安静,当家人谢生福和媳妇谢李氏住一间,谢生福三个儿子同住一间,女儿一人一间,剩余两间分别为灶房和磨坊。过年时来人多,厅里摆不下桌椅,就把桌椅铺开摆在院子内宽敞一些。

6.不愿花钱看疾病

谢家1949年前每年基本没有医疗开支,由于常年干体力活,年老时谢生福和谢李氏都有腿脚不便的小毛病、变天就会腿疼不止,从未去看过大夫,能忍则忍,忍不了就让村里看病的大夫抓几服药,吃吃缓解疼痛。村中还有许多看不起病的农户,靠村里土传的老方子吃药,有些能治好,有些完全治不好。实在是花钱的大病,夫妻二人也不愿意让儿子们花钱去请大夫,只能等死。

7.用物替代人情支出

谢家1949年前有人情往来,但家中贫穷,穷人只与穷人交往,自然交往的礼数要比富人家少很多,如关系好的会在家里吃饭、喝水、聊天,帮过忙后用家里请客吃饭的方式招待村人,表示感谢。遇到别家丧事,提些纸钱、带着香蜡前来吊丧,再帮丧家做些帮忙的活;遇到别家喜事,拿上几担粮食、让女主人缝制一些好看的被褥带去,各家各户赶来帮忙,东西互借,就把婚结成。以物替代钱财的时候很多,各家除了粮食也拿不出其他东西,都是各家可用的物品,凑在一起,把事办成。

8.简朴筹办红白事

谢家红白喜事1949年以前很少,有谢生福和妻子谢李氏结婚的事情,但结婚仪式简单,主要是当家人谢生福通知村里人到家里做客,说定办喜事的时间,村人将自家的红被、窗帘、锅碗瓢盆供给出来,在村里的路上拉帐子,连续摆上五大圆桌,请村里的乡党们吃席面,村里男男女女出来帮忙,男的帮忙搬桌椅、女人帮忙捞臊子面、端菜、蒸馍。各家拿来的礼品多为实物,如红面被子,表示对当家人的祝福,为谢家添加喜气。

9.教育投入少

谢家当家人谢生福鼓励孩子们读书、认字。村上有私塾,当家人把孩子放在村里读书,先生轮流在各家吃饭、过年时给先生家送几担粮食即可。其他消费也少见。谢家1949年前除以上必须消费外,还有旱烟、农具维修、上坟、过节香火等消费支出,大多是花些买纸、买烟草的小钱,基本上自给自足,不占太大比例。谢家认为这部分消费可有可无,光景好时多支出,不好时少支出即可。主要还是吃穿为主。谢家每年消费中,粮食为主,其他都为次要需求,可有可无。

(二)家户消费主体与单元

谢家所有的消费包括粮食消费、食物消费、衣物消费、住房消费、人情消费、红白喜事等消费。这些消费都是由本家户负担,宗族、村庄都不负担。这些都是以家户为主体的消费单元,旁人无责任承担,消费超出时,当家人会出面想办法解决。

(三)家长在消费中的地位

1.粮食由当家人决定

谢家在粮食消费活动中由当家人谢生福安排和决定,有时需要和妻子谢李氏商量,大部分时候自己做主,不需要告知或请示四邻、家族、保甲长。当家人不在家时,不能擅自进行粮食分配;如果当家人是男性,会对粮食进行统一分配,妻子再进行每日详细分配;如果当家人是女性,由家长做主即可。

2.谢李氏决定食物消费

谢家在食物消费活动中主要是由内当家谢李氏安排和决定,吃什么饭可以和男主人谢生福商量,其余自己看着办即可,不需要告诉旁人。若儿子结婚后就会有媳妇过门,烧水做饭的家务活则落在媳妇身中,接替谢李氏。买盐、酱油的小事做饭人自己决定即可,也可以让其他家庭成员去买,买调料的钱由当家人谢生福承担。

3.衣物添置由谢李氏做主

谢家在衣物消费活动中多是女人管理。当家人将买来的布交到妻子谢李氏手中,如何裁剪制衣,全是谢李氏做主,不需要告知或请示四邻、家族、保甲长。如果当家人为女性,则自己做主;如果当家人为儿子、兄弟也是由家中女人决定衣物添置。

4.当家人分配房间

谢家在住房消费活动中主要听当家人谢生福安排,其他家庭成员都有商量、调配的权利,如盖房、分屋的事当家人决定,儿子之间换房的事家庭成员自己决定,其他家庭成员无异议。

5.当家人代表谢家

谢家在人情消费中都是当家人谢生福代表全家进行外部交涉活动,当家人安排、决定人情支出情况,遇到人情礼节不懂的情况可与妻子谢李氏、父亲谢天成、母亲谢刘氏进行商量,看带什么东西去探望,以免失礼。谢家的人情来往不需要告知或请示四邻、家族、保甲长。当家人谢生福是实际支配者,如果不在家,其他成员会回绝,则没有人情消费;若在家中请客吃饭答谢人情,要经过当家人和女主人一致同意。

6.红白喜事家长决定

谢家红白喜事都由当家人决定,有时听从父辈的意见,其他家庭成员都年龄小于当家人,对传统礼节不知晓,但可参与其中。谢家成员各司其职,经父辈认可同意后由当家人谢生福去办,或让儿子们去办,所有粮食消费和财产消费都由本家户承担。

7.仅有读书消费

谢家早年让家中弟兄读书,教育消费只是粮食上的支出,谁上学、上多久都由当家人谢生福决定,当家人决定孩子是否能够去学堂上学,主要是让孩子学数学,可卖菜算账用,其余的课程谢生福并不是很在意,所以儿子们学历都不高,上完小学便不再读书。

8.小病支出可承担

谢家医疗消费几乎没有支出,但家中大小病是否就医都由当家人谢生福进行安排,长辈要是生病,一定会优先带老人进行医治,但老人不愿意折腾,只希望自然老去。谢家的看病支出不需要告知或请示四邻、家族、保甲长。若家中有人生病,当家人不在家,其他家庭成员可以先做主,后向当家人禀告,在实际医治中家中男女无差别,但若是大病看不起,则不进行医治。

(四)家庭成员在消费中的地位

1.成员听从家长安排

谢家在粮食消费中,除家长之外的家庭成员服从谢生福的决定,即当家人将粮食分配好之后,其他家庭成员消费粮食,若遇到粮食不够时,家户之间进行均分,多出者向少者进行补给,但不能擅自决定粮食消费问题。如果当家人是女性,则女性一人决定粮食消费问题,按照家中人口数平均分配。年景不好时,无先后消费次序,小孩多吃点,大人和老人少吃点即可。

2.女主人负责食物

谢家在食物消费中,当家人不管家务事,由女主人谢李氏进行管理,媳妇要听从公公婆婆的指导,做什么饭、做多少都要按照公婆的指示一一记下,其他家庭成员既要服从女主人对食物消费的安排,又要帮助女主人做家务,如烧饭时打下手、洗菜、烧火、扫地等活;要将盛好的饭菜端到桌子上,先端给长辈,再自己端着吃。食物消费全凭女人们商量,女人一般没有外出过,晚辈之间吃饭也无优先顺序。

3.妇女缝补衣物

谢家在衣物消费中,除谢生福以外的家庭成员,只有被安排添置衣物的权利,是否购买衣料要根据家里的实际情况和当家人意见。布料主要由女人们保管,在换季、过年时根据当家人谢生福的吩咐,或是谢李氏的指示做衣服,因为平时没有太多钱,都是用家里饲养的牲口换钱,将牲口拉到城里卖了换布。家中布料主要为青衫粗布,可缝制结实耐穿的褂子、开衫、长裤、长衫,具体制作的衣物都是由媳妇谢李氏和婆婆之间商量决定。若当家人是男性、兄弟、儿子当家,这些衣物的事情也是女人们的事情,男人们从不参与和干涉,有布就做,无布就改;如果是女人当家,年轻女性就听婆婆吩咐,听从即可,年长者自己决定。

4.住房可内部调换

谢家的房屋都是自建房,自己盖房本家成员入住,儿子们住哪一间屋子都听从父亲谢生福安排,但在自己房屋的使用上兄弟之间要是愿意可以进行房屋调换,可以告知家长让家长为其调换或私下自行调换。

5.人情帮忙

谢家在人情消费中主要由当家人谢生福做主,与外界进行接触的主要是当家人,其他家庭成员没有参与其中的权力。当家人可以决定谁来家里做客、谁来家里吃饭,其他成员只能恭敬招待、沏茶倒水。若当家人和别家家户谈重要事情,女人、孩子要躲在自己房中,不能出门,有当家人吩咐时才能应和。客人大多是来谢家说说话、串门走动。当家人如果是女性,则不方便和外界有过多来往,很少有人情消费,多是请人帮忙,用粮食做等价交换;如果当家人是儿子、弟兄,人情往来的礼数经验较少,在交往过程中要先询问长辈、老人,再做决定。

6.谢家喜事全员操办

谢家在红白喜事消费中,主要是当家人谢生福打算给三个儿子娶媳妇,无论是说媒,还是定亲,都是由当家人谢生福一手操办,妻子谢李氏帮忙打点。其他未成家成员要听从当家人和妻子谢李氏的安排,在筹备和摆席过程中帮忙,听从分配。当家人必须是男性、有经验、可主事的,若是女性、儿子、弟兄当家不能完全做主,还要和长辈商量,共同决定。

7.上学成员稀少

谢家在教育消费中由当家人谢生福决定,除此之外其他家庭成员听从安排,若让上学则上,不能上学也要体谅当家人的难处,较懂事的弟兄在上学方面互相礼让。

8.医疗支出按需分配

谢家的医疗消费很少,几乎没有,全凭当家人谢生福安排,实在病重无法医治的成员只能放弃治疗,按照病人需要,家人轮流进行照顾。

五、家户借贷

（一）借贷单位

1.本家借贷情况

1949年前谢家家里没有找别人借过钱，一般来往的都是贫苦家户，家庭情况差不多，也无钱可借，大户人家不愿借钱给谢家。有几年粮食收成不好，年景不好谢家家中缺粮，当家人谢生福去邻居和亲戚家借粮食，用于接济自家生活。谢生福向亲戚借粮食时要写借粮的欠条，上面写清楚何时、何地借粮多少担、何时归还、有无利息、担保人、证明人等基本借贷信息。等后期谢家有粮时立马还上，当家人谢生福从不拖欠所借粮食、物品，等家庭经济缓和后即刻归还。

2.家庭为借贷单位

谢家所在的村庄都是以家户为基本单位进行借贷，如谢家在对外借贷时均是以谢家整体家庭为借贷单位展开借贷。凡是对外的借贷行为都是以谢家整体为借贷主体进行，以当家人谢生福为借贷代表人进行沟通。在村庄借贷中以本家户当家人谢生福信誉为抵押是在家户对家户的信誉基础上进行的，有时会有借贷信条，但家户之间借贷生活用品、生产资料时基本以当家人口头借用为主，以信誉支撑实现借贷关系。没有以村庄为单位的借贷单位。

3.无家庭借贷

谢家以家庭为单位的借贷主要是借邻家调料、蒸锅、粮食等实物，没有金钱借贷关系。谢家出于接济自家，借用家中缺少的生活必需品，满足在灾年共同抵抗饥饿的需要。在具体借用过程中由当家人谢生福出面向邻居、亲戚开口借粮，所借家户的当家人同意后才算借成，谢生福让儿子谢运昌帮忙去邻家取粮。

此外，当家人谢生福在借贷过程中不需要借贷任何东西都与谢家成员商量，只有在借用重要物品时才会选择与谢家成员进行商量，不需要告知或请示四邻、家族、保甲长。谢家八口人，无家庭借贷情况，借贷任何物资都需要经过当家人谢生福回话后才能进行，其他家庭成员不能擅自做主。

4.无个人借贷

谢家没有出现过家庭个人单独借贷的情况。当家人谢生福老实本分，教导儿子也要诚实做人做事，村中也都是这种作风，没有赌场、酒场，本家只懂种地上的事情，也觉得一分耕耘一分收获，家中也从没有输钱、借贷一回事，若是有，被当家人谢生福发现后，会被狠狠训斥，再也抬不起头。1949年以前家中只能满足基本温饱，当家人谢生福认为谢家为小家一般不乱借别家物品，尽量自己解决生存问题，因为即使借了可以解决一时之需，但长久借用还不上就会影响谢家声誉，所以干脆不去借用。

（二）借贷主体

1.借贷中当家人支配

谢家在借贷中，家长谢生福是实际支配者，决定借贷的所有过程，其他成员不能擅自决定。如果男当家人不在家，便不能进行借贷活动，否则说不清事情，无主事人担责，必须等当家人回来才能进行借贷。

2.成员不可委托借贷

当家人谢生福在借贷关系中起着重要的决定作用,若委托其他成员借贷无说服力,且不放心,家中女性大多文化水平低,不识字,做不了主。

3.成员无法擅自借贷

在借贷中,除当家人谢生福外的家庭成员不具有决定是否借贷的权利。在谢家无论多大的事,都要等当家人回来后再决定,其他家庭成员不能擅自做主。

(三)借贷责任

1.当家人第一责任

只有家户中的当家人可以进行借贷,故在谢家当家人谢生福是第一责任人,若所借原物和利息还不上,则谢家全部家庭成员都要承担偿还的责任。谢家之外的家庭、家族没有还贷的义务和责任。

2.家长不在时不可借

村中借贷只认各家当家人,在谢家认当家人谢生福,其他家庭成员都无权进行借贷,即使去借,也无人理睬。若当家人谢生福不在家,妻子、儿子没有办法去农户家借钱,但要是借粮食、盐等生活用品,女主人谢李氏可向经常往来的邻居借用。

3.一人借贷全家共责

借贷之后,凡是家庭成员、有能力偿还借贷者都有偿还责任。谢家全体成员都有责任,主要偿还责任集中在年长的弟兄身上,年幼者无能力偿还。偿还责任主要集中在当家人谢生福身上,以男性家庭成员为主,谢家女人也可做些女红补贴家用,帮其偿还部分债务。根据继承家产的顺序,由年长者先偿还,年幼者后偿还,待年幼者长大后可与年长者共同偿还。

(四)借贷过程

谢家无金钱类借贷,所借粮食也是快借快还,从不拖欠。若是借钱需要和借出的家户打欠条,欠条上面写清楚所借金额、返还本金和利息、日期、借人等重要内容,经过双方当家人同意后签署名字,摁手印。若当家人谢生福未在约定日期还上,则需要抵押房契、地契、粮食等进行赔偿。此外还要找村上一名可靠的证明人作担保,才可完成借贷活动。

谢家当家人谢生福未有过借贷金钱的活动,但当地借贷时都要算上本金的利息,如借一块钱,则要给一分的利息,等到借贷本金到期时将本金和利息全部归还,如果借钱的农户无法偿还本金和利息,需用其他物品折算抵押。在前期借贷过程中借钱的归还期限需借贷者提出,由借出的本家同意后,双方达成一致才可以实现借贷,否则借贷关系无法实现,借贷谈不拢,本家当家人不借出资金。

(五)还贷情况

1.当家人偿还债款

借贷到期后由谢家当家人谢生福将所借资金、物品送到对方农户家中,当家人亲自去还或让儿子去还均可。若借贷过期未还,借出方要跑去当家人家中索要,到期还款是当地约定俗成的规矩。

谢家当家人谢生福在借贷粮食后会按照约定期限及时还上,如秋收之后麦子充足,谢家的粮食足够家中食用和存储,当家人谢生福手头也宽松一些,谢生福会提前按规定的借粮数还上。若遇到年景不好的时候,谢生福无法还上粮食时会用家中储蓄的麦子、牲畜等其他物品抵上,按照城里的市价和比例折算给所借家户,尽量一次性还清。

2.债款未还用他物抵押

如果借钱还不上,一是按照利息继续往后延期累加,之后再还;二是出卖相对等的劳力或是粮食进行偿还;三是用自家的地契、房契进行变卖抵押,从而实现还贷。村中很少有借贷、还贷或还不上的情况,普通农户只顾自家收成、吃饱穿暖即可,借钱花是想都不敢想的事情。村中本分种地的农民较多,心知还不上也就不敢借。若是当家人谢生福欠债还不上天天被邻家追债,会被妻子谢李氏天天念叨,说"丧心病狂""你得倾家荡产"等难听话,所以谢家很少借别家钱财,当家人谢生福也本分种地,不敢随意赌上谢家的名誉进行个人借贷。

3.父债子偿

当地也有"父债子偿""夫债妻偿"的说法,父亲要是欠下债务未偿还,在父亲去世后儿子要替父亲继续偿还;若是丈夫欠下债务,妻子作为配偶也需要帮丈夫偿还债务。无论债务大小都需要偿还,只不过小债易还,大债难还。

4.债务分割子女偿还

在当地,当家人去世后遗留下的债务要由妻子、儿子进行偿还。兄弟分家后也需共同承担未分家之前的债务,每人分担部分债务帮助家庭进行偿还。若是分家之后的债务,则由已分家赡养家长的儿子、媳妇承担。按照所欠债务到期时间先后,依次偿还。凡是谢家家中遗留下的债务,需要当家人谢生福和晚辈子女共同承担和偿还,若不偿还,根据债务的数额可以拿走祖上的基业作抵押,直到偿还结束为止,当家人若实在没有能力偿还,后人则需偿还,甚至还会牵扯亲戚朋友。

六、家户交换

(一)交换单位

谢家进行经济交换时,由当家人或妻子谢李氏决定,主要是平常家里粮食、食物的往来,如麦子换玉米、粮食换蔬菜等的物物交换,不需要跟谁商量,也不需要告知或请示四邻、家族、保甲长。主要由家中妇女决定即可。除此之外,谢家无其他家庭交换。在谢家尚无小家经济,也无小家之间的交换,若单独私人或小家庭进行经济往来不告诉当家人,则会被训斥,影响大家庭的和睦、团结。

(二)交换主体

1.当家人交换

谢家在交换活动中,家长谢生福是实际支配者,如果家长不在,谢生福的妻子谢李氏可以做主一些食物上交换的小事,并不需要当家人同意。绝大多数时候还是当家人做主,亲自去进行交换。

2.委托成员交换

谢家在开展经济活动时,可以由当家人谢生福委托其他家庭成员进行交换,若是换粮食的小事,儿子直接可以去换,告知父母即可,由于邻居经常往来,子女也都熟悉,所以没有必须找当家人谢生福的必要。若是重要的牲口、大量粮食交换则需要当家人亲自经手,其他成员不能擅自做主。在家户中,谢家除当家人谢生福之外的家庭成员也有交换权、相对于谢生福的支配权要小很多,只表现在为母亲谢李氏换米、换菜的过程中。

（三）交换客体

1.当家人去集市

谢家需要购置物品有时是在集市上进行,看到价格便宜实惠的东西便会买回带给家人。当家人谢生福只有在过年前后、七八月庙会时会吆牛车上集,集市在西安城内,距离村子有十里路。必须起个大早赶路半天,下午才能早早回来。上集主要是去卖粮食、蔬菜、家禽和其他农副产品,再看看有无实惠的生活用品,还可以短暂停留看一看、逛一逛。当家人谢生福买东西的时候较少,买时也要去专门的集市上挑选,那里东西齐全,价格也实惠许多。

2.家长上粮食铺

当地县上有粮食铺,谢家有几年收成好、粮食储存较多。除了在家中储粮外,还可将多余的粮食带到粮铺卖掉,当地一斤麦子收价七分钱,要是自家有磨坊提前磨好,可卖到一斤一毛八。有时当家人谢生福将多余的粮食卖给粮铺换成钱再去集市上买些布料,回家后交给谢李氏裁衣。卖多少粮食由谢生福决定即可,家里其他家庭成员都没有去粮铺单独打交道的权利。

3.家长与小贩交谈

当地有流动商贩,主要也是卖菜、卖豆腐的小本商贩,把自家的手艺拿出来卖一些小东西做小本生意。当家人谢生福遇到村里的商贩,多是停住观看,闲谝一些家常事,并不会去买货物,在经济往来上无过往。当地也没有"人市"等劳动力市场,谢家所在的村庄周围没有专门的市场管理部门以及"人市",普通家户没有钱,也没有和市场部门、雇佣劳动力打交道的必要。

（四）交换过程

1.货比三家

谢家在进行交换时会货比三家,通过与交换货物的当家人闲聊、家庭成员告知消息以及自我获取价格和信息。当家人谢生福在这三种方式中获得最有利于自己交换的信息和价格。等当家人谢生福进行比对后,才会展开交换活动,其中少不了掂量和考虑,最终权衡后才会选一家进行交换。多数时候是与熟人交换。谢家在进行交换时,有时也会和熟人交换,熟人可信度高,同样按照市价进行公平交换,若经常往来也不用太计较,"差不多就行,谁也别吃亏"。

2.无经纪交易

谢家所在的丁家村,无中介经纪交易,都是两家家户当面进行交易,不存在中间人,除非所做交易的家户不认得,需要村里人引路。村人在中间不收酬劳、不要粮食作为引路回报。熟人引路,不算经纪。

3.交换需过斗过秤

谢家在进行交易时,即使在家已经装好、称量过,也要当面再进行过斗过秤,让双方交换公平进行,没有差错后两家交易达成。全程都要由当家人谢生福参与,除当家人之外还可以叫上儿子一同去过秤,共同完成交易。但儿子一人前去不成,容易因缺乏社会经验被哄骗,出现秤不准、缺斤少两的情况,回来后不好再去说事,所以要当场看清,请有经验的当家人在旁边看着。以上情况多出现在和外村人打交道中,"本村人,他不敢胡乱来","要是胡来,可以寻他去"。

4.无赊账还账情况

当地买卖时候可以赊账,但谢家无赊账情况,都是当场交钱进行交易。当地村庄周围一般为小本经商者,流动性大、不能赊账。商贩对没有钱的小户看一眼就知道,所以不让你赊账。小家户不会赊账,买卖交易也十分少见,大户人家才会买卖赊账。

第三章 家户社会制度

　　谢家在 1949 前经历了当家人娶妻、为儿子筹备婚姻、老人去世等大事。谢家当家人谢生福为长子筹备婚姻大事,经历准备、说亲、定亲、结婚等不同婚配流程,逐步将长子送入小家庭当家的位置,自身跟随幼子谢运昌家庭生活。如此传承后新当家人谢运昌也按照老当家人的行为方式承担起为子女说亲的责任,为其子建房说媒,供子女完成婚姻大事。谢家结婚时的习俗按照当地人的婚配传统进行,为子娶妻、为女寻婆家是当家人谢生福和妻子谢李氏在管理家庭事务中格外重要的一项大事。

一、家户婚配

(一)家户婚姻情况

　　1949 年前谢家共有三代人,当家人谢生福,娶妻谢李氏生育四个子女与赡养两位老人。谢生福所生三子:大儿子谢凌霞、三儿子谢运昌、四儿子谢得昌,为三子娶妻是谢生福的心头事。

　　谢家所在的丁家村允许外村同姓可以结婚,不是本家族人士,同村一般也可以结婚,若是一个祖先的家庭,同根同源要经过五到六代人才可以结婚。可以通婚的范围是村子周边方圆十里,主要通过亲戚、朋友和媒人介绍,邻村、外村的媳妇较多。对于姓氏或者村庄区域没有特殊要求。

　　在婚姻的过程中,大多数的农家小户都讲求门当户对,大户人家的小姐、公子只能嫁娶同样家庭条件的人家,一般贫穷人家"高攀不起",大户也可以娶妻、纳妾,多是把小户人家漂亮的女子纳为妾室,婚姻中并不尊重女性。穷人和穷人结亲,富人和富人结亲,"寒窑"[①]那样的婚姻很少在现实中见到, 都要讲求各自通婚的规则。家庭人口规模对婚姻会有一定的影响,如子女多的家庭血缘关系复杂,结亲时要考虑姓氏、先辈祖宗、八字是否相合等情况;子女少的家庭,结婚只要不是本姓家人,邻村、外村均可、没有过多讲究,和三世、四世同堂无关。1949 年前,谢家三世同堂,普通小家,无过多讲究。

(二)婚前准备

1.家长与妻筹备婚礼

　　1949 年前,谢家适龄的儿子娶媳妇由当家人谢生福和妻子、长辈商量后提出,由当家人谢生福做主,儿子本人只需同意,当家人根据家中成年男子的长幼顺序为到年纪结婚的儿子

---

　　① "寒窑":陕西境内有一段姻缘佳话,讲述的是王宝钏和薛仁贵的寒窑故事,富家小姐扔绣球时看上穷小子薛仁贵,在父亲的阻拦下执意结婚,婚后住在曲江寒窑,最后薛仁贵考取功名,王宝钏的父亲才承认了这段姻缘。

打算娶媳妇的事情,妻子也可以参与结婚商量的事情。儿女结婚,家长商量,不需要告知或请示四邻、家族、保甲长。一般给自家儿子娶妻不用经过本家以外的村人同意,也不会出现不同意的情况,即使是过继子女也不需要额外请示旁人,只需请村里的人证明即可。谢家儿女世代在家务农,很少远出,当家人谢生福为未娶妻的儿子考虑婚姻大事,让长子先娶亲,随后为二子、三子娶亲。若儿子离家很远要结婚,则需要当家人写信捎给儿子,让其回家商量。无论三世同堂、还是四世同堂都要家里的当家人说话、长辈做主,才可以将结婚议程提上厅堂。

2.年龄相当可结婚

1949 年前,谢家娶媳妇有一些条件要求,在长相方面要女子端庄、眉目端正,可以不漂亮但一定要五官端正,看起来俊俏善良;年龄上要与儿子同岁或大小不相差,女子多为十六七岁结婚,男子十七八岁娶妻,前后年龄不超过五六岁,相差十岁者很少,多是女子小于男子年龄。对于媳妇的选择标准多是妻子谢李氏提出认可后,当家人谢生福再和媒人说好,当家人最看重娶的媳妇是否会勤俭持家、做家务、能否料理家庭事务,不仅要长相端庄,更要名声好、能照顾家庭、有生育能力。在家庭条件方面,只要求门当户对。

1949 年前,谢家当家者只有儿子,无女儿。村中嫁娶对男子的要求较少,只要长相端正、身体健硕、年龄相仿,门当户对者都可以说到好的姑娘,但家庭对女子选择的标准较为严苛,挑选过程较为仔细。

3.传宗接代

谢家认为结婚最重要的目的是生儿育女、传宗接代,结婚主要是为成年男子寻求人生伴侣,增加家庭人丁。娶进门的媳妇职责很多,包括照顾丈夫、养育小孩、帮扶家人、孝顺长辈等家庭事项。能否追求个人的爱情和幸福总是放在传宗接代、照顾家庭之后。

谢家与村中家户同样,认为结婚是为了家庭而不是个人。大家户之间的通婚往往是为了扩大家族势力、拓展两家人脉关系,多数通过出嫁女儿保护大家户财产和家族地位;少子女的家庭则是希望通过婚姻传宗接代,为自家增添人口,避免天灾人祸对家庭人口数量的干扰,可子孙延绵。结婚不仅关系个人伴侣的选择,还关系整个家庭的荣辱,若是年龄过大还未结婚、说嫁会被村里人耻笑、家里人也会跟着着急催促。

4.自由恋爱前期禁止

1949 年前,村中很少有自由恋爱的情况,在 1949 年之后有所允许。家里人也不允许自由恋爱,多是按照老传统由当家人和妻子给儿子说亲,让村上的媒人前去说亲,儿女只有答应的权利,没有婚姻自己选择的权利。若是发现男女之间有私下来往的情况,当家人会直接让他们断绝往来。若是不听,女儿会被锁在自家的柴房里不让出门。养育女儿的家户,一般很少让女子单独出门,多是待在家中做针线活,不让和外界接触。之后也有自由恋爱的,老人、当家人也都有同意,但旧传统和新风气并存,一村一个样,谢生福的部分儿女成年结婚是自由恋爱,分别在 1950 年前后结婚生子。

5.聘礼相当门当户对

当地没有固定的聘礼标准,一般是根据不同家户的实际家庭情况由两家当家人商量决定。谢家算是当地的穷家庭,穷人结婚很少有较多的聘礼讲究,多以粮食、棉花代替钱财,富人结婚讲究较多,聘礼也是多种多样,钱财、布匹、牲畜、金银首饰均有。谢家当家人给儿子娶媳妇时不同儿子结婚的聘礼数不太相同,所下聘礼是谢家当家人谢生福与亲家共同商量之后的结果。若亲家方嫁女儿要十担粮食、五捆棉花，在谢家可承担范围内，当家人谢生福会同意婚事，接受亲家的合理要求并继续谈嫁娶事宜。若超出谢家的承担能力，或是聘礼过于不对等，谢家再拿不出多余的聘礼来，只好黄掉这桩婚事，无法继续商量嫁娶事宜。当家人谢生福给儿子娶妻，一看人品，二看能力，三看是不是穷人家，"这样的婚姻舒服、长久、不惹事"。

当地结婚前都有定亲的习俗，定亲后两家人可以来回走动，成为亲家后可共同准备婚事。富人会让走动的家庭成员带一些家里的茶叶、粮食、自家做的食物、衣物送给亲家，表示友好。但谢家是穷人，谢家儿子只娶穷人家女儿为妻，成婚后也只有穷亲戚，没有经常走动的讲究，即使走动也不带东西，因拿不出粮食、钱财等礼物。多数穷人与穷人结亲，不太在乎礼品多少，表达心意即可，村中也有在谈论婚事细节、礼金时没有谈妥的，两家僵持过后出现退婚、毁婚的情况。

大家户的聘礼多是十几匹布料、几十担粮食、送牛送马，送聘礼时还要吹唢呐、敲锣鼓、摆阵仗，阵势让村里越多人看到越好，可显现家户的富贵和嫁女儿的金贵，聘礼越是贵重则亲事说成的概率越大。村中少有大户和这样的场面，因多是和谢家一样的独门小户，所以没有太多聘礼讲究。

(三)婚配过程

1.商议儿女婚姻大事

在婚配中，谢家的结婚方案都是由当家人谢生福和妻子谢李氏共同商议决定的。当家人谢生福是主要的决定者，当家人负责找村上镇上的媒人或来往较近的亲戚朋友进行介绍、安排妻子去请媒人说事、和媒人沟通结婚女子的情况。这些都要由当家的男人女人共同为儿子们操心，一一去安排。结婚时要请哪些人，在哪里请都听父母的安排，摆宴席、请宾客的事情也全由当家人出面解决，儿子们有时也会安排一些事情。虽是儿子娶妻，但是谢家的大事所有家庭成员都要参与其中，共同帮忙置办，如当家人会提前通知亲戚朋友结婚的时间，口头上先打好招呼，让"到时候过来"；女人家会提前准备新衣服、新房子、新被褥，置办粮食、招待亲家、亲戚以及准备村里帮忙乡党的食物、酒水，让儿子们去抬酒、杀猪，闲暇之余会有人讨论新媳妇的相貌。

谢家的公婆不仅希望能为儿子娶一个好女人，更希望以后可以有一个孝顺的好媳妇，所以对嫁娶事情格外上心。主要外部联系的环节由当家人去招呼、做主，婚配的细节置办由家中女性成员负责。

2.儿女媒妁之言

在婚礼过程中谢家除当家人谢生福之外的其他家庭成员不具备自由恋爱和反对嫁娶的资格，只能服从当家人决定。在谢家，要是儿子对父母选择的儿媳妇不满意，没有表示异议或擅自决定退婚的权利，多是听从当家人的安排，即使不愿意也要在合适的日子进行嫁娶活动。如果当家人是男性，必须要听从家长安排，没有反驳余地；若是女性、儿子、兄弟当家，都要以家中长辈、老人的意愿为主，长辈同意就必须嫁娶、不同意就选择下一位合适的媳妇。如果家中三世同堂，结婚者的父母不是主当家人，婚姻要由长辈做主，父母也很少能参与其中，一切都要听从家中地位最高、年龄最大的人安排。如给三儿子谢运昌娶妻时都是老当家人的小儿子谢生福定好女方姑娘人选，儿子谢运昌不仅要遵从谢生福的安排，同时要尊重老当家人谢天成的决定，按照"先听老当家，再听新当家"的顺序依次安排婚配事宜。若有冲突，以老者为主,在当地婚配也有孝顺的映射。

(四)婚配原则

1.长子先结婚

谢家按照长幼秩序相继结婚。叔伯辈是长者,一定要长者先结婚,幼者后结婚,如果长者没有找到媳妇,幼者先找到则会等长者结婚后再结婚,长者不愿结婚,则幼者顺延进行结婚事项。在谢家第三代谢生福所养育的儿女中,都是按照大儿子先结婚、二儿子再结婚的次序进行的,因为年龄差异,所以结婚次序与家中弟兄次序相同,先后分别娶媳妇。谢家兄弟辈也是如此,哥哥娶妻完成,妹妹再嫁人。对子女较少的家庭和没有子女的家庭来说道理相同,都是按照适婚年龄进行嫁娶,但大户人家在结婚次序上更加看重。

2.花费家长承担

谢家是贫寒小家,结婚上与大户相比花费很少,但结婚对于自家而言,支出较多,各个儿女的结婚花费略有不同,因订金、聘礼、嫁妆商量的不同,所以存在差异,多是两家人给粮食谈亲事。当家人谢生福结婚和儿子谢凌霞结婚时就有不同,谢生福结婚时,亲家问谢家要三十担粮食,谢家拿不出,后来老人去亲戚家借粮食给谢生福娶媳妇,亲家知道后减少了谢家聘礼中的十担粮食,让女儿拿回夫家好好过日子;当家人谢生福和妻子是村里人介绍的,没有花多少礼金就答应了婚事,彩礼钱都由男方家里负担。不同儿子结婚的花费不一样,主要看女方家里的礼要多少,看情况可以接受、有商量余地的就能谈,不能接受、拿不出的就作罢。

大户人家的婚礼花费很多,男方是婚礼经济的主要负担方,从下订金、下聘礼到摆宴席、请鼓手吹唢呐、置备婚礼所需物品都要男方支出,女方只需准备嫁妆。儿女婚嫁消费不一样的话子女也没有怨言。

(五)其他婚配形式

1.娶小老婆

(1)娶小老婆的原因和条件

谢家没有过纳妾,纳妾是大户人家才有的权利,一般小家户都是一夫一妻制,从无妾室可纳。在大家户中,一般是当家人除妻子外在外面看上貌美如花的女性,娶回家纳为妾室,当地人称过门的妾室为"小老婆",把正房妻子称为"大老婆"。若大老婆在家中权势比较大,丈夫就不敢和小老婆多亲近,看望小老婆的时间都要妻子安排。一般小妾都是来自贫困贪钱的穷家,把美貌的女子卖给有钱的老爷可每月领到财主家的供钱。小妾在家中的地位低下,不仅要洗衣做饭,还要听老爷和夫人使唤。此外还有妻子没有生育能力的大户会娶小老婆为其传宗接代,所生育的子女长大后认夫人为干娘,继承家业。

被纳妾的女子一般来自穷苦家庭,因为没有办法生活才甘愿沦为妾室,只要长相俊美、有生育能力就可以嫁给有钱的财主、地主家为妾室。富人家的闺女多是正房,不愿做妾。谢家认为"有钱的人家玩女人,好姑娘去当妾都是糟践了",姑娘多是过着不如人、看别人脸色的日子。纳妾没有条件,财主、地主喜欢就可以纳妾,强买强卖是常有的事。

(2)当家人决定

纳妾由家里男人提出,不需要和任何人商量,当家的男人决定之后便可把所纳的妾室领回家中,不需要与谁商议,也不需要考虑家庭成员和妻子的感受。有的大家户纳妾会用红顶的轿子把所纳的女人抬入府中,也有悄无声息地把人领回去过日子的,不办酒席家宴,也没有正常女子嫁娶的习俗仪式。娶了小老婆不需要告知或请示四邻、家族、保甲长。纳妾行为只有家财万贯的大户人家才有，小户、中低水平的家庭结婚没有排场，更娶不起二房。

（3）契约、花费安排不知

谢家并不知道纳妾是否要写契约，也未曾见过纳妾家中有写契约的证明仪式，多是给粮食、给钱买下小妾。嫁娶的仪式也简单，一般纳妾都不曾让别人知晓，悄悄完成，纳妾的费用要么是直接给亲家父母银两、粮食，要么供奉一定的月供，让家里的人拿去给亲家父母。若是遇到妾室偷情、做伤风败俗的丑事，当家人可以随便处置小妾，死活都由当家人决定。

2.童养媳娃娃亲

（1）促成娃娃亲的原因和条件

当地很少有童养媳，多是定娃娃亲。对于童养媳谢家所在的村庄也没有一个准确的当地叫法，家中更没有童养媳。当地人多是在小孩小的时候以父母的意愿为男孩女孩决定日后的婚姻大事，两家定下亲事多是与小孩年龄相仿的家庭提前结为亲家。在养育子女的过程中两家可以相互来往、相互帮助、结为亲戚。娶童养媳主要是家里贫困，把别家养不起的女儿领回自家和自己的儿女一起抚养、管教，长大后留在家中做儿媳妇。一般家庭都不愿意把自家女儿让别家抱走做别人家的童养媳，只是迫于生活困难无力养育孩子才会让自家女儿去别家生活。

（2）家长做主

一般女孩长到八九岁，一直在别家生活，就称为童养媳，很小就在家里干家务、烧水做饭、为家里人缝补衣物。是否养育童养媳都是由家里当家人决定，有时可以和妻子商议，但不需要告知其他家庭成员、保甲长、族长。

（3）书写约定

养童养媳要写文书，纸上要清楚写下女孩的父母姓名，抱养人的姓名，两家人亲自签字、摁手印，各留一份，书写约定后才能把女孩儿抱走，有时养童养媳还要给亲家一定的粮食作为赔偿。

（4）少许花费

养童养媳需要给孩子的父母一定的粮食或钱财作为抱养女孩儿的赔偿，或是在女孩家庭困难时给予帮助，所需要的花费相对很少，嫁娶也没有正常的结婚仪式。父母双方若都在世，做两件秋冬的褂子作为答谢，便算是结成，不需要告知或请示四邻、保甲长，也不需要祭拜祖宗，摆酒席的大场面很少或没有。

3.改嫁

（1）改嫁的原因和条件

当地与其他地区相同，在 1949 年以前也被称为"改嫁"，谢家没有改嫁的家庭成员。改嫁不太讲究年龄，多是年龄相当，双方都没有伴侣，需要寻找适合的人重新组建新的家庭。妇女改嫁的原因很多，主要是家中缺少男性当家人和体力劳动者，丈夫去世后妇女无法继续维持家庭生活。男方情况也和女方相同，家中缺少女主人，无人烧水做饭、养育儿女、妻子去世早，两人可以组合家庭。

村上赵家当家人的妻子李氏去世早，媒人打听到南边南窑村有妇女冯氏守寡，于是受众人撮合，改嫁赵家组合家庭。随后冯氏女儿与赵家儿子结婚，两家亲上加亲。改嫁前妇女住在娘家,改嫁之后住到夫家,成为夫家一分子,照顾家庭、料理家务。

妇女丧偶,守寡常常会受到村里人的欺负,女子一般要养育小孩,无法一人当家,需要扛起家庭重担,所以改嫁是最好的方式。村中也不会因为改嫁而不尊重女性,若是改嫁后女性勤俭持家、细心为家庭成员着想也会受到村人夸奖。称赞谁的妻子非常能干,主要是通过改嫁后女子的行为进行评判。守寡、改嫁经常发生在村庄婚姻中,不被认为是稀罕事和被耻笑的。若是妇女年龄过大则无法改嫁,只能守寡,是否改嫁全凭妇女个人意愿。

（2）娘家做主

改嫁的事情多是家里亲戚劝说妇女改嫁,为避免妇女年轻守活寡,所以劝说再寻一处好人家生活。妇女的公婆若在世也会劝说儿媳寻人家,不要耽误儿媳妇的青春。外人可以劝说,但只有妇女本人有权决定是否改嫁,其可以和娘家人商量,但不需要告知或请示四邻、家族、保甲长,若是妇女同意,媒人搭桥即可。

（3）没有契约少许花费

谢家没有改嫁的成员。村庄上妇女改嫁不需要契约。改嫁的花费也很少,双方多是想搭个伴过日子,所以对于结婚要求从简,没有太多要求,通知儿女即可。

（4）不同类型家庭在改嫁上的差异性

大户改嫁有的要签订契约,署名改嫁姓名和财产归属问题,双方签字生效。改嫁较为常见,普通农户没有太多排场,为避免妇女一人艰难生活才再次组成家庭。

4.上门女婿

（1）上门的原因和条件

谢家所在的村庄将入赘的婚嫁行为称为"上门",所入赘的男子称为"上门女婿"。即男方进入女方家庭并与女性结为夫妻关系。谢家没有上门女婿的情况,但村庄里崔家有上门女婿。因男方家里贫穷,父母年老已去世,只有儿子一人当家,被女方家里看中后招为上门女婿,共同在女方家中生活。若女方家中无儿子,则会选择一个女儿嫁人,另一个女儿嫁娶时找男方做上门女婿。男性家中儿子多,若家长同意,可以让一个儿子成为女方家里成员,管理女方家庭,为丈母娘和老丈人送终,解决家中无子的困境。

"上门",多是因为女方家庭成员少、子女单薄。找上门女婿是为了解决无儿子家庭传宗接代的危机选择。男性上门后在女方家中的权利大小不一。有些男性被招为上门女婿,在女方家中地位低于女性,不受家庭成员尊重,多会被村里人笑话;有些男性虽为上门,但具有当家资格,家中成员听其安排,村人不会笑话他。入赘男子是在适龄适婚的标准上,要求为人正直、能有魄力、可担起另一个家庭的职责来挑选的。

（2）家长决定

女方家庭是否找入赘女婿由家中当家人做主。当家人可与妻子、老人商量后与长辈一同决定,但不需要和女儿商量。入赘既是女儿嫁娶的事情,更关乎家庭今后由谁继承、由谁继续当家的问题,所以需要长辈做主,不需要告诉家庭以外的人以及请示保甲长。

（3）书写契约

男性一旦入赘女方家中需要书写契约。由当家人亲自书写入赘契约,契约中规定了入赘人所入赘的家庭、入赘时间、在家中的职责、家庭财产的分配等情况,各执一份,签字画押。契约要由家户或者村上的人公证之后方可生效,男性与女方家长各执一份,各自保存。

（4）本家承担

上门的婚礼所有花费几乎都是由条件较好的女方家里承担,若男方家里无长辈、父母在世则婚礼就更为简单,女方不需要太多的嫁妆、聘礼,男方进入女方家,同样操办正常的结婚仪式,摆酒席、请宾客的程序样样不能少,都按照标准的结婚程序。

（5）不同类型和人口规模家庭在入赘上的差异性

入赘的原因多是男子家中不比女方家里好,女方家中无儿子扶持家业,为了延续子孙,于是招上门女婿。大户、小户都有入赘的情况,只是入赘宴请的排场、邀请宾客多少、家中聘礼的多少略有差别,但目的都是为解决家中无子,无法继承祖业的困难。其中要求男性入赘者为人老实,可为无儿子的家庭蔓延枝叶。

(六)婚配终止

1.休老婆

在当地休妻没有什么特别叫法,就是"休老婆",谢家从来没有发生过休妻情况。村里休妻的情况也很少有发生,若休妻主要是因为妻子没有生育能力、公公婆婆不喜欢儿媳妇,让儿子把儿媳妇休掉;再者两人无感情基础,没办法一起生活;作风不端正的女人也会被休掉。是否休妻要由丈夫说了算,公婆可以提出休掉儿媳妇,但丈夫具有最终决定的权利,若儿子不喜欢妻子或是妻子行为不端,都可以写休书休掉妻子。

休妻有一定的程序,丈夫亲自写下休书,书写妻子为何要被休掉的原因,夫妻二人共同签字画押,休书生效。从此妻子再也不能进入丈夫家门,不再是夫家人,但有回娘家继续嫁人的权利。在休妻的过程中双方愿意即可,不需要请别人来作证,若是被村里人看见这家休妻,整个家庭都会被外人看笑话。夫家会给妻子一些赔偿,如粮食、衣物,来时的嫁妆也可以带回,都是一些不值钱的桌椅,拿去也没有多少。被休掉的妻子多没有脸面回娘家,被夫家休掉是抬不起头的大事,是女子一辈子的耻辱,今后会影响到改嫁的名声。小户很少休妻,娶妻也轻易不会休掉,多是大户妻妾犯一些小错误轻易被休掉,会令女子难堪,送回娘家中让旁人笑话。

2.守寡

1949年前谢家丁壮充足,家中没有年轻守寡的妇女,村上有因丈夫病逝、中途死亡守寡的妇女,年轻的妇女就会选择改嫁,年老的妇女由家人继续照顾,安享晚年。妇女守寡若是没有孩子则在村中无依无靠,会受到一些村民骚扰。在家中公公婆婆也会因儿子去世对守寡的妇女咒骂,产生排斥行为,守寡的妇女没有丈夫的保护,无人和其说心里话、给其撑腰,大多数时候都要在夫家受了委屈回娘家说,一人无法挑起家庭重担。年轻或者有孩子的妇女可改嫁,一是为今后自身、儿女的生活早做打算,二是避免家中没有当家人主事的困难,三是娘家人和公婆同意其再组家庭。家中子女多,不愿改嫁的妇女则继续在夫家生活。

丧夫的妇女不需要回娘家,可以继续留在夫家孝敬公婆,丈夫去世,家里由老人和妇女做主,守寡的妇女具有选择留在夫家继续守寡,或是改嫁、回娘家的权利,只需要自己决定即可,不用告知或请示四邻、家族、保甲长。留在夫家守寡养育子女的妇女也是家中一分子,有分家得到一份财产的权利。若是没有孩子,当地人称为"守活寡",多则劝其改嫁,重新组建家庭,不要浪费青春。没有孩子的寡妇在家中会比有孩子的妇女地位低,受到不公的待遇,多出现在大户人家,小家一般一夫一妻制,很少有太多妇女。若妇女改嫁则不再是夫家人,不能分到夫家的财产。

大户人家守寡的规矩较多,但守寡的妇女有无孩子直接影响其在家中的地位。一般小户很少有不改嫁而守寡的妇女,家庭贫困,公公婆婆多不会耽误儿媳妇青春,看其艰苦生活,也会心疼劝说儿媳妇改嫁。小户没有太多守寡规矩,为了谋生和减轻生活负担,子女众多的家庭更是需要家里有劳力、男丁保护家庭。

二、家户生育

(一)生育基本情况

1.儿孙满堂

1949年前谢家的三代人中有父亲谢天成、母亲谢刘氏、当家人谢生福和妻子谢李氏,其育有三儿一女。在村里一开始属于独门独户,后成为子孙众多、人丁兴旺的大户,没有出现过生育中子女夭折的情况。

不管是大户小户,都有重男轻女的思想,在大户家中儿子可以继承家财、小户中男性是主要的劳动力来源,女儿并不被十分宠爱,女孩多半和男孩一样养。村里有一种称为"四六疯"的病症,小孩出生不到一周便会染上,只能用土方子治愈,大多不愈而死。

2.无遗弃私生子

谢家没有出现过未结婚就生育的情况,村上曾有被大家户用锦绣棉被包裹小孩遗弃在村东头田里的情况,被村里一户没有孩子的妇女抱回家中抚养。

(二)生育目的与态度

1.生育目的是传宗接代

谢家认为生育最重要的目的是传宗接代,为谢家留下继承的后人。生儿育女对于家庭来说都是一件喜庆的大事,老人、夫妻都高兴,意味着家庭增添新的成员,可以继续延续香火。若是家中没有小孩会缺少新鲜血液,公公婆婆会催促已结婚的夫妻早点生孩子。若是儿媳妇没有生育能力,家庭矛盾不断,严重时会怂恿儿子休妻再娶。若是所生小孩是女孩,家人不会十分高兴,有些儿媳妇还会丢失家里人的疼爱,因所生孩子不是男孩的缘故。旁人会对生了女孩的妇女、没有生孩子的妇女指指点点,说难听的话咒骂。

2.喜爱男孩倾向严重

在子女生育上,村民更倾向于"男孩",家家户户都希望可以生育男孩。原因主要有以下三点:一是生育男孩可以继续负责家中传宗接代的事情,为祖上继续光耀门楣;二是家中劳作基本都是当家人和青壮男性承担,若生男孩,不用像女孩一样娇生惯养,有充足的男孩继续承担家里的体力劳动;三是"养儿防老"。女子多是成人后出嫁,成为别人家中的媳妇,男子则是将女子娶进门,为自己延续香火、为老人养老送终。因此无论是村上还是谢家,都有根深蒂固的偏向生男孩的态度。

3.未婚私生不可外扬

谢家认为没有结婚就生育的情况是一件不能提起的家丑,要是让外人知道也要被笑话。没有结婚就生育下来的孩子按其性别称为"私生子""私生女",不能提起其亲生父母的名字,孩子长大也无法继承家业,会被旁人一直歧视看待,是一件很丢人的事情。村里曾有被遗弃的孤儿,就被村里人传是有钱人家和外地女子生的私生女,虽长得漂亮但不得不抛弃让村里人收养。

4.早婚早育无说法

谢家男性多是在十八岁成年后结婚,二十二三岁结婚的最多。头一年结婚,第二三年便有小孩,结婚后公婆都会催促子女再生孩子,当地称为"抱孙子"。谢家也希望多生子女,可以延续谢家后代,为家里增添喜气。若儿媳婚后不生子,公婆则不爱戴,丈夫也会远离妻子,村上也会传一些不好听的话语。

5.多子视为福多

谢家和村上的家户一样倾向于多生,一般生育七八个孩子的家庭较多,生男孩越多越好,女孩最好一两个,因为家里缺少男丁,在医疗条件匮乏的情况下,孩子出生后存活的概率不大,而农家土方子大多治不好。村上没有"儿子多就十分尊敬"的说法,但儿子多会被认为是谢家人丁昌盛的表现,夸当家人是"有福"的人。一般家庭生儿养女都是十几个小孩,少点也是七八个,并非儿子多的家庭家境就好,成家立业都是家里很大的开支,送人的、夭折的、遗弃的小孩很多,穷人生了养不起,男孩数量多家里粮食不够吃,生存都是问题。

6.生育情况各家不同

当地的村庄绝大部分家户赞同早早嫁娶,多生多育,希望儿孙满堂,人丁兴旺。对于非婚生育持有不赞成、歧视的态度。大家户的孩子比较少,多是娇生惯养的富家子女,适婚年龄、择偶标准都有精细的讲究,比起大户,小户只讲求劳动力充足,子女多福,通过生育孩子的方式增加家庭血液。

(三)生育过程

1.生育为家庭大事

谢家的子嗣都是在谢家分家后儿子结婚后出生的,当家人谢生福管理家中事务,为儿子谢凌霞一手操办婚姻大事,在结婚对象和结婚时间的选择上当家人谢生福和谢李氏有绝对的决定权,不需要和家庭成员商议再为其选择婚姻对象。

在谢家所在的村中没有生不生小孩的犹豫情况,只要女性出嫁结婚必然要为夫家生育小孩,村中村民已经默认结婚生子的直接关系,反而不生、少生会被村民质疑、议论。因此是否生孩子,妻子和丈夫不会进行商量,要生而且要多生。老当家人谢天成非常注重子孙繁衍,因此时常会催促谢生福夫妇多养育小孩,妻子无自身是否生育的决定权。

2.怀孕受到照顾

当家人谢生福记得,妻子谢李氏在怀孕期间也会经常参与家庭农忙事务,处于怀孕前期身体活动还方便时,会在农忙之季去地里给丈夫谢生福送饭,做一些浇水、锄草的简单农活。待身体沉一些无法长时间走动时,便会在家里照顾老人、年幼的孩子,为家庭成员做一些饭菜,在院子里走走,喂养牲口。这期间还会得到婆婆的小心叮嘱和悉心照顾,婆婆会做一些好吃的饭菜为儿媳妇改善饮食,如做一些滋补的炖汤、鸡蛋、新鲜的蔬菜,邻里会时常串门闲谈,其中妇女之间传授一些养身子、如何生育、关于女人家的经验。谢家的家庭成员身上都有一股干劲,谢生福的妻子谢李氏和村上其他农妇一样不娇惯,生育时期仍进行劳动,并无太多保护,但谢家尊重家庭成员,对于怀孕期间的成员也会格外照顾,在劳动、饮食起居上孕妇和小孩都有优先享受的权利。

3.家里接生

村里人生娃没有什么顾忌和讲究,有的妇女正在地里干活,感觉肚子开始疼,在不知情的情况下小孩就在麦地里生下来了。由于妇女身体健康并长时期生产劳动,大多数妇女生孩子都是在家中、村中进行的。谢生福的妻子谢李氏生了三男一女,每胎生产都是在家中完成的,从第一胎到第四胎均不存在生育危险。谢李氏在怀孕、生产三儿子谢运昌时适逢下大雨,村里路上行人很少,谢生福披着外衣就往村上的接生婆家里跑,接生婆来后看到孕妇叫声惨烈,端热水用抹布忙里忙外,足足忙活半小时谢运昌才诞生,接生婆将小孩用棉被方巾包裹抱出房门给谢生福看,同时谢生福将小孩抱给父亲谢天成和母亲谢刘氏,最后再抱回妻子谢李氏的床铺上由谢李氏进行照顾,等到孩子百天过后才可抱出家门见村民、亲戚,摆百日庆生宴。

4.生育花费自家承担

生育花费很少,多是在食物的供应上,其他无太多支出。谢生福的妻子谢李氏在婆婆教导下一贯很节俭,怀孕期间就会在无法下地走动时做一些手艺活,如纺线、做被子、缝补衣服等女红,小孩出生、满月、一两岁的衣物在谢李氏怀孕时期就已做好,若是生养孩子多所需布料不够做衣服,就会将年长孩子不穿、穿破的衣服拆掉重新缝制留给年幼的孩子穿或做大一些轮流穿。儿子谢运昌作为家中第三个孩子就曾穿过哥哥改小的衣服、裤子和鞋。

谢家会为怀孕妇女准备一些好的食物,将家中饲养的母鸡所下鸡蛋留给儿媳和小孩享用,但更多时候谢李氏将鸡蛋让给老人和孩子,最后都舍不得自家吃,送到集市上拿来换钱。衣物、食物在先前谢家就有购买和种植,随家中怀孕妇女的出现会对家中已有食物、衣物资源重新进行家庭成员分配,以照顾老者、弱者、小者为先。孕期食物、衣物分配的分配权由当家人做主,妻子谢李氏和孩子们均听从安排,谢家多以讲道理的方式执行家中资源分配,使得分配合理、过程顺畅。

5.坐月子全家看护

生育过后的谢李氏要在家中调理一个月,当地称为坐月子。妇女需要在家中休息一个月,用来恢复生育过程中的疼痛和产后的体虚状况。在当地妇女坐月子有许多讲究,一是妇女不能在坐月子期间吃生冷的食物、碰凉水、吹冷风。生冷的食物和气候会对产后身体恢复造成影响,如谢李氏在坐月子期间因为用右胳膊抱小孩睡觉,未及时遮盖手臂进行保暖,在出月子后几十年里一直有右臂阴冷、湿寒的症状出现,每到天气恶劣、湿气过重时都需要当家人谢生福为其拔火罐、贴膏药。二是进食滋补需用食物调理身体。谢家刘氏婆婆将自己坐月子时受到的照顾同样给予谢李氏,帮助儿媳活动,为其做食物。儿媳在月子期间受到比平时更多的照顾,全家人都会为家中弱者考虑,以其为主。妇女如果不好好在坐月子期间调理,会留下生育小孩的病根,后期无法治疗。

家庭成员都会在妇女坐月子期间给予一定的照顾,在饮食、喂奶时多为产妇增加营养。谢家并不是大户家境,谢家长辈能够给予晚辈更多的是照顾、关心,再多实际性的物质帮助家中很少有,个人更没有。

在当地村上有的家户会在儿媳妇坐月子时更加照顾妇女的饮食起居,但多数普通家户中的妇女多是自己照顾自己,甚至有些家户的儿媳妇还会因为坐月子不干活而被婆婆咒骂,说是太过娇贵不能碰,儿媳妇要勉强参加家庭劳动缩短坐月子的时间。

6.小户多生

妇女生育过程大小户都一样，但大户人家在妇女怀孕的过程中没有对妇女做多少家务活、体力活进行要求，像西安城里许多大户人家都会请专门的服侍人员进行看护，滋补有益的食物更是不缺，妇女只需要静静待产，定期检查顺利生产即可。

大户也会在妇女临近生产时让家中成员去请县上、镇上最好的产婆，为妇女接生小孩。小户多是自家婆婆帮儿媳妇接生，谢家的生产全部在家中进行，当地没有良好的医疗设施，生育经验来自村中已婚有小孩的妇女传授，来自婆婆对于照顾孕妇和婴儿的自身经验，谢家没有大户的好条件，生育过程中的危险也要由妇女自身承担。

（四）生育仪式

1.办满月要抓阄

生育时谢家在家中没有举办过任何仪式，只有当生育后婴儿满一个月时，会将小孩用棉被包裹带到亲戚朋友面前，并举办隆重的满月庆生活动。庆祝仪式主要在刚添小孩的家中进行，男孩女孩的庆祝方式一样，但当地更偏爱男孩，如谢家当家人谢生福的妻子先后为谢家生育四个孩子，分别是大儿子谢凌霞、二女儿谢慧霞、三儿子谢运昌、四儿子谢得昌。在满月酒中村民会提及当家人谢生福有福气，有儿有女，个个乖巧懂事，对于儿子的赞许更多。

在举办满月酒的过程中，首先当家人要挨家挨户去敲门告诉其他家户自家孩子满月的好消息，并在选择的良辰吉日带亲戚、朋友来家中做客吃饭，为刚出月子的孩子举办宴会，庆祝家庭新成员的到来和表达后代有人的喜悦之情。除请亲朋好友吃饭以外还有逗小孩娱乐的环节，大人专门在一张圆木桌上摆上各式各样的东西让小孩抓阄，每件物品都有特殊的含义，如小孩抓到笔墨就是寓意"读书成才"，算盘寓意"将来要经商，成为富甲一方的大人物"，各种物品都寓意对小孩今后的不同祝福同时带有大人的寄托。三儿子谢运昌已经忘记自己小时候抓的是什么，但长大后也是跟随父亲谢生福学习种地本领，种地长达六十年，成为老老实实的庄稼汉。宴席活动让前来看新生儿的亲戚跟着乐呵，妇女会将包裹好的小孩抱到厅堂让亲戚朋友围看，家长、叔伯都会连连夸赞小孩的可爱、俊朗，与父母长相如何如何相像。

在当地大户人家摆满月酒时亲戚会给家里的新生儿包红包，当地人称为"给份子"，表示对家中添喜的祝贺；当地小户家里没有这些讲究，手艺活好的姑婶会做一些小孩的衣服、肚兜、虎头鞋作为贺礼，表达家中添喜的祝贺之情，谢家为孩子办满月酒会请关系好的邻居、远近亲戚一同来家中做客，老当家人谢天成坐上席，其他晚辈按辈分坐在左右两边，均听老当家人的安排，老人谢天成说完感谢语，开始动筷夹菜后其他家庭成员才可陆续动筷就餐。

2.保佑孩子茁壮成长

生育小孩后举办满月仪式的目的首先是告知远近亲朋谢家喜添子嗣，为让远方的亲朋能够得知谢家家中大喜，通知谢家的家庭成员和其他旁类弟兄后继有人的好消息。在谢家男孩女孩都是宝，并不像当地大户家庭一样对女孩厌弃、对男孩疼爱，由于家庭缺乏劳动力，所以生男生女都会成为谢家一桩大事；其次举办庆祝仪式无论场面大小都是为了庆祝谢家新生儿的出现，表达谢家对小孩的看重和喜悦之情，但当地大户人家也有借机炫耀家财万贯，富甲一方的现象，穷人只为庆祝小孩的来临，让新生儿感受到家庭的热闹；再者小孩的降临为谢家增添新鲜血脉和新的劳动力，以酒席的形式将谢家血缘聚集在一起，让孩子认识"家里人"，以一种庄重严肃的仪式确定新生儿正式成为谢家一分子，起到血缘联系，子嗣继承的目的。

3.当家人承担费用

谢家举办生育仪式的费用由家庭整体承担,主要由当家人谢生福给予金钱支持,由家庭成员置办食物,满月仪式上所收的份子钱由当家人谢生福进行统一管理,亲朋好友所送的小孩衣物、被褥由妻子谢李氏收到衣柜中保管,待小孩长大后穿。别家若是也有结婚、丧葬、满月的大事,当家人也要出大致相等的份子钱作为回礼,礼尚往来。

4.生育宴会大户重视

在生育仪式的热闹程度上当地大小户有明显差异,谢家为小户,在满月仪式上注重热闹但不讲排场,穷人和穷人打交道,来者多是自己弟兄、表叔,还有关系较好的邻居、朋友,以增添喜庆热闹为主,不在乎外在物质条件。当地富人很少,但也有,如崔家给孙子办满月酒时会请专门的娱乐班子去唱戏,连招待亲戚乡党的饭菜也要四个凉菜、四个热菜,凑齐八菜一汤的大排场,在庆祝新生儿诞生的同时彰显家户的威望。两家不同之处在于,当地村民更喜爱勤劳、帮忙的邻居,通过结婚、办满月、丧葬等重要仪式活动可以看出家户人缘关系的好坏,谢家帮忙人多,各家户愿意给谢家帮忙都反映出谢家在村中的威望。

是否举办仪式在不同类型的家庭中也有所不同,若是多子女的贫困小家即使有办满月酒的想法,但因孩子多,没钱也无法举办仪式。多子的大户,或少子的家庭都会积极操办庆祝仪式为家里添喜气。三世同堂和四世同堂的仪式没有区别。

(五)小孩起名

孩子的名字由家中长辈或当家人起名,生下孩子之后起名,或在满月酒的时候让亲自来祝贺的亲戚为孩子起名,孩子一般小的时候都有一个小名,如"狗娃""牛娃""臭蛋儿"等,当地起小名要好叫、越丑越好,预示农村家庭的孩子茁壮成长、少病少灾。大名则是按照祖宗留下的辈分起字,供长大后叫起。

当家人谢生福的儿子按照"霞""昌"排名字,寓意家庭美满、繁荣,分别为谢凌霞、谢慧霞、谢运昌、谢得昌。大多是按相同的辈字可以寻找自己祖宗,知道自己是第几代人,不同的字为祥瑞的寄托,没有特殊的含义。

大户人家对起名字也是有讲究的,用名字中字释的不同寓意美好的愿景、或对子女的寄托,农家起名字没有太多文化讲解,多是用来区别孩子,大户人家起名字寓意丰富。

三、家户分家与继承

(一)分家

1.儿女成家分家

(1)当家人提出分家事宜

起初谢家分家是由老人谢天成在 1933 年提出的。当家人谢生福作为第五子,从未和谢李氏主动提出分家的事情,老人谢天成考虑到儿子们已娶妻结婚、盖新房、成立小家庭,今后要让儿子们独立生活,故提出分家。谢家分家不需要告知或请示四邻、家族、保甲长。分家只需要老人谢天成做主或和谢刘氏商量即可,儿子们也会听从老人的安排。

谢家第二次分家发生在1949年后,由当家人谢生福提出。因为子女成家,已成为四个独立的小家庭,大家庭无法进行统一管理所以进行分家。当家人谢生福和妻子谢李氏跟随幼子谢运昌生活,由幼子谢运昌承担主要养老责任。

（2）外部成员难以影响

家庭外部成员很少能够影响家庭分家的结果，如保甲长、至亲朋友在没有家庭成员同意的情况下不能介入家庭内部活动，若是非正常嫁娶原因分家，邻里朋友、保甲长、亲属只有在家庭成员同意的情况下才能进行劝说。一般旁人都不会过多干涉别家家务事。

（3）男子成家

谢家分家，在北方当地是正常的，男子成家分家，当家人年老，需要依靠年轻的儿子继续生活，男子成家后有自己的家庭需要照顾，三代人生活习惯各不相同，需要分家。村里人认为分家是再平常不过的事情，一般男子结婚有孩子后，家庭就会自动分开，有些甚至男子成年后就已分家。当地有"小儿养老"的传统，是否分家都是听当家人的意愿，即使不分家赡养老人的责任大部分也在小儿子身上。

（4）尽量不分，不行必分

谢家认为不分家有利于家庭和谐，但家庭太过贫困必须分家过活。村里人都喜欢看别家热闹，若是因为妯娌不和、家中丑事分家，村上就会有闲言闲语流传，村人说得久了也丢自家面子，但正常的兄弟分家无人背后评论，各家各户都有这样的分家经历。

（5）分家原因，各自不同

在分家的原因上每个家庭的具体情况都各不相同，有的按照男子成人的习俗正常分家；有的因为婆媳关系不好，经常争吵分家；还有的是因为家中老人过世，没有老人在兄弟之间主事弟兄闹事分家。但总体上分为正常分家和特殊原因分家两种，前者无人嘲讽属于正常分家，后者会为家庭抹黑属于非正常分家。大家户也有分家情况，但因家产分割的问题往往更加难分，小户没有多少家产，分家时较为容易。

2.诸子均分

（1）家庭内部成员分得家产

分家时只要是家庭内部成员都有分得一部分家产的资格，家庭外部成员无分家产的资格。家产是未分家时全家人一同建设、购买的结果，只要是家庭内部成员都有分得家产的权利。

（2）家人均有，外人不分

谢家家庭成员中，拥有分家资格的成员包括当家人谢生福的子女和妻子。分别是谢凌霞、谢慧霞、谢运昌、谢得昌及妻子谢李氏，若小孩尚小未成年，没有分家的资格，儿子与妻子孩子为一家的，共同拥有一份家产，当家人将家中的田契、地契、房子进行平均分割，根据儿子种地、经商的意愿进行调整。由于当家人谢生福和妻子谢李氏赡养老人，所以谢生福继承的家产比弟兄略多，未成家的儿子、女儿暂不分家，成家后分家，但一般都是等孩子全部成家之后再行分家。

（3）多被自家成员分得

在分家的资格上多数家户都是将分家所得的家财分给自家内部家庭成员，有的按照家里成年男女的人数平均分配，有的按照分家的小家个数，即将当小家的儿子代替妻子、儿女分得家产，还有的家户将自己的家产留给儿子的同时分部分家产留给自己和妻子，去世后让妻子继续继承，或做主分配给其他家庭成员。未成家的儿女也会分给一些家中的物品留作以后嫁娶用。

3.叔伯见证分家

分家时要请家里的叔伯、舅家、邻居或村上专门负责为别人分家主事的村人进行见证。即使分家是一件不可外扬的事情，但必须要有除家庭以外的人见证分家过程，见证人宣读当家人所写的分家说明，给家中分得家产的成员一人一份，若同意就共同签字、摁手印完成分家，若是再要分得其他弟兄的家产，则不能商议。只有当家人才有权安排见证人，其他家庭成员和外人没有请证明人的权利，其他大小家户略无差异。

4.当家人做主分家

（1）分家由当家人做主

分家时要由家长做主，其他家庭成员没有做主的权利，其他家庭成员不是一家之长，分家需要家长决定，家长同长辈的认可后安排分家的事宜，旁人没有家长的权威，只能听从分家的安排，但可对家产的分配提出异议，或提出继承或不继承的权力。如果家长去世，兄弟分家就要由长兄将分家的事情告诉父亲的舅家，由舅家的叔伯进行安排，兄弟之间听从。

（2）外部成员不能参与分家

家庭外部成员不能参与分家。对于谢家的家庭财产的分配，外部成员从来没有共同使用、辛勤的付出，不能参与到谢家分家中来，只有在分家不定，家长请家族或远亲戚进行裁判时才能进入谢家的分家过程，但无外部成员分家所得。

5.分家书写契约

分家时需要当家人写一张分家单，上面包括分家的家庭成员、所分家产的种类、多少、继承人的姓名、日期，还要连同签上所分家产兄弟的名字和当家人、证明人的名字，兄弟之间各执一份，再留给当家人保管一份。当地称为"分书"，村上都有分家要写字据的说法。若是兄弟之间为分家打架，就要拿出分书来说理。外部成员不能签订分家契约，谢家是一般小家，穷家户没有正儿八经的分书可言，全凭实际分家。

6.外界承认分家结果

村上仅谢家一家，分家受到当地村庄、保甲长和村人的认可和保护，但没有呈现在保甲册之类的登记簿上，当地管理户籍的官府也认可谢家分家，分户后会变更户口上的名字，具体如何记录不太清楚。

（二）继承

1.儿女继承

（1）家庭成员的继承资格

家庭成员对于家庭财产都有一定的继承资格，其内部家庭成员主要包括妻子、妻子所生的儿女、娶进家门的儿媳妇、入赘的女婿和其他成员。若谢家分家除去分家以外的家产，谢凌霞、谢慧霞、谢运昌、谢得昌均可继承。

（2）儿子继承、排次进行

谢家生养的儿女都有继承权，谢李氏生育的三子享有继承父业的权利。若是家中有未出嫁的女儿、未成家的儿子以及上门的女婿也可以继承家产，但若女儿已出嫁则不能继承本家财产，可以继承丈夫家里的财产，只能继承一份。被逐出门的儿子没有家产，不在家的儿子所分的家产由当家人谢生福保管，等儿子回来时再归还给儿子，孙子辈的子孙都要按照父传子、子传孙的顺序继承，不能跳跃层级。

在谢家,所在的村庄,村民认为无论是过继过来的儿子,还是干儿子、改嫁带来的儿子,只要是自家成员都有分到家产的资格。不同的继承人在一般家庭所分到的家产差不多相当,若是大户有十分偏爱的儿子、女儿则会给较多的家产,妾生的儿子或私生子的地位要低于正房妻子所生的儿子,大户家中尊卑有别,往往继承权也多少有分别。谢家是先分家、后继承,老当家人谢天成将继承权给予谢生福一人,因贫穷并没有多余的家产,多是第一次弟兄分家时所得,共同经营后的家中物品。

（3）家庭外部成员无继承资格

一般完整的家庭不需要家庭外部成员继承本家家产,即家庭外部成员无继承资格。只有遇到老人一人孤苦无依,独居在亲戚家中,或没有子嗣、意外死亡无人继承的情况时才会通过抱养、过继的方式让外部成员继承家产。

在有儿子的情况下,若当家人不希望自家儿子继承,可将家产归给妻子或舅家,家中儿子若不孝顺、不听话,家长可以选择不把家产留给儿子。

2.当家人确定继承人

（1）继承条件由当家人决定

在继承过程中,当家人可以根据儿子的表现决定是否由全部儿子继承,或是个别儿子继承,以及分配继承的家产多少。有时不只是儿子可继承,还需要看儿子的表现。老当家人一般60岁让权由儿子继承家业,若儿子为人不正直、不善待老人,不孝顺、不为老人送终,当家人有权不让儿子继承。

（2）其他成员无决定权

除了当家人之外的其他家庭成员不能决定继承条件,只有当家人具有决定继承人的条件和资格。若当家人去世,挑选继承人也要由弟兄和当家人的妻子、长辈共同决定,其他家庭成员不具有决定继承条件的权利。在有儿子的情况下,也有权指定其他人继承,主要是通过察看当家人能力进行决定,不由成员决定。

（3）外部成员不能影响继承条件

家庭外部成员不能影响谢家成员的继承条件,即使有外人参与家户继承,也会被村里人说是"找事",外人不能参与本家户继承的家务事,如族长、保甲长不能介入,即使继承有误,也无说话权力。

3.继承房屋土地资产

当地的继承,主要是继承田地、房屋、牲畜、生活用具等家庭生活中共同使用的东西,北方当地将以上东西统统称为"家产",即家中的财产、物产。小户人家除了自家用过的桌椅、凳子、锅碗瓢盆没有其他值钱的东西,可继承的物品并不是非常多,只能继承田地、房屋,拾起一家的担子。大户人家、地主、财主家的物资丰富,争夺继承也相当惨烈,除家具、田契、地契外还有粮食,租出的耕地。按照当家人的意思将家中共有的东西进行划分、继承。

4.弟兄调解继承纠纷

在确定继承权时由家长做主,对分配的家产都可以做主,如决定是否让弟兄平均继承,还是由一儿子继承或是外人继承。曾经属于当家人的房屋、田地、牲畜、农具需统一按照家长的意思分配继承,其他成员可以对家长的分配或决定提出建议,但事先必须遵从。一般农户确立继承权的时候不需要字据,也不写遗嘱,只需要当家人通知全家成员,共同告知。

在继承权的问题上谢家弟兄没有产生过纠纷,全部按照父亲谢天成的决定执行,兄弟之间较为和气。村上也有因为所分土地少点,兄弟之间打架闹笑话的情况,丢了兄弟和本家脸面,被村里人说是"不懂事理"。对于继承权的纠纷,家中长辈、亲戚可以进行调解,但村里人、族长、保甲长只能委婉劝说弟兄不要闹笑话,但不能主动介入掌管别家家事。

5.继承存在差异

在继承的资格、条件以及做主上,不同类型的家庭没有太大差异,都是按照当地分家和继承的惯例依照长幼次序进行,若是为继承权、继承房屋多少、土地多少纷争不断,多是让村人看笑话,给自家丢脸,所以为表现家庭和睦都不愿意在继承上斤斤计较。小家户一般平均继承,没有什么可继承的重要东西。大家户继承有迹可循,一般按照祖宗分家、继承的传统进行。

四、家户过继与抱养

(一)过继

1.无子女时过继儿子

(1)终无子嗣继承家业

家庭过继最多出现在没有孩子,一辈子无娶妻行为的男子家中。在先前谢家中,当家人谢生福的大哥谢生金曾终身没有娶媳妇,所以也没有子嗣。谢生金晚年时过继弟兄家中的儿子继承家业,为其养老送终。过继子女需要没有生育孩子的夫妻与长辈决定是否过继,生男孩则不需要过继,若是生女孩,为女孩招上门女婿也不需要过继,只有家中没有儿女、无人继承家业时才会过继。

(2)内部过继

双方家庭可以过继、出继,一般都是本家弟兄或者叔伯关系。多是过继自家小孩,不过继外来人,出继的家庭选择过继主要是因为自家中儿女众多,生活负担重,考虑到兄弟家没有子女的原因才同意过继。一般兄弟之间过继、堂兄弟之间过继、本家之间过继都可以,但过继的家庭优先选择自家兄弟的孩子,自家兄弟比较亲,过继后还是本家的子孙,兄弟之间顾虑较少。北方当地也有"肥水不流外人田"的说法。

(3)双方自愿过继

在大哥谢生金与自家弟兄之间商量过继时,当家人谢生福因为兄长没有儿子曾与其商议将大儿子过继过去照顾兄长谢生金,在晚年回家后为其丧葬,同时继承兄长家业。过继主要在于延续子孙,不至于后继无人,能够由继承家业的儿子孝顺老人,为其守丧,过继是调节自家子女多少的一种选择。

2.家长决定过继子女

如果需要过继,一般没有什么可循的顺序,主要是优先选择自家弟兄的孩子进行过继,不过继外人。也有的村上家户不愿意过继本家亲兄弟的儿子,选择远点的亲戚孩子过继,因家户而异。如果亲兄弟没有或只有一个儿子,则会选择别的人家进行过继。如果出现家中有好几个儿子的情况,穷人家没有出继儿子的顺序。如果弟兄家没儿子就把自家多的儿子过继,一般不考虑顺序,若是父母格外喜爱哪个儿子可以选择较小的儿子出继,也要看弟兄的意思共同决定。

3.送终后可回继

（1）家长决定出继

过继时由当家人决定是否出继，一般出继者都是小孩，出继者本人尚小并未有自己决定的权利。出继时当家人可与过继的弟兄、妻子进行商量，但是不需要告诉村庄管理者、保甲长。出继是为家户自家事务，只需要自家父母决定孩子的过继事项，并不需要经过村人同意，主要是和自己家的成员商量，考虑过继小孩的情况，决定后直接过继。

（2）家长决定过继的具体形式

谢家所在的村庄主要有两种过继的具体形式：一是"完全过继"。过继的孩子直接随家长一起生活，今后由家长说话算数；二是"过继一半"，过继的孩子都是两家共同的孩子，可出入于两家之间，但成年后要赡养两家老人，为其共同养老送终。过继的具体形式由出继者的父母决定，与要过继的弟兄商量。有时出继无钱，自家过继。出继时入继家庭没有钱、物给予，但会给一些粮食作为养育孩子的补偿，出继的家庭多会准备一些小孩的衣物，再叮嘱过继的家庭一些事情，穷人之间过继小孩没有钱物等收入。

（3）出继有字据证明

过继要写契约，当地以写字据的方式证明孩子已过继，主要是写过继子女的本家、现家、过继人、是否继承家产等过继的详细情况，需要签字、摁手印，并各执一份妥善保管，在争论时拿出证明。订立契约后，过继生效。对于是否有出继中间人，是有无均可的。村上一般过继孩子不需要有人介绍，介绍人很少有，大家户多会寻找一些中介人为过继寻找较好的出继人家，自家过继子女有无均可，证明人也会请，但多数家户都是自己过继、自己证明，未请第三人证明过继过程。

（4）顾及意愿再议过继

出继时会考虑出继者的意愿，如果出继者不愿意，要当家人决定要不要过继，或是和其他家庭成员商量是否更换过继的孩子，但一般过继时孩子年龄较小，不记事，不牵扯是否愿意的问题。出继家长必须在场。家长不在的情况下，其他家庭成员不能决定是否出继，只能等当家人回来后再进行过继的商量。

4.入继签订契约

入继也需要经过当家人决定，做主入继孩子。没有生育能力的父母要进行是否入继的商量，告知长辈、族长，但不需要告知或请示四邻、保甲长。入继的具体形式，需要由出继和入继家庭的当家人一起商量，按照当地出继、入继的传统进行具体入继形式的选择。入继的当家人在入继时要给来家里的孩子做些新衣服、为孩子腾出专门的房间，表示对过继孩子的爱护，没有钱物是常有的事，可以用粮食、牲畜等实在物品代替心意。送一些东西给出继的父母，并亲自由当家人送到家里，表示问候。

在过继的过程中两家要签订契约，俗称"字据"，表示过继子女的完成，以字据为证，若过继的子女出现纠纷可以拿出凭证来说理。双方当家人需要在字据上署名、摁手印，允诺承诺，各家一份，各自保管。不用请专门的介绍人或是证明人，举行简单的签字仪式即可，无论是出继，还是入继都要尊重成年儿女即被过继者的意愿，若实在不愿意不能强行要求过继。入继时，两家父母都要在场，其他家庭成员在家长不在的情况下，不能决定入继，擅作主张。

5.回继可子女做主

（1）回继由家长安排

谢家所在的村庄有回继的情况,村上崔家的大儿子过继给了弟兄老三家,待养老送终后儿子本人返回原祖,改回崔姓。回继可由当家人安排,也可以自己做主,要是父母已故则可按照自己的意愿认祖归宗。

（2）其他家庭成员无权安排

其他家庭成员在家中只能服从,没有决定能否回继的权力,必须由当家人出面决定,才能将已过继的孩子带回家中继续抚养。当初所写的字据撕毁,双方家长取消过继约定,代表过继的完结。一般情况下,家庭外部成员不能安排回继,只有家长有权利安排回继,若是过继的孩子已为老人养老送终,想要回继,家中长辈、叔伯也可根据情况决定回继。

6.外界认可过继行为

谢家所在的村庄中没有势力强大的家族,均是以小姓小户组成的集合村庄,村民人数不足五百,过继是各家庭的事情,不需要家族认可。此外当地的村庄和保甲长都对村庄中各家户的过继行为表示认可,如村中有一骆姓,妹妹骆曼琳将自己的小儿子过继给自己的大哥当儿子,由于大哥家没有儿子但分家后需由儿子继承当家事务,所以在同姓兄妹中过继儿子继承家业。

无论骆家用何种形式过继都不需要同当地的村庄和保甲商量、告知,自家弟兄中商量解决即可,只需在过继中签订过继协议、算户口时告知村庄管理者过继结果,出示人口证明材料,让保甲长进行登记方便村庄事务的摊派。在村庄事务和村庄活动中也会将过继子女算在已过继给的家户人口中按照平均分配原则合理分配任务。因此在过继过程中外界不参与,村庄、保甲长对过继结果和过继子女的家户地位表示认可。

当地政府不管过继事务,均分配给村庄保甲长进行管理,政府只需要各户每年的人员名单,不需要了解各户人员的组成来源。当地政府和村庄都认可村中家户的过继行为。骆家的具体过继情况只有骆家和少数熟人知道,村民不会过多干涉和过问,政府更不会参与其中,只需要得到具体户数、摊派劳役事务、分配人头即可,其余关于家户的具体事务、是否为过继子女不会详细过问。如在税收、户籍上都会将已过继子女算在家庭人口内,此外当地过继是平常现象,延续香火的目的得到当地村民认可,所以过继的子女在村里不会被差别对待,村里人也不会随便笑话。

（二）抱养

谢家没有抱养孩子的情况,当家人谢生福的四个子女均为亲生,因家中孩子多,没有出现无儿无女的情况,不需要抱养孩子延续香火。在谢家居住的村庄抱养孩子的情况也很少,各家都有自己的孩子,不需要抱养。若需要抱养,多是和过继一样抱养家中姑嫂的小孩,没有抱养别家、抱养无血缘关系的孩子情况。但村上有一户曾抱养过外村孩子,赵家儿媳无生育能力,腊月出门时在村东头的雪地里发现一名被遗弃的女婴,于是抱回家中继续抚养,后有村人流传说,所遗弃的婴儿是有钱人家和小老婆的私生女不能要,赵氏执意抚养女孩长大,并教其读书写字,随后长大成人。村庄家户中如果没有孩子多会选择过继自家兄弟的小孩,如果过继不成,才会选择抱养较远血缘关系的小孩。

（三）买卖孩子

谢家所在的村庄没有买卖孩子的情况，当地称为"人贩子"。若是买卖小孩会被政府抓去，西安城不允许买卖小孩。村中也无没有孩子需买卖孩子的家户，或是孩子太多要进行买卖交易的家户。

五、家户赡养

（一）赡养单位

1.全家成员赡养老人

赡养老人是谢家的家户内部事务，家户之外的人无法干涉，当家人谢生福和妻子谢李氏承担多数时候的赡养义务，待儿女长大共同孝敬老人。如果家中成员不孝敬老人，对待老人不孝顺、打骂老人就会引起村中其他家户的议论，评论这家户不尊重长辈，邻里也会为老人说话，在儿女不在时帮助老人。为了不被外人笑话、嘲讽，多数时候家户都会自我进行道德约束，孝敬老人，为老人料理生活起居。

2.幼子承担赡养义务

赡养老人在谢家是成年男子必须尽到的义务，村上也主要是由儿子为老人养老，人常道"父母养子、养儿防老"，就是希望在晚年可以得到儿子孝敬老人，为其养老送终。北方当地多是分家后由小儿子承担家庭养老的义务，其他弟兄可以经常来老人家中探望，表示孝心。老人谢天成和妻子谢刘氏晚年与当家人谢生福和儿媳妇谢李氏共同生活，组成"上有两老，下有四孩"的八口之家。当家人谢生福赡养老人的同时，妻子、孙子、孙女也共同尽孝，十分和睦。

一般来说，老人的赡养责任由儿子和儿媳妇负责，其他弟兄多是时常走动，过年过节来小儿子家中探望老人，带一些粮食、布料给老人表示孝心，家中未出嫁的女儿、儿子也会多听从老人的话，尊重老人、不忤逆长辈，共同承担起家庭赡养老人的义务。

（二）赡养主体

1.一儿多儿幼子赡养

如果家里老人只有一个孩子，由该孩子负责赡养。如果家里的老人有多个孩子，北方当地家庭多是由家中最小的儿子承担赡养义务。其他儿子只负责照顾老人，平时多去小儿子家中探望老人，绝大多数的赡养由小儿子一家承担。谢家分家时，当家人谢生福和妻子谢李氏负责赡养老人，谢天成的其他儿子多是在分家后经常去谢生福家探望父亲、母亲，为其送去一些粮食、糕点之类的食物以及所需衣物。若是老人生病，所有儿子都要承担照顾的责任。

2.无子采取过继抱养

如果没有儿子，可由家中的女儿或是抱养、过继的子女承担赡养责任，或是自己独自承担，一人生活。如果儿女都没有，多数时候是由亲戚、兄弟承担赡养责任，或是决定自己一人生活，不需要他人赡养。谢生金一生没有娶媳妇，也无自己的孩子，其通过过继的方式让兄弟家的孩子为其养老送终。村中也有老人独居无子女赡养、或与亲兄弟同住的情况，保甲长不干涉各家赡养的事务。

（三）赡养形式

1.家庭赡养方式

小儿子谢生福负责老人谢天成、谢刘氏的生活起居，与自家四个孩子、妻子重新组合为传统的八口家庭,由一个儿子负责老人养老。在赡养的形式上主要是通过家庭养老的方式实现,老人只留下四亩地归谢生福家所有,家中老人也没有养老地、养老粮,全凭所在的家庭成员在生活上给予照顾、饭食上进行照料,老人养老的一切费用都由小儿子谢生福家承担,其他弟兄只是偶尔探望、给予一些帮助。

2.赡养者继承家产

谢家以小儿子养老的方式并不是谢家一家的规矩,而是村上、方圆几里的邻村都是这样的赡养传统。当家人对赡养形式有一定的决定权,但同时也要按照当地赡养的风俗习惯履行赡养义务。谢家主要是考虑小儿子为家中最小,无论是在体力方面、年龄方面、还是家庭物质条件方面都更适合为老人养老送终。按照当地赡养传统,其继承家产、赡养风俗多属自然形成,并不需要和谁商量,也不需要告知或请示四邻、家族、保甲长。

3.成员无异议

在赡养中谢家除当家人谢生福之外的家庭成员在家中处于服从地位,没有老人、当家人的权力大,也不能随便决定家中赡养长辈的赡养形式,一切都按照当地的情况进行,并没有太多家长和家庭成员的干涉。

4.小户亲子赡养

在家户赡养的形式上不同类型的家庭之间的差异性很大。大户人家的当家人都有在年轻时为自己留下安度晚年的私房钱财或私房地留作晚年自身无法挣钱时所需,为自己后半生留有一定的财富积累。小家户则没有大家户的积蓄多,家中也是破铜烂铁,依靠子女进行养老的家庭居多。多子女的家庭可以轮流赡养,相互照顾老人,少子女的家庭因家中子女少,只能独子赡养或老人结伴生活。若是有两个儿子的家庭,村中也有将老人分开分别照顾的情况,但一般村里人不太赞同,会笑话家户的儿子不孝顺,不让老人安享晚年。

(四)养老钱粮

1.谢家无养老钱

谢家没有养老钱的安排,在当地村中谁家负责赡养老人,谁家就出钱养老人,并不需要在分家的时候详细划分养老钱的比例。只有一些家户儿女未分家时就为家庭财产划分打架,连老人的赡养也不负责,只会斤斤计较,让外人看笑话。谢家无养老钱,均为子女赡养,多数情况下并没有详细的安排过,老人和儿子同吃住,没有差别。

2.成员可提出异议

在承担养老钱粮的过程中,除家长之外的其他家庭成员也可以提出异议共同和家长商量,多数情况下为了和谐相处,家庭成员内部不会详细划分。都是当家人谢生福决定,其他成员稍加提议。

3.当地未有养老钱粮

当地没有养老钱粮的说法和具体存在的形式,在不同类型的家庭中多表现在养老时对老人的实际付出。大家户可能存在养老钱粮,但小户不太清楚。老人养老生活需求较少,吃饱穿暖是最大需求,由谁赡养就由谁负责养老的钱粮问题,分家的儿子不会太多指望,在分家时由人数多的大家庭重新组成三代小家。

(五)治病与送终

1.老人生病医疗费家长支出

家庭成员是在老人生病时对老人进行治病和照顾的实际承担者。老人生病、看病,家长出钱，家长管理家庭事务、钱财的进出，医药费用也是由家长承担，实质为家庭成员共同承担。如果分家，由小儿子所在的家庭承担大部分医药费用，其他弟兄平均分担其余费用。主要的照顾由小儿子家中成员承担，其余弟兄多是来坐坐，探望病情，姑子、儿媳妇也是来时照顾一下，走后由家中谢生福的妻子长期照顾。

2.老人决定是否治疗

老人若生一些感冒、咳嗽的小病，当家人也会时常询问有没有好转，要是一直不见好，便劝说父亲看病，由老人决定是否进行治疗。家长并非实际决定治病的支配者，主要听从老人的意见，若是严重的病症，当家人也会在老人不情愿去看病的情况下先为老人看病。因为老人年迈、人命关天，不会提前估计钱财，而是顾及老人的感受，让其宽心好好治病。若是已分家，分家的弟兄也会商量给老人治病的情况。照顾老人的方式都是由儿媳妇自己决定，并听从当家人的吩咐。

3.家庭成员照顾老人

除家长之外的其他家庭成员在治病照顾中不能发挥支配地位，只能按照当家人、老人本人的意愿和吩咐进行细心照顾。听从当家人的安排，若是老人不肯就医、吃药则其他成员也要耐心劝说老人，不需要家长同意。

4.老人去世由儿子守孝

老人去世后丧葬的花费由家中儿子共同承担。即使是分家，老人去世也要把家中的儿子共同聚到一家，由大儿子进行哭丧，之后才能商量老人丧葬的事宜，进行挨家挨户报丧，在丧葬期间请知事、唱戏班子、招待亲戚的费用由各家弟兄共同承担，各自平分后分别承担一部分。在费用的分担上，各个儿子之间没有区别，由儿子们私下进行商量。

5.丧葬费用成员共担

在丧葬中长子与其余儿子的职责有些不同，长子在丧葬期间有带领其他兄弟共同议事的权力，也要第一个披麻戴孝，负责前前后后的丧葬事情。抬人①时长子要走在队伍最前头，手抱老人遗像进行哭丧。其承担的事务和内心痛苦要比其他弟兄更多。已出嫁的女儿也要前来哭丧，大家户的姑娘还有为老人做"先饭"②的情况，由女子做一顿菜色鲜美的食物摆放在桌上孝敬去世的老人，表示女儿的孝顺。丧葬期间家中来亲戚也要及时接待，为宾客递上点燃的香，待亲戚鞠躬吊唁之后还要送上茶水与亲戚谈话。一般农户丧葬时家中来客较多、事务繁杂、场景混乱，家中不同的成员看到什么活就做什么活，没有讲究。

（六）外界对家户赡养的认可与保护

1.村民认可赡养行为

村上没有家族，但同村的村民都对家户赡养提供认可和保护。在道德观念中赡养老人天经地义，不孝顺会被谴责。当赡养出现纠纷时也会请村上说理的人进行调解，安排家中的赡养事务。

---

① 抬人，是指将家中去世的老人放入棺材，通过多人抬棺入葬的过程。
② 先饭，用于供奉去世老人的食物，其主要采用民间的手工制作、刀工雕刻，在不同食材上进行制作，形成集艺术和祭祀为一体的供奉宴。先饭的数量和精美程度代表整个家庭对去世者的尊敬爱戴程度，也是一个家庭财力的展现。

2.老人赡养得到村庄保护

谢家所在的丁家村一般也承认对家户赡养的认可与保护，但不会直接插手家庭赡养的内部事情，以免惹人闲话，赡养出现问题可以找村上的保甲长出面调解，但无处置办法，只能劝和。此外政府保护各家的赡养权。谢家所在地方政府同样保护、认可家户的赡养，但一般政府不会进行管理，不提供任何帮助，多数情况下由村上自己解决、调和。

六、家户内部交往

(一)父子关系

1.父为子纲

父亲对儿子要承担管教、抚养、各方面教育的责任，直到抚养小孩长大成人，要负责小孩年龄尚小时期的启蒙教育，小孩十五六岁的劳动训练，家庭规矩的传授，成人后为儿子娶媳妇，操心女子出嫁的事宜。即使孩子有了自己的家庭，父亲也有相应的责任，若是没有教养好小孩，小孩的个性怪异、孤僻、不讲礼貌，外人不说，也会丢家长的脸面。在孩子不同的成长阶段，父亲都要具备不同的能力，担当不同的责任。

父亲一般不会无缘无故打骂孩子，随意役使孩子做这、做那，只有在孩子不听话、不服管教、捣乱的时候才会被父亲训斥、打骂。谢生福一般小惩大诫、轻轻责罚。待孩子长大后有脸面有自尊，父亲不会再进行身体上的惩罚，多是说教、劝导，给孩子留有颜面。过多的迁怒、斥责孩子则会让妻子、村人劝阻，劝说当家人不要打骂小孩。

对于父亲的话、正确的意见儿子会直接听从，若是错误的意见，孩子一般不敢违抗父亲的命令，也会不情愿地硬着头皮去做。在不同的家庭氛围里孩子的表现各不相同，谢生福对待儿子都十分和蔼，不到不得已的时候是不愿意打骂孩子的。多是由妻子李氏进行惩罚管教，所以家中的孩子和父亲较为亲近，若是父亲说的不对也可以委婉地纠正，看父亲脸色行事。

在过去，为儿子着想、严于管教孩子、帮家里修房耕地的父亲就是好父亲。孩子们不敢说自己的父亲不好，心里有埋怨也不能说出口，孝顺听话就是好儿子的标准。一辈子尊重父母，爱护长幼，为人和睦，从来不忤逆家长的意思就是好儿子，若是可以光耀门楣，更是让父亲高兴。

在权利义务关系上不同家庭之间的父子关系都不太一样，取决于父亲、儿子的个性区别，以及家庭成长环境的不同。无论是大小家户都遵守着"严父慈母、儿女顺从"的统一标准，村人也是用这个尺子衡量各家父子关系的亲近和好坏。有时家庭成员之间出现矛盾，父亲在中间偏袒一方也会引起父子关系的裂痕。大家户中的尊卑关系更为复杂，往往父亲是严厉、苛责的威严象征，无法接近。小家户父子之间没有太多等级意识，有事可以随便说话。

2.日常交往关系融洽

谢家平时父子之间的关系融洽，父子之间也会开一些玩笑，在与父亲共同劳作中、吃饭喝酒中都可以开一些适当的玩笑，聊一些轻松的家常话题。有时儿子也会怕父亲，如父亲在管教过程中太过严厉，被管教得孩子都不敢吭声，只是默默听从安排，平日无法和父亲再亲近沟通，长期下去不再父子沟通，形成儿童心理阴影。若是孩子胆敢挑战父亲权威，更是让孩子害怕父亲的一举一动，除此之外其他家庭成员也不敢为孩子说情、给予安慰和帮助。一般儿子心里有事很少和外人倾诉，在儿子看来父亲很难接近，父子关系时好时坏。

3.小冲突多和睦

谢家父子平时生活也会发生各种各样的小冲突,多是一些家庭小事,出现的次数少,事情也不大,多以管教孩子收场。发生冲突是在所难免的事,当初长兄谢生金告诉老人要出去找活干,老人不答应,说了谢生金几句"无法出去生存"的气话,于是谢生金不要分家的家产,离家出走。后来谢生金也很自责,但父子关系得不到和解,长兄不敢回家生活,所以常年在外漂泊,几乎不回家里。在老人看来种地最好,出去谋不了生路,可谢生金不想种地,长大后有自己闯荡的想法,父亲过多的干涉和不支持使得最后两人都很懊悔。

发生冲突后父子之间不说话,只有儿子认错的份儿,父亲是不会承认自己在管教孩子时的失误,当地叫作"拉不下脸"。受传统观念的影响,儿子最终只能向父亲认错,求得父亲的谅解,多数冲突都会是儿子的错、晚辈的错。再加上社会道德秩序和思想的禁锢,家中成员没有人会站在儿子这边,多是指责儿子不尊敬父母、不孝顺父母,母亲也会出手责骂儿子。

家中如果有老人实在看不过去会对父子之间的冲突进行介入,多是父亲谢天成介入当家人谢生福对孙子的管教,对父子之间的矛盾给予一定的劝说、惩罚,但家户之外的人一般不会介入,这是谢家家务事,村人介入说不清楚。

在冲突关系上大小家户没有什么差异,主要看子女的多少,关系复杂的大户、多子女家庭各种冲突比较多,但父子冲突却相对较少,儿子一般不敢忤逆父亲的意思。少子女的家庭冲突会少一些,和父亲很少发生冲突、争执。

(二)婆媳关系

1.婆婆主事媳妇听从

婆婆对于媳妇要承担管教儿媳妇、料理家务、服侍夫君、教育孩子、生产劳动、家务生活各方面的责任。也会在儿媳妇怀孕、坐月子时给予照顾,自从儿媳妇娶回家门,婆婆的地位就上升了,不需要再从事家中事务的管理,几乎全由儿媳妇来完成,婆婆会指导儿媳妇做家务,做饭、打扫卫生。婆婆对儿媳妇的管教是全部的,媳妇只有服从的权利。每日做饭儿媳都要小声去婆婆的房门口问过婆婆今天吃什么,才敢开始做饭。对媳妇不好、严厉的婆婆很多,媳妇做错一小点事情都会遭到婆婆的咒骂,几天挂在嘴边不肯原谅。有些婆婆还会上手直接打骂儿媳,公公也不会说什么,尽管婆婆发火,这些媳妇都只能无条件服从、忍受。媳妇就是嫁进家门孝顺公婆的,起居都要照顾,不能反抗。

在过去疼爱媳妇,不随便使唤儿媳的婆婆就算是好婆婆了。可要成为一个好媳妇往往要求更多,需要能够有勤俭持家的本事,孝顺长辈、侍奉公婆和丈夫,在家里尊敬父母并会照顾家人,这样的儿媳才会被村人公认为"好媳妇"。对女性其不仅要有管家的能力,还要孝顺大方、受到公婆的认可和喜爱。要是能为谢家生育男孩,媳妇更是会被家人爱戴。多子女家庭中的婆媳关系较难相处,大户之间的婆媳关系等级森严,有一定的秩序。

2.儿媳做事看婆婆

平时无事时婆媳之间的关系融洽,但婆媳之间很少开玩笑,婆婆会将家务活让媳妇自己独揽,自己做婆婆之后只会享受儿孙的福,很少与媳妇一起干活,家务活由媳妇一人承担。媳妇通常是怕婆婆的,只听婆婆的使唤,要是不符合婆婆心意、做错事会受到责骂,婆婆手重点则会打骂,连续几天都不能让婆婆解气。在媳妇看来婆婆不好接近,过去很少有融洽一说,多是少惹婆婆生气,平安无事是福。在日常交往关系上不同类型的家庭也有区别,要看媳妇的好坏、婆婆的好坏,大多是和气的婆媳好相处,惹事的婆媳难相处,多听婆婆吩咐就会减少矛盾。

3.婆媳冲突少有

婆媳之间很少有冲突,多是因为媳妇做错事被责骂。拌嘴、打架、吵架都是不敢有的。若是媳妇心里有事,也不敢和婆婆说,平时想回娘家,婆婆不让回,媳妇都不敢再提。外人很少会介入婆媳冲突中,家里的成员一般都不会管,也没有发生巨大冲突的时候。要是媳妇认错,好好做事,婆婆也不会多说什么。若是过不到一起的婆媳,会在儿子分家时分开住,缓解婆媳冲突。

婆婆和儿媳妇的冲突自古就有,各家户之间婆媳性格不同、相处的方式也不同。大多是多子女家庭的关系更复杂,矛盾激化比较深,若是大家户的媳妇必定不敢和婆婆顶嘴、说笑。

(三)夫妻关系

1.丈夫掌家权

丈夫对于妻子有生老病死共同承担,养家糊口、抚养小孩、照顾家庭的责任。若是妻子生病,丈夫有带妻子看病、吃药的责任,夫妻之间也有多沟通,相敬相爱的责任。丈夫可以吩咐妻子家中的事情,或是需要办理的活,但不能随意役使妻子。在谢家没有打骂妻子的情况,但村中也有丈夫殴打妻子,喝酒伤害妻子的事情,往往村里人不赞同这样的做法。丈夫的话妻子会听从,但不对的话也会进行反驳,重新商量;若是丈夫做错事,妻子也会责骂丈夫的不对,但夫妻之间多是口头上的沟通,无行为上的相互打骂。

在过去,爱护妻儿、子女、照顾家庭、有责任心的丈夫是有担当的好丈夫,勤俭持家、孝顺公婆、照顾小孩、体谅丈夫的妻子是好妻子。在权利义务关系上,无论是大户、中户、小户,还是多子女或少子女的家庭都没有什么差异。

2.夫妻相互尊重

平时夫妻之间关系很融洽,夫妻之间也会开玩笑,聊一些家庭琐事。有怕丈夫的妻子,也有不怕丈夫的妻子。丈夫主要负责外部家事,妻子负责内部活动,但不具有实权,都要听丈夫的安排。若是妻子多年没有生育,不能完成家庭传宗接代的使命,则地位更低,有时可以被丈夫直接打骂,也不会受到公公婆婆的喜欢。妻子心里有事有时也会说给丈夫听,和丈夫商量后拿主意;有时不说闷在心里,自己解决,其夫妻之间的沟通主要看二人关系是否融洽。在日常交往关系上,无论是大户、中户、小户,还是多子女或少子女的家庭都没有什么差异。

3.外人无权干涉

夫妻之间多口舌之争,很少被别人看到有直接冲突的场面。夫妻之间发生冲突的次数很少。如果有冲突,在家庭里妻子是多数被责备的对象,即使妻子没有错,家庭成员、家长都是会说妻子、儿媳妇的错,往往由此带来许多家庭矛盾。冲突没有解决与不解决、对与错的评判,家里争吵过、责骂过妻子之后,妻子只能一人承受委屈。妻子过几天后还像往常一样干活,毕竟日子还要继续,别无选择。无论是丈夫打骂妻子,还是公婆责骂媳妇,外人都不会插手,村里人看不下去的会走开、随口劝说一下,但并不能对家庭内部冲突造成直接影响,化解其中矛盾。在冲突上无论是大户、中户、小户,还是多子女或少子女的家庭,都没有什么差异。

(四)兄弟关系

1.互相关爱共同成长

兄长对弟弟要爱护,如果父母不在了,兄长要负责照顾弟弟,承担起父母对弟弟的养育责任,供养弟弟长大成人、受教育、娶媳妇成家的事情。兄长需要抚养未成年的弟弟并一起生活,教会弟弟谋生之道、种地干活的技巧,给年长的弟弟置办家业,为其今后的生活考虑。兄长对弟弟不能随意役使,也不能随便打骂。如果父母不在了,兄长不能将弟弟赶出家门,将弟弟卖掉也不行,亲兄弟这样不和气会让村里人笑话,说兄长不仁义。

兄长的话若是对的弟弟就要听,对弟弟可以进行纠正,总之要和睦相处。弟弟要服从兄长的命令,因为兄长年龄比弟弟大,在生活中经验更为丰富,只要弟弟还未成年都要听从长兄的话。弟兄之间相互爱护会受到村里人夸赞、疼爱。其中懂事、乖巧并教导弟弟的兄长是好兄长,听兄长话、爱护弟兄、懂事的弟弟是好弟弟。在权利义务关系上多数家庭的弟兄相处并没有什么区别。

2.兄弟关系融洽

平时兄弟之间的关系很融洽,兄弟之间也会开玩笑、聊天、玩耍、劳作。很少有用“怕”字来形容兄弟之间的关系,兄弟同辈多是相互帮扶,相亲相爱,多数时候不怕。但若是家中孩子过多,年幼的弟弟和较大的兄长关系会比较淡,也会和怕父亲一样怕兄长。要是有心事也是选择合适的家人才会告诉,并不是对任何兄长都会告诉,有时会和母亲、相近的朋友说,有时也会和兄长说。在弟弟看来,兄长比起其他成员更好接近,对自己也比较好,多在一起生活,受到照顾。在日常交往关系上,不同家户的弟兄相处的方式也不同,孩子多的家庭兄长会格外懂事,照顾家庭和兄弟,但也有兄弟之间争吵不断,关系不和谐的家户存在。

3.血缘纽带冲突较少

谢家当家人生养五个男孩,弟兄之间也会常常打闹不断,都是一些争吃、争喝、争用的家庭小事。兄弟多的家庭,弟兄之间年龄差异大,性格也各不相同,家里父母都不会太过于干涉家庭里兄弟之间的争吵,实在不行时才会责罚。责罚时一般从年长的兄长开始责罚,责罚之后弟兄之间就不敢打闹,可日子一长,兄弟之间的打闹还会重新上演。兄弟之间相互吵架、不理会是常有的事情,隔几天就双方忘掉,继续相处。发生冲突后,家长不会亲自介入,实在不行时才会出面管教,多以为是孩子间的游戏,各自成家后就很少会像小时候一样打闹。对于冲突,老人、家长会管教孩子,但邻居、保甲长、村人不会介入。

(五)妯娌关系

1.嫂子弟媳共担职责

在当地,嫂子和弟媳都是家里儿子们娶进门的媳妇,要都听婆婆的管教。嫂子和弟媳之间没有权利义务关系,多是尊敬、爱戴,多是共同孝顺父母、承担家庭管理责任,维护家庭和谐,少招惹是非。嫂子不能随意役使弟媳,也不可以打骂弟媳。只有婆婆对媳妇有管教的权利,嫂子、弟媳都没有相互管教的权利,都要相安无事、少出现不和、拌嘴的情况。过去,嫂子与弟媳之间和蔼可亲,共同管理家庭就行,没有好坏之分,若是妯娌不和,则会被婆婆打骂。

2.妯娌和平相处

平时妯娌之间的关系融洽,也可以开玩笑、聊天、共同劳作、缝衣、做家务。多是弟媳和嫂子和平相处,不惹是非。如果嫂子找事情,或是弟媳对嫂子不恭敬、搞内讧,会被婆婆、丈夫管教。关系好的妯娌可以相互倾诉心事,弟媳让嫂嫂帮忙,嫂嫂爱护弟媳;若是关系不好就会影响家庭生活,不好好干活,整天招惹是非,让村人看笑话。在日常交往关系上,大家户人家、多嫁娶的家庭情况更为复杂,妯娌之间相处比较难。一般小户家庭在为儿子成家之后就分家,多数平安相处,对公婆也是轮流进行照看,尽妻子本分。

3.冲突发生婆婆管教

妯娌之间也会发生冲突,意见不合。由于个性差异,多是嫂子和弟媳之间拌嘴、吵架。以前婆婆管得严,媳妇之间也不敢相互抵触,遭婆婆说教。多是因为怕婆婆才不敢吵架,闹不和。发生冲突后,一般都是媳妇之间互不相让,在小事上互相挑刺儿,过上几天就不再追究。要是遇到好婆婆也会劝说,过日子不要太较真,婆婆让丈夫给各自媳妇传话,进行劝说。男性、外人很少介入,或不会介入,任其发展。

七、家户外部交往

(一)对外权利义务关系

邻里之间有相互帮忙、互相照看的责任和义务。邻居之间仅一墙之隔,要互敬互爱,在各自家庭出现外部危机时提供粮食帮助、钱财帮助。如筹办红白喜事、借粮食、借用农具、相互来往等,街坊之间要互相帮忙,红白喜事多走动来往,没有重要事情不会麻烦街坊邻里,谢家自己处理即可。

地邻之间和平相处,不侵占各自家户土地面积,不故意在背后颠倒是非、破坏土地,地邻相互之间帮忙、农忙时相互照看。亲戚之间可以相互借东西,帮助家里暂时管理一些事务,多来回走动,需要盖房子、农忙时搭伙帮忙。朋友也是如此。谢家所在的村庄很少有租佃关系存在,若有,则要分清租佃的责任、义务,主家吩咐佃户听从,好好为主家耕种,没有其他人帮忙。

对于外村人没有权利义务关系,不是本家、无血缘也没有有忙必帮的义务,外村人来往的关系很少,多是在本村活动。租佃关系有明确的权利义务,街坊邻居之间多是来回走动,帮一些小忙,只需当家人打招呼则邻居会尽相应的责任,但无持久的关系纽带。

(二)对外日常交往关系

邻里之间很多都融洽相处,当家人会在不忙时在各家里串门、走动,与邻里的当家人谝一些生活中有趣的事情,或是种地上的事情,也会带一些家里的粮食、家畜,表达邻里在帮助本家时的心意,大家伙一起在地里耕种、聊天。

街坊之间大多是在路上碰面,闲聊几句,没有什么其他的交往活动,若是近亲会经常走动、一起干活、帮忙,若是很少走动,在路上问几句"吃了吗"这样的客套话,关系平等,没有冲突。

地邻之间的关系融洽,双方家户互不侵犯各自的土地,则能更加平安共处。要是有土地侵占的行为,就会找人评理,拿出自家的田地契约进行说理。交好的家户会共同下地干活,借用农具,讨论闲聊,不交好的多是见面不说话,连招呼都不会打,因为土地纠纷的事情两家不再往来,互不提起。

亲戚之间的关系有近有远,血缘近的、相距不远的亲戚可以多来往,较远地方的亲戚几乎见不上面,红白大事才会从大老远来一趟,亲戚之间多是客气话,看起来很融洽,没有矛盾产生、无利益纠葛,但不是非常亲近。若是亲戚多打交道,就比较亲近熟悉。不常来往的亲戚矛盾较少,家户过大、人口过多矛盾越容易激化,普通农户的亲戚也多是一些小户,大户多和大户结亲戚。朋友之间和亲戚之间相同,一般当家人不愿请亲戚朋友帮忙,影响家庭关系,欠下人情不好还，也不愿意与亲戚朋友有生意上的事情往来，影响亲情、情分。

（三）对外冲突及调适

1.家庭一体

处理对外冲突的单位主要是以家户为整体，由当家人代表家户整体出面解决外部冲突的问题，其他家庭成员也可以处理外部冲突，但一般由家长出面，只让家长解决，或由妻子替代，比如孩子之间的打闹就可以让其他家庭成员出面。

2.侵占地界

首先，家户利益至上。在家户与外界发生冲突时，当家人会考虑家庭的整体利益是否受到损害。若是家户利益受损，当家人谢生福会与发生冲突的外界人进行讲理，谢家其他家庭成员也会帮忙。只要触犯家庭成员对于家户的心理边界，则会极力反对外界的侵犯和进入。其次由家长处理冲突。与外界发生冲突，由当家人做主是否要进行反抗，外人没有干涉的权力，但外人可以缓和家户之间的矛盾，拉其劝架，没有最终决定权。

3.当家人出面

谢家没有在村中和其他家户发生过激烈冲突。若有，当家人谢生福都会缓和矛盾，与邻居、朋友、亲戚坐下来好好沟通。当家人谢生福很少招惹村上的事情，为人也很和善，所以在村上人缘很好，也不会有太多冲突，多是让一让、忍一忍就过去了。街坊之间的口舌之争，地邻之间的冲突，房子的侵占都未曾在谢生福的家中发生过。其他村人也多是忍让和睦相处，为了自家颜面很少出现争斗场景。

4.个人衍生家庭冲突

邻里之间的冲突很少由个人冲突演化为两家人之间的冲突，街坊之间更少出现。地邻之间的冲突，一开始就是两家人为土地争夺的冲突。亲戚之间、朋友之间一般都是个人冲突，严重时会演变成两家人的恩怨。主佃之间、与外村人很少有冲突发生，也不会由个人冲突演化为两家人之间的冲突。

5.外力无法介入

在发生外界冲突中，如邻里、街坊之间发生冲突，村里人多会看到，有的村人好心劝架、有的村人看热闹，希望两家越打越热闹。街上吵架也是很常见的行为，两家吵完架街上的人也就散了。亲戚之间发生冲突要请家里的长辈、老人说话协调，相互沟通道歉之后事情就可以过去，但朋友之间发生冲突只能当事人当面解决，外力没有办法参与。地邻之间发生冲突，多是村上找人评理，依靠田契、地契的证据说明各家的道理。家庭事务的冲突远远多于家户外部事物的冲突，村里外部家户之间多相互谦让、客套礼让、未达到需要外力介入协调的局面。

第四章　家户文化制度

　　谢家所受文化教育水平不高,当家人谢生福对家庭成员的家庭教育情况、教育细则、教育方法和教育结果通过谢家整体家教、家风彰显出来。当家人谢生福从小未有较多读书识字的机会,当家后更是认识到让孩子读书的重要性。

　　谢家世代务农,当家人谢生福种了一辈子地只念过村上私塾,自己吃过没文化的亏,所以在孩子的教育上格外注重。如送子女读书识字,在家中强调家风家教,将诚信、厚道的品质传承给下一代。后随教育水平的提高,谢家第四代、第五代、第六代子孙逐渐深入读书,呈现"初小—高中—大学"的学历上升趋势。

一、家户教育

(一)读书甚少

　　谢家在 1949 年前一家人的教育水平普遍偏低,父亲谢天成和母亲谢刘氏从来没有上过学。当家人谢生福和妻子谢李氏都只是上了半年私塾便退学,到了儿子谢运昌兄弟姐妹这一代,都上到初二才被领回家。在儿子谢运昌这一代人中,老大从 10 岁进学堂,都是按年龄跟班学,学了两年就回来了;二姐没有上过学,家里的弟兄优先上学;老三和老四上学时间有四五年,后来没到初中毕业就不上了。由于家里缺劳动力,当家人谢生福没让儿子读太久。后来西安城频频打仗,父亲谢生福觉得学习没用,也劝说儿子回家种地。成年十五六岁的孩子就可以充当青壮劳力、未成年的孩子也能做点体力活。

　　如果一个大家庭的当家人是爷爷,当家人的儿子们都养育有小孩子,儿子们会和当家人商量是否让小孩上学,衡量家庭情况之后,若负担不是非常重就可让孩子去上学,但只有男孩能去、女孩一般不让出去;若是家里经济负担不起,就让长子或愿意读书、聪明的孩子优先读书,其他孩子干些别的。最终儿子们听从当家人的安排。

(二)先让儿子上学

　　谢家以前,老人谢天成让自己的儿子们,谢生金、谢生玉、谢生满、谢生堂、谢生福都有去读过私塾。谢生福做当家人后,让儿女读书,父亲同意后就能去读,村上请的教书先生,教书的费用也不多,都是用粮食换,上私塾的家户,挨家挨户轮流请先生在家里吃饭,一家一天,过年时各家拿一些粮食、鸡蛋送给教书先生当学费。除此之外,也没有别的东西能拿给先生,如果哪年负担不起,当家人就不让孩子们去念书了。

　　兄长总是让家里较小的孩子去读书,自己留在家里帮大人干活,女孩没有读书的必要,也不让上学。家中谁当家谁决定孩子们的上学事项,若爷爷当家,则谢生福必须告诉老人,与其商量;若是儿子当家则直接决定。

私塾离谢家不远,就在村里。上学分为晌午半天、傍晚半天,先生主要是教《百家姓》《三字经》《千字文》之类的内容。过年没有像样的礼物送给教书先生,会拿些酒菜招待、请先生好好教育孩子,有钱的送钱,没钱的送些粮食、家禽、农副产品,留在先生家中。

(三)初中就读西安县城

谢家到儿子谢运昌这一辈大多可以读到初中,十里之外的西安城有充足的教育资源,凡是家境好点、要学习的孩子,都会被送到城里读书。谢家没有成员被送到西安城去读过书,只是在就近邻村的小学、中学里学习,还未到初中毕业就已辍学,初二时回家帮父母种地。

(四)女孩待嫁不让读书

小时候孩子的教育主要来自家庭,爷爷奶奶主要教给孙子一些生活中的道德、礼节,老当家人谢天成曾用讲故事的方式告诉孙子与人相处的道理,如何在家里做事、尊敬长辈。孙女多是听奶奶、母亲的话,在家里跟学织布、纺线、做饭、勤俭持家的手艺。儿子们多跟父亲去田间劳作,一些有关农业节气、播种、锄地的手艺由此得来。多数时候都是在家庭活动中,通过观察的方式学会的,看大人如何处理事情,久而久之,自己也就这样去做。

不同辈分的人对孩子的教育侧重点不同,母亲较为贴近,与女孩交流较多。男孩更喜欢和父亲谈话,从父亲身上学习做人做事的本领。从小家中女孩被养在家里、男孩被养在田间地头,因此个性特征十分鲜明,女子多温柔贤惠、对家庭事务的打理能力很强,缝补、烧饭也是必要的手艺,若是特别会管理柴米油盐的家庭事务,成年后可以说到较好的婆家。男子大多是在风雨、摔打中磨炼,割麦子、出力气、撑门面的活都锻炼出男子汉勇毅的性格。

其他亲戚大多不会教自己家的孩子。教育孩子是家户父母的事情,外人不太参与其中。子女会听父母的话、但不一定听从其他亲戚的教导,在血缘上有一定的亲疏关系,所以外人也不会自寻烦恼。邻居也很少教,有时会教一些生活常识,除家户之外的亲戚、邻居、同龄人对于孩子教育的作用不大,主要的教育来自家庭。

(五)重视品格塑造

父母亲以及其他家人的思维方式和性格在孩子的成长过程中会产生十分重要的影响,家庭中的相处模式和平时的生活氛围也会对孩子的性格产生影响,如果家庭和睦、温馨,家人都开朗、乐观,所教育的孩子也具有这些优点。若孩子生活在争吵、打骂、不和谐的家庭中,会自卑、叛逆、内向。

谢家的长辈经常教导儿子们做事、做人要厚诚、老实,不要做违背良心的事,劝说家里人吃亏是福,不要斤斤计较,所以家中生活氛围朴实、温暖,也很少有家庭成员争吵的场面。关于做人做事的道理,基本上都是老人教育儿子,儿子教育孩子,传承而来,在大家庭的熏陶中习得。从小所学习到的风俗习惯也是从祖祖辈辈中传承下来的,久而久之成为家庭传统,将"勤劳致富""家和万事兴""老实做人"的传统传承给后代。

(六)教授劳动技能

谢家会教小孩子学习一些劳动技能,男孩子一般跟随父亲学习耕田锄地、拔草播种、观察天气、买卖粮食的劳动技能,此外还会教一些自制桌凳的维修活。女孩子学习烧水、做饭、缝补衣物、管理粮食、纺线织布等女人活计。这些劳动技能在小孩子很小的印象中就存在,所以大多数都是愿意学习的,少数孩子不愿意,父母就会训诫他们,妻子谢李氏会吓唬女儿说"不会做饭,婆家都不想要你",女儿即使被逼迫,也要勉强学习操持家务的本领,会做一些力所能及的活,否则嫁到夫家会被笑话。如果小孩子不学习或者是不好好学习相应的劳动技能会被长辈批评教育,也会被外人笑话,丢家里父母的脸面。

(七)安排手艺学习

谢家没有什么独门的技艺,或家传秘方,先前来时老人谢天成有盖房的手艺,后无儿子继续传承,就没有了。当家人谢生福的大儿子谢凌霞,头脑聪明,后来去外面做过小本生意,但家中无有手艺之人,全部靠种地为生。当家人谢生福曾鼓励三个儿子去外面学些不同的手艺,以后好娶媳妇安家,但最终没有学成的,因为儿子们没有想做的事情,随着老当家人谢天成年老,家中劳动力不够,儿子们也没有出远门去学手艺,都在家中保护祖业,一直耕种。

(八)听从国家教化

1949年前,谢家没有规范的日常规矩,在村庄的普通家庭中都要求各家户成员品行端正、为人老实,这不仅是家长的要求,也是整个社会的道德风尚。若是国家或官员对村庄、家户有格外的要求,也必须遵从,不能违抗。教化主要通过街上的宣传。有些人在城里犯了事,被官府惩罚,若被其他村民得知,村中则会有"什么事情不能做,要不就会向谁一样"的恐吓言语,其他人也不会做出同样的事情自找麻烦。很多时候村人都是通过无形的教化方式进行感知。村民在国家的教化下行事,如不做伤天害理的事、不偷盗抢劫、不滥杀无辜。这些行为都是普通农户不敢做出的事情,在各家户的言传身教、私塾先生对《弟子规》《三字经》的教书中习得,民间还会有一些专门教育人们如何处事的小故事,将为人处世的道理编入儿歌里,家家传唱,形成除恶扬善的良好风气。

通过教化使各个村子安定,村民遵守社会、国家秩序、减少作恶之人,同时形成村庄和睦、家户团结、邻里友善的社会风气。以前有贞节牌坊,专门为遵守孝道、恪守妇道的女子立碑写志,表示歌颂,用载入历史、歌颂美德的方式教化其他村民,或让妇女向其看齐,起到激励善事、抑制恶事,左右国家教化趋势的作用。谢家所在的官府,无什么具体的教化,主要通过审理案件进行直接教化。家庭的教化,由当家人谢生福进行,有时妻子谢李氏也会教化家庭成员,对孩子们进行正确的价值观引导。如果其他家庭成员在进行教化时犯了错误,当家人会对其批评,若是无故再犯,所受惩罚也是相当严重的。为了纠正教化风气,会以一子为例,警示其他儿女。

二、家户意识

(一)自家人意识

谢家认为自家人包括除自己家人以外同姓父辈、叔伯辈的人,不是同姓、无血缘关系的村里人,或外村人都算外人。自家人都有一定的血缘纽带,只是亲疏程度有远有近,但因血缘关系,相互来往较密,不生分。外人多是邻居、不熟悉的乡里人,只是生活上有时帮扶,不牵扯家庭里的事务,也没有管理本家户事务的权力,两者有很大不同。

根据亲疏远近,相对于不同姓氏的外人,叔叔、伯伯、姑姑、姑父、舅舅、舅妈都是自家人。再根据血缘中分家后来往的次数,则还是自己的小家庭更为自家人,利害关系更紧密。即使是亲戚但是居住的比较远不经常联系,也是自家人,但不亲近,不是亲戚者不能称为自家人,即使平时能够相互帮助,比较靠得住,也不能与自家人混为一谈。

出去打工常年不回家的人算自家人,若是日常相处寄宿在谢家中不再走的人,则是自家人,偶尔暂住不算。无论是上门女婿,还是过继、收养过来的孩子都是自家人。谢家没有雇佣关系,若是雇佣在大户人家的长工、管家、做事的佣人不算是自家人。如果一个男人娶了几房妻妾,妾及妾所生的孩子也算是一家人,只要当家人承认,其他妾氏、子女无异议。如果家庭成员不听家长的安排,被父亲分出去或赶出去,这样的人不算家人,即使有血缘关系,但当家人不承认父子关系,即无血缘关系。

如果家庭成员有极大的争吵,互相说出伤害他人和家庭的话语,得不到双方的原谅。有可能因为心理上的疏远,没有得到及时化解,从原本的自家人,走向陌生的外人。自家人存在一个较为普遍的标准,就是用姓氏、血缘、亲疏划分,但具体的标准是看一家人的心理认同的高低,取决于心理对自家人的不同标准衡量。家庭成员对自家人的底线和边界也各不相同,有所差别。对于不是一个姓氏的简单外人划分,并不是心理边界,邻居也有亲近的、不常走动的区别,常走动的要比外人更加熟悉、亲近,离的较远、不太合得来的亲戚也要比自家人淡一些。

外人有时可以介入自己家的家事,如果邻居对谢家发生的矛盾看不下去时,会找机会进行开导、调解,为当家人谢生福或妻子谢李氏宽心。若是不怀好意,乘虚而入的外人参与谢家家事,首先会受到家户所有成员的整体攻击,所以邻居、外人一般不管别家家事。谢家也不会太多参与邻居家的家事纷争中。

谢家不会轻易介入亲戚家的家事,会关心过问,主要看远近亲戚关系,关系好的会上前劝导几句,若是关系不好的亲戚也不会过问太多。在发生矛盾时主要听长辈做主,出于长辈情面,也不会大吵大闹。跟谁交往、打交道要看来往的紧密程度,即使是亲戚也有可能少说,即使是邻居也有可能多关心。

(二)家户一体意识

1.家人相互扶持

谢家还没有分家的时候,几个兄弟会在生产生活上相互帮助,妯娌之间也会互相帮助。如果家庭里的任何成员被欺负了,一家人都感觉受到外人欺负,但不会一味冲动,联合起来帮助家中被欺负的人去讨个公道。先要问清楚为何会受到欺负,是谁家的错误,之后才会决定是去讨公道,还是道歉;若是遇到大户人家的欺负,是不敢与之对抗,只好忍下来。

如果在分家时,几个兄弟之间如果某家的条件不是很好,谢家当家人会在田地、房子、粮食的分配上对其有所关照。即使分家了,兄弟之间也会经常走动,弟兄会带些东西进行扶持。若谢家分家之后几兄弟之间的经济状况有所差异,经济条件好的小家庭会扶持、帮助经济条件相对较弱的家庭,带一些粮食、农副产品多去弟兄家走动,或当家的弟兄给一些钱帮助度过困难时期,要出人的时候出人力、要出钱时候出钱。

2.致富光耀门楣

发家致富是许多农民的追求,也包括谢家,但谢家是小户小家,所以先求家庭和睦、温饱,再求发家致富。若谢家有致富的能力,家里的每个人都要为家庭的发达致富而努力。如果一个家庭发达了,家庭里面的每个人都会跟着沾光,家庭富裕是家里面每个人的愿望。其次"光宗门楣"也是普遍农民的追求,体现在不做侮辱祖宗的事情、不做偷鸡摸狗、残害他人的事情,即使自家没有才能过人、有出息的人,也不能给谢家抹黑,丢先人的脸。

谢家没有明确的共同生活目标,只求家庭和睦、儿孙满堂,老当家人谢天成年老时只希望谢生福兄弟之间和睦、相互扶持,家中没有大灾大难就行。家庭要是和睦、子女有出息、全家人脸上也有光,村里人人夸赞。

(三)家户至上意识

1.家庭团结

谢家是老实本分的种地家户,只求温饱和家庭和睦,所以全体家庭成员都要以家庭为重,赞同"没有家就没有个人"的观点。在家庭分配吃、穿、住、行的不同方面,都要考虑家户整体的一致性。

2.家庭利益至上

当家庭的利益与个人的利益发生冲突时,谢家多数家庭成员都会先以家庭利益为先,高于个人利益。若是遇到个人利益和家庭利益相等时,也是先家庭,后个人,如果家庭成员首先想到的是自己的利益,会被当家人批评,"不懂事理,只顾自己,不顾家人死活",当家人的权威很重,一般不会有家庭成员不顾全家庭大局的现象发生,即使有也是嘴上抱怨几句,不敢让当家人听见,继续按家长的决定行事。

3.舍弃读书扶持家业

如果家中孩子很喜欢读书,但是家庭条件不允许,家长希望孩子回家帮忙干活儿,孩子都会懂事放弃读书。贫穷家户的孩子本身能上学的机会就很少,家里有许多做不完的农活,要是都去读书,哪来粮食可吃。但谢家虽家庭条件不好,也会让孩子去上学。上初中时,当家人谢生福的大儿子谢凌霞就放弃了读书的机会,甘愿在家里帮父亲种地,分家后才去外面经商,做了生意。家中孩子多,不能满足每个孩子上学的需要,就让勤奋好学的孩子先读书,因为资源有限。

4.家人支持外出

谢家只有谢生福的大儿子谢凌霞在外跑路做生意。如果当家人希望儿子回来,若知道要匆忙赶回家,也是短暂住几天就走,不久留。老人由家中父亲、弟兄赡养,谢家成员也支持其外出打拼,虽然大儿子在外跑路十分辛苦,但大儿子头脑聪明更适合在外经商,有发展空间。

5.婚姻大事家长做主

在儿女自己的婚姻问题上,全听当家人谢生福和妻子谢李氏的安排。如果儿子喜欢上别家女子,当家人也要根据对方的条件,再决定是否同意,若不是大户小姐、寡妇二婚、家长觉得可以也会同意。如果当家人谢生福不喜欢儿子的媳妇,希望他们离婚,儿子要听当家人的话,若不听会被赶出家门。但一般农户都是凑合着过,没有离婚一说,但可以休妻。

(四)家户积德意识

谢家的老人在做事时讲求心里安定,有行善积德造福子孙的意识。在遇到邻居家有事需要提供粮食时会热心帮助,不对村里人说假话、骗取他人钱财。村上东、西、南头各有三个庙,经常有村里人去烧香拜佛,保佑家人平安。村中一般没有什么组织家族或组织村庄内的公共事务。谢家的老人在家里人看来是"爱管闲事"的人,但在别人眼中却是热心肠的好人。老人老了,但家中事务老人都喜欢进行管理,对子女的劳作关心、对孙子嘘寒问暖,但事情往往不在老人的管理范围内,常常惹自己难过。老人腿脚不便很少外出,多数在家里待着,不会到祠堂里去祭祀祈求下辈人的健康平安,有时在家中挂念即可。若是家中有升官发财、学有所成、很有出息的成员,家里会格外庆祝,认为是祖上行善积德的缘故。此外,谢家对于人品不好、无德的人瞧不上眼,认为家境不好还不讲道理、没有底线操守的人不会有好的报应,如果自家出现这样的人,不纠正或纠正不过来的会被撵出家门,再也不能回来。

三、家户习俗

(一)节庆习俗概况
1.春节祭奠祖先

当地的春节,俗称"过年""年三十",一般用阴历进行计算,指除夕和正月初一。但在民间一般从腊月二十三就开始算起,要进行过年置办家用的准备。家家户户的儿童都会唱有关过年的歌谣:

> 二十三,糖瓜粘;二十四,扫房日;
> 二十五,推糜黍;二十六,去吊肉;
> 二十七,宰只鸡;二十八,把面发;
> 二十九,蒸馒首;三十晚上守一宿,大年初一扭一扭。

过年期间,谢家首先要在过年前祭奠灶神爷,以前是老当家人谢天成去祭奠,现在由当家人谢生福带着儿子们去祭奠灶神,妻子谢李氏负责打浆糊。当地祭奠灶神就是由当家人谢生福起头将家里厨房进行打扫,锅碗瓢盆、面瓮、橱柜都要擦拭一遍,用当地特有的花花馍摆一盘放在祭奠灶神的供桌上,儿子们不仅帮助父亲准备,而且要在摆设后跪地磕三个响头,表示尊敬。其中祭奠灶神主要寓意来自农户对食物的敬畏,希望神仙可以保佑谢家来年麦子丰收、不愁吃穿。

此外过年还需要给祖先烧纸钱,老当家人不管事后由当家人谢生福召集自家兄弟一起去给祖先烧纸,俗称"三十迎祖先",谢家祖坟原在山西,离得远就在村里空地里烧,谢生福用树枝在地上圈出一块空地,把土地抹平整,同时给圈外留一条路,以便已过世的谢家祖先可以进出,拿走所烧的纸钱,弟兄五个一边烧纸一边哭喊呼唤祖先,谢生福会喊:"爷奶,拾钱啦,给你自己买点棉衣,别冻着啦",弟兄几个都会以同样的方式召唤已逝的祖先,通过呼唤的方式把先人请回家中过年。并将祖先三代的牌位供在家中厅堂中央,供奉水果、糕点在左右两边,香蜡和香炉在中间,无论谢家成员还是亲戚,过年期间来者都要上香敬拜,此外无论是除夕吃饭还是大年初一吃饺子,都要用小碗盛上两份供于香桌之上,用长香作为筷子,整齐地摆放在小碗中间,并口上叫一声"爷儿、奶儿吃饭了",磕头上香,直到初三之后烧纸才送走祖先,供桌直到正月十五才撤掉。过年供奉祖先主要表示谢家人对逝去长辈的尊敬和悼念,在家庭贫困和富足时都不忘记祖先,共同团圆。

其次还有办年货,当家人谢生福和妻子谢李氏会在除夕夜前一周去集市上买东西,由当家人负责买米面油等基本生活用品,谢李氏购买食材、年画、孩子新衣等物件。谢家过年不会买太多东西,谢李氏会置办一些平时吃不到的猪肉、豆腐、柿饼,再亲手制作一些小孩喜欢吃的白菜丸子、糖糕,为祖宗供桌上放一些样式各异的水果、点心。过年期间城里的庙会、集市很多,年货摆放得琳琅满目:有熏肠、腊肉、回民街出名的牛羊肉、糖葫芦、蒸甑糕、八宝饭、梅菜扣肉,各种肉类做的冻丸子、炒丸子、蒸丸子,凉粉鱼鱼、西凤酒、德懋恭的点心都数不胜数。谢生福家里买不起这些,只是逛逛看看,大饱眼福,谢家一年到头只有自家种的粮食和一些家禽，过年时会卖些鸡蛋、猪肉、粮食换成不常吃到的食物，再带些冬季吃不到的蔬菜返回家中。当地各家每到过年也和谢家相同，家庭成员忙活办年货、祭灶神、扫房子、贴门神、贴春联、迎先人、吃团圆饭都不能少。

贴对联也是谢家每年必不可少的项目。当地农村有贴门神的讲究，谢生福将门神和对联拿出家门口观察左右上下联之后，让一个儿子去厨房里端来谢李氏和的浆糊，在对联背后四面抹上浆糊，爬上背靠门轴的竹梯去贴，由另一个孩子帮父亲看对联的高低左右，贴好后当家人谢生福会下梯子看看说句好了，孩子们都会收拾好工具，回到院子里继续玩耍。一般家户贴红色喜庆的春联，由村中先生书写，若是家中正在守丧、三年未过的家户，不能贴红色的春联，可以不贴，也可以选择绿色或白色的联子，其内容多是表达思母、思父、家中德行的赞扬之词。在过年期间也不会拜年，亲戚也不走动，表示孝子守丧之意。

除此之外，谢家的女人谢李氏也会在过年之前量身做衣，主要给小孩和当家人缝制，布料少多是给经常外出的当家人制作一件过冬体面的衣服，走亲戚时好有面子；小孩的衣服多是改制而成，大的改成小的，小的用于其他，但谢李氏会在衣服上刺绣一些花草、动物的图案，孩子们也会很喜欢。

当地有句俗语"过了三十就是年"，大年初一早上起来谢家一家人围坐在桌前一起吃饺子，初一不扫地、不出门的习俗一直在谢家实行，直到初二开始走亲戚，先走男方舅家，即谢家老舅家，初三再去姑家，或女方谢李氏的娘家。每年大年初四是谢家招待亲戚的日子，会请亲戚来家里串门、聊天、吃饭，初五、初六要把剩下的远房亲戚、朋友走完。谢生福代替老当家人去舅家拜年也有一定的礼节——晚辈给舅舅拜年要提酒，如谢生福是外甥辈分要给舅家拜年、提点心和酒，表示"看舅"的意思。当地各家都有招待自家亲戚的阴历日子，过年吃团圆饭轮到谁家就去谁家，招待亲戚的当家人要管两顿饭——上午吃臊子面加四个凉菜，下午是凉热菜和蒸馍。在谢家待亲戚的一天里，谢家本兄弟、舅家的代表、姑妈姨妈都会来，聊些家常和农忙的事情，边吃边说，年就过去了。

谢家所在的村庄过年没有小孩的娱乐场所，三儿子谢运昌和哥哥姐姐们会拾大户家门口放过的鞭炮，撕下鞭炮壳上面的红纸烧火玩，女孩子爱玩过家家，男孩子更爱一起打架，要是村上有庙会，还能弟兄几个一起跟着庙会队伍在街上行走，看大头娃娃、扭秧歌、吹糖人和捏面人的小商贩。谢家的人缘好，邻里关系不错，谢生福会经常和邻居走动，去邻家做客、聊天、帮忙是常有的事情。谢家李氏若是做了好吃的东西或有好事也会拉着邻居一起分享，把东西分给各家。除此之外村上过年会请戏班子来村里搭台子唱戏，谢家一家老小会搬椅子、板凳来听戏。谢家是小农户所以不用过年给老板、保甲长、绅士送礼，关系一般的常年不会走动。除了过春节，还有清明祭祖、农户每逢阴历七月二十八的"过会"①、八月中秋赏月等中国传统节日。

2.共同安排红白事

谢家所在的村庄若有人结婚都要由当家人做主，请媒人说事。那时给谢生福说亲要请村上的说媒人作为传递者，帮两位新人看生辰八字是否相合，亲自询问对方家庭的家境、女儿的人品等，考虑是否与自己儿子相配，若相互觉得不错，才会与对方父母详谈结婚事项，如定

---

① 过会，主要是通过当地居民相互走动交流上一季的粮食收成，讨论下一季如何播种的农业交流活动。

金多少、聘礼多少、婚期定在何时,商议结婚事宜。此外谢家自迁入后跟随当地哭嫁的习俗嫁女儿,当地有句俗语"嫁出去的女儿泼出去的水",出嫁当天谢慧霞会与父母不舍,但自出嫁当天起谢慧霞已不再是谢家人了。

给儿子娶媳妇时,谢家会请吹唢呐的人、唱戏的人。除请谢家亲戚外还有村上帮忙的乡党,结婚当日会贴喜结连理的红对联、放鞭炮。村上各家带着喜庆的棉被、酒肉、绸缎前来贺喜,当家人谢生福全程操办结婚仪式,请帮忙的人吃臊子席,还会在席面之中举行简单的宣读。其中村里乡党们共同给谢家帮忙,妇女洗菜、炒菜、端盘子、置办酒席,男人们搭桌椅、摆凳子、招待客人吃酒喝茶。结婚时无过多经费支出,所需经费由当家人出,当家人谢生福为儿子娶媳妇出钱。虽然谢家属于穷人家结婚类型,排场也要小很多,但可请关系好的亲戚朋友来家里吃饭,当众宣读已结婚的事实,就算结婚完成,不曾像大家户一样讲排场大闹。当家人谢生福结婚时由男方接媳妇。谢生福曾被新娘谢李氏的娘家人反锁在门外,娘家的小姑子和嫂子们会逗乐地朝门外喊"递红包进来,否则不开门让你看新娘"会有村人围观看热闹,鼓吹新郎递红包,鼓吹小伙子们撞门、门里外对话;其次男方的父母会被媒人画上红脸蛋,穿上奇特搞怪的衣服,格外搞笑、扎眼,当地称为"逗丈人"图喜庆乐呵的意思。走在村路上村民见到都会乐呵呵的,博大伙开心。富家大户还有接媳妇到夫家拜堂、过门的习俗,之后给长辈磕头才算结了婚、成了礼。结婚后第二天谢生福要和刚过门的媳妇谢李氏早起向公公、婆婆问安、端茶,新媳妇正式成为谢家人后要每日早起孝顺老当家人谢天成和婆婆谢刘氏,给公公婆婆打洗脸水、倒前一夜的夜壶,还要给全家人准备早饭。任何事情都要问过公婆再行事,不能擅自做主,公婆盼咐的事情也不可怠慢和不做。

当地丧葬的习俗主要经历:报丧、穿衣、送棺、守灵、游街、奉先饭、哭灵、下葬。事后待乡党、待亲戚、守孝三年。谢家老人谢天成去世时由幼子谢生福为其守丧戴孝,其余弟兄也会前来,谢生福第一时间通知本家亲戚,如老谓家①、小谓家②,准备给老人谢天成穿丧服、戴丧帽,由儿子们完成;其次准备丧期所用的灵堂、白布、白头巾,将逝者的遗像放在香桌之上,等通知亲戚前来哭拜。谢家的舅家人来时先上香,三炷香点燃举到与额头平齐位置,三鞠躬,上香,再三磕头,过于哀伤的亲戚或年龄大的前辈会被晚辈扶到卧室内休息,避免过于悲伤,由老人谢天成的孙子、孙女、长子跪在身旁守灵,向前来哭丧的叔表、姑嫂鞠躬、跪拜、表示感谢。老人谢天成的尸体会被放在搭建的供桌后面用白布盖着,由于天气炎热的原因尸体放不到三天,会提前被前来帮忙丧葬的村民抬去下葬。

下葬也有严肃的仪式,下葬前会举行游行,谢家的所有亲属都要穿白衣头戴白纱巾,手拄用纸钱缠绕的木棍上街在村上各个道路游行。自家亲属都要带白头巾跟着棺材在村上游行,最前端由谢生福手托父亲谢天成的遗像,后紧跟由女儿谢慧霞所做的一车"先饭"③和所要下葬的纸人、纸钱,再紧跟谢家儿子、孙子、孙女、儿媳、女婿等亲属。游行要从家中到村上来回进行三次,由专门的丧葬知事主持安排,念悼词,念鞠躬磕头号子,为老人谢天成吊丧期间唢呐丧曲前三日不间断,当地俗称"行祭礼",夜晚会请唱戏的戏班子来唱经典的孝子秦

---

① 当地对本家的舅家在丧葬仪式上的叫法。
② 当地对本家的姑家在丧葬仪式上的叫法。
③ 先饭:用于供奉逝者的饭菜,摆盘精美,由村中手艺人制作,逝者女儿供奉,表达孝顺之意。

腔,戏声不断,连唱三晚,表达对老人的哀悼和孝子之情。

在老人谢天成去世的前三年里,第一年和第三年要大闹。要请村上的乡党、亲戚朋友来家里吃饭,谢家妇女、儿童一律不能穿颜色鲜艳、大红大紫的衣服,家中红色饰品、对联一律拆除收起,表示对逝世老人的追思和孝心,三年之后才可恢复家里常规摆设、无色彩要求。

3.清明节上坟

每年清明时节,当地的气候湿润、多雨,是早春的征兆和开始,谢家当家人谢生福在谋划新的一年地里种植之余也开始筹备清明上坟,清明节自古流传下来,是春节之后又一重要的祭祖日子,在1949年以前,谢家的家庭成员要在清明时节去地里上坟,是谢家后代对先人进行祭奠的重要祭祀活动。

在清明上坟日子到来之前,当家人谢生福要为供奉祖先的祭祀物品进行准备,白蜡、香炉、香、供品、纸钱、白酒是少不了的物品。其中白蜡是用于祭奠先人,在当地可称为"长明灯",蜡烛燃烧的火光可以在清明时节引导祖先,为其点灯指路,在香炉和香的使用上也是大有讲究,香炉中的炉灰不能没有也不能满,炉灰没过香炉的三分之二处,使得上香的人可以将香轻松插入其中又不易倒,谢家也格外讲究这些祭祀传统,谢生福和村人同样认为"倒"是不好的象征,对于祭奠也是格外严肃认真。此外供品根据各家情况而定,谢家准备水果、点心放在坟前表示对祖先的尊敬,供先人享用,纸钱和白酒也是古人信仰祖先有在天之灵,可以在祭祀这天通过祭奠的烦琐仪式与家人相聚,起到保护家人、保佑平安、家户繁荣的目的。

谢生福将家中的上坟用品准备妥当,等到上坟时使用。对于何时上坟谢家也是按照农历的日子来,每年都固定在清明节前三天进行,与春节时祭祀祖先的方式不同之处在于,清明祭祀更为庄重,有一套完整的规矩。谢家当家人谢生福带领家人去地里上坟,一般女性不让去,如妻子谢李氏就只能在家中待着,男人全部去上坟,由当家人将供奉祖先的食物整齐地摆放在坟堆前,谢生福会对着祖先坟头说话,表示给谢家祖先"这些都是您的后代,我们来看您了",在呼喊之后,从家中最年长者开始敬酒,先是当家人谢生福带头,后是家中各个男丁依次进行。敬酒也有一定的规矩,要求双手接酒,将酒杯放置在与额头平齐或高于额头之处,后深鞠躬,听旁边指导者的话语分别进行一鞠躬、二鞠躬和三鞠躬,最后将酒杯中的白酒轻轻洒在祖先坟头,表示祖先已接受敬意,敬酒完成。上香和敬酒的过程大致相同,在举止上表现为长幼有序、指令有序、祭拜有序。

在清明上坟最重要的是由当家人谢生福带领,家庭成员一同给祖先烧纸钱,传统时期谢家买的纸钱是黄褐色的粗纸钱,一张黄褐色的正方形纸张上面整齐地打有小型正方形孔眼,与丧葬时期包裹木棍的纸张相同,一沓一沓地叠放,除了纸钱还有"金元宝",是谢李氏在家中自己叠的,十二个为一组,焚烧其表示对先人的纪念。谢生福带领家庭成员烧纸钱,要边哭边喊,哭喊谢家祖先的名字,引导祖先寻声来拾钱,"爹呀,拾钱来","在底下看见想吃的就自己买,给你带钱来了","家里人都好着呢,你在底下也好好的",成员跟着当家人也一起呼唤,仿佛谢家的祖先和亲人就在身边,对其诉说家常。

谢生福将老当家人谢天成在时的清明祭祀传统继承下来,用最古老的方式悼念祖先,激励家庭成员奋发向上,祭祀的目的在谢家多数是回忆祖先,通过祭祀让后人对自己的祖辈进行了解,加固谢家血缘之间的联系,强化整个家庭的集体意识,懂得忆苦思甜、不忘守家的本心。

(二)家户习俗单元

1.家庭成员团聚

谢家在过年过节的时候都是以家庭为单元。自己有家就在家中过节,如果自己没有家可去父母家过节,或一人独过。如果一个大家庭没有分家,过年过节会聚在一起。如果分家了,但是住在同一个院落内,也会一起过。若关系不好,则会各过各的,避免一起过氛围尴尬,坐不到一起去。

2.过节不留宿别家

过年过节的时候各家各户都是在自己家里过,不太外出,节日过后才会多去别家走动。一般嫁出去的女儿不会在娘家过年,既然已经外嫁,则不属于本家姑娘,娘家人也会劝其回夫家过年,公公婆婆也不会答应媳妇回娘家,会被误会公婆家对她不好,惹村里闲话。

亲戚们可以在自己家过年,但都是吃过下午饭之后就各回各家,不会久留。谢家过年的时候,大年三十、正月初一不会去别人家,因为这两天都属于自己家庭的团聚时光,不想被别人打扰,也不会去打扰别家。

3.全家吃团圆饭

过年过节都要聚在一起吃团圆饭,平时出远门工作的人在过年的时候也必须得赶回来过年,在平时过节的时候,如果忙不过来就不用急着赶回家,捎封信表示问候就可以。如果一个大家庭没有分家,过年过节时也要聚在一起吃饭,如果已经分家,离得不远也可以一起团聚。在过年那几天,谢家和至亲的亲戚会走动,去各家吃饭,每个村子都有自家招待的日子,按照阴历传统,一直传承。虽然各家生活都差不多,但过年走动、即使是喝茶聊天也有趣味。

(三)节庆仪式家长的支配地位

谢家在春节、元宵、清明、端午等传统节日中,没有除节日本身传统习俗之外的自家仪式,大多习俗都是代代继承而来,只需过年过节家里人一起吃顿团圆饭,保平安、来年粮食丰收即可。各个节日的消费都由本家户共同承担。

四、家户信仰

(一)宗教信仰概况

1.信仰佛教

1949年前谢家有供奉财神、灶神、烧香拜佛的信仰活动,主要为佛教信仰。表现为祈福、烧香、念经。不是全家人都信仰佛教,主要是家中母亲刘氏信仰。谢家若有成员信仰某个教派时,根据其在家中的辈分,辈分高的,如母亲刘氏不需要其他家庭成员同意,如果是辈分低的,如媳妇李氏,则需要家庭内部同意,当家人、公公、婆婆同意才行。自家信仰其中一个教派,都不会被家族、邻居、村里官府干涉。佛教信仰没有什么和家庭冲突的地方,主要是为全家人保平安、守财富,都是让人向善的好事,就是偶尔去拜佛诵经,没有太多的家庭支出。全家成员有时也觉得不是什么疑神疑鬼的坏事,也就没再干涉过。谢家的村上也有曾经修缮用于保佑村庄、保佑农户的神庙。村里人要是感觉这几日心神不定、眼皮子总跳,就会拿香去庙里拜拜神仙,祈求自己少灾少难。除了佛教以外没有其他宗教,西安城原有回民居住,所以城里有一部分人信奉伊斯兰教,除此之外没有信奉基督教和其他门道的。

2.家长的宗教信仰

谢家中当家人谢生福的母亲谢刘氏曾信仰佛教，其他成员都没有宗教信仰。家长是否信仰并不是必须条件，家庭成员也会根据自己的情况进行判断是否跟着一起信仰。如果当家人谢生福信仰了一个宗教，其他家庭成员可以不信，当家人尊重其他家庭成员自身选择是否信仰的权利，若是强求，必定是不虔诚的、滥竽充数，还不如不信，玷污了神灵。在谢家也没有家长信仰佛教、基督教、其他门道，并带动全家一起信仰的，是否信仰全凭个人意愿。

3.家庭成员的宗教信仰

家长不信教，家庭成员可以信教，但要经过当家人谢生福同意，如果家庭成员所信仰的宗教不利于整个家庭的团结、和睦，当家人会直接决定不让成员继续信仰宗教。谢家中从未出现两种宗教同时出现的状况，若有，必定不能同时进行。两种宗教表面没有太多关联，但会影响家里人的关系，形成争吵宗教的局面。家长需要经过慎重考虑之后才会决定是否让家庭成员信仰，如果家长不同意家庭成员所信仰的宗教，则成员不能再信教，若一味地坚持信仰，必定家庭不和，最终总有一方成员需要让步，做出妥协，否则当家人还是会处处限制成员的宗教信仰。谢家没有家里多人信仰不同宗教的情况。

（二）家神信仰及祭祀

1.供奉农家土神

1949 年前谢家都供奉过财神、关公老爷、门神、灶神、土地爷，家里每逢过年都会祭拜各路神仙。在谢家中只有一尊财神像，供奉在正堂的香炉桌上，其他神仙，村里都有公共的神仙庙，只要每逢初一、十五，或想祭拜时去祭拜就行。灶神主要是掌管灶火、吃饭的神仙，过年祭灶神可保佑全家年年有余，粮食不断。门神也是过年买来的年画或剪的窗花，贴在自己的两扇大门中间，保佑出入平安。祭拜时要带供奉水果、点心、酒水，磕头三次，深鞠一躬，表示虔诚、心想事成。村上各家户也都是拜同样的土家神，没有区别。村中有的家户为了求子求孙，也有拜观音一说。

2.目的在于祈福

谢家供奉神明的目的在于求平安、保子孙，祈求一家顺顺利利。灶神管柴火、观音管子孙、财神爷管钱、门神管平安。祭拜神明，多是为现实中的烦心事散心、寻找精神上被保护的寄托，以及自身心灵上的安宁。

3.成员按时祭拜

谢家祭拜的都是公共神仙，平时农忙也没有固定的祭拜时间，过年时也就大年三十、初一进行过一两次祭拜活动，家里的男人必须参加，有时可以带上女人，有时不行。谢刘氏信仰佛教，天天清晨念经诵佛，保佑平安，年老身子不好时，也没再进行过。

4.当家人主持祭拜

谢家拜神的时候由当家人谢生福主持祭拜仪式，其他家庭成员听当家人的口号，分别进行跪拜，小孩很小时候就会跟在大人旁边进行磕头、祭拜、上香等仪式的学习，长大后并不需要专门去教。家中女子次于男子，没有直接进行祭拜的权力，要跟随丈夫或父母一同祭拜。

（三）祖先信仰及祭祀

1.祖先面前不敢胡来

谢家的祖先都写在被祭拜的牌子上，一般农户贫穷，就把祖先的姓氏用毛笔写在红纸上,用木板包裹成牌匾的样子,供奉在自家的仙桌上,家庭成员对祖先是谁都知道,平时也有父母进行教导。谢家每年过年都会全家人一起烧纸、上香、磕头祭拜祖先,去世的祖先就像是天上的神明,同样会保护家人平安,所以必须祭拜,否则大不孝。谢家没有堂屋,祖先一般都不进行摆放,过年时才拿出供奉,平时只挂一些祖先先前的老照片留作思念。谢家没有家庙或祠堂,都是凑合着在家中进行,要是大家户就有自己家的祠堂,可以把祖先摆在祠堂中,日日供奉,大的祠堂可以有几十亩地大,由有钱的当家人组织修建。

谢家的祖坟不集中,都在自家地里,家里人有时会为祖坟除草,进行墓碑的维护和修缮,在有钱时将木刻改成碑雕,夫妻合葬。谢家早年有编撰的家谱,共有六代人写在上面,自己弟兄一人一册,放在自己当家人手中,家谱是一个姓氏家户繁衍生息、前后代际衔接的桥梁,可以让晚辈追根溯源,继续光耀祖宗,18岁成年男女都可写在谱中,但之后家谱失传,也无人继续管理。

村中各家户都注重孝道,自古以来都是长辈为先、以孝为大,具体体现在平时对老人的尊敬、爱护,烧水做饭是否符合家里长辈的胃口、是否顺从老人的话语,不抵触、不虐待长辈上。对于"不孝子孙、不孝行为"长辈会进行教训,让其遵守,无论是祖先,还是对在世的老人都要尊重,为其养老送终。

2.缅怀祖先忆苦思甜

谢家祭拜祖先是为了让祖先保佑全家人平平安安,健健康康,其次是缅怀先人,更好地激励后人好好过日子。每年清明、过年会祭拜祖先,拿些纸钱,呼唤先人和长辈的名字,让长辈前来拾钱,天寒多穿衣服。活人和墓碑的对话就好像长辈犹在,与活人对话一般亲近。

3.当家组织祭拜仪式

家长在祭祀祖先的活动中占支配地位,组织家庭成员参加祭祀活动,安排谢李氏制作祭祀的糕点。当家人谢生福亲自过问祭祀的大小事务,让家里儿女抬桌椅、点白蜡、带白酒。跪拜的程序也由当家人一人完成,其他成员跪拜、磕头。

4.祭拜时长幼有序

女子在出嫁之前、清明节中可以祭祀祖坟,只要是女性都要跟随男性一同祭拜,当地人认为女性一个人祭拜有损神灵,所以不让独自进行。要是女性已结婚,要同丈夫一起祭拜;要是未出嫁,则同父母一同祭拜。小孩子们只需跟随大人,照猫画虎进行跪拜。当家人谢生福从未强求不懂事的孩子进行跪拜,全凭成员自愿。携带家中小孩前去祭祀,也是大人希望祖先看到谢家有后,如果小孩子不愿意祭拜也可以不拜,长大懂事后不拜不行。

(四)庙宇信仰及祭祀

1.村庄的庙宇信仰

1949年前谢家所在的村里有三座庙,分别是村南头的马王庙、村西头的老爷庙、村东头的三官庙。这些庙都供奉着管牲口、管平安、保子孙的各路神仙,由于谢家住在村十字中心向东第二家,所以离庙都不远,只有二三百米的距离,有空时都可去祭拜,放些香火钱,保佑平安、好运。

2.成员均可祭拜

村上的庙谁家都可以去祭拜。谢家一般都是当家人去拜神,女人、儿媳妇、小孩都没有外出的权力,一般不随当家人去。若是遇到不好的事,也是请家里男人去庙里上柱香,祈求平

185

安。若是家中女主人谢李氏发话,当家人若同意,可以去,早去早回即可。

拜神的时候可以是个人、也可以是几人同去,但家户一起祭拜的时候几乎没有。谢家在拜神的时候也可以和村里人一起去,叫上往来友好的邻居,约好时间一起去,都是自己拿自己家的香蜡,不用分摊。去祭拜时带些香蜡、水果、糕点,有钱人家还奉上香火钱,每次去庙里带的东西各家都有所不同,全凭心意。

五、家户娱乐

(一)结交朋友

谢家家庭成员都有自己的朋友,男性多交一些私塾上过学、从小玩到大,自己村子里的朋友。女性多是邻居、亲戚家能说上话的姑嫂、同龄妇女。小孩的朋友最多,主要靠游戏结交。谢家人愿意结交大方谦和、和自家相似的家户做朋友,家里的朋友多是自小一起长大的同村人。妇女不能和外面的男性交往,要是被发现,会被认为有私情,落下谈资。谢家在村外很少有朋友,多是买卖上的往来,流动性大,打过一次交道,可能再也不会遇见,就是买菜时与旁边几个农户比较谈得来,关系较好。

家庭内部的成员都可以交朋友,家庭成员要是交朋友不得当,当家人或家中老人则会进行劝阻,不让其继续往来。一般农户都是和普通家庭的成员进行往来,很少有跨越门户高低的朋友群,女性交女性朋友,男性交男性朋友。小孩交朋友要经过家长同意,妻子的朋友当家人也都清楚,儿子所交朋友很少告诉当家人,所以并不是很清楚。大多都是村上的朋友,红白喜事相互帮忙,朋友之间相互接济,共同在田间劳作。

相比于自家条件,所认识的朋友家庭条件也差不多相同,也靠种地为生,很少有与为官者或财主做朋友的情况,普通家庭高攀不起。要好的朋友家有事可互相帮助,给予经济、粮食上的接济。谢家交朋友没有太多忌讳和规定,只要人品端正、善良老实都可长期往来。

(二)打花牌

谢家无人打牌、赌博,父亲谢天成年老时曾打过牌,当地称为"打花牌"。由于谢家对打牌没有太好的印象,所以家中儿子也不曾参与打牌。花牌是老年人之间的一种娱乐游戏,不赢钱、不赌博,只供老年娱乐。谢家的家人不打牌,平时只有聊天、喝茶等休闲方式,从无赌博行为。

(三)串门聊天

1949 年前,谢家平时多串门走动,除了农忙不去串门,闲暇时候就去关系要好的家户家里坐一坐、聊聊天。多是当家人男性出门走动,女人们很少有外出的时候,串门多数时候也是隔壁两家来往。男人多去几家不远的朋友、亲戚家串门,聊一些家长里短、在村上看到的新鲜事、农忙时地里的收成好坏,聊完坐会就走,不会去别人家吃饭。

去别家串门,就要遵守别人家中的规矩、准则和忌讳。若别人家没有,也要安分守己、不敢乱来。经常去的家户由于关系要好也没有太多讲究,有时一天去一次,有时两三天去一次,两家串门来回走动,别人也会多上门帮忙,如互借农具、牲口,相互帮助。聊天时要招呼串门的客人坐下、端水、倒茶,有时还询问客人要不要吃饭、喝酒。经常往来就会熟络。若女主人在家,则女人做饭待客,若出去不在,就由当家人亲自为串门的客人倒水。聊天内容也没有限制,多是每日所见所闻的家常事,或讨论一些习俗、礼节和别人家的事。

（四）赶庙会

1949 年前谢家所在的村庄很少有庙会，邻村或远村比较多。主要是当家人单独去或和村里人一同结伴而去，但妻子、儿女很少一同前去。若自己村子里办庙会，全家人都可在自己门口看到，不用走远路。去邻村就一二里、去远一些的村子要大清早赶路，下午再赶回来。庙会不是每年随时都有，主要在过年前后赶庙会最为热闹，一年一次，持续三四天，在镇上街道进行。

逛庙会主要是走一走，看庙会上的表演，如踩高跷、耍社火、扭秧歌等活动。如果有戏看，可以带上老人一起去看，女人不能出门，更不能去看戏。当家人只带儿子和老人看戏，妻室不带。过年时可以去赶集，多是去看看，家长不会买什么。

（五）其他娱乐活动

谢家所在的村庄过年过节时会在村里公开举行一些扭秧歌、敲锣鼓的表演活动。还有一次过年请戏班子来村里唱戏，家家户户都可以搬凳子去看。大户人家的红白喜事和小户一样，要看家户历年来在村中的德望、是否得到村人认可和尊重，之后村人才会决定是否前去帮忙、参加。人缘好的家户多会有乡党、亲戚帮忙；若是人缘不好的家户，即使家大业大，也无人去参加。

第五章　家户治理制度

1933年后当家人将权力交给谢生福,由谢生福继承当家职责,管理家庭财产、家庭内部事务和家庭外部事务。新当家人谢生福继承父亲谢天成的当家权力,承担起管理和保护谢家的责任。

自此,谢家以分家为标志,记录父亲谢天成和儿子谢生福两代当家人的更替,父亲将管理家庭事务的本领传授给谢生福,传授耕种土地的庄稼经验、叮嘱安分过日子的生活经验。同时谢生福通过对老当家人管理家庭事务的观察,学会解决家庭内部纠纷、应对村庄公共外部事务的本领。将老当家人管钱、管权、处理事务的本领继承、并在实践中不断学习、熟练、形成一套融合新当家人特点的独特管家能力,成功实现年老者放权、青年人掌权。

一、家长当家

(一)家长的选择

1.当家者掌管财政

分家后小儿子谢生福当家,谢生福为谢家当家人,前期谢生福会按照老人的话语行事,随着父亲谢天成年龄增大无法管理家庭事务,谢生福承担起当家人的担子,父亲也从当家人和家长的双重位置上解脱,由谢生福当家管事,父亲只作为老人安享晚年。在谢家家庭中主要根据家中是谁掌管财政大权来区分谁为当家人。若掌管之后不能为家庭出主意、做事情,则会由其他人顶替,即使对外宣称固定的当家人,但实际的决定权并不在其手中。如老当家人在村民心中仍为当家者,但实际当家管理事务的当家者为谢生福,老当家人谢天成只是在家长地位上更容易被家户外部主体记住,但随着谢生福当家、老当家人去世,一个当家地位逐步稳固,另一个地位逐步衰弱,直到去世消失。

有时也根据能力、辈分、年龄、学识来确认谁为当家人,但只有可以好好管理家庭的人、能为谢家撑起门面的人、能带领家庭成员共同致富的人才能称为当家人。同时当家者在当地叫"当家的"或"掌柜的"。如果家长和家中具体管事的人不同,则直接叫掌事者为"掌柜的"与称呼家长的人不同。如父亲谢天成为家长属于年长辈分高的老人,谢生福是"当家的"属于管理具体家庭大小事务的支柱,到谢家后期随着父亲谢天成去世,家长和家中具体管事的人都是由谢生福一人担任。家庭内部也有称呼和长幼差序,需按照辈分高低和亲属关系划分。儿子称父亲为"大"①、孙子叫老当家人为"爷爷"或"姥爷"。在谢家中,家庭关系的远近可以通过称呼的差异被辨别,可以看出家庭内部的血缘关系。

---

① 大:陕西地方方言中的"大"指儿子对父亲的称呼,与"爹""父亲"同义。

2.女性当家罕见

女性也能当家,但很少见,只有家中丈夫去世,只留母子二人的家庭,或是家中男人天性懦弱,只能由女人说了算。对于寡妇一人生活,父母去世家中无丈夫,儿女尚小的情况下,女性只好担起当家人的重担,继续生活。很多当家的女性并非因为自身强势而当家,而是因为男人或家庭成员不行,只好女人当男人用,挑起家庭事务。

谢家的当家人谢生福一直得到家庭成员的信任和尊重,因为当家人考虑事情周到,总是顾全家里老少,夫妻关系也相当和睦。虽也有家庭吵闹的时候,但多是暂时的讨厌、不喜欢。在当地谢家的门牌上只标有几街几号,只有门楼号,没有姓氏和当家人名字,在村里住久后街坊邻居相互认识,不用其他象征事物说明。

(二)家长的权力

1.家长权力祖赋

谢家认为家长的权力是祖先赋予的,不是谢家一家的家庭成员所给予的。家长的权力不需要被整个家庭成员所承认,也具有权力。家长管理的范围是整个家庭方方面面的事务,所管理的成员也是整个家庭成员,但同时有老弱尊卑秩序,家长具有权力,也要考虑每一个家庭成员的想法,家长一般对家中的大枝叶进行分配,细枝末节的部分由家中不同的成员分工完成。家长遇到大事也会与其他家庭成员商量,一起定夺,如土地买卖、房屋建设会和之前的当家人沟通,听取建房的意见,嫁女儿、娶媳妇的事都是父母做主,没有商量的余地,长辈之间进行商议,共同决定。

家长的权力在于与其他家庭成员的制衡,如果家长管理的事情太过细小、隐私,则会触犯家庭成员的底线,对家长的尊重度会降低。若家长每次安排妥当,则受到成员的尊重,有管理家庭事务的能力;相反,会被成员厌恶。

2.当家人掌管财权

谢家的收入主要都来自务农、贩卖蔬菜、家禽、牲畜得来。家里的财产之前由老当家人谢天成保管,后由谢生福接替并以全家人的名义进行管理。谢生福作为当家人有管理全家财产的权力,同时当家人本身不能对家庭财产进行私自、个人分配。如谢家的家庭成员若有在外打工的情况,所挣的钱并不需要立刻交给当家人,也没有先把钱交给当家人才能回自己屋子的规矩,老当家人管家时并没有要求挣钱者回家上交钱财,不想交当家人也没什么说的。谢家老当家人有一曾去外地经商的大儿子,多年未回,也没有挣钱给钱过;现当家人谢生福觉得并不需要将家庭成员的劳动所得交给自己,如果不把钱交出也不会说什么,毕竟子女自己挣钱自己花,可逐渐独立从而减轻家庭负担,谢家从来没有家庭成员藏私房钱一说,取钱、用钱也都要问过当家人谢生福,得到同意后才可使用。

谢家的贵重物品分为两种:一种是地契、分家单、过继单、现金等贵重物品都由当家人谢生福保管,放在与妻子卧室的橱柜小盒里,要上一把小锁;第二种是女子陪嫁时从娘家带来的耳环、玉镯、绸子等贵重物品,尽管很少,但都由内人谢李氏进行管理,存放在衣柜的最底层。当家人不一定都管钱,有些家户家里是男子管家,女子管钱;也有女子管家也管钱,男子什么都不管,当家人与管钱的人可以是不同人,主要取决于夫妻之间的地位是否平等、双方个性等因素。

谢家家贫,没有零花钱给,只分配粮食,聘礼、彩礼先前都由老当家人谢天成和妻子谢刘氏共同决定,儿媳妇谢李氏进家门之后所带来的嫁妆均归儿媳妇自己保管,儿媳妇和儿子谢生福可以共同支配;待当家人为谢生福后,家庭成员对家庭共有财产也没有个人支配权,全部由当家人谢生福保管;属于谢生福夫妇的嫁妆,由妻子谢李氏管理,两人共同所有。已分家的弟兄单另带着自己的妻子儿女生活,各自儿媳妇嫁妆本身是夫妻共同财产,不归新当家人谢生福一家所有,老当家人谢天成也没有分家时分嫁妆的权力,嫁妆需儿媳妇的子女继续继承。

谢家的粮食是统一供给,全家人一起吃的。当家人谢生福将粮食统一进行安排后,由妻子谢李氏安排每天吃什么,谢家的粮食放在厨房的斗盒里,谢生福怕小孩子乱拿,常常存放在木柜子里。粮食不需要专门的看管者,全由谢李氏管理。买卖粮食,家庭成员不能擅自进行,要听当家人的安排,若是当家人谢生福决定买卖粮食,可以请其他成员帮忙或跟随前去,如果家庭成员偷拿家里的粮食去卖,若是被当家人发现,当家人会狠狠责骂、打孩子、教育一番,不让成员擅自去卖,引以为戒。

在土地房屋买卖、租佃或典当的过程中,写单子落款的时候要签署当家人谢生福的名字,其他家庭成员签订的单子不能够得到别人的认可,只有当家人签订的才可以使人信服。

3.女主制衣并分配

谢家平时很少做新衣,都是用废旧的土布,拆掉再缝,或是棉被的里子拆开裁了做衣服,新衣是很少见的,过年时买一匹布要把边边角角都用上,谢李氏会先给当家人谢生福和公公婆婆做新衣,若当家人说自己不要,则会做给小孩穿,妻子则会按照当家人谢生福的吩咐裁剪布料制作新衣给孩子们穿。如果村上分配给谢家的棉花较少,儿媳妇谢李氏会将棉花先拿给婆婆,听婆婆的安排,若婆婆同意儿媳妇自己处理或留给儿媳妇用,则由谢李氏自己安排剩余棉花的去处,可以储藏、亦可以出售换钱。谢家当家人谢生福和老人的衣服都由妻子李氏一人来做,媳妇多是照顾自己的丈夫谢生福和孩子们的衣物,老人谢天成和妻子谢刘氏的衣物很少让儿媳妇做,多数由母亲谢刘氏为父亲谢天成添补,除此之外谁来做衣服并没有太多讲究。

4.当家人分配劳动

谢家的家庭成员在进行劳动生产的过程中有明确的分工。先由当家人谢生福按照当家传统继承土地的管理权和分配权,再具体到各个成员所做的事务。过程中由有经验的掌管人谢生福说了算,如当家人管理地里一人浇水、一人施肥,再有一人与他一起除草,安排妇女待在家中,安排妻子谢李氏做什么、安排男孩谁去帮忙、女孩又做什么活。谢家男性主要是从事下地干活、出体力、打粮食、扛粮食、挑水的粗活;女性在农忙时帮忙下地除草、收麦,还负责带茶水、饭食探望地里干活的男性。一般农闲时谢李氏多在家里做家务、烧水做饭、缝补衣物、带孩子,等待当家人谢生福劳作完回家。家里年纪大的老人谢天成不会过问和参与农业劳动,多是在村里串门走动、待在家中与小孩玩耍,若是当家人谢生福让老人去地里干活村里人会说"当家人不孝顺,还让老人干活"。

此外谢家的男孩年龄达到 16 岁,就可以加入谢家的生产劳动中,儿子谢运昌就曾帮当家人谢生福在地里锄地、拔草,做一些力所能及的小活减轻当家人谢生福的种地负担,谢家女孩多是跟着母亲李氏在家里学习刺绣的本领,不经常外出。

5.夫妻共有儿女嫁娶权

谢家在娶媳妇、嫁女儿这方面,孩子们都要听从父母的安排。当家人谢生福当家后也同样操心儿女的婚姻大事,儿女婚事需询问当家人,当家人同意后,当家人谢生福还会询问老人谢天成和谢刘氏的意见,兼顾长辈的建议。孙子辈结婚时虽然老人谢天成早已不再当家,孙子辈结婚也全由当家人谢生福和妻子谢李氏负责,但爷爷谢天成会作为长辈参与孙子婚礼并送上祝福语。在家庭成员离婚时需要得到当家人谢生福和长辈谢天成的同意,才能离婚或不离婚,没有家长和家庭成员的允许则不能擅自进行离婚。如果当家人谢生福不同意,则儿子、儿媳妇不能离婚,即使当家人同意两人的离婚也需要再征求谢家老当家人谢天成的意见以及女方娘家人的意见,否则离婚无效。在谢家子女、儿孙无离婚的,所以对具体离婚细节并不清楚。

家庭的祭祀活动是由当家人谢生福作为家户代表进行的,谢生福小时候在一旁看父亲谢天成代表全家主持家庭祭祀活动,如今自身也接替主持一职,在祭祀中扮演重要的家庭领导工作。家庭的大型活动如清明节、中秋、中元节都要由当家人亲自出面进行组织和主持。老当家人谢天成过世之前,把自己想做但是在生前没有做成功的事情嘱托给小儿子并立下遗嘱,让后辈人参照长辈的德行规范继续延续谢家,现当家人谢生福遵照老人的嘱咐继续完成心愿,让老人安心。

6.对外交往当家人出面

在对外关系中当家人谢生福代表整个家庭,以家庭的名义向外人打交道。若是村上开会、投票,当家人都要亲自参加。谢生福作为家户的代表,交税纳粮等公共事务都需要与外界交涉。早先老当家人谢天成的大儿子常年在外打工,并未寄钱回家,老当家人也从未强迫儿子必须寄钱回家,还让谢生金留着钱财在外自己使用。村上还有的家户中出现儿子出门在外打工还想把妻子也接出去干活,这就需要征得本家户当家人的同意,若当家人不同意,儿媳妇就不能外出,若出现逃跑、不告而别的情况,会使当家人十分生气,当家人会宣告给其他家庭成员"不允许某某成员再回来,再进家门一步"。

7.当家需成员认可

如果当家人的能力不强,也可以当家,家庭成员也不会重新选一个家长。但当家者并非具有实权,家中没有当家头衔的妻子或其他家庭成员有可能继承当家者的实权,成为实际决策过程中的"掌柜"。如果谢生福私自以家庭的名义跟外界借债,被其讨要,或是瞒着家庭成员做了不该做的事,其他家庭成员会为家庭共同利益,向当家人讨要所丢失的家庭财产,只要是不利于家庭公共权利的事情,即使是长辈的当家人同样会受到其他成员的指责并对其失去信任。

若是当家人做一些吸食鸦片、沉迷赌博的事情,即使家庭成员想说家长,家长也不会理会,并不会伤害或动摇家长地位。成员无法对家长的行为进行直接约束。当家人掌管权力和金钱,想要做任何事情,都是自己决定,其他家庭成员没有说话、批评的权力。长辈可以教训当家人,但不一定起作用。

8.成员可代理有限权利

如果一个家庭家长过世,后辈全是女儿,一般不会请一个本家的人来代理家长,当地尚未出现代理家长的情况。若家中全是女儿,家长过世前会过继自己兄弟的儿子,或者迎娶上门女婿,让自己的女儿继承家业。由结婚后的女儿、女婿继承、女儿或女婿都可当家长,继续处理家庭事务。名义上的家长出现在男子不掌权,实际掌权者为家中女性,一是男子不太爱管理家里的事务,或对土地上的情况一无所知不会管理;二是家中妻子太过于强势,财政大权完全在女性手中,由女性给男性分配事务。如一对父子,家长年纪大了,已无力管理家庭事务,他依然可以是家长,可以将具体的当家任务让自己的儿子去做。在谢家就是谢生福的父亲谢天成掌权,在老年无法继续管理事务后将部分管理家庭事务的责任交付于谢生福,后当家权力逐渐向谢生福过渡,使其成为真正的当家人。

(三)家长的责任

1.经营家庭

谢生福作为谢家当家人接过父亲管理家庭事务、照顾家人的棒子。其中必须管理家中所有开支、进出事务。如劳作、耕地、吃饭、穿衣、洗漱、管教等方方面面。如果一家人没有粮食吃了或是衣服不够穿,谢生福都会把大小事情放在心上,一一细心过问,想办法解决家庭中的困难。谢生福对家庭事务非常关心,不希望没有当好家或者无法尽到保护家人、保护家庭的责任。

有时谢家粮食紧缺需要从别人家借粮借款,谢生福作为家中之主会第一个想办法,出面去为全家人借贷粮食钱财。谢生福将老当家人谢天成身上的勇敢、忠厚的品质继承下来,同样有保护家人、管理家务的责任,面对外来家户和村庄的社会侵害总会以维护谢家利益为先,不让家庭成员受到外人欺负。同时教育自家的儿女要有出息有文化,摆脱像自己一样的农民穷命,谢生福更不会让自家小孩被别人笑话。

因此不光保护谢家家庭财产、人员安全是家长谢生福的职责所在,同时谢生福的当家位置在谢家家庭中起着平衡器的作用,是化解家庭内部矛盾,抵御外部危险,使成员和睦相处的调节剂,起到管理家庭开支并权衡家庭收支情况的作用。

2.爱护成员

谢家认为当家人是一家之主,要充当家庭成员中主心骨的作用。不仅表现在管理生活用品、家庭收入的管理方面,也表现在关心家人,扮演自己身为父亲、儿子的多重角色之中。对于家长本身所具有的权力,不是一味地放大使用,而是恰当地平衡家庭利弊,保持家庭和睦,起到带头人的作用,完成家庭致富的目标。

3.承担家庭责任

家长自从成为当家人后,为家庭做的每一件事情都是家长能力的体现,如果当家人上年纪,没有体力继续管理家庭事务,就需要由下一任继续担当;若年轻的家长擅自拿家里共同财产进行赌博、吸食鸦片,做败坏家门的事情,则会被家中老人管教,收回其当家人的权力。

4.当家主心骨

一个家庭只能有一个当家人,不能由多个当家者担任,内当家和外当家是主副关系,在讨论事情时总要有一方服从。谢家当家人是谢生福,妻子谢李氏虽是内当家,但也要听丈夫的决定,家中只能有一个主心骨、一位家长。

(四)家长的更替

1.外出经商家长更替

若谢家当家人出远门务工经商,长时期不在家,会向妻子或儿子们叮嘱家中的事情,则自己的妻子和儿子具有共同商议管理家庭事务的权力;当家人生病或者因身体情况不好,无法再继续管理家庭事务的时候,会由家中妻子、儿子进行管理,让当家人安心养病,不会找专门的代理人,家中人代理即可。父亲谢天成晚年生病卧床一直由谢生福和妻子谢李氏进行照顾,由谢生福继承当家者的担子。在老当家人谢天成去世后,已分家的儿子们各自为自己家中的当家人,谢生福在自己的小家中当家,不需要代理家长。按照丧葬习俗,无论是否分家,儿子们都要聚集在一起为老当家人披麻戴孝,举行隆重的丧葬仪式,按照当地的丧葬习俗流程一一进行,无特别之处,孝子需戴孝三年,举行哭丧。

2.按长幼秩序继承

在一个大家庭里,如果要更替当家人,会首先将家业传给自己的子女,而不是从同辈当中选择接替的人。谢家分家后,老当家人年老,由谢生福继承当家人身份。大家户的当家秩序要比小家户多很多,要是当家人过世,则要由妻子的儿子继承,按照儿子的年龄顺序,分别依次补位继承。新当家人可以是男性,也可以是女性,如果一个家庭没有儿子,全是女儿,则要招上门女婿,在家中留一对子女继承家业。在上门女婿的家庭中由女儿当家或女婿当家均可,若是男子不安分,有私心,则不能当家。若由女儿自己当家,别人也不会直接表现对这家的不同看待,只是上门女婿在当地非议颇多。

3.更替后权力移交

家里的当家人换了,会移交管理家庭事务的全部权力,如管理钱财、粮食的权力,教养子女、参加劳动的权力。移交权力表示当家人不再具有一切的主事权,要由新当家人主事、拿主意、说话。移交权力后的当家人和其他家庭成员一样,当家人会把家中宝贵的物品移交给新当家保管,叮嘱以后当家的事项。邻居会称新当家人为"掌柜的",老当家人不再有"当家"的头衔,换成"老谢"等亲近称呼,其他没有太多改变。家里有了新的当家人,家里成员同样尊敬老当家人,都是按照家中辈分称呼,没有差异,如果老人让儿子当家,不用告知四邻,在平时谈话中就能捕捉到老人的意思,若是邻居来借东西,老人会告诉邻居"我不管事,管事的儿子还没回来"。久而久之,村上事务、邻居借粮、农田干活就由儿子一手打理。老人在世时,家中重要决定还要和老人商量,儿子买卖土地要记在儿子名下,要经过老人同意。

二、家长不当家

(一)兄弟当家

谢家没有家长不当家而由家长的兄弟当家的情况,兄弟在结婚之后,家长就会进行分家,不会有兄弟当家的情况出现。

(二)妻子当家

谢家没有家长不当家,由当家人妻子当家的情况。当家人谢生福是家里主要当家人,只有在当家人谢生福不在时,给予妻子谢李氏家庭嘱托,妻子谢李氏才会暂时管理家庭事务,但不是长期当家,即妻子谢李氏不算当家人。在当家人谢生福不在家期间,妻子所处理的事物仅限于管理好家庭吃、穿、住等生活方面,不参与村庄、邻居、外界事务,只具有少部分当家人的权力行使,更没有管理国家公共事务的权力。

(三)儿子当家

分家后小儿子谢生福当家,与妻子谢李氏共同赡养老人谢天成夫妇,因此后来老人谢天成将家长职位传给儿子谢生福,由儿子当家。在管理家庭事务过程中,儿子不仅恪守做一个好的当家人,也尽量做到孝敬老人、爱护孩子的好儿子、好父亲。时常会把家里重要、无法决断的事情说给父亲共同商量,所以老人对谢生福做事格外放心,尽量放心让儿子自己去办,不用给他打招呼。由于儿子当家是分家之后的事,不牵扯是否需要长子继承当家人的情况。但若是未分家时一定由长子先继承,其他儿子后继承。除此之外,无其他当家情况。谢家没有家长不当家,而由其他家庭成员当家的情况,其他家庭成员只有服从当家人的情况,没有管理家事、完全的当家权。

三、家户决策

(一)决策的主体

1.家长说话全员听从

谢家家里的大小事情都是由当家人谢生福说了算,家外的事情也是当家人谢生福说了算,家庭内部事务,若是关于土地上的事必须当家人决定。如果是家中柴米油盐的小事,则由妻子谢李氏决定。在家里家庭成员有发言的权力,遇到事情成员一起商量,不搞矛盾、分歧。如果当家人出远门,家里面的事情由当家人委托、叮嘱,可委托给妻子,也可委托给老人或家中比较有能力的长子,进行事务处理。

2.当家人决策

当家人谢生福在家庭事务的管理过程中,对事情正确的决策才会得到成员的服从,并不是家长的任何决定都会让家庭成员服从,事情要考虑周全、让全家人都放心、满意,才能让成员信服,愿意服从。

3.决策不公成员不服从

家庭成员对当家人做出的决定不满意时,就不愿意服从。但在 1949 年前,谢家当家人谢生福即使做了不正确的决策,其他家庭成员劝说后仍然没有改变当家人决定的权力,只能让不正确的决策发生。对于家长不正确的决策,成员会继续服从去完成,等到决策被当家人发现有误时才会提出来,告诉当家人。因为忤逆父亲的意思是不孝顺的表现,一旦当家人谢生福决定的事情,其他家庭成员都没有可商量的余地。由于当家人根本不听成员所提的意见,成员只好硬着头皮去做。家庭中大大小小的事务都要由当家人过问,有时当家人会和长辈商量过年的礼节问题、与妻子商量孩子的抚养问题、与全家人一起商量粮食、盖房的问题。懂事的孩子、成人都可以参与到餐桌上的家庭问题讨论中,共同商量。

(二)成员共同决策

谢家除了耕种、农具、财产、粮食、土地等大份额的分配问题上需要当家人谢生福与家庭成员一起决策。家庭琐事需要由谢生福的妻子谢李氏及女子承担,如做什么饭、做什么衣、怎样教育孩子、饲养牲畜都是谢李氏做主,儿子们跟随父亲,长大后可自己做主。

四、家户保护

(一)社会庇护

1.发生矛盾家长出面

如果谢家家里人在生产生活上与别人家发生一些矛盾,由当家人谢生福出面调解,其他家庭成员没有当家人谢生福的家户地位高，若是当家人出面调解，别家一定给面子和善解决；当地若有的家户是爷爷当家，小孩子与别人家发生矛盾，是当家人去协调，有时候老人行动不便，也会让小孩子的父母代替他去出面，和别家家长出面协调。

不是每一次遇到危难或困难都会找家长，家长也不是每一次都会出面帮忙。若是一般的小孩发生矛盾、妇女冲突，长辈出面协调都可以，谢生福都不会去管，让孩子自己解决，实在不行就会参入其中进行协调。一旦家人受到外在攻击，或与他人产生矛盾，家庭内部成员都有帮忙出面解决的责任，家长也会义不容辞地出面解决。谢生福作为当家人代表谢家全家，有时候会与其他家庭成员一起出面，也有他一人出面去调解的时候，女性也可以出面，在谢家遇到危难时多数时候是谢生福和妻子谢李氏保护孩子和老人、当家人谢生福保护女性、弱者和全家。

2.谁讲理站谁边

如果谢家有家庭成员与别人家发生矛盾，谢家的其他家庭成员会根据矛盾本身的对与错站在有理的人家一方，若是别人家有错，全家人都会很肯定地帮自己人，若是自家成员故意找事，当家人会对自家的成员进行说教，向别人赔礼道歉。

3.家人犯错当家人道歉

如果有家庭成员犯错，必须由家长出面赔礼道歉，其他人不能代表家长。道歉的时候当家人要带着小孩子，向别家被欺负的小孩道歉，还要说一些谦和的话让对方家里别计较。一般小孩子打架常有，双方家长都不会太过于计较。

4.成员犯错共同惩罚

如果家里有家庭成员犯错，要由当家人谢生福、妻子谢李氏，或老人谢天成和谢刘氏进行处罚，与被惩罚的家庭成员是同辈或晚辈关系的家人不能对同辈兄弟进行惩罚。谢生福当家时若儿子犯错，作为父母会管教儿子，根据所犯错误的大小、后果的严重性进行相应说教和惩罚，但其他几个弟兄没有惩罚兄弟的权利。

5.被欺负按情况讨回公道

如果家人被欺负，对整个家庭都是一种侮辱，感觉一家人都受到外界的欺负。家庭成员必定会为家里人讨回公道，有时是当家人讨公道，有时是其他家庭成员一起去讨公道。讨公道的范围仅限于邻里、亲戚之间，成员要是遇到村上保甲长、为官的人则不敢讨公道，只能忍受欺负。

6.家人犯错不得隐瞒

如果谢家有人犯错了，家里人多数时候不会帮助隐瞒。如果是爷爷当家，小孩子犯错了，孩子的父母也不会瞒着当家人，防止孩子被惩罚。当家人谢生福的儿子谢运昌小时候曾调皮和邻居家的男孩子打架，一开始其他兄弟都知晓但为其隐瞒，后来被打的邻居小孩找到谢家当家人谢生福，事情无法隐瞒下去了，谢生福曾生气地当邻居的面打了儿子一耳光，并让儿子向邻居道歉，后来儿子谢运昌认为自尊心受伤还和父亲赌气好一阵子，以不好好干农活和吃饭向父亲赌气。

7.家丑不可外扬

谢家对"家丑不可外扬"认同，其他家户也有这样的认同感，家里不好的事都不想外传，如果外传了会丢家里人的面子，面子和声望对一个家庭来说很重要，若是丢了面子，人前人后很难抬起头做事。

（二）情感支持

1.在外受委屈回家诉说

如果家庭成员在外面受了委屈，被欺负了，有时会回家诉说，向父母倾诉，与家中谁亲就更偏向于倾诉给谁。跟家庭成员诉说之后，家里人会对其进行安慰，家庭是家庭成员情感归宿的地方。如果出嫁的女儿在婆家受到委屈或者是受到不公正待遇，女儿可以回来时和娘家人诉说，除非受到太严重的伤害，娘家人不得不管，才会接回女儿，不得已的情况下会主动提出解除婚约。

2.经商受挫家人支持

谢家当家人的大儿子谢凌霞常年在外经商漂泊，十分想念家里，虽然不曾回家，但总是过年过节往家里送一些食物或口信，表达对父母的思念。如果在外面遇到挫折，第一时间也是想到家里。如果媳妇在婆婆家或者是在外面受气，会想娘家人，但很少直接回去和娘家人倾诉自己的心情，因为娘家人不会再接受嫁出去的女儿，即使找母亲倾诉，家人也会让女儿好好侍奉公婆，既然嫁过去就是夫家的人，一切都要听夫家的话。

3.在外难熬想家

当家人谢生福的大哥谢生金也曾常年不回家，原因是多次经商失败没有脸面回去。即使谢生金很想回家，但父亲谢天成对儿子的期望，兄弟们的目光都无法让谢生金承认自身的经商失败无功返乡。在外漂泊七八年后才安定下来。但家里人从未对儿子们有太多期望，无论是读书，还是在外生活，谢家都希望儿孙平安，并非有太多期望。

（三）防备天灾

1.遇到灾害家庭互助

1949年前谢家遭受过天灾，如旱灾、虫灾。最严重的时候家里没有粮食吃，会饿死人，地里长不出东西，有些家庭只能吃野菜，野菜没有了吃树皮，把能吃的都吃了。谢家就是在老家山西遭遇旱灾，没粮食时候逃荒到陕西境内。一开始全家人借粮食，把面做成带汤水的样子，一人分一点喝，全家人有东西就一起吃，共同抵御天灾。一开始发生天旱，大家还背水去浇地，可后来一直不下雨，土地干裂，家里只好把去年打下的粮食拿出来吃，可根本不够。若是家里有粮食，都会让孩子、老人先吃，老人不吃说是留给晚辈，自己只喝一些汤水。

谢家的家庭成员都没有钱，更没有私房钱，只能看家中有没有可以卖的东西，拿到外面去粮铺换些粮食。也有的妇女拿出自己的嫁妆，把好看的镯子、耳环、祖传的宝贝拿到当铺，或抵押给有粮的大户，谢家是普通的贫农，出嫁时没有多少嫁妆，家徒四壁，只能全家人一起挨饿。

发生灾害时，村上没有进行过拜神求雨的活动，也没有寻求国家、村庄、富裕人家或者村庄其他家族的救济，独门独户，家家都是自己帮自己，邻里、亲戚家都借不到粮食，更不会有国家来管。旱灾时，全家人听从老当家人谢天成的安排，全家从山西逃荒陕西，其他家庭成员都跟随家长一起出发。

2.灾荒时刻节衣缩食

遇到灾荒的时候，谢家全家都会一起节衣缩食，平时吃的多是粗粮，很少有细粮，即使拿细粮换粗粮也不会换多少。家里吃的小麦、谷子都是粗粮，粮食去下来的皮也做饭吃。有的女主人细心,也会先留下来,以后磨成粉,掺在粥里头喝下。一家人吃不饱的时候只要有口汤喝,饿不死就是标准。一日三餐减成只吃两餐,多是难以下咽的粗粮杂糠,稀里糊涂地直接往嘴里拨拉。谢家也有过向别人家借粮食的时候,当家人去大户、亲戚、邻居家借,可都说没有,即使有也要供自家人吃,不肯借给谢家,谢家只好自己想办法度过灾荒。

3.全家逃荒

1949年前,谢家曾从山西逃荒到陕西,因为山西闹灾荒,家里没有粮食可吃,村里人都往外跑,于是老当家人谢天成决定一家人逃荒。逃荒前原来的土地荒废,急于逃荒也没有顾及,房屋找叔伯家的亲戚帮忙照看,祖上的基业卖掉换成盘缠路费,不需要给保甲长及相关村庄治理者打招呼,各家都只顾自己生存。当家人带着妻子谢刘氏和几个尚小的儿子逃出山西,以家庭为单位,拉了一个独轮的木头车,带了被褥、一头骡子和干粮就上路,在路上遇到有人的地方要一些水和干粮,一路讨饭来到陕西。

山西旱灾,河南、山西的人都往陕西迁移,跟随众人,老当家人谢天成也来到西安城附近,逃荒之后带着盖房子的手艺在村里帮别家盖房,后来在村中买地,建设自己的房屋,村里人都十分厚道、老实,不占不抢,谢家有买下的地契、房契为证,村人也不会对谢家外地人的身份有所歧视。

4.保护妇幼

在家庭遇到灾荒的时候有一定的保护次序。先保护老人、小孩和妇女,年轻人体力好,不会有太多问题,谢家逃荒时无老人,只保护妇女、小孩。有吃的也是先给小孩吃,不能让孕妇和小孩饿着,一家人相互爱护,互相体谅。

(四)防备盗匪

1949年前,谢家所在的村庄没有土匪,也没有发生过强盗抢劫的情况。对防备盗匪的情况不太清楚,住在村里的多是村里人,因为整村落寞,并没有值钱可偷的东西,"给别人东西,都不要",家中的家当很少能被盗匪看上,村子离西安城近,经常有官兵在村里驻扎、停留,所以盗匪很少出没。没有盗匪时村上的农户也会有一定的防卫。如家中留人看家、把自家的房门紧锁、让邻居时常帮忙照看。要是有陌生人进入村庄,会被村人留心询问并对其提防,充满敌意。

(五)防备战乱

谢家所在的村庄位于西安城周边,西安城遭受围攻的时候并未伤害到丁家村,许多官兵会驻扎在村子里,问各家农户要粮食、要酒,还要被迫提供住宿场所。在特殊时期,谢家没有枪支,也没有对房子进行过修缮。

战乱时期,谢家没有人逃出去躲避战乱,没有给自家挖过地道。村外官兵要求本村村民给防备战事挖沟壕,家家都要出人丁去村北干活,谢家也曾去帮忙,但是从未和其他家庭联合起来对抗过敌人,都是在战乱过程中选择保全自家人。在战乱或盗匪发生的时候,村庄也没有组织过人打更或者巡夜。

(六)扶弱功能

1949年前,谢家没有残障的家庭成员。全家人都身体健康,并不需要特别照顾。村里有些家户家中有残疾人员,是由家人进行照顾,官府、社会不提供照顾。村上在分配棉花、布料时会特别照顾有残疾的家户,多分一些粮食、棉花给家里。根据成员残疾情况,轻者可以参加家庭劳动，重者只能在家里做一些力所能及的事情，或被其他家庭成员照顾，由其他成员完成劳作，养活家人。身有残疾的家人也同样受到家庭成员的保护、尊重，享受同样的生活待遇。

若是家人残疾也会有不嫌弃，或是患有差不多残疾的人前来说亲。到了适婚年龄的男女，都会让媒人牵线说媒，实在被别人看不上的只能打光棍，一个人生活。即使娶到媳妇，大多也是跛子瘸子凑一对，残疾组合家庭。在分家时，该家庭成员会比其他健康的兄弟分到相对多一点的财产，因为残疾，家里缺乏劳动力，兄弟之间也不会太过计较，要是兄弟之间较劲会被说"不明事理，和跛子过不去"；如果其不能自理、尚未成家，分家时会和父母或哥嫂一起生活，暂不分家。去世时，也会由弟兄为其举办丧葬仪式，葬入祖坟，其他并无差别。

（七）其他保护

谢家的经济条件在村庄里算是中低水平，村上大多是一样的家庭，有乞丐会来家里乞讨。有时老当家人谢天成会给过路的乞丐一些馒头和水，不会直接赶走乞丐，也不会害怕乞丐做出一些出格的事情，乞丐吃饱喝足后就会被打发走。除了一般相好的亲戚、朋友借粮，其他穷人一般没有来谢家借过粮食。谢家所在的村庄并没有保安团一类的组织，自家自保，很少会主动对村里的一些穷人进行生产或是生活方面的救济，遇到才会给一些施舍，出于善心。

五、家规家法

（一）默认家规及主要内容

1.当家人制定家规

谢家有一些默认的家规，这些家规是祖辈流传下来以及平时生活中当家人谢生福规定形成的，通过自然形成和祖辈口传得知，并在生活中践行。这些默认的规矩大家都要遵守，若不自觉遵守，家长就会强制让成员遵守，否则会被当家人谢生福惩罚。

2.吃饭长幼有序

谢家平时由当家人的妻子谢李氏做饭、烧锅，有时小儿子帮忙烧火。分家后儿子娶媳妇，则由媳妇代替做饭事项。吃什么饭，都是由当家人说了算，谢李氏只管按吩咐做饭，媳妇听婆婆吩咐进行每日的餐食准备。若是其他成员提议别的饭菜，也可以纳入考虑，由内当家人自己安排。做饭所需要的菜都是自家种的，种什么菜吃什么菜，按照季节不同，准备吃食也不同。平时家里吃饭没有太多讲究，小孩、大人、男女老少都坐在一起吃，要是儿子娶了媳妇，长辈就分开来单独吃，儿子和妻子、孩子一起吃。冬天就一家人围在柴火边，把饭菜烧得热乎端给老人。若是有客人来家里吃饭，则小孩、女性不能上桌吃饭，让长辈、客人先吃，妇女在厨房忙出忙进，端菜上桌，等客人吃完，妇女收拾桌子时才能和小孩端到厨房去吃。

谢家当家人让孩子们吃饭不准剩饭、不准挑食。家中都没有能吃饱的粮食，更没有剩饭一事。家里饭菜没有好坏，盛饭时会把最上头、最热乎的盛给长辈，饭、菜都是锅中第一口，表示对老人的尊敬，盛好后亲自端到老人的房子里，然后是给当家人盛，最后才是其他家庭成员和自己。要是家里的母鸡产下几个鸡蛋，会优先夹给小孩，藏到小孩碗里，不被其他人发现。对老人、病人、孕妇、坐月子的妇女进行饭食上的特别照顾，不会让其他家庭成员产生争议，是对家人该有的照顾。北方当地多数时候吃饭喜欢蹲着吃，端一碗面，蹲在院子里、墙角边都行。

平时和过节都要长辈先动筷子夹菜,其他晚辈才能开始吃饭。农忙时,妻子要给地里干活的男性准备饭菜,亲自送去,有时让其他成员去地里时带去,下午再取回来。吃完饭,由妻子、媳妇一同刷碗洗锅,男性一般不管家务活,全由女性承担,要是过年过节,来的亲戚中的嫂子、小姑也会说几句帮忙的话,但内当家都不会让客人洗碗。谢家没有雇用长工、短工,请过厨师,都是自家做饭和家里人一起吃。

3.长者坐上席

谢家家里的日常座位制度没有太多规矩,主要是长幼秩序。家里堂屋中大方桌旁边的左右椅子,只能由长辈坐,老人坐左边,谢刘氏坐右边,左边为上,若不是重要场合,小孩子也可以坐,没有太多讲究,小孩和年轻一辈都坐在小凳子上。家里来访客时,辈分小的坐在小桌椅上,同为老一辈的可以坐在老当家人的椅子上,会专门搬凳子让客人坐,根据客人要求坐在厅堂,或是院子里谈话。

家庭宴请时有严格的餐桌次序,第一,小孩和小孩,或者晚辈一桌,男性当家人,或家中有地位的老人一桌;第二,女性只负责做饭、上菜,不在餐桌上出席;第三,上座是正对房门的位置,只有老人、长辈可以上坐,其他晚辈坐在侧边;第四,全部饭菜上齐,由家里老人发言才能开始动筷子。都按照辈分排列座位。晚辈可以坐在长辈旁边,陪长辈喝酒。当客人是本家亲戚时,按照辈分排座位,婆婆家亲戚先坐,后为媳妇娘家人;若客人是一般邻居,则没有太多讲究,当家人坐上座,邻居坐旁边,比较随意。

4.请示当家人

（1）生产活动中的请示

在生产活动中对于土地的经营管理,由当家人谢生福说了算,家庭成员可以提出自己的建议,共同商议再做决定。全年农业生产与种植计划,耕地、犁地、播种、除草、看护、收割、打场各项农业生产环节中的分工,由谢生福安排、决定。其中还包括生产工具的使用与借用、换用。家中牲畜的喂养由家里女人管理和操办,经营都是当家人和其他成员共同完成。如果老人年纪较大,不直接参与生产经营活动,由儿子继续管理,不需要请示老人,在生产中较多请示主事的当家人,其他成员共同完成生产活动。

（2）家庭生活中的请示

在家庭生活中,谢家每顿饭做什么吃什么都需要妻子询问家中老人,或当家人谢生福的意见,之后自己决定。媳妇要听从公公、婆婆的安排准备饭食。什么时候做衣服,要做给家中谁,都要问过长辈,询问清楚后再由妻子、媳妇裁衣制作。购买生活必需品,如油、盐、调料都是当家人谢生福给女主人,由妻子谢李氏进行安排。若是小孩上学、购田置业还需要当家人谢生福做主。

（3）外界交往中的请示

家庭成员外出,如上街赶集、到庙烧香时成员需要告诉家里人。若家中无人,则需要关紧家门,不用告知,可以让邻居帮忙照看。走亲戚、宴请来客需要告诉当家人谢生福。结交朋友,或成为拜把子兄弟、仁兄弟,可以不用告知家长,自己决定即可。在主要的对外交往中,需要请示当家人谢生福,一切听家长安排;其他交往可以由家庭成员自己决定,不用所有交往活动都请示家长。

（4）请示的形式

平时生活中，外出、交往、生产，都是通过简单的口头请示汇报，不需要召开家庭会议，家长答应即可。只有嫁娶、丧葬、重要的家庭事务时当家人才会放在吃饭时和成员商量或宣布。若老人不同意，家庭成员不能忤逆老人，要按照老人的想法执行。成员有时也有不听老人话的时候，会惹老人生气。年轻人不能违抗或私自变更长辈的命令。若家中老当家人去世，家中晚辈会向奶奶和新当家人请示，由新当家人决定。几兄弟分家后，遇上共同的事情，如建房子、娶媳妇还会和长辈老人请示，一起商量。

5.家中请客

（1）生产活动中的请客类型

1949年前，谢家家里没有雇用过长工，不存在这类请客。但在村中，家中请了长工的家户不用特别请长工吃饭，自家吃什么长工吃什么。借用别家生产工具或牲畜也不需要额外请客。等到家中建房开工与上梁封顶时，需要请前来干活的村里人和匠人们吃饭，用一天时间专门招待工人。房子建成后，还要请家里亲戚朋友、邻居到家里做客、烘新房、放鞭炮，寓意乔迁之喜，在家中招待客人、摆酒菜。

（2）生活中的请客类型

在生活中，家中定亲、结婚、孩子满月、老人祝寿都需要宴请。家中有红白喜事也需要宴请，都是自家亲戚、朋友、交好的邻居以及村上前来帮忙的村民。家里有钱的家户会大张旗鼓地在结婚、孩子满月时下帖子，一般家户只在结婚、报丧时口头通知一声，让家人前去即可。孩子跟师傅学手艺、做学徒需要拜师、请师傅喝茶、偶尔也需要请师傅吃饭。发生争执矛盾请人调解不需要宴请，调解人多是熟人，可以是理亏的一方，可请、可不请，主要看实际情况。

（3）宴请特殊对象

谢家在生产生活中举行宴请活动时，不需要邀请村内财主、富户、村长、保甲长等村庄大户、管理者、乡贤绅士出席。如果要邀请这些人，需要登门拜访，亲自邀请，但一般小家难以请村庄管理者出席，需要递上请帖。如老当家人谢天成给儿子谢生玉、谢生满、谢生堂、谢生福娶媳妇时必须邀请娘家人、婆家人、亲戚、邻居、村人一起参加。村内财主、富户、村长、保甲长等村庄管理者、乡贤绅士可以不请，不交好者也可以不请，只请关系好的街坊邻居、朋友出席即可。当地也有"贵客"的概念，当地的保甲长、乡绅、大家户人都可以称为贵客，曾有过救命之恩的人也称为贵客，谢家没有贵客登门的情况，若是贵客做客由当家人作陪，用家中最好的饭菜招待。

（4）宴请规矩

宴请活动中同一次宴席需宴请家中不同的群体，饭菜的数量与质量没有差别，待亲戚的臊子面、凉菜都一样。谢家是平常人家，没有太过丰盛的招待食物，若是家中有喜事可请村上专门掌勺的厨师，就在街道上摆上五个大圆桌，俗称"待亲戚"。邻居、村人把自家的锅子、铲子、兰花碗提供出来共同端碗传面，一碗不够的吃两碗，直到客人吃好吃饱，场地共用，厨具共用，村民吃好喝好才算办的高高兴兴。

（5）陪客规矩

宴请时家里当家人、男性安排客人就座，主客坐在上桌，有时坐在当家人旁边，自家宴请就由当家人陪客,亲戚朋友也可以陪客,陪客的人没有什么条件要求,主要是能说会道、让客人吃好喝高兴即可。当地北方人爱喝酒,只有把酒喝好客人醉了回去,才算喝好吃好。谢家没有太多陪客规矩,很少请客、陪客,多是邻居到家里喝茶、聊天小聚。

（6）开席与散席

宴请时等菜肴上齐、酒杯斟满、长辈讲完话,开始动筷子夹菜,才算作开席。有时来的贵客开始动筷子也算作开席。宴席上的食物吃完,桌上的客人说话尽兴之后,主客吃好放下碗筷就意味着散席,若是主客吃好还未有离开的意思时,同桌其他人还可以继续吃,若是主客离开,同桌的其他人要去送。结婚时为流水席,一桌坐满吃饱后,就换一桌村民继续吃,直到待完所有亲戚,要随意很多。因为大桌子和碗筷吃紧,没有较大的排场,招待亲朋好友众多,只能一村人在街道上拉的帐子里集中招待。

6.进出家门告知家人

谢家的房屋是坐南朝北,主要是通风,光照适中,没有其他讲究。院子两边共五间房,后又添置两间,较小的房子留给儿子住,院旁的房子是当家人谢生福和妻子谢李氏的房间,院子后边有一厨房,用于烧水做饭使用,各个房间的朝向均朝屋内,表示聚财,当家人所居住的房间成为上房,无论是面积,还是用料都十分用心,比其他屋子收拾的干净整齐。房子用土坯垒墙,冬暖夏凉。

谢家的门楼、院墙没有讲究,自己居住的房子属于私人空间,厅堂、厨房、磨坊都属于公共房间。晚上休息没有先后顺序,老人休息较早,年轻人休息比较晚。傍晚八九点都已睡下,媳妇谢李氏要伺候丈夫、公公婆婆洗漱,端洗脚水送到房中,每日媳妇都要比公婆起得早,烧水准备一家人的洗漱用水,还要为公婆倒夜壶,若是晚起会被公婆责骂。谢家贫寒,没有太多的出入居室的规矩。

7.儿媳洗衣制衣

谢家的衣服多是家里妻子谢李氏做、后来由入门的儿媳妇做,很少在外请人做衣服。已婚男子的衣服由妻子做,未婚男子的衣服则由母亲、嫂子做,多数时候妻子谢李氏也会教媳妇、女儿做些缝补的手艺,老人的衣服也是由家中妇女打理。家中男性的脏衣服都是由家中女性来洗,多时两天一洗,少时三天一洗,家中无论老少的衣服都由妻子谢李氏安排,和儿媳妇一起换洗。

谢家所在的村子没有河流经过,多是自家打井取水,用于平时烧水做饭、换洗衣物。以前也没有洗衣粉一说,用皂角或是木槌不断地捣杵,或是用手搓揉,洗衣时由大木盆或者木质的搓板反复搓洗,三遍淘水,衣物干净。一般把衣服晾在自家院子里的屋檐下,晒干之后统统收回,再分别领取,洗衣没有忌讳的事情,不存在是否遵守的情况。

（二）家规家法的制订者

谢家的这些家规、家法都是从上一辈人手中传下来的。当家人谢生福在继承的同时又设立出其他规矩,各家各户都有自家的规矩,即规定管理家庭事务、管理家庭成员的方式,在无形中形成并由家里人一直遵守、延续下去。谢家没有成文的家规,只是小修小补,当家人不同,规矩也会随之变化。

（三）家规家法的执行者

家长在平时的日常生活中都按照家规家法办事,发现家人有违反的情况会及时提醒,轻则说几句,重的要罚站、罚跪。家长要以身作则,不做违背家规家法的事,如果违背会被长辈责骂,给予相应惩罚。家庭成员没有处罚违反家规的人的权力,成员可以相互监督,只有长辈可以处罚,晚辈不能处罚犯家规的人。在生活中,成员都会依照家规办事,如果不按照会受到惩罚,任何家庭成员在受罚上没有区别。

(四)家规家法的影响力

家庭成员在平时生活中观察长辈言行举止,懂得一定的家庭尊卑秩序,通过当家人谢生福以身作则的方式习得家规、家法。

自家的孩子由家庭中的长辈、父母进行管教。如果是爷爷当家,有时爷爷也会教小孩,但小孩经常在父母身边受教育,叔叔伯伯、姑姑婶婶等外家亲戚有时会细声教导小孩。家庭成员都会遵循家规家法,不仅是家长要求,而且是家庭事务在管理上应该存在的秩序。一家如果不按家规生活,外人会说孩子没有教好和家庭混乱的闲话,被村人耻笑。谢家认为家规家法在于让家庭成员明白自己在家中的角色和地位,维护基本的尊卑秩序,不至于和社会的传统礼教有所冲突。通过家规体系的完善能够对家庭成员赏罚公正,对小的错误预防、减少,以免造成大的危害,有利于家庭秩序井然、和谐相处。如果孩子们违反了家规家法,长辈们会惩罚孩子,小惩大诫,让其长记性,给孩子纠错并且给他警示,以便下次不再犯。

(五)家庭禁忌

1.生产上的禁忌

谢家在农业生产时没有自己的小禁忌,多是农业生产中普遍的耕作规律。有根据动物行为判断天气的,如"燕子低飞蛇过道、大雨不久就来到","清明要晴,谷雨要淋,谷雨无雨,后来哭雨";还有种植粮食蔬菜上的农家话,如"小暑不种薯,立伏不种豆","冬天麦盖三层被、来年枕着馒头睡",祈求瑞雪兆丰年的好兆头。除此之外,田间小孩唱歌、农民面朝黄土种地,别无其他。

2.生活上的禁忌

谢家所在的当地村庄婚姻上也有一些忌讳。如新娘过门头一天,一定要早起,孝敬公婆起床、做饭,邻家看到会夸赞这家户娶到好媳妇;新娘子在结婚时不能穿白色衣服,即使没有红色衣服,也要头戴红花,穿喜庆的颜色;做事若是不够利索,会被婆婆咒骂,说是"不是个好婆娘、晦气媳妇"。此外,若是过年时候家中打了碗筷,一定要念"岁岁平安",寓意吉祥,不能使家中沾染霉运,小孩子不能晚上玩火,大人会吓唬小孩会尿床,年纪大的老人不能参加丧礼,以免引起情绪波动。

媳妇在生育过程中不能做体力活,生完小孩坐月子时要少吹风、少走动、静养,以免染上风寒,在月子里留下病根。孕妇分娩时不能待在娘家,要在夫家生孩子,待生育时只有女人可以进入房门,男性不能进去,要避讳。饮食上也要格外注意,少走长路、剧烈运动,这些都会影响妇女生育,为其带来生命危险。

丧葬上主要遵守守孝三年、不能穿红挂紫,家中摆设红色饰品,红帘子、红帐子都要取下,三年不挂春联,家中人一律守孝,不能有嫁娶行为,等三年守丧过后才可。逢年过节忌讳说不吉祥的话、做不好的事情,图平安,一年顺顺利利。大年三十晚上要熬夜,不能早睡,初一不出门、不扫地、不催床、要吃饺子。初二、初三嫁出去的女儿才能回娘家,正月里不剃头,不能打骂小孩,忌讨债。

3.违背禁忌的后果

在谢家如果家庭成员违背禁忌，当家人谢生福和老当家人谢天成都有说教犯错误的家庭成员的权力，轻则说教，重则打骂。但当家人谢生福总是承担主要对儿女的管教责任，老当家人谢天成不会太重地责骂孙子孙女，更多是站在谢生福的对立面对孙子辈进行保护，当家人只要一旦起到警示目的就不会对孩子责骂过度。

六、奖励惩罚

(一)对家庭成员的奖励

1.父母奖励子女

如果谢家的成员在生产生活上表现较好，家长可以代表家庭对个人给予相应奖励。在奖励方式上当家人会给予言语或饭食的奖励，让妻子多做一些饭菜犒劳孩子，或是偷偷告诉老人和妻子"儿子长大了"，表达自己的欣慰心情。谢家当家人谢生福对孩子的奖励言语较少，多是身体力行的爱护，小孩子所受到的奖励能够为其做事带来极大的动力，受到父母的夸赞更是好好干活，有利于整体家庭氛围的发展。

2.口头表扬买花糖

谢家可奖励的成员范围包括整个家庭成员，但也有一些家庭成员不需要这些奖励，随着孩子年龄增长，对过小的奖励也瞧不上眼，还是会按照自己的方式继续做事，并未受到父母奖励的激励，奖励的效果因人而异。别人家的孩子取得成就跟谢家没关系，对于表现好的家庭成员，家长提供精神或物质方面不同的赞扬和奖励。但在生产过程中，如果家庭成员平时干活比较认真，收获的时候获得较多的产量，家长一般没有物质方面的奖励，由于耕作是为了自家人吃饭和生存，村人也会夸赞当家人谢生福的儿子们能干、懂事、可帮家人干活。除此之外就是生活中穿衣分配奖励、给小孩玩耍买花糖的小奖励，很多小孩也是出于这种奖励愿意参与到帮助父母的劳动中，有时有奖励，有时又不要回报。总之，在传统时期谢家的奖励偏少，对大人是不用语言温柔和提供奖励的，主要是对小孩的教育和引导方面，谢家的日常生活、家人之间的嘘寒问暖也存在着成员之间的关心。

(二)对家庭成员的惩罚

1.长辈教导成员

一个家庭中当家人、妻子、老人都有惩罚孩子的权力，大人之间不会因为事情相互惩罚。父亲可以惩罚儿女，母亲也可以，但同辈夫妻之间很少有惩罚，顶多责骂抱怨几句，婆婆会说媳妇做得不好的地方，有时也会大声呵斥。家庭内部在惩罚小孩的时候，亲戚、邻居、熟人等外部家庭人员不会介入，因为是家户内部事务，外人不能插手，管教孩子也是各家父母的责任，旁人没有打骂孩子的权力，若是父母惩罚太重，邻居、外人看不下去才会说几句心疼孩子的话让父母消气，这样父母在外人面前可以挣回脸面，不被人笑话。儿子若不好好干活、和别家小孩打架、不读书、不听父母的话、偷奸耍滑，都会受到当家人的惩罚。如果媳妇在生活上犯错，婆婆会惩罚媳妇，有时说话难听，媳妇也要服从听着，不能忤逆婆婆。实在看不下去，其他成员也会求情，邻居一般不会介入。

如果家里的小孩子做错事，如偷了别人家的东西，或者打了别人，若爷爷是当家人，则爷爷要代表家庭去道歉，父亲去也可以。偷拿什么赔偿什么，偷了钱要赔钱，打了人要带别家成员去看病。回到家里,父母还要惩罚孩子,进行管教。若孩子的父亲过世了,由监护人承担孩子所犯的错误,一般是孩子的母亲或者爷爷、奶奶,同样要对孩子进行惩罚和教育。一般婆婆没有打骂媳妇的时候,由于嫁入夫家,但并非自己儿女,很少出现打骂行为,最多婆婆多说媳妇几句,让媳妇好好做事,父亲年老时也很少打骂儿子,为其保存脸面。

2.成员听从管教

家庭里的惩罚只针对家庭成员,不能对家庭以外的人进行惩罚。若外人做错事情不能惩罚外人,各家只管自家的事,过多介入外人或惩罚外人,会引起其他家户的不满。若是家中遭遇小偷、强盗,则家庭可以对小偷进行惩罚,送去官府。家庭成员害怕被惩罚,也惧怕家长。有的做错事对家长做出的惩罚心服口服,有的并非自己做错,家长误会导致惩罚,所以成员并不屈服,会被惩罚得更惨,直到承认错误,心服口服才行。

根据事情的轻重缓急,谢家会有不同的惩罚,如呵斥、警告、打骂、罚跪、罚站,但从未出现逐出家门的情况。惩罚的目的是管教家庭成员不再犯错,而不是使家庭产生矛盾,家长会根据事情的严重程度采取不同的惩罚方式。

七、家户纵向关系

(一)家户与保甲

1949年前丁家村中只有正、副保甲各一人,因受访者当时年小,具体如何划分并不清楚,只知每年家里的地税、壮丁摊派、修庙、挖战壕,都是由村上的保甲长定下。各家摊派,一家出一个壮丁,两人三天,轮流进行,各种税务都摊派到田地里,每年一亩地多交几担粮食,都由保甲长规定好,通知各家当家人。谢家从未欠过粮食,若是交不上可以向保里抵押,拖欠一个月交上。家里发生纠纷不用请保长,纷争过大当家人处理不了时,才会请邻居、保长帮忙协调,多是说一些和气的话,不用给保长报酬。

以土地买卖请人证明为例。家里的土地买卖后需要请证人见证,可以是保甲长,也可以是村上德高望重的人。若是家里来了村外的亲戚,不需要向保甲长报告,保甲长平时不管这些事情,只管收税纳粮的事情,很少为村民解决纷争问题。谢家没有人当过保长或甲长。

(二)家户与会社、县乡

谢家所在的丁家村没有会社组织,除谢家参与村中看戏、庙会等娱乐活动外未参与村庄其他集体组织活动,当地没有专门的会社组织,主要以一家一户为参与村庄事务和活动的单位。谢家在参与村庄事务中主要以当家人谢生福为联系者,村庄事务直接告知村庄小组组长,由组长通知各家户当家人,使得谢家当家人谢生福建立与村庄之间的交往关系。但谢家作为独立农户没有和当地官员来往的情况,平日里,当家人谢生福只管理家庭大小事务,也对接村庄管理的事务,不认识乡长、乡丁,也从未去县里打过官司。

八、村庄公共事务

(一)村中公共事务

1.村务会议少有

村里组织开展村务会议时,不一定要家里的家长去开会,各家中随便派一位成员去参加就可以。在参与村里开大会时,谢家当家人谢生福会积极去村里参加。谢家的女人谢李氏不会提出一同参加大会的要求,当家人谢生福在家中除种地外只要村上有会议就会参加,多数是代表谢家全家人,一人前去村委会参与事务讨论。待谢生福儿子成年后也即将成为新的当家人时,当家人谢生福会带着儿子谢运昌去村里办事,让儿子谢运昌熟悉办理村上事务的过程,为之后儿子独立管理家庭事务、参与村庄事务做准备。

在当地农户家中,如果家里是女性当家,女性直接去参加这个会议也可以,男女都有发言权。如果当家人有急事不能去或者已经外出,可以让妻子,或儿子代理参加,所发言的内容可以代表个人,也可以代表全家人的想法。谢家所在的村庄也安排过村务会议,多是通知各家户上级的指示,无议论发言环节,听后传达给家中每个成员即可。

2.当家人上交征税

谢家所在的丁家村没有开过征税会议,都是固定的税收额,年年不变,直接由保甲长通知、征收。每到两季农忙过后村庄里管理村庄事务的保甲长就会通知村中各个家户上缴粮食税,谢家也是需要上缴的其中一户。谢家当家人谢生福会在农忙后给家中预留下充足的余粮,剩下的好粮拿到省城、镇上的粮店去卖掉换成其他实物或钱财,保管起来。

在保甲长催缴税收时,谢生福会提前准备好上缴的钱粮或在没有钱时去借粮食抵扣,来躲过保甲长的催促。在村上没有征收税额的讨论会议,一般都是固定税,保甲长说交多少就交多少,谢家当家人谢生福也会在每年交税前与邻居聊天询问税额多少、谈论税额是否合理满意。

3.未有佃农会议

谢家所在的丁家村没有开过佃农会议、商人会议之类的小集体会议。各家都是本分种地,除此之外村庄很少有会议,家户也不太参加。谢家很少参与村庄中此会议,因为村庄一般无会议、组织的开展,许多征收活动都是农户交、保甲收,没有可商量的余地,是否交税、交多少都要根据村庄的保甲长通知,谢家当家人谢生福做不了主,其他家户也不能决定。

谢生福不识字有时对村庄会议的目的、内容并不能明白理解、总要在会议后听村里“有文化的人”进行解读才能大致听懂,因此谢生福不爱开此会,也很少露面,他觉得村庄会议和他没有太多关联。“我只需要种好地,其他的不需要知道,交税就行”。同时,谢生福又觉得文化限制住自己的能力,缺少更多与外界交流理解的机会,他认为这代人是没有希望了,所以鼓励子女去读书、去学习,弥补自身的遗憾。

4.修庙出劳力

村里修庙,家家户户都要出劳力,谢家也不例外。村里规定一家出一人,若是哪家劳力充足,可以多出几人,于是谢家当家人谢生福则会自己前去出力,或是让年轻力壮的儿子们去。一般按村庄规定去当家人谢生福一人,或是长子谢凌霞一人。村里有专门负责抓男丁的人前来谢家通知,不一定要求当家人谢生福本人去修,大多是出一个男性成员去村上修庙就行。

谢家出男丁多数时候都是当家人谢生福看儿子们的意愿,实在没人去就自己亲自去顶上,但一直以来儿子们都会愿意替父亲去修庙,让父亲少受一些劳力之苦。其中修庙出劳力没有太过详细的安排,只要有人去就行,若是家中没有人去修庙,则要出一些工费、木料作为替代;若是有的家户只有老人、小孩和女人,则会找亲戚顶替,或用粮食换劳力;女性不宜干重活,一般也不让女性参加。

5.村民打井

谢家所在的丁家村都是自家打自家的井,村上没有公共的水井。种菜、吃饭都需要用水,谢家当家人谢生福曾在自己院子里挖井,用两三天的时间挖好一口水井,供自家使用。村子其他家户也是自己打井自己吃,不用村里集体进行打井、淘井活动。

6.集体庙会看戏

谢家曾参加过村庄组织的一些集体活动,但活动非常少,如看戏、过会。不用等到村里来人通知,家家户户就得知了村里看戏的消息。村庄曾在过年前后请别村的戏班子来唱戏,村上出钱,各家只需要去听戏。多是当家人、男性去看戏,女性很少出门,过会时村上有扭秧歌、敲锣打鼓的队伍游行,小孩子也跑来跑去,特别热闹。

妻子谢李氏有一次随当家人谢生福一起去看戏。戏班子有时搭在自家村里,有时搭建在邻村,要走一两公里的土路,谢李氏坐在临时搭建的棚子下,简易的戏台和大灯罩着,谢生福要带妻子走夜晚漆黑的路,看晃动的戏台子上的人物走来走去,听一段段卖力的秦腔唱段。戏子也是穿着日常服装,但出口非凡,谢生福会给妻子讲述细节,夜深再跟随村民一同赶夜路返回。这样的活动极少,几年一次甚至没有,所以当家人谢生福很爱参加。

7.村费征收

村里要进行村费征收必须找各家当家人,找其他家庭成员不行。当家人将村费直接交给村里收费的人,也可以委托其他的家庭成员拿去交。如果家里没有钱交村费,又不能不交,可以抵押粮食,等家中有钱时晚些凑齐上交。如果当家人出远门,钱交由家中妻子谢李氏保管,可以先把村上的钱交上,等当家人出远门回来再告诉村上征费一事。

8.村中暴雨

村庄未发生过严重的旱涝灾害。当发生灾害的时候,均是自家人管自家人,以家庭为单位抵御灾害。当地没有发生过涝灾,但曾下过一场暴雨,水深一米多,可淹过膝盖那么高,于是当家人谢生福组织家里成员用盆子接水,让妇女扫除庭院积水,自己疏通流水,去房顶上盖茅草。暴雨导致整个村庄积水上升一米左右,街道上无法通行,需要挽裤腿在水中前进。在村庄发生紧急事务的时候,村民共同维护村庄治安。谢家所在的村庄从未遇过盗匪,但战乱时,部队曾在村庄中驻扎过一段时间,村上从未号召大家一起维护村庄治安、都是各顾各家,未安排过各户巡逻事务。

(二)公共筹资

1949 前谢家所在的丁家村没有组织修桥、修路、打井、淘井等村庄事务。村庙是家户出劳力共同修建的,家户不掏钱,不用筹资,村庄没有公共费用。谢家在修庙活动中出劳力,因老当家人谢天成年迈,当家人谢生福亲自去帮村上修庙,大儿子也曾在其中帮忙,已分家的兄弟也有过出人力。谢生福主要负责修庙过程中对庙宇屋顶的架梁,由几名年轻汉子负责将粗壮的红木桩子抬到屋顶上,运用木屋搭建的榫卯结构将长短条木拼接起来,并钉上十厘米长的大铁钉,谢生福也是其中抬木头的一员。

(三)公共筹劳

村里组织修庙时,缺少人力,曾要求每家每户最少出一名劳力。保甲长会亲自通知各家。谢家接到保甲长的通知后,当家人谢生福考虑到父亲谢天成已年老,不能再去做体力活,儿子们又太过于年小,于是与妻子谢李氏商量,打算让大儿子带领儿子们继续照顾谢家田地,自己去充当谢家劳力为村庄事务出力。

当地家户都会将村庄的事务视为自家事务中需履行的一部分,不需要去劝说,谢家当家人谢生福知道要受村庄保护必须为村庄做相应的事务,并且谁家帮忙谁家不帮忙在各家户和村庄里都可看到,不仅是去修庙,也是谢家在集体事务中参与的表现,事后自家需要帮忙时也会有人来帮助谢家。谢生福将老当家人身上多帮忙、"吃亏是福"的品质保留下来,不计较劳力得失,不考虑是否多做多吃亏。在村庄事务中当家人谢生福多是去帮忙各家户、多参与村庄事务,因此在当地树立下良好的家户形象,受到村民的敬爱、信任。

九、国家事务

(一)纳税

1.按土地收税

谢家所在的村庄是以家户为单位纳税,纳税按照土地面积计算。交税时,由保甲长通知谢家需要交纳的数量和期限。当地村庄固定一亩地收五六十斤粮食,均是在每年麦子收获后交,大致在七八月中旬,若没有钱可以只交粮食不交钱,一年交一次,各家各户都要交。

谢家当家人从不拖欠保甲长的粮税,没有钱时会用粮食抵上或者去借,多是当家人谢生福出面和保甲长、亲戚沟通,孩子们不会知晓这些事情,妻子谢李氏很少过问谢生福钱财上的事情,老当家人谢天成偶尔会问问谢生福是否交税,粮食够不够等问题。其他税收,如田税、人头税、牙税等等,不太清楚。

2.缴税以家庭为单位

每年收税时保甲长直接通知每家当家人,当谢家当家人谢生福不在家时会让其他家庭成员转告收税事项,若老人谢天成还管事就会告知,不管事就不会再告知,待谢生福回来后再去交税。交税可以由当家人自己去交,也可以带上大儿子一起去,若是交粮食,儿子可以帮忙扛粮食做些体力活。如果家长长期不在家,妻子谢李氏会替代谢生福去交,但这种情况从未发生过。如果一个家庭是女性当家,保甲长也会直接通知到这位女性当家人,或家里其他男性。

3.纳税从不拖欠

在收到纳税通知后,谢家每年每次都会按时纳税,没有拖欠、延迟、不纳税的情况。如果推迟时间交税,可以推迟一个月,村里会找谢家当家人催收缴费,实在交不上,要向亲戚、朋友借粮食抵上,如果交不起税费,村里会抓人出劳力作为税款抵押,"给不了粮,就做三十天工"。一般家庭交不起费用不会选择逃跑,因为妻儿子女都长期住在村里,没处可去。当地没有关于纳粮的俗语,但家户都知道住在村里就必须每年纳粮,寻求村庄保护。

(二)征兵

1.入伍打仗

1950年以前,谢家没有人去当兵的情况,当家人谢生福的儿子谢运昌曾想当兵加入中国共产党,因为年幼无法加入,未当兵,直到19岁时才在村支部上加入中国共产党。村上有征兵的队伍,但一般家户都不愿意送子女去入伍打仗,虽要按家户人口统计,但许多家户用粮食买劳力,代替自家孩子。丁家村在传统时期曾有一户人家的孩子被拉去当兵,因为强迫加入军队进行当兵训练,该家户孩子受不了当兵的苦,一日趁队长不注意逃出军营,在行走

207

十几公里的山路后又跑回村庄,并未被军队发现,待发现时也无人追究。村上这户人家的儿子失而复得,躲过一劫。

2.抓壮丁

谢家有过被抓壮丁的情况。在 1949 年以前,驻扎丁家村的军队要求村里的村民为其在村北边修战壕,用于防卫共产党。保甲长命令村上的村民,家家户户放下手头上的农活去北边修战壕,当家人的儿子都有参与其中。正在上学的小孩们也都通通不去上学,跑去挖战壕,因此谢生福觉得战乱时期读书没用,才不让儿子们继续读书。

壮丁的挑选有一定的标准,要求年龄满 18 岁、身高一米七以上、身体健壮才行。抓去男丁修战壕,建炮楼。有些家户的孩子都不敢出门,在街上走的、在地里干活的就会被带走。实在不想被抓的成员,当家的老人就让年轻的孩子们出去躲躲,可再躲也躲不过,还是会被抓去。

3.自愿参军

在 1949 年以前,谢家没有自愿参军的家庭成员。当家人谢生福的小儿子谢运昌,曾想加入中国共产党,但因年龄尚小,从未参军、报效祖国。后在村支部大队推选党员时加入中国共产党,并担任村上队长职务一年。

(三)摊派劳役

谢家所在的丁家村,除了给村庄修庙、给战役挖战壕,无其他摊派劳役事务。都是按照家户人口来算,一家出一人,两人三天,各家户轮流进行,谢家在挖战壕的过程中出过劳力,不出钱、不管饭,得自己带饭,或家里人来送,没有工钱。摊派劳役时由保甲长通知家户当家人,再由家长安排让成员去。首先会让家中青壮的长子去,其他孩子太小,干不了重活。一般被当家人指派的成员不能不去,都要按照家长的决定去办。

除劳力之外,谢家还摊派过费用,如保甲费、公事费,具体费用从各家纳税的地里出,每亩地要多收税费四五毛钱。

(四)保甲长由上级任命

谢家所在村的保甲长由正、副两人组成,都是通过上级任命产生,保甲长不是在村民的共同投票中产生,但是保甲长来自村民之中,通过高一级的官员对村民中有作为、有能力的村民进行提拔而来。平日里保甲长负责村庄中各家户赋税上交、人口统计、户口管理以及繁琐事务的处理,由正、副保甲两人共同负责、相互搭档,不存在选举。

调查小记

一、故乡长安寻人记

起初,我对家户制度的理解还处于懵懂状态,认为对它的调研最难完成,所以从简单的百村调查做起使得我对暑期调查的积极展开和爱好亲近了许多。

原先我不是很理解何为家户,何为家户制度,但阅读过一本书的调查提纲后似乎恍然大悟了。家户以一家人为单位,围绕家庭展开的家庭、家族内部事务而进行的行为关系研究,是从中国家庭中最不起眼的家长里短,同样也是中国农村家庭从未书写在纸笔上的细微历史入手的。

我的故乡在陕西,在闻名遐迩的古都西安,一来语言通畅沟通较为方便;二来对自己城市的变化、历史较为熟悉,于是我决定在大西北找找是否有符合条件的老人,几经向父母、亲戚询问才在当地雁塔区找到了一户我觉得适合的人家。西安市内大多是城中村、棚户区的村子,早已没有了昔日农村大院茅舍草屋的景象,我访谈的这位爷爷为人和蔼可亲,十分友好。

第一天我只是对谢家门户的人口、家庭成员、家族关系有了初步了解,还需要回去细心整理录音、笔记,做到人物对应、事件齐全才可。在了解中得知,谢家原不是西安本地农户,几经迁移来到西安,最终在西安城墙外不远十里处寻得一村居住。久而久之靠自身手艺受到村民赏识爱戴,才征得同意在村子里买地落户。谢运昌爷爷是谢家在此生活的第三代人,至今爷爷家已是儿孙满堂,孙子也已结婚有了小孩。这是我开始进行家户调查的第一天,面对代际关系的千头万绪,面对五十年以前小户家庭的历史我开始有些好奇,神秘却又真实地听谢运昌老人一一诉说。

在听老人对于自己童年的讲述过程中发现,自己对于1949年前的时代特征并未有如此接地气的把握。老人在新中国成立前才十几岁,诉说中有着对亲人的怀念以及苦涩,这种传统时期生活的苦和现在生活的甜似乎形成极大的反差,引得老人不由得感慨唏嘘。除了讲述传统的故事,他还会在其中插入一些我不知道的家长里短,其中生活的苦夹杂着浓浓的人情味和亲情,谢家一直有长辈们的支撑,似乎和谐的家庭填补了生活的苦,变得也是有滋有味。作为90后出生的一代,我无法感同身受地了解到老人的生活经历,但与自己的家庭、生活、学习相比,我无疑是幸运的和幸福的一代人,在顺应改革开放的潮流下成长,受到义务教育的关怀,我们拥有吃不尽的美味和追求自我的空间,与之对比,我似乎更加明白了一个强大且创造幸福生活的国家政权和时代的重要性,没有前者为基石,哪来后者的和平安定。我曾在闲聊中询问过老人:"您认为什么是最好的生活?何为幸福?"老人只是简单地告诉我:"吃饱、穿暖、无病无痛就是幸福。"可见老一辈人的愿望如此简单,但其中正映射着曾经那个年代吃不饱、穿不暖的困窘状况,正因为此话我才更加深刻地意识到现代年轻人的浮躁与奢华。我们总是追求物质上的极大丰富和满足,但在心灵的补给上一度空虚,在现代拥有物质与事业成就的年轻者很多,但充斥在整日的烦躁与压力之中,比起上代人,我们缺少吃苦耐劳的精神,缺少一份知足和幸福感。

二、困难重迎难上

我已经连续两天来爷爷家了,天气炎热难免有些烦躁,在谈话过程中我有些诚惶诚恐。这几日正是西安连连高温预警、40℃爆表的"桑拿天",在谈话过程中我时常问爷爷是否需要歇息一会儿,是否需要喝口水再继续说,爷爷却不肯停歇休息一会儿,将我的调查工作当作他自己的事情来做,尽心尽力。

在谈话的过程中我抛出去的是一个个问题、疑惑,但作为长辈他给我的除了那段历史的回忆、故事、解签还有经验和叮嘱。这也是我自己觉得很幸运的地方,暑假的调研似乎预示着我下一个阶段的起步,正如老师所说,大学的我们学到了什么?我们无论来自哪里,都有着同样的起点,唯独从现在起、从暑假开始我又在一片未知的海洋里漂浮、探险、发现新的领地,从百村观察的调研到家户的寻找,我遇到的每一个村、每一位村干部、每一家农户、每一位老人都是我尊敬的老师,协助我展开我未曾接触过的调查、协助我衣食住行,让我在未知与迷茫之中寻到方法,对调研不再感到束手无策。

调研中遇到的人们和这位老人一样可爱、善良,使我真真切切感受到与善人益友打交道的舒畅和来自田野里凉爽透彻的风,午夏蝉鸣的歌声也好听了许多。广阔的田野、农村成为我调研的真正老师,其来自农村麦田里的智慧印在我的心里并且使我非常想念这样的时光,不安逸于现状,做应做的、该做的事。在我看来,即使我所做的调查微不足道,但只要有一点点有利于百姓的生活那都是有用的,谈话之余也多了许多人情练达的学问,何乐而不为。

三、老人谈话中的教育

在老人家中进行访谈的时间已久,老人娓娓道来的故事使我感到十分好奇,生活在和平年代的我们对历史似乎不够敏锐,写在教科书上的历史也太过生涩,不如听老人的亲身经历,真实又有味道,同时能从老人的眼睛里看到光阴的打磨和自家农民生活的影子。

老人给我讲述了他们上学时候的经历,那时贫穷人家的孩子多,大多只希望生男孩,可以作为壮劳力使用,可以锄地干活、拉车吆马,女孩则不太受人待见。但穷人家没有太多讲究,是女孩也会欣然生下,日后给她找个好婆家即可。在孩子上学方面,村上各户共同请了一位先生,在村上的宅地里腾出一间房子供先生居住,平日教书的早中晚饭分别在各户人家里吃,一天一家,轮流进行,农户们把各自的小孩送到私塾、上午、下午各四小时,过春节、元宵等大节日时,各家拿一些礼品送给先生,如自家老母鸡下的蛋、攒下的粮食、用来做衣服的棉花几捆以表心意就行。在私塾中,先生主要教孩子们为人处世的君子之道、传统的四书五经思想。随着军阀混战时期开始,孩子们开始学习算术,绝大多数的农户是希望孩子学会简单的数学知识,对下一代人的文化程度并不是太过于看中。老人告诉我,一般学到小学毕业、初中一二年级就不再学了,随后便跟着家人种地、卖菜,家长只是希望所学知识可供收钱、卖菜、找零钱所用,仅此而已。

在遇到国民党军队驻扎村中需挖战壕时候,家家都要出一个壮实的男丁,年龄大一点的孩子便不再学习,学校的课程也因此荒废。家中孩子能否去上学,一是看自身性别和在家中的长幼顺序决定;二是取决于家长或者父母的意见,是否让孩子读书;三是取决于家里的贫富程度和文化开明度;四是外在的社会安定程度是否可以提供持续上学的大环境。

听到这里,想想现在和过去,一是感叹自己生在美好的时代,二是惋惜那个年代毁掉多少前途与梦想。也许在 1949 年以前,人民大多是贫苦百姓,其对生活的要求仅仅只是为了生存。老人对我说了一句话,我记忆犹新:"富人才有尊卑秩序,穷人只求喂饱肚子。"仔细想来没错,在战乱面前求生存、在安定之后求富贵,世人皆是如此。所谓的大格局小格局、大环境小环境都要有一定的国家、制度作为先决条件,从内外因素中考量。

抛开家户,就沿着学历随年代变化来看,老人的爷爷辈是文盲,叔伯辈是小学学历,老人是初中学历,老人的孙子辈已是本科、研究生毕业。细想学历高低的变化也是时代发展和物质丰富的产物。农民日子富裕了,从思想上要求进步便是时代改革后的显著成果。但在我看来,自身素质的高低却无法用学历的高低进行简单衡量。老人的社会阅历丰富,待人处事练达早已高出初中文凭范畴,在现代生活中我们存在高学历低能力的特点。以上是我在访谈文化教育中的小思考,如有不对之处请谅解指正,所思所想均来自于生活,运用于实际。

在经历家户调研和写作的锻炼中,不仅使自身的经验增长,同时与老人的谈话使我认识到自身知识的有限性和社会调查的广阔空间。历时半年的写作对我来讲是一场语言与文字的修行,既是挑战又是收获。这一过程既是对自身的打磨也是一种感恩,其中要感谢学院给予此番调研的机会,使我能够在田野的调研中探索生活里的哲学。在此,我要感谢我院徐勇老师、邓大才老师、黄振华老师的鼓励和教诲以及曾经指导我写作的张航师兄、何婷师姐;更要感谢谢运昌老人的耐心讲述,其思维敏捷、口齿清晰的表述使我对 1949 年前谢家的家户生活面貌有清晰的认识并感悟颇多,此外还要感谢我的家人对我调研的鼓励和支持。

第三篇

自给独立：家内共商与外部帮扶

——鲁北兴福镇张氏家户调查

报告撰写：李　灿[*]

受访对象：张立祥

----

[*] 李灿（1992—　），女，山东东营人，华中师范大学中国农村研究院 2017 级硕士研究生。

导 语

　　山东省滨州市博兴县兴福镇在 1947 年以前是当地甚至全国有名的柳编制造市场,每当柳编集市赶集的时候,全国各地的柳编商人都会云集于此,到这里批发柳编制品。尽管兴福镇手工业发达,但是 1947 年以前,它仍是一个传统的农业小镇,镇上的一些传统和规矩无不符合当地的习俗。

　　张氏一家在 1947 年以前是一户普通的小户,1949 年时分家, 分家前家中共有三代 13口人。张家世代以种地为生,农闲时辅以柳编等手工业贴补家用,自给自足,家中几无存款,一年辛劳所得也仅能维持一家日常消费。虽然经过数代人辛勤劳动,张家所有的积蓄和财产也只有家中的 4 亩土地而已。尽管如此,在当家人的带领下,一家人省吃俭用、勤奋劳作,年复一年却也生活得安稳幸福,婚丧嫁娶等各类仪式也尽量体面。即使生活并不富裕也坚持供家中孩子读书,艰苦朴实的家庭教育更是贯穿于每个成员的日常细节之中。在家长的辛苦支持和带领下,一家人生活尽管不富裕却也丰富充实。

　　1949 年以前,张家人在生存的边缘奋力挣扎,但是在经历过各种天灾人祸之后,他们仍能保持独立,这与家户内外的各种“规矩”和“情理”是分不开的。张家之所以能保持自给自足究其原因大致有二:其一,便是家中十分的民主,张家人的各项决议都是全家人一起“当家做主,共同商议”,尽管张家依旧由当家人来“掌控全局”,但是在做决定之时都是家人一起商议、互相尊重,尽显民主之风;其二,便是家户外部的帮扶,张家是小户,一年忙碌也是仅够平衡各项开支,少有存款,相应的应对灾害风险的能力更是几乎为零,但张家依旧在混乱的年代里保持自给,很大一部分原因就是亲戚之间以及小户、中户之间的相互帮助和救济。

第一章　家户的由来与特性

张家,位于山东省滨州市博兴县兴福镇,在博兴县东南部。张家的祖辈是山西洪洞县人,由于政治需要移民到山东省博兴县兴福镇。在当地开荒种地,并逐渐在当地落户生根。1949年以前,张家家中有三代13口人,主要依靠家中仅有的4亩田地为生。他们居住在自家搭建的茅草屋内,一家人在此过着艰苦朴素的日子。

一、家户迁徙与定居

张家的祖辈是山西洪洞县人,家在一棵老槐树下。在明代的时候,因为政治原因被迫迁徙。明朝时,由于黄河泛滥以及明初朝代更迭的战争,导致山东等地人口数量急剧减少,有些地方甚至成为无人之地,土地抛荒严重,农业几乎无法发展。而这些对于一个刚刚建立政权的国家来说都是巨大的隐患。因此,在明初朱元璋就颁布了大规模的移民政策,从山西向山东等地移民,以此来平衡各地区的人口,恢复山东等地的农业发展,稳定社会秩序。据村中张家人一辈辈口耳相传,张家祖先也是这移民大军中的一员。张家的祖先经过几番波折来到山东省博兴县的兴福镇,与原来的生活别离,开启了张家生活新篇章。

张家祖先孤身来到陌生的地方,最重要的就是解决生存问题。首先就是要开辟一处荒地,这对于以种地为生的张家人来说是至关重要的。有了可以耕种的土地就可以在此处安家落户。经过张家祖先几代人的奋斗,张家拥有了属于自己的土地和房屋。尽管土地不多,房屋更是简陋,但是张家人渐渐地能够在这个地方生活并繁衍生息。关于张家的土地,其中既有张家祖先最早开荒得来的一部分,也包括后来张家不断发展有了积蓄以后购入的土地。尽管经过不断开荒和购入新的土地,但张家在儿子成年结婚后需要不断分家并将家中的土地分出去一部分,所以在整个张家的发展历程中每个小家庭的土地都不是很多。到了张向仁这一辈,家中总共只有四亩土地。

除了种地、务农以外,张家人祖上是纯粹的庄稼人。但是兴福镇这个地方是当地有名的柳编集市,很多外地甚至是国外的人都会来此地进购柳编制品。为了增加家庭的收入、改善家中的生活条件,张家也利用当地的这种独特的经济优势,跟随村中其他会柳编手艺的人家学会了这门手艺,并将这门手艺一直传承。

经过张家祖先的奋斗,张家就在山东的兴福镇繁衍生息了。虽经数代努力但张家人一直是当地一个小户人家,因此没有过多的规矩和讲究,张家人的行事风格和待人处事的规矩、道理都入乡随俗了。

二、家户基本情况

（一）三世同堂男丁旺

1949年以前，张家家中三代13口人，其中第一代"向"字辈兄弟三人，老大张向平，与其妻张王氏共生育两子——张立功和张立民，他们是"立"字辈年纪最大的两个人。老二张向诚，其妻是张王氏，早年生育一子但后来儿子上吊去世，自此一直膝下无子。老三张向仁，妻子张高氏，于1947年前育有三子一女，张立祥、张立英、张立新和张立明。此外，张立功与张立民也已结婚生子。1949年分家以前张立功与其妻子育有两男一女，分别是张崇礼、张崇美和张崇德。但张向平与张向诚皆于早年去世，其子女遂皆跟随三弟张向仁一起生活。1949年前张氏家庭人口情况如图3-1所示。

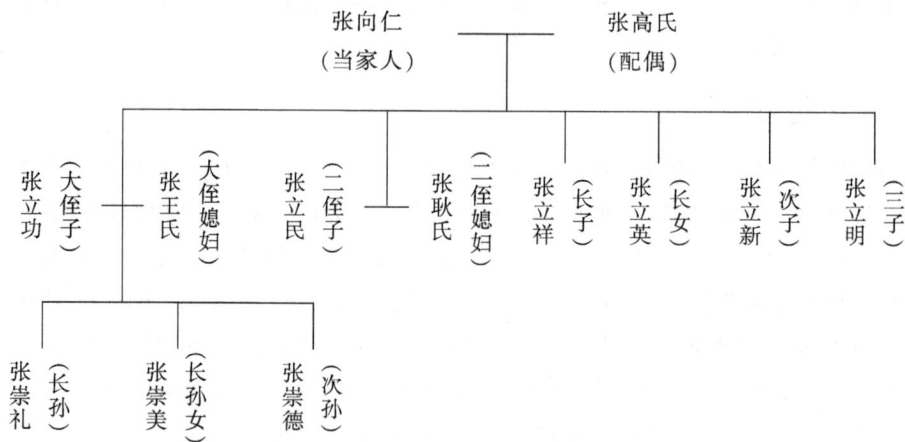

图3-1　1949年以前张氏家族人物关系图

1949年前张氏一家有三代共计13口人，5名青壮年劳动力，3对夫妻，无老人，4名儿童。具体人口情况如表3-1所示：

表3-1　家庭基本情况

家庭基本情况	数据
家庭人口数	13
劳动力数	6
男性劳动力	4
家庭代际数	3
家内夫妻数	5
老人数量	0
儿童数量	6
其他亲属成员数	0

（二）三代同住生活难

1.叔侄同生活

1947年以前,张向仁一家"向"字辈便是家中辈分最高的人,并且向字辈的老人共有三位,分别是张向平、张向诚和张向仁。但是张向平和张向诚早年因病无钱救治早早地就去世了。他们膝下的子嗣便跟随着老三张向仁一起生活。从此,张家叔侄便生活在同一个屋檐之下。

张向仁是家中的当家人,1903年出生,也是家中辈分最高的人。因其兄早年去世所以自然而然地就承担起家中重担,照顾一家老小。并因为张家家中贫困所以他直到三十多岁才娶妻生子。

张立功,是张向平的长子,是家中"立"字辈的老大,1916年生人。因为张向平此前是家中老大结婚较早,所以尽管张立功辈分较小但实际上张立功与张向仁的年龄差异不大。因此,他们各自的孩子也是如此,年龄相差不大但却隔了一辈。张立民是张向平的二子,1917年生人,也是家中主要的劳动力。

张立祥,是张向仁的长子,1935年出生。在分家以前还是孩子,是家中除了张立功以外为数不多读过书的人,后外出当兵。张立英是张向仁的长女,1936年生人,曾经因为家中贫困做过一段时间的"团圆媳妇"即童养媳,后来家庭生活条件好一些后便接回家来生活。张立新,张向仁的二儿子,1942年生人。后来成人后也是带着妻儿外出谋生。张立明是张向仁的三儿子,1948年生人是家中的老幺。

张崇礼、张崇美、张崇德是张立功的子女,他们是家中的第三代子孙。

1949年以前,张家的人口代际关系明确,尽管家中贫穷但所幸男丁兴旺,有足够的劳动力来养活一家老小。另外,年龄小辈分高也是张家人的另一个特点,因为家中贫困,无法在年轻时顺利娶妻所以只能一拖再拖,这也就使得所生的儿子尽管年龄较小,但是辈分却很高。从而这也是家中贫困的一种体现。

2.生病无钱医

张家人身体的健康状况基本较好,无残疾人。并且家中有较多的青壮年男性劳动力,对于缓解家中贫困状况有较大的作用。但是张家家中贫困,一般情况下,家人生病之后都是依靠自己硬扛。如果扛不过去,便只能等待死亡的到来。张家会出现这样的情况,不仅是因为医疗条件不佳、传统封建观念深厚,更重要的一个原因便是贫穷。因为家庭条件实在太差了,没有足够的钱来给家里人看病,张家有几个孩子因为幼年时期生病,最终没能抵抗住病魔而去世。

3.五对夫妻两对离世

1949年以前,张家有包括当家人张向仁在内的五对夫妻,但是在抗日战争时期,张向平以及张向诚夫妇或因战乱,或因疾病全都先后去世。只剩下张向仁、张立功以及张立民三对夫妻。

1949年以前,在张家第一代中,由于家中贫困,张向仁30岁时才迎娶本村的高姓女子,嫁入张家后遂改名为张高氏。在张家第二代中,张立功与张立民皆已成婚。张立功的妻子是本村的王姓女子,而张立民则迎娶的是本村的耿姓女子。其他家庭成员均因年纪尚浅未有婚配。

4.尽力送儿去学堂

在1949年分家以前,尽管家中生活较为艰苦,但依旧支持家中3名孩子读书。其中张向仁的大侄子张立功以及长子张立祥读了5年左右的书。一家人省吃俭用来供两人读书,并且两人读书的年头都不少,这对于家中并不富裕的小户来说已是十分不易。

1949年以前,张家在当地算是小户人家,自给自足,但是所幸家中男丁兴旺,劳动力充足,遇事家中能有出头露面、在外担事之人。所以即使生活条件困难,人多地少,但是家中有很多可以外出劳动的人员,在一定程度上就缓解了家中贫困的境况,使得家中不至于卖地甚至去讨饭求生活。

表3-2　1949年前张家家庭成员情况表

成员序号	姓名	家庭身份	性别	出生年份	婚姻状况	健康状况
1	张向仁	当家人	男	1903	已婚	良好
2	张高氏	妻子	女	1904	已婚	良好
3	张立功	大侄子	男	1916	已婚	良好
4	张王氏	大侄媳妇	女	1916	已婚	良好
5	张立民	二侄子	男	1917	已婚	良好
6	张耿氏	二侄媳妇	女	1918	已婚	良好
7	张立祥	长子	男	1935	未婚	良好
8	张立英	长女	女	1936	未婚	良好
9	张立新	次子	男	1942	未婚	良好
10	张立明	三子	男	1948	未婚	良好
11	张崇礼	长孙	男	1936	未婚	良好
12	张崇美	孙女	女	1946	未婚	良好
13	张崇德	次孙	男	1948	未婚	良好

(三)三代同住传统四合院

1949年以前,张家位于兴福镇西北角,兴福大街上,那里是博兴县有名的柳编集市。在那里,五天一个集,住在这条街上的居民都在自家门口做起小本生意,更有附近村庄的人前来做生意。每逢集市一条街上好不热闹,各类商贩云集至此,柳编、布匹、瓜果蔬菜、烟酒糖茶应有尽有。来赶集的人更是络绎不绝,一时间好不红火热闹。这条兴福大街主要是经营柳编生意,张家的祖辈迁徙到这里之后,因为这里的家家户户都会柳编手艺,便也跟着学习了柳编的这门手艺,至此代代相传,一直传到张崇礼这一代,因为市场需求变更以及分家后子女分散各处,所以柳编的手艺就没有人再继续传承下去了。但是分家前当家人张向仁就是凭借这门手艺,外出卖柳编贴补家用才得以用4亩地养活家中13口人。

张家宅基地一共只有150平方米,在此基础上建了8间房屋,其房屋设计如图3-2所示:

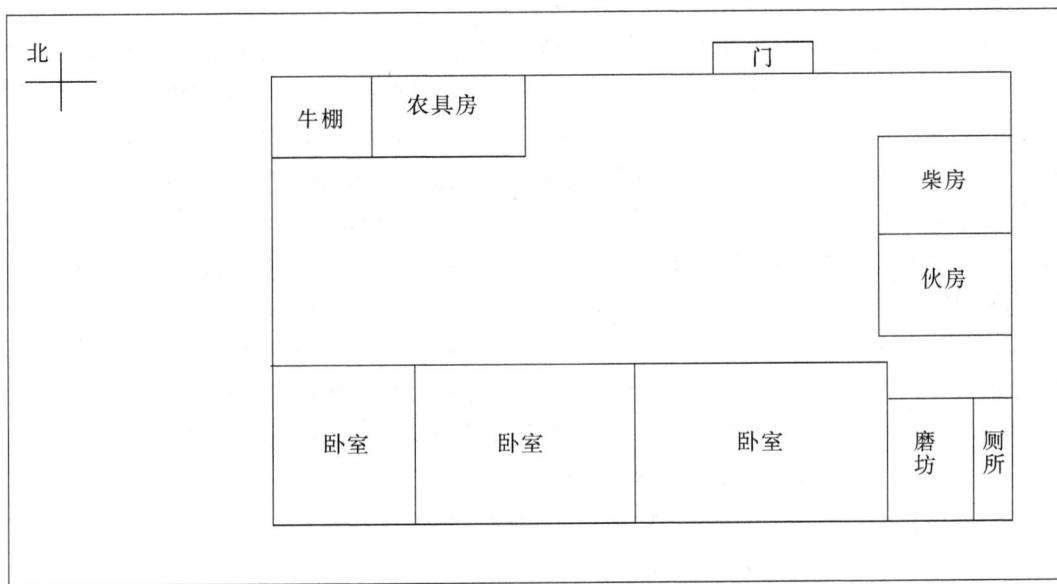

图 3-2　1949 年以前张家房屋示意图

张家的门朝北,北边有两间屋,分别是牛棚和农具房即专门用来放置家中的各类农具。牛棚里面居住着家中一个重要的"劳动力"———一头黄牛,农具房中主要盛放的就是家中主要的劳动工具:锄、镰、锹、撅①。东边有两间屋,一间是柴房,用来放家里的柴火,旁边就是伙房,即现在的厨房,一家人的饭就是在这一间小伙房里做出来的,这里便是家中女人们的主战场。南边有四间屋,由西到东分别是三间卧室、磨坊以及磨坊旁边开辟出的一间小厕所。三间房间分别由三对夫妻居住,张向仁一家 5 口人居住在最西端的小卧室里,而张立功一家由于人口较多居住在最大的卧房中。旁边的磨坊主要用于放置家中的石磨,每到秋收收完麦子便是在这间磨坊里用石磨将谷物磨成粮食贮藏起来,供一家人食用。

(四)种地为主兼有副业

张家在当地就是一户普通的农户人家,家中主要以务农为主。家中主要的劳动力都投身于家中的农业生产。张家在 1949 年以前一共有 4 亩地,并无租赁情况,并且 4 亩地分为 3 块分散在村中不同的地方。其中有 2.5 亩的碱地主要用来种高粱,剩余的 2 块田地为好田,其中 1 亩种谷子,剩下的半亩种豆子。因为地少人多所以家中的男人到了一定的年纪除了上学的便都需要到地里来劳动,并且家中前期没有牲口,是到了后期 1945 年左右,家中才与邻居合伙买了一头小黄牛,因此前期家中地里的活都是依靠人力来完成,哪怕是锄地、犁地等较重的活也都是张家的男人们一锄头、一锄头完成的。一家人主要向这 4 亩田地讨饭吃,因此生活得较为艰辛、拮据。一年劳动收来的粮食也就仅仅能够维持一家人一年吃饭的口粮,交完粮食税之后再也没有剩余的粮食拿来买卖,偶遇贱年②更是需要外出借粮来度过荒年。

除了农业,张氏一家人也依靠其老宅所在的地理优势,开展一些小买卖来维持生计。当

---

① 撅:方言,即镐。
② 贱年:方言,特指收成不好的年份。

219

家人张向仁自幼学习柳编技艺,每当农闲时便会离家到别的村庄去卖柳编制品,或者帮其他人家修补柳编制品。经过几代发展,兴福镇的柳编市场已经越做越大,价格也越来越透明,因为是小本经营,主要依靠当家人自己劳动,生产量小,持续在自家家门前的集市上卖利润渐薄。因此,当家人就选择去临近的几个村庄或县城去卖家中的柳编制品。每个月大概有8~10天在外面帮人做柳编,以此来挣点钱,用以购买家中生活所需的油、盐、火柴等生活用品。

除了当家人外家中的其他男性也都在农闲时积极寻找赚钱的方式。例如家中大侄子张立功会利用家中收完作物的地,种上其他的作物。曾经有一次他就看见地里的麦子收完,地里有空闲,他就在地里种上芝麻,等到芝麻成熟也卖了一个好价钱。尽管不多,却也能够为家里添置一些必要的生活用品。家中其余的儿子也会采摘或进购一些应季的瓜果李桃等作物,等到赶集时拿到集市上卖。由于进购量不大,因此收入也不是很多。张氏一家主要是靠天吃饭,以农为生,平日也会做一些小买卖,尤其是当地著名的柳编,以此为辅来增加家庭收入,维持一家人的生计。张家一年收支情况如下表所示:

表 3-3 1949 年以前张氏家庭经济能力

土地占有与经营情况	土地自有面积	4 亩	租入土地面积	无
	土地耕作面积	4 亩	租出土地面积	无
生产资料情况	大型农具	无		
	牲畜情况	一头牛		
雇工情况	雇工类型	长工	短工	其他
	雇工人数	无	无	无

收入	农作物收入					其他收入	
	农作物名称	耕作面积	产量	单价	收入金额	收入来源	收入金额
	高粱	2.5 亩	500 斤			柳编	1 元/天
	谷子	1 亩	200 斤			小买卖	1 元/天
	豆子	0.5 亩	75 斤			挖谷子	3 毛/天
	收入总计	粮食收入			副业收入		
		775 斤/年			150 元/年		

支出	食物消费	衣服鞋帽	燃料	肥料	租金
	自给自足	10 元左右	自给自足	自给自足	0
	赋税	雇工支出	医疗	其他	支出共计
	80 斤粮	0	0	0	80 斤粮

结余情况	0	资金借贷	借入金额	0
			借出金额	0

(五)大中小户各不同

在 1949 年以前,张家在当地来说就是一户普通的人家,没有大量的钱财也没有一定的权势,世代为农靠天吃饭。当家人是张向仁,家里家外全由他一人做主,直到分家前都没有变化。

1949 年以前兴福镇的村庄中的家户大概分为三类,分别是大户、中户以及小户。村中有三十多户大户人家,一般大户都是家中有上百亩地,各类农用工具应有尽有,并且家中还有车、有大量的牲口进行平常的农业劳动。大户人家的人一般不参与农业劳动,家中都有雇用来的长工或者短工来负责家中的农业劳动，家中的人一般外出做生意或者在家管理家中的一些事务，更有甚者在家中做少爷、小姐很少参加劳动。这一切都是依仗家中雄厚的经济实力。

此外便是中户，中户家的农业生产状况较大户人家来说自然是相距甚远，但是与一般农户比较还是十分有优势的。1949年以前在兴福镇，一般的中户家的土地都在40~50亩之间，稍微差一点的也有20~30亩。家中的劳动工具也是十分齐全，并且也是有车有牲口来帮忙参与农业劳动。每年家中都是会有许多剩余的粮食用来买卖。一年劳动下来家中的经济收入也是相当可观。

最后便是小户，当地小户家中土地均在十亩以下，一般在七八亩之间，也有像张家这样较为困难的家户，家中只有四亩田地。贫农家中的劳动工具也是最简单的工具，一般就是最普遍的锄、镰、锹、撅——"四大件"。除此之外，再无其他大型农业工具，如遇生产需要，则需要向中户或者大户人家借来使用。家中也几乎没有牲口来帮忙生产，有条件较好的可以自家购买，大部分都是与亲邻合买或是借来使用。这样的家庭一般是地少人多，一年劳动所得仅能维持一家人一年的吃穿用度，除此之外，再无存款。其中还有一种小户便是雇用工，这一类人没有自己的土地，主要是依靠给大户人家打工，在大户家里吃住，雇用时间或长或短，但都依赖大户所给的工资过活。在当地有这样一种说法形容这一类人就是："房无一间，地无一垄"，全家人生活更为困难。

在1949年以前张家人一家13口人住在家中的老宅子里，房屋的建筑便是其主人身份的象征。大户人家的房屋可谓豪华，在兴福镇当地大户人家一般都是"前厅瓦屋"，并且家中的屋脊上都有各种兽类装饰。房屋是用砖瓦建造的，有许多的房间。后来土地改革时，分大户人家的房子，张家的张立明等从大户人家房子的院子里挖出整整一缸银圆，可见大户人家是有多么富裕了。

中户人家的房子也是用砖瓦建造，只不过比大户人家的建筑面积小一些，房屋上没有过多装饰罢了。1949年以前，镇上最多的还是张家这样的土坯房。其房屋大都是用泥巴和草搭建而成，家中的屋顶也是用草编成席子搭在屋顶上，并且时间一长就会开始漏雨。若是较小的漏洞可自行修补，若是年久失修便需要找工匠对其进行重新修葺。建造房屋的材料比较简陋，家中采用的是四合院结构，共8间房屋，房屋虽小但是各类房屋一应俱全。一家人住在其中虽不十分宽敞却也比较满意、舒适。张家严格算来可以说是当地的老户，到了张立祥一辈，张家已经在兴福镇生活了三十余代，张立祥是张家第三十一世。前后算起来也有几百年的光景了。

张氏一家在当地是最普通甚至是有点贫困的人家，四亩田地就要支撑起家中13口人的生存。因为生活困难所以一家人也都十分团结，在当家人的带领下，家中的成员也都纷纷尽自己所能来维持或改善家中的生活。

第二章 家户经济制度

1949年以前，一处茅屋、四亩土地就是张家所有的财产。张家人对于自家的土地和房屋有着十分清晰的认知，全家人都在捍卫和守护着家中仅有的财产和资源，并不容许其他人来侵占和掠夺。至于家中的其他生产工具及锅碗瓢盆等生活用具，张家人就随和得多，他们十分乐意将家中的各类物品与亲戚、朋友分享。如有人来借用张家的东西，张家人也会毫不犹豫地展现自己的慷慨和善意。

一、家户产权

（一）四亩土地全家种

1949年以前，张家家中有四亩土地，土地来源是家中祖辈经过劳作后攒钱买下的和土地改革后分得的土地。具体而言，家中祖辈自从逃荒来到兴福镇之后便世代在此劳作，经过不懈努力陆陆续续地积攒了部分钱财，买下了两亩半的盐碱地；后来1946年土地改革，家中又分得了一亩半的好地。尽管也经历了财主变天、重新要回土地等情况，但是仰仗家中男丁众多还是守护住了分得的一亩半土地。尽管张家家中人口众多却也只能在这四亩地上讨生活，这便是张家最主要的生活来源和依靠。故而这四亩田地属于全家所有，外人不得耕种，并且在那个视地如命的年代，可以说一家人的性命都拴在这小小的几亩地上，所以每家每户地与地之间都有明确的界线，没有人会随意侵占别人家的土地，也不会容忍其他人侵占自家土地。在经营方面，主要是由当家人做出决定，每年春天做出规划，全家人一起实施。如此往复，一家人一起劳动、生活。

1.种地全靠天吃饭

在1946年以前家中只有两亩半土地，随着发展，当地已经是人多地少，早已无处开荒，所以家中的地都是早年间祖上买下并传承下来的。一直到1946年土地改革才又分得了一亩半土地，此后一直没有变化，直到1949年，当家人生病，家中没钱医治，无奈之下才将家中一亩碱地变卖，以此来给老人治病。

家中的四亩土地分成三块分散在不同的地方。其中有两亩半地是盐碱地，在村中的一块洼地里。因为土地较碱、土质不好，所以家中主要利用它来种植高粱，从而高粱也就成了家中最主要的粮食作物。剩余的一亩半是好地，土壤较为肥沃，家中主要用来种植谷子和豆子。其中较大的一块地大概有一亩左右，用来种植谷子；较小的一块大约半亩左右用来种植豆子，主要是春大豆，收了豆子之后有时也会种植芝麻、烟草等其他经济作物，成熟后拿到集市上去卖，以此来增加家中的经济收入。

因为家中较为贫困，所以家中田地里没有供灌溉的井，也没有水车、鸳鸯灌等用来灌溉的工具。因此张家一家人基本上是"靠天吃饭"，主要是依靠降水来灌溉。如果遇到好的年景，风调雨顺那么就是一个丰收年，家中的各类作物的收成较好。如遇到干旱的年份也会借邻居李东韩家的水井和水车来浇地，以此来保障家中的收成，使得一家人不至于饿肚子。但是家中田地浇灌主要还是依靠降水，若遇大旱年间也是无能为力。只能一家人节衣缩食，通常是在粮食里面掺糠或者野菜来吃，以此来度过收成不好的荒年。当地人还打趣地称自家蒸出来的馍馍就像长了翅膀一样。何谓长了翅膀？不过是因为蒸馒头时用的面粉太少，掺杂了太多的糠和野菜黏性较少，一个馒头根本没有办法揉成一团，所以蒸出来的馒头都是裂开的，就像长了翅膀一样。

2.家人平等共享田

张家的土地全家都有份，土地是属于全家人的，每个人对土地都有一定的权利。家中都是集体劳动集体吃，张家人认为一家人"在一个锅里摸勺子"，所以土地理所当然就是属于全家人的，而不是单纯属于某一个人，家长也不例外。当家的只是平时对其进行管理，调配大家从事各类农业劳动，但是对家中的土地并没有独占的权利。家中若有什么事情，如经济困难、家人生病等情况需要对土地进行买卖或其他调配，则需要全家人一起商议决定。针对养老，张家人为其保留了一块"养老地"，即考虑到家中当家人或者是家中老人随着年纪的增加逐渐失去劳动能力，为了保障他们的老年生活，就在分家时会留出一块养老地，谁赡养老人则这块地就给谁；若在分家时将土地平分，那么分得土地的家庭便要轮流照顾老人，直到老人去世。

在张家，每个人都应当对土地进行耕种、并在其间劳动，这样才能养活一大家人。家庭中土地产权主要可分给家中的儿子、儿媳及其所生育的子女；没出嫁的女儿也应当有她的一份，用来置办出嫁的嫁妆；但是女儿一旦出嫁便是"外人"了，她可以在婆家分得一份土地和财产，在娘家便再没有她的一分土地了；此外，入赘的女婿按照惯例来说也算是"家里人"，自然也应当能够分得家中的一份土地。但是其他外人，例如家中的远房亲戚、已经出嫁的女儿，或者住在家中的非家庭成员都是没有权利分得家中土地的。张家的成员对于家人和外人以及他们有没有权利分得家中的一份土地，有着清醒的认识。同时，张家人认为，全家人在一起同吃同住同劳动更有利于家庭和睦、团结，只有在分家时才将土地分开。

3.田间地头分界明

田间地头，桑树为界。兴福镇上的村庄土地都是依靠种植的桑树来划定彼此之间的界线。农户们都会在地与地之间的道路上种植桑树，它们分别被种在地与地的中间和两头，两家田地以此为界。有了桑树为界，两家之间就会相互尊重，各自耕种自家的土地，互不越界。除了田间地头的桑树，还有就是每家的田地都会有一份文书，用以证明此块土地的归属。张家人认为只要有了文书，每家每户就可以合理合法地拥有自己的土地，并在其间开展农业活动。

张家人对于家里人和外人的分辨是十分清晰的，对于家中土地的使用权和继承权只有家里人才能够享受，外人是不能够得到张家的土地的。即使是一家人，但是如果已经分家的话，那么在分家时就已经分得了土地的一部分，后续家中若再有变化，已经分家的也不再属于自家人，对于张家的土地也没有使用权和继承权了。

张家的每个家庭成员都知道自己家中土地的详细情况，就连最小的孩子也能准确地说出自家土地的准确位置及其所涉及的范围。并且张家人对土地属于全家有一个很明确的认知。

张家的土地经营权归当家人所有，但是全家人一起商量在未来一年每块土地将要种植什么作物，当家人可以根据土地情况提议。平时家中耕种什么作物一般根据市场需求，或是看着别人家种什么自家也就会跟种。在耕种过程中每个人的具体工作一般由当家人决定并安排，但是时间长了，每个人也都清楚自己的工作。家中土地的产出全部归家户所有，所有人在家中同吃同劳动，所以得到的粮食也就属于全家人共有，每当秋季粮食收获的季节一般不再用当家人叮嘱，家中的男劳力就主动去田间收割高粱和麦子，家中的女人就会帮着他们去晒场①晒谷子，等到粮食晒干后就统一放到粮仓中储存起来，留着来年维持一家人的吃饭所需。家中粮食的使用主要是听从家长的安排，如无其他情况，家中的粮食就是留作家人的口粮，由家中的媳妇看着做饭，若是收的粮食多就会多做一些净面馒头，如果粮食不够就会在里面掺一些糠和野菜。这些都是由家中的媳妇看着来弄的。对于家中的农业劳动以及劳动后的粮食收割外人无权干涉，都是自己家商量着来。

4.土地主由家长管

在 1949 年以前，家中土地买卖、租佃、置换、典当等活动中，当家人即为实际支配者。如果当家人不在家，其他人不可以代替他做决定，一定要等到当家人返回来，向其讲明事情的来龙去脉、前因后果之后才能由当家人做出决定，决定是否对家中的土地进行处置。其他成员可以针对当家人的决定提出意见，但是大部分情况下其他家庭成员都是遵从当家人的决定。因为家中的日子并不好过，家中的成员并没有人想当当家人。当地贫困的小户中有这样一种普遍的说法："当家三天狗都嫌。"由此可见，贫困人家的生活是十分艰难的，家中无钱，当家人也就十分难当。所以如果当家人外出或者有事不在家，家中也不会另外设立临时当家人，家中一切事务都按照"家长支配，成员遵从"的规则来办理，但是家中成员都可以提出自己的意见，之后大家在一起商讨。

因为家中土地较少、生活较为拮据，所以几乎没有针对土地的买卖、租佃活动。家中 13 口人都依靠家中的四亩田地养活，所以一家人也都十分珍惜这四亩田地，不到万不得已不会出卖家中的土地。家中唯一一次土地买卖就是在 1949 年当家人张向仁病重时，家中无钱治病，不得已才卖出了家中的一亩碱地。

5.文书在手无人占

家中的土地，每家每户都会有一份文书作为凭证。这是最有力的证明土地归属的文书，这份文书可以说是"放之四海而皆认"的凭证。无论拿到什么地方，有了文书就可以自由买卖文书上所标明的土地。因此，一般家户不会随意侵占别人的土地。一般家户也不会轻易容忍别人侵占自家的土地，如果发生外人侵占自家土地的情形，那么就会由家长带领家中的主要劳动力出面，向侵占的人家讨回公道。如果讨要不成，也会考虑拿出文书，请求村长出面解决土地纠纷。因为手持文书，所以无论是在法律上还是道义上，村长和村中人都会支持拥有文书的一家，因此一般情况下土地还是会回到自己手上的。正因如此，一般人家也不会轻易侵占别人的土地。

（二）一处茅屋四合院

张家的老宅在兴福大街上，虽地处繁华的位置，但是并没有改善家中房屋的质量，三代

---

① 晒场：当地称为"场"，专门用来晒粮食的场所。

人依旧住在家中的老土屋里,只是对家中的房屋不断进行修补,并没有多余的钱财来重新修建家中的房屋。张家的房屋一共150平方米左右,有8间茅草屋,尽管家中的实际居住面积只有30平方米,但是其他房屋各具功能。房子是属于家户所有的,人人有份,每个人都有对房屋的使用权,张向仁是家中的当家人,家中的房屋所有事宜均需与其商议之后再做决定,家中其他成员可以提出意见,大家一起商议,但大家一般都会尊重并听从当家人的意见,以当家人的意见为主。

1.街边茅屋全家住

时至今日,张家的老宅依旧在兴福大街上,家门临近街道。这个位置在当地虽不算是黄金中心位置,但每到集市也是人来人往热闹非凡。尽管张家家门口的小商品经济发达,各种物资云集至此,但是并没有改善生活质量,依旧以农业为主,只是农闲时利用家中优越的地理位置,在集市做点小买卖,倒卖一点瓜果梨桃,但是并没有真正地做起生意,并以此发家致富。所以,家中的居住条件也没有因此而得到改善。

张家家中的房屋一共是150平方米,房子是草木结构的。除了过道门和院子,家中一共有8间房屋。北边有两间屋,分别是牛棚和放置农用工具的房间,这两间房屋都非常小。东边也有两间房屋,分别是柴房和伙屋,主要用来放置家中的柴火和做饭。这里也是家中媳妇们的主要"战场"。最大的房间都在南边,南边一共有4间房屋。分别是三间卧室和一间磨坊。其中张向仁一家人住在西南角最小的一间房间里,一家六口挤在一个炕上。张立功一家居住在磨坊旁边的屋里。中间的房屋曾一度租给邻居,但是后来因为家中人口不断增加又将这间房屋收了回来。许多平常人家都是这样居住的,一家五六口人挤在一个炕上。因为家中生活条件太差,没有条件买更多的宅基地,也没有足够的钱在自家祖宅旧址上重新加盖几间小茅草屋。

2.祖辈传承小苫屋

张家的房子是祖辈上继承下来的。张家的房屋属于村中最差的一类,一直到1949年依旧是苫屋①,家中的墙壁都是用茅草和泥土,屋顶是用麦秸②做成的草苫子,稍微有钱的家庭,家中的麦秸多,做成的草苫子就会厚一些,他们会把自己家的屋顶掭得平一些,家中的屋顶也就相应的结实一些。而张家的生活条件比较差,家中没有足够的麦秸,所以家中的草苫子也就比较薄。因此非常不结实,每三年到五年就需要重新更换上面的草苫子。平时也需要对草苫子进行修补,换掉老麦秸,换上新麦秸,以此来保障遇到风雨的时候不至于漏雨、漏风。张家想要重新修葺一下家中的房屋都需要准备好几年,通常当家人如果决定家中房屋需要修葺那么一家人便需要提前两三年便开始准备。需要准备的东西包括麦秸、土等,因为每年麦子的收成不一定所以仅麦秸这一项便需要准备2年左右。盖房子时只要自家能干的就由家中的男人们来干,技术性的工作只能请专业的人来帮忙,也不用付什么酬劳,一顿饭、一壶酒、一袋烟就是最常见的答谢方式。

3.家长做主互商量

房屋是由祖辈继承自然属于全家所有,家中的成员人人有份,每个成员都拥有在房屋内居住的权利。对于家中房屋的买卖、出租、典当等事务都是找家中当家人,由当家人决定。但

---

① 苫屋:方言,指当地一种茅草屋。
② 麦秸:方言,指麦秆。

是在当家人做决定之前都会询问全家人的意见，每个人都可以提出自己的意见，家长会尊重每个人的意见，当然一般家长提出来的提议家人是不会反对的。

例如，家中曾经有一段时间将一间南屋租给邻居。邻居李韩家人口较多，有一日便来找当家人商议租房的事宜。因为两家南北相邻只有一墙之隔，所以李韩家想将张家的一间南屋租过来另外开一个门与他们家的北屋相通，这样又可多住几口人。当家人得知以后，便在吃饭时向家里人说了这件事情，与一家人商议。一方面家中有两间屋挤一挤也够住，另一方面将一间屋租出去也能够多得一些钱来维持一家生计，所以大家在思考以后也同意当家人的决定。于是，将家中南边的一间屋租给了邻居李韩家，一年支付给张家二三十元钱当作租房的租金。尽管不多，这些钱也能解决家中一些灯盐炭火的问题。后因为李韩家搬家不需要再继续租住房屋，所以南屋又回到了张家人手上，那一个开辟的小门也就重新堵上了。

此外，家中在修葺房屋时也主要由当家人做主，当家人平时就会留心各间房屋是否需要修葺，如若看到某间房屋需要修葺便会告知家人，说是哪一间房屋需要修葺了，一家人基本上也会同意当家人的决定。若当家人同意修葺房屋，全家人便一起行动起来准备修葺房屋所需要的材料，随后便是漫长的等待和准备期。等到所有材料准备完毕后再由当家人出面去请工人，家中男人帮着干活，女人则在厨房里为他们准备饭菜。就这样，经过漫长的准备期之后便是忙碌的劳动期。家里的主要劳动力齐上阵，在农忙之余还要抓紧修理自家的房屋，和泥、打苫一个也不能少。

有的时候家里忙不过来也会去请邻居过来帮忙，当然同样是没有报酬只是一顿饭就可以了。兴福镇上人们之间并不算得十分仔细，也难见算计之人，谁家有困难便是大家帮，也不需要许多报酬一顿饭即可，富裕人家吃点酒肉，一般人家粗茶淡饭也都说得过去。尽管如此，乡邻之间也不会互相干涉各自的生活，相互之间也都守护住各自的底线与边界。

4.房檐滴水以为界

每家每户之间无论是物理边界还是心理边界等都十分明确。

兴福村的房屋都是以"房檐滴水"为界，界线明确。张家也不例外，张家房屋与邻居之间也是以房檐滴水为界，以内为自己家，出了房檐滴水的范围便是其他人家。邻里之间如默契一般都遵守着彼此之间的规矩，并不互相打扰和侵占。

家中的房屋使用权毫无疑问属于全家人，即所有家庭成员。1949年以前，张家的房屋是每个家庭成员都有权在其中居住的。只要是未分家的家庭成员都可以居住在其中。分家分出去的儿子和出嫁的女儿对于张家的房屋是没有继承权的，他们只是回家探望家中长辈因为自家比较远当天无法返程的时候才会在张家小住，暂时使用张家的房屋。但是这时的他们对于张家人来说已经是"外人"，并不能再像其他张家成员一样享有张家房屋的各项权利。其他外人更是不能侵占张家房屋分毫，此外，外人也没有对房子的继承权和使用权。

如土地一般，张家家庭成员对家中房屋的边界也有着清晰的认识。对于自家和别家的房屋产权家庭成员分得一清二楚，所以不会去侵占别人家的房屋，当然自家人也不会容忍别人侵占自家房屋。

张家成员均认为房屋属于全家所有，自己拥有对房屋的使用权和处置权。但是在还未分家之前，尽管当家人会与大家商议，但是家中房屋的各项事宜大都还是听从当家人的，由当家人统筹房屋的大小事务。外人不能干涉家中的事务，分家后的家人一般也不会干涉家中的各项事务。

张家对于房屋的各类界线均十分分明,家人对于家里人和外人也都区分得十分明确,只有家里人能够拥有房屋并且享受自己在房屋中的各项权利,外人不能享受或是侵占张家的房屋,尽管张家比较贫困可以说是弱势群体,但是依旧不会容忍其他人侵占自家房屋。所以张家的房屋是以滴水为界,并且无人越界也不能越界。

(三)牲口农具辛苦攒

在1949年以前,张家较为贫困,土地也较少所以家中不需要也买不起过多的牲畜和农具。1949年前后,张家才与邻居合买了一头小黄牛,两家人共同养着,养牛的饲料由两家人平摊,用时轮流使用,属于两家人共有。因为家中较为贫困,置办不起很多的农具所以家中只有最普通的农用工具——锄、镰、锨、撅和耙子。家中的牲畜和农具都是靠购买得来的,属于全家人包括所有的家庭成员。家中的每个人都是家中牲畜和农具的所有者,享有使用权。当家人张向仁享有对农具和牲畜的处置权和支配权。平时牲畜的买卖和农具的购入以及修补都是张向仁负责,哪怕不在家由其他人处置之后也必须告知他,这就是当家人在家中的权威。

1.张家牲畜产权

(1)与人合买,一头黄牛

1949年以前,因为家中贫困,无法独自支付起一头牛的价格所以家中老大张立功与当家人商量着与其他人合买一头牛然后两家人一起用。张向仁思考之后同意了这个意见,并将这件事情交给了张立功去办。一头牛的价格大约在300元左右,一家一半,两家均摊养牛所需要的饲料费用。如此,家中才有了一头牛来帮忙生产。

(2)两家共有,轮流使用

因为这头小黄牛属于两家合买的,所以到了农忙的时候两家人也是互相商量着轮流使用。同样的两家家庭成员也都有权拥有这头小黄牛。包括两家中所有的"自家人":儿子、孙子及家中媳妇都是小黄牛的所有者、享有所有权。闺女出嫁前拥有对其所有权,一旦出嫁就不再享有此所有权。未成年的儿童也拥有对它的所有权。

如果一头牛不够的情况下则需要向别家借来使用,例如耕地时使用的犁需要两头牛一起拉,这时候便需要向邻里或有牛的人家来借牛使用。多数情况下是一家只有一头牛,两家当家人会在茶余饭后串个门然后商量借牛的事宜。两人商量好明天先给谁家耕,后给谁家耕。这些事情当然也是当家人说了算,由当家人决定去跟谁合伙或者跟谁借,除此之外家中的其他人也可以提意见,比如听说哪家最近不用牛借来的可能性比较大等等。但是只要当家人在家便不能擅自作决定,当家人不在家时,只有跟家中长辈或者年长者商量过之后,才能用当家人的名义去借,待当家人回来之后必须对其说明情况。

此外,张家的牲畜没有出现被别人霸占的情况。在买牛时也会有一份文书,就是类似于现在的合同。上面注明了买、卖人的姓名,买牛的时间及经纪人的名字,最重要的还有牛的样貌和特征,以防有人偷牛来卖然后原主找来把牛要回去。这样买家便丢了牛也没了钱。如此有一个文书在手便可以证明这头牛是自家买的,这样的话无论走到哪里都可以有理有据,即便真正的主人找来也可以保住自己的钱财或者留下牛,不至于财牛两失。从这一点看来,兴福镇的村民还是比较重视法律依据或许说是很注重"名分"。这样其实更加有利于管理,在一定程度上防止侵占现象的发生。

2.家户农具产权

（1）锄镰锨撅、其余靠借

"锄、镰、锨、撅"四大件是最普遍、最必需也是最便宜的四件劳动工具。因为家中贫困，所以只能置办得起最便宜的劳动工具，如果家中劳动生产还有其他的需要，那便只能依靠借了。一般借工具就是去村里刘大娘家借，因为刘大娘为人和善，家中的农具较多，所以一般当家人都是亲自或者委派家中成员去那里借来使用。这种简单农具的借用并不需要什么复杂的手续，只需要口头说一声就行了。不只是张家人十分讲究诚信，全村人对此都十分看重，就像老话说的那样，"好借好还再借不难"。因为除了少数大户人家和富裕中户以外大家生活条件都差不多，都十分困难，难以备齐所有的农具，所以除了最基本的锄镰锨撅以外，其他农具大多靠互相借着使用。为了再借不难大家都十分爱惜借来的工具，一般是用完之后便马上归还。如有破损便在告知主人之后修好再还回去，而修复农具的费用自然也就是张家来出。

张家与临近的几户人家的农具都是一起用，例如今天张家需要锄地那么他们就会去邻居家借，大家也是一起商量，借之前都会先说一句："大爷，您家今天锄地吗？用用你家的锄。"如果对方不用就会回答："不用啊，今天干别的，你拿走吧。"其他人家也是这样来张家借劳动工具的。尽管大家都不富裕、农具不足，但是几户共用是完全能够满足日常生产需要的。

就这样，普通农具的问题解决了，但是大型农具例如犁等对于普通农户来说却成了怎么也买不起的"奢侈品"。没有办法，每当家里需要犁地的时候就需要花钱雇人来帮忙，一般是找富农家，请他们出人来帮忙犁地，并支付一定的工钱。富农家就会派人，一般情况下是两个人，他们就会牵着牛带着犁来帮忙犁地。张家家中地少，基本一天时间就能干完。通常情况下，张家能自己锄地便自己来，如果当家人外出家里人手不够、锄不完的情况下，才会花钱雇人来犁地。用牛犁地是快，但是不仔细，比不上自己锄地锄得干净，有很多边边角角的地方都锄不到。家中地也不是很多，所以一般情况下能自己干的也就都自己干了。除了借来的农具，家里的农具也需要经常修理维护，其他的农具自家就可以修理打磨，但是锄头必须找人来处理，一次5分钱。

（2）购买农具，家长负责

张家家中的农具主要是靠购买得来的。购买农具的钱也是家中地里收了粮食或者其他作物，将其卖掉换了钱来买的。张家花钱基本上都是"地里来，地里去"，一把锄最少可以用30年，故而不用时常购入。张家靠近兴福大街，而街上每5天就会有一个集，集市上会有专门卖铁器的小贩，家里农具的铁头便是在这里买的；因为张家没有树从而也就没有木头，所以农具的把还需要另外购买木棍，买回家之后自己安装好了就可以使用了。如此，家里的农具便都可以在这个集市上购置齐全。

因为全家人在一起同吃同劳动，家中的钱财也是大家一起赚来的，所以家中的农具也是人人有份，所有家里人都拥有对农具的所有权。因为家中的地大家一起种所以农具理所应当的是大家一起用，这样的话才能正常地进行劳动生产。当家人拥有对农具的实际支配权，家里农具的购置与修理全部依靠当家人来统筹管理。如果家中需要，则家长全权负责家中农具的购买和修补。如果家长不在家，家中的其他男人也可以代为办理，但是事后需要向当家人报告。

(四)家具器皿少又旧

张家的生活资料比较少,具体包括基本生活资料:锅碗瓢盆、油盐酱醋、筷子勺子;还有家中的家具也十分简单,主要包括炕和家中媳妇娘家陪送的"四色延房"①,具体是一个抽头②、一个顶箱和两把椅子。这些东西都是放在各自的屋里,小家自用各自做主;此外,家中的磨坊里还有一个磨。以上便是张家所有的生活资料。除了各屋的家具归小家所用以外,其余生活资料都是全家共用。共用的物品当家人张向仁可以做主,代表张家对其享有支配权。

1.家具虽破全家用

张家家庭条件比较差,生活条件困难,所以家中的基本生活用品也都十分简单,主要包括:锅碗瓢盆、油盐酱醋和筷子勺子。

张家有一个厨房,里面放置了家中的基本生活资料,家中只有一个大铁锅盘在一个火灶上,一般家中的妇女都是在这里做饭,但是到了冬天也会去南屋卧室的火炕上做饭。一到冬天通常都是一边烧火炕一边就把饭给做了。家里困难,不像现在有餐桌、椅子可以用来吃饭,家中的长辈、老人也就是当家人张向仁及其妻子在炕上吃饭,其余家中男丁都是一人一个小板凳坐在小方桌上吃饭,而家中的女人则带着孩子围坐在灶台周围吃饭。仅从吃饭的地点就能很清楚地看出家庭中各自的地位。

家中的油盐酱醋都是从集市或者联社里买的。平时家中一个月吃一斤油、两斤粗盐,只有过年过节才会买酱油、醋等调味品回来吃。因为未分家,家人在一起同吃同劳动所以家中的这些食物、材料都是共同享用。做饭是家中妇女的工作,所以张家这些油盐酱醋、粮食等生活资料大都由家中的女性支配负责使用和管理。

以上家中基本生活资料购置的资金大都依靠平时当家人外出卖柳编或者家中男丁利用门口集市倒卖点瓜果梨桃等东西所挣的零钱。如果家人从集市上赚了钱,就买点盐或者油拿回家吃。一般情况下是家中的女人看油或者盐快用完了就会提前告知当家人,由当家人出钱亲自或者指派家中其他人出去购买。

2.媳妇陪嫁自家用

张家比较困难,也没有很多的钱去置办家具,家中没有床,睡觉一般都是一家人挤在一个大炕上。其他家具更是简单,两间屋里各自有一套"四色延房"。四色延房是当地女儿出嫁陪送的家具总称,它包括了一个抽头、一顶箱以及两把椅子。各自屋内这四样物件便是家中所有的可以称得上是家具的东西了。如此,张家的日子过得也是十分拮据。因为家中贫困,每个人也就两件衣服,一件用来干活穿,一件稍微新一点的留作出门穿,从而也就不需要许多衣柜和箱子来盛放衣服了。此外,除了这些"大件"便是只有家里的男人们才能在上面吃饭的小方桌和几个小板凳。

火炕是从家中祖辈上继承下来的,张家家中的火炕应该是当家人张向仁的父亲留下的。家中的四色延房是家中娶媳妇时娘家陪送来的,但是具体是哪个媳妇陪送来的因为时代的久远老人已经记得不是很清了。家中的小方桌和小板凳自他小时候就有,大约是当家人张向仁的父亲买的或者是请人做的。

---

① 延房(音):方言,一种对陪嫁家具的称呼。一般包括方桌、板凳、橱子等。
② 抽头:方言,一种家具。类似于现在的衣柜。

家中的这些"大件"都是属于小家自用,自己屋内的家具自己说了算,其他屋里的人没有使用权。有任何破损需要修补的时候都是各自小家负责。家中唯一共有的家具就是那个小板凳。虽说是全家共有,人人有份,但是在实际使用上却也都是家中的男丁在使用。家中的女人尤其是在全家人一起吃饭的时候是不能上桌的,都是做好饭之后再伺候一大家人吃饭,等到家中的老人、男人和孩子都吃饱以后才都围在灶周围吃饭。平时家里的女人们也可以用桌子和板凳,尽管性别歧视现象比较严重,但是张家人却十分开明,并不十分刁难媳妇们。

3.一口石磨大家用

张家家中有一间磨屋,里面盛放着一个小石磨,主要用来磨家里丰收的粮食,随吃随磨。这个磨根应当也是祖辈上传下来的,因为老人小的时候这个磨就已经存在了。这个磨属于全家所有,每个人都有使用权,但一般家中的成年人使用。农闲时男人在家便来推磨,如果是农忙时家里忙不过来女人也会帮忙推磨。因为家中就一个小磨,所以一般不会外借。此外张家家庭条件困难且人口较多,用磨的时间比较长,一般别人也不会找张家来借磨。

此外,张家因为家中也没有多余值钱的物件和生活资料,所以不曾出现过被人侵占生活资料的现象。张家的家庭条件可以说是一穷二白,家中生活极为艰苦,几乎没有像样的生活资料,平时的吃穿用度也极为节俭。但是幸好一家人在一起勤奋努力,团结一致互相迁就才使得一家的日子虽然艰苦却也有一种平淡的幸福。

二、家户经营

(一)种地之事自家忙

张家家中只有6名劳动力,三男三女。家里的男人基本全部从事农业劳动,种植家中的4亩地。农忙时更是全家总动员,男女皆上阵。张家直到1945年以后才跟别家一起合伙买了属于自家的一头小黄牛,家中才开始用牛耕地,也算是实现了一家人的一个小梦想。张家的农具也都是最简单的锄、镰、锨、㩟、耙,其余基本靠借,一般是村民之间互相借或是找中户人家借。并且家中平时所有的借出借入活动不论是张家谁去执行都是用当家人张向仁的名义进行的,出了什么事情也都是当家人出面解决。因为一家人在一起同吃同劳动家中的财物也是一起积攒下来的,所以也应当算是全家共同承担责任。

1.分工明确当家定

1949年以前张家有6名劳动力,分别是当家人张向仁夫妇、大侄子张立功夫妇和长子张立祥,二侄子张立民外出当兵仅留一媳妇在家帮忙。穷人家里不养闲人所以家中所有有劳动能力的成年人都必须参加劳动生产。家中男女分工明确,一般男性主要在地里劳作,全家人靠地为生。当家人看着家中哪一块地需要锄一锄,男人们就一起扛上锄头去干活,一般都是全家一起上,干完一块再去干下一块。妇女们虽说不用上地但是家里的活全部都得由她们承担,主要是在家看着孩子,忙着饭。秋收的时候家中的女人们也都帮着"翻干晒湿",即把刚打下来的粮食放在大场院上,不停地翻动,以保证每粒粮食都晒干,否则一旦有潮湿的粮食入库,严重的可能会使得整个粮仓里的粮食都发霉腐烂,如果真的是这样的话一家人的生活将难以为继。

1949年以前,张家的4亩地完全由家中的男丁来种,因为地也不多所以自家就能种,也不需要另外找人来帮忙。只是实在忙不过来时才会在耕地时花钱雇人来帮忙。平时秋收家中的女人们也会来帮忙,所以一般说来,一家人耕种4亩土地也不是特别困难。

2.四亩土地全利用

张家的四亩土地全部用来自家耕种,如此才仅够自足。这也是自给自足的小户的一个特点,自己家有少部分土地并且仅耕种自己家的土地,除此之外并没有另外租地或者买地。并且,一般情况下张家人都十分爱惜这四亩土地,如果不是特殊情况家中也不会卖出或者租出这些土地。因为一旦失去家中的土地那便意味着失去了家中的生存基础,这也将打破家中自给的平衡,必须依靠借贷来维持生计,如此便变成了大户人家的附庸,听从大户家主的安排,再也难以保持独立与自给。

3.邻居合伙买牲口

在1945年以前,张家并没有牲口,需要耕地的时候都是花钱雇人来犁地。支付别人一定的钱财,一般是按地的亩数或者天数给钱,一天5毛钱左右。张家的4亩地一般半天到一天就能全部耕完,然后再自己播种。家中地里的活都是由男人来干,并且一直没有钱买头牛来帮忙干活。所以,有一头牛来改善家里的情况可谓家中的梦想。

直到1945年,这个梦想终于实现了,不过是伙同别人一起实现的。某日邻居吴兆仁来找大侄子张立功,提议两家人合伙买一头牛。张立功马上与当家人张向仁商议,张向仁在与家人商量之后决定与吴兆仁家一起合买。决定了之后两家人找了一个中间人,当地人称其为"经纪",在当地来说买牛都需要雇经纪。经纪们都在牲口市上等着,来到集市上基本上一眼就能认出谁是经纪,因为他们每个人都夹着一个公文包,并且每个经纪都是十分能说会道,因此特征鲜明。如果有卖家或者买家不雇他们自行买卖,这些经纪就会从中捣乱。不是说卖家的牛有病就是打断买家与卖家谈价钱。如此一来,买家和卖家忙活一天基本都是无功而返,时间一长无奈之下大家纷纷选择让步,雇用他们来替自己谈生意,而经纪也是尽力施展自己的口才全心全意地帮他们谈成并从中赚取差价。张家和吴兆仁家通过经纪花了三百元左右顺利地买了一头小黄牛。

因为吴兆仁家比较小,无处放这头小黄牛,所以这头牛就养在了张家,由张家负责养牛,但是养牛所需的饲料及看病的费用都是由两家共同承担。张家负责喂养因此牛粪就归张家所有。因为地里基本不用肥料,都是用粪便,张家便用牛粪施在自己的土地中,以此来增加土地的肥力。至于喂养,张家并没有安排专人喂养,谁有空看见小牛的食槽空了就会去喂上。一般只是冬天需要喂养,到了春天地里就会长出新草,这时就会牵着牛去田里吃草。

至于牛的使用,都是两家人商量着用。平时如果哪家需要用牛,一般都是当家人在晚饭后去另一家串个门,玩一玩,在聊天的过程中给对方提出自家明天需要用牛。张向仁一般会说:"老吴,明天我想用用牛,家里的地要犁一犁了,你用不用?"跟对方说清楚明天自己家用牛干什么活,对方会根据自家情况,不用的话便会说:"你用吧,你用吧。"两家会相互谦让。

有时候犁地需要两头牛,就必须再找一家合作。也是两头牛轮流给两家耕地。由此可见,兴福镇的小户都是互帮互助,集合大家的力量来维持平时的生产和生活。如此,小户的生活都是十分和谐和互相体谅,都不舍也不能打破这份原有的平静和和谐。

4.农具不足四邻帮

1949年以前,张家的农具都是在集市上买的,家中没有材料也不会制作,所以买来更方便。张家家中只有简单的农具用来耕种土地,肯定会有不足的时候,那么这个时候便需要借用。一般张家都是借用周围邻居的,大家同样都是小户人家,家中也都多少会有农具的缺失。这样你借我家的我借你家的彼此之间有来有往,借农具也就并不十分困难,并且不需要支付什么报酬。但是平常最常借的还是同村的刘大娘家,因为刘大娘人好并且家中农具较多,干活的人少,所以会有部分农具剩余,同时借成功的概率也会相对大一些。但是偶尔农忙的时候也会去富农家里借。因为富农家相对于小户来说家中是很富有的,农具也相对齐全、丰富。村中的富农还都是比较善良好说话的。平时若有小户去借农具一般也都乐意借出,但是也会对来借的人家有所甄别,如若有过不良记录或者口碑不好也是不愿意借出的。但是张家在当地来说算是本分人家,待人接物方面都处理得很好,借用当地的俗语便是能"围住人"。因为张家人平时做事都是十分严谨、朴实,并不会想着占别人的便宜,有了损坏也是马上修补,宁肯自己吃亏也不会给别人留下话柄。所以平时在借贷方面都是比较容易的,大家都很信任张家人。并且这种短期的借用农具也不会向张家人索要报酬。

当然,如果其他小户人家来借张家的农具,如果张家当天不用那么也会十分爽快地借出。如此才落得很好的名声。一般这种事情都是用当家人的名义来借入或者借出,如有损坏也是当家人出钱来修,当然当家人拿出的钱也是全家人一起的劳动所得,尽管不多,也是属于全家共有,如此说来出了问题也算是全家共同承担。

(二)农副皆有把家养

张家劳动主要以农业为主,人力大都使用在土地上,并且家中干活向来是男女分工明确,地里的活男人一起干,家中的活女人来操办。尽管家中男丁兴旺但怎奈 1949 年以前家中男性劳动力比较有限,所以在从事农业生产的过程中劳动分工也就不是那么细致,都是大家一起干。此外,家中主要饲养的牲口就只有一头与人合买的小黄牛,平时也没有专人看管照顾,都是谁得闲来便去看一眼、喂一喂,家中老人偶尔也会提醒或者指派某一个人去喂一下,毕竟是两家合买,所以照顾起来也就比较用心。当家人张向仁会柳编这门手艺,农闲时每个月会有 8~10 天外出,去外村卖柳编;而家中其余男丁都是在自家地里种一点瓜果蔬菜或者去外村买一些回来在家门前的兴福集上卖,以此来挣一些零碎的钱为家里添置点油盐酱醋。除了家中柳编的手艺,家中的二侄子张立民在当兵复员回家以后还跟着他的老丈人学习了木工,如此,张家人便会两门手艺。平时一家人种地养活自己,也有柳编、木工等手工副业,如此家中生活才能勉强维持自给。

1.共同劳动分工明

张家在 1949 年以前,家中有 6 名主要的劳动力,三男三女,前面对他们也有过介绍。尽管张家男丁不少,但是除去上学的学生以及儿童能在田间干活的也就只有三名男性,分别是当家人张向仁,大侄子张立功以及长子张立祥。家中的媳妇都是在家忙活,一般的洗洗涮涮、缝衣做被、做饭看孩都是女人们的活。如此看来,家中的劳动也算是男女分工十分明确。

每到春天,新的一年万物复苏,张家人便又开始了一年辛苦的劳作。春天一到,便要开始耩地、播种、锄草。这些活都是家中的男人一起干。春天一般种植的是高粱,"清明高粱,谷雨花",清明的时候一家人就开始种高粱,家中种的谷子是春谷自然也是春天播种,除此之外还有豆子需要播种。到了夏天,地里还需要继续管理,包括拔草、锄地,像张家这样的小家小户地里基本浇不上水,就都是靠老天爷吃饭。因为自家没有水井,如果要浇水便只能借用别人家的水井,浇水都用鸳鸯灌,浇一次水很是麻烦。所以不到万不得已一般不会去浇地,都是依靠自然降水来滋润土地,促进作物生长。然后在阳历六月就要开始收去年种下的麦子。收完麦子张家人也不得闲,还要抓紧时间在田间种上大豆,这样来年家中就能多点口粮,馒头里的糠就能少掺一些。

到了秋天,是全家最高兴的季节,因为就在这个季节,张家会得到来年家中最主要的粮食。等到八月高粱成熟,张家人便要一起收高粱。按照往常的惯例,一般白露便要拿着牵头子开始牵穗子,三下一个高粱头,家中人人都要学会这项技术,家中的长辈一般在孩子的孩童时期就会将这项技艺教给他们。而在张家,家中二儿子张立新牵穗子牵得最为利索、顺畅。牵完穗子,随后家中的男人们就把收的高粱用家中小木头轮子的推车推到晒场上去晒干。这个时候因为要尽快把粮食晒干所以家中的女人也会来帮忙"扬场",当地称其为"翻干晒湿"。这也是一年生产中最重要的环节之一,因为如果没有将粮食完全晒干就将其贮藏起来,可能会导致所有的粮食全部腐烂,无法继续食用更不用说从中挑选出种子供来年耕种。保持粮食干燥的工作并不只是在收割完粮食之后,平时日常生活中尤其是雨后都需要经常地去检查粮食是否干燥,如果发现有潮湿的粮食就要尽快将其晒干。经历过春天播种,夏天锄草、管理,以及秋天牵穗子、扬场之后就是最后的一步,那就是储存,张家人称为"入囤",到此,一年的辛劳得到了收获,这也是一家人最忙碌也最开心的月份。

收完粮食以后开心的庄稼人并不能就此停下忙碌的脚步,因为收割完粮食之后还需要重新耕地,把家中的盐碱地养护起来等待来年开春继续耕种。而家中的好地就要接着种麦子。当地有这样一种说法"白露早寒露迟,秋收麦子正当时",也就是说秋收的时候种下冬小麦正是合适的时候。种完冬小麦家中的男人们也就可以休息了。

2.小牛的饲养与看护

张家一直到1945年才与邻居合伙买下了第一头牛,经两家商议,考虑到张家的房屋面积稍微大一些所以这头牛就放在了张家,张家人负责饲养这头牛。因为家中劳动力有限,所以并没有专门指派某一个人去负责看管牛,对于家中这头小牛也是一般谁有空谁去看一下,给它放点草,家中的老人们一般看到谁有空也就会指使他去喂喂牛。冬天的草必须铡一下才能给牛吃,这个时候它不干活所以就给它少放一点饲料。平时牛所食的饲料都是两家均摊,平时牛不干活的时候就给它草多一点,少一点饲料。如果干活的时候就会给它多加一点饲料。尽管只是一头小牛,但是在张家人心里早已经把它当成自己家中的一分子来对待了,平时干活的时候张家人就会早早地带它去山上吃点草,为的就是让它吃多一点、吃好一点,这样才能有劲干活。

如果要用牛之前,两家人都会互相说一声,目的就是为了提前喂一喂牛,给牛吃得饱饱的,多给它一点饲料和粮食,让它第二天好有劲干活。早上把它带出去干活,到了中午天热了就把它带回来,再喂一喂。不过张家和吴兆仁家合买的牛脾气不好,老是顶人。有一次家里的小牛将张立功惹火了,一怒之下把它的一个角给掰了下来,从此小牛头上只有一个角,但它的坏脾气并没有多大的改善。此后,过了不长时间两家人商议后就把它卖了,又重新买了一头牛。

家中的牛老死之后一般都是会卖给专门的屠宰公司,由专门的屠宰公司去处理。因为牛为家里干了很多活,替张家人出了不少力,张家人与它在一起时间长了也将小牛当作自己的家人一样。因此，即使后来小牛变成老牛去世的时候张家人也不舍得吃，都是将它卖给专门的屠宰公司，然后根据家里的情况考虑要不要重新买一头小牛。在这新一轮的买卖过程中主要也是由当家人出面解决这些问题。

3.张家副业种类多

张家从祖辈上就开始学习柳编手艺，传到张向仁这里已经不知道传了多少辈了。张向仁也一直用这门手艺来努力养活一家人。尽管柳编这门手艺挣得不多，但是为家中添置一些必要的油盐酱醋、努力攒一攒过年时给孩子们扯一块新布做衣服也都是可以做到和实现的。尽管这里的柳编集市非常出名，各地都有来收购的人，市场需求也较大，但是相应的竞争也会非常激烈，所以张向仁都会选择出去到外村去做柳编生意。这样一来生意会相对好一些，并且价格也会相对高一些。这样的话，在农闲的月份里，张向仁便带着各种柳编工具外出赚钱，一走就是10天左右，一天大概能挣1元钱左右。每次张向仁归家便是孩子们最高兴的时候，因为每次他回家都会给孩子们买上一点糖果。兴福镇上的糖一分钱一块，尽管不贵，但是在张家孩子们眼中也是较为奢侈的礼物，平日里是吃不到的。一般只有在张向仁卖柳编回来或是过年过节家人才会给孩子们1毛钱让他们去买点糖吃。一个一个的小糖块对于张家的孩子们来说可是世界上最好吃的东西。

除了张向仁外出卖柳编挣点钱以外，家中的其他人也会尽量利用张家老宅地理位置上的便利，平时去别处批发一点瓜果梨桃、茄子辣椒等来家门口的兴福集上卖。一天挣上8毛到1块钱左右，买点油盐酱醋、打点灯盐炭火来应付家中日常开支，改善家里的生活。这样的劳动一般不需要当家人特地吩咐或者指派，大多是自觉自愿地去做。张家人都很自觉，因为家庭比较困难，张家很少出闲人，大家都是想方设法地给自己找点活来干，以此来贴补一些家用，改善一下家中的生活。每个人虽然干的都不同但是都没有闲着的。挣来的钱除了给大家买点必需品剩下的大都留作小家自用了。因为那个时候张立功、张立民都有了自己的孩子，平时给孩子看病、扯点布做身衣服，所以挣来的钱都留作小家自用，自己手里有钱平时也用着方便，就不用再向大家里要钱了。

4.张家手艺的发展与传承

张家的柳编手艺由当家人张向仁、大侄子张立功、二儿子张立新和三儿子张立明掌握，二侄子张立民和长子张立祥因为后期当兵外出所以没有学习这门手艺。但是在1947年以前从事柳编生意的就只有张向仁一人，后来张立明也有一点时间在外卖过柳编，因为身体原因，后来也就不做了。

除了家中的柳编手艺以外，张家人还会另一门手艺，那就是木工。这便不得不提到张立民的妻子张耿氏。张耿氏一家是从事木匠生意的，因为家中无子，无人继承耿氏一家的木工手艺所以来问张立民愿不愿意学习木工。张立民考虑到学习这门手艺，一来张立民的老丈人年事已高，如此可以帮助自己的老丈人干一些活；二来可以学一门手艺，到时候可以以此来养家糊口。出于以上考虑张立民就答应了耿家学习木工手艺。张立民学习耿氏手艺的时候需要与当家人商量，并不是自己想学就可以的。因为张家也有柳编的手艺，虽然不算独门手艺，但是毕竟是去别家替别家传承他们的家业，所以必须要得到当家人的同意。张家也是比较开明的，考虑到耿家和张家两家的情况，张家男丁兴旺、耿家无一男丁，并且木工是一门能赖以为生的手艺，考虑到这两点张向仁就答应了张立民去老丈人家学手艺。

(三)自给自足自负盈亏

张家主要是依靠农业生产来维持基本的生存。因为张家生活条件较差,所以家中没有水井,只能依靠"老天爷"吃饭。每年正月十五当家人就会在院子中"打月影"[①]来预测当年的收成,但是无论结果如何张家人都会继续耕种,因为张家人相信"天爷爷不收无苗之田"以及"贱苗收三分",从而他们坚信只要有劳动就会有收获。除了农业以外,张家还有其他的副业来改善生活、贴补家用,并且以副养农,有时会靠副业所赚的钱来补贴农业生产所需的花费,帮助一家人度过"春荒"。

1.看天吃饭无结余

张家共4亩田地,其中有两亩半的盐碱地来种植高粱,大概亩产200斤,一年下来大概可以收获500斤高粱;此外还有一亩地种谷子,谷子亩产200斤,一年下来也可收成200斤左右;此外还有半亩的豆子,豆子的亩产较低,大概在150斤左右,所以半亩豆子大概可以收成75斤左右。综上,张家一年下来靠种地大概能收获500斤高粱,200斤谷子和75斤左右的大豆。

张家都是当家人在正月十五的时候分辨当年的收成,俗称"打月影",当地有一种说法:"一寸二寸不见面,三寸四寸收一半,五寸六寸好年景,七寸八寸水来淹,九寸十寸水没天。"如此便是一种看天、看收成的办法。细细说来,便是找一根木棒或是砖头,在正月十五的晚上将其立在院子里,看它在月光下透射出来的影子。如果影子只有一两寸那么表示当年雨水较少,收成较少,基本与粮食不见面;如果有三四寸的影子就表明至少可以有一半的收成;如果有五六寸的影子那么就表明来年是一个丰收年,会有一个好收成;如果超过七寸那么来年一定会有多场大雨并且可能会出现涝灾,影响收成;可如果超过九寸那么表明这雨水可能就要"没过天"了。

遥忆当年,张家当家人在"打月影"的时候立起一个大簸箩也是一点影子也没有,这就是大旱的预兆。果不其然,当年遇到灾荒导致家中的收成大大减少,当地人称其为贱年,具体是大旱还是大涝已经记不清了,但是当年的地里几乎颗粒无收。尽管已经预料到了来年收成不好,但还是要继续耕种。因为当地有这样一种说法"天爷爷不收无苗之田"以及"贱苗收三分",所以无论预测出来的结果如何,大家还是要很认真地去种植,因为今年收成不好,播下种来明年收成不一定不好。并且农民坚信只要播种就会有收获,哪怕是贱年把粮食种下也能有三分收获,只要有点收成人就能维持生活。所以老人常说"庄稼不收年年种",尽管收成不好,但是老百姓都是靠地吃饭,除此之外无处依托。除了降水,还有冰雹、蝗灾等自然灾害来影响收成,严重的时候是真正的颗粒无收。

1949年以前,有一年蝗灾,不仅把谷子、豆子都吃了还把家中的高粱也都吃完了。那一年的蝗虫是铺天盖地飞来的,所到之处颗粒无收,平时的蝗虫只吃谷子,而那一年连高粱都没有剩下。没办法,人们还是得继续生存、吃饭。当地人回忆那一年的日子都是"线穿黑豆上街卖,河里的苲草上了登盘",说明那一年收成极度不好,黑豆都用线穿起来卖,连平时喂鸡的河里的苲草都被拿到集市上去卖,由于缺乏日常生活必要的粮食,无奈之下人们还要买回家去吃。可见一遇到收成不好的年份普通农民们的日子便异常艰难起来。

---

① 打月影:当地一种预测天气的习俗。

天气收成就像人的生活一样,有坏时候就有好时候。遇到好的年景,雨水调和,风调雨顺,有的吃有的烧,有足够的粮食也有足够的柴火拿来做饭取暖,没有什么比这个更能让一家人都高兴的了。最令张家这样的庄稼人高兴的就是"柴满园粮满囤",样样都有,生活不愁。

张家地里产了粮食入了囤之后都是家人一起吃,由家中妇女来实际控制。一般家中都是吃小米饭、喝小米粥,把粮食放在石碾子上推了之后蒸干粮;遇到不好的年景就用圆谷推了磨直接蒸干粮然后还要往里面掺糠和野菜。

因为张家是自给自足的小户人家所以种地都是自负盈亏,并且因为是小门小户所以一年劳动下来几乎没有存款,所挣的钱都是"地里来地里去"。张家一家人除了孩子们大都会关心地里的收成,家中的女人们平时在茶余饭后或者闲下来串门聊天的时候大都会互相交流一下,"你家今年一亩地打了多少粮食啊,今年收成怎么样",随后大家再互相介绍自家收成情况。但是相较而言还是家里的老人们关心的多,尤其是当家人张向仁。看到地里旱了或者是涝了,肯定收成不好那么当家人就需要提前安排家中的事务,早打算,提前买下一点粮食预备着,稳住人心。就像老话说的一样,手里有粮,心中不慌。在穷人家当家,说好当也好当,说起当家的难处也如那东流的江水源源不断。好当家是因为穷人家追求的就是吃饱,只要有粮食能活下去便是最大的幸运;而当家之难也就在于要让一家人吃饱,因为张家是一户典型的贫困小农,对自然灾害的抵御程度更是几乎为零,所以在每年打月影之时,当家人就要提前预备好来年的粮食,或借或买,都要尽量维持一家人来年的生活。

家中收来的粮食一般年景基本够吃、缺口不大,但是到了不好的年景就需要以副养农,大家外出干些小买卖挣点钱来买点粮食维持生活,一家人把这段难日子扛过去。

2.以副养农补家用

张立祥的父亲也就是当家人张向仁外出卖柳编大概一天可以挣一块钱,兄弟们平时做些小买卖,卖些瓜果梨桃等的大概一天也在一块钱左右。但是家人做些倒卖的小生意也不都是赚钱的,有的时候也会"买倒了眼",也就是说买来的时候贵,或者是没看好买来的东西虽然表面上是好的,但是里面已经不新鲜了,这样的货物拿到集市上卖不上价因此就赔本了。但是总的来说,张家人在做买卖的时候还是比较仔细认真的,所以张家人在做小买卖的时候很少赔本。

1949年以前,柳编以及小买卖都算作是张家家里的副业,平时挣得也不多,除了平时买点吃的、穿的、用的,大部分钱需要存下来供给来年农业生产。买种子、平时农具的购置、修理等都需要用钱,并且一年下来花费不小。幸好家中有一头牛,每天收集牛粪,并且自己家中还有一个厕所,家人把大粪晒干,弄细之后施在田里充当肥料,因此并不需要再另外购买肥料。每亩收成大概在两百斤左右。

尽管张家老宅地理位置极好,门前即是兴福集,但是张家人依旧没有弃农从商的念头。老农民的身体里流着大地的血液,深藏黄土的基因,即使从商可以赚钱,可以让一家人过上更好的生活,张家人依旧离不开脚下的黄土地,"固执"地选择以种地为生,世代农民,直到现在才慢慢有所改变。对于张家来说,无论是柳编还是家中的小买卖都是副业,无论挣多挣少,只是农业的附属品。以副养农是张家世代的观点,挣来的钱也大都交给当家人留给来年种地时投入进去,极少一部分留作自用,给孩子们治病或者买些衣服、糖果等来给孩子们改善一下生活。

三、家户分配

(一)所赚钱粮全家享

张家从农业生产、手工业和副业获得收入之后,用于家庭成员的分配,其中大家庭的吃穿用度都是由当家人张向仁来安排,小家庭额外的消费由小家户的家长安排,不需要跟张向仁商量。在分配上,家中的钱和粮食大都用于维持一家人日常吃饭和每年两次的赋税,其余有点零碎的收入用来过年过节买些油盐酱醋买些肉来改善一下生活,给孩子们扯上一块布做件新衣服。除此之外,还要留足一定的钱来支撑第二年种地的花销。

1.大小家庭,分别分配

从分配主体上看,在张家主要存在大家庭和小家庭两种分配主体,其中大家户的分配占主导地位,小家庭主要是会留一定的私房钱用于给孩子看病、过年买衣服等等。村庄和家族并不是分配的主体。张家在进行分配的时候,是由张向仁进行主导,其中家里的吃穿用度都由张向仁来安排,其他家庭成员不能做主,但是可以提意见,向张向仁说明钱的用处张向仁一般也会予以支持。此外,张家在分配的时候,不需要告知或者请示四邻、家族、村长等,平时他们也不会介入到张家的分配之中。

2.家长统筹,人人有份

从分配对象上看,张家家庭成员均可参与全部的分配,包括张家三代男丁及其配偶,未出嫁的女儿也有权分得一份家中的粮食,但是已经出嫁的女儿就不能再参与分配。已经分出去的家庭成员也已经算是"外人",不能再参与张向仁家的分配了。其他亲戚、朋友、邻居等家户之外的人不能参与分配。从分配来源上看,张家分配的来源主要是农业生产,辅以柳编及平时做小买卖所带来的收入,除此之外,张家也再无其他收入。

(二)先纳税后消费

1.交纳公粮,春秋两次

从分配类型上看,首先,主要是农业生产上的收入,张家每年大概会收入八百斤左右的粮食。这些收成就是张家最主要的经济来源和分配来源。即使家中收成不是很多,但是依旧需要交纳公粮,并且根据每家土地的亩数一年两次征公粮。六月份收麦子交一次公粮,秋收之后再交一次,每家每户打了粮,晒干之后根据每家每户的土地亩数计算需要交公粮的斤数。一般一亩地交粮大概在二三十斤。村中有专门负责收粮的人,将粮食收好之后就送到镇上的粮仓去贮存起来。张家人并不觉得所交公粮的任务非常重,反而觉得政府会根据实际情况减免赋税十分地人性化。因此对于普通老百姓来说,体谅就是最大的奖赏。

2.所余钱粮来糊口

从分配统筹上看,交纳完公粮剩下的粮食就可以家内自主调配,张向仁会着重考虑全家的吃饭问题。全家在吃饭上都是一样的,只是在吃饭时媳妇会先给老人、孩子和家中的男劳力们盛饭,舀出来都比较稠;最后才是给自己舀饭,一般剩下的都是稀汤寡水了。如此可见,尽管一家人在"一个锅里摸勺子",一家人吃一样的饭,但是在盛饭的时候却还是会有区别。除此之外,孕妇在生产和坐月子期间会跟大家吃的不同,一般在坐月子期间都是吃小米、红糖加鸡蛋,如此吃上一个月,直到出了月子才跟大家吃的一样。

3.多年难添新衣裳

张家生活条件困难,只有过年的时候才能买上一点新布,但基本上也都用来给孩子们做一件新衣服。1949年以前的张家,平时家里的人每人只有两件衣服,一件旧的干活穿,一件新一点的平时过年过节,或者出门的时候穿。虽说是新一点的但也是补丁摞补丁。由此可以看出老百姓的日子过得是十分艰苦,一件衣服不知是衣服上打补丁还是补丁上有一件衣服,因此当地有一句俗语就是"新三年,旧三年,缝缝补补又三年"。说的就是一件衣服当地人要穿九年甚至更长的时间。

(三)自给自足少积蓄

在实际分配中,张家的收入用于交公粮的粮食大概有七八十斤,约占总的粮食收入的七分之一。除了交公粮的粮食以外,家中其余的粮食都用来维持一家人一年的口粮,基本上一家人都能把这些粮食吃掉。这也是自给小户的一个鲜明的特点,辛劳一年,仅够果腹,几无积蓄。

因为家中贫困,当家不易,所以大家也都是互相谅解,当家人体谅小家有自己的孩子,要过自己的小日子,从而允许他们留有一定的私房钱;平时家里的人也都十分支持当家人的决定。一家人在一起尽管吃得不好、穿得不好,但是只要一家人在一起,就没有过不去的难关。

四、家户消费

张家一年的消费大都以粮食消费为主,一家人忙活一年主要就是维持一家的吃饭及生计问题。张家在当地属于平常人家,不富裕但也不欠债。即便困难年景也会借一部分粮食度"春荒",但家中有了收成便会马上归还。家中的衣、食、住、行等消费张家都是能省则省,唯独人情消费是不能减免的。如果家中的粮食或者钱不够去应付人情,哪怕借,也要将各类人情往来应付过去。张家的各项消费都是由当家人张向仁负责统筹管理,巧妇难为无米之炊,在穷苦人家本来钱就不多还要维持一家老小13口人的生计,可以想象到张向仁当家的艰难与不易。

(一)各类花销难剩余

1949年以前,张家的消费以维持家人生存为主,劳动一年所得的粮食,除了留下来年种地的种子其余的全部用来当作一家人吃饭的口粮,就这样还是不能满足一家人的吃饭所需,还要在粮食里面掺糠掺菜。如此才能维持一家人正常的生活。一家人省吃俭用,吃穿都不太讲究,可以说是十分简朴的。吃的是掺糠的窝窝头,穿的是打补丁的衣服。尽管如此,张家在人情往来这种事情方面丝毫不马虎,即使自家钱财不够借也要使得自家"面子"上过得去,在外人面前保持自家人的体面。张家生活并不记流水账,对于一年家中的吃穿用度具体花了多少钱并没有一个详细的数字,平时挣来的钱也都是随挣随花,并无积蓄。

1.所收粮食精细用

1949年以前,张家一年的粮食收成大概在七八百斤左右,基本上全部用来供给一家13口人一年吃饭。在正常年份,家中收成的粮食基本能够自足,即使吃的不是那么好但是在饭菜里掺上糠和野菜也是可以勉强度日的。每年最难过的日子应当是"春荒",何谓"春荒",春天生产需要粮食,因为经过一个漫长的冬天,家中几无收入尤其是粮食收入。尽管冬天全家都是省着粮食吃,每日做饭都会掺上点野菜,做出的馒头都长上"翅膀",全家人要度过这寒冷漫长的冬季还是要消耗不少的粮食。当地俗话说"好汉养不过三张口",因此每到春天家里就会有一阵饥荒。

不仅是将去年收获的粮食吃的所剩无几,并且还要面临春天播种。这样,如何解决一家人日常吃饭问题就成了春荒时期最大也是最棘手的问题。一般情况下,当家人会提前做好打算,平日里做饭就一点点省。因为在张家有句老话便是,"省囤头不省囤底",也就是说从刚开始收了粮食来便就要省着,不能等到粮食吃的见底了才想起来要省。如果遇到不好的年景,家中所余下的粮食难以支撑全家人度过"春荒",那么就需要向村中中户人家借。中户人家不同于大户人家,都很实诚肚子里没有那么多的弯弯绕绕,像张家这样的小户遇见春荒向其借粮从来不收利息。都是借一升还一升、借一斗还一斗,不需要支付多余的利息或者多还粮食。但是也有特殊的情况,如果遇到贱年,十户中有八户家中没有粮,不得已也必须向大户家去借。问大户借粮就必须要偿还其一定的利息,因此像张家这样的小户人家一般不愿意跟大户打交道。并且张家人跟大户人家的人是"说不上话"的,可见尽管都生活在一个村子里但其内部阶级差异也是十分明显的。

除了粮食,张家偶尔也会买一些蔬菜和肉来改善一下家里的生活。平时张家买菜相较于肉来说还是多一点的。除了家门口的兴福集,在南边大王桥村还有一个集市,同样是五天一个集。张家人都去大王桥买菜。辣椒、葱、香菜是张家首选的蔬菜,因为价格比较便宜,都是一两毛一斤,赶一次集最多花费三四毛钱。到了冬天家中就会有自家种的胡萝卜、白萝卜以及大白菜吃。张家就会在稀饭里面放一些胡萝卜以此来减少粮食的用量。1949年以前,猪肉是五毛一斤,尽管不贵但对于张家人来说也算是一种"奢侈品"。张家一般不吃肉,只有过年过节或者家中来了十分亲近、重要的客人才能吃上一次。因此张家一年也割不了几次肉,一年中割肉最多的一次当属过年。一到过年家中就会割上两三斤肉,这在平时来说可是不可想象的。家中的每个小孩子一年中最盼的就是过年吃的那一顿饺子,韭菜猪肉馅的饺子就是一年中最好的礼物。过年割了肉,包一顿饺子。因为家里没有可以长期保存粮食的器物,所以剩下的就会腌起来以此增加肉的保存时间,等到家中来客人再割上一点炒菜吃。

2.做衣修房靠积累

1949年以前,张家生活困难,小孩子每年能有一套新衣服,但是大人们经常几年都难得穿上一次新衣服。每到过年,家里就会截几尺粗布,加上秋天家里老人们在其他人家地里捡来的别人拾完棉花之后留下来的不要的烂棉花,重新弹一弹,给孩子们做一件新棉袄和新棉裤。大人们都是直接买些线回来,由家中的女人们在家牵机织布,用织出来的布缝衣做褂。张家家里穷,虽说是新衣服却也是新布套着旧布,缝缝补补把新布旧布补在一起剪齐了,再在里面放上原来的棉花。这样做出来的衣服虽然外表看着新,但实际里子却没有什么好"瓤子"。即便如此,大家也都算是穿"新"衣戴"新"帽地过一个新年。

张家人的衣服都是里外穿,外面穿烂了补补再穿里面,所以通常一件衣服都是里里外外打满了补丁。一般情况下一个人会有两件衣服,一件平时穿,一件出门穿,更有甚者家中困难没有衣服出门都要现去借一件穿上才能出门。当年张立祥母亲张王氏就曾经因为没有出门的衣服而不得不去邻居家借衣服来穿。

张家穿衣节俭,居住的地方也是同样的简陋。张家在1949年以前居住的是一个草木结构的房子,家中三间南屋用来住人,每间屋内都有一个大火炕。尽管房屋简陋但家中的人都能住在其中,并且住起人来也不十分拥挤,反倒十分方便。一到冬天一般从外面回来之后就会上炕取暖,烧着火炕也是十分温暖。

如果遇到房屋需要修葺,芦苇秆、麦秸、土都是可以从自家地里得来,除此之外干活的工匠是需要花钱的。尽管干活的工匠收取的费用并不高,但是还需要管来家里帮忙的工匠一顿饭。为了准备这顿饭,一家人也需要上街去买上一些馒头和菜。回到家里还要把过年剩下的腌好的肉拿出来炒菜。一般都是七八个菜,如果少了也是没法上桌,张家人也会感觉没有招待好大家甚至会有种愧对大家的意味。因此,尽管吃的也都是蒜薹炒肉一类的家常菜,但是张家人也会尽量做到量大味美,有时还会备上一壶酒大家尽量分着喝,从而以张家的条件想要不亏待大家办好这一次饭局,张家一家人也要省吃俭用几个月才能省出这一顿的饭钱。因此想要修一次屋需要多年的准备,而这些准备不只是要一年一年地积攒芦苇秆和麦秸,还要攒下请工匠和请帮忙的人吃饭的钱。

3.生病求学均不易

说到张家的医疗情况,1949年以前村镇上的医疗条件非常差, 只能治疗一般感冒发烧之类的小病,如果遇到大病也是没有办法,只能在家等死。因此普通人家的孩子是生的多死的也多。孩子生病之后大人会先考虑孩子是不是丢了魂,然后便请神婆来叫叫魂。如果叫不好,也只能请村中的看病先生看一看,抓一两副中药来喝。尽管中药非常便宜,一般也就三五毛钱一副药。但是张家轻易无法支付这笔费用。

1949年以前,张家有人生了病大都是扛过去,如果是感冒发烧这类的小病一般都是喝点姜水然后裹在被子里捂出汗来就好了。小孩子们如果实在感冒得厉害才去抓药。1949年以前,每家每户都会有不少孩子和大人因为没钱治病去世。一是因为没钱,二是因为医疗水平较差,所以像张家这样的穷苦人家不敢生病,生了病就只能硬扛,如果是感冒发烧这样的小病还能扛过去,如果遇到了大病就只能是等死的命了。一家人就只能看着自己的亲人受罪最后死去,哪怕把泪流干也是一点办法没有。

再说张家的教育情况。张家家中没有几个人读过书,只有大侄子张立功、长子张立祥和小儿子张立明读过书。平时孩子们上学的花费一般都由大家来出。读书学费大概半年或者一年一两块钱左右。除了交一部分学费以外,还需要管教书先生吃饭,在先生那里读书的孩子家里轮着管。十个孩子读书那么一个月内就是一家三天,张家家庭条件困难,平时家里吃得不好就需要去餐馆或者其他地方买点菜和饭给老师送去。总体上说在外面打菜也不贵,两毛钱就能打一份菜,里面有菜有肉,再买上两个馒头一顿饭也花不了多少钱。除了管先生饭,还需要支付孩子上学用的本子、笔之类的费用。为了节省这笔钱,张立功等都是在石板上写字,写满了之后磨掉重新用。如此一年上学的花费也并不是很多,十块八块就能足够一个孩子上学了。张家人对于教育支出这部分还是比较认同和赞成的。一是害怕小孩子在家调皮,家附近有一条小河怕孩子掉进去淹死,或者在家出一些什么意外;二是想着让孩子多上学、多读书,除非家中没有劳力没人干活或者孩子自己不想读书了,那么只要张家有条件、孩子想读书那么家中就会尽力支持孩子读书。

4.人情消费主三项

（1）走亲戚回娘家

人情消费对张家来说也是一笔不可避免且不小的支出。平时家中过年过节或者农闲的时候张家的亲戚们之间也会互相探望,走动走动。过一段时间当家人张向仁就会说:"这一段时间没去看你姑了,咱们明天去看看她。"家里人也都同意,因为走亲戚、互相之间交流一下感情,在那段艰难的岁月里也是一件能让人开心的事情。决定之后一家人便要开始准备走亲戚所要准备的东西。平时去看亲戚都是带一食盒馒头或者是火烧。过年的时候还要放上一点家里蒸的年糕、糖包。张家媳妇回娘家也是带上这几样即馒头、火烧、年糕和糖包。

走亲戚也都是有来有往,去了别人家,别人也会来张家看看。这时候张家也都是热情地招待,炒上菜、烫上酒,尽管菜不是那么丰盛、酒也不是很多,每个人只有一小盅酒,但是一家人在一起吃的是情意,尽管都是粗茶淡饭但也吃的高兴。

(2)人情消费

遇到白事,也就是如果家中亲戚有"老了人"①的就会有人来报丧,这时候张家就要出人去给"作祭"。兴福镇上不流行送钱和祭礼,都是家中炸点丸子。有时候还会去集市上的饭店里借上一方肉,连同家里炸的丸子,再放点水果一同放在一个食盒里给人家送过去。送过去的祭品都会放在一张大桌子上。老人说,送过去的东西还会拿回来的,家里都生活困难,这去作祭带去的东西人家一般也不留,带过去一般也会让带回来,可能自家炸的丸子、水果什么的会留一点,但是借的那一方肉是一定会让张家再拿回来还给饭店的。

还有遇到红事的时候,比如说张家亲戚里有人结婚了,也是要去随礼的,一般亲戚或者关系很好的人家会随三毛到五毛,如果随到五毛就算是很重的礼了;关系一般的人家或者街坊四邻都是一两毛钱,如果家中实在困难,送上一盒馒头火烧也是可以的。

当地红事除了会给一定礼钱以外,随礼都讲究"四色喜礼",都有馒头、粉皮、鸡还有一方肉。家中没有足够的白面去蒸馒头,都是在集市上老赵家买点馒头、火烧之类的。谁家有事都会去他家买,给上钱说买多少钱的馍馍或者火烧,他就会将馒头或火烧放在一个食盒里,装好,用一个红包袱包上这就说明家中有喜事了。除了馒头还需要再买上点粉皮,当然鸡和一方肉还是要借饭店或者是别人家的。东拼西凑凑足这四种喜礼,一家人就挑着去给亲戚贺礼。同样,送去的鸡和肉主人家都会让再拿回来。粉条、馒头和火烧一般主人家会收下,但是也会让张家人带一点其他的东西,不过也只是一些火烧之类的吃的东西。

红白喜事也不是年年都有,有的年份没有,有的年份说不定有好几场,都是不一定的。张家人是只要亲戚们家里有事情了就都会去帮忙,能帮就帮。

尽管生活条件都不是十分富裕,但是穷人家生活也有讲究,办事情也有一定的规矩,哪怕自己吃的穿的都不好,但是遇到这种人情场面上的事情借着、贷着也要有"面",场面上也要过得去。

(3)红白喜事

1949年以前,张家也曾经办过几门喜事,那是张立功、张立民两个人娶媳妇。张家娶媳妇最多的也就花两百块钱。花费主要包括彩礼钱、铺盖钱②以及办酒席的钱。总共加起来不超过两三百块钱。

如果支付不起就得去借一借,也要先把事情对付过去。一般都是穷人家就穷打算,富人家富打算。当地还有一句老话,就是穷儿不可富葬,富儿不可穷埋。家里死了人就会请上懂

---

① 老了人:当地对于去世老人的称呼。
② 铺盖钱:当地习俗,最少是两铺两盖。

241

行的人来"帮忙",请人来操办家中的丧事都是属于帮忙性质,不需要另外支付报酬,只需要管一顿饭,临走前给上一盒烟当作酬谢也就够了。请来的人里面会有人专门负责记账,到时候会把家中一天的流水账都记清楚,收了多少礼钱和东西,自家花费了多少都是一清二楚。多了的就自家留下,如果不够就要补上,家里补不上就得去街坊四邻里借一借,先把这笔钱还上。等到家中有了收入或者收成就赶紧再把这笔钱还给人家。张家人一直信守承诺,有借就一定有还,从来不会因为借钱的原因让两家人的关系变得尴尬或者从此以后不来往。

张家的消费还是比较单一的,除了吃饭最大的消费就是人情消费。尽管有的时候需要当家人出面借钱,才能维持全家正常开支,但是全家人都努力地生活,尽量节俭,节衣缩食一旦有钱也是立刻偿还别人。因此,张家一直是个小户人家,当年赚的当年吃,地里来地里去,家中更是没有存款。

(二)自家消费自家出

张家的消费都是自家出,并且大部分的支出都是由大家负责也就是由张向仁来支付。如果不够也是由张向仁出面或者家里人以张家的名义出去借钱。家中的日常消费也都是主要依靠家中的农业生产所得,小部分依靠平时外出做柳编挣来的钱以及家中男丁外出做小买卖得来的零钱来支付家中零碎的油盐酱醋、柴盐灯火。1949 年以前张家生活条件很差,对于生病治病这项费用一般都是小家自给,生了大病家里也是看不起的。不是张家不愿意给孩子看病而是因为真的是没有给孩子看病的能力,全是依靠孩子硬扛。

张家一年所挣的钱和粮食仅能勉强维持一家正常的日常开销,使得家中收支平衡。一年下来几乎没有剩余的粮食和钱。如此对于张家来说能够维持自给自足已经是很不易了。

张家粮食、衣着、住房、医疗、教育、人情等方面的消费还是一家吃饭的粮食最重要,张家无论是当家人或者是其他家庭成员,最主要的任务就是保住一家人的口粮和性命。除此之外就是家中的人情支出不能免,因为在农村里面,尽管家庭贫困但是还是讲究人情往来和对外家中的"面子"。张家有事别人来了,那别人有事张家就不能不去。教育、医疗、住房、衣着消费的重要性依次递减。穷人家在平时也就不是很看重居住以及穿着了,只要房不漏风漏雨,衣能蔽体就足够了。哪怕是草房和打满补丁的衣服,因为大部分家户都这样抑或是无奈,张家人也都是欣然接受了。老人说在当地有一句俗语就是"穿得了十日破,忍不了十日饿",可见张家在自给自足且收入有限的情况下,首先要解决的还是吃饭的问题。

(三)家长统筹亲戚帮

张家的各项消费以及大额的消费主要都听从当家人张向仁的统筹安排。家中吃的粮食、平日的节省和精打细算是家中妇女们说了算,但是贱年提前备粮,或借或买都是张向仁提前打算。如果张向仁外出,那么家中有需要买的菜或者油盐什么的都会提前给张向仁说一声,张向仁就会打点好了之后才出门。日常买衣住房,教育以及人情来往各项消费都是依靠大家来出,也就是主要由张向仁负责。自家不够向亲戚、朋友、四邻借也都是用着张家的名义借来的。对于当家的安排和打算大家都是十分支持和顺从。

张家人的日子张家人自己过,其他朋友、四邻以及村长、宗族都不得干涉。一般也不会有人来干涉其他人家的生活,都是各过各家的日子。不过张家一旦遇到一些什么事情例如家中无粮或者碰到什么事情需要用钱,家中的亲戚如果有能力的也会来帮衬一下。如果家中都很困难那也不能强求。在亲戚层面一是看远近,二是主要还看家庭实际条件。亲近的不用说自然会主动出面帮衬,远一点的亲戚如果家中有多余的粮食和钱物,上门借也是能借到的。如果家中确实困难哪怕关系再近也是无能为力,还要张家人自己想办法解决。对于家中其他亲戚例如嫁出去的女儿,较近的亲戚张家也是能帮就帮。因为张家自身条件就不是很好,所以平时对于上门的亲戚一般都是出人力帮忙,在粮食钱财上面帮衬不上,想要帮衬也是心有余而力不足,因为张家自身还有一大家人要养活。但只要亲戚或者朋友家需要有人帮忙,那张家也是说一不二马上上门帮忙。一般都是男人们出面,撑场面或者干些什么体力活,但是有时候有人家办喜事需要接新媳妇、添饭、圆饭时,家中的女人们也都会去帮忙。甚至有的时候如果别人家的事情比较紧急,哪怕自家的活干不完也要先放下帮助别人家先完成他们家的事情。这便是平时张家人缘好的一个重要原因,也是张家人的一个生存之道。

五、家户借贷

(一)借贷三大原因

1.度春荒

在 1949 年以前,张家有一个重要的借钱的原因就是在贱年的时候家中粮食不足,吃的还能掺糠或者掺野菜来应付度日,但是春天需要耕种的种子也是凑不出的,如此无奈之下也只能找相熟的亲朋或者邻里尤其是家中粮食比较富裕的富农家里借点粮食或者借点钱来,能够支持过春天这一段时间,能够完成每年春季的生产就算是完成了任务。

在 1949 年以前,家中贱年的年份也不是很多,再加上张家人平时的生活也都是省吃俭用的,平时蒸馒头或者窝头的时候也会在粮食里掺点糠以此来减少粮食的用量。每年这样节省着吃饭,尽管张家只有 4 亩地,产粮也不算多,但也够维持一家人的生计了。像张家这样的小户自给人家,收来的粮食是不会轻易卖出去的,都是拿来自家留种和供养一家人糊口吃饭。如此才能保持每年在春天的时候能够依靠自己的力量度过春荒,实在不行也只能靠借了。

2.娶媳妇

除了度春荒以外,张家还有一个重要的借钱的原因就是给后辈侄孙们娶媳妇。现在问起来,张家人记得最清楚的一次借钱经历就是在当家人张向仁大侄子张立功结婚的时候,因为家中实在拿不出足够的钱给侄子娶一个媳妇,无奈之下就只能东拼西凑地去借钱好让张立功完婚。那一次,张向仁夫妇几乎走遍了相熟的几位亲戚和朋友家,一家借上十几或者几十块钱,一共是借了一百块钱。张家小家小户基本存不下钱,家中也没有存款,张家所拿出的一百多块钱都是张家人多年从牙缝里省出来的钱。借来的一百块钱加上张家多年来积攒下的一百多块钱,这才顺利地帮张立功娶到了媳妇。

3.随份子

张家借钱还有一个原因那就是人情往来,需要借钱或者借物应付过去。在平时,如果张家亲戚有什么红白喜事需要参加,那就需要准备那"四色喜礼":馒头、粉皮、鸡和一块肉。便宜的馒头和粉皮张家还能支付得起,但是张家没有养鸡并且也没有多余的钱去买上一只鸡,所以只能去借一只。有买有借凑足了这四样喜礼,才挑着去给人家贺喜或者送葬。不过,收礼的人家家境也不是很好,都知道这些鸡和肉都是借来的,所以一般收礼的人家也都不会留,走的时候会让张家人再带上。这样，张家人回来再赶紧还给别人。

（二）先借亲朋后四邻

张家借钱，也需要看人。亲戚家中有的的话，一般是先向亲戚借。如果亲戚家没有那么就得向说得来的、平时关系比较好的朋友家借钱。借钱的时候张家首选就是亲戚和朋友，因为他们对于张家来说都比较好说话，借钱的话也比较容易开口。如果当年亲戚朋友家都比较困难，那么再借就只能找同村的街坊四邻了。

大侄子张立功结婚的时候张家就是先问亲戚们家，其中有张向仁的姐姐、大爷、叔叔以及张向仁媳妇的娘家，总共借了60块钱。因为张家的亲戚家也都没有很多积蓄，而且他们自己家也都有一大家子人要养活，所以能借给张家的也不多。就这样东拼西凑在亲戚家总共借到了60块钱。就这样，勉强凑足了给新娘子家的"送柬钱"①。还有预备结婚时要用的"两铺两盖"，这都需要重新买新的棉花和布来给新人们做，不能让他们用旧的。再加上家里办酒席，所需要的开支和花费还是差一点，张家又向周围的朋友和街坊四邻们借。张向仁和他的媳妇分头去借，两个人都去他们两个人平时走得比较近、关系比较好的人家，估计一下对方家里今年收成或者买卖做的不错，家中可能有余钱。这才开口向他家借钱。走了好几家，虽不是家家都能借到，但也借到了一部分，东拼西凑凑足了剩下的40块钱。这样，张立功才能顺利地娶上媳妇。

除了这次张立功结婚向街坊四邻借钱以外，平时张家很少向他们借钱。因为向他们借钱成功的概率不大，就算借到也借不多。这也不仅是因为平时走动很少，见到了只是打个招呼，更是因为家中的生活条件都差不多，其他人家也没有多余的钱借给张家。因此如此费事且有很大可能借不到钱的人家，张家除非有很重要的事，也是尽量不会去的。并且张家也不是常借粮，就算是借，借的也都不多，所以一般张家都是选择亲戚、朋友作为借贷的对象，很少选择同村的街坊四邻。

（三）张家人借张家还

说到借贷的主体，大部分情况下是当家人张向仁出面借钱。如果是去跟亲戚们借钱，那么谁家的亲戚谁开口借钱，例如张向仁家的亲戚，就是张向仁开口借钱；如果是张向仁媳妇家的亲戚那么理所当然地就是张向仁媳妇开口。如果是张家的朋友，那么大部分情况是张向仁所熟悉、平时多有走动的，那就应当是张向仁出面，如果是张向仁媳妇跟另一家的媳妇平时经常一起干活聊天，能说得上话那就由媳妇出面。其余平时只是相熟但并不常走动的同村的街坊四邻们，一般情况下是不会向他们借钱的，但是到了万不得已的情况下也必须向他们求助，向他们借钱一般就都是张向仁出面了。如果张向仁不在家，那张向仁的媳妇或者家中的男丁也可以以张向仁或者张家的名义去借钱。但是一般很少由家中其他成员出面，向别人家借钱。

张家人借钱，用来维持一家人的正常花销，所以还钱也是张家人共同的责任。张家的每一个人都要共同劳动来还上张家所欠的这些钱，不能说因为是大家里借的就跟自己没有关系，因此对这件事或者借的钱不管不顾，不去理会。尽管借钱的是张向仁，还钱的也是他，但是在这个挣钱以及还钱的过程中大家都是十分努力。全家人共同劳动，共同想办法去做些小

---

① 送柬钱：方言，相当于今天的彩礼钱。

买卖或者打些零工去赚上一点钱,这样才能尽快地还债。

总之,张家人借的钱,张家人都是一起还,无论借钱的原因以及这笔钱花在什么地方。因为大家都知道借的这些钱都是花在张家自家人身上。

(四)口头借贷按时还

关于张家借钱的流程和借钱的经过,张家去借钱的时候都是口头借钱,不需要欠条之类的证明,并且也不需要支付其他的利息。借多少还多少,不会像借大户人家一样,会利滚利直到最后普通农户偿还不起,只能让大户拿走自家的地或者让家中的人去给大户人家干活,用人力抵债。张家就只有四亩地,并且一家人都靠着这四亩地生活,可以说一家人的命都系在这四亩土地上,所以断不能轻易地让出。至于家里的人,张家也是不会让自家的孩子去到别人家里当仆人受罪的。因此,张家人认为:自家和大户人家说不上话,平时也不打交道。因此,张家就算再遇上事也不会轻易地向大户家里借钱。

张家需要借钱的时候,一般是张向仁出面。家中茶余饭后张向仁就会去想要借钱的人家商量。一般张家在借钱之前都会先考虑好向谁家借钱,吃完晚饭后张向仁就会登门去找另一家人商量。但是都是跟自己相近的借钱,也都是口头借钱,靠的是互相之间的信任和各自心中的所守护的诚信底线,因此并不需要另外打借条。尽管不打借条,张家也不曾出现过欠钱不还或者债主多要利息的情况。

(五)家有剩余先还债

张家还钱的过程也不是一帆风顺。张家的日子也不好过,正常年份只能维持自足,好一点的年份才能攒下一点钱。所以想要还清家中的债务还是需要全家人一起省吃俭用,家中男人们也都会去主动找点活干,以此来挣点钱好争取早日把家中的钱还上。

张家的老人们都说一句俗语就是:"有钱早还债,无事早关门。"正如俗语中所说的,兴福镇上的村民都怕招惹麻烦,所以如果家中有欠债,也是一有了钱先还债;在那个兵荒马乱的年代,倘若家中如果没有其他的事情,吃饱饭也是早早地就关上门,或是休息或是直接睡觉去了。就像俗语里说的一样,张家人行事过日子也是如此,讲求诚信维持道义,且一旦家里收了粮食或者做小买卖挣了钱就先用来还债。

(六)"钱会"帮忙渡难关

穷苦人家还有一种度过困难时期的办法就是组织"钱会",叫作钱会,其实也就是几户人家凑起来,每个月每家人出一定的资金并把它们凑起来。此后每个月选出一个人来用当月凑起来的这部分钱。钱会中的人大都会以此来当作做生意的本钱或者解决家中急事的"救命钱"。当家人张向仁和其他几家的人凑起来,就成立了一个"钱会"。就像现在小型的经济组织一样,几家联合起来,积少成多互帮互利。刚开始牵头组织的人就是钱会的"会头",他负责组织每个月钱会的活动。"会头"享受第一个月率先使用"会费"的权利,此后每月都需要采用"按黍秸"①的方法选出当月使用"会费"的人。

具体是每月有一个固定的日子,这个没什么讲究,都是会头决定。在每个月的那个日子里大家就会聚在一起,因为钱会中的人大都不识字,所以便采用"按黍秸"的方法选择当月"会费"的使用者。开始的时候每个人发一个劈开一半的黍秸,然后在一定的时间内往上面按

---

① 黍秸:方言,指的是高粱杆。

指甲印,看谁按的多那他就是这个月会费的主人。并且,在一定的时间内按的最多的那个人按了几个指甲印每家每户就要交几块钱。例如,张家在这段时间内按的最多,并且按了3个指甲印,那么张家就有权使用当月的会费,10家人参与那么张家当月就会得到30块钱。用了这一个月,下个月就没有张家的份了,机会就要留给剩下的人家。假如下一个月王家按了5个指甲印,那么每家每户就要给王家5块钱,王家就会得到50块钱的会费。但是,这个也是有一个限度的,不能完全根据按得指甲印的个数来给钱,因为如果有人按上10个印子,大部分人家也是给不起的,所以钱会也有一个规定就是每个月每个人给的钱都在三块到五块之间。加上高粱秆很硬,很难在上面按上指甲印,大家也都会控制自己在上面留下的指甲印的数量,大家都控制在5个以内。按完指甲印之后,再把高粱秆合上,用线缠起来,在大家的见证下一起打开,如此,谁的里面指甲印多这个钱就给谁。

张家人就是用这样的方法得到一些做生意的本钱,以此来开展一些小买卖,去隔壁大王桥村低价购入一些瓜果蔬菜或者什么其他的零碎物件,来到家门前的兴福集上再抬高一点价格卖出去。比如有时候买的菜一毛钱一斤,来到集市上就会卖一毛二甚至有时候还能卖到一毛五,这样一天下来也能挣个"块儿八毛"的。如此家中也算是添了新的收入。"钱会"不能算是一个正式的组织,各项制度和开展的方式也都不是完备合理,但是在那个动乱贫困的年代,有了钱会这样的小组织也能够聚集起几家人的能力,积少成多,就像现在的贷款一样,却又不完全相似。有了这笔钱就能开展一些新的小买卖,不仅能够支持着张家每个月支付会费,还能额外地攒下一部分钱或是慢慢还清家中的欠款,或者是能够改善家中的生活水平,能够在粮食里少掺一些糠,一家人也能吃一次"净面"馒头。

六、家户交换

(一)上街赶集全家忙

1949年以前,张家人都会选择在集市上进行经济交换。上街赶集这种事情一般都是家中的媳妇们商量着看看家里需要添置点什么,然后商量着就一起去了。家中的男人和孩子们也会去赶集,就像现在的逛商场和超市是一样的。不需要当家人特意地去安排或者嘱托,家里如果有什么缺的,家里人发现了也会在吃饭的时候提出来,当家人斟酌之后就会在赶集的前一天把钱给他的媳妇,也就是张向仁的妻子张高氏,第二天看着谁手里的活少一点,就会让谁出门,出去赶赶集权当是出去放松一下。

张家人上街买东西也大都是买些葱或者香菜之类的蔬菜。一般都去青菜市上买,卖青菜的都在青菜市上,价格也都差不多,所以张家买菜一般都是看看谁家的新鲜,看好了就买,一般也不会费劲去货比三家。说到买不买熟人的菜,张家人表示一般不会去买熟人的菜。因为买陌生人的菜还能打价,一毛五的菜有时一毛二就可以买到,但是跟熟人是绝对不会打价的。如果有时候买熟人的菜,他少收三毛、两毛的还要欠一个人情。而张家人平时又不爱欠着别人的人情,所以除非有特殊情况,否则张家人不会选择熟人作为交换的对象。

(二)四方均有商贩嚷

兴福大集也是当地有名的集市,东南西北四面都有各式各样的集市。东边主要是鸡市、鱼市、肉市,想要买鸡、买鱼、买肉就要往东边去;南边是布市,里面汇集了各种卖布匹的小贩和店铺;往北走就是青菜市,一般张家就会在这里卖点青菜、水果什么的;西边就是牲口市,这里面汇集了各种买家、卖家还有许多的经纪，他们之间相互算计和利用，但最后也都能达到自己想要的结果。除了东南西北各有专属的集市外，整个兴福大集还有最出名的柳编制品，它们遍布在整个兴福大集。此外还有各色的餐馆、酒楼以及在路边卖烟酒糖茶的小贩。到了夏天最吸引孩子们的还当属卖冰棍的小贩，冰棍是白水加糖冻成的，尽管一支冰棍只卖一毛钱，但于张家人而言，能在热的时候买支冰棍吃也是一种略微奢侈的享受。

不论是店铺还是流动的小商贩，都是要交税。店铺流动性差，每家都有一个营业执照，每月或者一段时间内就会有人定期来收税，像张家这样的流动小商贩如何收税呢？兴福镇会有专门来收税的人，就像现在的城管一样。来做生意的小商贩都需要交一定的"摊位费"，也不贵大都是几毛钱，交过钱之后就会有一张纸条作为凭据，以备下一次来收费的时候当作交过钱的证明。如果想要做生意就不能不交这个摊位费，如果不交他们就会把你的秤砣拿走，没了秤砣这生意也没法做了。最后还是得乖乖地交了钱，所以大家也都会自觉地把钱给交上。

除了管理这些商贩，这个集市上还有"斗官"和"秤官"。他们都在集市的中间，如果有卖粮食的就去找"斗官"；如果有卖豆子、花生的就去找"秤官"。尽管他们都叫作"官"但是却没有俸禄。都只是靠自己过秤的手艺挣点粮食或者豆子、花生。例如，两家人交易买卖粮食，一家买一家卖，这时候就要找"斗官"来过一下斗，过斗就是把粮食倒到一个簸箩里，这个簸箩是斗官带来的，倒满刚好是一斗。这个过斗也是讲究技术的，倒快了也不行、倒慢了也不行，得要匀速倒出来的才正好是一斗。倒完之后，用一个小板子一刮，平了之后就正好是一斗。那些刮下来的粮食就归"斗官"所有了，一天下来也能收获不少的粮食。有一个斗官叫李秉玺，他的家中比较贫困，都是依靠在集市上当斗官赚一点粮食来维持他们家中的生活。

如此可见，集市上也是琳琅满目、人来人往。用老人的话说就是走在集市上也是"人挤人、脸碰脸"。虽然有些夸张，但是也可以想象到兴福集的热闹和红火。

（三）经纪、地缝从中协商

在 1947 年以前经济交换的过程中，除了像牛一类的大牲口需要当家人亲自去购买以外，其余的家中成员都可以自己决定。在平时买日用品和蔬菜、肉的过程中，张家人也不会去货比三家或者挑肥拣瘦。一是因为张家人本身就是农民平时也干一些倒卖蔬菜的小买卖，所以对各类东西的价格也都比较了解所以也就不怕其他商贩在价格上糊弄张家人。二是因为集市上都是划片的，东西南北都有专门做一种生意的集市，例如花市、鱼市、青菜市、牲口市等等，卖一种商品的小贩都聚在一起，所以相互之间的价格也都比较透明，所以张家人在兴福集上买东西都是挑个新鲜就行了。

但是如果要买什么"大件"就需要中介帮忙了。在当地，中介有两种称呼，一种叫"经纪"，一种叫"地缝"。称呼不同所干的买卖不同，但职责和作用却差距不大。经纪，在牲口市上经常可以见到。他们主要是帮着当地人相互买卖牛马等大牲口，从中赚取差价。而地缝则是外来人和当地人之间的桥梁，填补"缝隙"之人。有外地人来兴福镇买柳编或者其他东西，不懂当地的行情和物价就需要找一个地缝来当中间人牵线搭桥。地缝和经纪一样也是从中赚取差价来维持正常生活的。

尽管经纪和地缝在平时的买卖活动中起了很大作用，帮助一般人家达成了交易，但是也有一些不好的经纪，如果你不用他，他会编一些难听的话来中断买家和卖家之间的交易。例如如果经济发现有两个人在自行进行交易而没有找经纪，那他们就会从中捣乱来阻止两个人进行交易。一般他们会告诉卖家："这个人就是来玩的,一看他就不是真的来买你的牛的。"在另一边他们则会告诉买家这头牛是有多么的不好,买回家也不能干活。如果牛是健康的那么经纪们就会在牛的长相上做文章。正常情况下,像牛、马一类的大牲口都会有 72 个旋,如果一头牛眼角有一个旋,尾巴根上有一个旋那么经纪们就会把买家带到一边轻声地对他说:这家的牛买不得,你看这头牛"前滴泪,后保尾,死了老的死少的";又或者牛如果有一个白色的蹄子,经纪们就会说这像孝子们拄"哀杖"一样,家里会死老人。如此一说,两家的买卖无论如何是做不成了,就算人们知道这是经纪们在捣鬼,但是兴福镇的村民普遍都带有一点迷信,如此本着宁可信其有不可信其无的原则,也都这么散了。所以就得找经纪,让他们来帮自己促成这门生意。这样一来经纪们看到有利可图就又是另外的一套说辞了。他们一般都是先带买家看牛,在此说尽好话,使出浑身解数夸赞这头牛一般都是说牛"远看一溜线,近看一大片"。这就是在夸这头牛,从远处看像一条线一样身子骨笔直,近看的话就是毛色油亮、身材健壮,如此便是一头又好看又能干活的好牛。此外,还会说很多关于这头牛的好话,直到促成这笔买卖。买家答应之后,经纪便会从中说价,他们会两边暗中出价,一抬一降自己从中获利,但一般也不会很多。因为如果很多一是可能会导致买卖双方一方接受不了而使这门生意失败,从而一分钱也赚不到;二是赚的太多,把买卖双方坑骗得很厉害的话会坏了自己的名声,进而可能会断了自己的财路。如此有约束,经纪在行事过程中也会有一个底线,不至于做出什么损人利己的事来。

如此看来,每一行每一业都有自己的办事规矩与行事准则,没有人会打破也没人能打破。因为其中会有许多超出想象的难题和难关需要破除,并且一个巴掌拍不响,还需要群众的广泛支持和配合,而这第二点才是"坏规矩"的重中之重。就像经纪之所以能长久地存在并不是因为他们能说会道,也不是因为他们真的懂牛,而是因为大家都遵守牲口市的"规矩",有一两个不想被"规矩"所限制的人们最终也会有一方因为经纪们的言辞和背后说道而放弃。如此看来,想要改变一方规矩,除了直面困难的勇气还需要基层群众的热切响应和配合,如此方能成事。

1949 年以前,张家平时如果需要进行经济交换都会选择去门口的集市上开展经济交换活动。在这里,当家人不用事事都操心,家中的媳妇们都会自己看着有空缺就会去补上。当家人只需要判断成员要买的东西家中是否真的需要,如果确有需要就会给媳妇或者其他人一定的钱,让他们自己去集市上买就可以了。张家人家住兴福大街,也因为兴福大集,张家平日里艰苦的生活有了一些色彩。

第三章　家户社会制度

1949年以前,张家子女从成人、结婚、生子都是家长包办,并且男大当婚女大当嫁,以及生儿育女传宗接代都是被认为理所应当的事情。当儿子长大成人有了自己的家庭和孩子之后,当家人就要安排分家,让儿子出去自立门户。张家家中留有一部分养老地,一般情况都是由长子养老,养老地理所当然地也归长子所有。等到老人百年以后家里的土地和房屋也大都是平均分给家中的儿子们。张家家庭内部存在多种人际关系,但是张家人将各种关系处理得较好,一家人在一起生活都较为和睦,很少有吵架拌嘴的情况。家庭内部和谐,张家在家户之外也是注重与人为善,除了极少打交道的大户人家以外,张家对其他外人都是十分亲和热情的。

一、家户婚配制度

(一)五对夫妻门当户对

1949年以前,早些年间张家有5对夫妻,但是因为战争、生病等各种原因张向平夫妇、张向诚夫妇都双双亡故,家中只留下张向仁夫妇带着三家的孩子一起生活。张家所有的孩子到了成年大概十五六岁就都成婚了,只有家中特别困难的时候,没钱准备彩礼或者嫁妆才会将孩子们的婚事延后。早些年间张家家庭生活困难,很难养活家中的孩子们,所以曾经有一段时间将女儿送出去给别人家当了一段时间的"团圆媳妇"也就是童养媳。可见穷人家里很多的习俗或者是办法都是不得已而为之。

张家虽是小户,但是结婚也讲求一个门当户对和明媒正娶。家中成员的婚事也都是由当家人说了算。张家女儿外嫁或是家中娶媳妇大都只考虑人品和其他个人条件如能不能干活、生养等,不太考虑对方家来自哪里以及双方家庭之间距离的远近。只要家中当家人满意、家里的长辈们满意,当事人没有其他的发言权和决定权,只能接受。并且结婚之后没有特殊的原因是不允许双方离婚的。

1.两代人五对夫妻

张家1949年以前一共有三代人,但是成年结婚的只有5对夫妻,他们分别是第一代:张向平及其妻子张王氏、张向诚及其妻子张王氏以及张向仁及其妻子张高氏;第二代:张立功及其妻子张王氏和张立民及其妻子张耿氏。从张家媳妇们的姓名可知,穷人家的女儿们大都没有名字,在娘家的时候大都会起一个"贱名"[①],以此来希望孩子能活的时间长一点。而她们嫁到婆家之后都会跟随夫姓,夫姓加上自己娘家的姓氏就成了自己的名字。所以早年间张家

---

① 贱名:又称为小名或者是乳名。

媳妇们回忆起来大都叫不上名字，直到1949年以后张立祥、张立新成亲时他们的媳妇才有了能被人记住的属于自己的名字。

尽管有5对夫妻，但是张向诚的妻子在1927年左右，儿子生病去世后过度悲伤过世；后来张向平夫妻在战乱年间也因为战争去世了。因为时代久远，现在张家人也记不清张向平夫妇到底是哪一年去世的了，只记得战乱日军攻占了兴福镇，在一次扫荡中张向平夫妇不幸罹难。最后二哥张向诚因为常年生病得不到救治，也在1940年左右去世了。如此，家中只剩下3对夫妻，张向仁也在大哥去世之后成为当家人带领着张家人一起过日子。

1949年以前按照惯例，张家的儿子们只要是成年，张家人就张罗着给他们娶亲了。哪怕家中生活困难，拿不出结婚所需的彩礼钱以及办酒席等各项开支的花费，张家人就是借也会让儿子娶上媳妇。但是也有例外，那就是后来张家的当家人张向仁。张向仁结婚时已经30多岁，在当地已经早就过了结婚的年纪。只是因为张家生活实在是困难，一家人在一起本就难以度日，再加上二哥张向诚儿子病重去世，二哥的媳妇也因伤心难过再加生病相继去世了。已经十分困难的张家还要接连操办丧事，几年间张家的生活都是艰难异常。如此一桩桩的事情让张向仁的婚事一拖再拖，直到30岁也就是1932年左右才娶上媳妇。后来张家的日子渐渐好转，家中的儿子们也就都能在十七八岁的年纪找到媳妇。张立功就在1935年左右也就是他20岁的时候娶了媳妇。尽管张家的生活条件依然不是很好，也不是很富裕，但是相较于早年间来说生活状况好了一些，哪怕是借钱结婚也有信心能还上这笔欠款。如此，这也就造成了张家后来的"老侄少叔"的情况。

2.门当户对应为先

张家家庭成员在婚配的时候，往往都是由当家人决定和安排的。张家在决定结婚对象或者媒人在给张家人介绍结婚对象的时候也会首先考虑到双方的家庭条件，讲究一个门当户对。比如张向仁的妻子张高氏就是附近高家庄的一户普通农家的女儿。张立功的妻子也是同村王家的女儿，王家是当地一家普通的农民，家中跟张家差不多，也是一个小户人家。张立民的妻子张耿氏家庭条件稍微好一些，耿家家中是做木匠生意的。后来张立民还跟着耿氏一家学习木工手艺。如此看来，张家人在择结婚对象的时候也都是以选择门当户对的为主。当然也不排除有例外，张向仁的小儿子张立明就娶了一个大户人家的女儿，尽管有很多人不看好这段婚姻，也有很多试图破亲的人，但是两人最终走到了一起。除了儿子们以外，张家还有一个大女儿张立英，张家曾经一度因为家庭困难将女儿送到别人家去当童养媳。尽管如此，张家人选的也是比自己家稍微富裕的韩家而不是大户人家当做亲家。

张家在给家庭成员选择结婚对象的时候都不在乎对方家庭的远近，并不是说只能本村的人，别的村庄的人家只要有人介绍，而对方的情况比较不错的情况下，也会允许家中的儿子娶进门或者自家的女儿嫁过去。在1949年以前，当家人张向仁以及二侄子张立民的妻子都不是本村的居民，而是附近村子里经人介绍才嫁过来的。可见，张家在选择结婚对象的时候并不在乎对方家庭地理位置的远近。因为张家家中生活条件比较艰苦，在本村中可能很难娶到媳妇，所以只能依靠媒人或者其他亲戚在外村寻找合适的人家。因此，张家人在选择结婚对象的时候不会也不能挑剔对方家庭所在的地方是不是本村。

1949年以前张家凡是成年的孩子都有了婚配，大部分都是由当家人张向仁为他们操持决定的。张家也因为家庭条件困难所以只能选择与自家家庭条件差不多的人家作为结婚对象,并且张家能娶上媳妇不容易所以更加不能挑剔对方家里是不是本村的了。

(二)家长做主包办婚姻

在 1949 年以前,尽管张家生活条件不好但是在婚前准备方面也是为了孩子尽心尽力,做到自己所能做的一切。张家人在结婚时都是由当家人做主,当家人看好之后两家商议同意之后就可以完婚,当事人并不能提出什么异议只能服从。张家娶亲都是父母之命、媒妁之言,父母包办婚姻,不允许家中的人自由恋爱,都是由当家人和他的父母决定。至于双方的聘礼和陪嫁,张家有句老话就是"聘礼要得,陪送要不得",即女方家可以要求聘礼但是男方家和新嫁过来的媳妇是不能向女方家中索要陪嫁的,女方家能给多少、想给多少都是他们说了算,给了就收不给也不可以要。因为张家家中困难并且也不强求结婚对象家住何方,所以张家的成员所娶的媳妇大都不是本村的,女儿也有不少外嫁的情况。

1.家长做主难抗拒

在 1949 年以前,张家成员的结婚事宜都是由当家人做主。一般情况下是当事人的父母感觉自己的孩子到了结婚的年纪,然后就跟当家人提议说是某某某到了结婚的年纪,该给他说个对象了。例如,家中张崇礼结婚的时候就是张立功夫妻两个跟当家人张向仁说崇礼到了要结婚的年纪了,让当家人帮他看看,好寻一个媳妇。张向仁就在走亲戚的时候拜托家里的亲戚帮忙给张崇礼看看有没有合适的,如果有就带到家里来看看。可惜还没找到就分家了,张崇礼去当兵后举家搬到了上海定居。此外,家中张立功、张立民的婚事都是由张向仁为他们操持的。媒人将姑娘带到张家来一般都是先让张向仁夫妻两个看,后来张家的亲戚们尤其是张向仁外嫁的姊妹有的听到消息之后会来帮着看看新媳妇。如果家中的人都没有意见那么当家人张向仁就会代表张家正式向对方提亲,之后便是一系列的程序和礼仪。在这个过程中当事人一般都是被动接受的状态。

2.媒人上门把线牵

张家人在寻找结婚对象的时候都是靠媒人介绍。当地有专门的媒人,张家人一般情况下也会选择让家中的亲戚来帮忙打听或者介绍。如果家中有外村的亲戚,那么张家人也会用信或者亲自登门的方式来拜托他们帮忙给自家孩子介绍结婚对象。

在选择结婚对象时,张家首先选择的是门当户对的人家,媒人们在介绍或者引荐的时候也都会选择跟张家家境差不多的小户人家。因为张家条件不好,富有的人家不会考虑张家,一般比较富裕的家庭在结婚过程中都会在嫁妆和聘礼方面有特定的要求,但张家支付不起他们所要求的那些聘礼或者嫁妆。还有一点是因为无论是过去还是在现在,经济基础相差较大的两个家庭结合在一起的时候势必会引发矛盾。而在过去这一点尤为显著,如果女方嫁到富人家去尽管可能看上去是飞上枝头变凤凰,但是在兴福镇嫁进地主家的穷媳妇,基本不拿她当人看待,粗活累活全干还要忍受婆婆的打骂;而如果娶了什么也不会干的富家小姐对于张家来说就是一个负担,不但没有增加家中的劳动力,反过来还要增加张家的日常开销和支出。为了不增加家中的负担,也不让嫁出去的女儿受罪,张家人一定选择跟自家家庭条件差不多的人家成为亲家,哪怕累一点可能会吃一点苦但是两家人之间是平等的。如此分析下来,在那个时候,张家人在选择结婚对象的时候首先考虑的就是门当户对。

除了门当户对以外,张家人还看重对方的人品和德行。张家人认为,两个人结婚在一起过日子,德行和人品还是很重要的。如果两口子在一起过日子每天算计、每天吵闹,这个日子就没法过下去了,整个家也会被他们吵的不安稳。如此,在给家中成员选择结婚对象的时候首先是门当户对,再看就是对方的人品了。

以上是选择成员的结婚对象,如果是选择家中的媳妇,那张家还有一些其他的要求。张家是一户老实本分的农民家庭,在选择媳妇的时候还会要求对方会干活、能劳动,这样娶一个媳妇回来还能够承担家中一部分的劳动负担,尽管添了一张口,但是不会增加很多的家庭负担。此外,还有一个很重要的条件就是要求对方能持家、会生娃。张家人还是认为结婚最大的目的就是开枝散叶、繁衍后代为张家传宗接代。从而除了上述要求以外,张家人还要求娶回来的媳妇一定要能给张家开枝散叶。尤其是富人家,一旦发现自己家的媳妇无法生育或者长时间生不出儿子,家中的老人就会逼着自家的儿子或者孙子休妻另外娶妻或者在娶一个小妾。穷人家娶妻不容易,如果发现家中的媳妇无法完成为家中传宗接代的任务的话大都会选择过继一个儿子。无论如何,无法生育甚至是生不出儿子的妇女在家中的地位都会相应地降低很多。所幸张家男丁兴旺,娶回来的媳妇也都完成了自己的使命,为张家很好地传宗接代和开枝散叶。如此,张家的媳妇在家中也都生活的较好。

除了上述条件之外,还有一个外部不可逆转的条件就是两个人的属相和生辰八字。张家在娶媳妇的时候也会问清女孩的生辰八字,然后找人算一算两个孩子在一起将来的日子能不能顺利,如果算出好结果那张家人就会高高兴兴地迎娶姑娘进门;如果结果不好那么张家可能就会重新考虑这门亲事了。

张家选取结婚的对象,首先是门当户对和对象的人品,其次是能持家、会生娃,以及会干活、能劳动,这样才能完成她在张家的任务,不至于拖累整个张家人的日常生活。除此之外,再看结婚对象的长相,虽然长相好看会得到很多人的夸奖,但是张家还是更加倾向于选择会持家的女子。除此之外,张家人还是难逃时代封建的想法,比较看重生辰八字和命格,因为娶妻不易,不像大户人家或其他有钱人家可以另娶,所以张家在选妻的时候十分小心和细致。也是因此,张家人不在乎结婚对象的家在何处,也不在乎两家之间的远近距离。只要人好,门当户对,八字相配,张家人就一般不会反对。

3.包办婚姻难自由

1949年以前,张家成员的婚姻大都是张向仁"包办"的。尽管张家是小户人家,没有大户人家那么多讲究但是也要有"父母之命,媒妁之言"。一般情况下不允许自由恋爱。如果发现有人不顾家中当家人的感受,私自在外面谈恋爱,那么轻则痛打一顿,重则关在家中不许出门。一般情况下家中这样反对双方也就不会再继续下去了。

老人依稀记得村中唯一一起算得上是"自由恋爱"的便是同村的李炳志。李炳志家生活困难,所以他就决定独自去东北闯一闯,想要赚点钱来贴补家里的生活,让家中的老婆和儿子生活得好一点。但是在东北打拼的几年过程中认识了东北姑娘小本,两个人迅速坠入爱河,在东北开始了两个人的同居生活。经过三四年,李炳志将小本带回家中,其原配小王非常不高兴。并且家中的老人也都不支持李炳志的做法,但是碍于小本已经与李炳志生了孩子所以并没有将小本赶出家门。最后,李炳志的原配小王感觉到这样的日子没有办法再持续地过下去,所以主动提出离开家这也算是两个人协议和平离婚。只不过小王没有分得李家的一分钱,只是带着自己的儿子回到了娘家,后来另嫁他人了。李炳志就跟小本生活在了一起,这也算是"自由恋爱"后来成功在一起的一个例子。但是好景不长,李炳志跟小本在兴福生活了没有多长时间李炳志又喜欢上了别人,离开了小本。后来老人听说小本自己回老家去了。就这样,李炳志因为自身人长得比较帅,在东北的时候攒下了不少钱,所以能够一而再、再而三地娶妻。

除了李炳志之外,老人再也没有听说过村中有其他的自由恋爱成功过的事例,甚至连两个人自由恋爱的例子都不曾听说过。可见包办婚姻的传统在当地根深蒂固,父母之命、媒妁之言的选取对象的方式也不容置喙,并且这样的方式和观念深深地根植在每个人的心中,从来也没想过要违反它。兴福镇村民们的生活是单调且克制的,人们都用传统的观念套住了自己也套住别人。

4.聘礼双方议,陪嫁不强求

在 1949 年以前,兴福镇像张家这样的小家户如果要结婚,对方索要的聘礼都是双方之间相互商议决定的,根据具体的家庭条件,大都也不会过分无理地索要聘礼,张家在嫁女儿的时候也是一样的,根据情况而定。因此于小户人家,无论是谁家嫁女儿在索要聘礼的时候都不能漫天要价,提出一些让对方不能接受的条件。一般情况下都是双方两家互相商议,有商有量地解决聘礼的问题。在当地还有这样的说法就是聘礼要得,陪送要不得。也就是说,女方家可以向男方家索要聘礼,索要的聘礼数可多可少都是根据家中的实际情况,也允许商量。但是男方家是断不能向女方家要陪送嫁妆的。就算是一般情况下娘家人都会陪送延房①,但是家庭实在困难陪送不起婆家给准备的情况也不在少数。

在兴福镇像张家这样的小户人家,聘礼也都比较简单,一般情况下是两铺两盖、几件好衣服、有的时候还会多要一点棉花和布用来给做被子和棉袄棉裤。很少有人家会要彩礼钱,但是也不排除有的人家会要,例如张立功结婚的时候王家就向张家索要了 50 元钱的彩礼钱,张家看在王家的女儿确实是一个十分伶俐的姑娘并且家里人都看上了这样一个伶俐的姑娘,所以张家跟亲戚朋友们借钱成全了这一桩婚事。但是如果是有钱人家的儿子娶媳妇所给的聘礼就会更好一些,普通的布匹会换成绸缎,彩礼钱也会更多一点。

如果说起陪送,那穷人家和富人家的差距就更加明显了。如果说大户人家之间联姻,聘礼已经是穷人所不敢想象的了,等到娶亲那一天才真正地是让穷人们自叹不如。兴福镇如果有大户人家嫁女儿的时候双方家里都不缺钱,在聘礼上就不会过多的苛求,反倒是结婚时为了好看,显示出家中的地位和财势娘家都会给非常多的陪送物件。一般人家最好就是陪送四样家具,而大户人家陪送十几样都是有的,小到茶盏酒壶、各式餐具,大到大床方桌、各种家具,衣服、铺盖绫罗绸缎是样样俱全。人们还称其为"挑山脊",整整一大排的陪嫁物品摆在"山脊"处,中间放上一张大方桌,男方家人一般就在那里等着新媳妇的到来。村里的人大都会来看新媳妇凑热闹,来看看有钱人家办喜事。一时间你来我往就站满了整个兴福街,好不热闹。反观张家办婚礼的时候就不一样了,无论是聘礼还是陪嫁都会简单很多。

5.媳妇靠介绍,远嫁未可知

在选择结婚对象的时候,张家一般都是靠找媒人来介绍。家中如果有人到了该结婚的年纪,当家人就会托亲戚、朋友或者专门的媒人给自己的孩子介绍。张家张立功的媳妇就是张立功的姑姑介绍的,而张立民的妻子就是张家的一个朋友家的亲戚在附近村庄,听说村中有一

---

① 延房:家具。

253

户木匠家庭想给自家的女儿找婆家,然后告知了张家的朋友。就这样,这个消息就通过口口相传到了张家人的耳朵里,之后在朋友的介绍下张家人见到了耿姑娘,初见时大家对她的印象都很好,如此便凑成了这一桩喜事。此外,当家人张向仁的妻子也不是本村的居民,而是附近高家庄嫁过来的。如此,张家人一般不会要求嫁来的媳妇的家距离张家到底有多远,只要有人介绍,姑娘上门家里人看着姑娘本人感觉比较好,张家就会同意。

张家娶媳妇靠人介绍,且不论对方家庭的远近,同样张家嫁女儿也是如此。家中女儿到了婚配的年纪也是告知亲戚邻里,拜托他们帮忙介绍,给自家女儿找个婆家。张家也是接受远处的女婿,只要有上门求亲的、看着人品家世都不错,张家大部分情况下都会同意将女儿嫁过去。如此一来,张家女儿同其他小户人家一样,都不知道将来自己会嫁给什么人,甚至都不知道自己将要嫁往何处,以后魂归何处。女人们将这称之为"命",缘来缘去,皆是命。女儿有女儿的被迫,当家人也有当家人的无奈,小户人家的艰辛与妥协退让在此也展露无遗。

(三)红媒竖柬礼数周全

1949年以前张家尽管是小门小户,在很多时候都是能省则省,但是在婚配过程中都是"照章办事",一切按照规矩来。从男方家长与女孩子见面到两家之间传媒送柬,再到最后的完婚,一步一步都是必经的路途也是必须要遵守的规矩。张家也在当家人的主持和带领下,按照规矩成家立业,走向人生的另一个阶段。

1.托媒人、寻亲家

结婚的第一步就是先要确定结婚对象。张家虽说是小户人家,不欠粮食自给自足,但是生活起来还是十分艰苦的。再加上张家没有从小就给孩子定下娃娃亲,长大以后同村的人看张家的生活不好于是也少有人家想把女儿嫁入张家,怕女儿在张家跟着受苦。如此,只能去外村找跟张家家庭条件差不多的人家,看是否有女儿愿意嫁过来。如此,张家也是到处托人给家中的孩子们找归宿。所托的媒人大都是家中的亲戚,比如张家嫁到别的村子的女儿也会成为张家寻找结婚对象的"媒人"和资源。例如张向仁有一个妹妹嫁到高家庄的,那么寻得当地的好姑娘就会介绍给自家弟弟或者张家的其他成员。如此,张向仁就是这样找到了自己的媳妇张高氏。此外,张向仁媳妇的娘家亲戚们也是张家所主要拜托的"媒人"。

除了家中的亲戚以外,同村的其他朋友邻居也是张家主要拜托的对象。当地也有专门的媒人负责保媒拉线。但是,一般媒人给富人家说媒的多,像张家这样的穷人家一般也不会找媒人给自家孩子说亲。平常都是人托人,将各家孩子想要成亲的消息相互之间告知,最后促成一桩婚事。如此,有时候一桩婚事不只有一个媒人,有一次张家儿子娶媳妇细算下来竟然有4个媒人,在家中的喜宴上向4个媒人挨个道谢。说到答谢媒人的方法,在那个时候,张家也给不起媒人钱,只能在家中成员结婚的时候将媒人请到上座,请他们在一起吃一顿喜酒,并且在饭后给予他们一些烟酒当作谢礼。尽管没有谢礼,但当地人都认为帮人说亲是一件好事情,因此即使无利大家也愿意尽心尽力地去帮助别人介绍结婚的对象。

2.女孩见家长

家里的当家人把自家孩子想要结婚的消息散播出去之后,周围的邻居或者是家中的亲戚就会帮忙留心给孩子介绍亲家。接下来张家人所能做的就是等待。在这里也是要看缘分了,有时候这个等待是漫长的,有时候却恰巧正有佳人在那灯火阑珊处。如果听说有合适的女孩,媒人就会带着女儿上门让张家的当家人看一看。

　　一般情况下媒人会事先告知张家人对方家庭的情况、女方家住何处以及姑娘的特点之类的细节信息。可想而知在这里说的都是好听的话,媒人都想促成这门婚事,所以他们所说出来的话也都尽是好听的。听完媒人的介绍,张家人就会决定是不是要见一见这个姑娘。如果决定要见面,那定好了日子媒人就会带着姑娘上门了。张家人也会提前做好准备,有时候还会请上家中的亲戚,一般如果家中没事,张家一家七大姑八大姨们就全来了。尽管来的亲戚不少,但是真正最后拍板决定的还是当家人,只要当家人或者当家人的媳妇喜欢那个姑娘,哪怕有一两个亲戚不看好也是不能阻挡两家结为亲家的。例如张立明结婚的时候,家中就有许多人都不看好他们两个,就是因为女方家中比较有钱,家庭条件比张家好,担心两个人以后过日子过不到一起。但是当家人看姑娘不错,踏实朴实,并且张立明和那个姑娘两个人也愿意在一起,当家人也就同意他们在一起了。

　　见完姑娘本人了解了她的脾气品行之后,一般张家人也会再问一下姑娘的生辰八字,事后会找人再算一下两人在一起是否吉利。如果算的结果不好,张家人就会犹豫要不要娶这个姑娘进门了。

3.红媒送柬定亲成

　　女方姑娘家见完了男方的家长之后,如果获得对方的认可接下来就是要定亲了。定亲之前先是两家人家"传媒送柬"。具体就是男方家里写上一封红柬,上面写上当家人的名字、男孩的名字及其生辰八字,以及两家定亲的日期,一式两份全部包好之后,托媒人送到女方家中去。

　　张家是托人在红柬上写上张立功的生辰八字、张家人请人算的结婚的良辰吉日以及张家当家人的名字,写好之后托媒人给女方家送去。媒人去的时候除了这一封红柬还会带上张家给的聘礼,一般先是送上两铺两盖、几件衣服以及几尺粗布和一些棉花。女方家里如果也同意,那么就会收下聘礼然后在那封红柬的另一面写上女方当家人的名字以及女方姑娘的名字及生辰八字,将其中一份交还给媒人,让其送还给男方;如果不同意就会将红柬及聘礼悉数让媒人送还给张家。如果此时女方家还有什么其他的条件也是在这个时候提出来,让媒人传话。张立功结婚的时候,女方王家就是又提出了索要50元彩礼钱的条件。张家收到消息之后,家人在一起商量了一下也就答应了王家的要求。随后借钱给女方把彩礼送过去之后张家人收到了王家同意嫁女儿的红柬。

　　男方家如果收到红柬,那就说明女方也同意了。如此就相当于男女双方已经订婚,男方可以开始准备婚礼了。这份红柬在两家之间传递就相当于两家亲家会面,而这份红柬也是两家人定亲的凭证。如果有一方想要悔婚,那么另一方就可以以这份红柬当作凭证为自家讨一个公道。张家人说两家一旦传过红柬那就不会轻易反悔,因为一旦反悔女方就可以不退聘礼,但是张家的生活条件能凑出这些聘礼是十分不易的,如果不是万不得已家中的老人和当家人都会劝说孩子答应了这门亲事不能退婚。如果是女方要退婚,则女方需要退还张家所有的聘礼,并且女孩子可能还会落下不好的名声,所以女方家庭一般也是只要同意亲事之后就不会再退婚了。

　　红媒竖柬也是明媒正娶的一种见证和必须经过的一道程序。否则便不能算真正的成婚。如果家里两口子有个吵架拌嘴,当家人或是其他长辈就会出面劝阻,说媳妇是自家红媒竖柬、明媒正娶回来的,两个人在一起就要好好过日子,不能整天吵架打闹。如此看来,红媒竖柬不仅是订婚时的凭证更是女方日后在婆家身份地位的证明,尽管女性地位普遍较低,但是有了这一封红柬,女方在男方家中生活就有了一股底气。

4.准备婚事待新娘

经过一番准备、打听及传媒送柬之后,男女双方就正式的改口、订婚了。接下来的一段时间就需要男方家中努力攒钱为孩子准备一场热闹的婚礼。一般张家需要准备两到三个月的时间,如果碰到不好的年份准备半年也是有可能的事情。但是无论家中生活如何困难,张家人都是尽力节俭,节省出更多的钱物来给孩子娶媳妇的时候用。无论家中如何破败困难,张家人都希望能让孩子在结婚的时候热热闹闹、风风光光的。

经过一段时间的积攒,张家攒下足够的钱能够重新为新人翻新、装饰一下新房,能够支付得起结婚所需的办喜宴的钱时,就是张家上门迎亲的时候。张家人都会提前告知亲朋四邻,请他们来参加喜宴。结婚当天家中的亲戚或者平时相处较好的朋友、四邻就会来帮忙。女人帮忙做饭、男人帮忙布置以及招待客人。张家人办喜宴没有钱请厨子,也没钱请大家去饭店吃饭,就只能在自己家里办。当家人看着家里哪个房间比较空闲,能容下客人就在哪个房间里办喜宴。1949年以前,张家家中只有一个小方桌,所以还需要向周围邻居家去再借一个方桌和一些板凳。东西都准备齐全了之后,在屋里把两个方桌放好,在正中间的位置上放上两把椅子,张家的长辈当家人坐在主座上,家中其余的人都是按照辈分依次排座。等到家里都布置好了,迎亲的队伍差不多也就快要到了。

等到迎亲回来之后,就是传统的成亲拜天地。拜完天地,接着就是喜宴,张家人、张家亲家以及两家的亲朋好友都会相聚于此,在一起庆贺两家的喜事。等到一切进行完毕,最后便是新人入洞房。至此,礼成。两家也就真正地结成了亲家,男女双方也就真正开启了他们人生新的篇章。

(四)长幼有序家长安排

1949年以前,张家人在结婚的时候也讲究长幼有序,长兄先娶亲,后来的儿子们才可以开始找亲家。如此,张家人娶亲都是按照年龄辈分的顺序,依次由当家人给安排婚事。至于娶亲的花费,几个侄子大都差不多。张家维持一家人生活已是不易,再也拿不出更多的钱来给孩子们娶亲,所以张家娶亲的时候花费大都相同,几乎都是按照当地娶亲的最低标准给予对方聘礼或者准备喜宴。娶亲的花费当然也是由张家人共同承担。

1.长幼有序可变通

谈及婚配的顺序,自然而然是长者为先,比如在张家,第一代的张向诚、张向平、张向仁三兄弟就是按照年龄的顺序依次结婚的,没有人私自自由恋爱或者急着成亲,都是一个一个地等着。张向仁就是各种原因,一直等到30岁才结婚。那个时候,张向仁30岁,张立功也已经长大成人,到了应当结婚的年纪,根据家中的规矩,张向仁是长辈,所以应当先给张向仁娶妻,后来才能是张立功。如此,张向仁和张立功两个人结婚的时候都不算早了。

但是,这样长幼有序的结婚顺序也不是一成不变的,如果家中老大身有残疾,或者有什么其他的事情耽误了,不好娶妻,那么家中也可以先给老二说亲,不能因为老大的个人原因而耽误了家中其他孩子正常的娶亲生子。如此可见,按照年龄所定的结婚顺序,也是要根据具体情况具体分析。

2.花费相近自家担

说到张家的结婚花费,张家儿子娶亲所花费的钱物大致相当。没有说是长子长孙就要大办宴席或者给较多彩礼这样的说法或者做法。就算娶妻之时可能会因为种种原因,在彩礼或者新房翻新装修程度上会有所差异,但是媳妇们之间也不会有所攀比。因为无论如何,张家都是诚心相待,婚后张家人也都不会难为媳妇。加之大家都是住在一起,同吃同劳动,因此也就没什么好计较的了。

在还没有分家之前,张家娶媳妇所花费的钱物都是由张家当家人出。无论是花张家所积攒下的钱也好,出面借钱也好,都是当家人出面负责把家庭成员结婚所需的各项花销全都准备妥当。根据张家人所说,张家家中有四件大事只能是当家人出面做主、拿主意以及前后操持这些事情。这四件大事分别是:儿子结婚、女儿出嫁、老人发丧以及盖屋打墙。张家这些事情都是当家人操持,但是其他家庭成员也不闲着,都会看当家人有需要就去帮忙,偶尔遇到点事情也都可以提提意见、出出主意,大家一起商量着办。张家人说张家在娶妻或者其他大事方面都是"有父靠父,无父靠兄",也就是说儿子办喜事,家中有父亲就靠父亲操持,如果没有父亲那就只能依靠自己的长兄,这时候长兄如父。这句话也道出了旧时张家当家人的接替过程。娶妻不是当事人自己所能决定的,自己也无法完成整个娶妻的环节,还需要在当家人的带领下,由全家人共同努力才能完成这一目标。

(五)张家遇贱年送女入别家

在1949年以前,张家曾经有一段时间生活得异常艰难。就在张立祥刚出生的那几年家中特别穷,一时间街上多了许多前来要饭讨生活的人。虽然张家不至于沦落到去要饭来过生活,但是他们的日子也处在危险的边缘。平日里是粮食里掺点糠,在那个时候的日子是糠里面舍不得放粮食,到后来甚至是没有粮食可以再放到糠里面了。在物资、粮食紧缺的年代,曾经喂鸡喂牛的杂草或者其他人不吃的东西也都能够登堂入室走上穷人家的饭桌。尽管如此,那几年的寒风还是似乎格外刺骨,凛冽的寒风直抵心脏,很多人都留在了那个冬天,再也没能看到自家地里新长出来的野草。

就是在这样的年份里,张家每天吃不饱饭,生病了更是没有钱医治,整日徘徊在生死线周围。当家人也就是张向仁在无奈之下给女儿张立英说了一门亲事,随后两家定亲,张家人就把张立英送到对方家里去当"团圆媳妇"也就是童养媳。张向仁给张立英选婆家的时候没有太高的要求,只要能给孩子口饭吃,能让孩子继续活下去就可以。如此简单的要求对于张家来说也是不容易达成的。张家也是含泪将女儿送出去。因为到了别人家无论如何是不如娘家的,婆婆会不会打骂她、会不会让她干重活,这一切的一切都是张向仁夫妇所担心的。但是没有办法,为了让孩子能够有口饭吃,为了减轻张家的负担,为了张家一家人都能够继续活下去,这也是张家人所能想到的唯一的办法。若非如此,张家人是断然不会将女儿送出去的。因为婆家再好也不如自己的娘家,小小年纪送到别人家去是要受苦的。尽管如此,红媒传柬也是必不可少的,就算没有聘礼那一封红柬却是不能省略的,这是"团圆媳妇"的一个证明,等两人成年之后明媒正娶的一个凭证。

童养媳也不是一直住在男方家中,只要女方家的情况稍微好一点就会将女儿接回去。张家就是在度过几个荒年之后家庭情况稍微好一些就把张立英接回家里来住了。尽管张立英已经回家来住,但是两家的婚约依旧有效,只是没有举行婚礼。这场婚礼一直等到两个人都长大成年之后才举行,到此,张立英才真正嫁入她的婆家。

不仅是兴福,周围其他村子的生活也是同样艰苦。附近南边山里比兴福更加困难,也会带着女儿来当地找亲家。他们找亲家的条件都很低,普通的小户人家里能有口饭吃就可以,不一定只有大家户才能养得起童养媳。由此可见,童养媳只是穷苦家庭想要给自己的孩子找一个活路的无奈之举,希望能通过婚配的形式来养活这个年轻的生命。

除此之外,张家再无其他的婚配形式,张家一家都淳朴善良,不存在休妻另娶或是纳妾的做法。再加上张家就是普通的小户人家,家中没有多余的粮食来养活更多的人,因此也就没有为女儿招赘的情况。

(六)张高氏守寡自持家

1949 年,张家当家人张向仁去世,享年 46 岁。张向仁一生为了张家舍弃了很多也妥协了很多,他带领着张家人度过春荒贱年,为侄子们办下亲事,一生劳碌也就终结在了他的第 46 个年头。张向仁去世后他的妻子张高氏变成了家中的守寡之人。

那个时候在张家,张高氏的辈分最大,婆婆在早年间就已经过世,她的大半辈子都是在张家度过的。因此,张向仁死后并没有人为难张高氏,也没有想过赶她回家。如此看来张高氏的日子尚算容易,不用受人欺负或是听闲言碎语。但是张高氏的日子又没有想象中的容易。张向仁去世时,张高氏生育的三男一女都尚未成年,最小的孩子才刚满一周岁。张家在张向仁死后就分了家,张高氏独自带着家中的四个孩子讨生活,其中的辛酸也是无人能知。所幸张立祥已经十多岁,过上两年就能够自己独当一面,并且能够挑起张家的重担,分担张高氏的压力和重担。

守寡的女人如果碰到合适的人家是可以再嫁的,并且也没有人会说闲话。但是张高氏守寡完全是出于自愿,并没有人强迫张高氏守寡,但她为了自己的孩子和张家选择独自抚养孩子长大。因为张高氏没有再嫁,那么张家的土地或是财产就有张高氏的一份,在分家时她也有权利在张家分得属于她的那一份。张高氏为张家生育了三男一女,女儿在早年间已经为了生存送出去给别人当团圆媳妇,所以说算不上张家的人了。但其他的三个儿子依旧是张家的人,在分家时也有权利分得一份土地和财产。张高氏是一个倔强坚强的老太太,分家后她独自带着三个儿子生活,个中艰辛可能只有经历过的人才能了解。因为张高氏一直守寡,从未再嫁,所以去世之后与张向仁合葬,埋在了张家的祖坟里。这也是这个坚强女人的最后归宿。

二、家户生育

(一)人口虽少男丁兴旺

张家的人口数量在村里来说属于中等层次。其他大户人家的人口会更多,张家的人口一直保持在十几口人左右。尽管人口数量不算多但是所幸张家一直男丁兴旺,家中也一直没有断了香火。

1.孩子虽多难成年

张家的生育情况可以说是生得多死的也多。张家人在那个时候全家人都生活在一起,家中也没有人外出做生意,就算是张向仁出门去别的村庄做生意那也是早去早回,最长不会超过半个月的时间。所以一年之中一家人大都是在一起的。所以,那个时候张家生的孩子也比较多。多子多福,也算是喜事一件。但是,张家的家庭条件实在是太差了,家里孩子有了病都没有办法医治,只能眼睁睁地看着自家的孩子早年夭折。1949年以前张立祥有两个妹妹都是因为家里无钱看病所以去世的。一个妹妹1937年出生,只活了10岁,因为生病家中无钱看病所以去世了。还有一个妹妹1945年出生之后同样是因为生病,然后早年夭折了。因为根本没有钱去请先生或者是带孩子去医院看一看,所以张家人到现在都不知道孩子是因为什么病去世的。

如此看来,张家人丁兴旺却也有诸多的无奈,虽说穷苦人家都是如此,生得多死的也多,活下来的是命大侥幸,去世的只能怪罪于命运或者是其他迷信的传说。

2.虽生难养妻避孕

说到穷人家的生育状况,也是在辛酸中透漏出许多无奈。尽管说多子多福但是除了富人大家户能够养得起许多的孩子,穷人家无论如何都不能养活许多的孩子的。因为没有很好的避孕措施,家中的媳妇们总是难免会怀孕所以媳妇们总会讨论一下避孕的方法。例如媳妇们会采用食用茄子花的方式来避孕,如果避孕没有成功已经怀上孩子,家中难以负担的话,就会采用拿肚子撞击水缸,或者剧烈运动的方式迫使自己流产。

(二)生育主为传宗接代

在当时的时代背景和传统思想的影响下,张家人对于生育目的的认识也难免会受到传统观念的束缚,认为生孩子就是为了传宗接代。在男孩和女孩之间,一般会更加偏爱男孩子。这种偏爱也体现在生活的各个方面。

1.开枝散叶,增加劳力

说到生子的目的,张家人认为传宗接代是生育最重要的目的。为了张家能够持续地开枝散叶、延续香火,所以需要张家人结婚生子。而生子则是家中男孩子结婚最重要的目的。除了传宗接代生孩子还有一个重要的目的就是增加家中的劳动力。尽管刚生下来的孩子还不能为张家带来什么利润或者帮助家里改善生活,但是他却可以给家中的人一个希望。张家人会对他给予厚望,期待他将来成才能够改善张家家里的生活,哪怕不成才也可以分担家里的劳动负担。

2.生儿欢喜生女嫌

从张家的生育目的也不难发现张家人对于生育性别的态度和看法。张家人生育孩子主要是传宗接代或是增加张家的劳动力。而这两点都是男孩子才能更好地完成老人的期待,可想而知张家的老人们更加喜欢男孩子。在1949年以前,不会有人来限制家中孩子的数量,所以在有选择的情况下,男孩子更能完成或是实现当家人或者是全家人的愿望,满足他们生育的目的,自然而然的家人就会更加偏爱男性。

不只是张家人喜欢男孩子,其他村民也是如此。最明显的一点就是体现在孩子的百日宴上。一般家中来了客人会先问:"男孩,女孩?"如果家中所生的是男孩,那么当家人就会兴高采烈地说:"男孩!"这时候客人也会说:"这么好啊,是个小子。有福气啊。"但如果是个女孩的时候,当家人在说话的时候音量就会小一些,声调也会自然地下降一些说:"女孩。"客人一听说是女孩,那么会说话、懂得人情世故的人就会说:"也好,女孩也好。只要孩子旺旺向向[①]

---

① 旺旺向向:方言,形容人身体健康,也带有美好的祝愿。

的就可以了。"可如果碰上不会说话的,就会叹一口气说:"也行,也行,女孩也行啊。"仅从两者说话的语气上就可以看出人们对于生男孩和生女孩之间的差异。

3.成年结婚,方能生子

在那个时候,孩子们长大成人家人自然而然地就会给安排结婚对象,随后便是结婚生子。尽管在1949年以前,孩子们结婚没有规定的年纪和限制。但是普通人家都是或早或晚地给自家孩子说上一门亲事,普通人家也不会允许自家孩子出去自由恋爱,都是遵从父母之命、媒妁之言。如此可见,谈恋爱都是不被允许的,那么背着家里私自生孩子更是不被家里所容忍。一般情况下,家中的女儿如果在没有婚配的情况下怀孕生子,家里人一定会把孩子送走。人们虽然非常厌恶非婚生子,但是一旦落在自己身上还是有一定理性的。没有随便溺死孩子或者是随意丢弃孩子的现象,因为人们认为生下来的孩子就是一条生命,生命就值得被尊重。所以一般家庭会选择寻一个没有孩子的人家将孩子送过去,悄悄地放在他家的门口。家里人就会在一旁看着,害怕有野狗或者其他的动物把孩子叼了去。一直等到那个人家把孩子抱进去这才放心地离开。

4.多子多福却无粮

以张家的情况来说还是希望家里能够控制人口,尽管生孩子是一件喜事但是确实张家的生活条件有限,想要多养活一个孩子也是十分困难。在每年粮食收成一定的情况下,多一个孩子吃饭就意味着每个人得到的食物就会少一口,长此以往孩子越多家里的吃饭问题就会越严重。张家家里有句老话"添丁不如减口",也就是说尽管也是按照老一辈的看法多子多福,但是从张家的现实情况来看也是添丁不如减人口吃饭来的重要。因此,穷人家过日子总是希望分家,这样自己顾自己,一家人还能有个盼头。而大家生活在一起,生孩子起初是一件高兴的事情但是在孩子长大的漫长岁月里,一家人生活在一起,虽说不上煎熬,但是也是挣扎在生存线的边缘,一脚深一脚浅地在泥泞的道路上携手并进。

可以看出,小家户在对待生育以及孩子的问题上,一方面希望家中男丁兴旺,多子多福,另一方面却难以承受孩子增加给家中带来的负担。

(三)媳妇怀孕婆婆帮

1949年以前,像张家这样的小户人家生孩子都是一切从简,家中的媳妇在怀孕期间也是照常干活,在大家一起过日子的时候从来没有出现过因为怀孕不干活的现象。只是大家可能会因为孕妇怀孕而稍微照顾一下,不让干重活、累活,但是想完全休息在家里一点活不干也是不可能的。不仅是当家人和婆婆不会允许,怀孕的媳妇也都自觉会去干平时属于自己的那份活。生产后伺候月子是婆婆负责,如果婆婆身体不好只能由自己的丈夫伺候,家中的大姑子和小姑子也会帮忙。一般穷人家坐月子就是小米、红糖加鸡蛋,这就是张家人所能吃到的比较好的饭了。

1.不求多少儿随缘

张向仁或者张向仁的媳妇张高氏都没有强迫家中的媳妇必须生多少孩子。在张家人看来这样的事情一切都是缘分。张家的老人也不会强迫媳妇们让他们生男孩,因为张家男丁兴旺,家中男孩不少,所以张家人也就不是特别迫切地想要男孩子来传承家里的香火。因此,张家大家都是一切随缘,家庭生活特别困难的时候甚至会祈求不要怀孕,并且会采用上述说的方法避孕,乃至让自己强行流产。

2.孕妇孕期照忙活

在张家,因为家里人生活在一起都是同吃同住同劳动,所以每个人都有自己的活要干。即使是孕妇也不能以此为借口来逃避劳动,并且穷苦人家的孩子都是自己主动干活,并不像富家小姐那样养尊处优,所以怀孕期间的妇女起初也似正常一般干活,只是到了后期体力各方面渐渐跟不上平日里的劳动量,才会稍微干一些轻一点的活。尽管孕妇不能停下自己手里的活,但是家里人也会适当地予以照顾。平时在她干活的时候也适当地给予帮助,不会让她累着。尽管生活艰难,但是张家家里的人还是比较懂得疼人的。

3.生育费用全家担

张家在媳妇怀孕、生育期间所有的开销都是全家共同负担,也就是说主要是由当家人张向仁承担这笔费用。不过媳妇生孩子也没有很多额外的花销。

首先在媳妇怀孕期间,还都是照常干活,吃住都跟大家在一起,与平时也没有什么不同,因此也不会产生额外的花销。其次,生产的时候都是家里的老人负责去请产婆,兴福村的产婆是不要钱的。只要事后给她家送去点馒头、火烧当作谢礼就可以了。如此也基本不需要什么花费。唯一可能花钱较多的时候就是坐月子的时候,这一个月可能是女人这一辈子唯一不用干活的一个月。尽管如此,穷人家的月子也是穷着过。两斤红糖、几斤鸡蛋就是过月子期间孕妇所有的花销。

张立功的媳妇张王氏怀孕生孩子的时候就是张向仁去请的产婆。张向仁请的产婆是同村的刘大妈。刘大妈的丈夫早就去世了,她自己养活着自己和她的儿子,也正是因为有了接生的这门手艺才让她们娘儿俩的日子过得不是十分拮据。在村上只有刘大妈会接生,并且接生的经验比较丰富所以村中只要一有人生孩子,准是去请她来给接生。再加上刘大妈为人亲和善良,有的时候听说有人要生孩子放下自己手里的活就跑去给人接生,并且经常是母子平安。这样的做法和熟练的接生手艺也让她在村民心中树立起了良好的形象。事后虽说大部分穷苦人家给不起她高额的报酬,但是也会准备上馒头、火烧来表达自己的谢意。大户人家就大方得多,他们大多都会备下点心、肉等比较贵的礼物给刘大娘送过去。张家人为了表示自己的感谢,在刘大娘为张王氏接生完,张家就准备了满满一食盒的馒头给刘大娘送过去。张家人日子好过一点的时候也会挑着平时过年过节的日子给刘大娘送点馒头、火烧,一来表达自己的谢意,二来刘大娘独自抚养儿子长大不容易,张家便想着帮衬帮衬。这样的想法可不止张家人有,村里不管大户小户,只要是刘大娘接生过的家庭都会想着在刘大娘家困难的时候上去帮衬一把。

除了请产婆所花费的一点钱之外,还有就是在张王氏坐月子的时候所买的大约二斤红糖和六斤鸡蛋。如此便是张王氏整个怀孕、生育期间所有的消费了。老人描述说,只有大户或者有钱人家才能给产妇买一些肉、鱼之类的食物吃,好让产妇有更多的奶水来喂养孩子。并且富人家的产妇一天可以吃五六顿饭,来维持她的体力。但是穷人家没有那个条件,一天只能吃3顿饭,并且每顿饭只有小米、鸡蛋配红糖。如此下来,这便是张家媳妇生育所有的花销。

4.月子婆婆来照料

张家媳妇产后按照老规矩也是需要坐月子的。坐月子需要在床上躺满一个月,在这一个月内孕妇不能下床当然也不可以干活,只能在床上躺着看孩子。坐月子的这一个月可能是媳妇一生中唯一不用干活的一个月。尽管在这一个月里身体各方面都还很虚弱,也不可以下床走动,但也是难得的清闲。

在坐月子的这一个月,大都是婆婆伺候,如果有人家中婆婆身体不好不能干活,那么伺候月子这个活就落在产妇丈夫的身上。张家媳妇张王氏生育之后主要是由张向仁的老婆张高氏负责伺候。尽管张高氏不是张王氏的婆婆,但是大家生活在一起,张高氏又是家中唯一的女性长辈,所以伺候月子的任务自然而然地就落在了她的身上。除了张高氏会帮忙伺候以外,张王氏的妯娌张耿氏也会帮忙给孩子洗洗尿布等做一些其他零碎的活。

在坐月子这段时间,产妇张王氏一天三顿饭,顿顿都是小米、鸡蛋加红糖,每天给一家人做饭的时候就会另外用一个小锅给产妇熬小米粥。并且如果能喝上小米粥配上鸡蛋和红糖,对于孕妇来说就已经算是吃得很好的了。平时在家大家一起吃饭的时候,能吃上咸菜疙瘩配窝头就已经非常知足了。如此便知,即使家庭条件困难,但是张家也是尽自己所能在给产妇提供他们所能给予的最好的照顾。尽管这样的条件跟大户富人家还是没有办法相提并论,但是这已经是张家所能给予的全部。就是小米、鸡蛋配红糖陪伴张家的媳妇们走过她们最虚弱也最幸福的那个时刻。

(四)百日"圆耳"来庆贺

1949 年以前,张家生了孩子之后都会给孩子办一个百日宴,在当地称为"圆耳朵"[①]。张家办百日宴也没有什么其他的目的,只是因为这孩子百日之时"圆耳朵"是一个习俗,每家每户在孩子过百日的时候都会有这么一个传统性的仪式。孩子的百日宴也是当家人负责筹备,家中的亲戚也会来参加,他们都会带着礼物来到张家为新生的孩子庆祝。张家人也会借着这个机会来团圆一次,一家人在一起聚一聚吃顿饭以此来巩固张家人和亲戚们的感情。

1.百日庆生求平安

1949 年以前,张家穷,家中平时生活得比较困难,家中新添丁,有了这种喜事也没办法大操大办。张家人一般生了孩子也没有其他的庆祝仪式,只是在新生儿百日的时候举办一个简单的百日宴,也就是当地俗称的"圆耳朵"。没有其他的目的,主要就是想在孩子百日这一天给孩子圆上耳朵,然后祈求孩子能够平安无事的长大。除此之外,张家人也想要借这个机会给张家的亲戚们一个相互见面、认识的机会。在那个贫穷困难的年月里多一个亲戚,多认识一个朋友,也可以说是给家里多寻了一条生路。在底层社会中,中国的人情关系和人情社会也可以说是支持着众多贫穷的老百姓得以维持生计的一个重要支柱。就是通过这种相互之间的人情关系,以及平常的人情往来,在家中有难的时候能够相互之间有个照应,互相帮衬着度过一个又一个难关。

2.张家主办宴客欢

至于张家在为孩子举办百日宴的时候,都是张家人操办。富家人大办,穷人家小办。大家主家有他们操办的方法,孩子的满月、百日都是要庆祝的。并且去他们家随礼的人,大户人家日后都会去回礼,其中的讲究和礼节也是非常的繁杂。张家作为小户人家,没有那么多的讲究,就是等到新生儿一百天的时候,张家的亲戚和媳妇娘家的人都会算着日子来张家给孩子过百日"圆耳朵"。孩子的姑姑会提前截上一尺半的花布,给孩子做个小裤子,把裤子

---

① 圆耳朵:山东省博兴县兴福镇对于百日婴儿的一种庆祝活动。

放在一个圈盘①里,然后在托盘的上面放点上红点的小馒头和小包子。在当地人们都给孩子百日时送的小馒头叫作小百岁,寓意祝愿孩子能够长命百岁。孩子的姨母会截上两尺花布给孩子做上一件小花褂,然后带上一些饺子馒头什么的来给孩子庆祝。姑姑和姨母是按照习俗规定给孩子准备的礼物,其他亲戚来没有这样的讲究,也是准备一些馒头或是其他的食物一类的东西来张家给孩子庆贺百日。

张家来了客人,自然是要留请客人、亲戚在家里吃一顿饭的。当家人张向仁就会嘱托家里的媳妇们出门去买点肉或者是菜回来。尽管吃得不好,通常都是大白菜炖上一锅,但是只要是一家人能凑在一起,那这个饭也是吃得十分欢喜。客人带着礼物来,客人走的时候也是要回礼的。张家如果是因为生孩子过百日办喜宴,客人在吃完饭走的时候都要给来的亲戚客人们拿上几个鸡蛋加上几个馒头或者是"小百岁",只要是来的客人就都有一份。此外,还有一句俗语就是"客来,客去,客兼过(音)"。这句话的意思也就是说主人家办喜宴,客人来带来的礼品,等到吃完喜宴或者做完客走的时候主人家还是要给客人将礼品带回去的。主人家不能原样奉还但还是会换一换东西给客人还回去。例如张家人办百日宴,孩子的姑姑提着一个红包袱里面装着给小孩子做的花裤子和一些"小百岁"、小包子来贺喜,那么孩子的姑姑走的时候张家就会再给姑姑的红包袱里面装上红鸡蛋和一些小百岁。如此一来,主人家也不会剩下什么东西。如果真的核算下来,这礼品一来一回,也就相当于主人家和客人共同花钱凑在一起吃了一顿饭,谁也不会占便宜谁也不吃亏。大家在一起开开心心地给孩子庆祝了百日,也给张家的穷苦灰色的日子里增添了许多欢喜。

在举办百日宴的过程中,当家人扮演着重要的角色,当家人负责筹办这个喜宴,尽管穷人家里不会大操大办,但是家中待客的种种礼节讲究或是各种开销都是由张向仁来负责办理。从提前筹备到喜宴当天接待这一场百日宴下来,张向仁也是十分疲惫的。尽管如此,家中有喜事,张向仁也是高兴的。

(五)当家起名男儿入谱

生了孩子,自然要给他起名字。1949年以前,在张家只有男孩子才有资格按资排辈,根据辈分来起名字,上家谱。女孩子是没有这个权利的。张家人的孩子都是按照辈分来起名字。尽管有部分女孩没有正式的名字只有小名,但是家中儿子是要上家谱的因此儿子的名字是必须要按照辈分来起,同一辈分的人的名字中间的字是一样的。例如张向仁三兄弟的名字就是:张向平、张向诚和张向仁,他们是"向"字辈;再往下就是"立"字辈,"立"字辈有张立功、张立民,以及张立祥三兄弟;再往下就是"崇"字辈。1949年以前,"崇"字辈就只有张崇礼和张崇德两个男孩,现在张家"崇"字辈的孩子就很多了;"崇"字辈往下就是"少"字辈。因为后期不断分家的缘故,"少"字辈是目前所知的张家最小的一辈,目前张家"少"字辈的孩子还都没有生育下一代的人。

而起名字的人,当然就是当家人。家中所有孩子的名字都是每一届当家人起的。张家没有请人来给孩子起名字的情况,一是因为张家支付不起请人起名字的报酬,二是因为张家在村子中就是普通的小户,没有什么社会地位,所以张家人一般也不会麻烦村上的村长或是其他乡绅给自家的孩子起名字。一般都是由当家人来起名字。有时,张家当家人会出门做柳编

---

① 圈盘:方形的托盘,上面有一个开口状的边沿。

生意,如果在别的村子碰到了有文化的人家,当家人也会告知自己家里的情况,请那位"文化人"来给自家的孩子起上一个好名字。尽管张家人都没上过什么学,也没有什么文化,但是张家人在给孩子起名字时也是倾注了对孩子美好的祝愿。

三、家户分家与继承

(一)家长做主把家分

1.分家缓解压力

谈及张家分家的原因,最主要的就是如果长时间大家生活在一起,人口越多就越难维持一家人的正常生活,甚至到后来会难以糊口,家人之间也难免心生嫌隙。因此,家中的孩子成年之后过上几年,或者等到他们有了孩子就会自然而然地将他们分出去,给他们购买或者从家中原有的土地里分出一定的土地,并帮他们置备上锅、碗、瓢、盆,从此让他们在外面过日子。因为如果不分家,张家在一起生活的人就会越来越多,而大家在一起家里的地就那么多,四亩地想要养活13口人已经是很不容易,如果持续增加人口,可想而知其结果就是大家的日子过得都不好。除此之外,巧妇难为无米之炊,张家的日子如此艰难,如果长期不分家张家不断增添吃饭的人口,那么张家的当家人也是十分难当起这个家的。因为家中无钱,很多事情不能事事顺遂每个人的意愿,在很多事情的处理上也难免会有些偏颇。久而久之,家里的日子难免会有磕碰。就算是张家人都天性善良,能够互相体谅,但是日子久了难免会有些许的心理不平衡。比如家中张立功早年结婚生子,并且张立功的孩子也不少,家中有没有生子的儿子就会跟当家人说:大家生活在一起,他(张立功)有那么多孩子,我们天天这么辛苦地干活还要给别人养孩子。

如此也可以看出,张家人分家也是一种无奈之举,因为家中生活困难没有办法像大户人家那样无论家里生多少孩子都能够养活,张家仅靠着四亩土地以及当家人外出卖柳编,也只能维持十几口人的生活,如果持续增多不分家,尽管劳动力会增加但是一家人生活在一起还是会很辛苦。如果分开,小家庭各自营生,不仅在干活的时候会更加卖力,日子过起来也会更有奔头。因此,张家人在孩子成年结婚后过几年就会分家,这样不仅能够有效避免家人之间的矛盾,还能让张家人的生活过得更好。

2.分家男丁皆有份

1949年以前,张立功早已经结婚生子,并且孩子也都不小了。当家人张向仁看到张立功孩子已经都长大了,并且张立功自己也有能力养活他的妻儿,考虑到大家庭的生活,就提出了分家。那一次分家就将张立功和张立民分了出去,让他们各自为生。

提出分家的建议以后,张立功和张立民考虑到张家的现实情况,大家如果在一起生活的话,家里的人口越来越多,家人的日常生活也会受到影响,自己过日子不仅能减轻大家里的负担,说不定还能将日子越过越红火。并且那个时候张向仁的身体状况已经不是很好了,一来是为了减轻大家的负担、二来是不想再让张向仁为他们操心,张立功和张立民也就同意张向仁分家的决定。同意之后就需要盘点家中的财产和田地。张家穷,并没有什么钱财,只是各自屋里的用品和衣物各家拿走,除此之外更无其他。再来就是张家的四亩土地,分家的时候人人有份。张家的儿子、儿媳,以及孙子都能够分得一部分的土地。如此,张家就将土地分成三份,张立功家一份,张立民家一份,张向仁家一份。每家都按照各自家里的人口数分得了亩数不等的土地。此外，分家的时候，张向仁还为张立功和张立民家都准备了一套锅碗瓢盆，让他们在自己的小家里能够顺利地过日子。

至此，张家就算是重新分家，各自为生了。分家后不久张向仁就去世了，没过几年张立功也去世了，张崇礼外出当兵从此带着张立功一家人到了上海，在上海扎根落户了。此后张家人也都陆续离开了兴福大街，各自过着自己的生活。

从张家分家的情况可以看出，分家时只有张家的儿子和儿子的妻儿能够当作张家的人来分得一部分家产，女儿和其他外姓人是无权分得张家的土地和财产的。哪怕是没出嫁的女儿也是没有权利的，没出嫁的女儿只能是继续跟着大家一起过日子、生活，但是并不能像男孩子那样分得张家的一部分土地然后出去自己另外过日子。不过如果张家的儿子去世后，其妻子为其守寡没有再嫁，无论其是否生育子嗣张家都有义务养着这个妻子，分家时也是有权利能够分得一部分张家的土地和财产的。如果其生育过子嗣尤其是儿子的话那么这个媳妇加上她的儿子就有权利分得更多的土地，可以独自出去生活。不过一旦张家的媳妇改嫁，那么她就失去了在分家时分得张家财产的权利。因为改嫁之后她就要跟着另嫁的人家过日子，享受她第二任丈夫所带给她的他家财产的权利。如果寡妇带着儿子一起另嫁，儿子跟着别人姓，不再姓张，那么这个孩子也再无权分得张家的财产。由此可以看出，分家的时候还是非常看重名分的，姓氏及性别是辨别家里人和外人的标准。关系再好，也不会得到张家的财产，哪怕是分家之后的亲人也再无权干涉张家的事务了。

3.当家做主把地分

1949 年以前张家分家的时候，是非常和谐地开展的。一切就像水到渠成一般，期间也没有发生任何的矛盾和不愉快。可能是张家家里穷，也没有什么存款或者财产可以争抢，家中唯一值钱的就是赖以生存的四亩土地，张家人也都不是争抢的性子，一切都是相互商量有理有据，如此便安稳地完成了整个分家的过程。

张向仁做出分家的决定之后全家人就聚在一起商讨分家的事宜。分家这种事情其他人是不会也不能来干预的。张向仁和他的妻子张高氏坐在主座上，其他儿子围在周围，媳妇们带着孩子也在一旁静静地听着，如此一家三代 13 口人都挤在张向仁的房间内共同讨论分家的事情。因为张家的生活家徒四壁，实在是没有很多能盘点的东西。张向仁拿出家里不多的钱，给张立功家和张立民家各家分了一点。然后家里的三间南屋也是一家一间，张向仁还住在原来西南角的房间里，张立功人多所以住在中间的那个南屋里，张立民夫妻两个住在靠近磨屋的那个房间里。张向仁还给他们每个家都置备下一套锅碗瓢盆，让他们继续开展自己的生活。最后，也是最重要的土地的分配，因为张家没有钱去给家里的孩子们另外购置新田，所以只能分家里的四亩田地。

兴福镇每家每户的土地都有一份文书，上面标明了土地的主人以及土地详细的位置及亩数。分家的时候将土地分成了三份，相应的土地文书也是要变动的。办完所有的手续，这样分家就算全部完成。尽管大家还住在一起，但是却划成了三个不同的家庭。从此，张立功、张立民、张向仁三家过上了自己的日子，也迎来了各自的人生。

4.家长做主儿子从

在张家历代分家过程中都是当家人提出分家，家里的小辈们只能听从当家人的安排，不能私自做决定。尽管如此，当家人也会充分尊重当事人的意愿，在感觉家中生活困难的时候，提出分家来减轻大家的生活负担,增加大家生活的动力。

当家人提出以后,张家成年娶妻的儿子就会出去自立门户,自己成为小家里的当家人,承担起养儿育女的责任。

5.村庄、四邻皆认可

在张家分家之后,街坊四邻也都会听说或者了解情况。其他人也不会说什么,因为大家对于分家的事情也都已经非常熟悉了。每家都会有分家的情况,并且周围像张家这样的小户人家分家的理由也都差不多。所以张家分家外人都是理解的,并且也不会干涉,大家也都能理解认同张家分家之后各个小家庭的当家人,从此他们就是各自家庭的代表了。村里或者街坊四邻有什么事情他们就可以独当一面,自己做主。如果亲戚家有什么事情的话张立功和张立民家里就都要有人出面来代替他们这个小家庭。比如原来亲戚四邻家里有事需要有人帮忙,那么张向仁就会代表张家出面,由他去帮忙或者指派家中其他人随他一起去。分家之后情况就会有所不同,张立功、张立民也有了自己的家庭,他们就像是独立了一样,这些人情应酬、或者村庄事务都是需要他们自己来打点完成。

如果说各自吃饭是他们独立生活的第一步,各自劳动、自负盈亏是独立生活的第二步,那么这最后的一步就是代表自家,出面挡事。完成并且做好这三步,张家的孩子才算是真正的独立,能够自成一家独当一面了。

(二)家长去世子承父业

张家老人去世之后,就面临着继承的问题。按照情理,老人去世后他所有的财产、物品都应当是儿子继承,在张家也不例外。如果家中老人去世,儿子们要分家的话就是像上面分家的步骤一样,只是这时没有了当家人坐镇,儿子们根据家中的条件,以及各家的实际情况来各自分配。如果不分家,家里人就继承老人的家业,一家人继续生活在一起。这时候,家里的长子就需要担当起自己的责任,成为新的当家人,带领全家人一起劳动,共同生活。分析完分家的情况,下面描述的是张家在不分家的情况下,家中老人去世后儿子们继承父业的情况。

1.子承父业,长子为先

1949 年以前,张家如果家中有老人去世一般情况下都是子承父业,儿子继承父亲的所有财产和土地。张家在 1949 年以前,世代务农,儿子在父亲去世之后还是在父亲劳作的那一方土地上劳动,继续耕种。这属于农民间的传承。

一般不分家的情况下,就是长子顶起整个家。长子就变成家里的新一任当家人。家里的财产或者土地就都是由新任的当家人管理,也就是全部由家里的长子控制家里的财物和一切日常的活动。并且也都是由长子带领家中的其他成员一起生产劳动,一起维持家里的生计。

2.钱、债,一并继承

子承父业的同时,也会一并将家中的债务继承下来。这就是所谓的父债子偿。家中的债务并不能因为当家人的去世而消失或者就可以不用偿还。儿子在继承其父亲的遗物的时候,同时也会将家中债务继承过来。事后也需要想尽办法将家中的债务偿还干净。

3.继承权的确立与调换

关于张家继承权的确立问题,只要是家中的儿子,就都享有继承权,或者如果有倒插门的女婿能在家里顶起一家子人的话也是可以享有继承权的。尽管在不分家的情况下是暂时由家中的长子掌管家中的钱财和各项事务。但是家中的每个儿子都是享有继承权的。只不过是因为家里的一些原因导致暂时无法分家。或是因为家中的其他儿子还小，或是因为家里贫穷如果在继续分家可能各家分得的土地都比较少，分开之后反而不利于家人的生存。由于以上种种原因，可能会不分家大家继续一起生活。但是这并不能说明其他儿子就没有了对于老人遗物的继承权。

而家中其他儿子在对老人遗物的继承权也体现在日后分家的时候。那个时候每个孩子都独立成家，拥有自己的小家庭，那他们开始自己生活的基础或者是说前期独自生活的保障就来自于继承自己父辈的遗产。依靠继承下来的土地继续开展生产，以此养活自己的家人。

家中的女儿是没有继承权的，嫁出去的女儿就跟随自己的夫家过日子，如果家里老人去世的时候还有未出嫁的女儿，那么她也没有继承权，不能继承老人的遗产就只能跟着自己的长兄过日子。以后也是由长兄负责给他安排结婚对象。如果家中的女儿一直未能出嫁，那么家里的长子、老大哥就需要一直照顾着他的妹妹。直到给妹妹许配了人家，这才完成了长兄的任务。

四、家户过继与抱养

1949 年以前，张家的孩子都是自己亲生的孩子，没有过继或者抱养的情况。但是在同村有这样的事情发生。在村里，一般家中没有男孩的人家会去过继一个男孩。把这个男孩抱回家里来当作自己的儿子养着。想要留着以后给自己养老送终。这个男孩大都是自己亲戚所生，多少与自己有点血缘关系。普通情况下都是自己亲兄弟或者是堂兄弟家的儿子。如果在兄弟中找不到合适过继或者兄弟不愿意过继的情况，就只能向其他亲戚求助。

如果亲戚家生活困难，自家生活还可以养活起孩子，就会两家商量着过继一个孩子过来。过继孩子的时候都是过继小孩子，孩子小还不懂事，过继出去也不会伤心。并且一般过继出去的孩子是不能够再要回的。并且一般情况下也不会让那个孩子知道自己是过继过去的。因为过继双方都是亲戚，日后经常过年过节会互相走动，如果让孩子知道自己是过继的孩子的话，孩子心里可能会有其他的想法，可能会认为是自己的亲生父母抛弃了自己。而平日里还能正常相处的两家人可能会因此而相互疏远。如果是这样反而不利于家中和睦了。所以，过继孩子的两个家庭都不会将这件事情宣扬出去，并且也不能反悔中途将孩子要回去。

当年张向仁的堂哥张向民就一直渴望能有一个儿子。但是经过好多年张向民的妻子只生下了两个女儿。随着时间的增长，张向民及其妻子也渐渐地开始灰心丧气，这件事情也让他家的关系变得有点紧张。张向民和妻子都特别渴望能有一个儿子来为自己延续香火，但是现实情况却不容乐观。在婆婆的几番催促下张向民和妻子也变得越来越焦虑，一直到张向民三十五岁的时候，张向民夫妻二人商量，决定找家中的亲戚过继一个孩子过来，来顶起张向民这一支。因为父亲已经去世，张向民就把这个想法与母亲商量。经过几番挣扎和考量，他的母亲还是想要自己的亲生孙子，但是考虑到自家的现实情况，张母还是妥协了。不管怎么样，张向民这一家还是需要有一个男孩子继承家产，顶起这一家子人。经过思考，张向民选择自家大哥的小儿子作为过继的对象。选择好时间，张母带着张向民就去了他大哥的家中。因为大哥早已分家出去了，尽管张母是家中的长辈，但是对于已经独立的大哥，张母还要对其保持尊重。去大哥家也是带着商量的态度前去的。来到大哥家之后，张母吞吞吐吐地说出想要在大哥家过继一个儿子给张向民。尽管都是自家兄弟，但是想要过继自己的儿子这个请求，大哥一时间也没有办法立即做出回答，在将张母送回家之后。大哥家陷入了长时间的沉默。尽管大哥家也不富裕，但是要把自己的儿子送出去还是非常舍不得的。大哥与妻子经过一段时间的讨论之后还是决定要把家里的小儿子过继过去。因为张向民无子，并且以后老来得子的希望也不是很大。同时张向民那一支又要延续下去，就只能依靠大哥。所以经过艰难的思想斗争，大哥还是决定将自己的小儿子过继到张向民家中。

另外，抱养孩子的情况就是有的人家的女儿非婚生子，自家不能养就会把孩子送出去。看着谁家没有孩子，就把孩子装在一个篮子里，里面放上一张纸条上面写上孩子的生辰八字，趁着天还没亮的时候放在没有孩子的人家。那户人家看着自家没有孩子，大部分就会把孩子收留下来，当作自己的孩子一样在家照顾。除了这样的方式以外，如果有一对夫妻没有办法生育，或者长时间生不出孩子的话也会想去抱养一个孩子。这个时候就会拜托自己在外村或者其他地方的人帮忙打听是否有人想要将自己的孩子送给别人抱养。张家有一个邻居就是因为无法生育所以就拜托自己在外省的朋友帮忙打听。最后在浙江领养到了一个小姑娘。在抱养的时候，夫妻两个人是亲自去的浙江，双方谈好之后夫妻两个人给了对方家一点钱和粮食，就将小姑娘领回了自己家中。那个送出自己孩子的人家并不是想要买卖孩子或者通过卖孩子来赚钱。只是因为当地当年遭灾，而那夫妻两个人家里生活条件本身就不是很好，每年所生产的粮食维持一家人的生活就比较艰难。再加上家中又生育了新的生命，又多了一张口吃粮食。无奈之下，那一家人为了家人不被饿死，夫妻两个人商议之后决定将最小的女儿送给别人家收养。收养孩子一是选择对方家中最小的孩子，这样对孩子的伤害比较小。二是会在离自己家比较远的城市或者省份来选择抱养孩子的家庭。为的是以防孩子的家长反悔或者邻近的话孩子有一天知道自己的身世之后可能会回去寻找自己的家人。

除了上述所说的以外，在当地也有不少买卖孩子的情况。例如有的人家生活实在苦难，一家好几个孩子实在养不活，这种情况下当家人就会跟自己的妻子商量将新生的孩子卖出去还钱来养活一家老小。因为在张家人的观念里，想要维持一家人的生活是"添丁不如减口"。增加家里的人数尽管可以增加劳动力，但是家中粮食和土地有限，增加劳动力就不如减少人口更能养活一家人。所以会出现家中实在贫困的人家会采用卖孩子的方式换来钱和粮食，养活家中的其他孩子。但是在村中还有一对夫妻，自己不愿劳动，如果家里困难没粮吃的时候就会把自己的孩子卖出去，换粮食来吃。这样的家长也是少数，不过尽管他们这样的做法有些让人不置可否，但这也是属于他们家的家事，别人是不能参与以及干涉的。

父母就是孩子"天"。孩子的生身父母可以决定孩子的一切事情，并且孩子不能反抗也不敢反抗。只能遵从父母的决定。

五、家户赡养

(一)养儿来防老

1949 年以前,张家赡养老人都是自己家庭内部的事情。家户之外的人没有义务赡养张家的老人,同时外人也不可以干涉张家人赡养自家老人。

家中赡养老人的责任主要是由家中的儿子们承担。其他家里的老人、叔伯辈的人都不需要承担老人的赡养义务,老人的赡养主要是交给自己的亲生儿子。就连亲生的女儿都没有赡养老人的义务。如果嫁出去的女儿在老人年纪大了，或者身体不好的时候回家看看，照顾一下就是孝顺的女儿了。因为嫁出去的女儿泼出去的水，嫁出去的女儿就已经是属于别人家的人了，她既没有家里财产的继承权同样的对于家中老人的赡养也不需要负责任。除了家中的儿子，儿子们的媳妇对于老人也是有赡养义务的。因为嫁入张家，在旧时候媳妇们都会改为张姓，那么就是属于张家的人了，同样必须履行照顾老人的义务。老人的儿子们在照顾老人的时候，媳妇也必须赡养老人，这不仅是出于子女对老人的尊重和报答老人养育之恩，更是一种不可推卸的责任。

例如张向仁的父亲在早年年迈、生病的时候就是由他的大儿子张向平赡养，一直到老人归西。张向仁早年去世，留下遗孀张高氏。在张高氏年老的时候因为大儿子、二儿子都不在家中，所以张高氏就是由小儿子张立明负责赡养。如此可见，长子在赡养老人的过程中负有不可推卸的责任，但是也不一定全部的重担都压在长子的身上。如果长子不在身边，那么家中其他的儿子就必须负起赡养老人的责任。

（二）长子赡养也可轮流

1949年以前，张家的老人主要是由自己的亲生儿子来赡养。老人年纪越来越大，没有办法继续劳动的时候就只能跟着自己的儿子生活。那家中主要是由谁来养老，也是孩子们商量，谁家过得好一点谁就承担的多一点。但是，一般情况下还是会由长子负责，没有明文规定说是一定让长子负责赡养老人，但是按照张家的传统，老人如果年纪大了之后也愿意跟随家里的长子一起生活。老人们认为这是一种传统，老辈传下来的，由长子来养老送终是天经地义的事情。

但是，由长子养老也不是一成不变的情况。如果家中长子有什么不便，或者长子外出，离开家乡，不能在老人身边的时候也只能由其他儿子照看。如果长子自己家里生活困难，无法独自承担起赡养老人的责任，那么几个儿子也会商量着轮流赡养老人。

1949年以前，张向仁的父亲就是按照传统的方式养老。在他年岁较高、身体不好的时候自然而然地就跟着他的大儿子张向平生活。由张向平给其养老送终。但是在1949年以前，张家虽然男丁兴旺，但是家中男子普遍寿命比较短，大多在四五十岁之间就去世了，因此也少有需要长时间赡养的。一般男性成员寿命都比女性短，比如在当家人张向仁去世以后，家中只有妻子张高氏一位老人，前期是三个儿子一起赡养老人，后来张立祥和张立新两个儿子都外出寻找自己的出路，家中只留下三子张立明，张高氏就留在老家由儿子张立明照顾。其他两个儿子都是按时往家寄钱，以减轻张立明的生活负担，让张高氏生活得好一点。

（三）老人养老靠土地

1949年以前家中都会留有一部分土地当作养老地，以后谁负责赡养家中的老人这块地就属于谁，谁就可以在这块地上耕种。养老地不仅是能保证老人在年老之后还能有人供养，还可以不增加孩子们的负担。张家世代都是小户人家，自给自足，但是随着人口的增多往往都会出现人多地少的情况。分家之后尽管人口减少，自己顾自己日子过得也有动力，但是就算人有干劲，家中的土地是有限的。张家世代农民，扎根土地，没靠其他的方式生活，都是将自己的整个家庭都"绑在"地里，从而每个小家的生活也是颇为拮据。尽管如此困难但是还要赡养老人。当地就有养老地的传统，老人为了给自己寻一个保障，也为了不增加孩子们的负担，会在分家的时候给自己留一块养老地。规定以后谁养老人，谁来耕种这块土地。如果家中兄弟几个商量着共同养老，那么这块养老地就要平均分给几个儿子，或者儿子们共同耕种，共同收获。

（四）养老有地儿补充

至于养老的钱，也大都出自养老地，儿子耕种养老地，用收获得来的粮食赡养老人。尽管这么说，但是一家人在一起也并不会计算得这么细致，你的、我的也分得不是那么清。因为张家的儿子都比较孝顺，张家家里穷，儿子们从小就将大人劳动的艰辛和不易看在眼里。俗话说：穷人家的孩子早当家。不仅如此，穷人家的孩子吃苦多、受累早，长大之后才更懂得孝顺父母。尤其是长子、家中的老大更是比家中其他的人都更加有担当一些，因为这是他身为长子，从小就耳濡目染和被家人告知要多担责任。

所以在养老的时候，谁养老谁就承担老人在日常生活中所有的费用，不管养老地所带来的收益是多是少。如果养老地多，帮助家里多打粮食，那就给老人吃得好一些；如果养老地少，一年下来收不了多少粮食，那赡养老人的时候即使自己或者自己的妻儿吃的差一点也要先把家里的省下来，给老人做净面馒头吃。如此，就是养老钱地里来，不够只能儿补足。一生恩情难为报，省吃俭用养双亲。

（五）治病送终儿均摊

1949年以前，如果家中老人生病或者去世的丧事都是由儿子们来操办，尤其是长子，在关键时刻更要体现出他的担当，承担他该负的责任。1949年以前，张家老人生病都是儿子们负责，几个儿子平均分担老人看病的钱。老人的医药费也不会很多，一是因为医疗条件不好，有很多病都没法治，人得了病以后看不了就随便开几副中药就把张家人打发了；二是因为张家也是生活困难，有了病都是自己硬扛，老人们更是如此，身体不适的时候为了不让儿子们担心也只能自己忍着，一拖再拖，病情加重也就很难医治了。

老人去世之后，儿子们就要准备老人的葬礼。老人下葬是要长子在前面，并且儿子们都有一定的习俗和礼节要在家中老人去世后的一段时间内遵守。

（六）自家养老别处论

尽管养老是自己家中的事情，但是村中四邻的看法和说辞有的时候也会影响到张家的养老情况。如果张家的人孝顺，人们就会夸奖张家的儿子孝顺，并且会非常喜欢和这样的人打交道，因为在当地人们看来，孝顺的人一定是一个好人，是一个可以交心可以成为朋友的人。但如果有人不孝敬老人的话，村里人也会瞧不起这样的人，并且会认为他不可深交，因为一个连自己父母都不孝敬的人是断然不会在乎其他人的。村中舆论的压力以及街坊四邻甚至村民的态度也会形成一股无形的压力，敦促着人们孝敬父母，尊重老人。因为在村中一旦失去了好名声，背负骂名，是很难生存下去的。

家家都有难处，并且穷人家的难关就更多了。张家作为一个土地很少的小户能够顺利地度过一个又一个的灾年和难关，不仅是因为张家人的勤劳，更是因为张家人都朴实善良，善待父母，兄弟团结。如此在村中树立起良好的形象，建立起自己牢固的人情关系网络，这张强大的"网"会在张家遇难的时候为张家托底，帮助张家一次又一次地渡过难关。如此看来，家中养老在很大程度上是会受到外界的影响，村民和社会的压力会让人不得不屈服和改变，让村中的人都变得孝顺、敬老。

六、家户内部交往

1949 年以前,张家家庭成员在内部交往中存在着父子、婆媳、夫妻、兄弟、堂兄弟、妯娌、代际、叔侄、叔嫂、姑嫂等几对主要关系。因为张向仁的兄长去世得早,张向仁就带着他兄长的儿子张立功和张立民在一起生活,所以在张家除了父子关系比较显著以外,叔侄关系也较其他人家略有不同。所以在张家众多的关系中,父子关系和叔侄关系是其中最为显著也是最具特点的两对关系。

(一)严父孝子关系亲

张家在 1949 年以前,父亲对儿子处于权威地位,儿子只有相对的自由,儿子的职业选择、婚姻大事、学业等一系列事情都是由父亲做主,在儿子成家之后,父亲的管教就相对少了。在张家,儿子很尊重父亲,父亲也很爱护自己的儿子,两者很少发生冲突。如果两者发生了冲突那就是儿子的错,儿子得向父亲承认错误,赔礼道歉。

1.子不教父之过

1949 年以前在张家,父亲这个身份就是家中权威的象征,到了如今这个特征依旧没有改变。在张家,以当家人张向仁和长子张立祥这对父子为例。父亲对于儿子处于权威地位,父亲替他操持着一切。其中包括上学、劳动以及婚配等情况均应该父亲决定。例如张立祥上学就是由张向仁决定送他去学堂读书,张立祥必须遵从父亲的决定前去上学。等到张立祥稍稍长大一些,能够帮家里干些活的时候,张向仁也会安排他帮着家里干点儿活。张立祥也十分听从父亲的话,对于父亲的安排大都欣然接受。唯一遗憾的就是张向仁早年去世,享年 46 岁,没有等到自己的儿子娶妻生子就去世了。所以张立祥的婚事是他的母亲张高氏操办的。

但儿子也是一个独立的个体,张家也都尊重孩子的独立性,因此张家的儿子们在家中也有一些选择的自由。比如张立祥长大后选择外出当兵,家中也都支持他的决定。在张家,孩子大了成家之后父亲就不怎么管孩子了,起码不会像孩子小时候那样用粗暴的方式管教孩子了。只是在儿子遇事处理不当的时候才会稍加提醒,告诉他应该按照规矩办事。等到儿子再大一些,娶妻生子之后在家过不了两年就会分家自己出去闯荡。这样父子之间交流的时间就少了,但是儿子遇到事情还是会跟父亲商量,比如办一些没有办过的事情,或者有些事情拿不定主意的时候儿子就会来征求父亲的意见,父亲也会根据自己的经验告知儿子应该怎样处理类似的事情。在张家,父亲的权威并不会因为年纪大了而随之降低。尽管张向仁早年去世,但是谈及父亲,张家的孩子还是带有一种敬畏之心。

张向仁在家并未有过偏爱某一个孩子的情况,因为张向仁不仅养着自己的孩子,还有自己大哥的两个孩子,如果偏爱自家孩子难免会让自己的侄子难过。为了让孩子们之间能够融洽的相处,张向仁在做事上尽量做到一碗水端平,不偏不倚。这也正是张向仁在张家受到大家尊重的原因。

因此,张家并未出现过父亲或者儿子不履行自身责任的情况,也没有出现过父亲安排儿子做事情儿子不服从的情况。张向仁会爱护自己的孩子,而家中的儿子也是十分尊重自己的父亲。

2.少交流重教导

在平时,儿子张立祥和张向仁聊天的机会比较少,两个人也很少会进行交流。如果两个人聊天也主要是聊家里的事情或者是地里的事情。有什么事情张立祥也会跟父亲张向仁商量、请示。只要是家中的事情或者是自己的事情都会跟父亲说，然后张向仁就会告诉他解决的办法。因为张立祥还小，一般父子两个人交往和交流大都是以张向仁教导张立祥为主。而张立祥也会认真地听从自己父亲的教导。

3.父教导子不敢言他

张家基本上很少有父亲打骂儿子的情况，也没有出现过儿子顶撞父亲的情况，张家父子之间都是相互尊重并且相互理解的。张向仁脾气温和，平时也不爱跟人吵闹，对待家里的孩子也是没有脾气的。只有孩子在外面惹事、捣蛋的时候，张向仁才会出面教育孩子、训斥孩子。

总体来说，过去父子之间是上下的关系，是长辈与晚辈之间的关系。儿子对父亲要做到尊敬、听话、服从，因为父亲是家里的长辈，儿子必须要听从父亲的话。即使是父亲的错，儿子也不能与父亲争吵。当地有句老话就是"错了错安排"，也就是说，就算是父亲错了，那也要按照错的安排来执行。小辈们是不能直接反驳当家人的意见的。只能在条件允许的情况下，给当家人或者自己的父亲提意见。在家中，父亲要对儿子负责，要教育好孩子不能让他做出违背规矩的事情。正所谓养不教父之过，儿子犯错别人都会怪罪父亲，父亲在村中也会不好做人。在张家很少出现父子矛盾，出现矛盾也基本上是因为孩子不听话，在外面跟小朋友闹了矛盾，别人家长找上门来。这时张向仁就会批评自己的儿子。儿子也只有在自己是冤枉的情况下才会回嘴，但也不敢大声与父亲辩驳。

（二）叔侄共商谈家事

1949年以前，张向仁当家的时候还带着自己的两个侄子一起过日子。因为两个侄子的父亲也就是自己的两个大哥都去世了。所以在张家，张向仁对待两个侄子就像对待自己的儿子一样。但是，张向仁与张立功仅相差十几岁，两人的年龄相差不大，所以张向仁对待张立功又不能完全跟对待自己儿子一样，因此他们两人在交流时更多的是尊重和商量。张家家中的两个侄子对张向仁也是十分尊重，对于张向仁的安排也是全都顺从。

1.叔父养侄亲如子

1949年以前，张向仁当家，替自己的兄长照顾着他们的孩子，在张向仁当家之时，张立功和张立民两个侄子均未结婚。张向仁也是虽已娶妻但并未生子，他也就把张立功和张立民两个人像自己的儿子一样对待。尽管张向仁还没能给自己的儿子找到媳妇就早早地过世了，但是，他却给自己的两个侄子说下了亲家，促成了他们两个人各自的美好姻缘。而张立功和张立民也把张向仁当成自己的父亲一样。不管是上学、结婚还是长大后在地里劳作都是听从张向仁的安排。张向仁真诚地对待他们，将他们当成儿子一样为他们操办各种事情。张立功和张立民两个人也都听从张向仁的安排，不会跟张向仁顶撞，也不会自己擅自作决定。但是他们也拥有自己做出选择的权利，张立功已经长大成人，可以自己为自己负责，张向仁对他的管教也就少了很多，大多数时候都是让他自己看着办。比如农闲的时候张立功就会自己主动地出去在集市上倒卖一些瓜果梨桃、做些小生意小买卖，张向仁也不会多加干涉。都是非常支持他的各项活动，偶尔还会给张立功提供本钱好方便他出去做买卖。

因此，在张家，叔叔张向仁对自己的侄子尽心尽力，无偏无祖，对待他们像自己的儿子一样。侄子们对张向仁也是尊重有加，也会主动帮助张向仁分担家庭的重担。张家叔侄关系也是十分紧密和谐。

2.共商家事少交谈

张向仁和张立功、张立民叔侄三人也很少有聊天交流的机会。最多就是大家一起在地里干农活的时候一起聊聊天、说说话,缓解一下干活的劳累。他们在一起大多数时候是在讨论地里的事情,今年的收成或者是当前主要干什么活,如果地里不忙想要另外干些什么营生都会在此时聊天并交换一下意见。

在叔侄交流的过程中,张向仁更多的是与他们商讨、交流,因为他们都是成年人,张向仁已经不便再教训他们了。张立功和张立民如果在生活中、地里劳动中或者在自己做小买卖时遇到了什么困难都会找张向仁聊一聊。张向仁也会耐心地教导他们求生的技巧。

3.关系和睦无冲突

张家基本上没有出现过叔叔打骂侄子的情况,也没有侄子顶撞叔叔的情况。总体而言张家叔侄之间的关系是十分和睦的。叔叔尊重侄子们,尽管会给他们安排一些事情,替他们做一些决定,但是总体上都是在为他们着想。侄子们也都了解叔叔的一片苦心,并且也都十分敬重自己的叔叔,对于叔叔的安排也都欣然接受。张立功、张立民两人也已长大成人随后又都各自成家,所以他们都会注意自己的言行,不会在外惹事让张向仁操心,反而会帮着家里干活,减轻张向仁负担。所以在张家叔侄的关系也是和谐和睦的。

(三)婆婆安排媳妇从

在张家,存在两对婆媳关系。侄媳妇基本上是完全服从婆婆,婆婆在侄媳妇面前都是说一不二,甚至不能当面顶撞。婆婆可以安排媳妇去干一些事情,也可以给她们安排家里的活干。比如家里如果有什么缝缝补补的活需要干了,张高氏自己忙不过来的话就会把一部分活安排给侄媳妇。平时赶集的时候也是张高氏安排自己的媳妇去,偶尔也会亲自去。张家的婆媳关系也都相处得不错。虽说是婆媳但是她们之间的年龄也是相差不大,所以平时聊天也能够说到一起。如此相处起来也都是十分和睦的,如果张高氏对侄媳妇们有什么不满意会直接说出来,但是不会用打骂的方式。媳妇们在日常生活中也都是安分守己,不会在家里无事生非。如此张家的媳妇们都是一心在家带孩子,伺候家里的男人们。张家的婆媳关系也都十分友好和善。

(四)男尊女卑等级明

在张家,尽管是普通人家,但也讲究男尊女卑,妻子要服从丈夫,对于丈夫的种种安排要尽可能地服从。作为张家的当家人,张向仁平时奔波忙碌,忙完家中地里的劳动,得了闲就要去外村卖柳编。在张向仁出门的这段时间张高氏就要负责打点家里的各种事务,照看着家里的"孩子们"。他们夫妻两个人也是夫唱妇随,分工明确,张向仁在外种地挣钱,张高氏在家中带着媳妇们操持家务、缝缝补补、洗洗涮涮也是一刻不得闲。尽管张家没有分内当家和外当家,夫妻两个人也是一同努力,带领着一家人维持着张家的生活。

(五)长兄如父兄弟亲

张家尽管总人口数不算多,家中男丁也不少,但是在 1949 年以前张家家里真正同父同母的亲兄弟只有张立祥、张立新和张立明三人。小的时候张家三兄弟之间的关系也都很好。其主要原因是他们之间的年龄相差较大。长子张立祥和二子张立新之间相差 6 岁。6 年的时光足以让张立祥成长很多,多出来的这 6 年也让张立祥学会了忍让和担当。二子张立新跟张立明之间相差了 4 岁,多出来的四年时光也让张立新相较于张立明来说成长了不少。家里的哥哥都知道让着弟弟,所以大家一起生活的时候张立祥三兄弟的关系也是很好。张立祥是张立新和张立明的老大哥,平时有什么事情他们不敢跟父亲张向仁说的话都是会找大哥说。长兄如父,1949 年以前张立新和张立明就十分依赖他们的大哥。等到 1949 年张向仁去世后,更是如此。

因此,张家的兄弟关系也是十分的紧密。尽管有时也会打闹,也会因为一些事情产生争执,但是总体上张立新和张立明都是非常尊重张立祥这个大哥的。

(六)堂兄弟随意无拘束

在张家,堂兄弟和亲兄弟之间还是存在差异的。一般情况下他们都会跟着各自的父亲各自生活,堂兄弟和自家之间也只是比较亲近的亲戚关系。但是在张向仁当家期间情况却有所改变。张立功和张立民跟着张向仁生活,那张立功、张立民和张立祥三兄弟虽然是堂兄弟但是大家都生活在一起,同属于一个大家庭。尽管他们是堂兄弟,但是平日里相处起来就像是亲兄弟一样。他们之间也会互相交流,因为都是同辈人,没了与长辈之间的那种拘束,他们聊天的内容就更加广泛,也更加随意。总体上说,在张向仁当家的时候,因为家庭特殊的原因,张家的堂兄弟关系同平时不一样,他们之间的关系特别亲密。

(七)妯娌和睦互包容

张家的妯娌之间的关系就没有兄弟们之间那么密切,但是总体上来说也是相对安稳的。张家的媳妇很少吵架,张立功的媳妇张王氏和张立民的媳妇张耿氏都是普通人家姑娘,平时大家在一起都是听从张高氏的安排。尽量干好自己的活。平时干活的时候也会聚在一起聊天,说一些家长里短的话题。张家的两个媳妇在没有分家以前也一同在张家生活过许多年,并且在这些年里她们两个从来没有吵过架,都是互相忍让和包容。总体来说,张家妯娌之间的关系也是和谐安稳的。

(八)三世同堂长幼有序

在张家的代际关系之间,辈分高者为尊,辈分低者要敬重辈分高的人,但是如果高辈分的人不是低辈分人的亲生父母,一般也不会去管教或是训斥低辈分的人。因为在张家人看来,管教孩子是亲生父母的责任,其他人哪怕是家里的长辈也不可以随便训斥。如果孩子犯错被家中其他长辈发现也是只能厉声提醒,事后告知孩子的父母,让孩子的父母亲自管教。

尽管在大人的世界里辈分的高低十分重要,是家里人之间不可逾越的鸿沟。辈分高者就拥有绝对的权利和受到小辈的尊重。但是在孩子的世界里,辈分似乎并没有一个玩伴来的重要。在张家因为当家人张向仁结婚较晚,与大侄子的结婚时间相差无几,所以导致张向仁的大儿子张立祥仅比张立功的大儿子张崇礼大一岁。尽管两者只差一岁但是两个孩子却是叔侄关系。张向仁是张立祥的父亲也是张崇礼的爷爷。尽管是三世同堂,但是细算来一家人的年龄相差不大。张向仁的儿子们也经常和张立功的孩子们一起玩,虽然他们之间差了一辈但是在一起依旧玩得很开心。张家人之间的代际关系也十分和谐,长辈不会用自己的辈分来压制小辈,小辈们也都十分尊重家里的长辈。只有孩子们之间没有辈分的概念,可以在一起玩耍打闹,大人们见了之后也不会多做阻拦和干涉。因为,孩子之间在辈分方面是可以不像大人之间遵守得那么严谨的。

(九)长嫂如母叔嫂睦

张家的叔嫂关系也颇有自己的特点,依旧是因为家中成员之间年纪的差异,张立祥和他的大嫂子张王氏虽为叔嫂，但是张王氏却是可以说是看着张立祥长大的，平日里也会帮着张高氏照顾张立祥和他的其他三个兄弟姐妹。如此看来，尽管张家的叔嫂之间是同龄人，但是确也是有着长嫂如母的感觉。例如，大侄媳妇张王氏是家中年纪最大的媳妇，所以在平时承担的家务劳动就会多一些。会经常帮着婆婆张高氏做饭、看孩子、喂牛等等。所以，张立祥三兄弟也可以说是张王氏看大的。有时候，张王氏外出串门，找邻居聊天玩的时候也会带上张立祥。张王氏和邻居家的媳妇们在炕上做手工活，张立祥就在一旁玩耍。如此，张家叔嫂之间的关系也是十分和睦、友善。

（十）姑嫂关系密切

1949年以前，家中只有张立英一人是未出嫁的女儿，同样是跟自己的嫂子年龄相差甚大，跟自己的侄子同年生人，因此，张家的侄媳妇张王氏和张耿氏看待张立英就跟对待孩子一样，她们之间也没有其他的矛盾。在张立英未出去当团圆媳妇之前她们姑嫂也是和睦地生活在一起。

1949年以前，在张向仁当家的那一段时间里张家家户内部各个成员之间都相处的比较好。虽不能说是无话不说但也是互相尊重，彼此之间都会互相理解。家里的长辈、当家人都是真心爱护家里的人，婆婆张高氏也不会为难自家的侄媳妇，两位老人在安排家里劳动的时候也是根据每个人的特点和实际情况，不会蛮不讲理。家里的小辈们也都是互相之间和睦相处尤其是兄弟之间，无论是堂兄弟还是亲兄弟，对张家来说都像亲兄弟一样。小辈们也都十分敬重家里的长辈，知道当家不易，在当家人或者张高氏做出安排的时候也都是欣然接受并且尽力完成。正是因为张家人之间良好、和谐的关系，大家心往一处想，劲往一处使，才使得张家尽管生活困难、有许多无奈和坎坷，但是只要是一家人在一起依旧生活得十分安稳和满足。

七、家户外部交往

（一）张家四邻互帮助

张家人与邻居家的关系都非常好，经常是相互之间串门、聊天。兴福村的村民们闲暇之余都是互相串门聊天来打发时间。尤其是家中的媳妇们，经常是带着活去串门聊天。周围邻居家的媳妇看着谁家空间比较大就带着自己的针线活去了，通常都是挤在一个炕上干活，大家在一起有说有笑的，干起活也不觉得累了。

俗话说远亲不如近邻，除了串门聊天外，更主要的是邻居们平时都会互相帮衬着。张家和附近的邻居家在劳动的时候经常是互相帮助，包括互相借用农具、地里的活忙不过来也会互相帮着先干，有的时候如果邻居家来求助，张家人会放下自己手里的活先去帮助邻居，同样的邻居也会这样帮助张家人。张家和邻里之间的关系都是十分融洽，相处得很好，几乎没有争吵过。偶尔孩子们之间有点争执，如果不是很严重，两家大人也不会过多干预。因为孩子没有隔夜仇，今天打了一架说不定明天还会在开心地在一起玩耍。但如果两家大人参与进来，即使后来化解也难免心中有个疙瘩，邻里之间的关系也就疏远了。这样的结果对于两家来说都是损失。因此，一般情况下，张家都会尽量小心处理邻里之间的关系，以此保持邻里的和睦。

（二）亲戚走动互帮衬

1949年以前，张家的亲戚主要是过年过节或者过一段时间就会常去走动走动。张家平时走动的亲戚主要是张向仁的姐姐家也就是孩子们的姑姑家,还有就是自己的丈母娘家,以及孩子们的舅舅、姨母家。除了平时的走动,如果亲戚家里有什么事情张家人也都去帮忙,虽不能说每次亲戚有事张家人都是全家去帮忙,但是只要是家里有人没事就会一起去帮忙。老人觉得家里去的人多面子上好看。除了平时走亲戚,张家家里遇到困难的时候也是会向在家亲戚求助,借钱也会首先考虑向自己亲戚借钱。除此之外,因为亲戚之间住的不是特别近,所以在劳动生产上就帮不上什么忙了。同样的,如果亲戚家里有什么事情,张家也会尽力帮忙。如此,张家的亲戚之间都会相互帮衬着,彼此之间关系一直很好,从来没有过吵闹的情况。

(三)大户小户均不同

张家和村里的人的关系都比较好,因为张家是小户,加上张家人为人和善所以跟村中的大部分普通农户的关系都很好。但是张家和大户人家却是说不上话的,最主要的就是阶级之间的差异,张家人是普通的小户人家,张家与大户的差异并不仅仅是在经济方面,在社会地位等各个方面都是有很大差异的。如此,张家与村中村民的关系分成两类,一类是关系比较和睦的普通农户,还有一类是几乎不会甚至张家害怕与其打交道的大户人家。

1.张家与普通农户

1949年以前,张家与同村的村中其他普通农户家的关系都比较好,尽管张家也很少有机会跟他们互相交流,但是平时在干活的时候遇上也会互相打招呼。平时如果谁家有修房盖屋之类的事情,张家也是会去帮忙的。比如,同村的王家需要打井,张家的男丁比较多,所以王家就来张家请人帮忙。张家人非常热情,先把自己手中的活放下去给王家帮忙。同样的,张家如果家中有什么事情,村中其他几家平时相处得比较好的人家也是会来张家帮忙。

如此这样一来一往,相互帮忙,并且如果谁家办红白喜事也会发生相互之间借一些桌椅板凳的事情。就这样,普通农户家都是相互之间帮助,所以他们之间的关系都比较友善。

2.张家与大户

在1949年以前,张家和同村的大户人家基本上是不会打交道的。因为大户人家还是跟张家这种普通农户家有较大差距的。虽说村中有的大户人家比较平易近人,但是大部分大户人家还是对普通平民缺乏善意的。当时有一年是贱年,普通农民家地里收成不好,家里生活很困难。穷人家看到某些大户家地里有收完剩下不要的谷子,张家的媳妇跟其他贫农家的媳妇一起去他们家地里捡他们不要的谷子。大户家主知道了以后就派人将在地里捡粮食的人家全都赶了出来,如果不走甚至会动用武力。并且在贱年里穷人跟大户家借钱也是利滚利、钱滚钱,让普通平民家好几年都无法翻身,家庭更困难一点的甚至会被大户将自己家里的地或者是人抢走。即使是到了后来土地革命,部分大户在划成分时被划作地主,在瓜分地主的房屋或者土地的时候,一般家中男丁较少的人家也是不敢要地主家的房屋或是土地的。因为大户人家有钱有势,一旦共产党离开地主们就会卷土重来,不仅收回自家的房屋土地,连老百姓种下的粮食也一并要走,如果有敢反抗的就用暴力的方式解决。很多人家都在大户人家的威逼利诱之下,归还了自己分得的土地和房屋。

通过上述的事例可以看出,张家人会尽量避免跟大户人家打交道,一般情况下不会主动去招惹大户人家的人。因为张家人与其说是不愿意跟大户人家打交道,更准确地说应该是害怕跟大户人家打交道。因为张家这样的贫困小农家庭,根本无法与大户人家相抗衡,他们之间不仅是经济上的巨大差异,在阶级政治上更是相距甚远。一不小心张家赖以为继的四亩田地很可能被他们抢去。

1949年以前,张家在村中还是比较与人为善,在家户外部之间的关系也是很好。张家除了不愿与大户人家打交道以外,村中其他的农户尤其是张家的街坊四邻以及张家的亲戚,张家人都与他们来往得十分密切。

第四章 家户文化制度

1949年以前，尽管张家并不富裕但张家人依旧在有能力的时候选择让孩子进入学堂，并且希望家中后代能够通过读书来改变家中的情况和命运。张家人家户意识十分强烈，这并不仅仅是他们能够分清自家人和外人并且为自家人续写家谱，更是他们对于家户内部的依赖和对家族历史的信仰和尊重。每到相应的节日张家人都会对自家祖先进行祭拜，尽管没有豪华的墓地和阔气的排场，张家人也会选择用三炷香来寄托自己对祖先的思念。张家是一个小户人家，过年过节也没有独特的习俗及娱乐活动，都是依据当地的各种风俗习惯来筹备各类节日，逛庙会、看大戏是一家人一年中最期待的娱乐形式。张家人并不喜欢拉帮结派，只是在有需要的时候为孩子认干亲，此外并无其他认亲、结拜现象。

一、家户教育

（一）三子读书望成龙

1949年以前，俗话说："万般皆下品，唯有读书高。"张家受到老一辈传统思想的影响还是比较看重教育的。张家虽然世代为农，整日面朝黄土背朝天，但是张家人还是非常羡慕有文化的读书人的。因此，张家在家庭稍微好一点、在足够一家人生存的情况下还能有剩余的时候就会将剩余的钱留下来供给家里的孩子读书。即便张家家庭条件差一点，但是依旧有三个孩子前去读书，他们分别是张立功、张立祥和张崇礼。

张立功、张立祥和张崇礼三个人大都是在十岁左右去的"书房"读书，那里有专门的先生教他们读书、识字。张立功读的时间稍微长一点，读了八年；张立祥和张崇礼因为后期家中生活实在拮据所以只读了五六年就开始帮着家里干活。尽管如此，三个人也都算是"完小"毕业，能够认识大部分字，并且日常读书、写信是完全没有问题的。他们三个也是1949年以前张家仅有的"文化人"。家里人也对他们给予了很高的期望。

张家有上学的机会都是会让家里的男孩子去。虽说张家女孩子没能上学有一部分原因是因为张家家庭困难，但是传统的"女子无才便是德"的思想也在其中起了很大的影响作用。所以一直到1949年以后，张家才真正开始送家中的女孩子上学读书。在这之前张家从女儿到媳妇没有一人读书识字。

（二）学堂教育

1949年以前兴福街一共分成了四个村，张家所在的村庄有一个学校，虽说是学校但里面只有一个教书先生，当地普通老百姓称之为"书房"。村里的孩子如果想要读书就会去他那里，跟着先生学习。除了每个学期需要交学费之外，在学校上学的孩子还需要负担老师的伙食。比如学校里有10个孩子读书，那么每个孩子的家庭在一个月里就要管老师三天的饭，10

个家庭一个月一轮。如果有 30 个孩子就是每人每月 1 天,30 个家庭一个月一轮,以此类推。老师不是每天这家吃了那家吃,而是孩子上学的时候把饭提前给老师送过去,给老师吃。张家因为自己家里吃得不好,常常是窝头、咸菜,所以轮到张家管老师吃饭的时候都是给孩子钱,让他去集市上买饭给老师吃。一般都是花两毛钱打上点菜,再去买一个馒头就可以了。在那个时候,两毛钱就可以买到一大碗炖白菜,里面有肉有菜,也是非常不错了。

1949 年以前,是家里的当家人也就是张向仁支付孩子上学的各种费用,也是张向仁决定孩子中谁去上学。在家庭条件还可以的情况下,张向仁看着家里十岁左右的男孩在家里也不能干活,小男孩又调皮,索性将其送去上学。这样一是可以让家里的媳妇们放心干活,减轻她们的负担;二是孩子去上学就可以避免在外惹事或者出现什么意外。张向仁决定之后,征询过孩子父母的意见以后就送孩子去学校读书。也有可能是孩子的父母看孩子长大了,到了读书的年纪就会询问张向仁能不能送孩子去读书,张向仁就会考虑如果家中条件允许的情况下就会答应孩子父母的请求,送孩子去上学。让张崇礼去读书就是他的父亲张立功向张向仁提出的。张向仁看家中那几年的生活还不错,加上张立功也能外出挣钱,家里有了一点积蓄就答应送张崇礼去读书。

张家的孩子在学校里读书,虽然不是特别优秀但也是非常用功。只可惜家里生活条件实在是太差了,加之孩子们看到家中困难也都不愿再继续读下去,所以放弃读书深造的机会回家帮着家里干活,减轻家里的生活负担。

(三)家庭教育

如果说学校的教育是教人读书识字,学的是课本上的知识,那张家的家庭教育就是言传身教,教的是老辈子传下来的智慧。尽管张家家里大部分人都没上过学,尤其是张家的长辈们更是少有读书人。张向仁也不例外,但是张家的家庭教育依然没有缺失,只是不同于我们现在的教育罢了,他们有他们独特的教育模式和方法。

1.父母教育,长辈提点

在张家,孩子的教育主要是父母的责任。孩子的亲生父母来管理和教育自己的孩子,其他人没有权利去打骂和教育孩子。如果不是孩子的亲生父母,家中其他的长辈包括当家人,也是不能随意地打骂孩子的。如果发现孩子有什么事情做错了或者是在外面惹下了什么祸事,只能交由孩子的父亲管教。无论孩子的父亲如何教育自己的儿子,其他人也只能劝阻不能干涉。

尽管如此,家中的长辈也不是在教育孩子的过程中一点作用也不起。家中的长辈不会直接管理"别人"的孩子,但是看到孩子犯错也会去提点他,只是方式和程度不同于孩子的亲生父亲。其他长辈提点的方式最多是说一说,告诉孩子这件事情他做得不对,不合传统或者不合规矩。但是孩子的父亲可能会采用更加严厉的方式去教育自己的孩子。在那个时候,父亲打骂孩子是很正常的,因为老人们相信棍棒底下出孝子。所以家中父亲打儿子是无人敢拦的,家中的长辈也只是劝阻。孩子的母亲更是只能看着心疼却也无能为力,只能是在事后再耐心地告诉孩子他错在什么地方,有了一次的教训下次不能再犯。尽管父亲都会采用比较激烈的方式教育自己的孩子,但是在他们心里也深知如果经常打孩子,把孩子打"皮"①了,孩子

---

① 皮:方言,淘气。在此处有麻木之意,指的是家长经常打骂孩子,让孩子习惯或者麻木之后就不服管了。

就更加不服管教了。因此，如果不是什么大错，父亲是不会轻易打孩子的，一般情况下还是以吓唬为主。

2.家教为主育子善

1949 年以前，张家极少有上学的文化人，那些没上过学的人学习道理主要就是依靠张家长辈的教导，在家接受"家庭教育"。虽说这不是我们传统意义上的教育，其效果却在潜移默化中得以很好地展现。

生活在家中的老人们或者孩子的父母会教育孩子要与人为善，不能出去惹是生非。这样的教育一般给儿子说得比较多。因为女孩"心比较小"也心细，干一些事情都比较小心谨慎，不会惹出什么乱子。但是男孩子不一样，男孩一般都比较淘气，爬墙上屋都是家常便饭，稍有不注意可能会跟小伙伴们打起来。所以就需要家长时常教育、提点，让他们注意安全，不要在外面捣乱。

除了长辈的"唠叨"，家人尤其是父母的言行、脾气也会影响到自己的孩子。张家一家人的脾气都比较温和，张家的孩子也大都脾气很好。无论见了谁都是笑脸相迎，从来不会也不爱在别人背后说长道短，这样家庭教育出来的孩子也是温顺、善良的。这种善良的品行从今天张家的后人身上依旧可以感觉到。

张家的教育方式没有理论也没有模式，就是家里的老人一遍一遍地将老辈子传下来的话告诉孩子们，让他们学会仁义、孝敬。尽管没受过教育，但是张家人依旧用自己善良的品行感染、教化着自家的孩子们。

3.学习技能男女异

1949 年以前，张家能够上学的孩子可以说是凤毛麟角，少之又少。所以除了学校的教育，张家还是以家庭教育为主，家庭教育又主要是以学习如何谋生为主。男孩子学的是如何干农活，以及学习柳编的手艺，以此来补贴家用。男孩子的这些技能和手艺都是跟随父亲学习。女孩子则不同，女孩子主要学习的就是缝衣织布以及各种女工针线活。这些手艺都是跟随母亲一点一点耳濡目染学会的。

（1）田间劳作，柳编手艺

1949 年以前，张家以农业为主，而田里的活都是男人们去干的。只有少数家庭家里当家人去世，留下寡妇和家中的孩子们，无奈之下，妇女才会去田里干活。张家家中有不少男孩，所以不缺乏劳动力。家里种地里的农活都是男人们在干，男孩学习农活也都是跟随父亲一起去地里干活的时候学的。

张家男孩在不上学的情况下，一般十五六岁就跟着父亲上地里干活。刚开始是学着干，边学边干。因为刚开始还不熟悉，再加上男孩子玩性大，没受过种地的苦，所以天一热或者天气不好的时候都早早地回家休息了。如此，十五六岁的孩子，在家里只能算是半个劳力，还不能真正单独劳动。等到了 18 岁就算成年了，家里人也会把他当成成年人看待。经过两三年的学习，当年的小男孩对于地里的"规矩"就懂得差不多了，什么时候干什么、如何干也都清楚明白了。至此，就真正可以成为家里的劳动力，在日后也可以单独顶起一个家了。

张家家长除了会教儿子地里的学问，对于柳编手艺也会是耐心教导。柳编手艺在兴福街有很多人家都会，但还有人专门以此为生。虽说不是张家的独门手艺，但是这门手艺也能帮助张家维持一家人的生计，儿子学会之后还能改善家里的生活。总的来说张家的柳编手艺也只传男不传女,一是因为柳编手艺需要长时间外出,没有女人长时间外出做生意的;二是做柳编比较辛苦,女人可能承受不住。所以家中的柳编手艺都是传男不传女。

但是,这门手艺并不是家中所有的男人都会。家长在教授柳编手艺的时候都会考虑以下三个因素:一是因为家中没有那么多的工具和材料让张家所有男人都去干这门生意,并且家里人也不能都以此为生,有干柳编生意的,也有做小买卖的,这样分工合作张家还能多一笔收入;二是学习柳编也需要天分,缠条、拉锁也都有技巧,不是每个人都可以把活干得漂亮;三是长辈在传授的时候还要考虑个人意愿,外出缠条、卖柳货是一件非常辛苦的工作,常常要外出一百多里地,张家没有代步工具全都是靠人力、靠自己的双脚,所以这一来一去辛苦不说短时间内还回不了家,在外面风餐露宿,想来十分辛苦。统筹考虑上述因素,张向仁选出自己的大侄子张立功和二儿子张立新,让他们学习这门手艺;后来三儿子张立明的柳编手艺是跟着张立新以及周围邻居学会的。

但是总体上家里儿子的各项手艺以及技能都是跟随父亲学习的。父亲有责任和义务教给儿子自己所会的所有的生存技能,以便让儿子长大以后在外能够独立生活,分家以后能够独立养活自己及自己的家庭。

(2)女儿随母,女红、织布

张家的女儿没有能够上学的,都是在家中帮着大人干活。从小大概六岁开始跟着母亲学着干家里的活。刚开始是拿起来玩,到后来慢慢地跟着母亲一点一点地学会怎样缝缝补补,怎样牵机织布,又是怎样做饭打扫。这一切大都是女孩在娘家学会的。虽然也有女孩在出嫁以后跟着婆家人学习的,但是在张家,母亲会在女儿出嫁以前将这些事情全都教授给她。以免自己的女儿去到婆家之后因为不会家务而受到婆婆的指责,从而在婆家的日子会非常难过。

张家在孩子的教育方面还是做得比较认真、负责的。无论是尽量送孩子去上学还是言传身教教授孩子生活技能,都是张家人对孩子负责的表现。这也是张家人世世代代能够维持家庭和睦,与人为善的原因。

二、家户意识

(一)家内家外心里明

1949 年以前,张家把在一个屋檐下居住、一个锅里吃饭、一起劳动的具有血缘或者亲缘关系的人看作是"自家人",其余的都是外人。例如张家张向仁带着自己的儿子和侄子一起生活,那他们在一起生活的 13 口人就是一家人,他们相互之间都是"自家人"。一旦分家之后,两家分了灶、各自吃各自小家赚的,那便成了两家人,对于彼此来说就成了亲戚,还是一家人,但却不再是"自家人"了。除此之外,未出嫁的女儿是自家人,一旦出嫁之后就成了"泼出去的水",成了她丈夫家的人了。在张家人看来,除了"自家人"其余的全部都是外人。不仅朋友、街坊算是外人,连自家的亲戚也是外人的一部分,只不过是有远、近关系差异的外人罢了。

张家自家的家务事外人是不能干预插手的,哪怕再穷,也是自家的事情自己家里的人说了算。哪怕再亲近的关系也不可以,除非张家的人去请教让他帮忙想办法,否则其他人不可以擅自干预张家的事情。比如张家要给儿子娶个媳妇,有时会请家里的亲戚来帮着看看,热情的亲戚听说张家看媳妇的消息也会主动前来帮着看看。但是他们的意见只能作为参考,最后的主意还是由当家人和他的媳妇决定。

张家人对于自家人的意识还是比较明确的,能够分清自家人和外人。但是,张家人也从小被教导着对待自家人和外人要统一,尽管街坊邻居、朋友跟自家人不是一个姓氏、没在一起吃饭,但是张家人和他们的关系都很好,就像是自家人一样。其他人家有需要帮助的时候张家也是主动去帮助他们,别人家的老人也像自家的老人一样尊重,相互之间的关系都比较亲密和谐。尽管如此,张家也不会干涉别人家的家事,张家的家事也不会让其他人来干涉。如果邻居有人吵架如果碰上最多只是上去劝阻,没碰上也不会专门去管理,除此之外不会再过多干涉其他人家的事情了。

(二)张家共渡难关

1949 年以前,张家人一家十三口在一起生活,一大家在一起就是一个整体。一家人在一起同吃同住,有福同享有难同当,心往一处想,劲往一处使。如果家庭成员遇到困难,兄弟、妯娌等家人之间都会互相帮助。即使是分家以后,在一起生活的各个小家庭也是会互相帮助,家里实在困难的时候才会向亲戚或者朋友求助。

张家的共同经济目标不是"发家致富",只要能够使得一家人吃饱,维持家庭生活,足够日常的生活就很好了。为此,张家人除了平时辛勤耕种土地,将土地充分利用之外,家中的男人们也是想尽办法在外"开源"多挣钱,女人们在家也是努力"节流",家里的吃穿用度也是一省再省。全家一起努力才保持住一家人的生活。张家共同的生活目标就是家庭和睦,一团和气。张家人都相信只要家里的人心往一处想,劲往一处使,不打架不吵嘴就没有过不去的难关。

1.家户扶持

在没分家以前,张家人在一起生活都是相互扶持,共同帮助。张家人会这样一是因为这都是老一辈人的教导;二是因为张家是贫困户,家里生活困难,如果不相互帮助、相互扶持,一家的日子就很难继续维持下去。如果家中有人在外面受欺负了,家里的兄弟就会一起去帮家里人讨回公道。比如有人欺负了张立祥,那么张立功、张立民就会带着张立祥去找欺负他的人。尽管张家平时为人和善,但是遇到有人欺负自己家人也是不会容忍的。

没分家以前一家人和和睦睦地在一起,分家之后互相帮衬。如果家中的兄弟有条件不好的在分家时也会多分他两分地,最起码要让他能够自己维持住自己的生活。如果家里的兄弟有生病或者残疾的,那在分家时就不将他分出去,父母健在就跟着父母,父母百年之后就跟着自家大哥或者其他兄弟。如果分家之后的兄弟有吃不上饭的,自己家中有剩余就会接济一下。如果兄弟家中有事需要钱,那也是视情况而定,如果有一定帮。例如张家给张立祥办婚事的时候花费比较大。张向仁的堂兄弟就主动送钱来帮助张向仁,堂兄对张向仁说:你家里有事,我这里还有点钱,你先用着。所以,张家人即便分家不在一起生活了,但有了事情也是相互帮衬。

2.共同目标

1949 年以前,张家就是普通的小户,家里人多地少,人口多吃饭的多,但是家中收获的粮食和外出打工挣的却很少。因此,像张家这样的贫农小户能够维持住自家的生活就已经算是有本事的人了。村里有很多的贫民日子过不下去,卖儿卖女、逃荒、要饭讨生活过日子的人也不在少数。所以,张家人从来没有想过要发财、致富,只要能保存一家人的生活就是张家最主要的经济目标。为了维持张家一家人的正常生活,一家人也是共同努力,开源节流。

例如张向仁一有空闲时间就会外出卖柳编制品，张立功和张立民会自己盘算着在家门口的集市上做点小买卖来补贴家用。家里的男人们想着挣钱"开源"，家中的女人们就想尽办法"节流"。平时做饭的时候在粮食里面掺点糠和野菜；熬粥的时候就会多放点水，让家里的老人和干活的男人们吃稠一点，自己吃稀的；家里的衣服也是缝缝补补，补丁摞补丁。在一家人的共同努力下，张家的生活能够勉强维持自给。尽管如此，对张家来说也是实属不易了。

谈及张家人共同的生活目标，张家人觉得一家人生活在一起，不吵不闹，和和气气、家庭和睦就是张家人一直努力维持和追求的生活目标。在张家人看来，只要一家人在一起，心往一处想，劲往一处使，就没有过不去的难关。不管家里遇到什么事情，只要一家人在一起商量，共同努力就是有再大的难题也能解决，一家人在一起就没有过不去的坎、办不成的事。尽管一家人在一起生活，每个人的能力不同就像十个手指不一样长，每个人的能力也是有限的。有的干得多，有的干得少，有人干得快，有的人干得慢，一家人在一起就是互相谅解、互相包容、互相帮助的一个过程。只有这样一家人在一起才能越过越好。并且只有大家庭里过好了个人才能过好，大家庭里有了粮食一家人才能吃饱饭。因此，张家倡导家和万事兴，整个家庭中的人都是善良、包容。张家人不仅对自家人好，而且对待自家的亲戚、朋友乃至街坊四邻都是十分友善的，这也是张家人的本性所致。各类关系的和睦也促进了张家内部的和谐。直到现在，张家一家人也是如此。

（三）家户至上个人让步

对于家庭和个人的关系，张家人认为家庭比个人重要，也比较认可"没有家庭就没有个人"的这种说法。在当地有句老话就是"老婆家、老婆家没有老婆不像家"，也就是说一家人在一起有老公有老婆这个家才是真正的家。在当地人们对于男女两性关系有这样一个生动、贴切的形容；老婆是筐，男人是耙子，男的收来女的装，一个人挣来一个人管理，如此才能长久的生活。男人在外面干活，女人在家里洗洗涮涮、做饭做衣这样才有一个家的样子，日子也应该是这样过的。家庭里的事情总是比个人的事情来得重要，凡事都应该以大家庭的利益为重。如果家中有人仅考虑自己的利益，只顾着自己享受过好日子大家也都会对他有看法，不仅当家人会批评他，家中的其他成员也会渐渐地疏远他。如果一家人在一起吃饭，其中一人在外吃喝嫖赌不务正业，那么当家人也会严厉批评教育他，直到让他改掉坏毛病。全家人做事都考虑家人的利益，当家人会考虑得更加全面一点。

张立祥和张崇礼就是因为后期张向仁生病，家里生活缺乏劳动力、并且那几年家里的收成也不好。为了帮着家里干活，减轻家里的负担，张立祥和张崇礼两个人先后退学返回家中帮着家里干活，放弃自己读书的机会。除了读书以外，家中成员结婚也是听从家里的安排，不可以自己决定，哪怕是自己有喜欢的人只要没经过当家人的同意也是不能在一起的。

（四）积德行善为后积福

1949 年以前家里的老人也会注重行善积德，助人为乐。例如张向仁的妻子张高氏就是一个平时行善的人。有时会有外地的逃难、逃荒的人来到兴福街这里，有的人就会要饭要到张家的门口。如果张高氏看到他们就会把他们请到家里面来。虽然张家自己吃的也不好，家里的粮食也不富裕，但是张高氏依然会拿出家里上一顿吃饭时剩下的窝头、稀饭热一热，让那个要饭的苦命人坐在自家的热炕头上暖暖和和地吃上一顿饭。

张家的人相信有报应这么一种说法。当地有这么一句俗语就是"当辈子修不下，当辈子也积不下"，意思就是善有善报、恶有恶报，这辈子做的事情这辈子就会有报应。如果一个人行善积德，这辈子就会有好报，遇到天灾人祸就能够平稳度过去，自己积攒下的福报自己这辈子就享受了。家里的老人如果积德享受了福报也算是给下辈子人享福打下基础，积累下了福报。

虽然张家没有祠堂，但是 1949 年以前，张向仁的母亲还在世的时候，张家北边隔壁家的"大嬷嬷①"懂得一些祭祀的规矩和礼节。她的家里就供奉着许多的神仙，附近几家的媳妇们组成了一个"祀祭会"，来拜祭各路神佛。张向仁的母亲就在"祀祭会"中，她也时常去拜祭，所求的无非也是家人健康、地里丰收，一家人都能平平安安。

张家虽对老人积德福泽子孙的观点并不是十分认同，但也认为积德行善是一件好事，并且是一件会让自家得到福报的好事。

三、家户习俗

（一）重大节日

1949 年以前，张家过节都是根据当地传统习惯过节日，而当地所过的节日有：春节、元宵节、二月二、寒食节、端午节、鬼节、中秋节、夏至、冬至、腊八等。在不同的节日里，有各自不同的特点，并且也带有浓厚的地方特色。春节和中秋节是最重要的两个节日，在这两个节日里全家人都聚在一起热热闹闹地过节。

1.春节：全家团圆

春节是中华民族最重要的一个节日，也是张家最热闹的一个节日。在当地，春节就是从大年三十除夕开始一直到正月初五圆年之后才算是过完年。但是张家人的过年的氛围一直会从腊月二十持续到正月十五元宵节。过年期间也是整个冬季张家人最忙碌的时候。一般情况下，张家在腊月二十就开始为了过年做准备，全家上下老小齐动员，都开始为了春节开心地做着准备。

首先，腊月二十先是要准备一家人过年所需的各种物品，包括过年一家人吃饭所需的食材、给孩子做新衣服所需的布料、过年放的鞭炮、春联、祭祖上坟时所用的香、纸钱等等。张家这些东西都是在门口的兴福集上购买。一般到了过年所要采购的东西比较多，张家一家人就会一起去赶集。张家的男人们带着自己的老婆孩子一起上街买东西，置备年货，这也是张家人一年中最高兴的一段时间。全家人都辛苦了一年，张家人会在过年的时候给自家人改善一下生活吃得好一点。那在买食材的时候就会比平时买得多一点，菜的种类也会多一些。平时张家买菜都是买些辣椒、香菜之类的调味的便宜菜，很少买青菜，过年的时候就会多置备一些。张家过年买的菜大概有：白菜、萝卜、莲藕、粉皮等。此外还会买上点鱼和肉，这可是张家不常见的荤腥食材。经过一天的采购，大家都是满载而归。回家之后，媳妇们还是不能休息，还要推磨拉碾，拿出今年新收成的粮食将它们磨成面粉蒸干粮。张家的媳妇们手巧，过年所准备的干粮不止一种，有窝头、花卷、年糕、馒头。尽管张家刚收了粮食但是窝头和花卷依然都是掺了糠的，只有馒头没有掺糠，是用面粉做的，但是数量非常少，主要是留下来过年招待客人。

---

① 嬷嬷(mǎ)：方言，奶奶的意思。

腊月二十三就是小年。相传当年玉皇大帝为了了解每家每年的情况,就派灶王爷下凡来了解人间的情况。小年这一天就是灶王爷回天宫复命的日子,也是大家祭拜灶王爷的日子,这一天人们都会给灶王爷摆上祭品想让灶王爷吃了祭品在玉皇大帝面前说说好话,然后在来年的时候降下福报。

过完了小年,家中的媳妇们就开始打扫卫生,家里的被褥也会重新拆洗一下,尽管都是多年的旧被褥但是过年的时候还是会拿出来洗洗涮涮,重新翻新一下,这也算是新年的新气象。这一番打扫也要忙碌上好几天。这样忙碌的日子大概会持续到腊月三十也就是除夕。除夕这一天下午,当家人张向仁会带着家中的男孩们去给家里祖辈们上坟,这样的祭拜和上坟只有家里的男孩子才能去。女孩子一般情况下是不能去上坟的,但是如果家里的男人们不在、或者当家人去世、家中的男孩子还小这个时候当家人的媳妇就会代替当家人去上坟。去的时候,就是备上一个方桌,在桌子上摆上祭品,家里吃什么就给他摆上什么。一般都是鱼肉、猪肉、饺子、馒头、年糕等等。然后给老人们烧点纸钱,家里的孩子们给老人磕个头。把带去的东西留在那里,一家人就回家了。张家这样的穷人家都是去自家坟茔上去上坟,富人家或者大户人家都是把自己的老人们请回来,他们家里面都有牌位,这样就不用再去自家坟地上坟了。

下午上坟祭祖之后,全家人一起在家里主要是贴春联、包饺子准备除夕年夜饭。到了晚上,放完鞭炮一家人就聚在一起吃年夜饭了。

正月初一,新的一年开始,早上起来家里的孩子们要早起给家里的长辈们磕头、说吉祥话。按照辈分,都是先给当家人张向仁和他的媳妇张高氏磕头,然后才是给自己的父母磕头。磕完头之后就开始听家里长辈们的教诲,然后长辈们就会给小辈们压岁钱,祝愿孩子在新的一年健康平安。年初一这天,每个人的脸上都洋溢着笑容,互相之间见了面就都是恭喜发财。

初一在自己家中完年,初二就开始走亲戚。按照当地的习俗,大年初二回娘家,也就是去孩子的姥姥家,初三、初四去姑姑、姨母家,初五、初六就是拜访自己亲近的其他亲戚、朋友。走完这一圈,初五圆年,这个年就算是过完了。

2.元宵节:灯会

正月十五元宵节在当地也要算得上是一个重要的节日。在那天,人们放下了一年的疲惫,一家人在一起开心地玩两天。在当地有这样一种说法:年三日、还四日,正月十五玩二日。也就是说春节期间,自家过年三天、走亲戚还要花费四天的时间,到了正月十五、十六再玩两天。到了正月十五、十六,张家人也是吃饺子,吃元宵。吃饱了饭就去街上看表演。兴福街是很大的一条街,外村就有专门的人来兴福街表演。有踩高跷的、扭秧歌的、敲大鼓还有跑旱船的等。一拨走了之后另外一拨又来,一时间兴福街上熙熙攘攘、人山人海。遥忆当年的场景,张立祥还小,跟着其他的小伙伴们一起去街上看表演。他们来到街上之后发现人特别多,随着时间的推移,人不但没有减少反而还有越来越多的趋势。他们几个孩子在中间根本不用自己走路,只要把脚稍微踮起来,人流就会带着他们走。在长长的人流中,人挤人,人和人之间几乎没有缝隙。所有的人都想着往前挤,更清楚地看到前面的表演。张立祥还小,没劲挤不到前面去,就把脚踮起来,有人往前挤就会顺带把他也挤到前面去。等到小伙伴们回家,说起自己当天的遭遇,发现大家都是把脚踮起来让人流带到前面去看节目,就又引起大家的一阵笑声。

3.二月二:龙抬头

二月二在当地称为龙抬头。在这一天里,当地人都会在家里炒"爨豆①"、吃豆萁。但是如果家中有属龙的人就不能炒"爨豆",因为传说爨豆是龙的眼睛。还有就是在当地有习俗"正月里剪头,死舅",所以正月里人们为求吉利都是不剪头发的。人们都等到了二月二这一天再去剪头发,是为了切合龙抬头这一说法,也是为了讨一个吉利的说法。除了剪头发之外,当地人还会"打门枕②"。在当地打门枕也是有说法的:二月二打门枕,银子钱往家滚。所以在二月二这一天每家每户都会拿着锤子或其他硬物在自家的门枕上打一下,以祈求当年家中能够发财。

4.寒食节:祭祖

寒食节也就是清明节,在那一天张家人都会去自家的坟地里给去世的祖先长辈们扫墓,祭祀一下。除了扫墓之外,小孩子们还会去麦子地里"抓青"。农历三月,麦子还是青色的,大人们就会带孩子去麦子地里,让他们抓一抓刚刚长出来的青色的麦子,一边抓一边说着:抓青了、抓红了,抓得小脚不疼了。抓完青以后,家里的大人就会带着孩子在地里捡点菠菜叶或者其他的野菜回家吃。媳妇们都是拿捡回来的菜叶子熬汤,再配上小米饭,大家一起吃。除此之外,张家人在寒食节这一天也没有其他的习俗和讲究了。

5.端午:吃粽子

在端午节当地并没有特殊的习俗或者是习惯。在张家等到了端午节就聚在一起吃粽子。除了吃粽子之外,家里的媳妇们还会给孩子们编"五丝"。五丝就是用五种不同颜色的线编成的五彩绳,编好以后给孩子们戴在手上或者脚上。家人希望孩子戴上之后可以驱邪避灾,平平安安。早些时候,如果家里有女孩要扎耳朵眼都是在这一天,让家中的老奶奶给扎个耳朵眼。这也是当地的一个习俗。

6.夏至、吃面,鬼节上坟

到了夏至这一天,张家人都是吃凉面。夏至到了就预示着夏天来了,夏天天气燥热,张家的媳妇们都会在这一天做上一些凉面让大家一起吃。

到了农历的七月十五就是当地的鬼节。在鬼节这一天,张家人就会去上坟,给自家坟茔里埋葬的祖先们烧点纸钱。然后再拔一拔坟上的草,擦一擦先辈们的墓碑。这些都是在鬼节时张家人所主要做的事情。

7.中秋节:团圆赏月

到了八月十五,兴福镇上的人家都会聚在一起吃月饼,但是大部分时间张家人买不起月饼。到了这一天,一家人又辛苦了大半年,张家人就会选在这一天包上一顿饺子大家一起吃。以此来改善一下家里的生活。

8.冬至:吃饺子

到了冬至,按照习俗张家会在这一天吃饺子。因为当地冬天非常寒冷,饺子的形状非常像小孩子的耳朵,所以传说选在冬至这一天吃饺子可以防止家里的小孩子冻耳朵,如果不吃饺子的话冬天家里的孩子可能会冻耳朵。所以,张家人都会在冬至这一天吃上一顿饺子。

---

① 爨(xiě)豆:方言,黄豆的意思。爨:方言,在当地是烤的意思。
② 门枕:门槛。

在上述的各个重要的节日里，每个家户都是在自己家里过节日。例如过年的时候都是各自家庭过自己的年。只要分家，就算是住在一个院子里的也是各自过各自的，没有掺和着一起过年的先例。逢年过节，家里的人都会从外地往回赶，如果有事回不来的，家里在吃团圆饭的时候就会给他留出一副碗筷来，就像他回来了一样。

（二）红白喜事

1949 年以前，张家在红白喜事上大都是依照当地的风俗习惯来筹备和组织的。除了遵照当地的习俗以外，张家没有其他特殊的讲究和规矩。

1.结婚习俗

1949 年以前，在兴福镇最早接媳妇的时候都是用轿子抬到婆家来，后来为了改变原来的旧传统有一段时间让娶亲的时候由坐轿改为骑马。到了后来 1949 年以后结婚就改为新郎骑着自行车去接新娘。除了坐轿或者骑马结婚以外，还有一个风俗习惯就是家里嫁女儿的时候，会在闺女出嫁时泼出一盆水去，寓意嫁出去的女儿泼出去的水，再也收不回来了。

等到新媳妇嫁到了婆家，刚嫁过去是不会让新媳妇干活的。新娶进门的媳妇早上要去给公公婆婆请安，请安的时候会象征性地让她给老人们端一次夜壶。端完之后会有"端盆钱"。此外，还有一个习俗叫"拨灰"，也就是新来的媳妇给公婆请完安以后婆婆会让媳妇去厨房的灶里清理柴火灰。尽管说是让她去清理，但新媳妇也只是象征性地去打扫一下，拨一拨灶里的灰，灰里面藏着老人早给媳妇准备下的"拨灰钱"。新媳妇回娘家时还有一个说法就是"叫三日，回六日"，意思是新媳妇在婆家住三天之后娘家就会来人叫着回门。媳妇回家住三天之后就要返回婆家，以后就跟着婆家人一起生活了。在女儿回婆家之前，娘家人都会给媳妇准备上一些火烧、油饼、烧饼，用两个毛巾包起来让女儿带回去给她的婆婆。如果碰上来闹媳妇的小孩就会给一个火烧将他打发走，如果碰上要钱的就给他两分钱买糖吃。一来一去，女儿就开始成为别人的媳妇，跟着她的丈夫生活了。

2.丧葬习俗

1949 年以前，家中老人去世之后，家中在办白事的时候有不少讲究，其中最多的要求是针对老人的儿子们尤其是长子提出的。

首先，就是老人去世以后家里的儿子都要披麻戴孝，手持"哀杖"。所谓哀杖就是在柳棍上面缠上白纸做成的。以上就是在守孝期间对于儿子们穿衣上的要求。其次，在老人葬礼上，儿子们要"陪灵下跪"，也就是说儿子要对所有前来吊唁的人下跪。一般情况下，家中有人哭着前来吊唁，儿子们也是哭着迎上去，然后给前来吊唁的人下跪。尽管平时我们都说男儿膝下有黄金，但是在老人去世的那一段时间里儿子的膝盖都不值钱了，要一直是跪着。老人们说，儿子下跪就是在遮罪，老人把他养大，老人去世之后儿子下跪是在遮自己的罪过。

家里来人之后，男人接待男人，女人接待女人，不同的人不同的关系张家都会有专门的人去接待。此外，1949 年以前，家中如果有未成年人死亡的时候，只能把他埋到坟边上。当地还有个传统就是"未成年人不能进坟茔"，只能埋在一边。

四、家户信仰

（一）家神祭祀

1949 年以前，张家家中并没有供奉财神、关公、观音菩萨等神佛像。兴福村每个家里都有一个天地牌,每当过年的时候都会拿出来祭拜。天地牌就代表天地老爷,类似于门神、路神。一般过年的时候都会有当家人请出天地牌,将其放置在家门口正北^①的方向。在天地牌前面放上一个桌子,在桌子上放上香、摆上祭品,然后再在地上烧纸。祭拜天地牌都是家里的当家人和他的媳妇代表一家人面向天地牌磕头,祈求天地老爷发钱粮,家中能有一个好收成;此外就是求他保佑一家人平平安安。

(二)祖先信仰及祭祀

张家对自己的祖先没有一个明确的概念,加上人的寿命都比较短,记性好的能知道自己的爷爷叫什么名字但是再往上就不知道了,也没有人会专门的去打听这方面的事情。只是偶尔会听家里的老人们讲自己祖上的事情,但是因为年代久远也都不是很清楚了。张家有一块半亩的坟地,那里埋着张家去世的长辈们。张家人在特定的节日里就会去给家里的祖先们上坟、烧纸。除了祭祀自己祖先外,张家人很少拜佛。尽管附近有许多的庙宇,张家人很少进去祭拜,只是偶尔赶赶庙会,去那里玩一玩。

1.祖坟与拜祭

张家的祖坟就是在本村北面,那一片都是坟地,好多人家的祖坟都在那个位置。祖坟距离张家大概3里地的距离。张家的祖坟大概有半亩地的面积,在安葬家人的时候是按照“怀中抱子”的规矩安排家人下葬的位置。所谓“怀中抱子”指的就是一家人埋在一起,长辈在后面,小辈在前面,形成类似怀中抱子的形状和排列方式。例如张立功去世后埋葬在他父亲张向平的前面,张立民去世后要埋在其父亲张向诚前面,张向平三兄弟就埋在他们的父亲前面。平时张家人也会去修整和维护家中的祖坟。一般情况下是清明的时候去祖坟上“添坟”。所谓“添坟”就是早年间张家的坟都是用土堆起来的,时间一长风吹日晒难免会有泥土脱落。清明的时候张家人就会用铁锹把土重新往上堆一堆,这就算是维护了。

张家在特定的节日比如春节、清明、鬼节等节日里会去上坟祭拜。除此之外,在其父亲母亲忌日的时候也会去祭拜。再往上的长辈们的忌日就记得不是很清楚,所以也就不去祭拜了。祭拜祖先也都是家里的男人们去祭拜,只有男人不在家的情况,媳妇才会代替自己的丈夫去给家里的老人上坟。给老人上坟是必需的,家里的长辈也会教育自己的孩子让他给老人上坟,并教给他上坟的规矩。张家上坟的方式和习惯都是一代一代传下来的。如果谁不去上坟或者坟上没有红坟头纸,村里的其他人就会说这家没有人;如果人们看到哪家老人的坟头上经常有坟头纸,就知道这个人家这几年过得很好,家里常有喜事。此外,张家在祭拜祖先的时候也都是报喜不报忧,给老人们说一说这一年里家中发生的喜事,然后祈求他们保佑家里人都健健康康、平平安安。

2.家谱与孝道

张家在1949年以前有一本家谱,上面记载着张家祖辈人的名字。但是这本家谱在1949年分家的时候在张立功家遗失了。从此就再也没有找到,近期张家的老人们打算回家重新续写家谱,捋一捋家里的辈分好为下一代人起名、排辈做打算。

张家是非常重视孝道的,家里的老人都会教育孩子孝敬老人、听老人的话。张家家中很少出现不孝敬老人的情况。如果有孩子不听话还是以教育为主,张家的人都会说,对待孩子

① 天地牌放置在正北方:主要是因为当地人以正北方为尊。

都是一打二吓唬,在孩子不听的情况下才会打孩子。在张家传统的孝道的教育下,张家的孩子都懂得孝敬老人、顺从老人,他们也都做到了,张家几乎没有出现过不赡养老人、顶撞老人的情况。如果有也是孩子在小的时候比较调皮,但是在父母的教育下也都认识到自己的错误,不敢再犯了。

(三)庙宇信仰及祭祀

那个时候在兴福镇有许多庙宇,遍布东西南北四个方向。

南方有三个庙,分别是:大姑庙、廊坊庙和百子殿。大姑庙、廊坊庙和百子殿这三个庙宇与张家的距离大概均在2里到3里路之间。其中大姑庙是帮着别人看孩子。相传大姑是一个扎着大辫子的姑娘,穿着红绸子裤、绿绸子袄,身披红斗篷。有的人家家里的大人在外种地管不上孩子就会把孩子送到大姑庙去,在里面孩子不哭也不闹,如果有孩子尿了或者拉了就有大姑庙里的工作人员负责打扫。其性质类似于现在的幼儿园,孩子在其中也跑不到远处,也不会出现什么意外。打拳的人会去廊坊庙。百子殿是求子的地方,如果家中没有孩子,就会去百子殿里去求子。

东边有两个庙宇,分别是关爷庙和三观庙。其中三观庙距离张家大概一里地的距离,关爷庙距离张家有两里地左右。后来三观庙北屋里的神像没了,就改成了"完小"[①]。

北边有两个庙,分别是土地庙和灯坊庙。灯坊庙距离张家有百米左右的距离,而土地庙在牲口市附近距离张家三里地左右。人们家里如果死了老人就会去土地庙送老人,给老人送浆水、烧纸也叫给老人送盘缠。

西边只有一个庙,叫作石佛庙也叫石方庙,距离张家大概1里地左右。去石佛庙的人大都是求健康,有病的就求去病、无病的就求健康、平安。附近李家庄里有一个神婆,既能收魂,也能叫魂。看到小孩子在街上玩,一拍孩子的头,就能把孩子的魂抓走。抓走之后她就会到小孩子的家中跟小孩子的家人说:"小孩想要好,要个小车脚。"家人给了她之后,她就会给孩子把魂再叫回来。人们为了不让她再把孩子的魂叫走就会去石佛庙求孩子健康,并且承诺说如果孩子平安就给他做上一身新衣服。果然孩子平安,孩子的家人就给石佛老爷做一件红衣服。神婆知道之后一气之下将石佛的衣服给偷走了,再之后这件事情便不了了之了。

尽管兴福街有这么多庙,但是张家人一般不会去烧钱烧纸。1949年以前,张立祥的奶奶或者张家的其他媳妇们会在逢庙会的时候进去拜祭一下。农历九月九是石佛庙的香火,九月九又正好是兴福集,所以石佛庙的香火一直很旺。村里有一个要饭的老太太去石佛庙求儿子能娶上媳妇,娶上媳妇之后一定会好好感谢他。后来,她的儿子果真娶到媳妇,但是在接亲的路上媳妇所坐轿子的轿杆断了,媳妇就在去成亲的路上被摔死了。人们都说之所以会发生这样的事情主要是因为人只要许了愿就必须要还愿,而那个老太太在儿子结婚的时候没有及时去还愿才酿成了这样的恶果。

五、家户娱乐

(一)结交朋友

1949年以前,张家的男人们如果在外面有玩得好的人都会与他们"拜交"。拜交之后两

---

① 完小:指完全小学。

人就成为朋友,甚至是兄弟,两个人的关系就比较密切了。而这种关系就介于亲戚和街坊邻居之间的一种亲密的关系。另外,孩子的干娘也可以称作张家的朋友。张立新小的时候身体不好,张家人听说"小孩想要长,找个留干娘"。所以张向仁就在程魏徐[1]给张立新找了一个干娘。干娘家里只有一个儿子叫胖大栓,儿子是卖杂面的,平时就会给张家送点杂面。后来张立新外出谋生,大栓还会经常去看望张立新的母亲张高氏。

张家选择结交朋友的时候一般是选择投脾气、说得来的人家,并且张家的朋友大都同张家一样,都是农民靠种地为生。张家在村中的朋友不是很多,村外更是少有。村外仅有张立新干娘一个朋友。那个时候只有男人可以出去交朋友,女孩很少出去交朋友。

张家人跟兄弟拜交、认干娘都有一定的仪式,尤其是给孩子认干娘必须要经过当家人的同意。平时过年过节都会相互走动走动。张家和朋友家也是会互相帮助,比如早些年间张家没有牛,朋友家有牛,就会借朋友家的牛来用一用。除此之外,互相帮忙也是应该的。

(二)串门聊天

1949年以前,张家人不会打牌,平时有闲暇了,最多是去邻居家串门聊天。张家无论男女都会去串门,但也大都是去邻居或者村中相好的人家。张家人大多会选在农闲时候,例如早上下雨没有到地里去干活或者晚上吃完了饭看天还早,就会去邻居家串串门、聊聊天。男人串门主要是去找对方家里的男人们聊天,聊的是家里的经济状况、收成以及商量结伴去做柳编生意。女人们去串门也是去找对方家的女人们,她们聊的更多的是家长里短、干活的孩子。男人和女人之间还有一个不同就是:一般男人们在一起聊天的时候就会让孩子们到一边去玩,不要打扰他们聊天;女人们则不同,女人们在一起聊天更多的是一边干活一边聊,比如纳个鞋底、缝件衣服时聊天,在她们干活和聊天的同时还要看好自己的孩子,让孩子不要磕了碰了出现什么意外。但是不管男女,他们谈论的内容都是自己家里的事情。主要是因为大家都是农民,常年甚至是一辈子生活在村里,对外面的事情知之甚少。张家人如果要出去玩、串门,不会一家人都出去的,因为在张家人看来"破家值万贯",即使家里再破烂,在自家人心里也是十分重要的。张家一般会留下老人在家看门。一是因为老人年纪大了,行动不便不愿意出门;二是因为年轻人好动,喜欢出去玩。所以家中如果不是全家都需要出门的情况下,老人会主动留下来看家,让孩子们出去玩。

张家人去别人家串门的时候都是吃饱饭去,不会留在别人家吃饭。同样的其他人来张家串门的时候也是会吃饱饭再来。当地人出去串门大家都有一种默契就是不去给别人家添麻烦,客人会吃饱饭来串门或者一到饭点就主动提出离开,如此主人也不会强留。张家与邻居朋友之间保持着友好并互相尊重互不打扰的良好关系。

(三)逛庙会

1949年以前,兴福有两个著名的庙会,那就是农历三月三的庙会和九月九的庙会,尤其是九月初九是当地石佛的庙会,而那个石佛在当地来说是十分灵验的,所以九月初九的这个庙会十分热闹。除此之外,九月九庙会热闹的另一个原因就是农历的九月份家里的粮食刚刚收回来,经过家人一年的努力,张家会多少有点积蓄,所以张家人平时参加九月九庙会的时候比较多。

---

① 程魏徐(音):地名。

1949年以前,张家去逛庙会的都是年轻人。年轻人喜欢热闹,一般如果有庙会家里的年轻人就会叫上自己的朋友伙伴一起去庙会上逛一逛、玩一玩。在有庙会的那天,张家人就会去邻居家找他的朋友,跟朋友说:"走啊,去庙会上看看有什么贱①东西。咱们一起去玩玩、看看。"朋友也都是欣然应允,之后张家就跟邻居朋友一起去逛庙会。

张家人逛庙会的时候主要是去凑热闹,虽说是去庙会上看看有什么便宜的东西买回家给家里用,但是张家因为确实比较困难所以一般情况下还是不会随便的就购买东西。张家人在逛庙会的时候大部分都是看一些节目。村里会集资请人来搭台唱戏。如上所说,张家人一般很少去求神拜佛,但是在九月九石佛香火这一天张家的媳妇们会去拜祭一下,祈求家人平安。

(四)看戏

张家有闲暇时间的时候还会去看戏。在兴福镇每到过年和赶庙会的时候乡镇上就会在兴福大街中心的广场上组织唱戏。每到过年的时候初三、初四连唱两天,庙会的时候也会唱上整整一天。

那个时候,四里八村的人家都会来听戏。张家还会专门让家里的孩子提前拿着家里的小马扎去那里占座,好让大戏开场的时候家人能有一个好位置看戏。张家如果有亲戚要来看戏,也会拜托张家人帮他们占一个位置。不只是张家会去占座位,每家每户都会去,尤其是大户人家还会准备上方桌、椅子,并在方桌上摆上点心、水果等供来看戏的人食用。如果占不上座位就只能站在一边看戏,尽管如此还是阻挡不了人们看戏的热情。

张家也主要是家里的年轻人去看戏,到了晚上,吃饱了饭的年轻人就会带着自己的老婆孩子,叫上自己的亲戚朋友一起去。家中的媳妇和孩子都是看一会儿就回家了,只有年轻的男人才会一直坚持着看完整场戏剧。因为一场大戏整整要三四个小时才能演完,过年时又正是寒冬腊月天气寒冷,只有年轻的小伙子才能经受住这寒冷坚持把戏看完。

张家的家户娱乐也是十分匮乏,很少有时间外出串门或者看戏。并且外出赶庙会、看戏的时候都是家里的年轻人去得比较多,他们平时跟当家人说一声就可以出门了。家里的老人们都会主动地留下来看家,在家里休息。除了一年中少有的休闲时间,张家大部分时间还是都用于从事农业劳动和维持生计。

---

① 贱:方言,便宜。

第五章　家户治理制度

　　1949年以前,张家都是由当家人当家做主,家中的大小事务都是由张向仁做决定,这在张家来说不只是一种权利,更多的是一种责任和义务。张家对于每个家庭成员都有一定的保护功能,对于张家人来说,无论是天灾还是人祸,家庭都是他们最后的避风港。在那个年代一个人几乎难以生存,而在家庭中无论遇到什么困难,一家人在一起都可以想办法慢慢将其克服。在家庭之中也是无规矩不成方圆,尽管张家没有成文的家规禁忌,但是在日常生活中还是会有自家的规矩,这是每个家庭成员都要遵守且不能轻易违背的;认真遵守的成员会得到奖励,违背的成员则会受到当家人或是父母的严厉惩罚。国有国法,家有家规。尽管张家是小户人家,但是在村庄及国家公共事务方面,张家人都是依法依规行事,对于自家必须履行的责任也是从不推脱,积极参与。

一、家长当家

(一)长者当家皆服从

　　1949年以前,张家一直是张向仁当家,一直到1946年张向仁去世以后才分的家。尽管分家以后张家人依旧住在张家的老宅里,但张立功和张立民都带着自己的妻儿各自过生活,张向仁的妻子张高氏独自抚养张立祥三兄弟。

　　1949年以前当地人称呼当家人为"当家的",家里的家庭成员都是按照辈分来称呼当家人,外人称呼也是按照辈分来互相称呼。例如,张立功称呼张向仁为三叔,周围邻居或者朋友家的人都是跟随自己的父亲与张向仁的关系来互相称呼。比如邻居家孩子的父亲与张向仁同辈,那么孩子就根据自己父亲与张向仁两个人年龄的大小来决定称呼,张向仁年纪大则叫"大爷",如果张向仁年纪小就称为"叔"。

　　张家里不分内外当家人,家里的当家人只有张向仁自己。张向仁在家里主要负责管理家庭生产、家庭对外的事务、教育后代以及代表张家跟人打交道;家里的事情张向仁不太会干预,家里的事情一般是妻子张高氏带着家里的媳妇们干的,不用张向仁过多的干预和管理。但是并没有称张高氏为"内当家",因为家里家外如果有什么事情主要还是由张向仁决定。村里人也都知道张向仁是家里的当家人,村中的人提起张家的时候都将其称为张向仁家,外人跟张家打交道的时候都会找张向仁,跟张向仁打交道。1949年以前,张家在外如果有什么事情需要跟人打交道的话也都是张向仁出面跟人打交道。如果有事情需要商量一般是张向仁和张高氏与张向仁的侄子商量,一家人在一起吃饭的时候张向仁就会把需要商议的问题提出来,然后再由他们一起商量,大部分情况下家里人都是遵从张向仁的意见。家中的小孩和侄媳妇是不能参与讨论和决定家庭事务的。

每家每户都会有自己的当家人,就像现在每家每户都会有一个户主一样。如果家中是只有父母和孩子的传统家庭,那么当家人自然而然就是孩子的父亲;如果家中是几代人共同生活在一起的扩大家庭,那么家中的当家人就是家里的长辈。一般情况下,家中当家人都为男性,很少有女人当家的情况,只有在家中男人去世、孩子还不足以顶起整个家庭的时候,女人才会出面当家,因为女人当家很容易受到欺负。例如,1946年张向仁去世,张家人开始分家,分家之后张高氏就独自带自己的三个孩子生活,大儿子张立祥年仅14岁,还不能担当起成为当家人的重任。无奈之下,张高氏就只能自己当家养活三个孩子。本来穷人家的家就难当,再加上张高氏是一个女人,所以这一段时间之内,张向仁一家过得十分困难。

在张家,确定新一任的当家人不需要开会,也不需要请示家族族长,更不用告知村长和乡长。前任当家人去世之后,其未分家的兄弟或者长子就自然而然地顶替他来当家。当家人的位置一定是留给家里长辈的,除非家中的长辈身体不好或者残疾无法当家,只要家中有健康、能管事的长辈就会让他当家。因为长辈在家中比较有权威,在家里家外说话也都很有分量。张家更换当家人之后不用跟街坊四邻或者亲戚朋友说。因为一旦当家人去世,其他人家也能猜到张家以后由谁当家。如果猜不到,平时外出与张家打交道的时候也就知道张家的新任当家人是谁了。

(二)家长权利更似责任

1949年以前,张家当家人能够当家主事的权利大都来源于长辈的权威,张家人从小就被教育尊老爱幼,所以长辈当家的时候家里人出于尊敬也会遵从当家人的各项安排。当家人负责家中里里外外的各种事务,归纳起来大概有以下类型:财产管理、劳动安排以及家中婚丧嫁娶等的各项事宜。

1.当家权利及管理范围

1949年以前,张家人选当家人的时候都是以老为尊,一般情况下都会选择家中的长辈或者长子来当家。如果之前的当家人去世,一般情况下是长子顶替父亲来当家;但是如果长子未分家的叔叔还在的情况下就是叔叔来当家。张家就是这样的情况,张向仁的父亲去世以后由长子张向诚继承家业,当家做主。张向诚去世以后张向仁还健在所以张家就让张向仁来当家。当张向仁当家的时候,家庭其他成员都要服从当家人,无论长辈还是晚辈都需要服从当家人;张家人很少出现顶撞当家人的情况。如果对当家人所做出的决定有异议,一般情况下也不会说出来,张家人对待当家人决定的态度就是"错了错安排",当家人安排错了也是错着干。而这种"规矩"也是对家中长辈尊重的一种体现,尽管在现在看来并不是十分合理,但是这是张家孝道的体现。

张向仁当家管理的范围涉及了张家的方方面面,小到家中购置食材、日用品,大到全家的生产安排、婚丧嫁娶都是由张向仁当家做主。但是张向仁在家也不是一人独尊,他也会向家人尤其是自己的侄子和妻子征求意见。穷人的家难当,张家的日子过得非常艰难,张向仁也想用这样的方式来尽量保证家中的公平,维持一家人的和睦。

2.财产管理

在当家人所有的权力当中,对于家中财产的管理权可以说是最为重要和关键的,而这也是穷人的家难当的关键所在。因为张家作为普通的小户,家里要用4亩地养活家中13口人,也是十分艰难和不易。当家人要管理家中的财产,可是张家除了家中的四亩地什么也没有。但是日常的消费又需要开销,家中几乎无钱可以拿出来供家人消费。在这个层面看来,当家人的权利就变成了养活家人的责任,这对于较为富裕的中户或者是大户家来说可能十分容易甚至丝毫不用费力,但是这对于张家来说却举步维艰。张向仁就利用自己从小学会的柳编手艺,一有空闲就到外村去卖柳编制品或者帮人修补柳编制品,想要以此来补贴张家的收入,让家里能有点现金来应付日常的开支。

张家的媳妇如果要去集上买点蔬菜、粉皮都需要向张向仁要钱,张向仁根据家庭具体的情况,当月若是家里做小买卖或是卖柳编收入比较多,手头有钱,张向仁就会多给一些;如果当月生活比较困难张向仁就会少给一点;如果家里当月没有额外的收入,那么张向仁就没有钱给媳妇,张向仁就会让侄子或是媳妇去地里挖点野菜来吃。就是这样精打细算、辛勤劳动的情况下,张家才勉强能够维持一家人的收支平衡,达到自给自足的状态。

3.劳动安排

除了管理家中的财物以外,张向仁还会负责家中日常的劳动安排。通常在张家,张向仁负责家中男人日常在地里的劳动分工,张向仁的妻子张高氏负责家中媳妇的日常工作。

在张家,一般情况下张向仁会在前一天晚上吃饭的时候告诉侄子们明天地里需要干什么活。到了第二天,张向仁和侄子们就扛上劳动工具去田间干活了。张家家里只有4亩地,主要是由张向仁加上两个侄子三个人种植。这样的劳动强度对于张家人来说并不是十分大,都能够承受。张家人地里的活都是男人们一起去干,大家一起去,在地里一边说着话一边干活也不觉得累。干完了地里的活,张向仁就不干涉侄子们的时间了。所幸,侄子们都十分懂事,要么利用家里的地,再在其中种植上一些经济作物例如烟草、芝麻等;要么就是在听到张向仁说第二天地里的活不多之后,主动跟张向仁说自己第二天出去到集市上做点小买卖,买点瓜果梨桃挣点零钱。两个侄子都会用自己的方法来给家里增加收入,以此来补贴家用。张向仁对于侄子们所做的事情并不加干涉,只是会在他们不懂或者不知道该怎么办的时候稍加指点。

4.婚丧嫁娶的安排

除了安排家里日常消费、生产之外,当家人还有一个重要的作用就是要为家里未成亲的人寻找亲家,给他们定亲、主持婚事。如果家里有老人去世,也是要由当家人出面来办理家中的丧事。

兴福镇的年轻人们不能自主安排自己的婚事,都是由当家人决定;丧事更是如此,当家人在这些事情上的作用和地位不言而喻。同样的,安排各项事务的权利在张家也会变成当家人的责任和压力。例如,张向仁当家时就要给自己的侄子们筹备婚事,而张家的生活又实在困难。张向仁没有办法,为了不耽误侄子的婚事只能出面借钱,张向仁也是借遍了张家的亲戚朋友,如此才凑足了钱让大侄子张立功能够顺利地娶妻生子。

像张家这样的贫困家庭,当家人的权利更像是一种责任,一种守护家庭甘愿牺牲的精神。穷人家难当,但是张向仁用他的智慧和努力在艰苦的条件下努力维持住了张家一家的和谐和稳定。

(三)家长更替两大原因

张家除了当家人之外,没有其他的代理当家人。如果张向仁外出卖柳货,那张家的事情大都由媳妇张高氏维持,如果有需要当家人出面的事情张高氏就会让大侄子张立功代替张向仁去应对外面的一些事情,等到张向仁回家之后在向张向仁汇报,告知张向仁。

张向仁之所以成为当家人,是因为家里的两个兄长都相继去世了,张向仁成为家中辈分最高的人,自然而然地就成为张家的当家人。在张向仁当家之前是张向仁的大哥张向诚当家,张向诚去世以后张向仁当家,后来张向仁去世以后张家分家,张向仁的妻子张高氏当家带着自己的三个儿子一起生活。分家之后张立功、张立民都在自己的小家里当家做主成为自己小家里的当家人,分家之后各自过各自的日子不再互相干涉了。尽管很少有女人当家,但是张向仁去世之后家里孩子还小,就只能是张高氏当家。

当家人更替,一是因为孩子长大娶妻生子之后大家在一起生活十分困难,没有奔头,分家之后各自生活能提高各自小家的生产积极性,改善家里的生活条件;二是因为当家人过世,能独自生活的孩子就分出去独自生活,身有残疾或者还未成年的孩子就跟着家里的长辈一起生活,然后家中辈分最高的人成为下一任当家人。

二、家户决策

(一)张家事由家长定

家里的大小事情都是由张向仁说了算,但是对于家中的家务劳动等事情张向仁一般不太管理,都是交由自己的妻子张高氏来管理。如果家中有什么重要的事情张向仁也会知会家里人,偶尔跟侄子们商量一下。但是商量事情并没有专门的家庭会议。如果有事情商量张向仁会选在一家人聚在一起吃饭的时候,把事情告知大家然后大家发表自己的建议。

(二)无论内外当家定

家里的大事情如结婚、劳动、修葺房屋都是由当家人说了算,由当家人出面找人帮忙、商议事情。但是对于张家家庭内部劳动如洗衣、做饭、缝缝补补等,当家人一般不去干涉,都是交由当家人的媳妇来管理,安排家中的其他媳妇或者未出嫁的女儿干。

张家在家中事务的决策上主要是由张向仁决定的。尽管张家没钱,但是各类大小事务却是从来没有少过。小到平时买衣买菜,大到过年过节走亲戚、为孩子们筹备婚事,发送老人这些都是由张向仁一人做主。如此多的事情张向仁不可能自己全部都管理好,所以张向仁的妻子张高氏就会帮着张向仁管理记账内部的事情。并且张向仁外出时,张高氏也会帮忙打点家里家外的事情,照顾一家老小。

三、家户保护

(一)与人为善,以和为贵

张家人在与人交往的过程中都是注重与人为善,很少与人争吵。但是有时候张家的孩子在小的时候跟小伙伴们玩耍的过程中难免会发生摩擦和争吵。这个时候,如果孩子们之间是小打小闹、相互之间只是闹闹别扭的话张家人和另一家的大人都会选择沉默,让孩子自己解决。因为,孩子们之间的小打小闹都是很正常的,小孩子们不记仇打完架之后过一段时间就会像什么事情都没有发生一样。但是如果大人去掺和、维护自己的孩子的话不仅不利于问题的解决,还可能会伤了两家的感情。如此这种情况家人都不会去干涉。但是如果家里的孩子在外闯了祸,让别人找上门来,张家人就会辨别事情的严重性及真伪程度。如果真的是自家孩子的错,张家人就会当着当事人的面教育自家的孩子,让孩子给别人道歉,孩子的父母也会给对方赔礼道歉。如果事情不是孩子的错,张家人也会先道歉,然后代表孩子给对方解释一下,帮自己的孩子澄清一下。如果是遇上其他人欺负张家人,张家人也会一同面对,家里的男人们会一起出门去对方家里理论,不会让他们轻易欺负自家人。

张家人没有犯法的情况,张家人从来都是老实本分,心中所想不过是努力工作维持一家人的生活,让当年的收支可以平衡,不至于让一家人没有饭吃从而沦落街头或外出逃荒。尽管没有违法犯罪的情况,但是张家人表示一旦家里的孩子做出了什么违法犯罪的事情家人也是不能也没有办法保护他的。尽管是自己的孩子,但一旦违法犯罪就必定要受到惩罚,这时家长或者家里人再想保护他也是无能为力的。家长能做的就是在孩子还未犯大错前就认真教导他,让他知荣辱懂进退,如此才不会犯下不可挽回的错误。

(二)在外受难家人安慰

如果家庭成员在外面受了委屈,一般不会回家诉说。张家人的性格都是报喜不报忧。尽管如此,家人还是会在自己孩子的言行里看出孩子是不是在外受了委屈。这时候孩子的母亲或者是奶奶就会安慰孩子一下。孩子的父亲或者其他男性长辈是很少安慰孩子的。张家的女儿如果在婆家受了委屈回来母亲也大都劝孩子忍让,教育孩子要顺从和孝敬。

张家的家长在对孩子情感支持方面,更多体现的是张家对于事情的处理方法和平时为人处世的特征。张家人倡导以和为贵。张家人在与外部发生纠纷或者在家中受了委屈,他的母亲都是劝和,教育孩子对待外人宽容,对待家人忍让,遇到事情尽量是大事化小小事化了。

(三)防备天灾人心齐

1949年以前,张家受灾的时候并不是很多。张家最经常遭遇的是旱涝灾害。因为张家都是靠天吃饭,家中地里并没有可供来灌溉或者排水的设施,所以一旦当地有点旱涝的情况张家是一定会受到影响的。但是,张家人相信贱苗收三分,只要是地里有苗,耕种后尽管有一定的旱涝灾情也会有所收获。并且,张家一般会采用"打月影"①的方式来预测当年的旱涝情况。如果预测的结果不好,张家就会提前购置、囤积点粮食好用来维持一家人一年的生活。

虽说旱涝灾害经常会导致张家的收成有或多或少的减产情况,但是起码一年劳作下来还是会有一部分收成和收入的。张家人常说:手中有粮,心中不慌。家中有了粮食无论是多是少,无论是掺糠还是掺野菜一家人也能对付过一个冬天。但是如果遇到了蝗虫灾害,张家的苦日子就没有那么容易地度过了。当年有一场非常严重的蝗灾,蝗虫所到之处几乎是颗粒无收。一般情况下蝗虫都是吃谷子、稻子,没想到那一年蝗虫连高粱也都吃得一干二净。那一年,漫天的蝗虫席卷而来,铺天盖地全部都是,将当地的粮食全部啃光吃净,就连盐碱地里的高粱也没能幸免于难。因为没有预料到当年会有这样的事情,家中也没有提前准备粮食,而整条兴福大街上也极少有卖粮食的,就算有价格也较以往来说贵了许多。张家买不起粮食,只能将家里所剩的粮食一省再省。干粮里的糠越掺越多,家里吃野菜的次数也越来越多,甚至到后来连野菜也很少了。但是家里的人要干活,吃不饱饭就没有办法干活,所以尽管家里粮食不多还是要想办法让一家人尤其是干活的男人们吃饱。家里的媳妇们想尽一切办法,看着能吃的就给家里人做上,不管吃的如何但也能让家人吃饱。到后来日子越发难过,在地里已经很难弄到粮食和野菜了。家里的男人们就商量着出门做点生意、买卖,

---

① 打月影:当地一种预测来年收成的方法。

去远处卖点柳货给人编编柳编好挣点钱换粮食。就这样，张家一家人还是不能顺利度过整个灾年，最后向亲戚或是向平时关系较好的富农家里借点粮食，以此支撑张家一家的一日三餐。

说到对灾情的防备，张家只是在过年时通过"打月影"预测当年的情况。如果预测到家中可能会出现旱涝灾害的时候就提前购置点粮食，先保持住一家人的生活。除此之外，并没有其他防备灾害的措施。张家家中没有钱在自家地里修建水井灌溉土地，也没有专门的排水渠来应对洪涝灾害。其他邻居家有，但是想把水送到张家的地里来浇灌也是十分麻烦的，因此张家不到万不得已是不会去邻居的鸳鸯灌里借水浇地的。所以，张家应对自然灾害的能力是极低的。但是张家依靠张向仁和两个侄子外出卖柳货、做小买卖以及周围亲戚朋友的帮衬，磕磕绊绊地度过了一个又一个灾年。

（四）村中恶霸把人欺

1949年以前，村里有个"还乡团"。还乡团的成员大部分是原来共产党在土地改革时打跑的地主以及乡绅恶霸。在他们眼里，共产党分了他的地、分了他的房、"革了他们的命"，打破了他们持续剥削劳动人民的美梦。所以在他们看来，共产党跟他们势不两立。八路军在当地土地改革之后就撤退了，八路军刚走地主们就回来了。他们花钱雇打手，组成"还乡团"向普通农民老百姓索要他们的土地。一般农民害怕他们，就纷纷让出自己的土地，从自己刚分得的房屋里搬出去。到后来甚至有一些人刚听说还乡团的人回来了就赶紧从地主家里搬出去，分得土地的农民连自己耕种所得的粮食都不敢去收割。

村里"还乡团"的领导人是李冰举（音），他曾经是当地有名的大地主，土地改革以后把他的田地和房屋都分给了普通农户。他为了逃脱制裁离开了兴福镇。但是后来八路军离开以后他就花钱雇了一群人返回兴福镇。李冰举可以说是人人都憎恨他，如果可以兴福镇的每一个人都想拿刀一刀一刀地剐了他。这样难掩的恨意说明了李冰举是多么可恶。并且老百姓们都称还乡团里的人为"汉奸"，而称李冰举就是"汉奸头子"，仅从称呼上就可以看出百姓对待他们的态度都是敢怒不敢言。

李冰举返乡以后，专门残害共产党人。当地有一个妇救会，其中大部分都是共产党人。兴福镇的共产党人都是在暗处开展工作，帮助妇女、农民摆脱压迫，追求解放。村中的共产党人一到晚上都不敢回家睡觉，都是在高粱地里随便找个地方睡觉。因为一旦回家被李冰举带人抓住的话不仅自己会没命，而且还会连累家人。妇救会的会长叫李昌议（音）。有一天傍晚，有人给他报信说李冰举带人来抓他了，李昌议也是一个大胆的人，他以为李冰举绝不敢光明正大地到他家里来抓人，所以当天晚上也没跑就在家里睡觉。没想到李冰举真的上门来抓人了，就在李昌议上厕所的时候把他给绑走了，临走时还把李昌议的兄弟给绑走了。绑走之后李冰举还给他们开审判大会，在会上例数共产党的"罪过"。批斗完之后就在李昌议兄弟两人嘴里灌上辣椒水，然后把他们装进麻袋里从柳桥上扔进了小清河里。

李冰举就是用这样残忍的方式杀害共产党人。不仅如此，他还每天拿着一把枪在兴福街上招摇过市，稍微看人不顺眼就会用枪打死他。就这样，村里、乡上的人都对他恨之入骨。张家人还曾经被他绑架过。张立祥的二大爷正在自家坟茔旁摘绿豆，而此时李冰举正在跟共产党员在旁边发生争执。二大爷并不认识李冰举，以为是两伙人在路上打架，好心上去劝阻，反被李冰举当作共产党员给抓起来了。当晚，二大爷就跟其他几个共产党员一起被李冰举关在柳桥旁边的茅屋里。张立祥的二大娘听说以后，赶紧跑来找张向仁商议，想让张向仁帮忙想想办法把二大爷给救出来。知道这件事情以后，张向仁也是多方打听，打听到当晚在茅屋外值班的人就住在张向仁家附近，并且平时两家的关系还比较不错。张向仁当即就去到他们家，跟对方说清楚自己的来意，以及证明张立祥的二大爷不是共产党，只是想过去劝架，没有其他的意思。就这样，当天晚上看守的人就把二大爷偷偷地放了出来。

李冰举打死人、将人投入河中淹死的事情比比皆是，他的罪恶更是罄竹难书，是一个人人喊打的角色。尽管他作恶多端但是一时间却没人能够抓住他。主要是因为他是本地人十分熟悉地形，加之狡兔三窟他的藏身之处又不只一两处，所以想要抓住他也绝非易事。不过，终究邪不压正，共产党后来将他抓住，并送到广州大狱里面去看押。但李冰举贼心不死，掀开监狱屋顶上的瓦，撞开小门从那里逃跑了。逃跑之后他曾经给家里，他的弟弟李冰瑞写过信，但是李冰瑞深知哥哥的罪行，并不敢私自拆开来看。一收到信李冰瑞就把它送到了公安局。李冰举逃跑之后收不到家里的回信，深知家里已经回不去了，索性就一路逃到了台湾。后来人们听说，李冰举在台湾的日子也并不好过，虽然他在兴福镇兴风作浪残害共产党和普通百姓，但是他到了台湾之后却沦为一个乞丐。这或许就是罪有应得。

李冰举就是地主恶霸的代表，张家对于这样的人也是没有办法，能做的就是尽量不去招惹，离他们远远的，否则一不小心可能就会命丧黄泉。但是，一旦家人有难，张家人就不会退缩，即便李冰举很可怕杀人如麻，但是张家人为了救自家人也是不怕危险，十分用心和努力。

在那个年代，地主恶霸就像是社会的毒瘤，他们没有任何道理可讲，办事也是没有规矩，随意欺负、杀害村中的无辜百姓。像张家这样的普通老百姓无权无势，只是想在这乱世间讨个生活，并不参与权利的斗争，就算是这样也没能幸免于难。地主恶霸带领着他的"还乡团"为祸一方，弄得自己人人得而诛之。尽管这样说，张家还是不敢招惹地主，哪怕自己的家人被他随意抓走也只能偷偷救出，不敢声张也无处诉苦。

(五)战乱来时无防备

张家在张向仁当家的时候并没有经常遭遇战乱，打仗的情况也不是很多。张家人经历的唯一一次战役就是1947年的大王桥战役。这场战役大概持续了半天的时间，尽管只有半天时间，也有不少的人在这场战役中牺牲。

那场战役是由共产党和当地的土匪汉奸在大王桥这个地方相遇，随即双方就在大王桥这个地方展开了一场战斗。这场战斗是一场没有准备、没有事前筹划的战斗。双方在大王桥偶遇，并且都想从此地经过，但双方又都互不相让僵持不下才导致了双方开战。尽管共产党的军队碰上的不是国民党的正规军，只是原来的地主经历过土地改革没了房屋和土地，心存不甘自己花钱买枪、雇人组建的一支武装队伍，但是他们与共产党水火不容，心存恨意。尽管在战略战术以及战斗力上比不上正规部队，凭着心中的恨意一时间也是难以控制。从而这场战斗在刚开始的时候就陷入了胶着的状态。一时间是子弹炮火漫天飞，一般人家都不敢出门，全部都将自己家的大门紧闭严令家中的孩子不许外出，生怕子弹不长眼让自己或者家人被打中。

张家也是如此，张家家里是普通的茅草屋，也没有什么防御措施，张家唯一能做的就是不出门，对战场或者战场上的人、事敬而远之。如此，战乱时祸事一般就不会蔓延到张家人头上。

这场战役在傍晚的时候结束了，双方均损失惨重。后来有人打扫战场清理尸体，短短半天的战斗，这尸体竟也堆满了整个乱葬岗。这些去世的人好一点的被埋在了地下，但更多人横尸乱葬岗。后来,战争结束了,当地政府在大王桥那个地方建了一块烈士碑,正面写着马千里的题词,后面写着烈士的名字。每到清明就会有人自发去那里扫墓,祭奠死去的亲人和烈士。

张家没有受到战争的影响,只是在战后有七八个八路军走到张家门口,看到了张家邻居小庆家墙头上长着几个葫芦,就采下来吃。而那种葫芦是不能吃的,是小庆家种来做瓢用的,吃起来十分苦甚至难以下咽。但是那几个八路军可能是饿极了,采下来几个人分着吃了。到了晚上他们找不到睡觉的地方就到张家来借宿。张向仁把他们安排在了自家的小南屋里,他们七八个人打地铺睡在里面,二儿子张立新就睡在他们旁边。早上起来,他们没有打搅张家的人,自己起床后扛着枪就往北边走了。

张家对于战争、战乱没有任何的防御措施,唯一能做的就是躲避退让,尽量保住自己和家人的性命。在那个年代,张家人对于共产党是非常有感情的。虽然张家家中没有共产党员,但是如果共产党人来寻求帮助张家人也是会非常热心地尽自己所能来提供帮助。

四、家庭规矩与禁忌

1949 年以前,像张家这样的普通人家没有什么家规、家法。家中办事的规矩都是按照当地的习俗、本地的习惯以及家中的具体情况来办,家中并没有其他额外的讲究和规矩。

说到禁忌,张家还是有点老辈子上传下来的说法的。例如在生产上张家人说:下雨天不能锄地、踩地、不能拔草。主要原因是一下雨之后,如果锄地地里就会长出许多杂草,之后还要再费力去除草这样一来反而会加大了劳动强度。不能去地里乱踩是因为下雨之后地里比较湿润,踩过的地方就会比较"板",庄稼不好生长。另外,不能拔草的原因与不能锄地的原因大致相似,因为下雨天地里的草是拔不绝的,拔了之后还会继续长新的。所以一般下雨天张家人就很少去地里干活了。

在结婚方面,家里娶了新媳妇是不能让新媳妇干活的。刚嫁过来的新媳妇家里人没有让她干活的情况,吃饭的时候也会让她吃点好的,例如家人都是粗粮馒头,就会给她和老人们单独准备几个净面馒头吃。到了后来渐渐熟悉了之后才让她开始学着干活,做饭刷锅。吃饭的时候老人们坐在炕上,媳妇就坐在炕沿上,方便给老人盛饭、递干粮。

在生育方面,有这么一种说法:"当年老婆当年孩,当年没有等三年,三年没有到散前。"也就是说当地人家一般都是当年结婚,当年媳妇就会怀孕,如果当年没有怀孕,那么可能要等三年才会有孩子,可如果三年之后还没有孩子的话,可能之后媳妇就很难再怀孕了,从而这对夫妻的缘分可能就走到了尽头。

在家中老人去世的时候也有些许禁忌和规矩:那就是孝子一百天不能剃头,还有就是儿子和女儿在家中老人去世之后必须"持服供",也就是穿一年半的白鞋黑衣。其他人没有特殊的要求,孙子、孙女更是可以随便穿戴。

在过年的时候,张家还有一个忌讳那就是初一不能倒垃圾,因为会把家里的财给倒掉,并且年三十的时候不能把家里的门闩打开,一定要拉门闩,因为当地人讲究"拉门闩、不出钱"。这些禁忌都是祈求能够讨个吉利,就算是不能发财也盼望着来年能够有个好的收成,好让张家人能够平稳、自给自足地度过一年。

张家家中没有自己制定的家规、家法,从而家中也没有传承下来的家中的规矩。当家人办事的方法一小部分是跟着自己的父亲或者是长辈学的, 更大一部分都是在平时参加其他人家的各项活动中学会的。例如张家人去参加亲戚家的喜宴，从中看到别人家的组织安排方式然后在自己家办喜宴的时候也是如此安排。例如像办喜宴的时候吃什么、怎么安排座位、客人来了怎样招待、客人走了如何送客等等，张家在处理类似事情的时候一方面是根据当地的风俗习惯，另一方面也会根据自家的情况灵活变通。至于禁忌，张家人更多的是一些讲究和说法，也都是可做可不做的事情，没有强制性的要求，都是按照自己的实际情况以及个人的想法来做的。如有人不遵守，也不会有过多的惩罚，只是当家人会稍作提醒，让他遵守规矩。除此之外，没有因为孩子违背老传统、老说法而打骂孩子的情况。

五、奖励惩罚

（一）表扬称赞为主

在张家对家庭成员的奖励更多时候是口头上的表扬和称赞。如果家里的孩子在学堂里表现好，孩子的父亲或者当家人就会表扬他让他继续努力，但是并不会给予他零花钱，因为张家自家的日子并不好过，如果家中有更多钱的时候是留着给大家庭用来买油盐酱醋用。但是偶尔家里出去做小买卖挣了点钱，并且家中的孩子最近确实都比较听话表现较好的话，也会给孩子一两分钱让他去买两块糖吃。此外，家里孩子孝顺长辈在张家人看来是理所应当的，并不会因为孩子孝顺而奖励孩子。在张家人心里，孩子孝顺父母心里高兴，但也并不会因此而奖励他。但是孝顺孩子会得到亲戚以及街坊四邻的称赞，并赢得同村人的尊重。

除此之外，如果家里有人在生产上表现较好，也是不会得到奖励的。因为，张家人努力劳动并不是因为要得到当家人的奖励，而是因为如果家中有人不努力可能一大家子人的日子都会不好过。所以在张家除了当家人以外其他的两个侄子也不用当家人嘱咐，自己就会给自己找活干挣钱。例如，有一年夏天农闲时，张向仁外出卖柳货，临走时没有给两个侄子安排什么额外的活，只是吩咐他们照看好地里的庄稼。但是张家的两个侄子并不"听话"。在张向仁外出的这段时间里，大侄子张立功利用家里还没有种植的土地在里面种了一些蔬菜；二侄子张立民则利用家门口的集市，清晨去邻村低价购入一些瓜果梨桃，然后拿到兴福集上去卖，因为购入的量也不是很大，所以基本上都是当天卖完。张向仁回家之后看到两个侄子都想办法劳动赚钱，尽管心中很高兴但是并没有表达出来，也没有对他们进行物质奖励。不过两个侄子在家中的地位都较以往有所提升。因为通过这件事情证明两个侄子已经可以独当一面了，成了家中主要的劳动力。有了两个侄子的帮助，张向仁维持一家人的生活也不再像从前那样辛苦了。

张家人一直都是朴实的庄稼人不善言辞甚至有些"笨嘴笨舌"，他们不会用漂亮话来夸奖别人，甚至对于家中的孩子也是吝啬的，不肯过多赞扬。但是张家人心里都是透亮的，当家人心中也是明白孩子的努力和付出，只是为了一家人的生计，他将满心的欢喜和赞美化成了更加努力劳动的动力，让媳妇们在做饭的时候能够少掺一点糠，一家人也能吃上一顿好饭。

（二）家规无文在心中

张家历代都是小门小户，没有成文的家法和家规，张家所有劳动或者行事的规矩都是当地每家每户通用的规矩，一代一代当家人除了自己跟随自己的长辈学习礼仪规矩以外，大多数时候也是看到别人家中办事的规矩之后学习而来的。再加上张家人大都是纯粹的庄稼汉从来没有去过学堂读过书，所以张家历代都没有自家制定的家规。没有家规，并不代表张家没有家法，家中如果有人犯了错误还是要批评教育的。

如果孩子犯了错，张家负责管教孩子的都是孩子的亲生父母，如果孩子犯了错误更多时候是父亲出面教育孩子，张家的夫妻在家中也都是典型的"严父慈母"的形象。说到孩子的惩罚教育，张家很少用打孩子这样暴力的方式解决。一般情况下大都采用说服教育或者训斥的方式让孩子认识到自己的错误。因为在张家人看来，小孩难免调皮，哪有孩子从小不惹事的呢？如果孩子一犯错就打他的话时间长了孩子就不怕挨打，渐渐地也就不怕自己的父亲了，如果真的是这样想要再管理就难了。所以，张家都是先训斥，如果真的是孩子不服管、三番两次惹事犯错的话父亲也是不会轻饶他的，挨一顿揍是在所难免的了。即便如此，事后他的母亲还是安慰孩子，并把道理讲给他听，这样夫妻一打一哄，孩子也就能认识到自己的错误，下次也就不敢再犯了。

如果媳妇犯了错，一般情况下都是婆婆出面管理、教训。但是在张家，因为婆婆和侄媳妇之间岁数相差不大，并且张高氏性子温顺几乎没有脾气，所以也不会过多指责或者打骂自己的侄媳妇。如果看到媳妇有什么事情没做好，例如做饭时偷懒、补衣服缝被子时缝错了、针脚太密或是太疏等等。张高氏都是会当面指出，并且告诉她们正确的做法。儿媳妇犯错的时候并不是很多。

如果家中成年的儿子犯了错，一般只能是当家人来教育，但是教育的方法就不能与教育还未成年的小孩子一样了。因为孩子已经成年，更有可能已经有了家室、有了他自己老婆孩子，他也要维护自己在妻子和孩子面前的权威和面子。所以成年的儿子犯错，父亲是不能再打骂他了，只能通过言语的方式说服教育，让他明白事情的危害及严重性。因为都是成年人，所以儿子也能明白当家人或者是自己父亲的一番心意和一片苦心。

张家在1949年以前就是普通的小户人家，没有家规也没有很多的繁文缛节，一家人都是老实本分地过着自己的日子，没有功并且也不敢有过。张家人没有奖励的意识，也不懂得用钱财去奖励孩子，只是心疼孩子受苦才会在有钱之后给孩子买糖过年做衣裳。孩子犯了错也不会盲目惩罚孩子，都是会估量这件事情的严重性，根据孩子犯错的程度及悔改认错的态度来决定教育的方式。从这上面来看，尽管张家人不懂教育甚至绝大多数人都没有接受过教育，但是在教育、惩罚孩子方面还是有一定见解和道理的。

六、村庄公共事务

(一)村庄事主动参加

1949年以前，村子里有时候也会开会，每家每户都需要派代表来讨论事情。当地人称这样的会议为座谈会。张家一般都是张向仁去参加这样的座谈会。如果张向仁不在家都是张立功去，不过在张向仁回家后还需要向张向仁汇报这次座谈会都说了哪些事情，他在会议中的表现等等。总体上而言，张家很少在会议上发言，如果真的是有意见或者是建议张家人也会提出来。领导想要了解的情况张家也会如实汇报。对于张家或者其他人的意见，领导也会从中选取有用的建议，其他不是很相关的建议也只是作为参考。

在座谈会上，张家人对于领导提出来的意见大都是遵从并不会反对的。张家人在座谈会上大部分时间是听领导在上面发言，对于与自己家庭利益相关的话就会听的仔细一些。因为家中人大都不识字，所以也没有办法做笔记都是记在心里。对于与自己关系不大的言论，大都也是一个耳朵进一个耳朵出,不进心里去。

除了座谈会,还有一种会议就是征税会议。每年政府都会有征税的指标下达到每个乡镇,到了镇上之后再落实到每个村中。然后村里就会召集每家每户来摊派指标。按照每家每户的土地亩数来分配税额和交粮的斤数。摊派完之后,如果没有意见,每家每户都会发一个交粮的纸条,在上面写上交粮的日期和交粮的具体斤数。

此外,张家人在家里不会专门讨论当地村中事务。只是偶尔张向仁开会回来,大家在一起吃饭的时候大侄子张立功或者妻子张高氏会随口问一句当天开会都说了哪些内容。有人问,张向仁也就自然而然地会给家人讲一讲当天开会的内容以及在开会过程中发生的一些事情。张家人就是这样了解村中的一些事情和安排。除此之外,张家人并不额外干涉村中的其他事情。

(二)村庄建设主动帮

1949年以前的村庄,有专门的人员来负责村庄的规划建设发展。村中没有楼房,只是每家每户自己有一块宅基地,盖屋打墙都是自家说了算。另外,如果村中有淘井、修桥修路的事情都是全村出力。大家的事情大家办。除此之外,村中还会专门组织帮助军功烈属,如果谁家中有多余的劳力就会帮助军功烈属家种种地、收割的时候也会去帮忙收收粮食。村上的事情就是大家的事情,尤其是像张家这样的小家户更加看重村民之间的相互帮助。单独一家小户人家是很难维持自给自足的,很多事情有了村民的互相帮助才能完成。

1.盖屋

村里面盖屋修墙其实应该算是每家每户自己的事情,但是像张家这样的小户人家很难独立完成整个盖屋修墙的过程,都需要其他街坊邻居的帮助。如果想要盖一间房屋,需要一家花费几年的时间准备,砖头、苇箔都需要很长时间准备。每家每户都会把麦秆屯起来留盖屋用。并且家中平时修屋顶,也需要用到麦秆编成的草苫子来苫屋顶,所以对于麦秆的需求和消耗是非常大的。盖屋或者修屋顶的时候都是互相借着麦秆来用,今年张家盖屋就借用其他周围邻居家的麦秆,到了明年邻居盖房的时候张家人也会慷慨地拿出自己家中的麦秆来让邻居使用。

另外,在各家盖房需要人力的时候周围的邻居也会出来帮忙。就这样你帮我、我帮你,大家互相帮助,把一家人的事情变成了大家共同的事情。

2.打井

在1949年以前,村中大部分人家都是像张家这样的小户,家中生活条件都很困难都是依靠相互帮忙互相救济才得以平稳地生活、维持一家人的生存。只有大户人家才能在自己家里打一口水井,方便一家人使用。像张家这样的小户人家都是去到外面挑水。后来为了用水方便,张家以及周围的十几家人决定合伙打一口水井,在选择打井的地点时候就是看着谁家的院子大就打在谁家的院子里。这样这十几家人在用水的时候不用再到远处去挑水,平时做饭喝水或者洗洗涮涮也都方便一些,减轻家里的劳动强度。

倘若需要打井,每户人家则要平均摊打井的费用。除了打井的费用以外,在打井的过程中还有下井挖泥、拉绳等等体力活都需要人力帮忙,因此在需要人力的时候也是大家一起出人。在钱方面平均摊派,在出劳力方面就不多计较了。谁家人多,或者需要帮忙的时候谁家正好有人,谁就赶紧地跑去帮忙,没有说是相互之间小心眼算计今天我出了多少人力,别人家出了多少人力。打井是大家的事情，每家每户也都是尽力而为没有在背后相互算计的情况。打井时都是谁有空谁去帮忙，淘井需要十五六个人帮忙拉绳。有人就会负责专门来叫人去帮忙拉绳，这时候听到需要帮忙了，每家都会主动出人来帮忙。哪怕先把自己家的活放下也要来帮忙。并不需要当家人或者其他人来安排、催促，大家都是主动的就去了。人都到齐了以后，淘井的人下井去淘井，外面的人用绳子拉着他。下面的人看见井里开始出水了，并且出水的速度合适不大不小的时候就让井边上的人把他拉起来。一般淘一口井大概一两个小时就可以完成了。

此外，井打好之后还在井边多加固一层，把井口用砖头垒高，一是为了防止下雨的时候往里面流入泥水，二是为了防止孩子在井边玩耍不慎掉入。这时候也是大家一起干，没有人偷懒。就这样在大家的努力下，这口井就很顺利地打成了。

3.修桥、修路

如果村中有修桥、修路等事情需要每家每户摊派钱财和需要出劳力的时候张家也是都积极响应，从来没有要赖不出人或者不出钱的情况。张家认为大家的事情大家办，谁都不能偷懒，谁也不能将自己排除在外。

摊派修路钱或者是征收公款的时候都是根据每家每户的具体情况，大户、中户以及其他工商业家庭家里有钱，那在征收公款的时候就会相应地让他们多出一些钱。张家这样的小户本来就生活困难家中没有存款，如果让他们跟大户人家交的钱一样多也是不现实的，所以在征收公款的时候这样的贫困户就可以少交一部分。

在出人力方面也是会根据每家每户的情况，家里男丁多的就可以多出几个，家里男丁较少甚至是家中没有成年男子的时候就可以少出甚至是不出。那个时候每家出人力之前也是会开会商议谁家出几个人都会提前说好。因为有时候干活并不需要很多人，只是有帮忙的人就行了。所以在商量的时候，家里男丁较少的家庭就会轮着出人。这一次张家出人，那下一次的时候如果不需要很多劳力的情况下因为张家上一次出过人了这一次就可以不出。总之，一切事情都是可以商量根据实际情况来决定的。张家一般都是会听从村长或者其他领导的安排。让张家出人就安排人去帮忙，让张家出钱张家尽管自己家中生活困难但也不会以此作为借口推脱。

遇到村里要修桥、修路的时候，张家一般都是张向仁外出卖柳编挣钱交公款，家中的大侄子张立功去当劳力帮忙干活。从这里可以看出来，张家人有事的时候都是家里的当家人或者老大来出面解决外面的事情，家里的女人们和其他年纪小的男性压力会小一些。

4.帮助军功烈属

村中还有一项需要人力的就是定期会需出人来帮助军功烈属。在那个时候，村里有不少人出去当兵，家里仅剩下老母亲、妻子以及孩子。到了耕种的时候女人们干起活来总是不如男人。但是家里男人外出当兵了，没有其他的男劳力，无奈之下只能由女人们到地里干活。村里为了帮助这些军烈属就会在春天耕地或者秋天收割的时候专门组织一批人去帮助她们干活。张家家里男劳力不算最多但也不少，因此张家就经常会去帮助她们干活。因为军烈属家并不是天天需要帮忙种地，只是春天耕地的时候女人们力气不够需要有人帮忙，然后就是等到秋天收割的时候可能需要有人来帮忙收割、晒粮；这样的话张家人一般都是会先放下自己地里的活去帮助她们。春天帮她们用一两天的时间耕完地之后再回到自己家的土地里耕种；

等到了秋天也是会先帮着她们收割家里的粮食,弄好以后才干自家地里的活。

张家对于村中的事情都是十分热心的,从来没有因为自己家庭困难而逃避村中的公共事务。反而,张家人都是很积极地参加一些村里的活动,积极出力出钱。甚至是以公事为重,先放下自己家里的劳动,去帮助其他人或者是先干村里的活。从来不会因为害怕自家的活干不完或者是耽误自家生产而推脱公家的事情。

七、国家事务

(一)春秋缴税无拖欠

1949年缴税的时候,先开会,商讨当年粮食收获的情况,如果收成好就按照平时正常纳税的情况来,如果当年减产或者是遇到什么洪涝灾害的话也会根据当年的实际情况来决定到底要不要减免粮食税,减免的话具体减免多少。在确定了具体的粮食税之后,村长就会通知各家的当家人,由当家人拿着家里的粮食去缴税。如果当家人不在家的情况下,都是通知家里的长子,在张家就是通知大侄子张立功。然后再由张立功告知张向仁今年家中需要交多少粮食,具体是在什么时间去交。然后张向仁就会着手准备。

在交粮食前,张向仁都会仔仔细细地检查一下粮食里面有没有掺糠或者里面有没有什么不干净的东西。每次张家交上去的粮食都是干干净净。并且张家从来没有不交、少交或者延迟交粮食的情况,都是按时按量地去交粮。

(二)应征当兵与被抓壮丁

1.应征当兵

张家有一个孩子应征去当兵,那就是张向仁的二侄子张立民。共产党来征兵,张立民就去应征入伍了。那个时候,张立民当兵除了是要保家卫国之外,还有一个原因就是当兵不仅有收入关键的是有饭吃,在部队里面可以吃饱饭。而张家虽说是少了一个劳动力,平时就要多干一点活但也是少了一个吃饭的人,家里人也可以吃得饱一些。就这样,张立民去当了几年兵,后来复员又回到了张家,大家还是一起生活。被选上当兵的都会带上大红花,并且会有专门的人来接他们。车来接人的时候一家人都会过去送他们,并且觉得这是一件非常光荣的事情。

后来,张向仁的大儿子张立祥以及孙子张崇礼也都先后去当兵。张崇礼后来到上海当兵,就带着他一家人都去了上海安家落户。从此再也没有回到兴福镇,只是逢年过节会打个电话回来给家里的长辈们拜年。但是几年前张崇礼去世之后,张崇礼的后人也就跟张家断了联系。

2.抓壮丁

除了家人应征入伍以外,张向仁还曾经被多次抓过壮丁,替人牵马、运送伤病员等。在那个战乱的年代,兴福镇也是非常的不太平。不只是有恶霸,还有土匪到处流窜。有一次,张家一家人在家中休息,突然有人敲门,打开门一看,是一个提着枪的土匪。村中经常会有流窜来的土匪到当地来找人牵马带路。那个土匪就让张向仁帮他牵马,让张向仁把他带到一个地方去。张向仁没有办法,对方手里有枪所以并不敢拒绝他的请求。于是就给他牵着马带着他走。土匪都是半夜赶路,白天休息。长时间的劳累加担心,让张向仁落下了心口疼的病。一到晚上就发作,很是难受。有一天,那个土匪说要去上厕所,让张向仁牵着马在一旁等着。张向仁抓住机会将马拴在一旁以后就逃跑了,躲在旁边一户人家的草垛里面。那个土匪回来之后找不到张向仁,就四处打听,询问无果之后就自己牵着马离开了。张向仁一直等到那个土匪走远了才敢跑回家里。

后来,兴福镇附近有打仗的,张向仁还帮着八路军抬过伤病员,把他们送到安全的地方。只不过抬送伤病员也都是走夜路,白天不敢贸然前进生怕有人来阻拦。这样张向仁的心疼病又加重了几分。这也是张向仁英年早逝的一个重要的原因。张向仁去世时年仅46岁。他这一生中一直在为张家活着,为了张家不断地妥协退让,后来当家之后也是操劳大半辈子,到了马上就要过好日子的时候去世了,去世时也没有过上几天好日子。

(三)积极选举

1949年以前,村上有选举村长的情况。兴福村中年满18岁的人就有选举权,一人一票,不论男女老少都有选举的权利。每个人都会发一张选票,然后上面写着候选人的名字,想选谁就在谁的名字底下打钩。张家选举的时候都是看着家里的当家人选,或者是互相商量选谁然后全家都去选那一个人。如果家里有识字的人就会让识字的人帮自己划上,如果没有识字的村里会有专门代笔的人来帮忙选举。张家人选举的标准就是待人和善,无论穷富一视同仁。能做到这样,张家就认为非常好了。现在张家人还记得张家选的候选人的名字叫季银荣。季银荣为人和善,平时在村里面也是个热心肠,对待像张家这样的穷苦人家并没有过多歧视。并且这个人有一定的学识,曾经在县城里面读过几年私塾。除此之外,他家也是当地的一个大户人家,在当地有一定的影响力。由于以上原因,他成功当选了当地的村长。

如此看来,尽管张家有许多人都不识字,但都还是会积极参加选举。并且张家人心中也都会有一定的选举标准。他们会以候选人的品行和社会身份作为选择村长的主要标准,这是张家也是村中大多数村民所遵循的标准。

调查小记

2017 年 7 月，距离参加学院组织的调研培训已经有接近一个月的时间，在这一个月的时间里，我曾多次翻看学院下发的中国农村家户制度调查问卷。在这一本厚厚的调研提纲中我看到了很多我曾经不了解的东西。例如原来的房屋每家每户可能会有不同的界线，竟然还有"房檐滴水"的方法来划归自家与其他公共区域。此外，在田野之间农民们也表现出了自己的智慧。他们在区分自家田地的时候有的会以石块为界，有的会靠种植桑树为界。各个地区还有各个地区的特色。这些于我而言都是非常的新鲜。这是生活在城市中的我从未听说过的。尽管我的姥爷家一直也在种地，但是我对于相关的农业知识知之甚少。所以在阅读调研提纲的时候我就非常期待这次开展的家户调研。不仅是出于我对各种新鲜的农业名词的好奇，更重要的是我对于那段距离遥远且陌生的岁月的探求，对于现代的熟悉和对于新中国成立前人们生活的陌生让我非常渴望能通过不同的老人以不同的视角去看待人的衣食住行。

在我的印象中，那个年代是战争动荡的年代；那时候的故事当是字字泣血。但是在这样生活背景下的农民是否会有自己不一样的生存方式和看待战争的态度。我渴望通过真实的事例以及当事人对当时事件的亲身体会来探求当年不一样的历史和史实。

尽管想法非常多，但是寻找适合受访老人的路却不是一帆风顺的。起初找了几位老人，尽管符合调研要求，但是老人们的身体状况不是很好。有些老人耳背，几乎听不清楚我的问题；还有些老人刚刚做完手术，身体比较虚弱，完全不能完成连续几天的调查访谈。在几番寻找中，我找到了同住一个小区的王奶奶。王奶奶今年 85 岁，但是依旧精神矍铄，八十多岁的高龄还可以独自到超市去买菜，日常交流也是非常流利。

在第一天的访谈中，我大致了解了当时王奶奶家中的情况。因为王奶奶在 16 岁的时候就出嫁到了现在的夫家。对于自己娘家的事情了解的不是很多。所以就选择王奶奶的婆家作为调查的对象。起初奶奶会将一些当时家中的情况，各种事例讲述的非常的清晰。在与奶奶的交谈中我对于当时王奶奶婆家的事情也有了一些片面的认识。但是在随后的调查中我发现，王奶奶只是对于当年家中的部分事情比较清楚。但是对于当家人如何当家、家中的事情都是如何安排家人如何劳动知道的非常有限。因为当时王奶奶婆家有近二十口人，家里的各类生产生活事宜尽管是由当家人说了算但是王奶奶对于当家人如何安排、心中所想都不太了解。加之王奶奶在家中属于年龄和辈分都较小的媳妇，所以家中有什么事情也不会同她讲。王奶奶就是家中的婆婆让她干什么她就会去干。在新中国成立前，以家户为单位一起生活的情况很多，女人们就是围着锅台和孩子转。其他的事情并不是特别知晓。故而在调查的后半段我渐渐发现王奶奶作为调研对象并不是特别的合适。所以，我在调查了两天之后决定更换调研对象。

尽管我最终并没有选定王奶奶作为我的调查对象。但是,通过王奶奶的描述我得知了很多原来我不知道的生活。例如,当年王奶奶带着自己的同乡穿过日本鬼子经常出没的村庄到隔壁村庄去送亲。再比如王奶奶当年因为大家庭中的粮食不够全家人吃,在家吃饭基本上自己的孩子都整日吃不饱饭。王奶奶便带着自己的孩子外出去要饭讨生活。此外,王奶奶家中生活实在是困难,她年轻的时候为了能节省一些给孩子看病的费用自己学会了不少当地的土药方,蒲公英晒干炒熟之后放起来,孩子感冒之后用来泡水喝可以治感冒。最神奇的是王奶奶当年出车祸,医生检查之后说是脑子里有一个血块,需要开刀取出血块才能治好。否则可能会有生命危险。王奶奶不愿意开刀,就自己用年轻的时候学会的一些土方子自己做了几副药,有外敷也有内服,一段时间过去之后那个血块自己就化开了。王奶奶到现在依旧身体非常的健康。如今再提起这件事情王奶奶仍是非常的骄傲和自豪。在回味王奶奶给我留下的丰富的故事之中,我又开始寻找新的调研对象。

2017 年 7 月 10 日,我终于找到了合适的老人进行家户调查。此前陆陆续续地找了几个老人进行调查,但是均在调查了两天之后,发现他们都不是特别的合适,不是身体状况不好不能长时间接受访问、就是对当时家中的情况不是特别了解,所以需要更换调查的对象。因此寻找老人,是我在调查过程中遇到的第一个难题。幸好在寻找老人的过程中一直有妈妈的支持和鼓励,并且每天在家户调研群里都有学长学姐回答问题,尽管我没有在里面问过问题,但是每天看到学长学姐的回答我也对于家户对象有了更加深刻的认识,让我在寻找的过程中目标更加明确。终于,功夫不负有心人,我终于找到合适的老人。俗话说得好:踏破铁鞋无觅处,得来全不费功夫。在几番寻找调查对象无果的情况下,突然想到姥爷身在老家的大哥,今年 82 岁,通过询问姥爷,了解到家中 1949 年以前的情况也都符合老师的要求。起初得知这个消息的时候十分高兴,所以在家稍作准备后就跟随姥爷和姥姥回到老家,对大姥爷展开了为期 10 天的访谈。

在这几天的访谈过程中我不仅了解到了姥爷家中许多过去的事情,更是让我回忆起小时候跟姥姥、姥爷一起生活时的场景。

在第一天的访谈过程中我听姥爷和大姥爷讲述当时的家里人的种种故事,因为家中的家谱在早年间丢失,所以对于 1949 年以前家中的人口都是依靠姥爷和大姥爷的回忆来写的。每每提起一个人,姥爷总是能想起当年他们小时候的事情,对于小时候的那些事情,那段日子回忆起来总是能引得家中的老人们一片共鸣和唏嘘。在一天的访谈中,尽管说是调查,但是其实更像是一家人在一起聊天,回忆当年的种种。身处其中的我也不知不觉融入其中,跟着他们笑,跟着他们叹,仿佛我也来到了那个贫困但却纯真的年代。

在此后的访谈过程中,除了当年家中的人,我也更加深入地了解到了当年姥爷家中的一些事情。例如,当年家中的经济情况,姥爷家当年的老宅子对面就是当地兴福大街,这里是当时十分有名的柳编集市,每 5 天一个集,全国各地都有商贩到这里来买柳编,依靠柳编这项手艺在当年也养活了镇上的许多户人家。姥爷家也不例外,根据姥爷的讲述,祖辈上的人来到这个镇上以后发现这里的柳编特别有名,并且可以作为家中额外的收入养活一家老小,遂跟随村里的人学会了这门手艺,并且在以后的生活中也将此手艺传承了下来,此次访谈对象,我的大姥爷就是从其父辈那里继承来了柳编的手艺。而现在使用柳编制品的人越来越少,而当地也跟随市场需求开始发展起生铁产业,渐渐的柳编的手艺也就无人继承了。到了我妈妈这一辈，家中几乎无人会柳编这门手艺了。我通过老人的讲述，一边感叹老家人能够跟随时代发展发展新的工艺，另一方面也在为柳编技艺得不到传承而感到遗憾。

此外，让我感到震撼的当时村民生活的困难以及他们生活的质朴和纯真。以前我一直以为家中当家人是人人都想当的，在家中十分有地位，但是在姥爷讲述看来，穷人家里没人喜欢当家，用姥爷的话就是：当家三天狗都嫌。穷人家里的日子难过，家中无钱当家人自然也就难当。家中很多人在一起同吃同住同劳动，有钱大家一起花，但是因为家中钱财有限，而当家人当家又难免有些偏颇所以就常常招致家人的不满，所以家中一般也是长辈当家，要不然肯定会招致家中矛盾。在姥爷的讲述中我还体会到了当时农民生活的艰辛，他们当时仅靠着土地生活，可以说是扎根土地的人。尽管当时集市上柳编生意红火但是家中还是没有将其作为主业，依旧坚守自己作为农民的本分，一家13口人以家中的4亩地为生，仅有家中当时的当家人在农闲时会外出做一些柳编生意，外出给人做些柳编制品或者修补一下其他人家的柳编制品，这样才能赚一些零碎钱，往往在回家的路上买些家中生活必需的油盐等生活用品就花完了。因此，一年下来，家中也留不下什么存款，由此可见当时家中生活的困难以及当家人维持整个家庭日常生活的困难。

在老家的这段日子，除了知道许多过去的事情之外，我还体验到了小时候跟姥姥、姥爷生活时的情形。姥爷给我们做饭，姥姥特别喜欢给我们讲故事，或许是她年轻时所经历的事情也或许是电视、戏剧上看到的故事，总之，姥姥的肚子里好像有许许多多的故事总也讲不完，而这些故事也伴随着我从襁褓婴儿长到现在已然变成了一个独当一面的成年人。而随着我渐渐长大，回到姥姥家的次数也越来越少。从而听姥姥讲故事的时间也就越来越少，此次跟着姥姥、姥爷在一起，虽然姥姥嘴上没说但是从她的表情可以看出姥姥非常的开心。她还带我去自家的田里摘桃子，告诉我田里每一样作物都是什么名字，它们的生长周期、习性等等。这一次老家之行我也是学会了很多农业上的知识，到后来去百村调研时我才体会到这些基础的农业知识对于我来说多么重要。有了这样的基础知识，让我很轻易地拉近了跟农户之间的距离，对于我顺利地开展百村调研有着重要的作用。

综上，通过这次家户调查让我学到了很多，也收获了很多。在此次家户调查中我近距离地感受了现代农村人是怎样开展农业生产的，在老人的讲述中我更是能深刻地感受到山东农村的变迁以及山东人骨子里的质朴和实诚。虽然我还有很多的不足，但相信经过几年的学习我一定能够取得更大的收获。

张家作为一个小户，有其生活的艰难与奋斗的艰辛。张家家中13口人仅依靠4亩地里产出来的粮食维持生活，仅靠张向仁自己再努力也是没用的。张家之所以能独立维持自给，其主要原因可能有两个：

其一，是因为张向仁当家当的好，从来不一人独大，独断专行。家中有什么事情都是大家商议着来，尽管都说穷人家里难当家，但是张向仁用"民主"的方式解决了这个问题。有事情大家一起商量、有活大家也是一起干，全家一心就没有过不去的难关。张向仁的和善与民主让整个家庭的氛围非常和谐，家中的成员也是非常配合从来没有偷懒或者是互相算计的情况。尤其是两个侄子张立功和张立民在张向仁外出之后都会主动劳动，为家庭减轻负担。如此全家总动员，同吃苦共劳动张家也用这4亩地养活了全家13口人。

其二，就是家户之外，周围亲戚、朋友以及街坊四邻的救济和帮助。那个时候像张家的亲戚朋友都是像张家一样的小户，没有大富大贵的人家。他们像张家一样也是自给自足，并且家中的生产、生活资料都是不全的。如果想要维持正常的生活、劳动以及应对家中的各种红白喜事不求人、不寻求家户外的帮助几乎是不可能。所以，当时张家以及其他亲戚朋友也都会相互的帮衬，谁家有难大家帮。缺钱借钱、缺粮借粮、缺物借物，东拼西凑的也凑得大家安稳地度过了一辈子又一辈子。

当时，张家属于小户人家，而小户人家之所以能够维持独立，与家中的和谐、民主以及家户外的救济帮衬是离不开的。所以，那时候的人相互之间关系都比较密切，相互之间人情往来的也频繁。因为，如果不维持这些人情关系的话就难以维持小家的独立。这在一定程度上也可以解释现代社会人情冷淡的原因。因为人与人之间互相不再需要，有事情都可以自己解决，相互之间的联系牵绊少了，长此以往关系也就渐渐淡了。

综上所述，在经历过几次的调研，在与不同的老人的对话过程中，我对于新中国成立前小农的生活有了初步的了解和认识。新中国成立前小农家的生活虽贫困但却并不都是乏味。

他们会互相帮助，在有难事的时候无论是亲朋好友还是街坊四邻大家都会来帮一把。因为在当时，小家小户平日的生产和劳作也都是仅能维持自给自足，一旦遇到什么灾祸自家便很难处理；并且当时的小农不到万不得已是不会向地主家去借钱的。因为一旦借钱还不上就会利滚利越来越多，用老人的话讲就是"今年缺一口，明年缺一斗"，意思就是今年因为家中缺一口粮食去问地主家借粮，那么地主就会利滚利，怎么偿还也还不完，等到了来年，这一口粮食的缺口就会变成一斗。如此一般普通小户人家除非万不得已，哪怕去邻村要饭也不会去借地主家的粮食。如此一来，这就需要小户村民之间互帮互助，今年我家困难，大家便都借点粮食来帮我把这一年的日子对付过去，等到了来年别人家有什么事情大家也会都去帮忙。不管是借农具还是借粮食，小户农民之间都表现出与今日不同的大度。但是小户之间还想出了各种方法互相帮忙。其实也就是几户人家凑起来，每个月每家人出一定的资金并把它们凑起来。此后每个月选出一个人来用当月凑起来的这部分钱。当时的人们大都会以此来当作做生意的本钱或者解决家中急事的"救命钱"。当时当家人张向仁和其他几家的人凑起来，就成立了一个"钱会"。就像现在小型的经济组织一样，几家联合起来，积少成多互帮互利。刚开始牵头组织的人就是钱会的"会头"，他负责组织每个月钱会的活动。"会头"享受第一个月率先使用"会费"的权利。此后每月都需要采用"按黍秸①"的方法选出当月使用"会费的人"。如此，通过各种各样的方法大家之间互相帮忙，也一起度过了那段艰难的岁月。

他们也会坚持自己的信念，在那时候，尽管每家每户日子都非常困难，但是有两件事情是必须要做的，即便再穷也不能省去的。其一便是祭拜祖先。那时候每逢过年过节或者是家中老人的忌日，家中的当家人就会带着自家的儿子孙子去给老人烧纸。自己家里可以吃得不好，但是给祖先的祭品以及给祖先烧的纸和香是万万不能省的。除此之外就是家中的各类人情支出，各种红白喜事都是不能避免的。为了维系与亲戚朋友的关系同样为了给自家保持一定的颜面，即便是借也要将场面上的事情应付过去。山东省博兴县那里亲戚结婚在随份子的时候是要带四样东西的，除了火烧、粉条、馒头之外还要带一只鸡。张家的生活非常困难，即便过年也难得买上一只整鸡。但是为了随份子，面子上要过得去还是要将这四样礼都带过

---

① 黍秸：方言，指的是高粱杆。

去。没办法,张家当家人只能去集市买鸡的那里去借上一只,或者是到四邻养鸡的人家去借上一只。这样给人家送过去,也算是一份心意。那时候的人之间互相也是心照不宣,如果收了这样价值较高的礼,主人家是不会留下的,客人走的时候再让他带走。这样,一是不欠别人很大的人情,同样面子上也过得去。张家人都是回家之后再将借来的鸡原封不动地归还回去。

他们也会自己给自己找快乐。尽管1949年以前,贫苦小农家的生活主要就是围着锅台打转,男人忙碌也是为了回家之后家中能有米下锅,女人同样也是在想着如何做饭才能为家中多省下一些粮食,让家人能够吃到下一次秋收。尽管如此,他们也会有自己的娱乐生活,在辛苦忙碌的生活之余会为自己找些乐子。在当时,张家人因为门口就会有集市,所以张家人尤其是家中的年轻人只要有集市就会到集上去玩。因为家中穷,所以他们并没有钱去买什么东西,但是仅在街上转转玩玩就能让他们非常的开心。再者,他们还会去赶庙会,在庙会上会有专门唱戏的。张家的年轻男人们甚至会看戏看到凌晨。尽管三月三的庙会气温还不是很高,但是老百姓开心的心情以及大家的欢呼声足以化解室外的寒冷。有时候他们还会一边跺脚取暖一边坚持着看,似乎要将这些戏全部都记在脑子里,然后用一年的时间去慢慢回味这一出出的精彩。最后,平日里张家人也会同周围的街坊四邻互相往来。男人们互相谈论村中的事情,女人们则聚在一起一边干活一边谈论着各家的家长里短以及自家的生活。这些也是他们日常最为常见的调剂,能让人们在短期内忘记自家那贫困的生活和永远也不够吃的粮食。

综上,在为期半个月的调查采访中,我通过一个个鲜活以及真实人物的真实生活了解到了新中国成立前小农的真实生活,那时生活非常贫穷,每日为吃穿发愁;但是他们却也不像我们想象得那么悲伤,他们的生活似也不是只有悲剧,他们互相帮助、互相支撑,自己也可以给自己找快乐。他们的一切既符合我们的想象,又超出我们的想象,他们的生活总是充满了我国基层劳动人民的智慧。

感谢兴福镇张立祥老人、张立新老人及其妻子吴兆香的热情配合。在调查期间正是因为几位老人非常配合,对于家户中的各种小事细节知无不言言无不尽,如此才能使得调研顺利地完成。

第四篇

叔嫂分治：以工辅农的经济大户治理
——山东半岛曹家村曹氏家户调查

报告撰写：王顺平 [*]

受访对象：王英庆

* 王顺平(1995—   )，男，山东招远人，华中师范大学中国农村研究院2017级硕士研究生。

导　语

　　曹家作为曹氏家族的一个分支,继承祖上的家业,一直居住在曹氏祖先的发家地——曹家村。曹家在祖上传下来的家产的基础上不断壮大,逐渐发展成拥有十二间房屋的大户,经济条件在曹家村处于上等水平。虽然曹家人口众多,但有相当一部分家人跟随曹洪向去烟台做买卖,常年不回家,因此留在家里的十一口人以老幼为主。曹家在村里属于经济条件很好的大户人家,虽没有人做官,但曹家人心善,因此在曹家村的声誉很好,社会地位较高。

　　家长曹洪基从祖上继承了四分"茔盘地"①和两间半茅草房,经过几年的时间,在他和二哥曹洪向的共同努力下,曹家家业不断壮大。曹洪向每年都往家里寄钱,曹洪基收到的钱除了用于家人生活外,主要用于购买土地和盖新房,因此曹家村村民称曹家为"当辈发"。三弟曹洪基与二嫂曹刘氏分工合作,曹洪基主外而曹刘氏主内,涉及生活资料购买时,曹刘氏便通知曹洪基去买。曹家经济条件较好,因此很少借钱,反而常借给外人钱粮,由于曹刘氏不经常出门,因此经济交换活动都是曹洪基出面处理。正是曹家人赋予了曹洪基当家的权力,他才能管理整个家庭,尤其是能对农业生产和家庭外部事务做出独立决策,家庭内部事务则由曹刘氏做主。曹家在生活上有着严格的家规,家人也一直遵守,不过曹家除了按时交税外,很少参与村庄和宗族的公共事务。

　　曹家作为一个大户家庭,格外重视婚姻问题,家中子女的婚姻大事全由曹刘氏决定,严格禁止自由恋爱和未婚先育,希望多生子女为曹家传宗接代,重视对长辈的孝道。不仅如此,曹家对外平等待人,热心帮助他人。曹家长辈受教育程度普遍较低,因此曹刘氏为了让孩子受到教育,与外人合资请教书先生给孩子教书。除了重视知识教育外,曹家人还对孩子进行生产、生活技能教育和为人处世的方法。曹家在过年过节会遵循当地的节日习俗,曹家人从不信奉宗教,只是在过年过节时供奉家神和祭拜祖先。曹家人在农闲时也会去街坊邻居家串门聊天、打牌。由于曹家特殊的家庭环境才产生了叔嫂共治的情况,二嫂曹刘氏与三弟曹洪基共同管理曹家事务,再加上曹洪向在外做买卖,不断往家里寄钱,使得曹家能从普通的小户发展成曹家村的大户,将继承来的家业扩大了几十倍,真正实现了发家致富。

---

　　① 茔盘地:在坟茔地的犄角旮旯的地方开辟出的土地。

第一章　家户的由来与特性

曹家作为一个延续了近六百年的家族的一个分支,实现了村民所说的"当辈发",将继承的家业不断发展壮大, 最多时拥有三十八亩土地和十二间房屋,一跃成为曹家村的大户人家。曹家人心地善良,经常帮助左邻右舍,在村里享有较高的声誉。曹家的大部分青壮年都在烟台做买卖,留在家里的大多为老幼,正是在外做买卖的家人为曹家的发家致富做出巨大贡献,靠着烟台的买卖,曹家能获得源源不断的资金扩大家业。

一、家户迁徙与定居

曹氏家族的祖先最早从四川省先迁移到山西省的洪洞县, 后来又从洪洞县迁到山东省招远县。明朝洪武二年(1369 年),原山东省招远县因受风沙影响,导致当地人烟稀少,后期又发生大规模的洪涝灾害,使得当地人口几乎灭绝。为此朝廷从外省迁移人口至此,曹氏祖先故定居到曹家村。因为定居的时候,当地荒无人烟,因此曹氏祖先便将定居的地方命名为"曹家村",曹氏家族自祖先定居于此地,至今已经繁衍了近二十代。

曹氏家族自定居于曹家村后,不断发展壮大,曹氏祖先最初定居时仅有几户人家,后发展出近百户曹氏后代。在近六百年的发展历程中,曹氏家族几乎没有发生过特别大的天灾人祸。不过在清朝末年,招远县曾发生过一场规模较大的瘟疫,曹氏后裔也受到波及,部分曹氏后代得瘟疫病亡,至少有五户曹氏人家因瘟疫直接绝户,除此之外,再无其他灾祸发生。

二、家户基本情况

(一)部分家人外出的人口大户

1.人口虽多但劳力不足

1947 年以前[①],曹家人口最多时达到十一人,除了雇用的两个长工外,只有家长曹洪基能常年下地干活。因为曹家大部分青壮年劳动力都没有在家务农,而是同二哥曹洪向在烟台的鞋店里做买卖。除此之外,每到农忙的时候,曹家还会雇用数量不等的短工。曹家老人数量为五人,包括家长曹洪基夫妇、长兄曹洪进夫妇和二嫂子曹刘氏。曹家的家务事主要由曹刘氏和王曹氏处理, 农忙时还会去晒场干一些轻便的农活, 曹李氏和曹金氏较少参与家务劳动,更没有参加过农业生产。

曹家共有三代人,第一代有兄弟三人,曹洪向常年在外做买卖,不经常回家,只有曹洪进和曹洪基常年在家。第二代有兄弟八人,但他们都跟随曹洪向在外做买卖,也是常年不在家。

---

① 1947 年以前:曹家村所处的招远县是在 1947 年解放的。

第三代的兄弟人数不详,留在曹家的有两人,即曹学才和曹学通,此外还有曹洪向的女儿王曹氏与外孙王英庆常年住在曹家。1947 年时曹家共有夫妻两对,即曹洪进夫妇与曹洪基夫妇,3 个儿童,除此之外,还有曹永山、曹永新两位长工常年住在曹家干活。

表 4-1 1947 年曹家家庭基本情况数据表

家庭基本情况	数据
家庭人口数	11
劳动力数	5
男性劳动力	3
家庭代际数	3
家内夫妻数	2
老人数量	5
儿童数量	3
其他非亲属成员数	2

2.家人多以老幼为主

曹家共有 11 口人,家长曹洪基,妻子曹金氏,长兄曹洪进,长嫂曹李氏,二嫂曹刘氏,同时也是曹家的内当家;两个孙子是曹学才与曹学通,侄女王曹氏与外孙王英庆常年住在曹家,还有两个长工曹永山和曹永新。其中有 9 人为曹家自家人,两个长工常年吃住在曹家。家长曹洪基是曹氏三兄弟中的老三,长兄曹洪进常年抽大烟,不务正业,因此没有当家。二哥曹洪向在烟台做买卖,将曹家的子侄全部带到烟台做买卖,常年不回家。因为王英庆的父亲外出务工不在家,因此和王曹氏常年住在曹家,只有过年时才会到老家短暂居住。曹家人大多身体状况很好,只有曹洪进因为常年抽大烟,身体状况较差。

表 4-2 1947 年曹家家庭成员情况表

成员序号	姓名	家庭身份	性别	年龄	婚姻状况	受教育程度	健康状况
1	曹洪基	家长	男	62	已婚	0	优
2	曹金氏	妻子	女	60	已婚	0	优
3	曹洪进	长兄	男	66	已婚	0	中
4	曹李氏	长嫂	女	66	已婚	0	中
5	曹刘氏	内当家(二嫂)	女	64	已婚	0	优
6	曹学才	长孙	男	16	未婚	3	优
7	曹学通	次孙	男	14	未婚	3	优
8	王曹氏	侄女	女	32	已婚	6	良
9	王英庆	外孙	男	12	未婚	0	优
10	曹永山	长工	男	42	已婚	0	优
11	曹永新	长工	男	39	已婚	0	优

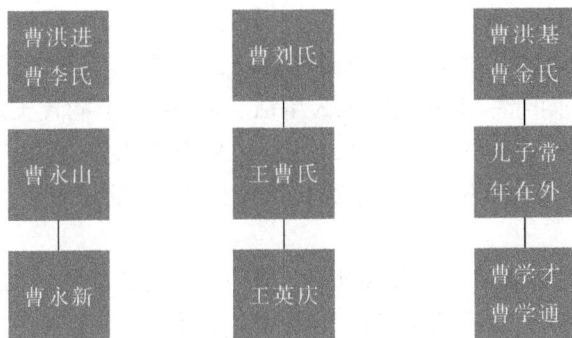

图 4-1　1947 年曹家家庭成员关系图

（二）村庄东北的十二间房屋

曹家房屋位于曹家村东北角的胡同中部，曹家村地势高低不平，村内沟沟坎坎很多，周围邻居较多，邻里间关系融洽。曹家共有房屋十二间，是紧靠在一起的东、西两座院子，这两座院子中间的院墙上有"过间门"[①]相通。十二间房屋内共有大小炕九座，用于曹家十一口人的居住，其中只有四座炕能生火，其他五座炕无法生火取暖。曹家的大部分土地都在村外，房屋距土地都很远，因此下地干活不是很方便。

除了曹家人居住的北屋外，曹家还在西院盖了一座小厢房，专门用于饲养牲口。在东院盖了一个东厢房和一个南厢房，用于储存粮食和堆放农具杂物。曹家的两座院子共有大小灶台四个，东西两院各有两个灶台。整个院子全部朝向南方，目的是为了采光。除了东西两房的正间用来做饭、吃饭及祭祀之外，其他各个房间的主要功能是睡觉。东房的东间西屋为曹刘氏住的地方，她的房间里还有两把太师椅专门给客人坐。

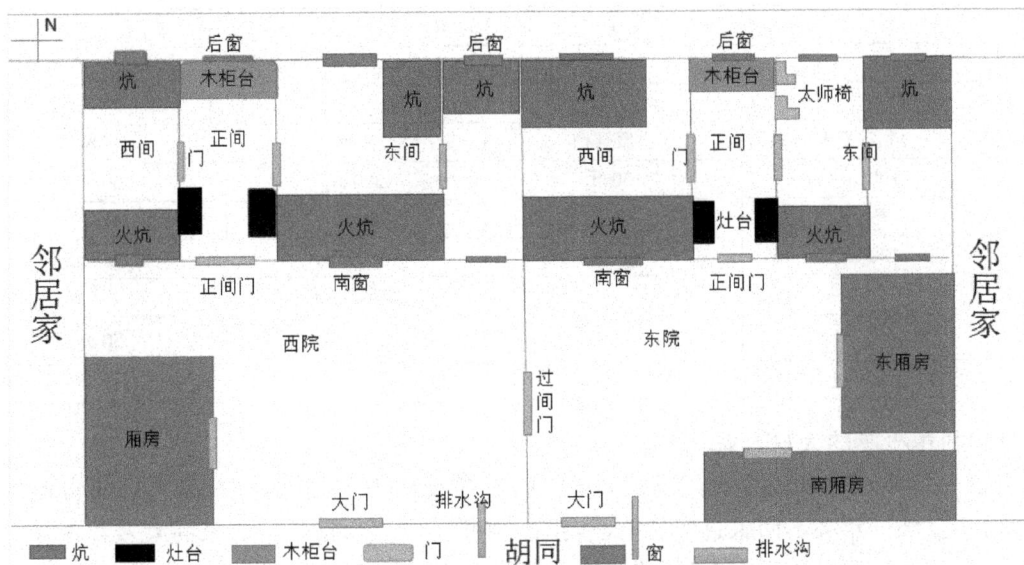

图 4-2　1947 年曹家房屋结构图

---

① 过间门：为了方便两座院子间走动，曹家在东、西两座房共享的院墙上开的一扇门。

315

(三)以工辅农的经济大户

1947年以前,曹洪向带着曹家的子侄们在烟台开鞋店,生意越做越大,因此每年都会往家寄钱。曹洪基将寄回家的钱,少数用于家人生活,大多数用于购置土地,因此曹家土地最多时达到38亩,这个规模在曹家村是数一数二的。虽然曹家人多,但在家的大多是老幼,真正的劳动力只有曹洪基一人,大部分青壮年都在烟台做买卖,除了曹洪基外,其他家人都不能下地干活。

为了不耽误农业生产,曹洪基常年雇用两个长工,还会在农忙的时候雇用十个左右的短工,为了满足农业生产需求,曹家还买了四头骡子用于种地。曹家几乎每年都会购置土地,但从未对外出租过土地,农业生产是曹家主要的收入来源。虽然曹洪向每年都会寄大笔钱回家用于购地,土地多且曹家的内当家曹刘氏非常注重节俭,因此从经济条件来看,曹家在村里属于少有的大户人家。

表4-3　1947年曹家家计状况表

土地占有与经营状况	土地自有面积	38亩	租入土地面积	0
	土地耕作面积	38亩	租出土地面积	0
生产资料情况	大型农具	犁、铇、耙、杖[1],大车两辆		
	牲畜情况	四头骡子		
雇工情况	雇工类型	长工		短工
	雇工人数	2		10个左右

农作物收入					其他收入	
农作物名称	耕作面积(亩)	产量(升)	单价	收入金额(折算)	收入来源	收入金额
小麦	8	24	5元/升	120元	烟台鞋店	600元
高粱	10	60	3元/升	180元	卖猪	120元
谷子	12	60	3元/升	180元	收入共计	
玉米	8	40	4元/升	160元	1360元	

支出	食物消费[2]	衣服鞋帽	买地	赋税
	100元	150元	300元	60元
	雇工	医疗	教育	共计
	120元	60元	60元	850元

结余情况	结余530元	资金借贷	借入金额	0
			借出金额	50元

*1947年以前,曹家村的一亩地相当于现在的二亩地;一升=8斤。

(四)村中少有的大户人家

由于长兄曹洪进常年抽大烟,根本不务正业,因此没有让他当家,二哥曹洪向常年在外做买卖,甚至部分年头不回家过年,因此曹洪基理所应当成为家长。曹家的大多数青壮年都在烟台,跟随曹洪向做买卖,家里从未出现过做官的。曹洪基当家长,二嫂曹刘氏是内当家,

---

① 犁、铇、耙、杖:曹家农业生产所用的农具,均为木质。
② 食物消费:曹家在食物方面部分自己,部分外购,故花费较少。

曹家内部事务几乎全由曹刘氏决定。曹洪基生性老实，而曹刘氏虽为女性，但她处理家庭事务的能力甚至超过男性，因此曹洪基尊重二嫂曹刘氏，很多事情都与她商量，只不过外事由他具体操作。曹洪基是外当家，因为他是曹家除两个长工外，唯一一个常年下地干活的人。

曹家是村里为数不多的大户人家之一，村里比曹家经济条件更好的只有两户刘姓家族。大多数人家是自给自足的中户，甚至还有部分人家的土地根本不足以养活家人，只能外出租地或打工，这种只能被算作小户人家。在当地，只要是家里土地在二十亩左右甚至更多的，那就算是大户人家。而中户人家的土地则在十亩左右，能有自己的牲口和必备的农具，基本上能够自给自足，而小户人家就是家里土地少，甚至无法养活家人，不得不给外人干活的家庭。曹家村也有少数人家，虽然经济上只能算小户，但家里人多，尤其是男劳力多，因此不容易受外人欺负。即便家里经济条件很好，但如果人际关系很差，经常欺负左邻右舍，那也会被同村人唾弃。

在曹家村，曹家的经济条件虽不是第一，但绝对属于大户人家行列，家庭人口也不少，仅仅是常年在家的就有十一人。等到过年过节时，在外做买卖的家人回家后，曹家人口最多时会达到二十八口。曹氏祖先从明朝初年迁移至曹家村已有近六百年的历史，曹家村正是因为曹氏祖先最先迁移至此得名，因此曹氏家族算得上是曹家村的老户，而该村的刘氏家族则晚于曹氏家族迁移到曹家村，相比之下，只能算新户。

第二章　家户经济制度

最初,曹家的家业只有两间半茅草房和四分茔盘地,在曹洪向与曹洪基两兄弟的努力下,曹家最终发展成拥有十二间房屋和三十八亩土地的大户人家。曹洪基全权负责曹家的农业生产活动,曹刘氏分管生活方面的事务,不过由于曹家财产由曹洪基掌管,因此生产、生活资料的购买由曹洪基出面,就连借给外人钱粮也由他决定。曹洪基十分尊重曹刘氏,每次曹刘氏让他购买生活物品,他都会及时购回,而且绝不干涉家务,全听曹刘氏定夺。

一、家户产权

(一)家户土地产权

1.鞋店生意助力土地购买

1947 年以前,曹家的土地面积逐年增加。由于曹洪向在烟台做买卖,他每年往家里寄钱,这笔钱除了供曹家人日常生活消费之外,另一个重要用途是购买土地。曹家的内、外当家人一直都勤俭节约,不舍得让家人吃"细粮"[①],将省下来的钱用来购置土地。每年临近年关的时候曹洪基都会买地,因此曹家土地最多时达到 38 亩。曹家村的地理位置较差,村庄周围沟壑纵横,曹家的 38 亩土地被分为四十多个小地块。只有村东北方向山坡上的土地比较完整,达到了 4 亩的规模。村东北坡上的土地地质较好,还有两口水井可以灌溉,其他的 38 亩土地不仅地质差,而且没有灌溉水源,只能靠天吃饭。曹家的土地由两部分构成,主要是曹洪基用曹洪向寄回家的钱购买的,还有很小的一部分是曹洪基从祖上继承的"祖业地"[②],是一块面积仅有四分的茔盘地。曹家正是在四分茔盘地的基础上发家致富,最终发展成拥地近四十亩的大户人家。曹家人省吃俭用,将攒下的钱和曹洪向寄回家的钱用来买地,扩大家业。

2.曹家多数人享有土地所有权

曹家的土地大部分是用曹洪向寄的钱购买的,但这并不意味着土地只属于曹洪向一人,也并不会因为曹洪基是家长,便拥有土地的专属权,而是土地属于曹家人。并不是曹家十一口人都拥有土地所有权,王曹氏、王英庆还有曹永山和曹永新都不享有曹家土地所有权。虽然王曹氏是曹洪向的亲女儿,但王曹氏早已嫁为人妇,因此属于王家人而不是曹家人,王英庆只是跟随王曹氏暂住在曹家。曹永山和曹永新虽然常年给曹家干活,但他们也不属于曹家人,只享有土地使用权,而没有所有权,更没有继承权。除了王曹氏、王英庆及曹永山和曹永新外,曹家剩余的七口人都拥有土地所有权。曹洪向虽然远在烟台,常年不回家,但如果没有

---

① 细粮:与粗粮相对应,比如小麦磨成的面粉。
② 祖业地:从祖上继承下来的土地。

他在外挣钱,那曹家根本无力购置大量土地,因此曹家的土地有曹洪向的一份。1947年以前,曹洪基兄弟三人没有分家,因此曹家38亩土地属于曹家全家人,不会平均分配给每个人。即便将所有土地分配到个人,但由于曹家劳动力少,有些土地只能抛荒。

3.土地多以沟坎为界

除了村东北坡上的土地面积较大之外,其他土地全都零散地分布在村庄四周的沟壑山坡上。土地面积都不足一亩,都是以沟沟坎坎为界,因为每块土地都能占据整整一块田地。虽然曹家的人口较多,但能干活的只有曹洪基、曹永山和曹永新。曹洪基虽为家长,但需要常年下地,曹永山、曹永新虽不是曹家人,但可以耕种曹家土地,外人不可能未经曹家人同意,耕种曹家土地。

由于曹洪基兄弟三人一直没有分家,因此曹家土地的继承权归曹家男性所有。曹洪基的子侄们都在烟台做买卖,但他们作为曹家的男性,虽不下地,仍享有土地继承权。相比之下,曹家的女儿们如王曹氏,虽常年住在曹家,但不享有家产的继承权。王英庆虽是男性,也常年住在曹家,但他不是曹家人,也就无权继承土地。曹家的土地数量多,导致大大小小的地块分布在曹家村的四周,大多数家庭成员不下地干活,根本无法记住数量众多的土地具体分布在什么位置,也无法分清哪块土地是曹家的,哪块土地是别人家的。只有曹洪向、曹永山和曹永新常年下地,能弄清土地的具体位置。

根据曹家的家庭事务分工,38亩土地的管理权掌握在曹洪基一人手中,每块土地种什么作物、什么时候干什么活,每种作物耕种的面积等等全由曹洪基决定,其他家庭成员无权干涉曹洪基的决定。曹永山和曹永新只会向曹洪基反馈各块土地的作物生长情况,方便曹洪基做出决策。不仅如此,曹家每年收获的粮食如何处置也是曹洪基一人决定,粮食留下多少、卖掉多少全凭他的决断。

4.家长享有土地支配权

自曹洪基当家以来,曹家的土地由四分茔盘地发展到近四十亩的规模,全部是买进土地,从未卖出过,也从未对外出租过土地。每次购置土地都是曹洪基一人做主,曹家所有财产都掌握在曹洪基手中,只要他同卖方商量好购地事宜后,就可自行决定购买,不过有时他也会和曹刘氏商量一下。曹洪基将土地购进后,需要带曹永山、曹永新到新买的土地去看一下,确认土地的位置,方便以后干活。曹家常年购地的事情被周围村庄广为传播,因此每到年关的时候,本村和周围村庄都会有人到曹家卖地。由于外村人与曹家人不熟悉,通常会找一位本村熟人做中间人来牵线搭桥。

曹家一直从本村及周边村庄的村民手里购买土地,曹洪基会委托亲友打听本村或邻村是否有人愿意出售土地,每年年关将近的时候,部分小户人家出于生活需要,不得不出售土地,会主动去曹家卖地。曹家村有一句俗语即"老婆无姓地无姓",意思是妇女嫁给谁,就是谁家人,就得跟从丈夫姓。就像曹刘氏一样,娘家姓刘但她无名字,嫁给曹洪向后更名为曹刘氏。同样,土地可以自由买卖,卖给了谁家就是谁家的土地,就得跟着谁家姓。

曹洪向为了让工人过年回家,他经常自己一个人在烟台过年,为此曹洪基经常在临近年关的时候,将家人准备的年货送到烟台。但曹洪基在去烟台的时候,卖主会来曹家商量卖地,一般情况下,其他家庭成员只能让对方晚几天再来。如果是熟人牵线来曹家卖地,那曹刘氏会捎信通知曹洪基,曹洪基大多回复让曹刘氏做主,与对方商量卖地事宜,再去伴匣①里取钱。大多数情况下,还是要等曹洪基回家后再做决定,曹刘氏也很少插手。

5.土地未受到外界侵犯

曹家购置的每一块土地都会经过村会记录在案,还要进行"地约"②交接过户,实现土地所有权的顺利移交。村会在此过程中除了登记造册,方便以后收缴赋税,还能起到中间人的证明作用。县乡政府仅需要农民交税,曹家每年按时交税,没有受到任何侵害。曹家村的村民除了曹氏家族的后代,就是刘氏家族的成员,曹、刘两家族是世交,曹家村的村民几乎都是两个家族的后裔,因此其他村民都认可曹家的土地所有权,从未做出过侵犯曹家土地所有权的事情。曹氏家族的成员更是维护曹家的利益,曹氏家族的亲戚知道曹家每年都会购置土地,因此他们在听说本村或邻村有人要卖地时,会积极牵线搭桥,为曹家联系买地事宜。

(二)家户房屋产权

1.房屋的质与量不断提升

曹家的东、西两院房屋共有大小十二间,每座房屋都有东、正、西三间,其中东间又分为数量若干的小间,房屋南北长约 8 米,东西两屋的宽度总共约 24 米,算上院子在内,其占地面积约为 192 平方米。由于曹家有烟台的生意做支撑,因此在盖房子的时候采用最好的石头配小瓦的材料,房屋的院墙全部用石头砌成,房顶采用小黑瓦封顶,是曹家村为数不多的优质房屋。除了东、正、西三间外,曹家的西院有一个小厢房,东院有东、南厢房各一个,三个厢房的主要用途是盛放粮食、农具和牲口等。相比之下,北边的各间房屋除了两个正间用来生火、做饭外,其他房屋都是曹家人睡觉的地方。曹家村有"以东为尊"的说法,因此曹洪进夫妇、曹洪基夫妇还有曹刘氏住在东院,其他家庭成员住在西院。

为了更好地采光,曹家的房屋略微朝向南面,随着曹洪向在烟台的买卖越做越大,家里的房屋也越盖越多。曹洪基继承的房屋仅有两间半左右,仅仅是在土墙上铺上茅草。最初,曹家房屋与东西邻居的房屋并不接壤,正是因为曹家在将祖上传下来的两间半茅草房拆掉重盖,还不断向东西两边扩展,最终与东西邻居接壤,逐渐发展成十二间房屋的规模。

2.房屋产权归曹家部分人所有

曹家修建房屋所用的钱也是曹洪向寄的,同土地一样,虽然曹洪向出资盖房,但房屋并不只属于他一人,同样不是只属于曹洪基,而是属于曹家全家人。但并不是所有住在曹家的人都享有房屋所有权,王曹氏同王英庆都是王家人,而非曹家人,曹永山和曹永新都只享有房屋暂住权,而无所有权。曹洪向虽带着子侄们做买卖,常年不回家,但如果没有他们在外挣钱,仅靠农业生产收入无法在短短几年内修建出近十间新房。他们虽然不在家住,但享有房屋所有权,同样也享有居住权。他们回家后,曹家房屋空间紧张,但曹家人还是会挤一挤,让所有人都住下。

房屋同土地一样,虽然曹家大部分人享有房屋所有权,但曹家从未将房屋分配给每个人,而是将房屋产权的证明,即"房约"③交由曹洪基掌管,只有曹洪基兄弟三人分家后才能将

---

① 伴匣:1947 年解放前妇女出嫁后盛放首饰的木头匣子,曹洪基用来盛放钱财。
② 地约:即地契,是当地土地买卖、租佃等活动的纸质证明。
③ 房约:即房契,是房屋买卖、租赁等活动的纸质证明。

房屋产权平分。在曹家人看来,未分家之前,曹家人共同享有房屋产权,在没有分家的情况下,将房屋产权分配到每个人会造成曹家人心分离,这样曹家便会走上兄弟分家的道路,被外人嘲笑。

3.与左邻右舍"伙山伙墙"

随着曹家家业不断扩大,最终将房屋与东西邻居的房屋连接起来,由于曹家一直与东西邻居的关系非常好,因此在扩建房屋的过程中,曹家并没有单独建院墙,而是在邻居家院墙的基础上用石头加厚。这种邻居间共享一堵墙的情况在当地被称为"伙山伙墙",像曹家这类与邻居关系十分好的情况才能做到"伙山伙墙"。曹家虽然家大业大,但在修建房屋时,仅修到了邻居家房屋的边缘,没有侵占邻居家的房屋,同样曹家的房屋也未受到侵占。只有一直住在曹家的十一口人才享有房屋的使用权。除此之外,即便是关系再好的邻居,进曹家门之前也要在门口敲门,经过曹家人同意后才进门。如果不这样做,虽然不至于被认为是侵犯房屋,但会被认为是对曹家人的不敬。

曹家人常年住在十二间房屋里,即便是在外做买卖的家人回家后,也能认清自家房屋的位置和范围。作为家长,曹洪基在购置土地的同时,会根据家庭财产情况,在适当时候扩建房屋。曹家的家业扩大一直以烟台的买卖为基础,房屋的修缮或重建需要曹洪向往家里寄钱,仅靠农业生产收入根本无法盖新房。随着人口不断增多,曹洪基从购置土地剩余的钱里留出一部分攒起来,攒到足够数目后扩建房屋。虽然曹家的钱财都掌握在曹洪基手中,但他在扩建房屋这种大事上经常与曹刘氏商量。一方面是因为曹家的钱主要是曹洪向寄的,因此曹洪基要特别尊重曹刘氏;另一方面是因为曹刘氏在管理家庭事务方面确实很有能力,甚至超过了曹洪基。除曹刘氏外,其他家庭成员不会干涉房屋修建,就连曹洪向将钱寄回家后也不过问,放手让曹洪基处理。

4.内外当家共同商议决定

曹家在将两间半祖传茅草房重建后,又扩建了近十间房屋,房屋变动的决定名义上全是曹洪基做出的,但实际上曹洪基在做决定前会与曹刘氏商议,两人达成统一意见后,曹洪基才会具体落实。虽然曹刘氏负责家庭内部事务,但她考虑事情周全,有时曹洪基考虑不到的事情她都能提前想到,包括雇用工人、采购石子、购置土地等。最重要的是将曹家周围的土地所有权买下,只有这样,曹家才能盖新房,县政府才会做主给曹家新盖的房屋开具房约。

曹洪基需要找一位中间人去联系土地的主人,双方商定价格后,找一位执笔人制定房约,房约的内容包括曹家房屋的面积大小、房屋在曹家村的位置以及房屋的"四至",即房屋东西南北四个方向的边界为何,还包括东西南北屋邻居是谁。房约订立后,中间人和执笔人要在房约上署名,曹洪基和土地所有者也要在上面签字,之后拿着房约去县政府盖章才能生效。只有这样,曹家的房屋才会受政府保护,若曹家房屋被侵占,曹洪基可以拿着房约去县政府打官司,房约是重要凭证。虽然曹洪向常年往家寄钱,但他从不过问家里修建房屋的事情,其他家庭成员完全尊重曹洪基的决定,不会提出不同意见。

5.房屋从未受到外界侵犯

房约作为曹家对房屋行使所有权的重要凭证,其作用类似于土地的地约,尤其是在房屋受到侵犯时,房约是曹家对房屋享有权利的凭证。只要曹家按规定,购买了盖房的土地,通过中间人订立了房约,得到县政府的认可,曹家只要不出售房屋,便一直拥有房屋所有权。不论是曹家村的其他村民还是村会,都尊重和认可曹家对房屋享有的所有权。曹氏家族的亲戚在土地、房屋所有权上会支持曹家,维护曹家人的利益,承认曹家通过合法方式取得的房屋所有权。由于房约是县政府盖章后才生效的,因此县政府会对曹家房屋的所有权表示认可与保护。

(三)生产资料所有权

1.农用工具能满足生产需求

曹家在购置房产、土地的同时,还不时添置各类农具,主要是犁、铧、耙、杖、锄、镰、锨、撅,每种农具数量都不止一个,完全能满足曹家的农业生产需求,还有两辆大车用于收获时节往家运粮食,四头骡子用于耕地、运输。虽然曹家在村东北山坡上的四亩土地附近有两口水井,但没有水车,灌溉需要靠水井上的"辘轳"①人力提水才行。

曹家的农具几乎都是曹洪基当家后购买的,虽然祖上传下了一些农具,但大多为木质,常年使用后早已损坏,需要不断更换,因此曹洪基每年都会花钱购买或修理农具。曹家村附近有一个台上村,每月都会有七次集市,集市上有许多木匠出售成品农具,还可以现场修理。曹家村里也经常有流动的木匠摊,由两三个人推着独轮车在村里的大街小巷吆喝修理农具,村里的木匠同样会制作农具。曹家祖上世代务农,但没有传下制作农具的手艺,因此曹家的一切农具都要外购,购买农具所需费用主要是曹洪向寄回家的钱。曹洪基全权决定购买牲口还是修理农具。曹家的农业生产从来没有缺失农具的情况,也从来没有借过外人的农具。

2.生产资料归曹家大部分人所有

虽然只有曹洪基、曹永山和曹永新常年从事农业生产,除曹永山、曹永新外,其他家庭成员都享有生产资料所有权。买农具和牲口的钱是曹洪向等人挣的,但他们的主要任务是做买卖,家里的农业生产与他们无关,因此他们不享有生产资料的权利。虽然王曹氏和王英庆不属于曹家人,王曹氏也不是常年下地干活,但她会在农忙时帮忙干一些力所能及的农活。因此在曹家,生产资料所有权的归属并不像土地、房屋那样划分得十分严格。虽然曹家大部分人都享有生产资料所有权,但实际上经常使用农具的只有曹洪基、曹永山和曹永新,曹永山和曹永新只有生产资料的使用权,没有所有权。同土地、房屋一样,只要曹家没有分家,就不会把生产资料分配到每个人,即便平均分配后,家里大多数人都不下地,会将生产资料闲置,从而造成浪费。

3.家长与长工使用生产资料

由于曹家农业生产的后备资金充足,从未缺少生产资料使用,也就从未借过别人的生产资料,更多的是对外借出以及生产资料的购买和维修。曹洪基作为外当家,有关生产资料的所有事务由他全权做主,其他家庭成员不会插手。曹家需要购置新农具或增添牲口时,曹洪基就去集市上购买。不过曹洪基通常是在本村木匠那里购买农具,大车只能去集市才能买到。农具的维修也是曹洪基做主,曹永山、曹永新干活回家后,告知曹洪基哪个农具何处损坏,曹洪基根据农具的损坏程度,决定是维修还是重新购买。如果农具能维修,那他就到村里木匠那里修好。如果碰巧遇到村里有流动的木匠摊,他也会去流动摊那里修理。这类事情在曹洪基的管理范围内,其他家庭成员从不插手此类事情。曹永山、曹永新常年下地干活,但

---

① 辘轳:安置在井口用于手摇提水的工具。

他们不掌管钱财,农具损坏后只需要汇报给曹洪基,由他做主即可。

曹家与本村村民及地邻的人际关系很好,他们知道曹家生产资料齐全,因此经常到曹家借用,曹家人也乐意借出。但向外借农具的决定权主要掌握在曹洪基手中,尤其是部分人来借牲口或大车,必须经过曹洪基同意。相比之下,一些常用的农具如锄头、镰刀等不必非得经过曹洪基同意。曹洪基下地干活时,曹刘氏有权决定对外借出这类农具,但其他家庭成员没有,也不会插手这些事情。

4.外界从未侵占过农业生产资料

曹家的生产资料如同土地、房屋一样,都能得到其他人的尊重与认可。虽然曹家在生产资料方面并没有类似房约、地约等契约作为凭证,但曹家对外借出的生产资料没有不归还的情况。其他村民在借用之前,都会与曹洪基商量,得到他的同意后才能使用。考虑到街坊邻里的良好关系,只要不耽误自家使用,曹洪基对于此类事情都会同意。

曹氏家族的成员占据了曹家村一半以上的人口,这些族人常到曹家借农具、牲口,曹家也会尽其所能,帮助本家族成员,本家族的亲戚借的生产资料用完后,也都会及时归还并表示感谢,曹家不会向对方索要酬劳。村会和当地县乡政府不会插手各家的农业生产,即便曹家的生产资料受到侵占,他们也不会出面处理。一方面是因为没有凭证,另一方面是因为他们不愿意插手这类事情。曹洪基为了保险起见,会将自家新买的农具刻上一个代表曹家的独有记号,以防被误拿或被侵占不还。

(四)生活资料产权

1.日常生活资料一应俱全

为了在农忙时能有一块足够大的地方晾晒粮食,曹洪基便花钱将村东北坡下的空地买下,当作曹家的晾晒场,面积大约有一亩地。粮食收获后运到晒场脱谷、晾晒,曹刘氏、王曹氏也需要到晒场干活。曹家虽然家大业大,但没有自家的"吃水井"①,因为曹家村在村庄的东西两头各有一眼直径约为一米的"甜水井"②,足以供全村人生活所用。因为曹家村中部井里打出的水都无法饮用,曹家同其他村民一样,都在村东或村西的水井里挑水饮用。曹家从祖上继承了一个石磨,除此之外,桌椅板凳等日常生活用品都有但数量不足,像王英庆等小孩子,由于没有座位,只能到墙角蹲着吃,或站在灶台旁边吃。

每到过年的时候,曹洪基都会提前用自家产的小米酿黄酒,为的是过年时家人能庆贺一番,食用油也是曹家收获花生后,送到村里的炼油房里制成的,只有盐巴酱醋需要外购。曹家村经常会有摊贩挑着扁担卖香油、酱油、醋或精盐,生活资料的管理全由曹刘氏负责,并不是定期购买,只要家里的盐巴酱醋用完,曹刘氏就告知曹洪基去买,具体去哪里买,由曹洪基自己决定。

2.内当家负责生活资料管理

曹家的生活资料归全家人所有,曹永山、曹永新虽然常年在曹家干活,但他们不是曹家人,不享有生活资料所有权。不过他们常年生活在曹家,具有生活资料的使用权。虽然曹家有多个小家庭,但曹刘氏从未将生活资料分配到各个小家庭,因为生活资料大多需要外购,而

① 吃水井:即专门用于村民日常生活饮用的水井。
② 甜水井:打出的水质量好,水质甘甜的水井。

曹家的钱财由曹洪基一人掌握,因此为了方便全家人生活,维护曹家人团结,全家共同使用生活资料,用完后,曹刘氏告知曹洪基损坏情况重新购买。

曹家的生活资料归在家的曹家人享有,虽然曹洪向等人都是曹家人,但他们常年不在家,几乎不使用家里的生活资料,因此生活资料并没有他们的份额。在外做买卖的人回家后,曹家人也会分享生活资料。在曹家人看来只有这样才能维持家庭的团结和睦,如果平均分配生活资料,那意味着曹家人关系不和,传出去会被外人嘲笑。

3.二嫂告知家长购买生活资料

在曹家,曹刘氏负责家庭内部事务管理,生活资料的购买需要花钱,而曹家的所有钱财都掌握在曹洪基手中,因此生活资料的购买、维修需要曹刘氏告知曹洪基,具体执行由曹洪基负责。曹洪基很少出远门,除了农忙时下地干活,就是农闲时串门聊天,因此经常在家。只要曹刘氏需要他购买东西,他都会去做,从未拒绝过曹刘氏的要求。虽然曹刘氏是一位女性,但她身为内当家,做事向来公正无私,从来不会偏向自己的孩子。曹家在春节期间改善生活,买鱼给家人吃,曹刘氏经常让王曹氏吃小鱼,将大鱼省给曹洪进和曹洪基夫妇,因此曹家人一直很佩服曹刘氏。对她所做的决定完全听从,曹洪基对于曹刘氏提出的生活资料购买或维修等事宜,从未提出过反对意见。

4.街坊邻里互借生活资料

曹家的生活资料比较齐全,邻居经常会到曹家借用石磨磨面,只要曹家自己不使用,曹刘氏都会答应,对方为了表达对曹家的谢意,会将磨面剩下的"糟糠"①送给曹家当作牲口饲料。曹刘氏知道邻居生活不易,都会谢绝对方的好意。村民家里有红白喜事,需要在家摆酒席时,曹家会将自家的桌椅板凳、锅碗瓢盆借出去。曹家村的其他村民都尊重曹家生活资料所有权按时归还曹家的东西。本家族的亲戚更不会侵占曹家的生活资料,反而会尽力帮助曹家维护其应有权益,村会和县乡政府不会插手曹家生活资料问题。

二、家户经营

(一)生产资料

1.常年雇工满足农业生产需求

曹家有曹永山和曹永新两个长工,常年吃住在曹家,给曹家干活,只有过年时才回家。曹洪基带着两位长工下地干活,其他家庭成员里,只有曹刘氏和王曹氏在农忙时会去晒场晾晒粮食或掰玉米。曹洪进抽大烟,对曹家的任何事情都不关心,曹李氏也是常年闲在家里不干活。王英庆等孩子们由于年纪小,曹洪基没有让他们干活,而是让他们在私塾读书。

农闲的时候,曹家的三个劳动力足够管理38亩土地,只需要锄草、松土即可,但到了农忙时节,不仅家里的妇女要帮忙,还需要雇用临时劳动力来干活。除了曹永山和曹永新两个长工外,曹家每年都会在秋收时节雇用十个左右的短工。雇用短工这件事完全由曹洪基做主,因为他常年下地,了解自家农活需要多少人、多长时间干完。雇短工不像雇长工,长工一年一结算工钱,而短工干完活就结算工钱,有时候甚至一天一结算,曹洪基掌管钱财,方便给短工们发钱。两个长工都是曹氏家族的亲戚,自家土地不多,因此到曹家打工挣钱。而短工则

---

① 糟糠:即磨面将细粮过滤后剩下的麸子,无法食用。

是曹洪基在邻村台上村雇用的，大多来自附近的几个村庄，方便白天干完活，晚上回家休息。

2.农业生产资料应有尽有

为了满足38亩土地的耕作需求，曹洪基分多次去集市，总共购买了四头骡子，用于耕地、"耧地"①及粮食运输。因为曹家的牲口较多，完全能满足自家的农业生产需求，所以从未与外人合伙使用过牲口。当地人在耕地时，需要用两头牲口拉动耕犁，曹家村的大多数人家只有一头牲口，无法独自耕地，为此都会与外人合伙互借牲口使用。曹家从未借过外人的牲口，却有相当多的街坊邻居去曹家借牲口。只要曹家有空闲的牲口，曹洪基就会答应借给他们，不需要对方给任何费用，完全是免费借出。

曹家的农具同牲口一样，全靠外购，凭借着曹家在烟台的买卖做支撑，曹家每年都有足够的资金购置新农具、维修旧农具，从来不缺农具使用，经常有左邻右舍去曹家借农具使用，以借耕犁的最多，并且是与牲口一起借走。因为许多小户人家养不起牲口，也就不需要单独购置耕犁，因此向曹家借牲口的同时，会一起借耕犁。

像铁锹、镰刀这类小农具，即便曹洪基不在家，也可以由曹刘氏做主借出去，对方用完归还即可，不需要商定借用的期限，即便损坏也不需要赔偿。借出牲口这类事情只有曹洪基一人能决定，在曹家人看来，牲口不同于农具等小型生产资料，牲口是曹家人赖以生存的命根子，只有牲口健壮，家里才能用它们耕地，才有饭吃。因此借牲口这类事情，即便是内当家曹刘氏也不会做主，曹洪基外出干活时，对方只能等他回家再来商量，其他家庭成员没有权力做主。外人去曹家借大农具时，大多是对方家长亲自出面，而借小农具时则不需要家长出面。凡是去曹家借小农具的都是左邻右舍的人，即便是派孩子去借也是可以的。耕犁类的大农具在归还的时候，需要家长亲自去还，而小农具则派一位家人去还就行，曹家在自家农具够用的情况下才会借给外人，因此从不会催促对方归还。

(二)生产过程

1.家长全权负责农业生产

曹家虽拥地近四十亩，但由于土地质量差、灌溉条件差，导致每年的农业收入不是很高，曹家一直通过在烟台的手工业来辅助农业发展。除此之外，曹家还饲养了鸡、猪等家禽家畜，饲养的数量并不是很多，也不是以自家食用为目的。曹家每年的经济收入中有一半以上来自烟台的买卖，曹洪向每年都往家寄钱，曹家才能购置土地，扩展家业。曹洪基本着"质量不够、数量来凑"的原则，购买了大量土地，因此每年的粮食产量都比较可观，但出售较少，大多数用于自家食用。

曹家在烟台的买卖主要是曹洪向负责，他最初一个人去烟台做生意，鞋店生意做大后，将子侄们带到烟台安家定居。因此曹家留在家里的人大多是老幼，造成农业生产缺少劳动力，只能靠雇工来干活。妇女只在秋收时才会去晒场干少量农活，大多数农活由曹洪基带着曹永山和曹永新干。每年开春后，曹家便开始农业生产，从耧地、耕地、播种、施肥，到锄草、松土，再到收割、晾晒，全是曹洪基带着长工干。由于农业生产全由曹洪基负责，因此每块土地种什么作物、施多少肥料、什么时候耕种、什么时候收割，全凭他一人决断，其他家庭成员不懂农业生产，从不会插手此类事情。只有曹永山和曹永新两位长工会根据生产活动中发现的

---

① 耧地：在作物播种前，需要用犁具将土地犁出一道沟。

状况,及时向曹洪基汇报,向他提出一些建议,曹洪基根据实际情况考虑是否听取采纳。一旦曹洪基决定了土地的种植结构和生产安排后,曹永山和曹永新便按照曹洪基的安排去耕种,不会提出任何反对意见。

曹家每年的农业生产活动是从农历三月开始,直到农历十月左右才结束,除此之外便是农闲。冬天不用下地干活,曹洪基便给曹永山和曹永新结算工钱,让他们回家准备过年。曹洪基对农业生产的安排并不是一成不变的,尤其到了农忙时,曹家需要雇用数量不等的短工,每年的短工数量都会在十个左右,每个雇工干的活都不一样,曹洪基会随机安排雇工去从事某项农业生产。农业生产的具体分工也是由曹洪基负责,被安排干活的人完全按照他的吩咐去做,因为干的农活难易程度不同,工钱也不一样,雇工们不会有任何抱怨。

2.饲养少量家禽家畜作为副业

曹家为了方便农业生产,购买了四头骡子,全部在西院的小厢房里饲养,这四头牲口不需要曹家人亲自喂养,小厢房靠近西院西间的长工屋子,因此喂养牲口的工作全部交给曹永山和曹永新负责。他们干完农活后经常在地里割草,带回家给牲口吃,秋天草木枯黄后,便将玉米秸秆用"铡刀"①切碎,用来喂牲口。

除此之外,曹家还饲养了十只左右的母鸡用于下蛋,鸡蛋并不是为了给曹家人食用,而是为了亲朋好友家里有喜事的时候,当作礼物送给对方。还有三只公猪和两只母猪,养公猪一方面是为了养肥后能卖掉其中的两头能挣钱,另一方面也是为了曹家人过年时将剩下的那只杀掉,自家人吃肉。养母猪是为了能产小猪,将生下来的小猪留在家里养肥后继续卖钱,也可以把小猪直接卖掉换成钱。饲养家畜的任务就由曹刘氏和王曹氏完成,她们需要每天给猪拌饲料吃。但母鸡不需要曹家人喂养,让母鸡去大街上啄食虫子即可。

当骡子的年纪逐渐增大无法继续干活,曹洪基便将年老的骡子带到集市上,把它便宜卖掉,用卖掉的钱再加上自己带的钱买一头新骡子。这样能保证曹家的牲口数量维持在四头,农业生产不受影响。出售老骡子这类事情只能由曹洪基亲自处理,由他决定将骡子卖给谁,去哪里买新骡子。实际上,曹洪基对牲口买卖并不是很懂,需要到集市上找一位"懂行"②的人帮助,通过中间人与卖方讲价来购买骡子。

3.鞋店生意推动曹家扩大家业

曹家除了从事农业生产外,在烟台还有鞋店的买卖,作为曹家经济收入的重要组成部分,手工业是曹家农业发展的重要支撑。没有曹洪向等人在烟台的发展,曹家就不能在短短几年内迅速扩大家业。曹洪向一人仅带着八斤高粱饼子去烟台学做工,学会制鞋的手艺后自己开鞋店。后期因为做生意诚实守信,生意规模不断扩大,将子侄甚至家族成员都带到烟台做工挣钱。

(三)生产结果

1.粮食收成满足曹家生活需求

曹家种植的农作物每年都只能收获一季,由于种植时节的不同,每年的农历五六月份和农历九十月份都是作物收获的季节,五六月份需要收割小麦、高粱和谷子,九十月份需要收

---

① 铡刀:专门用于切割草料的刀具,一把大刀连接在木质底座上。
② 懂行:懂得行业规矩和内幕。

割玉米和花生。

由于地质较差，加上大多数土地都得不到水源灌溉，因此亩产都较低。小麦亩产只有120斤，高粱和谷子的亩产最高只有200斤，玉米的亩产最高仅为100斤。曹家种植花生的年份较少、产量很低，主要是为了自家榨油食用，亩产仅有80斤左右。

曹家作为长期务农的大户人家，深知每年的气候变化，尤其是降水与气温变化会严重影响作物生长。肥料的多少也直接影响到作物的收成，由于没有其他肥料可用，曹家每年只能把人畜粪便运到土地里施肥。灌溉水源的不足使得曹家只能多种植高粱、谷子等耐旱高产作物。伏季①收获的作物直到农历五月初才能看出收成如何，秋季收获的作物到中秋节后才能看出收成如何，不同年份的收成变化较大。主要受每年的气候影响，即便在作物收割前夕，也有可能因为一场台风将把即收割的作物全部糟蹋。部分年份雨季特别长，会导致田地积水，作物根系长期泡在水里导致腐烂。

曹家土地收获的粮食属于全家人所有，曹永山和曹永新两位长工也有权食用曹家的粮食，收成由曹洪基统一管理和支配，每年收获的粮食自家留多少、卖多少全凭曹洪基一人决断。曹刘氏与曹洪基作为曹家的内、外当家，他们是家里最关心粮食收成的人，只有全家人吃饱穿暖，家长才算尽到自己的职责。相比之下，曹洪进每天拿着曹洪向单独寄给他的钱抽大烟，从不过问农业生产，更不关心粮食收成。王英庆要照看孩子们，也不会关心这些事情。

虽然曹家土地质量差，但规模较大，因此每年收获的粮食都能满足曹家人的生活需求，即便是灾荒年份，也没有出现粮食不够吃的现象。曹洪基生性节俭，经常将收获的小麦拿到集市换成高粱，能让曹家人多吃粮食。但实际上，以曹家的经济情况来看，并不需要省吃俭用，曹家没有因为自家产出的粮食不够吃，去集市购买的情况。在灾荒年份，曹洪基会把细粮兑换成粗粮，让家人都能吃上粮食。收成好的年份，曹洪基留下全家人的口粮后，将剩下的粮食卖掉换成钱，再加上曹洪向从烟台寄回家的钱，能在临近年关的时候购买土地。

2.家禽家畜既出售也可自食

曹家每年饲养的牲口数量都差不多，即便是灾荒年份，由于曹家有鞋店生意做支撑，因此依旧有钱饲养牲畜。一般情况下，曹家每年都会饲养十只左右的母鸡，主要是为了下鸡蛋后留着当作亲朋好友走动时的礼物。再者就是饲养的三头的公猪和两头母猪，母猪生产的小猪既可以留着养大，也可以直接卖掉，公猪主要是为了卖钱，也可以留到过年时杀掉，让家人吃肉。虽然曹家有充足的资金饲养家禽家畜，但这些家禽家畜并不是以自家食用为主，主要还是为了出售赚钱，而赚的钱是为了攒到过年买地。

3.鞋店收入全部寄给家长

曹洪向每年都会往家寄钱，用于满足家里的生产生活，但他并没有将钱寄给妻子曹刘氏，而是寄给曹洪基，由曹洪基全权掌管钱财。不过曹洪基尊重曹刘氏，将曹洪向寄给他的每笔钱的数额都告知曹刘氏。虽然曹洪基对生活资料的购买，如油盐酱醋等从不记账，但家里买地、盖房、买牲口、农具等大笔费用全部记账，即便曹洪基不识字，但他也能通过做记号的方式记录。每年冬天农闲时，曹洪基都会把过去一年数目较大的花费告知曹刘氏，但曹刘氏信任曹洪基，从不在乎曹家的财产情况。虽然曹洪向常年在烟台做买卖，但他也是生性节俭，

---

① 伏季：即夏季。

327

只会挣钱不会花钱,每年挣的钱除了给工人们发酬劳外,剩下的全部寄回家,自己从不留下零花钱。曹洪向将钱寄回家后,这部分收入全部由曹洪基支配,曹洪向从不干涉。

三、家户消费

(一)力求节约

1.人口多导致费用大

曹家每年的费用情况不一,由于每年都需要大量购买土地,仅买地一项就占据了花费总额的大部分,此外还有食物、医疗、教育、生产资料的维修、购买等费用。由于曹洪向每年往家寄钱,维持了曹家庞大的费用支出。因此曹家很少向外人借钱,也从未因为自家粮食不够吃,买入粮食。即便这样,曹家每年仍需要大量的生活支出,占据了全年收入的相当大的一部分。

2.粮食消费完全能够自给

曹家土地最多时总共有三十八亩,每年都会种植小麦、玉米、高粱、谷子等作物,每年收获的粮食都能满足曹家人的生活需求。即便在灾荒年份,曹洪基也从未因为粮食不足而发愁。曹家人食用的粮食全部是自家土地生产的,从来没有外购过,曹洪基和曹刘氏都十分节俭,曹洪基常将收获的小麦和玉米拿到集市上兑换,因为小麦和玉米作为一种细粮,不仅产量低,而且价格高,同等价值的小麦和玉米能兑换更多数量的高粱和谷子,能让曹家人吃更长时间的粮食。这样就可以将多余的粮食卖掉换成钱,攒到过年前再买土地。粮食收成的支配权掌握在曹洪基一人手中,即便其他家庭成员不喜欢吃粗粮,但他们都不敢向曹洪基提意见。曹刘氏也不会因为此事干涉曹洪基的决定,并不是因为曹刘氏不敢向他提意见,而是因为曹刘氏同样勤俭节约,十分赞同曹洪基的决定。

3.肉蛋菜类部分外购

曹家在种植农作物的同时,还在田间地头种植萝卜、芥菜、大白菜等蔬菜,种植这些蔬菜并不是为了对外出售,而是为了满足曹家人的饮食需求。因为相比去集市上购买现成的蔬菜,自家在地里种植蔬菜能节省不少钱。曹洪基将萝卜和"芥菜"①收获运回家后,曹刘氏每年都会腌制满满一缸的萝卜咸菜和芥菜咸菜供全家人吃。冬天收获大白菜后,曹家人能从冬天吃到来年春天,但仅靠自家种植的蔬菜根本不够曹家人吃的,因此春天至冬天蔬菜未收获的这段时间内,曹刘氏会定期安排曹洪基去集市或村里的流动摊贩那里购买蔬菜。

曹刘氏一直要求过日子要勤俭节约,因此曹家每年的肉类消费很少,过年过节的时候,曹刘氏会让曹洪基去集市买肉,给家人改善生活。农忙时,为了让劳动力有力气干活,曹刘氏会给下地干活的人开小灶,让他们吃鱼和肉。春节时,曹洪基通常会将饲养了一年的公猪卖掉两头,将剩下的一头屠宰后供全家过年吃肉。虽然曹家家大业大,但仅饲养了十只左右的母鸡,且下的鸡蛋是作为与亲朋好友交往的礼物。只有曹家人生病的时候,曹刘氏才舍得将鸡蛋煮给病人吃。否则不论是长辈还是孩子,几乎都吃不到鸡蛋,即便春节期间也很少吃。

虽然在曹刘氏的管理下,曹家在饮食上节省了大量金钱,但曹家人口较多,因此每年的食物费用仍占据全年消费相当大的一部分。曹家的蔬菜、肉类和鸡蛋都能做到部分自给,但还是有相当一部分需要外购。肉蛋菜的消费由曹刘氏一人决定,虽然钱财不掌握在她手里,

---

① 芥菜:当地一种以腌制为主的蔬菜,类似于萝卜。

但只要曹刘氏要求曹洪基去买任何食物,曹洪基都会立马去做,不会提出任何反对意见。至于去哪里买,有时是曹洪基决定,有时由曹刘氏决定。只有曹洪基有权对家里的食物消费提出意见,尤其是给雇工管饭的时候,曹刘氏会充分尊重他的意见,而其他家庭成员则无权提出意见。

4.家长购买布料后由妇女制衣

曹家虽然人口较多,但每年春节来临之前,曹刘氏都会让曹洪基去集市上买布匹,回家让王曹氏制作衣服。除了两位长工外,其他家庭成员每年都会在春节前穿上新的棉衣、棉裤和棉鞋。即便是生意不好的年头,曹洪向也会寄钱回家,让家人过个好年。曹洪基不懂得如何制衣、如何纳鞋底、做鞋垫,只能按照曹刘氏的要求去集市上买布匹。回家后,曹刘氏和王曹氏要从早到晚裁衣、缝补、纳鞋底、缝鞋面,给每人制作一身衣服和一双棉鞋。

曹刘氏身为内当家,能得到全家人的尊重和认可,并不仅是因为丈夫曹洪向每年往家寄钱,更是因为她的公平公正,从不偏向自己的孩子,有时宁肯让自己的孩子吃苦,也要将好的东西省给曹洪进和曹洪基的孩子。在制作衣物这一方面,曹刘氏尽力给全家人都置办新衣,其他家庭成员从未因为衣物问题对曹刘氏的管理表示质疑,也从来没有人干涉过曹刘氏的决定。

5.以土方治病为主

曹家人的身体都十分健康,没有人需要常年吃药治病,只是偶尔有家人头疼脑热的才需要治疗,但曹刘氏为了省钱,一般会让家人采用土方法治病。比如腰疼就用拔火罐的方法,再加上人工推拿来止疼,除非是疾病到了特别严重的程度,才会去找医生。曹家村地理位置比较偏僻,附近没有任何医院,只有河包刘家村和杜家村各有一位郎中能治病,曹家每年去郎中那里抓药治病的次数有限,但由于药材昂贵,因此治病费用仍较高。

一般情况下,曹家人生病后,曹刘氏都会想办法用土方治病,这样不仅能治好病,还能省钱。需要山草药就安排曹洪基上山采摘,曹洪基常年下地干活,最清楚什么地方生长什么山草药,草药采回家后,曹刘氏熬药给病人喝。如果还是不见起色,那曹刘氏就会让曹洪基准备好大车,用骡子拉着大车去邻村的郎中家看病。只要曹家有人生病,曹刘氏都会想办法给他治疗。家里母鸡下的鸡蛋,即便平日里不舍得吃,也会拿给病人吃,为了让他早日恢复健康。曹家人没有因为曹刘氏用土方治病,而不是去郎中那看病,便对曹刘氏不信任,曹洪基也听从她的安排,按照要求采草药或找郎中。

6.人情消费以实物相赠

曹家与亲朋好友及左邻右舍的关系都十分融洽,亲友们家里有红白喜事需要帮忙的时候,曹家都会尽力相助。曹家有红白喜事的时候,亲友们也都来帮忙。每次曹家与外人有人情交往的时候,曹刘氏都会记住,虽不会记录在案,但能做到心中有数。尤其是临到年关的时候,曹刘氏会将家里攒的鸡蛋当作礼物送给对方,也会让王曹氏做一些面食,如花卷、包子送给人家,但从来没有送过钱财。

曹家的人情交往一直以实物进行,即便曹家的儿女结婚,或长辈去世这类红白喜事,亲友来做客也是以实物相赠,没有任何人送钱。由于曹洪基从不操心家务事,他作为一个男性,对人情交往这类细心事务根本做不好,曹刘氏作为内当家,全权负责人情交往一事,给谁送礼、送多少礼物、送什么礼物都由她决定。需要花钱购买礼品时,只要告诉曹洪基,他就会尽快买回来,从来不会提出任何意见,其他家庭成员从不会提出自己的意见。

7.与外人合资请先生教私塾

在 1947 年以前,曹家村并没有学校,因此王英庆与曹学才和曹学通一起读私塾。私塾先生是曹家与村里其他几个大户人家一起请来的,各家平均分摊教书先生的费用。除了给教书先生酬劳外,还需要给王英庆等三人买书和纸笔。王英庆等人在私塾里学的是四书五经,最早是从《三字经》开始学起,这些书籍都需要花钱购买。曹刘氏为了省钱,不给他们买现成的本子,而是买一沓纸自己裁制。相比购买土地、农具这些大的花费,教育消费仅占全年支出的一小部分。虽然曹刘氏节俭,但十分重视孩子的教育,认为孩子不学习,就会整天在大街上玩耍,这样什么都学不到,反而可能会养成坏习惯,长大后不会做人。

(二)粮食自给乃重中之重

曹家众多的消费类型中,唯有粮食消费不可缺少,只有保证全家人吃喝不愁,才能干活挣钱,才能治病、读书。相比之下,其他各类消费的重要程度远不及粮食消费。在曹洪基看来,粮食是曹家人生存的基础,曹家有充足的土地,才能产出足够多的粮食供全家人食用,才能有钱买肉蛋菜,才能进行人情交往,才能让孩子读书。但曹家的粮食消费是以曹洪向在烟台的买卖为基础的,有了曹洪向每年寄的钱,曹家才有足够的资金买地。曹家的内外当家都注重节俭,即便家里的经济条件十分宽裕,对于肉蛋菜消费也放在次要位置,在他们看来,只要能吃饱饭,其他消费都是可有可无的。

四、家户借贷

1947 年以前,曹家很少向外人借钱,即便在灾荒年份也能做到自给自足,不过曾有家庭成员被绑匪绑过票,曹洪基的幼子曹永彬常年在烟台做买卖,除了从事鞋店生意之外,还在招远县里结交了一些开金矿的朋友,曹永彬听朋友说将招远的黄金卖到上海,能够挣得大量的差价,曹永彬便从朋友那里买了一批黄金,运到上海出售,结果真的赚了大钱。曹永彬去上海的时候还带上了自己的媳妇,挣钱后夫妻二人在上海购买了很多物品,曹永彬的妻子还买了很多珠宝首饰戴在身上,回到曹家村后在村里炫耀。但是在曹永彬夫妇从上海回到曹家村的第二天下午,就有绑匪将正在街上闲聊的曹永彬的妻子绑走,并且托人带话给曹家人,要求拿出六百块钱来赎人,否则就撕票。

但曹家在短时间内无法拿出绑匪要求的赎金,为了尽快将人赎回,曹洪基出面去本村的一户刘姓大户家里借钱赎回三儿媳妇。曹洪向寄钱回家后,曹洪基很快将借款还给对方,两家是世交,关系一直十分友好,在日常生产生活中,双方经常互帮互助,因此对方没有收取利息,没有要求曹洪基找中间人做担保,也没有打欠条。

村里也经常有人去曹家借钱,一般都是经济条件较差的小户人家,曹洪基一般都会把钱借给他们,同样不需要打欠条或找人担保。很多借钱的人都是曹氏家族的后代与曹家沾亲带故,曹洪基对曹氏后代十分信任,不会收他们的利息。对于街坊邻里间能帮得上的忙,曹洪基会尽力帮助。曹家人不会占别人的便宜,只是希望借此机会,与他人搞好关系,提高曹家在村里的威望。有少数来曹家借钱的人,因为家里经济条件实在太差,以至于无力偿还,一直拖欠到曹洪基三兄弟分家也没有还清债务,曹洪基也没有向他们索要,就这样不了了之。

五、家户交换

(一)以全家为单位进行经济交换

曹家的经济交换完全由曹洪基负责,曹刘氏负责内部事务,她一生从未去过集市,即便给家人买布匹做衣服,也是让曹洪基去买。只要曹刘氏让曹洪基去集市购买物品,他一定会按照曹刘氏的要求去做。只有曹洪进手里有小金库,但他的钱并不计入曹家的家庭财产里,因为他的钱并不是自己挣来的,而是曹洪向单独寄给他,专门让他抽大烟用的。曹家人除了曹洪基之外,只有曹洪进能单独进行经济交换,他购买的东西只有抽大烟用的烟枪、烟草。曹洪向单独给曹洪进寄钱是为了不让他糟蹋全家人的财产,曹洪向允许他不参与农业生产,只要他不搞破坏,曹家就不会因为他抽大烟而被拖累。曹洪基也很少干涉他抽大烟,其他家庭成员不会与曹洪进攀比。

(二)家长出面购买所需物品

曹洪基身为家长,一生没有出过远门,去过最远的地方是烟台市,是在临近年关的时候,去烟台给曹洪向送年货,来回只有两三天。除此之外,曹洪基的人生都是在曹家村度过的。不论是农业生产工具的购买,还是家里油盐酱醋的置办都是曹洪基去买。如果是大型生产工具或牲口,他都会去集市上购买;如果是家庭生活使用的物品,则可以在村里的流动摊贩那里买。在曹家,农业生产工具的购买场所由曹洪基决定,家庭生活用品的购买由曹刘氏决定。

(三)外当家决定经济交换对象

1.家长负责去集市采购

曹家购置物品的场所主要是周围村庄的集市,曹家村作为一个小村,并没有自己的集市,购买物品需要到附近的台上村或北截村的集市,具体去哪个集市由曹洪基决定。曹洪基根据自己的时间来安排,尤其对于家里着急使用的物品,他会优先选择到距离最近的集市去。台上村集市和北截村集市都有固定的交易日期,台上村集市时间是农历每个月的初一、初六、十一、十六、二十一和二十六,而北截村集市的时间则是农历每月的初二、初七、十二、十七、二十二和二十七。台上村集市距离曹家村约三里地,而北截村集市距离曹家村约四里地。曹洪基去赶集的时候,每天早晨吃完早饭出发,中午吃午饭之前就回家,来回路程花费约半小时左右。曹洪基每次去集市之前,都要带上足够多的钱,目的是为了防止带的钱不够,买不到自己需要的物品。因为各类物品的价格只有到了集市上打听后才能知道。少数情况下,曹洪基还会到距离曹家村十里地的辛庄村集市,因为台上村和北截村这两个村的集市规模有限,有可能买不到曹洪基想买的东西,因此只能舍近求远。

2.出售或兑换粮食由家长出面

曹家村附近的两个集市都有专门售卖各类粮食的粮食市,除了售卖粮食外,还可以实现以物换物,即不同粮食之间的等价值交换,曹家经常去粮食市兑换粮食。由于曹家每年的粮食收成能满足全家人的生活需要,因此从未在粮食市买过粮食。曹洪基经常将小麦和玉米拿到粮食市换成高粱和谷子,一般情况下,十斤小麦或玉米能兑换十三斤高粱或谷子。除此之外,曹洪基作为一家之主,等粮食收获后,留足曹家人今后一年的必备口粮,将剩下的粮食放在大车上,用骡子拉到粮食市出售。出售所得的钱攒着,等曹洪向从烟台寄钱回家后,在年末继续买地,扩大家业。曹洪基虽为一家之主,但卖粮食这种大事,他还是会主动和曹刘氏商量一下,曹刘氏在家做饭,最清楚家里每年粮食的消耗量,而且她更有远见,不仅要留足一家人吃饭的量,还要多预留一部分以防灾荒。

3.家长与"拉响的"打交道

曹家村没有自己的集市,曹洪基只能去邻村的集市买东西,曹家村也会有很多人推着独轮车去集市售卖物品,卖的东西也是五花八门,既有油盐酱醋,也有针头线脑,甚至还有人专门推着车子,载着木匠工具,到村里修理农具,这类流动摊贩在曹家村被称为"拉响的"。因为流动摊贩进村售卖时,手里都会拿着一根木头棒子,一边售卖,一边敲打、吆喝。家里需要买油盐酱醋或针头线脑时,曹刘氏就会告诉曹洪基,让他直接在流动摊贩那里买。家里的农具损坏后,正好碰见有流动摊贩在村里做木匠活,曹洪基也会在流动摊贩那里修理,不用非得找木匠修。除了曹洪基之外,其他家庭成员都不和流动摊贩打过交道。

4.家长做主雇佣劳动力

曹家每年农忙的时候都会雇佣短工干活,曹家村的邻村台上村有一个劳动力市场,当地人称之为"工夫市",曹家人去"工夫市"找雇工这种行为被称为"寻工夫",短工们在"工夫市"等着找机会给别人家干活则被称为"逮工夫"。每年麦收和秋收时节是"工夫市"最兴盛的时候,曹洪基会根据自家作物的生长状况及土地数量,去"工夫市"找短工,在"工夫市"事先与对方商量好干什么农活、干多长时间、工钱是按劳动量算还是按天数算,不同的农活其工价也不一样,主雇双方在开始干活前先把价钱商量好,工人们才开始干活。

按照当地雇短工的惯例,短工干活需要自己带农具,曹家需要给短工一天管三顿饭,但不用管住。曹洪基在每次雇短工之后,都会和曹刘氏说一声,告诉她雇工的数量,目的是为了让曹刘氏提前准备饭菜。短工干完活后,与曹洪基结算工钱,曹洪基与对方根据事先商量好的价格支付酬劳后,对方即可带着自己的农具离开。

(四)经济交换过程由家长做主

1.家长在购物过程中货比三家

曹洪基每次去集市买东西时,不会随便乱花钱,争取用最少的钱买到最好的东西,经常货比三家,质量不好的不买,价格太高的不买,只会买质优价廉的物品。曹洪基去集市买东西,从不去熟人那里买,因为在熟人那里买东西抹不开面子讲价,只能按原价购买,有的熟人为了自己的利益并不会给曹洪基优惠,反而价格比外人的更贵,物品质量却不好。如果熟人称量的物品不够分量,即便曹洪基发现了也不好意思找对方说理,只能自己吃哑巴亏。反而到外人那里买东西,可以随便讲价,如果出现分量不足的情况,也可以回去与对方理论,不用顾忌脸面。

2.买牲口要寻求经纪帮忙

当地的经济交换活动中,只有购买牲口时才会有经纪出现。集市上有专门的牲口市用于牲口交易,有很多经纪从事沟通买卖双方的经济交易,曹洪基去牲口市买骡子时,由于自己对牲口并不了解,便会找曹家村的一位经纪陪同自己去牲口市买骡子。同村的经纪能通过看牲口的牙齿,摸牲口的骨头来判断牲口的年纪大小、身体状况如何、买回家还能干几年农活。曹洪基在同村经纪的帮助下,确定了要买的骡子,经纪就为买卖双方协调价格,他们通过数手指的方法来讲价。经纪作为买卖双方的中间人,把衣服袖子伸长将双手遮住,经纪在买卖双方中间互相数手指,给卖方抬价,给买方降价。直到买卖双方达成一个都能接受的价格。经纪也并不是一无所得,通过衣袖将手指遮住,因此买卖双方都不知道真正的价格是多少,经纪可以暗中操作,通过挣差价来赚取酬劳。

曹洪基去集市买东西时,凡是需要称量的东西,除了粮食外都要用"称"作为计量工具,只有粮食市里买卖粮食时才能用"升"。在当地,一升等于八斤,而且曹洪基去粮食市卖粮食时,都是自己带着"升"去卖,去集市买肉买菜都是用卖方的"称",不需要自己带计量工具。

第三章　家户社会制度

　　曹刘氏身为内当家,全权负责为子女们选择婚配对象,曹家人思想观念保守,严格禁止自由恋爱和未婚先育,希望子女婚后能多生育孩子,为曹家传宗接代、延续香火。虽然1947年初曹洪基兄弟三人分家,但曹家人的关系一直十分融洽,分家前家庭内部关系比较和谐,即便有点矛盾也会很快解决,分家后曹洪基兄弟间还是互相帮助。曹家作为村里的大户人家,不仅家庭内部关系和睦,在外部交往过程中也是和谐相处,很少与外界产生冲突。

一、家户婚配

(一)结婚讲求门当户对

　　曹家的大部分青壮年都在烟台做买卖,长期不回家。曹洪基的八个子侄在1947年以前都已结婚,在烟台定居。曹洪向的五个女儿中,除小女儿未婚外,其他四个女儿全部结婚,王曹氏因为丈夫常年在东北务工,因此带着王英庆在曹家居住,曹洪进的女儿也已结婚。曹家村主要有曹氏和刘氏两大姓氏,曹刘氏就是同村刘氏家族的女儿,曹家十分排斥同姓结婚,尤其是同村的同姓结婚。因为结婚对象很有可能是自己本家族的亲戚,这样做会违反祖制。即便是同姓结婚,必须在五服之外,这样几乎与曹家没有血缘关系,也就不会违反祖制。曹家子孙后代都会找外村的人结婚,不会找本村的,更不会找同姓人结婚。

　　曹家作为村里数一数二的大户人家,在给孩子找婚配对象时十分讲究门当户对。曹洪向四女儿[①]的婆家就是辛庄镇大涝洼村唯一的大户人家,家长名叫李振兴。李家在大涝洼村是一个拥地近百亩,长工、丫鬟近十人的大家庭,李家的家业规模大,完全配得上曹家的地位和身份。曹刘氏在给晚辈选择婚配对象时,不仅要考虑对方家庭的经济条件,还要考虑对方家庭的道德品质,不会因为对方家里经济条件好便立即同意,更不会因为对方家里人口多便同意婚事。人口规模对婚姻没有任何影响,曹家更看重整个家庭的道德品质,曹刘氏认为,即便是人口多的家庭,如果道德素质差,那曹家也不能与对方结亲,即便人口再少,只要家风纯正,教育出的孩子肯定优秀,曹家才会考虑与对方结亲。

(二)婚前风俗颇多

1.曹刘氏为曹家子女婚事做主

　　曹家所有子女的婚事都是她负责,子女们到了结婚的年纪,根本不需要父母主动提出,曹刘氏作为内当家,给后代做主找婚配对象是她的责任,就连曹洪基三个儿子结婚娶妻也是曹刘氏找的对象,曹洪基作为男性,对于这方面的事情并不擅长。曹洪基的长子曹永成并非

---

① 四女儿:曹洪向的第四个女儿。

曹金氏亲生,她对曹永成的婚事不管不问,就连亲生儿子曹永奎和曹永彬的婚事也不上心,每天吃饱喝足,去各家串门。而曹洪基整天忙于农业生产,无暇顾及曹永成的婚姻大事,他对曹刘氏十分信任,索性将三个儿子的婚姻大事全部交给曹刘氏决定。曹洪进整天拿着曹洪向寄给他的钱抽大烟,曹李氏也是好吃懒做,只希望自己的两个儿子娶的媳妇比曹家更有钱,这样自己以后更不用干活,整天享福即可。鉴于这种情况,曹刘氏不仅决定自己三个儿子的婚姻大事,连曹洪进和曹洪基的儿子们的婚事也是她做主,没有人提出任何反对意见,曹洪向常年在外挣钱,只要曹刘氏决定的事情,他从不插手。

2.婚配标准高且复杂

不仅曹家适龄儿子结婚由曹刘氏决定,就连曹刘氏的四个女儿和曹洪进的女儿结婚,婆家也是曹刘氏做主找的。曹刘氏在给曹家女儿们物色婆家时,不仅要看两家是否门当户对,还要打听对方的家庭氛围如何,要求对方家庭的道德品质一定要好,在村里要有好的人缘。只有这样的家庭,教育出的男孩才能吃苦耐劳、脾气温和,否则曹家的女儿嫁给对方会受气,即便对方家里再有钱也没用。不论男方家里经济条件多好,男孩一定要有正当职业,即便在家下地干活,也能熟悉农业生产技能,将来不用依靠长辈,仍然能养活老婆和孩子。如果对方男孩什么都不会做,即便对方家里再有钱,将来也会被败光,曹家女儿会跟着受苦。

曹刘氏在给曹家子侄们娶妻时,首先要看对方家庭是否懂礼貌、明道德,只有这种家庭教育的女儿才能知书达理。此外还需要看的一点是女方是否缠足,如果没有缠足,那曹刘氏绝对不会同意曹家子侄娶对方为妻。曹家要求女方的脚必须缠足,而且脚越小越好,只有这样才能说明女方的家庭教育严格。虽然县政府倡导放足,但曹刘氏的思想仍旧保守,要求女方一定要缠足,否则就认为女方家庭对女孩的教育不严格,甚至是放纵,曹家人不敢娶这种女孩。害怕将来女孩在娘家教育不严,到了婆家依然会行为放纵,影响曹家的声誉,为此曹家一定要找小脚女人。

3.个人幸福不如家庭幸福重要

结婚对曹家人来说,最重要的不是个人幸福,而是结婚后与妻子好好过日子,将整个家庭发扬光大,首要的是生儿育女,为曹家传宗接代,开枝散叶。曹洪基这一代有兄弟三人,曹洪基的子侄一代有兄弟八人,但曹家为了让后代能扩散得更多,希望能多生男孩。曹刘氏要求曹家儿女结婚一定要门当户对,不仅是为了体现曹家大户人家的身份,更是因为大户人家联姻更有好处。通过血缘关系将两个大户人家连在一起,两家人将具有更广泛的人际关系和势力范围,曹家也会借助亲家的关系扩大自家影响。曹洪向的四女儿嫁到大涝洼村的李振兴家,由于李家是村里的大户人家,在村里有相当大的名望,自那以后,每年都会有不少大涝洼村的村民去曹家卖地。李家在北京也有规模不小的买卖,曹洪向的制鞋生意也跟着沾了不少光。

4.自由恋爱伤风败俗

曹家所有子女结婚全是通过他人介绍的,没有一个人是自由恋爱,曹刘氏严格禁止家庭成员自由恋爱。在曹刘氏看来,自由恋爱是家庭教育不严格的表现,没有严格管教好自家孩子,才会自由恋爱。家规严格的家庭,懂规矩、明事理,一定会禁止子女自由恋爱。曹刘氏一方面托媒婆联系合适的对象,另一方面也会根据媒婆找的对象,自己托别人再去核对一下,看媒婆所说是否真实,以防媒婆收了对方好处,故意在曹家人面前说对方的好话。

5.重男轻女导致聘礼多于嫁妆

曹家作为村里的大户人家,给儿女结婚准备的嫁妆和聘礼比中小户人家要多得多,曹家女儿结婚时的嫁妆一般是一个木制立式柜子、一百斤小麦、两套衣服、数量不等的洗脸盆和毛巾、一个圆桌外加四个凳子、两把太师椅。由于曹家重男轻女,因此儿子结婚时的聘礼比女儿的嫁妆要多,不过给女方的聘礼大多数还会被儿媳妇带到曹家。曹家的聘礼一般包括二百斤小麦、三尺红布、六十块钱、数量不等的金银首饰、两套红色衣裤。聘礼一般会在订婚当天送给女方,曹家人与女方家长见面后订婚,双方即可称对方为亲家,此后便在逢年过节带一些礼物互相走动。曹家儿子在订婚时是曹洪基、曹刘氏及孩子父母出面参加宴席,男女双方在订婚后仍旧不见面,直到结婚当天才见第一面。

(三)内外当家商议操办婚礼

曹家所有子女的婚姻大事都由曹刘氏一个人定夺,主要通过托媒婆来介绍对象。不过结婚的时候,具体的操作流程需要按照当地的结婚习俗进行,比如结婚的日期及新娘下花轿的时间需要曹刘氏找"阴阳先生"①测算,而吹拉弹唱等乐手的雇用、花轿的雇用及摆酒席等事项需要曹洪基操办。因为他是家长,这种抛头露面的事情需要他代表曹家出面,而且结婚准备的所有事项都需要花钱,曹洪基掌管曹家财产,由他决定各项花费。但曹洪基尊重曹刘氏,经常与她商议结婚过程中的各类消费情况,双方达成一致意见后,曹洪基才着手操办。曹家儿女们的婚姻大事,除了曹刘氏和曹洪基两人外,其他家庭成员几乎不插手,即便是曹洪进的儿女结婚,他和曹李氏也从不操心,曹家的儿女们更是无权决定自己的婚姻大事。

(四)男女结婚费用相异

曹家人结婚全都是按照年龄的先后顺序进行,不论男女都是年龄大的先结婚,年龄小的后结婚。曹家子女们结婚时,举办婚礼的花费并不一样,女儿结婚的花费远低于男子结婚的费用。曹家女儿出嫁时,只需要简单地宴请近亲好友和左邻右舍即可,不需要大肆铺张。相比之下,曹家男性结婚时花费的项目更多更复杂。首先,结婚娶新娘要雇用两乘花轿,外加吹拉弹唱、敲锣打鼓的乐手、做菜厨师、抬轿子的人、扛大旗的人,购买各类鞭炮、食材原料等,都需要大量花费。而且男性婚礼的规模更大,邀请的亲朋好友更多。新娘下轿后,要给新娘铺红地毯,直通到家里的炕上。因为当地结婚的风俗,要求新娘下轿后脚不沾灰,证明新娘子是清清白白进婆家门的。

虽然曹洪基与曹刘氏素来节俭,但结婚是曹家的大事,并且曹家有烟台的生意做支撑,因此有足够的资金来筹办婚礼,从未出现过因为家里钱不够而缩简婚礼规模的情况。举办婚礼的花费全部从曹家的家庭财产里出,由于筹备婚礼的所有具体事项都是曹洪基实施,只要他和曹刘氏商量好后,曹洪基便出钱筹办,不需要经过其他家庭成员同意,曹洪进的两个儿子曹永宽和曹永清结婚,也是曹洪基和曹刘氏操办婚礼。

二、家户生育

(一)子女枝繁叶茂

曹洪基这一代共有兄弟三人,即曹洪进、曹洪向和曹洪基,还有一个姐姐。曹洪基的子侄

---

① 阴阳先生:即风水先生。

一代有八个男孩、六个女孩,其中曹洪进有儿子两人,即曹永宽和曹永清,还有一个女儿。曹洪向有三个儿子,即曹永勤、曹永炎、曹永舵,还有五个女儿。曹洪基有三个儿子,即曹永成、曹永奎和曹永彬,曹洪基的孙辈有兄弟十三人,只有曹学才和曹学通两人在家,其他的全部在烟台,还有外孙王英庆。曹家历来家教森严,即便家中孩子订婚后,曹刘氏也严格禁止男女双方见面,因此没有出现过未结婚就生育的情况。

(二)传宗接代乃生育之根本

在曹家人看来,生育是结婚后最重要的一件事情,生育最重要的目的是延续香火、传宗接代。而且生孩子最好是生男孩,只有生男孩才算有后代,即便生了孩子,但不是男孩,也不能算是有后代。只有家里的孩子,尤其是男孩子越多越好,这样家里就有更多的劳动力挣钱。男孩结婚后再生男孩,能让曹家开枝散叶。当地有句俗语叫作"家门旺、看子相,家门不旺,看模样",意思是只要家里男孩多,家庭就能兴旺发达,如果家里没有男孩,家庭就很难兴旺发达。

生孩子也需要一个前提,即必须结婚后才能生育,凡是未婚先育的都会被认为是"野孩子",不仅孩子的母亲丢人,甚至连全家人都跟着丢人。外人会嘲笑女孩行为不检点,指责家庭教育不严。曹家对后代的家庭教育十分重视,尤其是女孩的品行修养,从来不做出格的事情。在当地,男性满18周岁、女性满16周岁便可结婚成家,曹家子女大多都是20岁左右结婚。曹家子女结婚的年龄在当地来讲不算早,只能算是正常的结婚年龄。结婚后必须尽快生孩子,要求早育,这样才能繁衍更多的后代,曹家长辈就能享受天伦之乐。

由于曹家在当地属于大户人家,经济条件较好,因此更倾向多生育后代,至少不会因为经济负担而养不起孩子。越是大户人家,越希望多生孩子,尤其是多生男孩,这样才能显示出家庭的幸福美满。如果家里没有孩子或没有男孩,即便家庭经济条件再好,无人继承财产,以后还是会没落。曹家这种大户人家,只要有男孩传宗接代,就能将家业延续下去而不会衰败。家中男孩也并非越多越好,如果生了一大堆男孩而没有女孩,也显得美中不足。曹家人希望能儿女双全,但还是更倾向生男孩,在有了多个男孩的前提下生一两个女孩更好。男孩能继承家业,虽然女孩结婚后成了婆家的人,但女孩回娘家能照顾父母,儿女双全在当地被认为是一种有福气的表现。

(三)妇女生产受特殊照顾

虽然曹家的长辈希望多生孩子,尤其是多生男孩,但实际的生育情况并不是长辈所能控制的,夫妻双方会按照长辈的要求尽量多生孩子,最终是男孩还是女孩,无法由长辈决定。曹家妇女怀孕后每天的任务就是休养身体,原本负责的家务活由其他妇女承担,一般是曹刘氏和王曹氏承担家务活。妇女怀孕期间的饮食也和其他家庭成员的大锅饭不一样,鸡蛋会省给孕妇吃,让她补充营养。怀孕期间妇女只要不干活,大多能自己照顾自己,不需要专人照顾,直到怀孕八九个月的时候,不方便洗衣服,才让曹刘氏代替。

曹家妇女都是在自家房屋里分娩,曹家村附近没有医生能接生孩子,只有村里上了岁数的接生婆会接生。妇女快要分娩的时候,曹刘氏会安排曹洪基去村里找接生婆,用骡子拉着大车将她尽快接到曹家来。生产结束后要给产婆一些酬劳,但曹家一般不会给现金,而是给一定数量的粮食。除此之外,妇女分娩的时候没有其他花费。

曹刘氏是曹家媳妇中生孩子最多的一个,一共有五个女儿和三个儿子,在结婚后的几年时间内连续坐月子,虽然坐月子期间不需要做家务,但家里的事情仍旧需要她操心。由于当地妇女坐月子要求在炕上休养一个月,这一个月期间不能下炕,不能洗澡,不能开窗通风,因此曹刘氏坐月子期间,一直在炕上安排其他家庭成员做家务。曹刘氏为了不让两个妯娌说闲话,安排女儿王曹氏看孩子、做饭、洗衣服,曹李氏和曹金氏在这种情况下也会帮忙做点家务。

曹刘氏坐月子期间,原本可以吃一些鸡蛋、鲜鱼等有营养的食物,曹洪向还特地从烟台往家里寄了一些糕点。曹洪基知道曹刘氏的不易,给她在养羊的村民家里买羊奶给曹刘氏喝,让她恢复身体,但曹刘氏把这些有营养的食物都省给家里的孩子吃,她自己稍微尝一口便可。曹刘氏婚后生第一个孩子,即生王曹氏的时候,曹洪基的母亲仍旧在世,因此一开始是婆婆伺候月子,婆婆去世后,随着王曹氏长大,能够帮忙做家务,加上曹李氏和曹金氏帮忙,完全能伺候曹刘氏坐月子。

(四)"吃面"贺新生

1."吃面"庆祝婴儿降生

曹家的孩子出世后都会举办生育仪式,这在当地被称为"吃面"。"吃面"并不是吃面条的意思,而是孩子出世后,曹家人邀请亲朋好友来做客,摆酒席宴请大家。不论生男孩还是生女孩,都需要"吃面",但男女孩仪式的规模不同,男孩出世后酒席的规模更大,邀请的亲朋好友更多,女孩出世后虽然也摆酒席,但酒席的规模明显不如男孩的大,邀请的客人也少,最多就是本家族的近亲和关系很好的街坊邻居,酒席的质量也不如男孩的好。男孩出世后摆酒席,曹家的亲朋好友都会来贺喜,甚至部分平日里不怎么联系的远亲也会主动来贺喜,酒席上酒菜的质量也更高,曹家对男孩的出世更加重视。

曹家的孩子出世后,曹洪基作为家长,会带着孩子的父亲上门邀请客人,尤其是本家族的近亲,孩子的叔伯舅姨是必须要请的客人,左邻右舍和关系好的朋友都在邀请范围内。一些远亲,尤其是居住距离比较远的亲戚,平日里联系不密切便不会邀请,但仍会有部分远亲在听说消息后,在没有接到邀请的情况下主动来曹家贺喜,曹家人也会热情接待。对方来参加孩子出生仪式的主要目的不是贺喜,而是希望借生育仪式拉近与曹家人的关系。曹家作为大户人家,尤其是在烟台的鞋店买卖不断做大,与曹家搞好关系,可以在日常生产生活中帮衬自己。

曹洪基在邀请客人的时候亲自上门去请,不需要带请柬,也不需要带任何见面礼,只需要告诉客人仪式举办的时间和地点,客人们来吃宴席的当天会带着礼物,没有人会空着手去做客。由于曹家一直讲究门当户对,因此曹家的亲戚经济条件大多不差。不过带来的礼物都是实物,有的客人会带一些自家做的面食,有的会带小孩子穿的衣服、手镯,甚至会带一些十二生肖模样的金银首饰。"吃面"当天,曹家人将亲戚送的首饰挂在孩子身上,让亲朋好友参观一下。曹家人为了让亲朋好友吃好喝好,会准备足够多的酒菜供大家吃喝。每次举办宴席都会剩下很多饭菜,为了不浪费,曹刘氏会让客人临走时带一些饭菜回家,一是作为回礼送给对方,二是防止大量剩菜留在曹家,曹家人吃不完造成浪费。

2.通过"吃面"增进亲友联系

曹家在十里八乡享有较高的声望,曹家人在新生婴儿降临时举办"吃面"仪式,款待亲朋好友,大家在受到曹家的热情款待后,也会将曹家的热情好客在十里八乡传开,会提高曹家的声誉。曹洪向在烟台做买卖也结交了很多好朋友,借着家里孩子举办生育仪式的机会,也可答谢生意上的伙伴,为以后的交往打下基础。不论是谁家的孩子出世,举办生育仪式的费用全部从曹洪基掌管的全家钱财中出，即便是在烟台做买卖的子侄们有了后代，也是回曹家村举办生育仪式。虽然烟台有他们的很多生意伙伴，但生育仪式以亲戚间庆祝为主，因此曹家会将朋友们请回老家做客。

（五）长辈按辈分给晚辈起名

曹家孩子的名字是长辈起的，一般都是爷爷给孙辈起名字，曹学才、曹学通两兄弟的学名就是学才和学通，名字就是曹洪基起的。曹家人除了经常用的学名外，还有小时候家人称呼用的乳名，即小名，也是长辈给晚辈起。长辈给晚辈起名字完全是按照祖制来，曹家祖先在定居曹家村后，确定了曹家每一辈后代的字号。例如曹洪基兄弟三人都属于曹家"洪"字辈，曹永宽、曹永清等人都属于曹家"永"字辈后代，曹学才、曹学通则属于"学"字辈。曹家的长工曹永山、曹永新也属于曹氏家族"永"字辈的后代，但他们与曹家不属于同一支，血缘关系超出了五服范围。

三、家户分家与继承

（一）分家析产各自过日子

1.内外当家管理方式出现分歧

曹家村当地有俗语："家口小，好凑合；家口大，难调和"，意思是人口少的家庭，即便有点矛盾也能凑合过日子，但人口多的家庭即便没矛盾，由于每人的想法不一样，众口难调，因此很容易分家。曹家在1947年初的分家是因为一件小事引发矛盾，最终由曹洪基和曹刘氏商量后，决定兄弟三人分家，各过各的日子。曹家分家的原因并不是家庭成员不服家长管，而是一点鸡毛蒜皮的小事引发内外当家对家庭管理上的分歧，最终导致分家。

当地农历二月二有炒黄豆的习俗，有"炒黄豆，不生痘"的说法。但曹洪基生性节俭，不舍得让家人炒黄豆吃，王英庆、曹学才和曹学通曾去玩伴家吃黄豆，被曹洪基发现后一顿毒打。曹刘氏虽然也注重节俭，但她并不是任何东西都省，在二月二这种传统节日里，炒黄豆是必备的，不能因为家里节俭，便丢弃祖上传下来的习俗。因此她决定让家人炒黄豆吃，但曹洪基回家后发现家人在炒黄豆，一怒之下将骡子拉的粪便倒进正在炒黄豆的锅里，让曹刘氏颜面扫地。之后曹洪基对曹刘氏道歉，认为自己做事太莽撞，未尊重嫂子，曹刘氏也原谅了他。但曹刘氏与曹洪基治家理念不同，在曹刘氏看来，不能因为节俭而不尊重习俗，更不能一生气就把牲口粪便倒进锅里。

其他村民都不知道曹家分家的具体原因，只知道曹家家业大、人口多，再不分家就很难管理，都认为分家是正确的决定。实际上曹洪基与曹刘氏都注重节俭，但两人的不同之处在于曹洪基除了买地时不吝惜钱财外，在其他方面都尽量节省，不在乎风俗习惯和祖制传统。相比之下，曹刘氏虽然也节俭，但她是该省的省，不该省的不省，过年过节时就应该让家人吃吃喝喝，不能一年到头一直省吃俭用，过日子不能太紧，可以适当铺张一些。

2.兄弟三人平分家产

曹家分家的时候，曹洪向没有回家，是曹刘氏代表曹洪向分的家。曹洪基这一代有兄弟三人，因此将所有土地、房产、生产资料、生活资料平均分成三份，每人一份，土地方面根据地质好坏，在三份家产里适当调配，不可能都是好地，也不可能都是坏地。房产是东西两座房子，无法分成三份，因此曹洪向抽到没有房子的那份家产，但曹洪进和曹洪基两兄弟需要每人支付给曹洪向一定数量的钱,让曹洪向在他处另盖新房。曹家分家的过程中,家产力争做到平均分配,既不因为曹洪向常年往家寄钱,为曹家发展付出很多,就多分给他家产,也不会因为曹洪进常年抽大烟,对曹家的任何事情都不管不问,就少分给他家产。

3.邀请家族长辈担任"分析人"

根据当地的分家传统,分家时必须找"分析人",否则外人会对曹家分家说三道四,只有找人作证,这样的分家才算光明正大。因此曹家在分家时并不是自家人关起门来由自家人决定,为了保障分家的公平公正,也为了曹洪基兄弟三人不因分家问题起矛盾,曹刘氏特地在村里找了三位德高望重的老人来给曹家分家当见证人,当地称之为"分析人"。这三位中间人中的两位是曹氏家族的长辈,另一位是刘氏家族其中一支的族长。曹洪基希望让曹洪向从烟台赶回家,但曹洪向忙着买卖无法回家,让曹刘氏代表自己。分家的过程中,三个中间人的首要作用是对曹家的所有家产进行公平划分,中间人将分成三份的家产分别写在三张相同的纸上,由曹洪基等人抽签,抽到的家产就是自己分家后得到的那份。其中一人充当执笔人,撰写分家单,三位中间人都要在分家单上签字,三人签完字后还要曹洪基兄弟三人签字。由于曹洪基和曹洪进两兄弟都不会写字,因此让曹家的一位长辈代签,曹刘氏从小未读过书,她本应该代表曹洪向签字,结果也是由曹家的长辈代签。签字之前要确认曹家的所有应分家产全部在分家单的列举范围内。

4.签订分家单作为分家见证

曹家在分家的时候,其他家庭成员没有提出任何意见,服从内外当家的决定。曹洪向将分家的权利委托给曹刘氏,让她代替自己抽签分家产,在分家单上签字。按照当地的习惯,分家的时候应该单独找一位执笔人写分家单,但曹刘氏十分信任曹家和刘家的三位长辈,他们都读过私塾,懂规矩、明事理,因此直接让一位曹家长辈执笔写分家单。

分家时的三个见证人被称为"分析人",即分家析产的意思,因此分家单在当地又被称为"分析单"。执笔人在分家单上清楚地写着曹家分家的年月日,曹家所有家产概况都列举在上面,写着参与分家的曹洪基兄弟三人的名字,分家单确认无误后,曹氏三兄弟和三位见证人都在分家单上签字。因为是曹氏三兄弟分家,因此分家单是一式三份,分家后每家保留一份。

(二)男性后代均分家庭财产

曹家分家时,家产均分为三份,包括土地、房产、锅碗瓢盆、牲口农具、粮食肥料,甚至被褥床单都在分家范围内。虽然曹洪向和曹洪基有三个儿子,而曹洪进只有两个儿子,但均分家产的资格只在曹洪基三兄弟有,曹洪基的八个子侄虽然也都已经成家立业,但是他们并不享有分家的权利。不论曹洪基三兄弟各自有多少个儿子,他们这一代人分家,只有兄弟三人有权平分,家产只会平分三份。八个子侄只能在三兄弟分家之后,在各自的小家庭内才有权继续分家,或者是长辈去世后继承家产。曹洪基这一代除兄弟三人外,还有一位姐姐,但曹洪基的姐姐早已嫁为人妇,成为婆家的人,因此不享有家产的继承权,不能参与分家。分家的当天,曹氏家族和刘氏家族共三位长辈担任分家的见证人和分家单的执笔人,曹洪向远在烟台没有回家,让曹刘氏代替他做主分家。

四、家户赡养

(一)全家赡养长辈

赡养老人作为曹家的家内事务,自曹洪基当家以来一直被他挂在心上。按理说,家庭内部事务应该由曹刘氏负责,但曹洪基十分孝敬长辈,农闲时经常关心母亲的生活,抽空就照看母亲。曹洪基的母亲在世时,本应由曹洪基三兄弟负责赡养母亲,但曹洪向长年在烟台做买卖多年,赡养老人的责任全部托付给妻子曹刘氏。曹洪进常年抽大烟,不仅对农业生产不管不问,母亲的赡养问题也从不过问。因此曹家赡养母亲的责任就落在曹洪基身上,但曹洪基经常下地干活,母亲的日常生活起居全由曹刘氏负责,曹李氏和曹金氏不孝敬婆婆。

(二)多以生活照料为主

曹洪基的母亲在世时,兄弟三人还没有分家,其母亲与曹家人吃住在一起,鉴于在当地"以东为尊",因此曹洪基的母亲在世时,作为家里的长辈,住在房子最东边的那间屋子里。她与曹家人一起吃大锅饭,吃喝全由曹洪基花钱解决,不需要单独给她钱粮。曹刘氏孝敬婆婆,将家里好吃的、好喝的优先给婆婆,尤其是家里的鸡蛋和曹洪向寄回家的"桃酥"①都给她吃,其他人只能等她吃完才能吃。每当她生病后需要花钱吃药时,曹刘氏就会告诉曹洪基,曹洪基会立马去买药,赡养母亲所需的花费全部从曹家的家庭财产里出。

曹洪基整天忙于农业生产,只有农闲时才会对母亲嘘寒问暖。曹洪向常年在外做买卖,即便过年时,为了让工人们回家,他也要在鞋店看门。只有曹洪进什么都不付出,也没有承担赡养责任,反而花着曹洪向的钱抽大烟。曹洪进这种行为在当地被认为是不孝,在村里经常受到村民的指责。但也有村民认为曹洪进有福气,既不用干活挣钱,曹洪向还特地给他寄钱,让他抽大烟,可以不受约束。像曹洪进这种不赡养长辈的情况,曹洪基可以将他送到曹氏家族的族长手里,由族长决定他的下场。但曹洪向心肠软,不想让曹洪进受苦,便单独给他寄一份钱,让他抽大烟,只要他不糟蹋家里的钱,不在外惹是生非就行。

(三)晚辈负责治病送终

曹洪基经常下地干活,没有太多时间照顾母亲,母亲生病后,由于他只懂得农业生产,并不擅长照顾人,因此能帮上的忙较少。大嫂曹李氏不孝敬长辈,对母亲不管不问,妻子曹金氏亦然,因此母亲的饮食起居,尤其是生病照顾一直是曹刘氏承担。母亲生病后,曹洪基不会用偏方给母亲治病,而是直接用骡子驮着她去杜家村一位姓郝的郎中那里看病抓药,所花的钱从全家财产中扣除。虽然曹洪基有一位大姐,但女儿对父母并不承担赡养责任,只需要在春节回娘家时,给母亲送点礼品孝敬母亲即可。母亲的饮食起居全由曹刘氏负责,王曹氏也会帮助母亲洗衣做饭。

曹洪基的母亲去世后,曹洪向从烟台赶回家奔丧,自己掏钱给母亲买了很多纸人、纸桌椅、纸柜桌等,还买了很多的香火和烧纸祭奠母亲。按照曹家村当地的习俗,曹洪基母亲去世后,曹洪向回家奔丧即可,不必自己花钱给母亲置办丧事活动。但他出于对母亲的孝心,常年不在家照顾母亲,只能委托曹刘氏和曹洪基照顾,因此他自掏腰包,以表孝心。曹家有了白喜事,亲朋好友和左邻右舍自发来曹家帮忙出力,有的去挖坟,有的去立碑,干完活后,曹家为了答谢亲友的帮助,特地摆了几桌宴席请大家吃饭,摆酒席的钱是从家庭财产中出的。

(四)曹家的赡养情况外人可鉴

曹氏家族对家规家风要求严格,最重要的一项就是曹氏家族后代一定要对长辈孝顺,曹洪基和曹洪向兄弟二人赡养母亲的行为深得族长的认可,甚至在曹家分家时还提及此事。虽

---

① 桃酥:招远县的一种油炸面食。

然曹洪向常年不在家照顾母亲，但经常寄钱回家也算是赡养母亲，母亲去世后及时回家奔丧。曹洪基常年在家更是热心照顾母亲，只有曹洪进一人不仅不照顾母亲，而且还不参加劳动，整天抽大烟败坏门风。由于曹洪向给他寄钱，让他不糟蹋全家财产，他才没有惹出大祸，否则曹氏家族的长辈会按照族规处罚他。除了曹氏家族与曹家村的村民会对曹家的赡养情况做出评判外，曹家村的村会不会掺和各家的家务事，即便曹家出现不孝子，村会也不会出面解决，只有曹氏家族的族长有权处理。

五、家户内部交往

（一）父子关系

1.抚养与教育同等重要

对于曹家人来说，父亲最重要的任务是把儿子抚养长大，因为父亲对儿子最主要的就是抚养责任，除了抚养责任外，还有对儿子的成长教育责任。以曹洪基为例，他的三个儿子曹永成、曹永奎和曹永彬都是他抚养长大的。由于曹洪进不干活，曹洪向在外做买卖，曹家除了两个长工外，只有曹洪基一个劳动力，如果没有他下地干活，曹家就没有粮食收成，就不可能将三个儿子抚养长大。除此之外，父亲还要承担对儿子的家庭教育责任，最重要的是让儿子学会生活技能，让儿子有一技之长，将来能养家糊口，直到成家立业后，父亲的责任才算结束。受家庭情况影响，曹洪基没有让三个儿子读书，他们十五六岁时就离家去烟台找曹洪向，在鞋店当学徒，学习做鞋的手艺，给曹家挣钱。因此曹洪基只是教育他们好好做人，做好人而不能做坏人，没有教给儿子们生活技能。曹洪基的三个儿子在外做买卖，也不需要曹洪基教给他们下地干活的本领。

作为父亲，曹洪基有权力要求三个儿子去做他要求做的事情，曹洪基只会要求儿子去干一些活，只不过三个儿子自从出门做买卖后很少回家，结婚后便在外安家。按照当地的习惯，儿子结婚之前，父亲应该给儿子盖好新房，让儿子能娶到媳妇。但曹洪基的三个儿子都在烟台安家，因此不需要曹洪基给他们盖房子。虽然三个儿子经常在外做买卖，但逢年过节回家时，对曹洪基说的话还是言听计从，不会因为在外待的时间长，回家就不听父亲管教。

随着父亲对儿子抚养责任的结束，儿子就要承担起对父亲的赡养责任，尤其是父亲年老失去劳动能力时，儿子要回报父亲的养育之恩。曹永成、曹永奎、曹永彬三兄弟虽然常年在外做买卖，但逢年过节回家时，都会在烟台买一些礼物回家孝敬曹洪基。他们兄弟三人知道父亲喜欢抽烟，便在烟台买好的烟卷拿回家给曹洪基。不仅如此，三个儿子在家也十分听从曹洪基的话，尤其是长子曹永成，从不与曹洪基顶嘴，更不会反抗，曹洪基要求他做的事情他都会尽快去做。因为曹永成是曹洪基的前妻生的儿子，前妻去世后留下曹永成，曹洪基一直严格管教他。

2.常年在外减少冲突机会

曹洪基的三个儿子去烟台做买卖后，一年回家的次数有限，每次回家后，曹永成、曹永奎和曹永彬对曹洪基都十分孝顺，父子从来没有吵过架，父子关系一直十分融洽，还会一起抽烟、喝酒、聊聊家常。曹永成兄弟三人会和曹洪基谈及在烟台做买卖时发生的事情，因为曹洪基很少出远门，只去过几次烟台，曹永成兄弟们跟他说在外面发生的事情，让曹洪基开开眼界。曹洪基会把家里发生的事情告诉儿子们，尤其是家里发生的变化，家里又在哪里买了几块地,又添置了多少牲口和农具,家里的房屋又翻新了一遍等。

曹永奎和曹永彬二人成年后根本不会害怕曹洪基,即便他们小的时候也不是很害怕曹洪基。由于他们两个自幼调皮经常闯祸,但曹洪基夫妇管教不严,因此兄弟两人不害怕父母,但曹刘氏作为曹家的内当家,一直家教森严,即便不是自己生的孩子也会严格管教,其他家庭成员不敢提出反对意见,因此他们兄弟二人更害怕曹刘氏。曹永成因为自幼失去生母,继母曹金氏待他十分不好,经常打骂他,吃不好穿不暖,内当家曹刘氏特地要求其他家庭成员不得随意打骂他,曹永成的衣服鞋帽和饮食起居全由曹刘氏亲自负责。曹洪基父子没有发生过任何冲突。因为曹家作为大户人家,十分注重家庭关系的和睦,害怕曹家父子关系不和传出去后影响曹家人的声誉。曹永成兄弟三人常年在外做买卖,只有过年过节时才会回家,减少了起冲突的机会,即便他们回家后与曹洪基有分歧,曹洪基考虑到他们不经常回家,尽量不与他们计较。

(二)婆媳关系

1.婆婆对媳妇的责任多且杂

曹刘氏生了三个儿子,因此三个新媳妇结婚进门后,她有责任带着儿媳妇们认识左邻右舍和本家族的亲戚,以免因为不认识而不与人打招呼,让对方误认为曹家家教不好。曹刘氏的二儿媳妇进门后,由于二儿媳妇娘家也是大户人家,从小衣来伸手饭来张口,对于做家务不是很擅长。但曹刘氏要求曹家妇女必须会做家务,即便家里有钱雇丫鬟,也不会花钱去雇,而是要锻炼她们的能力,不能让外界嘲笑曹家的妇女无能,因此曹刘氏亲手教二儿媳妇做家务。儿媳妇坐月子期间,曹刘氏作为婆婆要给儿媳妇洗衣做饭,伺候她们坐月子,儿媳妇们忙着做家务时,曹刘氏也会帮忙看孩子。曹刘氏作为长辈,有权使唤媳妇做家务,如果媳妇不听话,可以打骂她们,但曹刘氏从未对她们打骂过,甚至没有严厉斥责过她们,儿媳妇们也都十分听话,没有出现过顶嘴情况。

曹刘氏对儿媳妇的管教比较严格,要求她们不要多说话,男人说话时女人不能乱插嘴,不能随便出门。虽然曹刘氏也会对做错事的媳妇进行教育,但不会打骂,不会过分批评儿媳妇们的错误,只会适当指出她们哪里做得不好,告诉她们应该怎么做即可。曹刘氏秉持就事论事的原则,从来不会翻旧账,她指出儿媳妇们做得的不好地方,媳妇改正后,她便再也不会提及此事,当地人认为像曹刘氏这样的婆婆就算是好婆婆。三个儿媳妇每次回家时,都会在烟台买一些酱油、布料等生活用品带回家给曹刘氏用,回家后积极帮曹刘氏做家务,从来不与曹刘氏顶嘴。曹刘氏指出的错误认真改正,认真照顾丈夫,当地人认为能做到这样的儿媳妇就算是好媳妇。

2.婆媳间几乎不起冲突

由于曹刘氏的三个儿媳妇都不经常在家,便减少了起冲突的机会,因此婆媳间的关系一直十分融洽,回家后曹刘氏会在与儿媳妇们做家务的过程中聊家常。曹刘氏会告诉她们村里发生了哪些事情,说说张家长李家短的事情。儿媳妇们在刚进门的时候,因为曹刘氏很严肃,所以对曹刘氏比较害怕,但她们去了烟台后,每次回家的时候,曹刘氏再也不严肃对待她们,而是笑脸相迎。因此儿媳妇们也不再害怕曹刘氏,因为婆媳间的矛盾很少,媳妇们也会趁着回家的机会与曹刘氏聊自己的心里事。

（三）夫妻关系

1.丈夫通过劳动养活妻子

丈夫娶妻后应该养家糊口,照顾自己的妻子,因为妻子在家做家务,照顾家人,不需要下地干活,因此不能挣钱,养家的任务全部落在丈夫身上。妻子生病后应该想办法给妻子治病,但丈夫不需要照顾妻子,婆婆可以适当照顾儿媳。在曹家,丈夫的地位明显高于妻子,丈夫有权力指使妻子做他要求做的事,如果丈夫不高兴或妻子顶嘴,可以打骂妻子,但曹家夫妻间很少出现打骂现象。曹刘氏为曹洪向生了三个儿子和五个女儿,为曹家传宗接代做出贡献,曹洪向在烟台做买卖,一直是曹刘氏承担起管理家庭琐事的责任。曹洪向每年都往家寄钱,但都是寄给家长曹洪基,曹刘氏也从未有过怨言。正是因为曹刘氏识大体,曹洪向才十分信任曹刘氏,对曹刘氏十分认可。曹刘氏深知曹洪向在外做买卖不容易,从最初背着八斤高粱饼独自去烟台打拼,发展到后期有一百多号工人,过年都不常回家,因此曹刘氏让曹洪基将家里置办的年货送一些给曹洪向。

曹洪向做买卖是为了养家糊口,一辈子只知道挣钱不知道花,他挣的钱除了用于发工钱和买制鞋原料外,其他的全都攒着寄回家,一心想让家人过上好日子,不让家人跟着吃苦受累。当地人认为,凡是能做到像曹洪向这样就算是好丈夫。曹刘氏不仅为曹家生儿育女、传宗接代,还积极承担内当家的责任,将曹家内部事务管理得井井有条,曹家村的其他村民经常称赞曹刘氏能干。虽然曹洪向将钱寄给了曹洪基,而没有给曹刘氏,但曹刘氏根本不计较这些,使得曹家减少了很多矛盾,曹刘氏与曹洪向也从未因为钱的问题起过纠纷。因此,曹刘氏在当地也算是好妻子的代表。但家长曹洪基夫妇关系素来一般,因为妻子曹金氏生性好吃懒做,经常不参与家务劳动,只对自己生的曹永彬和曹永奎认真抚养,经常在背地里打骂曹永成,因此曹洪基经常对曹金氏冷眼相待。

2.夫妻关系相敬如宾

曹洪向与曹刘氏的夫妻感情一直很好,即便是曹洪向没有出门做买卖时,两人也没有起过矛盾,曹洪向去烟台后,夫妻间见面的机会变少,更不会起冲突。曹刘氏思想比较保守,很少与曹洪向说话,最多只会谈一些日常生活的事情。除此之外不会谈别的,更不会开玩笑,也没有机会聊家常。但曹刘氏从不会害怕曹洪向,曹洪向也不是严厉的丈夫,做人办事都十分随和,从未对曹刘氏发过火。

（四）兄弟关系

1.家长与二哥挣钱扩大家业

曹洪基兄弟三人中,曹洪基与曹洪向的关系十分好,由于曹洪进常年抽大烟,对曹家事情不管不顾,因此曹洪基也从不过问他的事情,两兄弟的关系不是很好。曹洪向为了不让曹洪进糟蹋家庭财产,单独给他寄钱让他抽大烟,只要他不败坏家产即可。曹家近四十亩的土地及十二间房子都是曹洪基与曹洪向两兄弟挣的,曹洪向在外做买卖,曹洪基在家下地干活。尤其是曹洪向做的贡献最大,他独自一人去烟台做买卖,之后不断发展,才有了曹家不断壮大的家业。如果仅靠曹洪基在家种地,不可能发展如此迅速,因此曹洪基身为弟弟,体谅兄长曹洪向的不易,在家十分尊重曹刘氏,曹洪向寄回家的钱从不敢乱花一分,除了用于全家人的吃穿外,全都攒着在年关将近的时候买地。

曹洪基十分信任曹刘氏,让她管理家内事务,对曹刘氏十分尊敬,大事都与曹刘氏商量,而不是自己一人做主。曹洪基这样做,不会引起家庭矛盾,曹家才能保持长时间不分家,曹洪基做到了一个好弟弟应该做的。曹洪向也是好哥哥的典型代表,曹洪向常年往家寄钱,本应把钱寄给曹刘氏,但曹洪基是家长,因此曹洪向不护短,便把钱寄给曹洪基,让他掌管钱财,这也非常符合当地的规矩。此外,曹洪向考虑事情周全,虽然曹洪进不成器,但仍没有忘记他,自己挣钱后还不忘单独寄一份钱给曹洪进,使得他不至于败坏家产。

2.兄弟常年不见但关系融洽

曹洪向与曹洪基兄弟间的关系十分融洽,自从曹洪向去烟台后,兄弟二人并不常见面,但临到过年时,只要曹洪向不回家过年,曹洪基一定会及时送年货去烟台。到烟台后,曹洪向会带曹洪基去饭店吃饭,带他到自己的鞋店转转,留曹洪基多住几天。兄弟间还会喝点酒,聊聊各自的事情,曹洪基告诉兄长家里一年以来发生的事情,曹洪向在兄弟临走之前,会给他买一些烟卷、白酒让他带回家过年用。曹洪基一直看不惯曹洪进的行为,认为曹洪进花着曹洪向寄给他的钱抽大烟,什么活都不干,给曹家丢人。因此与曹洪进冲突的次数较多,冲突一旦发生后,大嫂曹李氏不敢插嘴。因为她自己整天好吃懒做,只有曹刘氏会出面制止,让曹洪基不与曹洪进争执,冲突都是在曹刘氏的劝导下化解的。

(五)妯娌关系

1.没有责任义务一说

在曹家,妯娌间没有严格的责任和义务,虽然曹李氏是长嫂,但她不仅不做家务,甚至还在外惹是生非,背着曹洪进在外面偷汉子,让曹家人蒙羞。曹金氏虽然能帮助做一点家务,但因为曹永成不是她亲生的,因此对曹永成非常差,不仅吃不好穿不好,还经常打骂他。曹刘氏因为这件事情多次训斥过曹金氏。按照曹家人的观点,嫂子与弟媳都属于同辈人,双方没有权利要求对方,但作为一家人,妯娌间应该和睦相处,不能因为一点小事起争执,因此要大度能忍让,不能因为一点小事就发火。即便弟媳做错事,嫂子也应心平气和地告诉弟媳哪里做错了,而不是仗着自己进门早,对弟妹大呼小叫。当地人认为,只有做到以上几点才算是好嫂子。同样,弟媳也有自己的责任,首先要做好的就是多干活、少说话,在娘家学好做家务活的本领,到了婆家能多干活,多向嫂子学习,做错事后及时改正,即便嫂子批评几句也应忍受一下,不能因为一点小事就和嫂子起争执。

2.妯娌关系比较紧张

虽然曹李氏和曹金氏对曹家的事情不上心,全得由曹刘氏一个人承担,但曹刘氏从未因为这种事情朝妯娌们发火。曹李氏在外给曹家丢人一事,曹刘氏作为内当家严肃训斥了曹李氏,曹刘氏也曾因为曹金氏待曹永成不好,多次找过曹金氏,但曹李氏背地里还是经常对曹永成打骂,因此曹刘氏便严厉批评曹金氏,还让曹洪基管教曹金氏。因此曹家妯娌们间的关系并不是很融洽,曹李氏和曹金氏比较惧怕曹刘氏,不敢和她对抗,妯娌间从未开过玩笑,更没有聊过家常。

3.明面冲突并不多见

曹刘氏为了管理家庭内部事务,与两个妯娌发生过冲突,冲突原因就是两位妯娌做的事情太差,以至于让内当家曹刘氏无法忍受。发生冲突时,只有曹洪基敢介入其中,曹洪基也不会偏袒自己的妻子曹金氏,而是就事论事,谁错了训斥谁。虽然妯娌之间会发生冲突,但冲突的次数并不多,因为曹刘氏不愿意与她们起冲突,如果传出去被外人知道后,外人会认为曹家家庭不和睦,影响曹家在村里的声誉。虽然曹金氏是自己的妻子,但曹刘氏生气肯定是曹金氏做错事,因此曹洪基会站在曹刘氏一方,严厉训斥曹金氏。

(六)叔嫂关系

1.关系和谐但保持距离

曹刘氏和曹洪基不仅是叔嫂,也是内外当家,叔嫂间配合得很好,在他们的管理下,曹家的各项事情很有条理。作为嫂子的曹刘氏几乎没有对曹洪基生过气,曹洪基对曹刘氏也十分尊敬,家里买地、盖房这些大事都主动与曹刘氏商量,征求曹刘氏的意见。虽然曹洪向把钱寄给了曹洪基,由他掌管曹家财产,但曹洪基为了保证财产的公开公正,除了购买油盐酱醋花的小钱外,办大事花的所有费用他全部都记账。到了每年年关将近的时候,他都会把一年以来数目较大的花费告知曹刘氏,但曹刘氏深知曹洪基办事稳妥,更信任他不会私吞钱财。虽然曹洪基掌管钱财,但曹刘氏要求他去买的任何生活资料他都会买来,曹刘氏不用出家门,只要告诉曹洪基买什么东西、买多少即可。曹家的家庭环境十分保守,叔嫂间只是在家庭事务处理上的交际比较多,除此之外很少一起聊天,更不可能开玩笑。

2.二嫂辅助小叔当家

曹洪基作为一家之主,是曹家对外活动的代表,但实际上很多事情都是曹洪基与曹刘氏商量,在与曹刘氏商量后由曹洪基具体实施。以曹家子女结婚为例,曹洪基没有时间顾及结婚对象的选择、结婚习俗、婚庆准备等事项,需要听从曹刘氏的安排,很多事情是曹刘氏建议曹洪基去做。但曹洪基从未认为自己受人摆布,而是十分感谢曹刘氏,认为没有曹刘氏辅助他,仅凭自己无法管理这么大的家庭。曹刘氏也体谅曹洪基不易,不仅要下地干活,还操心其他事情,因此会尽力帮曹洪基分担压力。

(七)主雇关系

曹永山和曹永新是曹洪基在本村雇用的两个长工,他们常年吃住在曹家,专门为曹家干活。到了冬天不下地的时候,曹洪基给二人结算工钱,让他们回家准备过年。临走之前,曹刘氏还会与曹洪基商量,多给二人一些粮食和蔬菜,让他们带回家过年吃。二人十分感激曹家对他们真诚相待,从未拿他们当外人看待。曹永山和曹永新不仅是曹家的长工,同样也是曹氏家族的后裔,只不过与曹家的血缘关系较远,不属于同一分支,超过了五服范围。实际上,曹洪基是二人的叔伯辈,二人与曹洪基的子侄们同辈,都属于曹氏家族"永"字辈后人。二人在曹家干活时,曹学才和曹学通称呼二人为"叔叔",王英庆称呼二人为"舅舅"。同理,二人称呼曹洪基为"三叔",称呼曹刘氏为"二婶子"。

六、家户外部交往

(一)对外多为情义互助

1.街坊邻居间白喜事方面略带责任

曹家与街坊邻里的关系一直十分融洽,不论谁家需要帮忙,曹家都会尽力帮助。街坊邻里需要借用农具或牲口时,只要曹家不着急用,曹洪基都会借给他们,而且不需要任何酬劳。尤其是白喜事方面,当地有一个特殊的习俗要求街坊邻居间互相帮助,那就是不论村里谁家老人去世后,家里都会找一位懂丧葬习俗的老人写一张单子贴在房门上,单子上写的是街坊邻居各自承担的任务。有的需要挖坟,有的需要立碑,有的需要烧纸,有的需要抬棺材,这些任务后面都写着街坊邻居的名字。有白喜事的这家人在列举这张单子之前不能通知街坊邻里,当地习俗要求做这件事情得靠自觉。听说村里有人去世后,曹洪基就让曹学才去那家门前,看看贴的单子上有没有他的名字,如果有他的名字,他就要帮忙,即便没有他的名字,他也可以主动去帮忙。如果单子上有曹洪基的名字,但他确实有急事没法去帮忙,可以找其他人来代替自己,但门上的单子写好后绝不能再改,只要事出有因,对方不会介意。

2.曹家与地邻互帮互助

曹家三十八亩土地遍布曹家村的东南西北,因此周围的地邻也很多,但地邻的土地都远不如曹家的多,家里的农具都不是很齐备,每当地邻缺农具时,都会向曹洪基借用,曹洪基一般都会答应。曹洪基与地邻在田地里相遇后,曹洪基会直接在地里把农具借给地邻,有时根本不用到曹家去借,曹洪基从不要对方的酬劳,免费借给地邻。但时间一长,地邻们觉得过意不去,便会在麦收和秋收时,收割完自家的庄稼后去曹家的地里帮忙收割,免费干一两天农活,当作对曹家的一种答谢。不过曹刘氏知道这种事情后,也不会让对方白干,每天都会管三顿饭,而且吃的都是细粮,比曹家人吃的要好很多。

3.亲友间经常施以援手

曹家与亲戚间主要是过年过节及红白喜事时来往,尤其是曹家有红白喜事的时候,亲戚一定要来庆祝,近亲还会帮忙。因为街坊邻居来帮忙是因为与曹家的关系好,但这不是他们的义务,即便街坊邻居不主动帮忙也是可以的,但亲戚必须要帮忙,因为曹家与亲戚间是靠血缘关系维系的。曹家的朋友们主要是曹洪向在烟台做买卖时结交的,还有一些是曹洪基在村里交往的。在生意上,朋友间都互相帮助照顾生意。朋友也知道曹家想要扩大家业,有合适的机会就把外村想卖地的人介绍给曹洪基,各自通过自己的方式来帮助曹家。同样,曹家也没有亏待朋友们,朋友家需要借钱借粮时,曹家都会全力帮助,朋友家有红白喜事时,曹家不仅会送礼,还会去帮忙干活。

4.教书先生严格施教

在曹刘氏的支持下,王英庆与曹学才、曹学通进入私塾读书,学的都是《千字文》《三字经》等内容。教书先生对学生十分严格,不允许学生有半点逃学情况,一经发现,轻则叱骂、重则杖打,还会将学生读书期间的表现告知各家家长,如果曹家孩子表现不好,被先生批评,回家后会被曹刘氏训斥。尤其是王英庆,不仅要挨曹刘氏的训斥,还会被王曹氏打骂,因此曹家的三个孩子十分惧怕先生。教书先生要求学生必须在课堂上认真学习,因为他每天都会提问前一天讲授过的知识,回答得不好也会被体罚。相比去私塾读书,曹家的三个孩子更愿意下地干活,不用受教书先生的打骂。

(二)对外交往关系融洽

曹家平日里与街坊邻里的关系都十分融洽,只要有时间就经常来往,不论是小孩子还是成年人,都会在农闲时串门聊天,或者出门坐着晒太阳。虽然曹家是村里的大户人家,街坊邻居的条件大多不如曹家,但曹家从来没有欺负过任何人,而是平等对待街坊邻里,他们需要帮助的时候,曹家更是尽心尽力。

曹洪基下地干活时,经常会在田间地头休息,休息期间,曹洪基与地邻在一起抽烟聊天,讨论收成如何、预计能收获多少粮食。曹洪基从来没有因为自家地多,是大户就瞧不起地邻,聊天时都是平等相待,地邻也毫不拘束,从不因为曹家是大户人家,便故意奉承曹洪基。曹家除了与本家族的一位亲戚因一点小事起过冲突外,与其他亲戚的关系一直十分融洽,而且曹家的亲戚大多经济条件不差,更不会产生不平等现象。曹家村的人通常将亲朋好友连在一起称呼,因为在当地人看来,朋友间关系处理得当,有可能比亲戚间的关系更密切,曹家的朋友更是平等相待,而且曹家人结交朋友有一条同婚配一样的原则,即门当户对,朋友间只有经济条件差不多,才能有共同语言,关系才有进一步发展的空间。

(三)内当家强硬处理外人挑衅

1.内当家强势应对外界欺负

曹家一直以来都与外界保持和谐的人际关系,很少与他人发生冲突,但曹家也不会随便被他人欺负。如果有外人无故欺负曹家人,曹家人一定会奋起反抗。这种对外冲突类的事情,本应由家长曹洪基出面处理,但曹洪基为人十分老实,遇事总希望忍忍就过去。曹刘氏虽为女性,但性情刚烈,绝不允许曹家人被外人欺负,因此有冲突了都是曹刘氏出面解决,而非家长曹洪基。

2.家族亲戚无故欺负曹家终受惩罚

曹氏家族作为曹家村仅有的两大家族之一,家族内部亲戚间关系十分好,家族后代遇事十分团结。虽有部分曹氏后代家庭经济条件不是很好,但曹家从来没有歧视他们,而是热情帮助。少数亲戚羡慕曹家,不仅房子多、土地多,在烟台的买卖更是越做越大,对此十分嫉妒,希望找机会发泄不满。1943 年秋收时节,王曹氏在晒场与曹刘氏掰玉米的时候,曹洪基的一位堂侄借此机会找王曹氏的麻烦,扇了王曹氏两个耳光。曹洪基认为对方只是一时气盛,让他道歉即可。但对方拒不道歉,甚至还说打的对,曹刘氏认为这件事情绝对不能这么忍让,一定要让对方认错。为此,曹刘氏特地托人捎信,把这件事情告诉曹洪向,曹洪向知道后也认为这件事不能轻易忍让,因此找到他在南截村的一位孙姓朋友,一纸诉状将打人方告到县里,县官考虑到两家为本家族的亲戚,希望通过协商,让对方道歉,小事化了即可。但对方拒不道歉,县官将被告关在牢里整整半个月,半个月后他便去曹家登门赔罪,并表示可以赔偿医疗费。但曹刘氏只接受了道歉,认为对方没有将王曹氏打伤,不需要医药费。如果按照曹洪基忍让的做法,曹家以后还会被欺负,但曹刘氏将对方告到县里,令对方以后不敢再欺负曹家人。

第四章 家户文化制度

曹家人大多没有读过书,不是下地干活,就是在外做买卖,因此曹刘氏支持家里的三个孩子读私塾,不仅能学习文化知识,还能受到严格管教。曹家每到重大节日都会按照当地的习俗庆祝,尤其是春节的时候,潜移默化中将这些习俗教给孩子们。曹家不仅过年过节时会祭拜祖先、家神,日常生活中也会祭拜。曹家也并不是全面都忙于农业生产,曹家人在农忙和农闲的时间安排完全不同,农忙时,时间几乎都用于农业生产,农闲时便可以找朋友玩耍、打牌或串门聊天。

一、家户教育

(一)受教育的人少且程度低

1.三个晚辈接受私塾教育

曹家在村里被称为"当辈发",意思是曹洪基兄弟三人成年后才发家的,不是靠继承祖上家业得来的。在他们父辈时,曹家仅靠四分茔盘地维持生活。父辈经济条件差,导致曹洪基兄弟几人都没有读过书,曹洪基和曹洪进只认识自己的名字。曹洪向虽然在外做买卖,但也是不识字,不会算数,因此只好请管账先生管理财务。曹洪基的子侄们和侄女们大多都没有念过书,子侄们十几岁就去烟台跟着曹洪向做买卖。王英庆虽然是外孙,但由于常年住在曹家,因此他跟着曹学才和曹学通一起念私塾。王英庆6岁就开始念书,是曹家人里读书时年纪最小的,曹学才和曹学通分别是10岁和8岁才开始读书的,他们三个人都只读过私塾。前三年,每年都有半年的时间读书,但后三年,由于社会时局动荡,加上曹学才和曹学通学习下地干活,只有王英庆在冬天去私塾读两三个月的书,直到过年为止。

2.学习知识同时约束淘气行为

曹家的三个孩子都能在私塾读书,但后期全部回家,一方面是因为曹学才和曹学通逐渐长大,需要下地劳动,跟着曹洪基学习农业生产技术;另一方面是受战争的影响,曹家村当时局动荡不安,有的年头甚至很难请到教书先生,有军队经过邻村时,教书先生就回家,因此很难继续安稳念书。曹学才和曹学通的年纪分别比王英庆大4岁和大2岁,尤其是曹学才,13岁就跟着曹洪基下地干农活,因此荒废了学业。曹家的青壮年全在烟台做买卖,曹洪基为了少雇工干活,决定让曹学才和曹学通尽早干农活。由于王英庆年纪小,不能干活,因此继续在私塾念书,直到社会动荡,无法念书的时候才回家。

曹洪基从小没读过书,只知道在家干活,能挣钱买地是他最大的心愿。他对子孙读书这件事情认识不深刻,并不是特别支持子孙们读书,但内当家曹刘氏虽是一位女性,认为读书十分重要,即便将来只会识字算数也行,这样在外做买卖的亲人写信回家后,家人就能看懂。

孩子如果不去读书,就得在外玩耍,这样不但荒废时间,还到处闯祸。加之曹家并不缺少给孩子读书的钱,因此在曹刘氏的支持下,经过与曹洪基商议后,家里的三个孩子全去读私塾。

虽然曹刘氏希望孩子们读书,但并非期望他们能通过读书有所作为。因为王英庆幼时十分顽皮,如果不去读书,他只能在村里到处疯闹闯祸,给曹家人丢脸。将他们送去读书,不仅可以让他们学知识,懂得更多的道理,不像长辈一样不识字,而且读书识字能给曹家人增光。曹家的三个男孩全部读过私塾,却不会让女孩子读书,因为在曹家人看来,女孩子读书无用。

(二)男孩接受私塾教育

1.与外人合资请先生授课

曹家的十一口人中只有曹学才、曹学通和王英庆读过书。王英庆自 6 岁就去私塾读书,按照当地的读书年龄,6 岁年纪太小,本不该去读书。但曹刘氏为了不让王英庆整天在外闯祸,便让他跟着曹学才和曹学通一起读书,因此他读私塾的时间最长,长达六年。曹家虽然经济条件较好,但家里只有三个孩子,不值得单独请教书先生,因此曹家就与村里的其他几户大户人家商量,几家合伙请一个先生,费用各家均摊。

2.教书授课在本村

私塾距离曹家不远,依旧在曹家村里,一个刘姓的大户人家有空房子,因此刘家将空房子收拾干净后,让教书先生和孩子一起读书。曹家不用接送孩子上学、放学,王英庆可以自己去学堂。教书先生也是刘家托外村的亲戚在邻镇请的一位张姓先生,刘家为教书先生提供住宿,先生教书期间不回家,吃住一直都在曹家村。张先生从最基本的汉字教起,学生识字多了后,再教《三字经》《千字文》《明贤集》等,张先生每天都有一定的授课内容,要求学生熟记于心,第二天上课时会检查背诵,如果学得不好会受到先生的体罚。曹家和其他几个大户人家都十分支持体罚,请求先生严格管教孩子,大家都认为严师出高徒。

曹家的三个孩子在读私塾的前三年里一直都是开春开始读书的,直到冬天腊月快过年的时候才结束,一般是在腊月初八放假。不过会留几个学习较好的学生帮先生的忙,因为先生在临走前,会帮村里很多人写春联,需要找几个学生帮他铺纸、研墨。先生临走之前,曹家和其他几个大户人家,会按照之前与先生商定好的价格支付给先生教书费用,给先生一些粮食让他带回家,先生临走前会向各家家长反映学生的学业情况。

(三)家庭教育更为重要

曹家的三个孩子除了去学堂读书外,更重要的是接受家庭教育,长辈会教给他们很多的道理和知识。曹洪基和曹刘氏会教给他们做人办事的方法,让他们要懂规矩、明道理,在外要做好人,不能干坏事。王曹氏也经常教育王英庆好好读书,不能浪费家里的钱,要尊重先生,还要与同学搞好关系,不能在外打架闹事。

由于王英庆的父亲常年在东北,他几乎没有受过父亲的教导。在曹家,父亲只能对儿子教育,而不能教育女儿。儿子可以由夫妻双方一起教育,但女儿只能由母亲教育,不过奶奶也可以教育女孩。曹家女孩成家后要做饭、洗衣服、缝补衣服,这些技能都是母亲教的。父亲除了教给儿子在外做人办事的道理和方法外,还会教给他一些劳动技能,如农业生产工具的使用。

曹家不同辈分的人对孩子的教育也有所不同,爷爷奶奶这辈人,虽然会对孩子进行教育,但他们更多的是对孩子进行思想教育。曹刘氏认为王英庆调皮闯祸,就经常教育他不能打架闹事,要正经做人,善待同学和朋友,而父母教给孩子更多的是实用技能。教给男孩的主要是劳动生产技能,而教给女孩的更多的是家务劳作技能。教育孩子主要是父母和爷爷奶奶的责任,只不过王英庆的家庭情况比较特殊,父亲常年不在家,因此经常受到姥姥和母亲的教育。长辈对他们的经常叮嘱到了十七八岁时,曹家的孩子就不再需要。因为到那时,他们已经知道自己该做什么,不该做什么,不再需要由长辈时刻关照。

(四)家教培养优良人格

1.家庭环境对孩子影响重大

在曹家人看来,家庭教育对孩子至关重要,而家庭环境对孩子的成长也影响深远,尤其是会深刻影响孩子的性格和思维方式。父母做人办事的方法对孩子的影响尤为深刻,和谐温暖的家庭环境能教孩子做事心平气和,办事不冲动,说话不伤人。父母是孩子最初的老师,教会孩子明事理。父母的言行举止都深刻影响着孩子,如果父母做坏事、错事,孩子也会跟着效仿,这样会影响孩子的一生。

曹刘氏对曹家孩子一直严格要求,在她看来,父母虽然不能教给孩子文化知识,但父母可以将自己平时总结的做人做事的道理教给孩子,让孩子少走弯路。孩子犯错的时候,家长不应该护短,而是应该指出孩子错在哪里,让孩子尽快改正。父母为了给孩子良好的成长环境,不一定非要打骂他们,但一定要教育孩子,告诉他们错在哪里,只有这样,才能防止他们下次再犯错。王英庆自幼十分顽皮,经常在村里和玩伴打闹,回家便受到曹刘氏的训斥,严厉的时候甚至被扇耳光,故此曹家一直以家教森严出名。

2.传统习俗教育靠家长

曹家对孩子的教育不仅限于做人做事上,这仅是家庭教育的一个方面,也是最重要的一方面。曹学才和曹学通自幼在家成长,而不是像其他兄弟一样在烟台生活,因此他们有更多的机会跟着长辈学习传统习俗,尤其是春节、元宵节、清明节、中秋节等传统节日的习俗,都是他们要学的内容。什么节日应该干什么、有什么传统,他们只有学会这些,长大成家后才能独立主持这些习俗仪式。不过曹学才和曹学通也不是像在学堂上课那样学习,而是在曹洪基主持家庭节日仪式的时候,在旁边看着就可以学会。他们作为孩子,有强烈的好奇心,一直想自己尝试去做。每年春节的时候,曹洪基会允许他们放鞭炮、烧香、烧纸等,逐渐锻炼他们。

(五)家人传授劳动技能

1.劳动技能乃成人之必备

在曹学才和曹学通十几岁的时候,当家人曹洪基就开始教他们下地干活的本领,只能在冬天农闲时去学堂,只有王英庆年纪稍小,还留在学堂全年读书。曹学才和曹学通一般都是从力所能及的小活做起,比如牵牲口、割牲口草、拾麦穗等。随着年龄逐渐增大,学习的农活逐渐增多,劳动强度逐渐增大。耕地、耧地、收割、拔草等农活全部需要干,各种农具也需要熟练使用,还要根据季节和节气种地,因此他们就不去学堂读书,而是专心下地干活。曹刘氏也经常教女儿们做家务活,包括做饭、洗衣服、做鞋、喂牲口等。曹家人为了让自家后代不被外界嘲笑,要求他们必须学会各自应学的本领。如果因为淘气不想学习,一定会受到曹刘氏的严厉批评。曹家长辈的各种生产生活技能也是从自己长辈们那里学到的,世代相传,被视为曹家家产的重要组成部分之一。

曹家虽然十分重视对后代的劳动技能教育,但曹家人没有时间单独教他们,曹洪基下地时,将曹学才和曹学通带到地里,让他们在旁边看着自己怎么干活,曹学才和曹学通只需要在旁边看看就能学会。曹洪基会让他们两人跟着自己慢慢干点活,一开始不要求他们干得太多,但要干好,农具运用熟练后,才正式带他们下地。曹家女孩的教育则落在曹刘氏的肩上,她会教女孩磨面、赶牲口、揉面、腌咸菜等,由于女孩做家务的劳动强度不如下地干活的大,因此女孩子一般在六七岁就能帮长辈做家务了,从最基本的生火烧饭开始做起。但男孩子只能等到十岁以上才能学习下地干活,否则年纪太小,不仅干不了太多农活,反而会影响孩子的身体发育。

2.女子无能连累娘家

曹刘氏生育了五个女儿和三个儿子,其中王曹氏是长女,因此在曹刘氏忙着做其他事情时,王曹氏会帮曹刘氏照看弟弟妹妹们,还要帮忙做家务,减轻曹刘氏的劳动负担。王曹氏作为长女,承担的责任比其他子女更多。不仅要帮曹刘氏照看弟妹,还要教妹妹做家务,因此对长女的教育十分重要,甚至会影响对其他孩子的教育。如果曹家的孩子不学习相应的劳动技能,成家后什么事情都不会做,一定会被外人嘲笑,男孩结婚后不能养活妻子儿女。女儿嫁到婆家后不会做家务,会被婆家嫌弃,认为娘家没有将女儿教育好。因此女儿不会做家务,结婚后会牵连到娘家的声誉。

二、家户意识

(一)血缘限定自家人范围

1.除长工外均属于自家人

曹家直到1947年年初才分家,在分家之前,曹家在家共有十一口人,在外还有十几口人,曹家人口最多时达到了二十八口人,除了曹永山和曹永新两位长工外,曹家的二十多口人都属于自家人。虽然王曹氏和王英庆属于外姓人,但他们母子常年住在曹家,同曹家人有血缘关系,因此也在自家人范围内。曹家的子侄们常年在烟台做买卖,很少回家,但他们仍属于自家人,而两位长工虽然常年吃住在曹家,直到过年才回家,而且他们还都姓曹,但他们与曹家人的血缘关系太远,只能算是本家族的远亲,但不属于自家人。相比之下,除曹家自家人之外,其他人都属于外人,即便是曹氏家族五服以内的后裔,也只能被称为亲戚,而不是自家人。在曹家人看来,自家人的血缘关系比亲戚间的血缘关系更近。曹家的女儿们都嫁到婆家,成了婆家的人,只能算亲戚,而不是自家人,她们只在过年过节时才回曹家,只有王曹氏例外。曹家人理解的自家人属于亲戚这一范围,判断亲戚是否属于自家人,不仅要看两家血缘关系的远近,还要看两家居住距离的远近。但居住距离只是一个参考标准,亲戚是本家姓还是外姓也是重要的衡量标准。

2.自家人与外人区别对待

自家人对曹家人来说,是生活中最重要的一群人,是曹家最亲近的人。自家人能在自己受到挫折或伤害时帮助自己,自家人给予的帮助是最多,也是最无私的,得到自家人帮助后可以不需要偿还,但如果是外人,则需要报答对方。除了自家人以外还有亲戚,如果连亲戚都算不上,就是外人,只要与曹家人没有任何血缘关系的都算外人,不过外人也包括很多关系好的街坊邻居和朋友。但部分关系好的外人如街坊邻居或朋友对曹家人的帮助不比某些亲戚少,甚至两家的亲密程度超过了部分远亲。曹家的街坊邻居和朋友会在曹家需要帮助时给予支持,但部分亲戚不仅不会帮忙,还会欺负曹家人。曹洪基叔叔家大哥的儿子就曾在晒场上打过王曹氏，最初还拒不道歉。

曹家人对待外人也是有区别的，对于左邻右舍和朋友，曹家人会像对待亲戚一样对待他们，但对于那些关系不熟的外人，曹家人既不欺负人家，也不会允许外人欺负自己。曹家与自家人之间出现问题是能忍则忍，不会轻易起冲突。曹洪基生性老实，甚至有点懦弱，从来不敢参与外人的家事，生怕对方嫌自己多管闲事，即便是本家族的亲戚。曹刘氏则不同，虽然她也不会多管闲事，但对于左邻右舍能帮上忙的事情，还是会主动伸出援手。

（二）全家上下团结一致

1.兄弟相互配合壮大家业

曹家在分家前一直是有钱一起花、同吃大锅饭，曹洪向与曹洪基两兄弟相互配合，将家业不断壮大，虽然曹刘氏与妯娌间的关系并不是很和睦，但她尽量维系曹家内部关系的和谐与团结。王曹氏被亲戚欺负后，按照曹洪基的想法是忍一忍就过去了，但曹刘氏和曹洪向托人找关系，让对方受到惩罚。1947年年初，曹洪基兄弟三人分家后，曹洪向依旧在烟台做买卖，家里留下曹刘氏当家，但她作为一位女性，并不擅长处理外部事务，因此曹洪基经常帮忙处理。虽然分家时，三兄弟将家产平分，但分家后，三家的经济条件还是发生了变化，尤其是曹洪进一家。分家后，曹洪向不再给曹洪进寄钱，曹洪进不务正业，只会挥霍家产，经济水平直线下降；而曹洪向一直在做买卖，所以家里的经济条件一直很好；曹洪基一直下地干活，加上三个儿子也在烟台做买卖，因此经济条件不差。

2.发家致富是曹家的共同目标

曹家虽有土地近四十亩，但地质都很差，因此在曹家人看来，要想发家致富，仅靠种地是实现不了的。正是因为曹家在烟台有买卖，家里才有钱买地盖房，只有做买卖才能挣到大钱。虽然种地能收获粮食、养家糊口，但发家是不可能的。曹家能实现村民口中所说的"当辈发"，主要是靠烟台的鞋店买卖。曹洪基将从祖上传下来的两间半茅草房和四分茔盘地，发展成为十二间瓦房、三十八亩土地。曹家内外当家心齐，虽是叔嫂关系，但仍能齐心协力，本着发家致富的共同目标，将曹家发展壮大。

（三）家庭重于个人

曹洪向最初独自一人去烟台做买卖，目的是为了全家人的生活，家里只有四分茔盘地，根本没法养活全家人。他一开始给别人当伙计，干活学习，学会如何制鞋后，通过自己攒的钱开了一家鞋店，雇用工人干活，逐渐扩大规模。也正是得益于曹洪向每年往家寄的钱，曹家的家业才不断壮大。曹洪向为全家人的生产生活贡献颇多，只有把整个家庭照顾好，家人才能过上好日子，个人吃苦受累相比全家人生活根本算不得什么。曹学才和曹学通下地干活时，从未因为无法上学而感到遗憾。相反，他们更喜欢下地干活，因为在学堂受到教书先生的管教，经常挨打，因此下地干活可以不用受管教，也不用挨打。

（四）积德行善能造福全家

曹家一直以来乐于助人，街坊邻居和亲朋好友有需要帮忙的，一定会尽力帮助。因为曹家祖上一直传承着行善积德的传统，曹洪向虽常年不在家，但他在外做买卖正是靠着行善、诚信等品德，才将买卖不断做大。平日里，曹家人并没有特地做过善事，只在别人需要帮助时伸出援手。曹刘氏认为曹家能子孙满堂、发家致富，主要原因就是靠曹家人平日里乐于助人积攒的结果，得到老天爷的回报。

曹刘氏一直认为善有善报、恶有恶报,老天爷会回报做好事的人,也会惩罚做坏事的人。不仅如此,还涉及孩子的教育问题,曹家的长辈,尤其是孩子父母的言行举止对孩子的教育至关重要,长辈做善事,孩子就会跟着长辈一起做好事,但如果长辈做坏事,那孩子也会被教坏,孩子长大后会学着长辈做坏事,正所谓"上梁不正下梁歪",也印证了另外一句话"老人积德造福子孙,老人缺德一家遭殃"。因此老人的言行举止对一家人来说十分重要,尤其是家长的行为。曹刘氏经常嘱咐曹洪基,但凡有人来借用农具,一定要借给人家,不要不舍得。只有积德才能被村里人认可,曹家有难需要帮助时,别人才会帮助,如果曹家不积德,等曹家有难时,别人也不会理睬。

三、家户观念

(一)时间节奏依农业生产而定

1.农业生产按节气进行

曹洪基在农业生产过程中严格按照二十四节气种地,尤其是注重季节变化带来的差异,当地人常说"春争日、夏争时",意思就是春天的农业生产不是很忙,部分农活耽误一天两天不会影响作物生长。但夏天气温高、雨水多,适合作物生长,因此夏季的农业生产必须争分夺秒,否则有可能因为天热导致作物旱死,也有可能因为下雨积水,导致作物涝死。

农历五月份和六月份是曹家农业生产最忙的时候,不仅要收割小麦和春玉米,还要栽种高粱和谷子。农历八、九月份的时候,曹洪基不仅要收割秋玉米、高粱和谷子,还要栽种新作物,比如他在田间地头等犄角旮旯儿栽种大白菜、芥菜。农忙时,早晨天不亮曹洪基就得下地干活,一般两三点钟便打着灯笼下地,尤其是夏季,早晨地里的露水很多,太阳升起的时候,曹洪基身上的衣服被露水全部浸湿。晚上也得干到天黑才能回家,回家吃完晚饭后就立刻睡觉,准备第二天早起干活。夏季即便天气再热,中午也不会午休,曹洪基在割麦子的时候,甚至会困得在地里睡着。曹家只有在村东北坡上的四亩土地附近有水井能灌溉,除此之外的其他三十多亩土地都没有灌溉水源,只能靠天吃饭。为了让庄稼在栽种后能得到及时灌溉,曹洪基根据天上云彩和风力大小判断是否有雨,赶在下雨前,带着曹永山和曹永新去地里抢种庄稼。

虽然曹洪基目不识丁,但他常年下地干活,对二十四节气能够熟记于心,每年都根据节气种地,但二十四节气也并不是完全准确,尤其是有闰月之年,需要曹洪基根据实际情况做出改变。虽然曹洪向在烟台做买卖挣钱多,但也十分辛苦,做买卖的人一年到头都得干活,没有休息的日子。而曹洪基在家干活虽然很累,尤其是农忙时节没日没夜地干活,但到了农闲时,曹洪基除了到地里进行日常管理外,有很多空闲时间可以休息。农闲时,曹洪基经常在街上与邻居聊天。如果该耕种的时候不去耕种,或者不按照规定的节气耕种,种得早或晚都不可以。需要施肥时却在犁地,即便全年都在地里干活,也不会有好的收成。因此,并不是说劳动时间越长越好,只要在规定的时节内把该干的农活全部干完即可,农忙时就应该起早贪黑干活,农闲时就不需要天天下地。

2.农忙与农闲的时间节奏相异

农闲的时候,曹洪基除了下地进行日常管理外,还会在家吃完饭去街上找人聊天,尤其到了冬天,他觉得在家闲着没意思。曹洪基经常重复的一句话就是"动着吃比坐着吃好",意思是通过劳动获得收成，吃饭也心安理得，但如果不劳动只吃饭，日子过得就没有意义。春节期间走亲访友结束后，他便开始计划家里的土地都种哪些作物、哪些土地需要轮休等。

农忙时，早晨天不亮，曹洪基就带着长工去干活，王曹氏把饭送到地里，他们吃完早饭接着干活。中午和晚上，曹洪基和长工就回家吃饭，尤其是雇用短工的时候，曹家还要管饭。中午饭一般是在十二点左右吃，而晚上则是天黑以后才吃饭。农闲时，曹家一天三顿饭的时间都很正常。

（二）家人大多常年在家

曹家的房屋同当地的房屋一样坐北朝南，十二间房屋分为东、西两房，曹家在家里的十一口人，除了两位长工住在西房的西间外，曹刘氏和王英庆住在东房的最东间，曹洪基夫妇住在东房的西间、曹洪进夫妇住在西房的东间。曹家十一口人居住的位置都是固定的，只有长工过年时回家，西房的西间才会腾出。虽然曹刘氏和曹洪基是内外当家，但曹家人可以随意进出两位当家的房间，甚至不需要敲门。但曹洪基从来不进曹刘氏的房间，而曹刘氏也不会主动去曹洪基的房间去，两人都是在吃饭时商量事情。

曹家的房屋位于曹家村的东北部，曹家村周围有台上村、岭上村、杜家村、东沟李家村等，距离镇上大约八公里，曹洪基去辛庄镇赶集，一般要走两个多小时才能到。曹家人一般很少出村，只有曹洪基的外出机会较多，快过春节时，他还会去烟台给曹洪向送年货。曹刘氏等妇女出门的次数较少，大多数情况下整天待在家里，最多就是串门聊天，内当家曹刘氏从未去过集市。王英庆在曹家居住时也很少出村，只有快过年的时候，王曹氏才会带着他回辛庄老家过年，过完年后再回曹家，再未去过其他地方。

（三）日常生活节俭质朴

曹家家业的不断扩大是靠全家人的努力才实现的，虽然曹洪进夫妇整天不务正业，但曹家大多数人还是为整个家庭做出贡献了。曹洪基管理好农业生产，曹刘氏负责家庭事务，使得曹家的事情一直都按部就班进行。曹洪基掌管曹家的所有钱财，但他从来没有乱花一分钱，所有钱都省着过日子，攒到年关买地。曹洪基一直被村民认为"下力""能干"，就是指曹洪基每年辛勤劳动，能吃苦耐劳。除了卖力干活外，曹洪基一直要求家人勤俭节约，不能浪费钱财和粮食。即便吃完一个地瓜后，曹洪基也要求家人将地瓜的蒂嚼烂再扔掉，而不是直接扔掉。

曹家的土地很多，因此每年农忙时，曹洪基要雇用很多短工来曹家干活，鉴于平日里曹家经常帮助自己，很多地邻都会自发去曹家地里干活，帮助曹家收割粮食并运输回家，而且不需要任何酬劳，只当作对曹家的一种报答。曹家为了保持与亲朋好友的关系，经常在重大节日给他们送礼物，增进双方的感情。曹刘氏会记得曹家在需要帮助的时候，都有哪些亲朋好友和左邻右舍帮助过曹家，她也会把面食或鸡蛋送给对方。因为曹家即便家业再大，也需要他人帮助，通过人情交往维系双方的关系，方便下次还能互帮互助。

为了更好地生活，曹洪基在生产生活中十分注重忍让，不希望因为一点小事闹翻，对待家庭内外部关系如此。曹洪基在外与他人有点磕磕碰碰或拌嘴的时候，他都会首先让步，不会与对方起争执。即便王曹氏被自家亲戚扇了耳光，他还是希望忍一忍就过去，但对方拒不道歉，最终在曹刘氏和曹洪向采取措施下让对方认错。在曹刘氏看来，有些小事可以忍，如果故意欺负人则不能忍让，因为忍让第一次，对方就会欺负第二次，甚至第三次，只有反抗才能让对方知道曹家不会任人欺负。

四、家户习俗

(一)节庆习俗概况

1.春节习俗

曹家村当地过春节都是从正月初一开始,腊月三十晚上的前半夜是前一年,后半夜就是新一年。春节来临前,尤其是腊月二十之后的日子里,曹刘氏会把家里过年需要准备的东西告诉曹洪基,让他去集市买回来。除了鸡鸭鱼肉、大白菜、萝卜等各种食物,还有香火、烧纸等祭祀用品。腊月二十九下午,曹洪基会带着曹学才和曹学通在家门口贴对联。曹洪向为了让工人回家过年,在春节期间他在烟台看管店铺,因此不回家。曹洪基在春节前,将家里准备的年货,如馒头、炸鱼、酱肉都送一些给曹洪向。腊月三十下午,曹洪基带领曹家的男性一起去祭祖,曹氏祖先的坟墓没有集中在一起,而是分散在曹家村周围的土地,因此下午出门祭祖,直到天黑才能回家。回家后,曹刘氏安排家人准备好年夜饭,曹家人在晚上聚在一起吃年夜饭,吃完饭后,要求家人尤其是小孩子不能乱说话。因为祭祖就是将祖先的魂魄领回曹家,如果乱说话触怒祖先就会受到惩罚。曹家人在春节吃年夜饭的时候,除了两位长工回家外,王曹氏和王英庆会回辛庄老家过年,他们母子在正月初三那天返回曹家。此外,曹家子侄们也有可能回家过年,但每年的情况不一。从大年初一开始,曹洪基带着曹家男性出门拜年,最先去曹氏家族的长辈家里,之后再去左邻右舍和街坊家。下午,曹家人就会分散开,去邻居家串门聊天。

大年初二开始,曹家人开始出村拜年,拜年的对象主要是外村的亲戚,如孩子的姥姥、姥爷或舅舅、舅妈等。初三是女儿回娘家拜年的时间,正月初三,曹刘氏的女儿们都会回家拜年,王曹氏也带着王英庆回到曹家。春节期间,除了拜年外,曹家村和其他几个邻村的村会还会组织娱乐活动,当地称之为"扮耍"。曹家村出演京剧,台上村出人踩高跷,岭上村出人敲锣打鼓,每年都会举办类似的娱乐活动,而且每年举办活动的时间不一,活动的具体时长每年都会变化。

2.其他节日习俗

除了春节外,清明节、端午节、中秋节也是曹家重视的节日,只要家里不忙于农业生产,都会在节日当天买肉买菜给家人改善生活。在曹家村,清明节当天早晨需要吃韭菜馅饺子,吃完饺子后,曹洪基便带领与曹家男性同家族的其他族人一起给曹氏祖先祭拜。清明节早晨吃的饺子是内当家曹刘氏和王曹氏在过节的前一天晚上提前包好的,第二天早晨直接下锅煮熟即可。端午节的时候,当地没有特别的仪式活动,曹刘氏会带着曹家妇女在端午节提前三天左右开始包粽子。端午节当天早晨,还会用煮粽子的水煮鸡蛋,煮好的粽子和鸡蛋不仅供曹家人吃,还会分一些给街坊邻里,当做人情交往的礼物相赠。一般情况下,中秋节大多与秋收时间赶在一起,曹家人经常忙着收玉米,因此没有时间过节,而且当地的中秋节没有特别的习俗,只是常年在外的家人尽量回家吃一顿团圆饭。但曹家在烟台做买卖的亲人大多在春节期间回家,中秋很少回家。即便曹洪基不忙于农业生产,他也仅仅会去集市上买两只烧鸡,用来给全家人改善生活,除此之外,没有其他特殊习俗。

3.红白喜事习俗

曹家的男性在娶媳妇前都会选一个好日子定亲,定亲的当天需要"下礼",就是给女方送聘礼。结婚当天,花轿将新娘子抬到曹家新房的大门后,曹刘氏会事先安排两个曹氏家族的未婚女孩搀扶新娘下轿。当地习俗要求新娘下轿后,鞋不能沾地,不能落灰,为此曹洪基特地去集市上买了五尺长的红布,能从花轿一直铺到东房的炕上,这样新娘就可以脚不沾地。新娘到曹家以后,七天之内可以不用干活,当地俗称"坐七日",这七天之内,曹刘氏会带着新娘到左邻右舍串门拜访,方便以后来往。还会去曹氏家族的亲戚家拜访,亲戚家还会摆宴席请客。

老年人去世后,曹家人需要在老人去世的当天晚上"送魂",将逝者的魂魄送到当地的土地庙里,老人的尸体要在家停留三天,孝子和孝女要在家里守孝,外人来祭拜老人时,儿女应大声痛哭,否则会被外人嘲笑子女不孝。老人的棺材下葬时,女儿和儿媳都应该趴在坟头痛哭,当地俗称"哭坟",如果有十六岁以下的孩子去世,他的棺材应该钻一个孔。

(二)自家人团圆过年

曹家过年一直是自家人一起过,只有在烟台做买卖的曹洪向,因为需要看门所以不经常回家过年。自从曹洪向去烟台做买卖后,很少回家过年,在家的曹家人都会聚在一起吃年夜饭。王曹氏虽然常年住在曹家,但当地有规矩,出嫁的女儿过年期间不能在娘家住,尤其是正月初一和初二这两天。因为腊月三十傍晚祭祖结束后,曹氏祖先的魂魄就回到曹家,曹洪基需要将小麦秸秆铺在院子里,上面撒上锅底灰,这在当地被称为"撒尘",直到初二晚上送走祖先后,才能把"撒尘"清理干净。王曹氏作为曹家出嫁的女儿,不能看到娘家的"撒尘",因此只有初三才能回娘家。

正月初一,曹家人主要在村里拜年,从正月初二开始,曹家人开始出村拜年,先去一些近亲家拜年,如孩子的舅舅或姑姑家。初三是女儿回娘家拜年的日子,除亲戚间拜年外,还要去朋友家拜年,还会在对方家吃饭,吃完午饭才回家。不仅曹家人去亲朋好友家拜年,也有很多亲朋好友到曹家拜年,曹家人也会热情招待对方,曹洪基年前购买的年货不仅给自家人食用,也是为了伺候客人。客人来了后,曹洪基还会给对方端水、递烟、抓花生给客人吃。

五、家户信仰

(一)重大节日供奉家神

曹家每年供奉祖先的宗谱时,会在宗谱两旁挂上财神爷爷和家堂奶奶的画像,同曹氏祖先一起享受供奉。除此之外,灶台上还贴着灶王爷爷的画像。财神爷爷和家堂奶奶一个保佑曹家发家致富,另一个保佑曹家人身体健康,这两个神灵只有在春节和元宵节时才需要祭奠。灶王爷爷被认为是一家之主,画像的两旁写着"上天言好事,下界保平安",因此灶王爷爷可以保佑曹家人平平安安。虽然灶王爷爷在春节和元宵节也享受贡品祭祀,但灶王爷爷在平日里也会不定时享受供奉,尤其是曹家改善生活或遇到急事的时候,都会首先想到灶王爷爷。

一般情况下,这些神灵只能由家里的男性成员磕头祭祀,家里的女性,如曹刘氏则没有资格磕头。春节供奉时,不仅要摆放贡品,还要烧香、烧纸、放鞭炮,曹洪基也会趁这个机会教曹学才和曹学通如何主持祭祀活动。遇到急事时,曹刘氏作为内当家,会亲自祭拜灶王爷爷。1946年秋,中国人民解放军在曹家村征用村里的牲口往前线运送弹药,曹洪基不放心自家的牲口,希望自己跟着一起去,但他忙着秋收脱不开身,最后让曹学才牵着牲口去给解放军运送弹药。走之前说好半个月即可回家,但两个月后还没有消息。为此曹刘氏曾在晚上给灶王爷爷烧香磕头,因为在曹刘氏看来,灶王爷爷才是真正的一家之主。曹家的孩子也是灶王爷爷的孩子,希望灶王爷爷保佑曹学才早日平安回家,最终曹学才在离家两个月后平安归来。

(二)每逢节庆祭祀祖先

1.祭拜祖先是孝顺的表现

曹家每年不论丰收与否,都会在春节、元宵节等节日祭拜祖先,因为这不仅是对祖先的一种尊重,更能体现出曹家人的孝道。在曹家人看来,"孝顺"为"孝"和"顺"的结合,"孝"就是孝敬长辈,"顺"就是听话。"孝"不仅是对在世长辈的孝敬,还要对逝去的祖先孝敬,祖先传宗接代才有自己,因此祭祀祖先是对祖先的一种感恩和孝顺的表现。如果不供奉祖先,会被外人嘲笑"生分崽子",会被村里人戳脊梁骨。

2.通过祭拜来感恩祖先

对曹家人来说,祭祀祖先除了是孝敬祖先的表现外,还是对祖先的感恩,因为生命都是祖先给的,没有祖先就没有自己。但祭拜祖先更多的是对祖先的一种怀念,尤其像曹家,这种村里人称之为"当辈发"的家庭,相比祖先时代的家业要大很多。如果祖先在世一定会很高兴,因此通过祭拜来怀念祖先,与祖先分享曹家的发展成果。

曹家在祭拜祖先时都会准备贡品,包括鸡鸭鱼肉、大白菜、小白菜、萝卜等,贡品都是曹刘氏等妇女准备,但烧香、烧纸得由曹洪基完成,只有男性才有资格祭拜祖先。曹洪基在祭拜时,虽然嘴上不说话,但心里会祈求祖先保佑曹家,从老到小健康平安,当地俗称"旺旺兴兴",保佑曹家能年年丰收、年年挣钱。曹洪基在祭拜时,顺便教曹学才和曹学通祭祀仪式需要注意的事项,需要做什么、怎么做,他们两个年纪小,对祭拜活动十分好奇,因此十分喜欢学习这些内容。

(三)曹家人很少去庙宇祭拜

1947年以前,曹家村的庙堂比较少,除了一个土地庙外,只有两个关公庙,都集中在曹家村的东北角,距离曹家很近。土地庙主要是在逝者去世第一天晚上,家人给他"送魂"就是送到土地庙里。曹家长辈去世后,曹家人才会去土地庙送魂。此外,每年农历二月二,当地有个撒豆的习俗,即将自家炒的豆子撒到土地庙里。关公庙是为了祭奠三国时期的关羽,因为关羽同刘备、张飞桃园结义,其忠义之事被当地人广为流传,因此曹家村的异姓朋友结拜为义兄弟的时候,都需要到关公庙烧香、烧纸、磕头祭拜,去的时候不需要带任何贡品,但要带着香火和烧纸,到了关公庙后异姓兄弟互相起誓,在关公的见证下结为义兄弟。不过,曹家没有人与外人结为异姓兄弟,只有王英庆等人去关公庙玩耍过,但没有人祭拜过。

六、家户娱乐

(一)家人都有交友权利

曹家从老到少都有自己的朋友,即便曹刘氏等女性也有交友的权利,不过大部分人交往的朋友都是村里的,只有曹洪基有一些外村的朋友,大多是农民。曹洪向和他的子侄们也结交很多朋友,不过他们的朋友都是在外做买卖认识的,有的甚至是同乡。虽然曹家在某些问题上思想比较保守,但女性也有权利结交朋友,只不过结交的朋友都是本村的街坊邻居,曹洪基等男性结交的朋友也是本村或邻村的男性村民,绝不允许男女之间结交朋友。曹学才、王英庆等孩子结交的朋友是一起在学堂读书的同学,一起上学、一起玩耍。夏天的时候,王英庆曾把本村的朋友留在家里一起睡觉,小孩子留朋友在曹家过夜不需要非得经过曹洪基的同意,只要对方家人知道即可,曹刘氏也会同意。

曹家人结交朋友后,如果双方关系特别亲密可以结为义兄弟,结拜可以是当事人与朋友间决定,也可以是两家的长辈关系很好,替孩子做主结拜。王曹氏曾经给王英庆在老家辛庄村结拜了一个义兄弟,但王英庆对此并不知晓。而王英庆自己在曹家村与同村的玩伴关系十分要好,私底下未经过长辈同意,与玩伴结为义兄弟。王曹氏知道这件事后,并没有训斥王英庆,因为王英庆年纪虽小,但他有自己结交朋友的权利,也能判断出对方的是非善恶,长辈不会过多干涉。

曹家人结交朋友的原则同婚姻原则一致,就是要门当户对,因此曹家人朋友家的经济条件与曹家的相差不大,都是曹家村或附近村里条件较好的大户人家,要不就是同在烟台做买卖的人。曹洪基结交的朋友都是本村和邻村种地的大户,曹洪向结交的是一起做买卖的人。在曹家需要帮助时,朋友都尽力帮助,王曹氏被本家族的亲戚打后,正是曹洪向在县里做过官的朋友将对方一纸诉状告到县里,对方才不敢再欺负曹家人。同样,在操办红白喜事时,朋友们只要有时间也会来送礼道贺或帮忙料理丧事,不会袖手旁观。

(二)成年男性偶尔打牌娱乐

每到农闲时,曹洪基吃完饭就到街上找人聊天,消磨时间,虽然村里有人打麻将,但他对这些娱乐活动不感兴趣,不舍得花钱搞娱乐。曹刘氏也严格禁止家中女性打牌,只有在过年时,曹刘氏才会允许妇女玩纸牌。不过过年时,曹洪基的侄子曹永勤会从烟台回家过年,他过年期间经常同本村的朋友打麻将,这些朋友同样都是本村的曹姓或刘姓的大户人家,也都在外做买卖,几个朋友过年聚到一起打麻将娱乐一下。虽然曹永勤打麻将会赢钱,也可能输钱,但打麻将的钱是他自己做买卖挣的,与曹家的家庭财产无关,不需要向曹洪基要钱。曹永勤打麻将也很有分寸,不会下很大的赌注,即便输钱也不会输很多,也不指望赢多少钱,仅当作朋友间的消遣娱乐,因此曹洪基从来没有干涉过曹永勤打麻将。

曹永勤打麻将都是在春节期间拜年结束后,他们在朋友家或在曹家摆上一张桌子,四个人就可以打麻将。曹家村没有固定的打麻将的地方,曹永勤等人对麻将也不是很上瘾,虽然可能白天和晚上都会打,但到了吃饭时间还是会回家吃饭,不会通宵达旦打麻将。曹永勤将朋友带到曹家打麻将时,王英庆在旁边都能学会,但曹刘氏严格禁止王英庆打麻将,后期甚至不允许他观看打麻将。曹刘氏认为小孩子学坏容易学好难,如果王英庆长期学打麻将,将来很有可能深陷其中。在曹家村当地,类似赌博、吸毒这类事情会被其他村民嘲笑,被认为家庭教育不好。

(三)农闲便与邻里串门聊天

农闲时,曹家人除了在门外坐着与邻居聊天外,还会主动去街坊邻居家串门。夏天天气炎热时,曹家人晚上会与邻居坐在大街上乘凉、聊天,但到了农闲时,因为街上天气冷,所以要到对方家里串门。曹洪基冬天去邻居家串门的次数比较多,因为冬天不需要下地干活,曹洪基在家闲着没事,就会到邻居家聊天,聊天的内容也是家长里短。他在夏天也会去街坊邻居家串门,但由于夏天正是农忙的时候,因此串门次数较少,而且串门的目的不是为了聊天消遣,而是找邻居商量农业生产上的事情,因此时间不会太长。相比之下,冬天串门的时间则很长,一般都是一上午或一下午,到了吃饭时间,对方也会主动留曹洪基在家吃饭,但曹洪基大多会谢绝。

在曹家,不仅曹洪基可以串门聊天,妇女同样可以在空闲时串门,尤其是冬天,曹刘氏等人要给全家人制作过冬的棉衣、棉裤和棉鞋。由于曹家人口较多,因此工作量很大,需要妇女们从早到晚一直干活,甚至在晚上需要点着油灯纳鞋底,因此白天很有可能犯困。为了缓解疲劳,曹刘氏会带着针线活去邻居家找人一边聊天,一边做针线活,聊天的内容也是张家长李家短的事情,比如邻居家会关心曹家在烟台的买卖如何,曹刘氏会关心对方儿女何时结婚等。曹刘氏都是早晨吃完早饭去串门,快到午饭的时间再回家做饭,中午一般不休息,吃完午饭再去邻居家边干活边聊天。曹刘氏等妇女串门时,直接在邻居家脱掉鞋上炕,盘着腿坐着。曹洪基等男性去邻居家串门时不会上炕,而是坐在邻居家的太师椅上,邻居会给曹洪基递烟、倒水。

曹家人经常去邻居家串门,也有很多邻居去曹家串门,曹家人也会热情相待。给客人倒水,曹洪基会把曹永成从烟台捎回家的好烟、好茶给客人品尝,到了饭点会主动留客人吃饭。不过一般都是男性来曹家串门时,曹家人会留对方吃饭,如果是女性来串门,曹家人一般不会留她吃饭,因为妇女需要回家给家人做饭才行。即便是春节出门拜年,曹家的长辈也会在家留守,比如曹刘氏年老以后很少出门拜年,只是在家等着晚辈给她拜年。

(四)一年一次庙会活动

曹家村是当地的一个规模较小的村庄,没有自己的集市,也没有庙会。附近的杜家村每年农历的四月二十八会举办一次庙会,一年只会举办一次。当地的庙会就是一次大规模的集市,不仅卖的东西比平日多,还会有很多高价值商品的出售,尤其是牲口和农具出售的规模非常大。除此之外,杜家村的村会还会搭台子唱戏,唱戏所有的戏曲服装、吹拉弹唱的乐器和乐手全由村会提供。

曹洪基到了每年庙会的日子,都会去集市的牲口市选牲口,家里的骡子年老不能干活的时候,会把骡子拉到集市上卖掉,自己再加一些钱买一头新的。曹刘氏在曹洪基出门前会告诉他,家里缺少哪些生活用品,让他从集市上买回家。曹洪基去庙会时,会带上曹学才、曹学通和王英庆,给他们买一些"面鱼"①、包子、糖果等小零食,他们经常舍不得一口气吃完,还要带回家给长辈尝尝。曹家的妇女如曹刘氏就从未去过庙会,虽然杜家村的庙会距曹家村只有两千米左右,但曹刘氏一直在家,甚至很少出村。王曹氏也会带着王英庆去庙会,但他们去庙会不是为了买东西,而是为了看京剧。曹家的娱乐活动较少,因此曹刘氏允许王曹氏带着孩子看京剧,但一定要在天黑前回家吃饭,王曹氏一大早吃完饭便带着板凳,领着王英庆走到杜家村。看京剧时还会把男女分隔开,台下钉了两个木头桩子,中间拉上一道横线将男女观众分为两部分,王英庆作为一个小孩子和王曹氏坐在一起看,看到傍晚回家吃饭。

---

① 面鱼:招远县的一种特产面食,属于一种油炸类的发面食物。

第五章　家户治理制度

曹洪基正是得到全家人的认可后,才成为曹家的家长,行使管理家庭事务的权力。不过根据叔嫂分工原则,曹刘氏负责家庭内部事务处理,在一些重大问题上主要是曹洪基做主,不过他经常主动找曹刘氏商量意见。曹家从祖上还继承了许多规矩,虽然没有明文的家规家法,但在日常的生活中有严格的规矩制度,以此约束全家人的行为。曹家人一向不愿参加与自家无关的事务,因此很少参与村里或家族的公共事务,专心从事自家的生产劳动。

一、家长当家

(一)特殊家庭情况导致小叔掌家

曹洪基兄弟们的父亲去世后,曹家的家长应该在兄弟三人中产生,按照当地的规矩,应该是长兄曹洪进当家,但曹洪进整天抽大烟,对曹家的事情不管不问,如果让他当家,他一定会败坏家产。二哥曹洪向婚后便去烟台做买卖,常年不回家,因此只能让曹洪基当家。他虽然比较老实,不会做买卖,但不像曹洪进那样败坏门风,能勤劳干活,还会过日子,因此曹洪基便成为曹家的家长。

曹洪基是三个兄弟中年龄最小的,从小没有经历太多锻炼,因此让他一个人管理曹家里里外外的所有事务十分困难。妻子曹金氏小肚鸡肠,只对自己生的儿子关心,经常打骂曹洪基前妻生的儿子曹永成,因此曹洪基对曹金氏管理家务事并不放心。曹洪向去烟台做买卖后,每年都会往家寄钱,随着买卖越做越大,寄的钱也越来越多,他为曹家做出了巨大贡献,因此曹洪基让二嫂曹刘氏管理曹家的内部事务。曹刘氏虽为女性,但为人公平正直,做事从不偏向,只有这样,才能得到家庭成员的认可。虽然曹李氏为长嫂,但她整天好吃懒做,同曹洪进一样对家庭事务漠不关心。不仅如此,因为她手里没有钱,所以经常把曹家的农具、粮食偷出去卖掉,自己赚钱花。曹洪基不方便训斥嫂子,曹刘氏看到后便会训斥她,但她还是不改。

(二)内外当家各尽其职

1.家庭成员赋予家长权力

父亲去世后,曹洪基由于特殊的家庭情况当家,本应该是长兄当家的,可以说曹洪基作为家长的权力并不是上天赋予的,也不是祖先赋予的,而是家庭成员赋予的。如果没有得到其他家庭成员的认可,曹洪基不可能成为家长,也就无法行使家长的权力。受曹洪基性格和能力的限制,他无法一个人管理曹家方方面面的事务,因此让曹刘氏成为内当家,叔嫂共同管理曹家事务。

2.内外当家的权力分工

曹洪基是曹家对外活动的代表,农业生产和外部关系处理等事务全部由曹洪基负责,而曹刘氏则负责曹家的内部事务处理,负责曹家全家人的吃喝用度,维持家庭内部关系和谐。曹洪基深知曹洪向在外挣钱不易,虽然每次寄钱都是直接寄给曹洪基,但他会把收到的每笔钱都告诉曹刘氏,年底也会把一年以来曹家大事花费的数目告诉曹刘氏,保证曹家财产运作公开。虽然曹洪基是家长,不过曹家买地、盖房这些大事他会主动和曹刘氏商量,一是尊重曹刘氏,二是因为曹刘氏思考问题全面、主意多,能让曹刘氏帮忙参谋一下。除了曹刘氏之外,其他家庭成员对曹家的任何事务都没有发言权,全都听从内外当家的安排。

3.家长掌管全家财产

曹洪基身为家长,掌管曹家所有家庭财产,包括一些固定财产即房约、地约等,所有财产都被曹洪基锁在一个木头匣子里,当地称之为"伴匣"。这种匣子是女方结婚后带到婆家用来盛放珠宝首饰的,曹洪基用曹金氏的伴匣盛放财产,伴匣的外面上锁,平日里伴匣放在曹洪基住的东房东间西边的那间屋子里,伴匣的钥匙一直放在曹洪基身上,其他家庭成员没有权力擅自动用伴匣。

随着曹家土地规模不断扩大,每年收获的粮食不断增多,逐渐超出了曹家人的饮食需求,因此曹洪基每年收获粮食后,会根据曹家每年粮食消耗情况,留下足够的口粮和一定量的预备粮,将多余的粮食运到集市的粮食市卖掉,赚到的钱拿回家攒着。等快过年的时候,曹洪向从烟台往家寄钱,到时候再买土地扩大家产。长嫂曹李氏曾为了自己花钱,偷偷将家里的粮食拿出去卖掉一些,被曹洪基发现后,曹洪基不好意思训斥她,便由曹刘氏找她谈话,把她训斥了一番。不仅如此,曹洪基为了节省粮食,将自家收获的小麦和玉米拿到粮食市换成更多的高粱和谷子,这样曹家人能吃更多的粮食,还能节省细粮。曹家每顿饭吃什么由曹刘氏决定,尤其是农忙时,曹洪基带着雇工在地里干活,他们干完活后直接回家吃饭。曹刘氏为了让他们有力气干活,分成两种饭来做,下地干活的吃细粮和鱼肉,不下地干活的吃粗粮和咸菜,其他家庭成员也没有人敢提出任何意见。

4.内当家负责为家人制衣

每年冬天不能下地干农活后,曹刘氏会让曹洪基去集市买布、针线和棉花,告诉曹洪基应该买什么样的、买多少。买回家后,曹刘氏、王曹氏等妇女会为全家人准备过年用的衣物。曹家每年都会在过年前给全家人从头到脚换一身行头,从棉帽、棉衣、棉裤到棉鞋,全部是曹家妇女制作的。由于曹家人口多,因此曹刘氏等人经常从白天干到黑夜,要在过年前把所有人的衣物全部制作完成。为了缓解做针线活的烦闷,曹家妇女们会带着针线活去街坊邻居家边聊天边干活,到了做饭时间再回家做饭。曹家人制作衣物的原料全部是统一购买,买回家后统一制作,没有区分谁给谁做衣服。

5.家长全权安排农业生产

随着曹家土地不断增多,农业劳动强度不断增大,曹家的劳动力本来就不多,因此曹洪基每年都会在农忙时,从工夫市雇用一定数量的短工来解决劳动力不足的问题。这一切全由曹洪基决定,甚至不用与曹刘氏商量。曹刘氏主内、曹洪基主外是两人的明确分工,曹刘氏很少下地干活,对农业生产根本不了解,也从不干涉曹洪基的决定。夏天收割小麦和秋天收割玉米时,曹洪基需要曹刘氏和曹李氏、王曹氏去晒场晾晒麦子、掰玉米,但也只是从事一些简单的农活,因为妇女都缠足了,无法从事体力劳动。曹洪基在去地里进行日常管理的时候,会顺便带上曹学才、曹学通,带着他们提早学习农业生产技术,因此随着两个孩子年纪逐渐增大,去学堂读书的时间逐渐减少,下地的时间逐渐增多。

6.内当家为子女结婚做主

曹家后代在结婚这件事情上没有半点自主权,要完全听从长辈安排,而且主要是听从曹刘氏的安排。曹洪基虽是家长,但他对这些婚姻大事思考不周密,在选对象这类事情上全是曹刘氏做主挑选,等婚配对象选定后,曹洪基会带着孩子与对方家长定亲、下彩礼,双方便结为亲家,而且不能再悔婚。结婚时,曹洪基具体操办各项花费,一些大项目要与曹刘氏商量,比如雇几个人抬花轿、雇几个乐手、鞭炮买多少、新娘下轿测算的良辰吉日、宴请对象及宴请规模等。曹洪基为了尊重曹刘氏,也为了把事情办得全面一点,都会与曹刘氏商量,双方达成一致意见后,他才会出资操办。

7.家长是对外活动的代表

曹洪基作为家长,是曹家对外一切事务的代表,经常有一些街坊邻居来借用农具、牲口,甚至是借钱借粮,都需要与曹洪基商量,只有经过他的同意才能生效。不过曹洪基生性节俭,怕把农具、牲口借给外人,万一外人不珍惜,会对曹家造成损失,还担心对方借钱借粮无力归还。曹刘氏一直告诫曹洪基,不要因为一点蝇头小利而影响左邻右舍的关系,因此曹洪基才会借给外人东西。曹家村每年纳税交粮都是曹洪基出面去交,村会的花名册上写的是曹洪基的名字,收粮首先找曹洪基,他是曹家纳税的主要负责人。

(三)家长身兼多项重责

曹洪基身为家长,肩负的一项最基本也是最重要的责任就是让家人能吃饱穿暖。除此之外,还要维护家庭内部关系的和谐和家庭外部关系的平等。曹洪基还负有教育家庭后代的义务,不仅要抚养他们长大,还要对他们进行正确的价值观教育。最起码应该教会他们什么是对的,什么是错的,这就要求曹洪基以身作则。只有曹洪基与外界和睦相处,在家不吵不闹,在外不偷不抢,才能成为晚辈的榜样,曹学才等人有了自己判断是非的标准,才能健康成长。曹刘氏虽为女性,但她管理家务的能力不比曹洪基差,甚至在一些大是大非问题上有更好的判断能力,也正是出于这一原因,曹洪基在一些大事上都会主动找曹刘氏商量。但曹刘氏作为女性,只能在背后出谋划策,最终的决定还是要曹洪基做出,叔嫂合作过程中从未因为家事闹过矛盾,即便出现意见不合,曹刘氏也能说服曹洪基,曹洪基也会听从曹刘氏。

二、家户保护

(一)家人保护受伤害的成员

曹家很少与外人在生产、生活上发生矛盾,只有曹家本家族的亲戚将王曹氏扇了耳光这件事,本应由曹洪基出面找对方理论,由于对方拒不道歉,曹洪基生性懦弱,希望家人忍一忍就过去。但曹刘氏咽不下这口气,便自己做主让曹洪向托人把对方告到县里,县官将对方关在牢里整整半个月,对方才服软低头认错。曹刘氏只接受道歉,却不接受对方赔偿的医疗费,因为曹刘氏打官司不是为了争医疗费,而是为了给曹家人争气。如果一直像曹洪基这样忍让下去,对方会以为曹家人好欺负,以后还会继续欺负。此事本应由曹洪基做主,但曹刘氏越过曹洪基,自己做主处理这件事情,属于越界办事。即便如此,曹洪基从未因为这件事生曹刘氏的气,叔嫂关系依旧很和谐。

曹家的成年人与外人发生矛盾的情况较少,但王英庆、曹学才、曹学通等小孩除了去学堂读书外,经常与玩伴在村里疯闹玩耍,经常会起争执。尤其是王英庆,自幼调皮,无奈之下,曹刘氏将年仅6岁的王英庆提早送入私塾读书,让教书先生管教他,但他还是会与同学起冲突。王英庆放学回家后,经常会有其他村民带着自家孩子去曹家找曹刘氏说理,如果是王英庆欺负对方,曹刘氏会严厉训斥他,甚至当着对方家长和孩子的面将他打一顿。但王英庆不总是欺负别人,他也有被同学欺负的时候,但即便是被同学欺负,他回家后也只敢告诉曹刘氏,而不敢告诉王曹氏。因为曹刘氏会在王英庆欺负别人的时候打他,但王英庆被别人欺负时,她就会维护自家孩子,带着王英庆去对方家找打人的孩子评理,让对方家长赔礼道歉。但王曹氏坚决不允许王英庆在外打架,不论王英庆欺负别人,还是被别人欺负,只要王英庆在外打架,就一定会对王英庆拳脚相加,王曹氏曾在曹家村的大街上追着王英庆打,曹洪基一般不参与处理曹家孩子与外界的矛盾。

曹刘氏深知曹洪进身为长兄却不思上进,整天在家抽大烟,她也知道曹李氏经常将家里的东西偷出去卖掉,或是无偿送给别人家,甚至还与外人私通。但曹刘氏一直隐忍不发,除非她亲眼看见曹李氏监守自盗,才会上前制止她,并严厉训斥她。曹刘氏一直不主动找曹李氏的麻烦,是考虑到左邻右舍只隔着一道墙,只要曹家出现吵闹声,左邻右舍都会听得一清二楚,正所谓"家丑不可外扬",曹刘氏为了不让丑事传出去,不想让外人嘲笑曹家,便很少与妯娌起冲突。

(二)家庭给予家人情感支持

曹洪向常年在外做买卖,甚至在过年时都不回家。每年过年前,曹洪基都要去一趟烟台,给曹洪向送年货,让他在烟台过年不孤单。曹洪基的子侄们也从小跟着曹洪向在烟台做买卖,有时他们过年会回家,回家后就不用像在烟台那样难过,因为做买卖的过程中会遇到许多困难,遇到挫折就容易想家。曹洪基不想让他们下地干活,因为他知道在外做买卖比在家下地有出息,他希望子侄们能在外做买卖,不用在家下地,这样曹家就会更挣钱,家产也会更大更多。子侄们过年过节回家时,曹刘氏会让曹洪基去集市上买鸡鸭鱼肉招待他们,虽然都是自家人,但他们长时间不回家,肯定会想家,因此在曹家人看来,家是心灵的港湾。

(三)借钱赎回被绑家人

曹家村所处的招远盛产黄金,曹洪进的长子曹永宽曾用做买卖赚的钱在本县购买了大量黄金,然后去上海贩卖,从中赚取了大笔差价。他在去上海的时候还带上了自己的妻子,从上海回到曹家村后,曹永宽的妻子全身珠光宝气,被当地的绑匪注意到,结果当天晚上就被绑票。第二天早晨,绑匪捎信给曹家人,要求出五百元来赎人,但曹家刚买完地,剩下的钱不足五百元,曹洪基为了尽快赎人,便去本村一户刘姓大户人家借钱交给绑匪,绑匪收到钱后把人放回家。曹永宽挣钱的事一定是被曹家村里的坏人知道后告诉绑匪的,因此刘姓人家在借给曹家钱时,在自家的钱上做了记号,绑匪和曹家村的坏人在事成后会瓜分赎金,因此村里的坏人在花钱时一定会暴露自己。结果曹家村一位名叫蒲解康的人在花赃款时被人抓住把柄,但这个坏人最终逃出曹家村,再也没有返回曹家村。

(四)从不轻视穷苦人群

曹家作为村里经济条件非常不错的大户人家,经常会有一些乞丐到曹家门前乞讨,起初曹洪基对此十分反感,给他们一些高粱饼子,将他们赶紧打发走。曹刘氏经常告诫曹洪基,不要瞧不起穷人,穷人不可能一直穷下去,毕竟曹洪基三兄弟年幼时家里也贫穷。曹洪基十分听从曹刘氏说的话，凡是乞丐来曹家讨饭，他不仅让乞丐吃饱，临走前还会给他们一些高粱饼子让他们带走。同样，曹家村里的贫穷人家来曹家借钱借粮时，曹洪基也会尽力帮助，对方在归还时也不要求对方还利息，只要把本金还回即可。甚至有少数人家，由于家境实在贫困，到曹家分家时还没有归还借用的钱粮，曹家也没有催促对方，就当送给对方。

（五）未曾直接遭受战乱

虽然曹家村没有直接遭受战火侵袭，但也曾有国民党军队在周围村庄驻扎过夜，弄得当地人心惶惶，以至于曹家找不到新的教书先生，王英庆的私塾教育也就此告终了。曹家人没有直接参与过战争，解放军曾在曹家村征用牲口，曹学才代替曹洪基去前线给解放军运送弹药，原本约定半个月左右便可回家，但足足两个多月才平安归来。即便如此，曹家没有人因为战乱受到伤害，也没有为了躲避战乱而逃难。

三、家规家法

（一）默认家庭规矩多

1.做饭及吃饭规矩

平日里，曹家都是曹刘氏与王曹氏做饭烧锅，一般不需要曹李氏、曹金氏帮忙，她们只需要坐等吃饭即可。家里改善伙食时，比如包饺子或蒸馒头、包包子，曹李氏、曹金氏要帮曹刘氏一起做。除了每年的重大节日需要按当地习俗做特殊的饭之外，曹家平日里每天吃什么饭都由曹刘氏决定，曹洪基从未要求曹刘氏做任何特殊的饭菜。曹家需要买肉买菜，或油盐酱醋不足时，曹刘氏就告诉曹洪基去集市买回家。曹洪基在农忙时雇用短工需要曹家人管饭，曹洪基回家后会告诉曹刘氏雇了多少人，让曹刘氏准备相应数量的饭食。

曹家在东房的正间有一张四方桌子用于家人吃饭，由于桌子比较小，容纳不下所有人，因此王英庆、曹学才、曹学通这些小孩很少能到桌子上吃饭，一般都是在灶台旁或炕头吃饭。尤其到了农忙时，曹洪基带着雇工先吃饭，他们吃完饭后，不下地的人再接着吃。两批人吃的饭不一样，曹洪基等人吃的是细粮，还有鱼和肉，目的是让他们吃饱饭有力气干活。而家里人因为不干活消耗少，所以吃的是粗粮，只配咸菜、咸鱼酱。平日里曹家不会吃大鱼大肉，饭菜以高粱饼子、地瓜、咸菜和咸鱼酱为主，因此主食不要求全部吃完，能吃饱即可，配菜更不可能一顿就吃完。

曹家吃饭的时候，盛饭或递干粮不需要专人伺候，而是谁方便谁盛饭。不过曹家的吃饭规矩比较严格。曹洪基作为家长，虽然是兄弟三人中年龄最小的，但其他家庭成员都尊重他，尤其是曹学才等小孩子一定要等曹洪基动筷子后才能吃。夹菜时，一定要从自己的一侧夹，不能拿着筷子在整个碗或盘子里乱夹，更不能挑肥拣瘦。农忙时，曹洪基天不亮就带着雇工下地干活，因此早饭不会在家吃，而是需要曹家人送到地里，曹刘氏做完早饭后，会让王曹氏挑着扁担送去。即便农忙干活再累，曹家也是一天三顿饭，尤其是午饭和晚饭一定要等曹洪基等人回家吃完后，其他人才吃。曹洪基也从未因为劳动消耗大，要求曹刘氏加餐。吃完饭后，王曹氏负责刷碗洗筷子。

2.座位规矩

曹家在东房的东间，即曹刘氏住的那间房里放置了两把太师椅，目的是为了来客后，让客人坐在太师椅上，不过一般只有男性客人才会坐在太师椅上，女性客人都坐在炕头或脱掉鞋直接上炕。曹洪基的子侄们结婚时,曹家需要宴请很多亲朋好友和左邻右舍,每到宴请的时候,曹洪基需要事先到曹氏家族的族长家里,麻烦族长根据曹家要宴请的客人,列一个座席单子,方便来客找准自己的位置,族长会根据曹家庆典的来客是否重要来安排座次。曹刘氏的三个儿子曹永勤、曹永炎、曹永舵结婚时,他们的舅舅就是贵客,需要安排到上座。曹家扩建新房时,有一道重要的工序即上梁,上梁后,曹洪基要宴请亲朋好友和邻居们。在这类庆典中,给曹家干活的泥瓦匠是贵客,尤其是总体负责房屋建造的泥瓦匠一定要上座。

3.分工规矩

根据曹家生产生活上的分工,农业生产上的一切事务全部由曹洪基负责,包括各块土地的作物种植结构、农具修缮、牲口购买、短工雇用等。即便是曹刘氏也从不干涉曹洪基的决定,曹洪基需要她帮忙晒小麦或掰玉米的时候,她也会听从安排去干活。曹洪基雇用劳动力干活的时候,曹刘氏需要根据雇工数量的多少,给他们准备饭食。

在家庭生活方面,曹刘氏享有绝对的话语权,每日每餐吃什么、买什么全是曹刘氏决定。虽然她不管钱,但曹家需要任何生活用品全由曹洪基出去购买。在购买土地这件事情上,本应由曹洪基自己做主即可,但他为了尊重曹刘氏,通常会事先和曹刘氏商量一下,告知要购买土地的位置、地质和价格。曹洪基一直钟情于买地,但对于曹家孩子的知识教育问题并不是特别看重,曹刘氏虽然没读过书,但认识到知识教育对曹家孩子十分重要,孩子们在学堂还能受到教书先生的严格管教,不会在外到处闯祸,因此在曹刘氏的坚持下,王英庆陪同曹学才和曹学通一起读私塾。

4.请客规矩

每年农历八月十五,曹家不仅要吃团圆饭,曹洪基在当天还要摆一桌宴席特地宴请曹永山和曹永新两位长工。每年年末,曹家买地后,曹洪基要宴请卖方和中间人。这都是一些小型的宴请,像曹永成、曹永奎、曹永彬等兄弟结婚时,需要大规模宴请亲朋好友和街坊邻居。曹洪基的子侄们结婚前,曹洪基会亲自去客人家里发出宴会邀请,告诉对方宴会的时间,到了结婚那天,曹家的客人们会带着各种礼物来曹家贺喜。曹家会将自家的十二间房屋打扫干净,当作宴席的场所,曹洪基还需要事先和左邻右舍商量好,结婚当天借用邻居家的房屋摆酒席。

因为曹家一直是在自己家里举办宴席,不仅曹家房屋的空间不足,就连锅碗瓢盆等餐具也不足,需要曹刘氏出面去邻居家借用。还要麻烦邻居家出人端菜、上酒,帮曹家人伺候客人。曹洪基还会从曹家村请来专门做酒席的大厨,因为是男性结婚,因此饭菜质量是当地最好的"十三碗",即鸡鸭鱼肉、扣肉、蒸丸、大白菜、萝卜、芹菜等食材,凑够十三道菜。曹洪基会请求曹氏家族的族长来安排座次,族长会将亲戚安排在一桌,朋友安排在一桌,街坊邻居在一桌。曹家会在每桌客人里找出一个陪客,专门给桌上的客人添酒夹菜,为了将客人陪好、陪高兴,曹家会安排几个懂规矩、酒量好的本家族亲戚到各桌陪客。尤其是对于那些爱喝酒的客人,一定要让他们喝得高兴,但也不至于喝醉。主客和普通客人的菜是一样的,但主食却不同,主客的主食是大米饭,而普通客人的主食则是高粱米饭。

5.制衣洗衣的规矩

曹刘氏、曹金氏和王曹氏在冬天的主要任务是为全家人制作一整套新衣物,不过平日里洗衣服一般是王曹氏和曹金氏洗。曹家村有两口水井，王曹氏每次洗衣服前，都会用扁担挑着水桶去井里打水，回家将水倒进铁盆里洗。曹洪基还从集市上购买了"洋皂"①用于洗衣服，王曹氏每次洗衣服时都会小心翼翼，尤其是对待那些旧衣服，因为一旦用力搓洗，有可能将衣服洗破，还需要缝补。不过很多旧衣服常年穿，洗破也很正常，因此不会挨骂，如果将新衣服洗破，那曹刘氏一定会严厉批评。曹家在东西两房的院子里各有一条铁丝，专门用于晾晒衣服，洗完衣服的脏水通过大门旁边的排水沟排放到大街上。衣服晒干后，王曹氏统一回收，是谁的衣服放到谁的房间里，由他们自己叠放。

(二)家庭禁忌要严守

曹家在新媳妇娶进家门时，要从曹氏家族的女孩中找两个未婚女孩负责搀扶新媳妇，这两个未婚女孩的属性有严格的要求，必须要与新媳妇的属性相合，绝对不能是冲突的属性。如果媳妇属兔，曹家就不能找属蛇的未婚女孩搀扶新娘，因为这样犯忌讳，对新婚不吉利。曹洪基的母亲去世后，为了表现自己的孝心，曹洪基曾在母亲去世后在灵堂整整守孝三天，又戴孝三个月，根据当地习俗，曹洪基这三个月内没有理发。

四、奖励惩罚

即便家人做了让全家受益的事情，曹洪基也只是口头表扬，从来没有任何物质奖励。不过家人犯错，尤其是孩子犯错时，曹洪基虽不会管教，但王曹氏和曹刘氏会严格惩罚犯错的孩子。尤其是王英庆从小调皮捣蛋，经常与村里的孩子打架，一旦让曹刘氏知道是王英庆欺负对方，曹刘氏轻则训斥，重则打骂，甚至为了让受欺负的一方消气，会直接扇王英庆的耳光。对方家长也会阻拦，认为没必要下手太重。王曹氏不仅不允许王英庆在外打架，甚至不允许他在外与玩伴打闹，一旦被王曹氏知道，即便王英庆是受欺负的一方，王曹氏也会教训他。

五、村庄公共事务

(一)组织节庆娱乐活动

曹家村每年春节期间都会组织村里的文艺爱好者唱戏、踩高跷，还有一些人敲锣打鼓，举办娱乐活动所需的服装、乐器全由村会提供。但村会没有经济来源，因此每年村会都会在年末去各家收取一些村费，目的就是为了春节期间能有钱买戏曲服装和道具。交村费属于村民自愿的事情，村会不会强制要求各户村民必须交，对于经济条件差的家庭、连温饱都无法满足的，村会不会要求他们交村费。大多数村民家里，只要经济条件不是太差的多少都会交一点村费，曹家每年也会主动交一些。

(二)安排村民看管庄稼

在每年麦收和秋收之前半个月左右的时间里，曹家村的村会安排村里的一些青壮年劳力到田地里看管作物，防止不法之徒趁人不备去偷盗作物，这在当地俗称"看坡"。村会先组织几个壮劳力在田地里用秸秆扎几个稻草人安放在地里，给人一种田地里有人看管的感觉。在曹家村周围的地里都安放上数量不等的草人之后，由村会出两个人，在作物收割之前，每天都待在地里看管庄稼，而且是流动放哨，每块田地都会巡查，保障作物在收割之前不被偷

---

① 洋皂：肥皂。

盗。"看坡"的两个人在为他人看管庄稼的时候会影响到自家粮食的收割,因此轮到这二人收割庄稼时,地邻们都会主动前去帮忙,事后村会还会给他们一些钱作为酬劳。

六、国家事务

(一)征粮纳税乃是义务

曹家村每年都要接受县里安排的征税任务,由村会到各家各户征收粮食税,其征税数额根据各家土地数量多少决定,曹家作为村里数一数二的大户人家,土地共计三十八亩,因此每年征收的税赋就多。但曹家村的粮食税不是征收粮食,而是征收现金,村会根据各家土地数量的多少,换算出各家应缴的粮食税。由村长带着花名册到各家收税,曹家在花名册上写的是曹洪基的名字,因此村长每年秋收后去曹家收税时,都是直接找曹洪基。虽然曹家的土地质量差,但由于地多,因此每年都能收获足够多的粮食,曹洪基将余粮卖掉就能按时交税。曹家村每年只征收一次粮食税,村民将交粮食税称为"兑银子",当地人常说"兑上银子不怕官",意思是只要各家按时交上赋税,村会和县官都不会把村民们怎么样,各家就能安安稳稳过日子。

(二)贡献牲口运弹药

曹家在1947年以前没有被摊派过劳役,只是解放军部队在曹家村征用过牲口,去鲁西北地区运送弹药,没有牲口的家庭,便鼓励各家自愿出一个劳力,帮解放军抬担架。曹家因为有牲口,便只出牲口没出人力,但曹洪基一直把牲口当作自己的命根子,害怕枪炮不长眼,对自家牲口造成伤害,想自己牵着牲口去,但他又忙于地里的农活,脱不开身,便让三个孙辈中最年长的曹学才代替他去。

调查小记

在结束了紧张的英语考试之后,我踏上了回家的火车,在路上便开始为此次寒假调研提前做出规划,要想在短短一个月的时间内完成百村问卷和两个小家户调研,说实话,任务还是挺艰巨的。培训当天下午,我在了解了此次家户制度调查的受访者条件后,便提前给家人打电话,让家人帮忙找合适的受访者。作为在农村长大的学生,我的长辈们在村里打下了良好的人际关系基础,再加上此次寒假的小家户调研,其受访条件适当放宽,使得此次调研的受访者比较容易找。在回家之前,家人便告诉我,已经帮我联系好了两位合适的老人,回家后可以随时找他们。这让我在为能否按时完成调研任务而发愁的同时,感到一丝欣慰。从2017年寒假调研以来,我每次调研受访老人,都离不开家人的支持与帮助,在他们的协助下,我少走了很多弯路,省了很多事。

回家的当天,由于已经是下午了,考虑到时间原因,没有直接去找老人,而是吃过晚饭后,去邻居家做了几份百村问卷,等到第二天,才正式开始家户调研之旅。我的第一位小家户受访者是邻村的一位老人,与我同属于王氏家族,按照家族的辈分排行来算,虽然他已经八十多岁,但我与他同辈,因此称呼他一声"老哥哥"。并且,我与这位老人并不陌生,因为在2017年寒假调研时,我找这位老人做过合作化口述史,记得老人耳聪目明、口齿清晰、表述流利,给我留下了深刻印象,当时想,如果有机会的话,我还会再回来找老人,进行其他方面的调研。没想到,当时的想法在一年以后成为现实。

起初,老人还以为我找他继续问一些农业合作化方面的内容,但在我说明此次访谈的主题后,老人仍旧表示会全力配合我。虽然不是第一次找这位老人访谈,但由于去年的合作化口述史访谈时间要求短,我对这位老人在1949年以前的家庭情况并不是十分了解,以为只是普通的小家户而已。但在问到第一章家户基本情况时我发现,原来老人在1949年以前的家庭情况极具特色,非常符合理想型的家户调研对象,因此我对于这位老人的家户调查充满信心。我这么想不是没有原因的,毕竟家户制度调查的提纲内容多、涉及面广,必然会导致访谈时间的大幅度增加。而且受访者都是八十岁以上的老人,因此我最担心的是老人的身体能不能经受住长时间的访谈,即便身体可以,万一老人中途不耐烦、不配合调研了怎么办,但此次调研中,我完全没有这种顾虑。毕竟我之前与老人有过一次接触,他为人十分豪爽、乐于助人,但凡答应别人的事情就一定会帮到底。

在访谈过程中我还了解到,老人的女儿因为要照顾孙子不在家,平日里被女儿照顾习惯了的老夫妇一下子失去了生活依靠,访谈时已经接近腊月二十,老两口的年货还没有置办,但老人仍旧耐心地配合我调研,这让我很感动。

第一个家户的访谈大约经历了四天左右,第四天下午出门前,我与家人商量好,为了表达对老人的谢意,我买了一些营养品当作礼物送给老人,但为了避免老人不收,让家人在傍晚五点左右也去老人家,帮我一起劝老人留下礼物,可是最终老人还是不收,我们为此争执了半小时。最后老人说,以后有关新中国成立前的事情,有不明白的可以继续找他问,他一定知无不言、言无不尽,他一直认为自己八十多岁的人了,竟然还有研究生找他问问题,脸上很有面子。但他同时也强调,下次来的时候如果还是带着礼物,那他绝对不会理我。这是位非常有原则的老人,热情、好客、正直,关键是身体好,虽然以后不会再找他做家户调查了,但他曾是我求学路上帮助过我的人,即便我以后走上工作岗位,也不会忘记这些帮助过我的老人们。

第五篇

小户糊口：循规蹈矩的家户传承
——豫南项营村刘氏家户调查

报告撰写：刘冬旭 [*]
受访对象：刘希普

———————

* 刘冬旭（1993— ），男，河南信阳人，华中师范大学中国农村研究院 2017 级硕士研究生。

导　语

　　刘家位于河南省信阳市[①]淮滨县芦集乡项营村,祖上是在清朝时期,由于河南地区人口稀少的缘故,从而被官府从山西省枣龙岗强行捆绑迁移过来,之后便在项营村安了家。1950年土地改革运动时期,其家庭成员被划为贫农。在未分家之前刘家只是一个小家庭,一家人同居共财、同爨共食。家中一共有十口人,不包括外嫁女,分别为刘福德、梁氏、刘希胜、李氏、刘希光、高氏、刘希亮、刘希普、冯刘氏、刘洪彬。刘家居住的院子占地约为半亩,有正房三间、厨房一间、面棚一间。刘家的大门是由木头制成,院子由泥土建造。刘家的生活条件不是很好,所以刘家没有能力也不需要雇用帮工。1950年以前刘家的当家人是刘福德,由他来负责家内外的各项事务,同时妻子梁氏也帮忙分担家中的事务。

　　虽然刘家的家产很少,但是通过家庭成员的共同劳动还能勉强糊口。刘家的家庭成员都一团和气,基本上没有闹过大的矛盾。刘家拥有十亩耕地,并且租佃亲戚家五亩土地。为了能让家庭能更好地生活,刘福德与朋友一起贩卖食用盐、布匹等生活用品。刘家的当家人是刘福德,一方面他是家里辈分最高、年龄最长的人;另一方面他处理事情比较有能力,为人比较好。与此同时,刘家以家户为单元进行"婚丧嫁娶,繁衍生息",保障每一位家庭成员的娶妻生子、成家立业以及生老病死。刘家的家庭成员在进行教育、信仰、娱乐等活动时,也是根据大家庭统一安排的。刘家的家法家规较少,都是一些未成文的规定。刘家一直都坚定信奉"勤劳致富"以及"家和万事兴"这两句话。刘家没有出现过重大的变故,家中的生活十分平和。后来一方面因为家中人口的增多,另一方面受到土地改革所引发的分家浪潮影响,刘家便于1952年开始分家。

---

① 信阳市:隶属于河南省,位于河南省南部华北平原地区。1949年,信阳分信阳专区和潢川专区,1952年10月,潢川专区所属潢川、息县、固始、商城、新县、光山、罗山、淮滨8县撤销鄂北地区,划入信阳专区。1998年6月9日,撤销信阳地区和县级信阳市、信阳县,设立地级信阳市。信阳市辖罗山县、光山县、新县、商城县、固始县、潢川县、淮滨县、息县八县和浉河区、平桥区二区。

第一章　家户的由来与特性

　　刘家祖上于清朝时期，被官府从山西省枣龙岗迁移至河南省信阳市淮滨县芦集乡项营村，之后就在此地安了家。刘家的祖先在村里种几亩地，勤勤恳恳地劳动。到"洪"字辈时，刘家在村里已经传承了百多年，子孙十一代。刘家居住的院子约占半亩地，三百三十三平方米左右，四间房子坐落于院庭中，同时家中自有耕地十亩，刘福德又租种了大舅哥家中的五亩土地。刘福德在农闲时还做盐、布的小买卖，每年也只能赚十几块钱，补贴家用。刘家没有什么钱，生活条件也不大好。总之在1949年之前，刘家在项营村没有多大的影响力，一家人踏踏实实本本分分地生活，是一个地地道道的项营老户。

一、家户迁徙与定居

（一）家户祖居及定居

　　刘家祖居于山西省枣龙岗。由于李闯王[①]"三洗河南、九袭光州"的原因从而使河南本地的居民锐减，很多村庄都无人居住。然而在山西省居住的人口太多，所以等到清朝统一天下时，清朝官府便从山西省枣龙岗强制当地的居民迁到河南省。明朝末崇祯年间，老百姓都没法过日子，又穷又苦，光州地区[②]的人都在私底下纷纷议论李闯王的事，都说快要打来。突然有一天，李闯王的队伍开到光州地区，光州城的官兵以及老百姓参加防守，打到半夜，城里的穷人偷偷地把城门打开了，李闯王的队伍一下子杀进城，官兵全都被杀，大半穷人都跟着李闯王走了。朝廷又派了新州官，带队伍开进光州城，把参加起义军的家属都杀了。几个月后，李闯王又打回来。起义军十分厉害，没几天就攻下北城。他们看各自屋里的人都叫官兵杀了，气红了眼，逮住官兵就砍。第二天，光州城里的穷人带着全家一齐投奔起义军，不敢留人在家。老头、老婆以及女人帮烧火，小孩去打仗，光州城里的穷人快走光了。光州是个军事重镇，没几天，朝廷又派官兵来了，要杀穷人。除了朝廷命官家属外，光州的穷人几乎都被杀光，血能淌满街。但是没多长时间，李闯王的兵又回来攻打光州城，就这样来来回回经历了九次，最后终于把光州打了下来。起义军一进城便杀贪官污吏以及富豪。起义军在城里城外住满了，大小粮仓都打开充当军粮，富商的金银财宝也被当作军饷。

　　李闯王的起义军九次攻打光州城，官兵也杀了九回人。光州地区的人跑的跑，死的死，几乎没有人了。清朝顺治登基后，迁移百姓来光州地区，都不愿意来。于是他派兵把山西省枣龙岗的人都捆绑起来，强行赶到光州地区住下。从那时起，光州地区人才多了起来，而刘家的祖

---

① 李闯王：即李自成。
② 光州地区：指潢川县、光山县、固始县、息县、商城县、新县、淮滨县。

先便是被官兵捆绑到现如今的淮滨县项营村的。在路途中,有好多人因为逃跑而被杀,刘家的祖先因为害怕没敢逃跑,所以能够活下来。现在项营村里的人,往上数几辈都是被官府从山西省枣龙岗强行迁来的。项营村上年纪的人都习惯两手背后走路,这是因为老祖先们被官府捆来时遗传下来的。同时,在路途中,要是有人需要方便①的话,就请求官差解开双手,之后方便就被人们叫作"解手"。刘家的祖先便在项营村居住了下来,然后就盖起了三间茅草房,开垦了十亩田地,勤勤恳恳地干活,勉强能养活一家人口。因为家中的生活条件不好,刘家的祖上几乎没有人去读书,所以家中没有出现秀才,也没有人做官。

刘家在项营村定居落户,是由当地的官府所安排,不需要经过谁的特殊的同意,这是官府在一手操办。项营村的村民也快被李闯王的官兵杀光了,只有少数的几户人家因为躲避在柴火堆里面,才没有被杀。之后,清政府从山西省强行把人迁来,项营村的人才逐渐多了起来。刘家的祖先与当地的最初居民的关系相处得很好,比较融洽,互帮互助,很少闹过什么不愉快。

(二)家户的繁衍与分离

1.十一代共生,三代同堂

刘家是清朝时期被官府强行迁移至项营村的,祖祖辈辈在村里传承了十一代。其第一代:刘瘦、张氏;第二代:刘成先、李氏;第三代:刘换、刘氏;第四代:刘国明、杨氏;第五代:刘福文、张氏;第六代:刘元勋、黄氏;第七代:刘志英、张氏;第八代:刘鹤鸣、马氏,刘鹤森、张氏,刘鹤桥、梁氏,刘鹤群、刘氏,刘鹤松、刘氏,刘鹤庭、梁氏;第九代:刘福德、梁氏,刘福昌、马氏,刘福连、张氏、李氏、张氏;第十代:刘希胜、李氏,刘希光、高氏,刘希亮、徐氏,刘希普、甘氏,冯刘氏;第十一代:刘洪彬。

项营村原来的村民由于李闯王"三洗河南、九袭光州"的原因,几乎全部被杀害,只有少数的几户人家躲在柴火堆里存活了下来。清朝时期,实施了移民的方法来解决河南省人口缺失的问题。而刘家正是在此情况下被官府从山西省枣龙岗强行迁移过来的。刘家之前在山西省的家庭人员情况就无法统计,也无法考察。总之,刘家在项营村生活了三百多年,传承了十一代人,在村庄里是一家地地道道的老户。

---

① 方便:上厕所。

```
┌─────────────────┐
│ 一代 刘瘦 张氏 │
├─────────────────┤
│ 二代 刘成先 李氏 │
├─────────────────┤
│ 三代 刘换 刘氏 │
├─────────────────┤
│ 四代 刘国明 杨氏 │
├─────────────────┤
│ 五代 刘福文 张氏 │
├─────────────────┤
│ 六代 刘元勋 黄氏 │
├─────────────────┤
│ 七代 刘志英 张氏 │
└─────────────────┘
```

八代 刘鹤鸣 马氏 刘鹤森 张氏 刘鹤桥 梁氏	八代 刘鹤群 刘氏 刘鹤松 刘氏 刘鹤庭 梁氏
九代 刘福德 梁氏 刘福昌 马氏	九代 刘福连 张氏 李氏 张氏
十代 刘希胜 李氏 刘希光 高氏	十代 刘希亮 徐氏 刘希普 甘氏 冯刘氏

```
┌─────────────┐
│ 十一代 刘洪彬 │
└─────────────┘
```

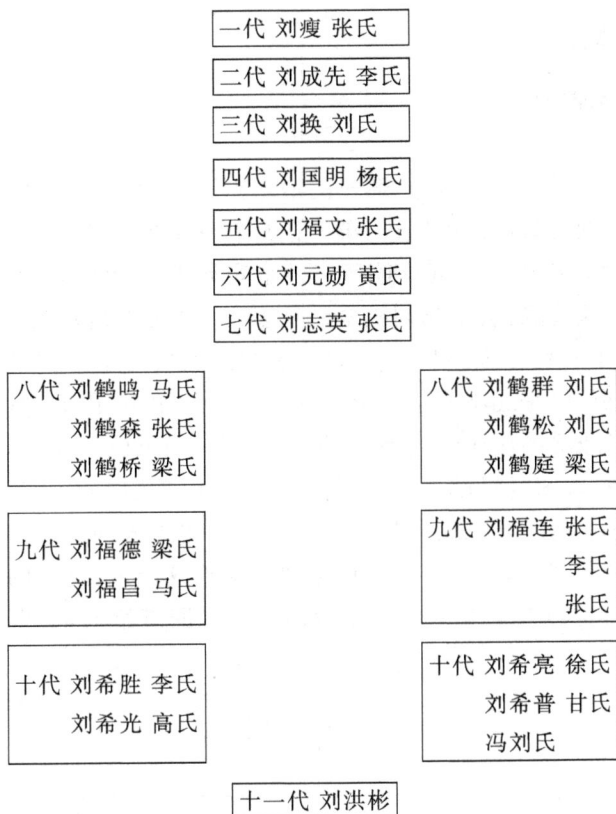

图 5-1　刘家十一代人家户结构图

2.家户由合到分

刘家的祖上没有发生过什么重大的变故,也没有造成家庭的重大损失。刘家在项营村算是一家小户,生活条件不大好。但是刘家的第八代刘鹤鸣即刘福德的父亲上过私塾,有知识有文化,头脑比较灵活,能力强,能很好地处理事情,因此算是村里一位说得上话的人,在村里比较有威望,处理事情也能让人心服口服。刘家的家庭成员主要从事农业生产,同时为了能养家糊口,刘福德也贩卖盐、布等。刘家的生活条件不好,祖上很少有人读书。但是1949年前的三代人,对读书这件事情还是比较看重,家中的成员大多都读过书。刘家一共有土地十亩,其全部都为旱地,这还不能维持刘家人一年的生活,因此刘福德便向自己的大舅哥家租种了五亩旱地。家中只有一头驴,大型的农具就只有一个犁,没有雇用工人,不需要也雇不起。此外当家人刘福德经常去光山买盐、布等,来村里贩卖。刘家人每年凭借干农活以及小本买卖也能勉强维持花费。

等到1949年后,家中的人口越来越多。为了减轻父母的负担,让小孩子更好地生活,同时也受到1950年土地改革所引发的分家浪潮的影响,刘家于1952年开始分家。

二、家户基本情况

(一)家户成员基本情况

1.三代十口之家

1952年左右,刘家一共有三代人。第一代是刘福德与梁氏,第二代是刘希胜与李氏、刘希光与高氏、刘希亮与刘希普以及冯刘氏,第三代只有刘洪彬。刘福德为外当家,而梁氏为内当家,他们是家中的第九代后人。刘福德还有两个亲兄弟,一个叫刘福昌,另外一个叫刘福连,不过他们三兄弟早就分家,就不算刘福德的家里人。刘希光是刘家的第十代后人,往下数刘洪彬便是刘家的第十一代后人。1952年时刘家的总人口为十人,在项营村里算是一家小户。刘家自有土地十亩,可是还不够维持家庭成员一年的生活,因此刘福德便租种大舅哥家五亩土地。此外,如果地里的庄稼收成不好,那么刘家人一天就只能吃两顿饭,不会吃晚饭,每天晚上刘福德就会让大家早早地睡觉,以防止饿。家中三代同堂,人口虽然不多,劳动力勉强够用。刘家没有发生收养的情况,但是家中出现过过继给人的情况,刘家大儿子刘希胜被"一门"①的长辈安排给一家亲戚送终,这就算把他过继给这家人,这家的老人没有子女,过继时没有举行仪式或签订契约,把老人埋葬之后刘希胜又回继给刘家,也没有举行仪式,其他人也都十分认可。

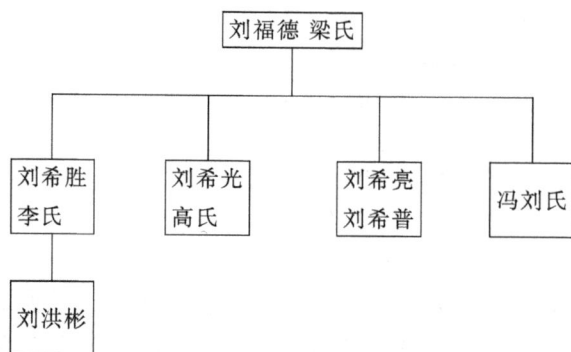

图 5-2　1952年之前刘家的家户结构图

2.家户成员以中青年为主

1952年的时候刘福德和梁氏四十多岁了,第二代也大多二十多岁。在刘家的家庭成员中只有刘福德、刘希胜及刘希光组成了家庭,其他的人还没有成家。虽然刘家的生活状况不太好,但是他们对上学还是比较看重的,家中刘福德、刘希光、刘希普及冯刘氏都上过学,下一代人也都上过学。在刘家的家庭成员中,没有人有宗教信仰,只供奉祖先牌位。刘家的当家人是刘福德,内当家是梁氏。但是等到刘福德去世之后,就由梁氏来当家,一直到四个儿子完全分完家,每个小家庭都有自己的家长,她就不再当家了。刘福德是家中的主要负责人,他要操心刘家的所有事情,而梁氏只负责家中的家务活就行。刘家有关于耕作农活的大事小事由

---

① 一门:指的是直系五代以内的亲戚。

刘福德来拿主意,家里贩卖盐、布等小本买卖也是由刘福德来拿主意,他单干,有时候他也会和内当家梁氏来商量一下,其他的家庭成员处于服从的地位。一个家庭一定要有管事的人,这个当家人需要存在,这样家人能在其带领下努力干活。对于当家人,在项营村并没有特殊的叫法,家庭的内部成员是按照辈分来叫,而外边的人则是直接喊名字。总之都有一定的叫法,要按着这个叫法来。刘家是刘福德管理家中事情,他也上过私塾,有一点文化,办事情的能力也比较强,与人打交道①比较直来直去,同时在贩卖盐、布时也交了一些朋友,都是能互相帮忙。刘家在确定当家人的时候,家里不需要开会,只要全家人同意就行。1952年之前,刘家没有家族和族长,所以也不需要族长的同意。等到分家之后,各个小家庭都产生了新的当家人,各家都是男人当家管事。

3.家户繁衍后代

刘家的家庭成员具体情况如下:共三代人,分家前若不算外嫁姑娘,人口数为十人。刘家的当家人为刘福德及梁氏,之后刘福德因为得了支气管炎,去世后便由梁氏来当家。1950年,项营村土地改革时,梁氏在村里算是一个有能力的人,因此被选为村民小组组长,管理村里的妇女工作。第二代有刘希胜与李氏一家,李氏是刘家的小媳妇②,其在10岁的时候,因为父母不在了,哥哥也无法养活李氏,所以送给刘家当了小媳妇。他们在1949年前有一子,名字叫刘洪彬,之后媳妇又生了三个儿子,都于1949年后才成家立业。刘希光于1952年才与高氏结婚,之后生育三个女儿。刘家第三子刘希亮于1957年与徐氏结婚,生育一个儿子。四子刘希普与甘氏在1960年结婚,之后生育三个儿子。刘家唯一的女儿冯刘氏也是在1952年后才出嫁,嫁到了冯寨。所以,说在1952年之前,刘家的家庭成员中只有刘福德、长子刘希胜以及刘希光成立了家庭,其余的儿子女儿都没有成立家庭,家中的喜事可以说甚少,但是也在不断繁衍后代。由此可以推算出,在1952年的时候刘家的青壮年男劳动力就有3人,没有老人,儿童有4人,女性有4人。

表5-1　1952年刘家户基本情况表

家庭基本情况	数据
家庭人口数	10
劳动力数	6
男性劳动力	3
家庭代际数	3
家庭夫妻数	3
老人数	0
儿童数	4
其他非亲属成员数	0

4.分家之后各有归属

1950年,项营村开始进行轰轰烈烈的土改,同时也引发了村里分家的热潮,然而刘家却

---

① 打交道:交往。
② 小媳妇:当地特指童养媳。

没有开始分家,还在一起生活。直到1952年,因为家庭人口的不断增多以及为了减轻父母亲的负担,刘家便开始分家。刘家是一个小户家庭,因此分家不像大户人家一样家庭成员一下子全部都分出去。首先,刘家大儿子刘希胜一家及二儿子刘希光一家同父母分家,之后是刘希亮一家同父母分家,而四弟刘希普一直与父母亲一起居住,父母的后事也是刘希普一手操办的。

刘家分家后具体情况如下:刘家大儿子刘希胜与媳妇李氏、孩子刘洪彬住在过继亲戚的两间房屋中。这里离父母家也不远,一家人就主要干农活来生活,之后刘希胜与媳妇又生育了三个儿子。刘希胜的小孩都上过学,但是都没有成材,比如大儿子刘洪斌就上了三年的学,因为贪玩,不想上学了,所以就回家放牛割草去了,不过后来又去当了兵。刘家二儿子也就是刘希光家,其上过学,有知识,在息县的农场里工作,分家之后也就和高氏在息县定居,共生育了三个女儿,没有儿子,之后就入赘了一个女婿。刘家三儿子刘希亮和媳妇徐氏跟父母分家后,主要也是干农活生活,刘希亮和媳妇只生育了一个儿子刘洪仁,刘洪仁也上过学,但是也没有成材。刘家四儿子刘希普,一直与父母在一起居住。刘希普上过学,也是一个有文化的人,上完中专后,被分配到村里的学校当教师,之后又当上了学校的校长。刘希普与媳妇甘氏生育了三个儿子,也都上过学。其中三儿子刘洪刚当过兵,后来被分配到县里的房管所。刘家父母亲的丧事也主要是刘希普操办的。刘希光的妹妹也是在分家之后出嫁的,嫁到了冯寨,后来她和娘家联系不多。

表5-2　1952年刘家家庭成员情况表

成员序号	姓名	家庭身份	性别	年龄	婚姻状况	健康状况
1	刘福德	家长	男	42	已婚	良
2	梁氏	妻子	女	43	已婚	良
3	刘希胜	长子	男	23	已婚	优
4	李氏	长媳	女	22	已婚	良
5	刘希光	次子	男	19	已婚	优
6	高氏	次媳	女	20	已婚	优
7	刘希亮	三子	男	16	未婚	优
8	刘希普	四子	男	14	未婚	良
9	冯刘氏	长女	女	9	未婚	良
10	刘洪彬	长孙	男	3	未婚	优

(二)家户空间结构

1.半亩老宅子,三间茅草屋

1949年前刘家的老宅子占地约半亩地,三百三十三平方米左右,一共有三间主房屋。刘家的房子由土坯和稻草建造而成,村里面大部分人都盖这样的房子。刘家在村里的西南方居住,其突出的优势是地势较高,可以避免被洪水淹没。1949年之前,村里经常发洪水,有一年项营村下了十场大雨,淹了好多人家的房屋,而刘家因为地势比较高没有被水所淹。刘家的西面和南面都有道路及居住人家,西面是另一户姓刘的人家居住,南面也有人家居住,不过是谁家,已经不知道名字。北面是一个水沟,夏天的时候很多人都会在这里抓鱼以及洗澡。

东面是一条道路和水沟,不过这里还有一座桥,每年夏天的时候,附近的人都会端着饭碗在桥上吃饭,这里风大,十分凉快。刘家的房屋是坐北朝南,但是刘家一般会从东面的道路走,比较方便而且平坦。刘家的大门是用木头做的,这是用来防止小偷进行偷盗。刘家有一间厨房,在院子的东面,西面搭建了一个小的磨面棚,用来磨面。

2.土块建造,防止偷盗

1949 年前,刘家有院子,而且村里面的大多数家庭都有院子。院子都是用土块建成,并且在院墙上撒上碎瓶碴子防止小偷翻过院墙把家中的东西拿走。刘家的院子里没有井,项营村一共有三口井,全村里的人共同使用。茅房[①]是在院子外的西南角落,一家人共同使用。家中没有牲口间,牲口一般拴在院子中。刘家的院子中有排水沟,水是向东流进东面的水沟中,十分方便。

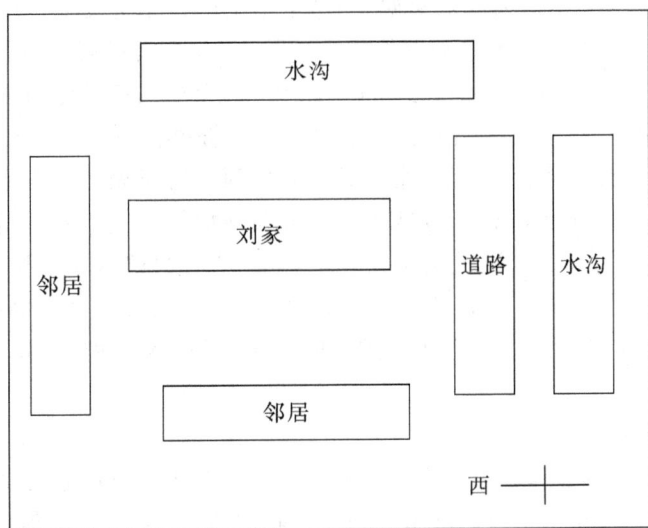

图 5-3　1949 年刘家家户邻里之间的空间结构图

(三)家户经济条件与能力

1.耕种土地十五亩

1949 年之前,刘福德的家中自有耕地十亩,但是这些耕地还无法满足家庭每年的粮食消费,因此刘福德还租种了大舅哥家中的五亩土地。刘福德租种大舅哥家里的地要交地租,地租交多少是两家人在一起商量的,同时也会根据每年的收成不同来决定,因为是亲戚家的地,比较好说话。刘家的地都在村庄的西南方的河滩里,而且土壤还是沙土地,较为贫瘠。那时种地没有化肥,只能用粪便来浇灌土地,因此土地产的粮食很少。刘家自有土地以及租佃的土地都是旱地,村里面很少有水田的家庭,而且种水稻的产量也不稳定。因此,刘家就种麦子、芝麻、棉花以及豆类,每年一亩地的收成也就一二百斤。在刘家,干农活的主要是以青壮年男性为主,大约有三人,不需要也没有钱请帮工,地里的活家里的人完全能够干完。每年看青[②]主要是当家人刘福德,以免地里快成熟的庄稼被外村人偷走。刘家地里也种菜,每年也够

---

① 茅房:厕所。
② 看青:也叫"护青",天津河北一带也有叫"护秋"的。主要是指守护未成熟的庄稼,直到庄稼成熟并收获到家。

全家人吃,很少到集市去买菜。

2.小本买卖糊口

1949 年前,刘家主要是以干农活为生,但是为了能够满足全家人的吃喝,家长刘福德就干起来贩盐、布等的小本买卖。刘福德只是在农闲的时候才能出去贩卖,农忙的时候还得干家里的农活。每次出去和媳妇梁氏交代好家中的事情,让其代为当家,之后就一人跑到光山、潢川等地方。这里的盐、布等生活用品比较便宜,然后刘福德就把这些东西买回来,在村子里卖,赚差价。每年也赚不了多少钱,十几块钱而已,养家糊口。个人贩卖盐、布等小买卖在民国政府时期是被禁止的,而且在每个路口设置有关卡,派专门的人员检查。一旦查明有人私自贩卖东西,轻则扣押东西,重则就关起来。因此,刘福德每次过关卡时,只在晚上偷偷摸摸地快速跑过去,害怕被抓住。如果被抓住,那样不但赚不到钱,而且本钱也搭进去了,一家人的生活就很难维持。有一次刘希荣和刘福德说,席子集上的盐十分便宜,让刘福德和他一起去买回来,到村里来卖可以赚一些钱。刘福德想到席子集离项营村不是很远,可以赚一些钱,所以就和刘希荣一起去买盐。但是初九是刘希光的生日,而刘福德却记得初十一是他的生日,这样刘希光的生日便没有办成,之后刘福德也没有给他补办生日。刘希光心里也明白刘福德是为了能多赚一些钱,让一家人能更好地生活。家长刘福德所做的小本买卖不用交税,赚的钱一家人共同所有,外人无法占有。但是钱由当家人刘福德一人拿着,由他与内当家梁氏商量统一安排,不过最终的决定权还是当家人,其他家庭成员只能服从安排。刘家在做小本买卖时没有和人发生过冲突,卖的东西也有质量保证,比较有信誉。刘家的小本买卖一年也赚不到几个钱,而且只有刘福德一个人在农闲的时候干,只能养家糊口,勉强维持家庭成员的吃喝。

3.编织草帽补家用

1949 年之前,刘家的家庭成员没有什么特殊手艺,和村里的其他人家一样,刘家的女性会编织草帽,然后拿到集市上去卖。每年等到麦子收割后,就把麦草收集起来,晚上用水浸泡使其变软,这样就可以编织了。编织草帽一般是家中的女性干,在刘家中则是梁氏带着儿媳妇及女儿来干,男性很少编织草帽。一晚上一个人快一点的速度可以编成一个草帽,慢一点则只能编半个草帽。编成后就由当家人刘福德拿着去集市上卖,每个草帽大概能卖几毛钱。草帽非常好卖,而且还有外地的人到集市收,然后去别处卖,赚差价。编织草帽是一件非常费心又费力的事,每年编织的数量也不多,只是能补贴家用而已。刘家的女性还会做衣服、鞋子等,那时都是自己用棉花织成布,然后做衣服,并没有买成衣。所以,家里做的这些只给自家人穿,不拿出去卖。

4.家户干活下力气

刘家一家人严守勤劳致富的祖训,每个人干活都很下力气,地里的农活一切要听从家长刘福德的安排。一般情况下是男性犁地、种植、看青以及收割。女性则刨地、锄草。刘家自有以及租佃的土地共十五亩,家中有六个劳动力,没有钱请帮工,所以每个人必须下大力气努力干活、不能偷懒,否则地里的活就干不完,那么也就没有足够的粮食供给家庭成员了。每天早上都是天蒙蒙亮的时候就去干活,等到晚上天黑看不到人影的时候才回去。刘家干活的家庭成员一般会回家吃饭,但是如果实在忙不过就会让家人把饭送到地里,吃完了赶紧继续干活。梁氏一人一天能刨三亩地,是家中干活的能手,是一个非常勤劳而且善良的人,得到家人以及村里人的一致认可。虽然刘家人都很勤劳,但是每年收的粮食还不能维持一家人的生活,有时需要向自家的二姑借粮食。因为土地太贫瘠,种地也没有化肥,各家只能用粪便及塘泥浇灌土地,每年穷人家的地一亩只能收个一二百斤。

表5-3 1949年前刘家家计状况表

土地占有与经营情况		土地自有面积	10亩	租入土地面积	5亩
		土地耕作面积	15亩	租出土地面积	0
生产资料情况		大型农具	木车一辆、犁一个		
		牲畜情况	驴一头		
雇工情况		雇工类型	长工	短工	其他
		雇工人数	0	0	
收入		农作物收入			其他收入
	农作物名称	耕作面积	产量/亩	单价	收入	收入来源	小计
	麦子	7	200斤	几分	—	贩卖盐、布	不详
	芝麻	3	100斤	一块	—	卖编织草帽	不详
	黄豆	1	100斤	几分	—	收入共计	
	小豆	1	100斤	几分			
	棉花	3	100斤	一块		不详	
支出	衣服鞋帽	赋税	医疗	食物消费		租金	支出总计
	不详	四五十斤	不详	一千五百斤		不详	不详

(四)普通庄稼户

1949年以前,刘福德的父亲刘鹤鸣是项营村里一位"说话人",在村里有一些威望,处理事情的能力比较强。刘福德几个兄弟分家后,刘福昌即刘福德的二弟,一方面处事能力比较强,与村里保长的关系比较好;另一方面,父亲刘鹤明在村里比较有影响力,所以他就成了村里的甲长。但是在刘福德当家时家庭成员中没有人担任过村里的保甲长,刘福德一家在村里是地地道道的农民,同时也是一个普通的庄稼户。刘家的家庭成员与村里的人都能友好相处,自己家能帮忙的事情,刘家人不会推脱,比如村里的人家要办喜事,如果缺少桌子板凳,刘福德会主动把自家的桌子板凳借给他。总体来说,刘家在村里还是比较有人缘,不会仗着刘福昌的势欺负人,同时也绝不会让别人欺负。

(五)项营老户,小户人家

1952年之前,刘家在项营村算是一家小户,同时也是老户。第一,从人口的数量与结构来看,刘家在村庄里子子孙孙已经传承了十一代,在未分家之前,不算外嫁的女只有十口人,也没有雇用的工人。第二,从房屋的情况来看,老宅子约占半亩地,三百三十三平方米左右,三间房子坐落于院庭中。第三,从财富和影响力来看,刘家主要从事农业生产,家长刘福德也从事贩卖盐、布的小买卖。每年只能勉强养家,没有什么钱,生活条件也不大好。只是刘鹤鸣在村里能说上话,从整体来看,刘家在村里的影响力一般,不算太大。

一个家庭要有一个"主心骨",一个能主事的人,刘家的"主心骨"是刘福德。刘福德上过学有文化,办事能力也比较强,能很好地处理事情。但是刘福德的脾气比较直,敢于说实话、真话，"如果顺着他的脾气他可以把他的裤子脱下来给你穿"。刘福德后来得了支气管炎，53岁就去世了。他去世之后，就由他的媳妇梁氏当家。直到刘家分家后，每个小家庭都有了当家人，梁氏就不再当家了。刘家家庭成员干活情况如下：男的青壮年种地，听从当家人刘福德的安排；女性干家务活并喂养家中的猪、鸡等，由内当家梁氏来安排；小孩子一般要割草、放驴等，也听从梁氏的安排。总之，刘家是由当家人主事，其他家庭成员没有资格和能力管理家庭。只有家庭有了当家人，这个家庭才有了带头人，有了"主心骨"，这样做起事情才有目标，也才能把事情做好。

在项营村，大户人家的标准首先是家里面最起码要有三代人一起居住，有丫鬟、管家以及长工，大概得有二十人以上；其次家中必须要有钱，而且要有千亩土地，最后还必须在村里有声望及影响力，能和村里的保甲长保持很好的关系。中户与大户的区别不大，只是田地、经济状况、人口数目略少一些。大户的标准很明显，一般所有人都能公认，中户的标准略有一些难以界定，都是凭着感觉去判断。小户一般是十分困苦的家庭，家中只有两三亩地。人口也很少，只有七八个人。小户人家在村里没有什么影响力，而且有时候还会受到大户人家的欺负。在项营村，贫苦人只能和贫苦人打交道，中等人家只能和中等人家打交道，大户人家只能和大户人家打交道。大户人家看不起中等人家和贫穷人家，中等人家也看不起贫穷人家，贫穷人家既害怕也没有能力和他们打交道。

刘家的人口数量、土地和财产在村里算是少的，属于小户人家。刘家没有在村里管事的人，且家中的条件不是很好，所以刘家在村里的影响力也不大。刘家的每个家庭成员都十分勤劳，虽然家中的土地不多，但是每年凭借劳动都能勉强满足生活。刘家一家人在刘福德的教导下，每个人都拥有良好的品德，家中没有坏心的人，每个人都能和其他人很好地相处。刘家的家庭成员在项营村谨守家中的不成文家规，循规蹈矩地过着自己的生活。总体来说，刘家从清朝时期被官府强行迁到项营村已经三百多年了，在村里繁衍了十一代，也算是一个地地道道的老户。

第二章　家户经济制度

刘家未分家之前,家中所耕种的地都在村庄西南方的河滩里,其中自有土地十亩,租种大舅哥家土地五亩。自己家里的地都是从祖上继承而来的,所有权及收益归刘家全体家庭人员所共有,每个家庭成员均有份。刘家的老宅子约占半亩地,近三百三十三平方米,三间房屋全家人一起居住。家里的劳动工具也是家庭成员共同所有,家中的消费由当家人刘福德统一安排,每个家庭成员不用为此操心。刘家在村里是小户人家,生活条件不是很好,如果遇到年景不好,刘家就要去借粮食和钱。刘家主要的交换行为是在集市中进行,同时大多是由当家人刘福德代表刘家进行交换。

一、家户产权

(一)家户土地产权

1.十亩沙土地,家户所有

刘家自有以及租种的土地都在村庄西南方的河滩里,而且都是旱地。河滩里的旱地都是沙土地,这种土地土质较差,粮食产量不高。俗话说"有收无收在于水,多收少收在于肥",虽然说刘家的地都在河滩,但是这里没有河流,也没有什么堰塘、水塘,所以村里的人们很少灌溉土地,一般是靠天吃饭。此外,种地时只能用粪便以及塘里的塘泥当作肥料,但是沙土地孔隙渗水速度快,土壤含水量低,易漏水漏肥,保水保肥能力较差,所以就造成了土地的贫瘠,每年一亩地的收成只有一二百斤。

刘家的这十亩土地是刘家整个家庭成员所共有的土地,并非只属于当家人刘福德或者某个家庭成员所独有。刘家的土地没有和别人共有的情况,同时家里也没有私房地。私房地只有大户人家才有,一般的穷人家没有私房地,刘家现有的土地都不够耕种,就更不可能有私房地了。家长刘福德有权支配这些土地,其他成员处于服从的地位。土地是家庭成员共同所有,因此在分家时,土地应该按照平均分配原则来进行,就像人们常说的那样"不患寡而患不均",分配不公平会使家庭不和睦。但是在刘家,外嫁的姑娘分不到土地,刘家也就没有给外嫁女的陪嫁地,嫁进来的媳妇可以分到土地,刘家的家庭成员认为土地应该属于全家,没有成员认为应该把土地分配到个人,这样有利于一家人的团结与和睦。

刘家的所有成员都十分认可土地应该属于全家人共同所有、共同经营、共同收益,而非个人所有、个人经营、个人收益。一方面刘家是一个小户人家,家中的土地非常少,只有十亩,而且家中的劳动力也只是勉强够用;另一方面种地时需要牲畜以及农具,这些东西十分昂贵,个人无法负担也无法独立使用。耕地时,需要用牛来犁地,可刘家的家庭成员根本就不可能有牛,所以耕地必须通过多人才能完成,这样才能有效率,才能按照农作物生长的周期及时下种。刘家人在耕种时,刘福德负责驱赶牛犁地,而梁氏就会负责把地中的草除掉。只有每个家庭成员的合作才会更加有效率,才能种好庄稼,才能收获更多的粮食,同时也更有利于家庭的团结与和睦。

2.继承而来,无买无赠

刘家的生活条件不是很好,也没有钱买土地,每年的劳作只够一家人勉强生活。家中的十亩地全部都是从祖上继承而来,没有别人赠与的土地。在1949年之前,村里的婚嫁讲究"门当户对"。穷人与穷人做亲家,富人与富人做亲家,富家很少与穷人结亲,他们看不起穷人的家庭。刘家的家庭条件在村内也不好,所以只能与穷人家做亲家。穷人的陪嫁很少,有的干脆就没有陪嫁品。刘家大儿子刘希胜的媳妇李氏在10岁的时候就被送到刘家当小媳妇,刘家没有给李氏家钱,李氏也没有陪嫁。所以说,一般结婚时就算有陪嫁也没有土地,土地十分金贵,不存在儿女亲家赠与土地的情况。刘家还租佃了大舅哥家的五亩地,刘家仅有使用权,而没有所有权,每年还需要给大舅哥家交地租。刘家也没有去开荒土地,村里面能开荒的地早就被开荒完了,人多地少,土地十分金贵,不可能去开荒土地。

3.地界清晰公正

刘家家里的土地与四周相邻的土地有着明显的边界,而且边界十分明确清晰。刘家用两种方法来做区分的边界。第一是路埂,这在开垦土地的时候就已经修建完成,路埂大约只有几厘米那样宽,但可以明确地区分每家的地。第二则是地印子,一般会在自己地的最远处种上枸杞树,每边种两三棵就行,这种树耐活,也很好生长,即使收庄稼时把它除掉,第二年又会长出来。这种方法可以节省土地,更好地利用土地,所以村里的人大多用这种方法。四邻也没有越过界耕种刘家的土地。但是,有人家在犁地的时候越过了界,刘家的人认为这是无意的行为,所以就算了。

除了明显的土地边界,刘家的家庭成员对自家所拥有的土地有着清晰的心理认同。刘家的家庭成员知道土地是归全家共同所有,家里的男性和女性都对自家的土地和别人家的土地都能分得清楚,不会容忍刘家的土地被他人侵占,而刘家人也不会去侵占别人家的土地。刘家的土地每一个家庭成员都可以来耕种使用,但是必须要听从当家人刘福德的安排,外人未经家庭成员同意,没有权利在刘家的土地上耕种,如若外人未经家庭成员同意就私自耕种刘家的地,那么刘家的人会把种的任何东西拔掉,然后找到那人去讲道理,同时会找到村里管事的人主持公道。

刘家的土地经营权归刘家的家庭成员全体所有,每年种什么、什么时候种以及怎么种等这些都由当家人刘福德来决定,不过他需要和自己的媳妇梁氏商量一下,其他的家庭成员处于服从的地位。每年刘家地里种的庄稼基本都一样,如麦子、棉花、黄豆、芝麻等。土地的产出归刘家的家庭成员所有,庄稼什么时候收割以及如何收割都是由当家人说了算,外人和已经分家出去的人无权干涉,村庄更是无权干涉。

总之,项营村里的人没有出现胡乱种别人家地的情况,这是家庭成员所不能容忍的事情,刘家人也不会去侵占别人家的土地。刘家的土地只能由自己一家人来耕种,未经家长刘福德的批准,外人不能耕种。

4.家长支配,成员服从

1949年之前,有关土地的事情,都由家长刘福德全权负责,但是也需要和自己的媳妇梁氏商量一下,刘家的其他家庭成员处于服从的地位,有能力处理事情的成员可以提出自己的意见。比如刘希胜就提过是否能多租种几亩地或者向刘福德的姑姑家再租种几亩地的意见。这样虽然干的活多点,每个人累一点,但是可以收获更多的粮食,从而使一家人能更好地生活。刘家的其他家庭成员却从来没有擅自支配过刘家的土地,刘家的一切财产都是刘福德来掌管,土地作为刘家最重要的财产当然由他来做主。刘家比较穷,是地地道道的小户,因此根本就不可能存在私人或者小家庭独自拥有土地的情况。在刘福德不在家的情况下,刘家其他家庭成员不能随便处置土地,必须等到当家人回家来做主,家人会告诉他有什么事情,然后由他来决定,当然刘福德也会问一问梁氏以及刘希胜的意见,他们都能够给刘福德有效的建议,但不需要告知或请示四邻、保甲长。

5.土地租佃及置换

1949年之前,刘家发生过土地租佃的情况。在土地租佃活动中,由当家人刘福德安排和决定。在刘家土地租佃的过程中还有一定的规矩,那就是按照一定优先次序来选择租种谁家的土地。刘福德一般会租种自己大舅哥家的土地,这样说话比较容易,而且能租种的概率比较大,刘福德还可以向自己大舅哥租种几亩比较肥沃的土地,这样可以收获更多的粮食,能让一家人更好地生活。刘福德大舅哥家比较富裕,他也比较能体谅刘家一家人的生活难处,就把土地租给了刘福德。刘家在租种土地的时候不需要和大舅哥家签契约,只需要两家当家人口头上协商,每年的收成也是两家人在一起商量着分配,如果年景不好,土地收成不好,那么就少给大舅哥家一点地租。刘家人不需要告知或请示四邻、宗族以及保甲长,两家人自己决定就行。刘家在土地租种过程完成后不会摆酒席,因为没有能力摆酒席。

刘家曾经发生过土地置换的情况。在土地置换活动中,是由当家人刘福德安排和决定。刘家人之所以要和村里面的人置换土地,是因为刘福德觉得这块土地离自己家比较近,而自己的土地却离他家比较近,所以两家置换土地后耕种比较方便。当刘福德提出置换土地的意见后,两家人一拍即合,这样就置换了土地。但是置换土地必须得遵守原则,即土壤肥沃的地与土壤肥沃的地来置换,土壤贫瘠的地与土壤贫瘠的地来置换。刘家的这块土地和想换的土地状况都差不多,所以两家人都没有感觉谁占了便宜或者谁吃了亏。由刘福德出面做主,置换土地是一件大事,也只有一家之长才能办成这件事,不需要告知或请示四邻、宗族以及保甲长,两家的家长在一起商量就行,然后也不需要产生新的土地契约,就在旧的地契上修改即可,双方会在地契的所有者位置上更换名字,然后签字和按手印,这样就完成。刘家是一个小户,在土地置换完成后不会办酒席,刘家也没有钱去办。不过村里的大户人家一般会办酒席,让大家热闹一番,显示一下大户人家的气派。

6.地契为证,无人侵占

1949年之前,每家的土地都有地契,所以刘家的土地没有出现过被别人侵占的情况。每家每户都能很好地保护自己的土地不被侵占,侵占土地的行为不能为家庭成员所容忍。项营村内外的村民都承认刘家的土地,很清楚地知道刘家土地的所有、耕种以及收益都归刘家所有。如果想要买卖、租用、置换刘家的土地时,必然需要与刘福德商量。各家的土地之间都有明显的边界,所以大家都在自家土地上进行耕种,不会超越边界去侵占别人土地。在项营村没有出现过随意侵占土地的事情,村里的人还是比较规矩,就算是大户人家也没有做过这样的事情。

在村庄方面,项营村对刘家的土地也比较认可。村里的保甲长承认刘家对自家土地的所有、耕作以及收益的权利。保甲长知道刘家耕种了多少亩地,但是不知道刘家土地的具体情况。因为地契的存在,他们也不可以随意侵占刘家的土地。如果村里想要买卖、租用、置换刘家的土地时,必然得与刘福德进行商量,不能强行进行买卖、租用以及置换。

县政府对刘家土地是以地契的形式进行认可。地契是由刘福德进行保管,一块地有一份地契,地契上写着土地的亩数以及土地是谁家的等情况。他们不能随意侵占刘家的土地,如果想要使用刘家的土地,也必须和刘福德商量。刘福德会把地契收在自己房间的箱子里,并锁好防止被偷盗,然后由自己来掌管着钥匙。

总之,1949年之前,村里的其他村民、村庄以及县政府都承认刘家的土地,他们不会随意侵占刘家的土地。如果想要买卖、租用、置换刘家的土地,必须要与当家人刘福德进行商量,得到其同意后才能进行,不能强行进行买卖、租用、置换。

(二)家户房屋产权

1.三间正房,三代人同居

1949年以前,刘家的老宅子一共有三间正房,都用来住人。刘家的房屋都是土坯和稻草建造的,房子都是坐北朝南,向着太阳不会使房屋变得潮湿。刘家院子东面有一间厨房,梁氏和儿媳妇会在这里做饭,院子的西面搭建了一间小磨面棚,刘家人用来磨麦子。刘家的房子在项营村算是一般水平,村里面的村民大多盖这样的房子,只有个别的人住在牲口棚或没有房子住。

刘家的三间正房供三代人共同居住,其是按照辈分进行安排,辈分最高的住在最东面,然后依次居住。因为只有三间房屋,需要住下十个人,所以刘家的一间屋子要住好几个人,比如当家人刘福德在房间里摆两张木床,他与媳妇梁氏和女儿在一起居住。1950年土地改革时刘家被划为贫民,自家的老房子没有被收走。

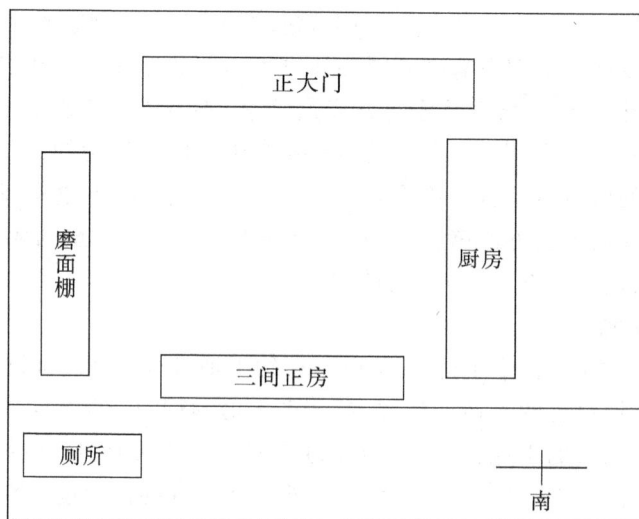

图 5-4 刘家老宅院落平面图

2.继承祖上,不断维修

刘家的房屋是继承祖上而来,世世代代相传,其居住了十一代人,至于房屋是什么时候修建,谁修建、怎样修建,刘家人并不清楚。刘家的房子是用土坯和稻草建造而成,并不是很牢固。1949年之前,村里常下大雨,这样就会把房顶的稻草冲毁,然后房屋就会漏水。刘希胜几兄弟很不喜欢下雨,因为一下雨就会把他们全身淋湿。等到晴天的时候,家长刘福德便会请木匠来修房屋,这是常有的事。一般情况下是小修小补,花不了几个钱,不过有时还会留木匠在家里吃个饭。

3.家人所有,家长最终决定

刘家的家庭成员都认为房屋属于全家人所共同拥有,并非只属于当家人刘福德或者某个家庭成员所独有,刘家的房屋没有和其他家户共有的情况。刘家家里人口多、房屋少,刘福德、梁氏和未出嫁的女儿冯刘氏一起居住;大儿子刘希胜一家同二儿子刘希光一家在一间房子里住,不过要在屋子的中间用帘子隔开;还有一间房子是刘希亮以及刘希普在一起住。当家人刘福德不能随便进出自己儿媳妇的房间,但是梁氏可以,因为她有时要给他们打扫下房屋,洗个衣服。在刘家,每个家庭成员对房屋所有权的认同和对土地所有权的认同是一样的,都是全家所共有,每个家庭成员都有权利来继承。但是有一定的原则,那便是必须遵循"传儿不传女"的习俗。在刘家,刘希胜、刘希光、刘希亮以及刘希普这四兄弟可以继承家中的房屋,但是冯刘氏却不能继承。总体来说,嫁出去的女儿没有房屋的所有权,虽然是一家人但已经分家的也没有份,但是嫁进来的媳妇拥有着房屋的所有权,此外入赘的女婿是和媳妇一样会成为一个家庭的正式成员,因此也有本家户房屋的所有权。自己家无需将房屋所有权分配到每个人,房屋是大家在一起居住比较好,但是每个人得有自己的私人空间,不得受到侵犯,这样有利于家庭的团结与和睦。同时在刘家,家长在房屋产权上比其他家庭成员更有权力。

刘家的房屋没有买卖、典当以及出租过,但是每年都维修过。1949年之前村里每年都下大雨,而且刘家的房屋不是很牢固,大一点的雨水就会把房顶的稻草冲毁,当家人刘福德就要请木匠来维修。在房屋维修过程主要是由当家人做主决定,安排相关事务,但是他会与媳妇梁氏进行商量,其他家庭成员处于服从的地位,能办事的成员可以提出意见和建议,比如刘希胜则会根据以往维修得不好的地方给出自己的建议,但他自己不可擅自决定,必须听从当家人刘福德的决定。若刘福德有事情不在家中,那就要等他回来之后再说,不用和四邻、家族和保甲长商量。

4.四周院墙,不可越界

刘家盖有院墙,因此便以院墙为界来区分自己的房子与别人家的房子,同时院墙还可以防止小偷来家中偷东西。四邻不可以越过自家边界来修建房屋,因为作为私有土地,不允许他人随意侵占,外人在家里没有人的时候不能进到人家家里,都必须要在房屋门口喊上几声或者敲一下门,如果有人来开门,才能进到人家家里去,但是如果这家人没有来开门的话,就不能随便进去。如果随便进去的话,这家人丢东西的话他也难逃责任,即使自己没有偷拿也免不了被怀疑一番。

刘家的房屋供刘家的家庭成员使用,外人不经过当家人的同意是不能使用的。家里房屋的继承权也是由家中家庭成员共同享有,外人没有享受的权利。出嫁的女儿是没有继承权的,已经分家的家人,也没有继承权,但是嫁进来的媳妇有继承权。

刘家的家庭成员对自家所拥有的房屋有着清晰的心理认同，而且都承认房屋归全家共同所有，对于自家和别家的房屋，家庭成员都能分得清楚，刘家的家庭成员绝对不能容忍自家房屋被他人侵占。同一个大家庭的小家庭心里也有清晰的边界，哪间房子是谁的，哪间房间不能进，大家在心中都很清楚，一般公公婆婆的房间只有儿子们可以进，媳妇们只能等婆婆在的时候且得到许可之后才能进，公公一般也不会进媳妇的房间。

刘家的房屋是由当家人刘福德来管理，但一般会和自己的媳妇梁氏商量一下。其他能够处理事情的家庭成员可以提出自己的意见，比如刘家每次维修房屋时，刘福德会让刘希胜提一下自己的意见，刘希胜则会根据以往维修得不好的地方给出自己的建议。总之刘家便是刘福德来做主，不过他还是要问一下其他家庭成员的意见，外人以及村庄的保甲长是没有权利干涉。一方面每个人存在"各人自扫门前雪，莫管他人瓦上霜"的观念，不是自己最亲的人是不会随便管别人家的事情的，另一方面刘家的家长也不需要别人管自己的事情，他认为自己有能力管好自家的事情。

5.房屋私有，边界被侵占

1949 年之前，刘家房屋的边界出现过被他人侵占的情况。刘福德的兄弟因要扩建自家的房屋，所以他就侵占了刘家的边界。这时刘福德、出面与他交涉，问一问他为什么要侵占自己家的边界，因为如果他把房屋扩建到这里，那么刘家会给刘家人出行造成不便。但是在交涉中，刘福德的兄弟没有丝毫要放弃扩建到刘家边界的想法，而刘家也坚持不让他把新屋扩建到自己家边界，就这样两家家长便吵了起来，但互相没有动手。最后刘福德把村里面的保甲长请来，让他来为自己主持公道。他们听了刘福德的讲述后，便明白了事情的整个过程，于是便让刘福德的兄弟放弃侵占刘家的边界的想法，不能把新屋扩建到这里，在保甲长的命令下这件侵占刘家边界的事才得以解决。

6.外界对家户房屋产权认可

1949 年之前，在项营村没有发生过随意侵占村民房屋的事情。村里的保甲长承认刘家对自家房屋的所有、买卖、租用和置换等权利，如果村里要买卖、租用、置换房屋，其必须与刘家的当家人刘福德商量，取得他的同意才行，不能强行买卖、租用、置换。

县政府对刘家房屋是以房契形式对刘家房屋进行认可。房契是由刘福德进行保管，房契上写着房屋几间以及房屋的主人等情况，他们不能随意侵占刘家的房屋，如果想要使用刘家的房屋，也必须和刘福德商量。刘福德会把房契收在自己房间的箱子里，用锁来锁住防止被小偷偷走，然后由自己来掌管着钥匙。

总之，1949 年之前，村里的其他村民、村庄以及县政府都承认刘家的房屋产权，他们不会随意侵占刘家的房屋。若想要买卖、置换和借用刘家的房屋，必须要与刘家当家人刘福德商量，得到其同意后才能进行。

(三)生产资料产权

1.继承父辈，和人"搭伙"

1949 年之前，刘家仅有一头驴，没有牛、马等牲畜。这头驴还是当家人刘福德从父亲那儿继承而来的，是他和兄弟分家时所得到。对于刘家来说，一头驴无法满足自家耕地的需要，但是刘家的邻居家养了头牛，牛非常有力气，是最适合犁地的牲畜，所以刘家就主动和自己的邻居家搭伙。每年在犁地的时候，两家人就把驴和牛拴在一起犁地，这样能更快更加有效地耕种完地,等到天黑之后就把自家的牲畜牵回家中。邻居家没有找刘家人要钱,当然刘家人也不可能找邻居家要钱。刘家人没有骑过驴出行,牲畜对于农民来说很金贵。在刘家一般是女性以及小孩喂养牲畜,女性在家中喂一些粮食壳以及剩饭,而小孩则会牵着出去到河边吃草,不能吃地里的庄稼。

刘家的牲畜属于全体刘家的家庭成员共同所有。闺女出嫁之前,拥有牲畜的所有权,一旦出嫁她就不再享有此所有权,未成年的儿童和嫁进来的媳妇也是牲畜的所有者,比如刘洪彬以及刘希胜的媳妇李氏,他们都是刘家牲畜的所有者。在牲畜的搭伙、使用的过程中,刘福德是实际的支配者。他是刘家的家长,就要负起这个责任来办成这一件事情,他也会和梁氏商量一下,但不需要告知四邻、保甲长,其他的家庭成员不能替刘福德来做主,他既没有那个能力,别人也不会相信他,不过有能力办事的家庭成员可以提出自己的意见,比如刘希胜对同哪家人一起搭伙农耕提出自己的意见,但这只供刘福德参考,最终做决定的还是刘福德。

2.有买有做,一应俱全

1949 年之前,刘家的大型农具有一辆木车、一副犁,小型农具则有锄头、镰刀等。犁是家长刘福德用牛和驴拉着来犁地的;锄头、镰刀则是梁氏以及刘家的其他成员用来刨地以及收割的;一辆木车是刘家请木匠用木头制作而成,两个轮子,用来拉粮食。刘家用于干农活的农具都齐备,不需要向别人家借。

刘家这些大小型的农具有的是刘福德请木匠制作的,有的是去集市上购买的。如果请木匠做,基本上木头要自己准备好,一般都用桑树,比较耐用。刘家都是由当家人刘福德去请木匠,他会跟木匠谈好一天要多少钱,不过只是个手工费也花不了几个钱。刘福德和木匠商量好后,木匠就会带着自己的各种工具来到刘家做工。一般情况下刘家人要请木匠吃饭,除非木匠执意要走。

以锄头为例:锄头的前面是铁的,需要到集市上去买,但是手扶的地方是木头的,可以请木匠来做。在项营村有木匠,他做东西要的钱也不多,只是个手工费。所以刘福德就请木匠来做,没有去买。他还认为请人做,自己看在眼里比较放心,用着也趁手。再以车为例,刘家的车是一辆木车,家里比较穷买不起车,就只有让木匠来做。做木车需要好几天,其花费也比较高。一辆木车需要花费两三斗粮食才能做好,但是与到集市上去买木车相比,刘家还是愿意请木匠来做木车。

刘福德除了请木匠做农具之外,还去集市上购买。当家人刘福德大多会到龙王庙以及席子集去买家里需要的农具。比如犁就必须得买,木匠没法自己来做,只能去集市买。在买和维修农具时,都由刘福德全权负责,他会和梁氏说一声,其他的家庭成员则处于服从的地位。

3.本家所有,外人无份

刘家的农具和牲畜都属于全家人所共有的,这些生产资料全家每个家庭成员都有份,刘家的生产资料没有和别人共有的情况,都是自己家所独有。只有生产资料共同所有,才能使家庭成员共同生活,真正实现共同经营以及共同收益。如果将生产资料分配给个人的话,一方面会大大降低土地经营的效率,这样会导致粮食的短缺;另一方面也不利于家庭成员的团结,会导致家庭内部矛盾。但是家长可以根据耕作的实际情况来决定哪个家庭成员可以使用哪种生产资料,比如刘家在耕地时,刘福德就会负责犁地。犁地是一件十分辛苦的事情,必须要有力气的人才能完成,刘福德作为刘家的家长必须承担此重任。他会把犁拴在牛和驴身上,然后在后面一只手扶着犁,另一只手则用木条来驱赶,这样一步一步就可以把地犁完了。而锄草的事情,刘福德就交给梁氏来做。这是一件不吃力①的事情,用锄头把地中的草锄掉就行。刘家的生产资料在这样合理的分配下实现了效率的最大化,既不会浪费劳动力,也不会出现劳动力不够用的情况,从而收获足够的粮食来满足一家人的消费。

总之在刘家,对于生产资料的所有权,嫁出去的女儿没有份,分家之后的人没有份,但是嫁进来的媳妇有份。刘家的家庭成员认为生产资料是属于全家所有人所有,家长具有支配的权利,不应该把生产资料分给每个家庭成员,那样会引起家庭的不和睦和不团结。

4.家户成员地位

刘家生产资料的购买、维修以及借用由当家人刘福德决定,不用告知或者请示四邻和保甲长,不过需要和内当家梁氏说一声。关于生产资料的外借,外人要是想用什么东西,就直接来和刘福德说,他同意之后就可以拿走,否则不能随便拿刘家的东西,一般也没有发生过不同意外借的情况。刘家的东西也有被别人用坏的情况,然后人家把东西修好了,事情就算结束了,之后刘家该借给他东西还会借给他。但是如果借给别人东西,人家要赖说没借,那么刘家就不会再要这件东西,而且下一次也绝对不会再借给他东西。借东西不要钱,谁家都有缺东西的时候,都是乡里乡亲,之间关系相处得都还不错。关于生产资料的维修,如果家里的农具坏了,就由当家人刘福德请木匠到家来修,一般会请木匠在家吃饭,但需要和内当家梁氏商量一下。生产资料的购买,比如犁、耙等,这些农具在一年的种植、管理、收获、耕地过程中都会用到。刘家一共耕种十五亩土地,对于刘家来说这些东西更是不可或缺。因此,家长刘福德必须综合考虑生产生活、经济条件等家庭状况,合理安排犁、耙等农具的购买。刘家一般是等用到农具木匠无法维修的时候,才会到集市上去买,什么农具坏了就购买什么农具,怎么购买以及购买几件就由当家人刘福德来决定,不过他要同梁氏商量一下。刘家的生活条件不好,家中没有钱,所以一次也购买不了几件农具。

在刘家生产资料的购买、维修和借用过程中,由家长刘福德来做决定,不过他要和梁氏商量一下,其他的家庭成员处于从属的地位,可以做事的家庭成员则可以提出自己的意见和建议。如果当家人不在家,就由内当家梁氏来做决定,等到当家人回来后要和他说一声,也不用告知或者请示四邻和保甲长。

5.家户生产资料,外界认可

刘家的生产资料其他村民比较认可,他们不会随意侵占刘家的生产资料。若想要借刘家的生产资料,必须要与当家人商量,得到同意后才能拿走。一般村里的村民也没有强行借用刘家的生产资料,只要向刘家借,当家人刘福德是会借给他的。除非这个人以前借过刘家的东西没还,这样刘福德是不会再借给他东西的。

1949年前,项营村保甲长对于刘家家里的生产资料是比较认可,他们也不能随意侵占过刘家的生产资料。村里若想要借刘家的生产资料,必须要与当家人商量,没有发生过强行借用刘家的生产资料的情况。

政府对刘家家里的生产资料是比较认可的,他们也不能随意侵占刘家的生产资料。政府若想要借刘家的生产资料,必须要与当家人进行商量,不能进行强行的借用。

---

① 不吃力:不辛苦。

(四)生活资料产权

1.基本齐备,全家共享

1949 年之前,刘家有一个小石磨,是刘福德从集市上买来的。石磨很缺少也十分贵重,刘家大约用了三四百斤粮食才买回这个小石磨,每天就用驴拉着石磨磨面。在磨面的时候要一圈一圈地转,刘希胜和刘希光磨不了几圈就头晕了,刘希亮不得不担下这个重任。刘家有桌椅板凳,而且都是以木头为原料做成的。刘家的桌椅板凳一部分是刘福德几兄弟分家所得,另一部分是刘福德请木匠做的,刘家的桌椅板凳也不多,只够一家人勉强用。刘家不分大家庭与小家庭,这些东西是所有的家庭成员在一起使用。油盐醋等生活用品是每家都必须要有,刘家也不例外。如果油盐醋哪个用完了,刘福德自己或者让刘希胜兄弟几个去集市去买或去换。刘家的油盐醋没有固定的购买时间,随用随买。刘家没有晒场和水井,这两样东西只有大户人家才有钱置办。刘家是小户人家,家中没有钱,也没有能力来置办这两样东西。总体来说,日常的生活资料,刘家基本齐备的。而且刘家的生活资料是全家人共同所有,一家人在一起共同使用。一方面因为刘家人都是在一起居住,不需要把生活资料分配到小家庭或者个人,另一方面如果将生活资料分配到小家庭或者个人的话会造成一家人的不和睦,会影响一家人的团结。

2."茶饼"自制,其他有买有换

1949 年之前,刘家的生活资料来源广泛。刘家家里的"茶饼"[①]是内当家梁氏自制而成,主要是从茶叶树上摘下颗粒,再放入洋碱倒在一起,然后用木头敲打,等完全敲碎了之后,就可以当洗衣皂来使用了;刘家的家庭成员吃的是芝麻油,是与村里卖油的人交换所得。醋则是从集市上购买而来的;粮食是自家从地里收获而来的,吃的菜也是自己家种的;衣服是用棉花纺织成布,然后梁氏来做成衣;刘家的桌椅板凳是当家人刘福德请木匠来制作,木头自己家要提前准备好,只需要给一个手工费,没花多少钱。

3.家户生活资料的基本特征

(1)全家共有

刘家的生活资料是属于刘家全家成员所共同所有,既不归属于家长刘福德个人,也不归属于其他家庭成员个人所有。刘家放衣服的柜子是继承上一代刘鹤鸣的,之后就给刘福德和梁氏。但是由于刘希胜和李氏结婚,刘福德就将柜子放在了他们的房间中,让他们来放自己的衣服。这柜子不能说是家长刘福德或者刘希胜所有,而是刘家全家人所有,不过都要听从家长的分配来使用。刘家所有的生活资料都是全家成员共有的,不存在与其他人共有的情况。在衣服方面,是梁氏和儿媳妇在一起弹棉花,然后送到村里的织布房和染布房做成布,之后就还由梁氏和儿媳妇给全家人做衣服。在吃饭方面,是梁氏以及儿媳妇每天做饭,一家人在一起吃饭,盛饭的时候也是梁氏来统一分配。家里的生活资料都是全家人所共有,但是嫁出去的女儿没有份,已经分家的儿子没有份,嫁进来的媳妇则有份。刘福德认为,生活资料应该属于全家人,不该分到每个个人,这样会引起家庭的不和睦以及家庭的不团结。

(2)全体成员共有共用

刘家生活资料所有权的拥有者是仅限于一口锅吃饭的家庭成员,而且是全家人共有共

---

① 茶饼:即洗衣皂。

用。在刘家,生活资料所有者包括:刘福德和梁氏、大儿子刘希胜和李氏、刘希光与高氏、刘希亮与刘希普以及冯刘氏,但是不包括外嫁的女儿以及分家的儿子。每个家庭成员都来共同使用这些生活资料,家长刘福德没有将这些生活资料分配给个人,是全家人来共有共用的。如果把生活资料分配给个人,可能会引起家中的矛盾,也不利于家中的团结。

（3）强烈的心理认同

刘家成员都认同生活资料应该属于全家人共同所有,而非个人所有。只有全家共同努力才能真正实现共同生活、共享成果。生活资料所有权分配给个人,容易出现多少、好坏难以平均的问题,会在家庭成员之间产生嫌隙,不利于团结家庭成员共同经营,所以说刘家的每个家庭成员认为不应该将生活资料分配给个人。但是他们认为家长可以根据家庭成员的生活状态进行合理分配,将物品用到实处。

4.家户生活资料所有权

（1）家长的支配地位:在刘家,生活资料的购买、维修和借用都由家长刘福德做主,不过他要同内当家梁氏商量一下,其他家庭成员处于服从地位。若刘福德不在家的话,梁氏也可以做决定,不过等到刘福德回家后要告诉他这些事情。刘家在购买生活资料时,一般家里缺少了什么,就去买什么。刘福德自己会到集市上去买这些东西。如果他自己不想去集市,他也可以给儿子刘希胜一些钱让他去买。若当家人刘福德不在家,梁氏也可以让刘希胜去集市上买东西,不需要请示四邻、家族、保甲长等。刘家生活资料的维修都是由刘福德来决定,他自己会拿到集市上让人维修,或请村里的人到自己家维修。村里的人来刘家借用生活资料的时候,当家人刘福德都会同意外借,比如邻居家到刘家借盐,刘福德立马就把自己家的盐借给他。不过借的东西要及时归还,否则刘福德下次不会再借给他。

（2）其他家庭成员的从属地位:刘家的钱财由当家人刘福德掌握,家中要买什么东西只能找他拿钱。家中生活资料的购买、维修和借用虽然当家人可以决定,但是其他的有能力办事的家庭成员可以提出意见和建议。刘希胜就提出可不可以多买一点肉,能让家人改善一下生活。总体来看,刘家的其他家庭成员在家庭生活资料的购买、维修、借用等活动当中,基本处于服从地位。

5.家户生活资料私有,不可侵占

刘家的桌椅板凳、柴米油盐和衣物等生活资料很少出现过被他人侵占的情况。一方面这些东西都是在刘家的家庭内部,而且都是家庭成员天天都要用到的东西;另一方面这些东西其他人家也都有,他们不可能为了这些东西来强占或者偷盗。但是平时如果邻居家做饭时没有盐或者没有了油,他们会到刘家借,刘福德也十分愿意借给他们,不过他们借用之后必须及时还, 否则刘福德下次不会借给他。刘家借出去的东西没有出现不还而被他们侵占的情况,更没有不经同意就拿走的情况。如果自己的东西被别人侵占,刘家的家庭成员是不能容忍的。

刘家一共耕种了十五亩土地,都位于河滩,距离自己家比较远。每天只是刘福德会到地里转一转,看看庄稼生长的情况。但是到了庄稼成熟的时候,由于刘家的家庭成员无法时时刻刻看护自己家的庄稼,很容易出现芝麻或黄豆被别人弄断几棵的情况,这些东西不值几个钱,而且当场又抓不到人,一般做这种事情的也都是本村的村民,都是乡里乡亲的,刘家也就算了。在村中生活的都是知根知底的,谁是什么样的人,大家都十分清楚。听说谁家的庄稼被人偷了的时候,村里的人都是看热闹的,他们也不会去管。

总之,刘家的生活资料很少出现过被外人侵占的情况,也没有出现过不经过刘家当家人同意就拿走的情况。刘家在项营村的人缘比较好,刘家一家人也比较好相处。

6.家户生活资料,外界认可

刘家家里的生活资料其他村民都比较认可,他们不会随意侵占刘家的生活资料。若想要借刘家的生活资料,必须与当家人商量,得到同意后,才能拿走。一般村里的村民不会强行借用刘家的生活资料,刘家也愿意借给他人东西。

1949年前,项营村保甲长对刘家家里的生活资料也是比较认可,他们也不能随意侵占刘家的生活资料。村里若想要借刘家的生活资料,必须要与当家人商量,没有发生过强行借用刘家生活资料的情况。

地方政府对刘家家里的生活资料比较认可,他们也不能随意侵占刘家的生活资料。政府若想要借刘家的生活资料,必须要与当家人进行商量,不能进行强行的借用。

二、家户经营

(一)生产资料

1.家户劳动力勉强够用

虽然刘家是一个小户,家中才十个人,但是实际参加农业生产劳动的人有六人,足够耕种完家中的地。在第一代中,刘福德与梁氏完全能干动农活;在第二代中,只有刘希胜、李氏、刘希光和高氏可以干农活;下一代还是儿童,不能干农活。在刘家,男性劳动力必须要干农活,不干活的话当家人刘福德会责骂,刘家的生活条件不好,也没有发生过这样的事。刘家的女性劳动力也要干农活,不过只是一些刨地和割草的活,梁氏一天能刨三亩地。未成年的儿童不用下地干活,不过需要割草喂驴,外人当然不会无缘无故帮刘家人干农活,刘家人也不会请人来帮忙。总之,刘家的劳动力勉强够用,不需要也请不起帮工。

2.五亩租佃,家长做主

1949年以前,刘家自有土地十亩,每年的收成不能满足一家人的生活需要。为了能让一家人更好地生活,家长刘福德就租种了大舅哥家中的五亩土地。刘家租种的地也是位于河滩,等到每年收成的时候,刘家要把收到的粮食交给大舅哥家,但该如何分配则由两家人共同商量,他们也会根据每年的收成不同来决定。如果遇到年景不好的时候,刘福德还可以与大舅哥家商量一下延长交地租的日期。因为刘家租种的是大舅哥家的地,比较好商量。租佃的大概流程是刘家的当家人先到大舅哥家说明情况,然后大舅哥再做出决定。如果同意的话,那么两家人再商量地租的事情。刘家在租种土地的时候不需要担保人,同时也不需要签契约。

在租入土地的过程中,是当家人刘福德安排决定,当然会和内当家梁氏商量一下,不需要告知或请示四邻、保甲长。租佃的时候会优先考虑自家的亲戚,流程比较简单,租种的概率也比较大,而且地租两家人可以共同商量,也会根据每年的收成不同来决定,一旦收成不好,还可以暂时缓几天交地租。同时项营村的村民一般是在本村租佃土地,很少到外村租佃土地。租佃期间不需要给土地的主人送礼,不需要无偿给他干活,也不需要给他拜年,但是需要和土地的主人搞好关系,毕竟自己需要租种他的土地。

3.与人"搭伙"使用牲口

1949 年之前,一般的人家买不起牛,但是牛非常有力气,是犁地最好的牲畜,因此想耕种好自己的地就必须去借别人家的牛或者与别人"搭伙"。借牛或者与别人"搭伙"是一件大事,必须由自家的家长来决定,只有同对方的家长进行商量,两家都同意之后才能使用。

刘家只有一头驴,可是自己家共有耕地十五亩,于是刘家的当家人刘福德便和有牛的人家"搭伙"。在项营村借牛或者与别人"搭伙"都是关系极好的、沾亲带故的、临近的人家,比如刘家便同邻居家在一起"搭伙"。刘家的邻居家只养了头牛,但是这头牛老了力气不大了,也不能满足邻居家耕地的需要。刘福德和邻居家说了想法后,两家一拍即合,这件事就这么定了下来。在干活的时候,当然是邻居家优先耕种,他会把牛和驴拴在犁的前面去犁地,一直到犁完地后才能轮到刘家来使用。在耕种时候是谁使用谁来喂养牲口,一般等吃饭的时候把牛牵到一旁,让它吃路边的青草。这个时候必须要有人看着牛,防止它把人家地里种的庄稼给吃了,以免和别人发生矛盾,等到天黑的时候各自把牲口牵回家来喂养。"搭伙"的时候邻居家是没有找刘家要钱,当然刘家也不可能找邻居家要钱。"搭伙"时必须需要当家人出面和对方的当家人去谈,不需要告知或请示四邻、保甲长。

(二)生产过程

1.农业耕作

1949 年之前,刘家主要从事农业耕作,一共耕种十五亩土地,家中还饲养了鸡、猪等家畜,家长刘福德还从事一些小本买卖,主要贩卖盐、布等,但是刘家主要的收入来源是靠种地。刘家的土地一年种两季,冬季种麦子,秋季种棉花、豆类以及芝麻等,地里种什么以及该怎样种由当家人刘福德安排,需要和内当家梁氏商量一下,其他家庭成员处于服从地位,不需要请示或者告知四邻,或者保甲长。

刘家的土地需要轮耕,比如今年冬季种了麦子,麦收过后就需要种芝麻或者棉花,如果不轮种的话,这块地的庄稼不会生长。刘家种地时没有肥料,土地还十分贫瘠,只能用粪便和塘泥来灌溉土地,所以如果重茬庄稼不会生长。种过小麦之后,接着可以种芝麻或者棉花,因为芝麻或者棉花不怕土地贫瘠,生长能力较强,完全可以生长起来,但一亩地的产量也只能为一二百斤。刘家种地的种子都是自己家预留好的,不会从集市上购买。每年冬季的时候开始犁地,用驴和牛在前面拉着犁,人在后面扶着犁。之后是刨地和种植小麦。等到麦长起来之后,就可以锄草,如果麦苗太低不能锄草,因为这样容易把麦苗锄死。河滩的附近没有河流以及水沟,无法用水灌溉土地,所以只能靠天吃饭。之后是看青,刘家是由刘福德来负责的。每天吃了饭他就到地里转转,看看庄稼的生长情况。到了农历六月初六,麦子就可以收割了,收获。收割的时候,由刘家的男性劳动力干,一个人一天割不完一亩地,往往需要两三天才割完七亩麦子。割完麦子就开始打麦,打麦的时候,要看天气的情况。刘家没有晒场,因此只能在地里打麦,所以如果下雨的话就只能把麦收起来,之后借用别人家的晒场来打麦。秋种时,一般会种植棉花、豆类以及芝麻。如果种芝麻,需要撒种子。而豆类和棉花,需要点播,其与种麦的过程一样,先犁地、刨地之后就种植,然后锄草、看青、收割,收完之后再次犁地、刨地,等着种植小麦。

这些地里的农活都由刘家人来干,不需要也请不起帮工。犁地、看青以及庄稼的收割是由刘家的男性劳动力来干;刨地、锄草则是家中的女性劳动力来干;家中的儿童不用也干不动农活,每天割草喂驴就行。干活的时候是当家人刘福德说的算,具体如何分配也都是由他说的算,刘福德会和家庭的其他成员一起干活,不需要告知或者请示四邻、保甲长等。

2.饲养家畜

刘家没有专门放养驴的地方,一般是在夜晚的时候就把它放在院子里面,白天的时候就把它拴在自家门口,在刘家主要是妇女以及孩子来喂养驴。梁氏会用铡刀铡玉米秸秆来喂它或者喂它一些剩饭,小孩子放学后也会去割草然后带回家喂养它。喂养驴是为了磨面,刘家一般不会用驴来代步怕伤到驴,驴主要用来磨面和犁地。一般等到驴或老或病,刘福德看出驴不能再喂养的时候,他就会商议着找集市的中间人把它卖掉,不会等到驴死在家里再处理,因为活畜价值要比死了的牲畜价格高得多,这样能多少赚一些钱。驴的购买、喂养、使用、出售等一系列活动,都是由家长刘福德来决定,不过需要和梁氏商量一下,其他的家庭成员处于服从的地位其不必告知或请示四邻、保甲长。

刘家每年都会养猪。刘家的猪都是在自己家院子中饲养,没有专门的地方来养。每天刘福德会清理猪的粪便,把它们堆在一起,等到一定量的时候,他就会把这些粪便挑到地中施肥。每天喂猪由梁氏和儿媳妇来干,一般会喂糠以及家人剩下的饭。当然如果她们忙不过来的话,刘希普也会帮忙喂养猪,同时不让猪跑出院子。刘家养的猪主要是卖钱,很少杀了吃,一般养成之后大概在一二百斤左右, 就由刘福德带到龙王庙的牲畜市场上, 找合适的中间人,联系收购者,卖的钱都是刘福德拿着。猪的喂养、出售等一系列活动,都是由家长刘福德做出决定,不过需要和梁氏商量,其他家庭成员处于服从地位,也不必告知或请示四邻、保甲长。

刘家每年都会养鸡,同时也是在自己家的院子里喂养。喂养工作主要是由梁氏和儿媳妇来干,一般会喂麦子、菜叶之类。养鸡一般是从集市上买来的小鸡,慢慢养大后开始下蛋,下的鸡蛋刘福德会拿到集市上去买,梁氏有时也会用鸡蛋和邻居家换盐之类的东西。鸡的购买、喂养、出售等一系列活动,都是由家长刘福德做出决定,不过需要和梁氏商量,其他的家庭成员处于服从的地位,也不必告知或请示四邻、保甲长。

3.副业以及手工业

1949年之前,刘家除了干农活之外,还从事副业以及手工业。家中刘福德从事的副业是贩卖东西,他也只是在农闲的时候才能出去,农忙的时候还必须回家要干家里的农活。刘福德每次出去前他会和媳妇梁氏交代好家中的事情, 让其代为当家, 之后就自己一人跑到光山、潢川等地方。这里的盐、布等生活用品比较便宜,然后刘福德就把这些东西买回来,在村子以及附近的村庄里卖,赚点中间价。每年也赚不了多少钱,十几块钱而已,养家糊口。刘家的女性会编织草帽,然后拿到集市上去卖。编织草帽一般是家中的女性来干,在刘家则是梁氏带着儿媳妇和女儿干,男性很少编织草帽。一晚上一个人快一点的速度可以编成一个草帽,慢一点则只能编半个草帽。编成后就由当家人刘福德拿着去集市上卖,每个草帽大概能卖几毛钱。总的来说刘家从事副业以及手工业每年赚不了多少钱,只是图个温饱。

4.家中无手艺人

刘家没有手艺人,内当家人梁氏会做洗衣服用的"茶饼",但只是自己家使用,没有拿出去卖。做"茶饼"只有梁氏会,其他家庭成员不会做,等到后来有了洗衣皂就不再做"茶饼"。不过在项营村的木匠家中,他会把自己的手艺传给自己的儿子。一方面是为了让自己家的手艺能够传承下去,另一方面是为了让自己的儿子能够生活。木匠这个手艺能够赚到很多的钱,能够让自己的家庭吃穿不愁,不过木匠的手艺一般不会外传,他只会教给自己的儿子,怕别人跟自己家抢活。如果家中没有儿子的话,那就传给自己家的女儿,然后招一个上门的女婿就行。

(三)生产结果

1.勉强维持,需要借粮

刘家一年可以收获一季粮食,小麦亩产为两百斤左右,黄豆、芝麻以及棉花的亩产相对低一些,为一百斤左右。土壤的肥力、水源以及灾害等都会影响农作物的收成。一年之中,基本在庄稼出苗时就可以知道收成的好坏,比如小麦,等到麦穗出来后,如果一根麦子长出四个分杈就说明今年的收成很好,每亩地麦子可以收两三百斤。有一次项营村村里一年发了十次大水,把地里的庄稼全都淹没了,地里一点收成也没有。刘家当家人刘福德只能去外村要饭,内当家梁氏则带着孩子去娘家吃饭。粮食的收成是属于全家人所有,并由家长统一管理和支配。在刘家中最关心收成这个问题的是家长,因为他作为一家之长必须要保证家里的家庭成员能吃上饭。当然除了家长外,内当家梁氏以及懂事的孩子都也担心粮食收成问题。1949年之前,家里的收成勉强可以满足家庭的需要,如果地里收成不好的话,刘家收获的粮食不能满足家庭的需要,这样刘福德就必须向自己二姑家借粮食,不需要中间人,不用写借条,而且怎么还和还的时间还可以和二姑家商量,比较方便。

2.家畜外卖,很少自留

刘家每年都会养猪和鸡。但养的猪家庭成员不会杀了吃,而是等到过年的时候拿到集市去卖,这样可以赚一些钱,能让刘家人有足够的钱过一个好年。刘家每年饲养的数量都差不多,家里的条件也不好,不可能喂养太多,基本上是不会变的。

3.手工业收入不多,补贴家用

1949年之前,刘家从事手工业。每年等到麦收之后,家中的女性就会用麦草来编织草帽,然后拿到集市上去卖,每一个大概几毛钱。每年也编织不了多少,大概能赚几块钱吧。影响手工业收入的因素有编织的速度以及客流量等,具体哪年的收入最多、哪年的收入最少,这个就很难说清楚。手工业收入是属于全家人所有,但都由当家人刘福德统一分配。

刘家当家人刘福德也会做小本买卖,主要是贩卖盐、布等,比如某地的盐、布等生活用品比较便宜,然后刘福德就把这些东西买回来,在村子里以及相邻的村庄卖,赚点差价。每年也赚不了多少钱,十几块钱而已,养家糊口。影响副业收入的因素有中间差价的高低、货物量等,具体哪年的收入最多、哪年的收入最少,刘希普就记得不太清。副业收入是属于全家人所有,都是由当家人刘福德统一分配。

三、家户分配

(一)分配主体

1.分配以家户为单位

1949年之前刘家是以家户为主体来分配东西,没有也不会以宗族或者村庄作为分配的主体。在刘家的家庭分配当中,衣物、食物等都是由家长统一分配,因此家户分配是刘家最主要的分配方式。刘家主要是在家庭内部进行分配,不会按照大家庭与小家庭来分配东西。

家长刘福德来给每个家庭成员来分配,他还是比较公平,每个家庭成员都对此没有意见。已经分家的兄弟不可以参与到本家户的分配之中,外人更是不能参与到本家户的分配之中。

2.家长主导,成员参与

在刘家的家户分配,主要由家长负全责起到主导的作用,统一分配,不过家内的分配一般当家人刘福德不会管,就由自己的媳妇内当家人梁氏来拿主意,来做主,比如衣物以及粮食的分配中,内当家梁氏是实际的支配者。刘家的家庭成员没有私房钱,所以不存在私房钱的分配,家中的生活只能勉强维持,不存在私人有零花钱。不过如果家庭成员需要用钱的话,可以向当家人要,说明自己要干什么后,刘福德同意就给钱,不同意就不给钱,不过一般情况下他还是同意给钱。在刘家,当家人刘福德办事能力比较强,家庭分配时也比较合理公平,得到家庭成员的认可,其他的家庭成员则处于服从的地位,都比较认可当家人做的决定。但是有能力办事的家庭成员可以提出自己的意见,如果是有用的意见是可以被家长所接受的。

3.内当家做主,其他人服从

在刘家,如果当家人刘福德不在的话,那么就由内当家梁氏来拿主意,由她来做主。梁氏为人处事比较公道,办事能力也比较强,能让家庭成员心服口服。一般情况下在刘福德农闲的时候,其会去外地贩卖盐、布等,他就让梁氏来暂时拿主意、做决定,不过等他回来后梁氏需要告诉他。在刘家,其他家庭成员在家庭分配时处于服从的地位,但是有能力办事的家庭成员可以来提自己的意见,一般有用的意见当家人也会接受,但是自己不能擅自做决定。

4.无人介入家户内部分配

刘家在进行家户内部分配时,不需要告知或者请示四邻和保甲长,只会在自家的内部分配。与此同时,四邻和保甲长不会介入刘家的分配过程中,因为这是刘家自己的家事,是与其他人无关。自家管自家的事,所以外人不能也不会来管别人家的家事。

(二)分配对象

1.家户成员为分配对象

刘家在分配的时候,分配对象是刘家的家庭成员,限于同一口锅里吃饭的家庭成员。家里的亲戚不可以享受到分配,朋友、邻居以及其他家户之外的人也不能享受到分配,出嫁的女儿也不能享受到分配,他们已经不算是一口锅里吃饭的家庭成员,不是自家的人。总体来说,只能是刘家的内部家庭成员才可以享受分配的权利,在1952年之前,家庭成员包括刘福德和梁氏、刘希胜和李氏、刘希光和高氏、刘希亮、刘希普、冯刘氏、刘洪彬,他们都享受着分配的权力,共同拥有刘家的财产。

2.家户收入为分配来源

刘家分配物的来源是农业和副业所得,都是由当家人刘福德来统一分配,比如在粮食分配方面,来源于自己家地中收的庄稼,都由刘福德和梁氏统一安排。

(三)分配类型

1.家户农业收入分配

1949年之前,刘家主要种植的作物是小麦、芝麻、豆类以及棉花等,每年一亩地能生产一二百斤。刘家一共耕种了十五亩地,其中自己家的耕地十亩,租种大舅哥家五亩地,所以刘家既需要交地租也需要交税。刘福德交给大舅哥家的地租是每年在秋收后,地租交多少是两家人商量着来的,如果遇到灾荒年的话,地租可以减免,交地租的时间也是可以推迟。因为租种的是大舅哥家的地,土地的收成当然要优先满足家庭的需要,之后才用来交地租。当家人是第一负责人,代表整个家庭,如果交不上地租的话,就只能等下一年补上,亲戚家的地比较好说话。刘家也需要交税,但具体交多少就不清楚,交的也是粮食,由每家的家长用木车推着去交粮。如果遇到灾荒年的话,地租也是可以减免,交的数量都是由政府说了算,年景好不好决定交的数量是多少。交税是一件大事,必须优先把税交足,刘家没有欠过税,也没有交不上的时候。刘家在缴纳赋税以及租金时候,不用告知或者请示四邻和保甲长等,是自己家的家长来决定,需要和内当家梁氏商量一下。

2.家户手工业收入分配

刘家的家庭成员也从事手工业,主要是家中的女性。一般在麦收过后,用麦草来编织草帽子,然后拿到集市上去卖,每个大概能卖几毛钱,一年能收入几元钱。刘家的手工业收入不需要交税,也不需要交给当地的保甲长等,是由家长刘福德来拿着。刘家家庭成员的手工业收入是交给当家人刘福德掌管,由当家人统一支配。分配时按照平均分配的原则,谁也不会多,谁也不会少,这样有利于家庭和睦与团结,不用告知或者请示四邻和保甲长等,需要和内当家人商量一下,其他家庭成员对于刘福德的分配都是比较满意,没有提过什么意见,也没有因此发生过矛盾。

3.家户副业收入分配

刘家从事副业的是家长刘福德,其主要是贩卖盐、布等小本买卖。每年也赚不了多少钱,十几块钱而已,养家糊口。刘福德在干副业时所得的收入不需要交给当地的集主以及保甲长。副业的收入归全家人所有,由当家人来拿着,当家人来统一支配。分配时同样按照平均分配的原则,谁也不会多,谁也不会少,这样有利于家庭的和睦与团结。刘家的其他家庭成员处于服从的地位,对于刘福德分配的结果都是比较满意,同时刘福德在分配时不用告知或者请示四邻和保甲长等,需要和内当家人商量一下。

4.家户衣物分配

在刘家,家庭成员的衣物分配,由内当家梁氏负责做主,她一般会和当家人刘福德商量一下,但是不需要告知或请示四邻、保甲长等。分配的时候,没有顺序,也没有添衣服的固定时间,谁缺衣物就给谁做,谁的衣服烂得不能穿了就给谁做。布十分金贵,所以做衣服是一件很困难的事,刘家的经济条件不好,没有能力随时随意添衣服。一般情况下内当家梁氏与儿媳妇来弹棉花,然后送到织布坊以及染坊,之后就由她们来给全家的家庭成员来做衣服。如果衣服破了,由家里的内当家梁氏与儿媳妇负责缝补,弄破衣服的人还会受到当家人的责骂。其他的家庭成员就处于服从的地位,听从安排,不过有能力办事的人可以提出自己的意见,比如刘希胜向梁氏提出某件衣服想用黑色的布做,不用白色的布做行不行的意见。

5.家户食物分配

在刘家中,家庭成员的食物分配由内当家梁氏负责做主,需要和当家人刘福德商量一下。每顿饭做什么、该怎么来做均由梁氏来决定,然后她和儿媳妇一起来做。饭做好后,就由内当家梁氏来统一盛饭。一方面怕有的家庭成员自己盛饭太多,别人就没有饭了,另一方面怕孩子盛饭,把饭撒了浪费粮食。一般情况下,内当家梁氏会把当家人以及孩子的饭盛多一点,而自己会少盛一点。当然,如果儿媳妇坐月子的话,梁氏会把她的饭做得好一点。比如每天吃一个鸡蛋,用来补充营养。总之在刘家中,家庭成员的食物分配,由内当家梁氏负责做主,其他的家庭成员就处于服从的地位,听从安排。

6.家户零花钱分配

刘家的生活条件不好,家中没有钱,每年的收入也只能勉强养家糊口,所以刘家家庭成员的零花钱的分配几近于无。一般情况下过年的时候也很难给孩子几毛钱的压岁钱,因为能过好一个年就很不错。刘家的钱要么是用来买家用生活用品、要么是用来买农具、要么用来随份子,所以很难有多余的钱。不过如果刘福德做小本买卖多赚钱时,他也会给孩子们一点"福利",即到龙王庙的集市上给孩子们买一些吃食,有时如果有卖糖果的人来到村里面,梁氏也会买一点糖果给孩子们吃。刘家一般不会给孩子零花钱,一方面刘家实在是没有多余的钱,另一方面刘福德也不让孩子随便拿钱,以免他们乱花。但是在项营村里,大户人家的生活条件比较好,家中比较有钱,一般会给孩子一些零花钱。尤其在过年的时候,他们不但给自己的孩子做新衣服而且还会给孩子压岁钱。这时大户人家的孩子都会拿着钱自己去买东西,让贫穷家的孩子十分羡慕。

(四)分配统筹

1.考虑:全家需要,收支平衡

刘家在进行分配的时候,主要是以全家的整体需求为前提,同时会照顾到每位家庭成员的需要,不会出现偏心的情况,如果要是偏心的话,会影响家庭的和睦与团结。在盛饭的时候是由内当家人梁氏来统一盛饭,每个碗盛的饭都差不多,但是自己的饭会盛得少一点。

2.次序:食物分配为先

刘家在分配自家产品的时候,首先要缴纳赋税,然后才是自家消费,地租的话是可以商量一下,但赋税必须先缴纳,那是政府的规定,每家每户都必须按照规定的时间交齐。刘家租种的是自己大舅哥家的地,所以地租的缴纳可以与大舅哥家商量一下,从而拖延交租时间。如果今年收成不好可以少交一点或者明年一起交也行。对于自己家消费的分配,首先是食物然后是衣物,至于私房钱和零花钱刘家的家庭成员都没有。民以食为天,必须首先考虑吃饭的问题,不能饿死。如果家中吃的都不够,那么刘家人不会买衣物,补一补旧的衣服就行。

3.数量:分配规则

刘家在分配时,是按照平均分配的原则,不会出现偏心的情况,但是梁氏会给当家人刘福德以及刘洪彬多分一些,因为刘福德要干农活,要使力气,而刘洪彬正是长身体的时候,也需要吃多一点。孕妇坐月子的时候,要吃得好一点,比如梁氏会让李氏多吃一个鸡蛋,这就算比较好,刘家家庭条件不好,也没有钱,买不起其他东西。

当家人刘福德在分配的时候没有特权,吃的饭和穿的衣服与其他人一样。除日常分配外,刘福德也吸烟与喝酒,家庭成员对这些特权不会产生什么质疑,这是很常见的情况。年景不好的时候,首先还是必须要交税;其次要解决自己家庭成员的吃饭问题;地租的话就要与大舅哥家去商量该怎么办,看看能不能推迟交租的日期;新衣服没钱就不做,把以前的旧衣服补一补穿,还可以把刘福德的旧衣服给儿子们穿,只能这样将就一下。粮食不够吃的时候,就会去二姑家去借,先让孩子们吃,大人们可以饿一饿,等到下一年收获的时候,刘福德会还给她。

（五）分配结果

1.家庭分配的比重

关于赋税、食物、衣物等具体的分配比重，刘家人已经不清楚，但是都能自给自足。赋税方面一般是要交给政府粮食，政府规定交多少，然后当家人刘福德就推着木车去上交；食物是内当家统一分配，小孩以及孕妇会多分配一些，其他的家庭成员也都能理解；衣物也是内当家统一分配，谁的衣服烂得实在不能穿，就给他添新衣服。

2.服从家长，无人反对

对于已经分配的结果，刘家的家庭成员没有提出不同意见。刘家的家长刘福德是按照平均分配的原则，比较公正公平，不会偏心。当然特殊的情况例外，比如小孩和孕妇会分配得多一些，刘家的其他家庭成员对此也没有什么意见，都比较服从。

3.依据收成，变化不大

每一年的分配结果变化不大，按照每年的收成来进行调整。如果这一年的收成不好，当家人刘福德就会给家庭成员分配少一些；如果这一年的收成好，就会给家庭成员多分配一些。总体来看，分配会有所调整，但不会有太大的变化。

四、家户消费

（一）家户消费类型

1.总体消费：家户勉强维持

1952 年以前，刘家一年的花销多少，刘家人已经记不清楚。但是刘家在村里属于低水平的消费，家中一年收入没有多少，一家的所有收入加起来才能勉强维持生活。如果遇到灾年的情况，地里的收成不好的话，刘福德就只能向二姑家去借粮食或借钱，同时全家人还必须得节衣缩食。

2.粮食消费：依靠家户自产

刘家的粮食都是自家土地里生产而来，除非遇到年景不好的情况，否则刘家很少从外面购买粮食。除了交地租以及赋税外，刘家的粮食是自家的家庭成员一起食用。如果遇到灾年的情况，地里的收成不好的话，一方面刘福德需要向二姑家去借粮食，另一方面家庭成员需要节衣缩食，比如上午本来需要用一碗米来做饭，现在就只能用半碗米来做饭，本来一天吃三顿饭，现在就只能吃两顿饭，晚饭就不吃了，刘家的家庭成员还会早早地睡觉省得饿得慌。刘家的粮食消费，由当家人刘福德来安排做出决定，一般情况下，也是由当家人刘福德来交租金赋税和借粮食，但是如果他在农闲的时候外出做买卖，在走之前他会安排一下家里的事情，让梁氏来管理家中有关粮食消费的一切事务，其他的家庭成员处于服从的地位，不需要告知或请示四邻、保甲长。但是能够办事的家庭成员可以提出意见，在粮食的消费中，不存在先后顺序，就是大家在一起吃饭。

3.食物消费：自产与购买兼顾

刘家的食物一部分是从集市上买来的，另外一部分是自己家土地里产的，比如家中的盐是在集市上购买，这是家里生产不出来的。但是刘家有自家的菜园子，主要种植白菜、萝卜、土豆、西红柿等蔬菜，所以刘家不用到集市上去买菜。家中做菜的时候放很少的油，油很珍贵，所以一盘菜几乎见不到油星。刘家很少吃肉，虽然家中喂养猪和鸡，但是它们是用来卖钱的,刘家人不舍得吃,只有到过年的时候家中才杀一只鸡来吃。鸡蛋也大多是拿去换油、换盐的,家里的人很少吃,除非是孕妇坐月子时每天吃一个鸡蛋补充营养。刘家的家庭成员对食物没有讲究,只要能吃饱就行,每年能勉强维持。总体来说,刘家的食物消费,由内当家梁氏来负责做决定,其他的家庭成员处于服从的地位,家长刘福德也很少过问,不需要告知或请示四邻、保甲长。但是能够办事的家庭成员可以提出意见,比如今天想吃什么,也是可以和梁氏说一下。在食物的消费中,不存在谁先消费、谁后消费的说法,就是大家在一起吃饭,没有先后的次序。

4.衣物消费:自家制作

1952年之前,刘家家庭成员的衣服都是自己家人做的,集市上没有成品的衣服可买。刘家地里种的有棉花,等到做衣服的时候,内当家梁氏就和儿媳妇弹棉花,然后把已经弹好的棉花送到织布坊去做成布,再把它送到染坊去上色,之后就可以拿回家,这也花不了几个钱,只交手工费罢了,这样内当家梁氏和儿媳妇可以按照每个人的尺寸做衣服。刘家没有在外面买过衣服,每年自家做的衣服勉强能够满足家庭成员的需要。如果小孩的衣服弄破了,大人会责骂小孩"你怎么不看着,再把衣服弄破,非活剥死你",然后梁氏就在衣服上补个补丁,如果实在不能穿了就该添新衣服。做衣服时剩下的边角料,刘家还用它做鞋,一点不敢浪费。总之刘家在衣物消费的时候,是由内当家梁氏拿主意做决定,其他的家庭成员处于服从的地位,家长刘福德很少管这些事。但是能够办事的家庭成员可以提出意见,比如这件衣服用白布还是黑布做以及做成什么样式的,可以和梁氏说一下,之后就由梁氏和儿媳妇一起来做衣服。在衣物的消费中,不存在谁先消费、谁后消费的说法,由梁氏统一支配,没有先后次序。

5.住房消费:自家人居住

刘家一共有三间正房,没有偏房、厢房之类的房间。三间房屋,需要住下十个人,所以刘家的一间屋子要住好几人。当家人刘福德在房间里摆两张木床,他与媳妇梁氏和女儿在一起居住;长子刘希胜一家和刘希光一家在一间房内居住,不过房屋用帘子隔开的;剩下的一间房则是两个未成家兄弟在一起居住。刘家的房屋勉强可以满足全家人居住的需要,不会随随便便借住别人家的房子,别人也没有空的房子可借,同时刘家也没有钱租别人家的房子,因为相对于租房子还不如再盖一间房子。一家人在一起居住,虽然很挤但大家都感到安心、和睦。刘家的住房消费,由当家人刘福德来安排做出决定,其不需要告知或请示四邻、保甲长,家长是实际的支配者,由他统一安排。刘家的住房没有重新盖过,但是每年都修过。当家人刘福德会把木匠请到家中,让他来把房屋修好,这也花不了几个钱,只是手工费而已。不过当家人刘福德会留木匠在家吃饭,需要和内当家梁氏说一声。刘家在住房消费的过程中其他的家庭成员处于服从的地位。但是能够办事的家庭成员可以提出意见。比如在房屋维修的过程中,刘希胜就请村里的哪位木匠以及用什么木头等都提过自己的意见,他还积极帮助木匠一起干活等。在刘家住房的消费中,不存在谁先消费、谁后消费的说法,就都在一起挤一挤,没有先后的次序。

6.医疗消费:小病不治,大病求医

1952年以前,刘家家庭的医疗消费很少,一般的头疼脑热的就多喝些热水,不会去看病,如果病得十分严重才会找医生看病。刘家当家人刘福德常年咳嗽,也没有去看过病,等到严重的时候才去治病,但是没有治好,53岁时就去世了,内当家梁氏身体健康常年很少生病,但也害怕生病。刘家所在村庄的人一般会到刘营与尹营去看病。刘营的刘医生专门治小孩的脐风,而尹营的汪医生擅长治创伤。刘家的生活条件不是很好,没有钱看病,每年的医疗消费支出很少。刘家的医疗消费,由当家人刘福德来安排做出决定,其不需要告知或请示四邻、保甲长。家长是实际的支配者,由他统一安排。一年到头刘家的人也很少生病,如果得了小病,就多喝些热水或者去医生那里买一点药吃吃,然后由内当家梁氏来照顾。如果得了大病,刘家也治不起。总之在刘家的医疗消费的过程中由家长刘福德拿主意做决定,其他的家庭成员处于服从的地位。在实际医疗中,刘家的任何成员都没有区别,不存在谁先消费、谁后消费的说法,没有先后的次序。

7.人情往来:维系人情世故

刘家的人情消费主要是亲朋好友的结婚、生孩子、丧葬以及走亲戚等。人们随礼时有给钱的也有给粮食的,一般情况下就只有几毛钱或者几十斤粮食。家里的生活条件不好,只能勉强维持生活,十分头痛随礼和给亲戚买东西。当然如果别人到你家来随礼的话,那他家办事的时候,不但你要必须去,而且随礼要和别人到你家随的礼差不多。如果你不去还礼或者还的礼太少的话,会被别人看不起,那自己家的人就会没面子。刘家的家庭成员最怕的就是家户人情往来,家中没有钱来随礼。但是他们也认为这是必要的花销,是无法躲避的事情,只能硬着头皮勉强维持。

村里的人家如果有人要结婚,他们就会先通知刘家的当家人。他会告诉刘福德谁结婚、哪天结婚。然后刘福德就会在那一天带上钱或者粮食去吃喜酒。吃了喜酒之后,年轻人还会来闹洞房,向新婚佳人要喜糖吃或者喜酒喝,如果不给的话,那就不走了,总之就要图个热闹。

村里的人如果去世了,要办丧事的话,也会首先通知刘家的当家人。他会告诉谁去世了,在哪一天办丧事。之后刘福德就会在那一天去祭拜去世的人。一般情况下去世的人会被放在棺材中,来吊唁的人都会给逝者磕头行礼,表达哀悼之情,三天后这家人的儿子就把棺材抬到已经挖好的坟墓中埋葬。

在村里,有的人家请客会下请帖,有的人家请客会去别人家说一声。当然,一般后者这种情况比较多。村里大多是穷人,没上过几年学,文化知识水平比较低,没有这个讲究,而且下请帖还麻烦,没有口头上说一声方便。如果没有别人家举办红白喜事没有通知你,但是人家去你家随了礼,你也必须要去他家随礼,否则会被别人说闲话,自己的家庭成员也会没有面子。去请客的时候要说明是什么事,谁的事以及具体办事的时间,这样让客人可以知道自己是干什么去,要随多少礼。

1949年以前,刘家的亲戚不是很多,刘福德一般只同自己的二姑家以及大舅哥家来往比较多。因为刘家租种大舅哥家五亩土地,刘家还会在年景不好及办红白喜事的时候向自己二姑家借钱,所以刘福德要和他们多走动维持好两家的关系。刘家还会和村里"一门"的人来往比较多。那些在外村的亲戚多是在过年时走动,平时基本上不走动。走亲戚所带的礼物由刘福德和梁氏来统一安排。刘家没有钱,家中比较穷,所以一般就只带一点糖果。糖果是用草纸包齐,用绳绑好成砖状,就这样拎着就行。不过大户人家一般走亲戚的话,他们会带几斤肉、一筐鸡蛋等。而且他们也只会和大户人家来往,很少和贫穷人家来往。

一般在刘家的亲戚中如果有人生了孩子,刘家必须要有人去看一看。刘福德会让梁氏来代替刘家的家庭成员去看望,同时梁氏会带一点糖果和鸡蛋当作自己家的一点心意。梁氏还会让生孩子的人多多休息,好好坐月子。她还会让这家的婆婆好好照顾孕妇,每天可以多煮一个鸡蛋,这样可以给她补充营养,从而身体可以早点恢复。

总体来说,刘家的人情消费,由当家人刘福德来安排、做决定,需要和内当家商量一下,其他家庭成员处于服从的地位。人情消费是每家每户的一件大事,一般都是由家长拿主意做决定。比如在每年的拜年,刘福德就会带着刘希胜一起,刘希胜不需要知道该送什么礼物,这些都是刘福德来做。在实际消费中,也没有先后消费这一说,只要欠了别人家的人情就必须得还,如果不还的话会被别人看不起,自己的家庭成员也会没面子。刘家不需要告知或请示四邻、保甲长。家长是实际的支配者,由他统一安排。一般情况下,当家人刘福德都在家,别人请的也是这家的当家人。

8.红白喜事:借钱来维持

刘家家庭成员认为红白喜事必须要办,这是不可避免的,对此也都十分重视。刘家的家庭收入一般很难满足家中红白喜事的消费,所以就只能去二姑家借钱。

刘家没有钱,自家还必须办喜事,所以就只能向二姑家借钱。村里的人到刘家随的礼也不多,一般就一两毛钱,刘家办喜事花的钱也不多。比如大哥刘希胜娶媳妇的时候,她是被哥哥送到刘家当小媳妇,所以就只需要摆酒席就行,不需要去下聘礼,刘家没钱也不可能去找人来唱戏。就这样吃吃饭、喝喝酒、然后闹洞房就行,没花多少钱。

刘家办丧葬时,还需要向二姑家借钱。主要就是请大家来再送去世的人最后一程。刘家办丧事也比较简单,花费也比较少:买一个棺材并办一场酒席。没有分家的话就是几个兄弟在一起办,如果分家的话,老人归到谁家就以谁为主来处理老人的后事,其他兄弟姐妹帮助处理。

总体来说,刘家的红白喜事消费,由当家人刘福德做决定,需要和内当家梁氏商量一下,其他的家庭成员处于服从地位。红白喜事是一个家庭中最重要的事情,必须由当家人负责,也只有他才能调动家庭全体成员齐心合力办好事情。比如在刘希胜的婚礼上,一切都是刘福德来操办。从养小媳妇到举行婚礼都是刘福德一人拿主意做决定,刘希胜只能听从刘福德的决定。刘家不需要告知或请示四邻、保甲长。家长是实际的支配者,由他统一安排,这也只有一家之长才有能力操办,其他人没有这个能力。

9.教育消费:家户独立承担

刘家的教育消费主要是孩子们的上学费用,即学费、买笔和本的花销等。书费是一块钱左右,买笔、本的费用也就几毛钱。1952年前,刘家家里没有钱,家长刘福德只让二儿子以及四儿子去上学,家里的收入只能勉强维持这两个人的教育消费。年长的儿子是要承担家中的责任,要为家庭减轻负担,所以刘福德就没让大儿子上学。刘家刘福德没有请老师吃饭,不用也请不起老师吃饭。刘家家里上学的人不多,所以刘家的教育消费支出也不多。刘家的教育消费,由当家人刘福德来安排做出决定,需要和内当家的商量一下,其他的家庭成员处于服从的地位。在刘家中,刘希胜是长子,要承担一定的责任,要帮助家里干农活从而减轻家庭的负担,所以刘福德就没有让他去读书。刘希胜虽然感到气愤,但是一方面由于自己的责任,另一方面由于刘福德的决定,他就只能服从。刘家的家庭教育消费支出,主要是由本家户负担,不需要告知或请示四邻、保甲长,家长刘福德是实际的支配者,由他统一安排。家中谁去读书以及在哪读书都由刘福德来决定,同时他也会听一听内当家梁氏的意见。

10.信仰消费:家户无法缺少

刘家的家庭成员没有宗教信仰,但是每年的清明节、正月十五以及过年等都会祭拜祖先,每年都不可缺少。祭拜祖先也花不了几个钱,就是在集市上买香、纸以及鞭炮,然后当家人刘福德带着家中的男性去坟地祭拜逝去的亲人。祭拜祖先的花费也就这些,刘家完全可以承担。信仰消费对于每个家户来说都是一件比较严肃而且重要的大事。每年刘家是由刘福德来统一操办,其他的家庭成员不需要提出自己的意见,只需要跟着刘福德祭拜就行了。

11.消费次序:衣食为主

在刘家每年的家庭消费中,食物及衣物的花销最大,同时也是必须要消费的。当然教育、医疗以及人情的花费次之。在这三个中刘家又认为医疗最不重要,可以舍弃,吃穿是人生的第一件大事,不可舍弃。比如刘家当家人刘福德得了支气管炎,他就没有去看过病,只活了53岁就去世了。刘家的其他家庭成员一般头疼脑热的就多喝些热水,不会为此去看病的。

(二)家户消费主体与单元

1952年之前,刘家所有的家庭消费,从衣食消费、住房消费、医疗消费、人情消费到信仰消费都是自家来负担,村庄不会负担家户的任何消费。当刘家自身无法负担某些消费时,当家人刘福德便会向自己亲戚家借钱或者借粮食,别人不会也不能干涉。比如,刘家在办红白喜事的时候,刘福德就要向二姑家借钱,不用打借条也不用找中间人,十分方便。

(三)家户消费原则

刘福德在安排全家消费时一方面要考虑全局,对一年的家庭消费做到心中有数,不能今天吃了明天的饭,同时也不能让全家人吃不饱,要保持一个适度的尺度;另一方面他对每个家庭成员的消费分配要坚持公平的原则,不能"一碗水端不平",不能偏袒哪个人。如果分配不公平的话,一家人会闹矛盾,导致家庭不和睦。但是如果有特殊情况,刘福德及梁氏会对这个人进行特殊照顾,比如李氏坐月子的时候,梁氏为了给她补充一点营养,就多给她煮个鸡蛋。刘家的其他家庭成员对此也没有意见。刘家是一家人共同消费的,没有单独给小家庭分配。每年粮食收下来,一般刘家先会按时按量给政府交税。其次会考虑全家的吃饭问题,刘福德要留足够的粮食在家里。再次是刘福德给大舅哥家交租金,如果这一年年景不好,刘家实在没有粮食,刘福德会和大舅哥商量一下,缓一缓交粮食的时间,大舅哥也能体谅到刘家的困难,他也不可能不让刘家吃饭,眼睁睁看刘家的家庭成员饿着,而且刘福德大舅哥家的生活条件比较好,也不缺这些粮食。最后刘家才有可能考虑制衣、人情、教育、医疗等方面的消费。

五、家户借贷

(一)借贷单位

1.家户借贷原因

1952年之前,刘福德找别人借过钱和粮食,主要是向自己二姑家借。如果某一年地里的收成不好的话,刘家一家人就很难维持生计,所以刘福德就会向二姑家借粮食或者借钱。一般情况下,借粮食多一些,向二姑家借粮食也比较容易,都是自己亲戚。刘家在办红白喜事的时候也需要向二姑家借钱。红白喜事是一件大事情,对于每家家庭都是一笔不小的开支。刘家生活条件不是很好,只能勉强维持生计,但是又不能不办红白喜事,于是刘福德只能又去二姑家借钱。

2.家庭借贷

刘福德向二姑家借钱和粮食是以整个家庭为单位,是当家人刘福德代表整个家庭去借。借钱和粮食由当家人刘福德安排决定,需要与内当家梁氏商量一下,不需要告知或请示四邻、保甲长。刘家没有出现以个人为单位借钱和粮食的情况,别人也不会借给你,他害怕你不还,然后找你家家长他也不承认。所以很少出现借给个人钱以及粮食的情况。

(二)家长借贷与责任

1952年之前,刘家在借贷的过程中,当家人刘福德为实际支配者,由他来全权负责做决定,需要和内当家梁氏商量一下,其他家庭成员提提意见。借贷必须由刘福德亲自出面,不能委托家庭成员去借贷,别人一般也不会信任当家人以外的人。但是如果是借盐、醋之类日常用品,内当家梁氏也可以拿主意,刘福德很少过问。总之,在借贷的时候,是当家人刘福德全权负责做决定。其他家庭成员无法做决定,更不能擅自做主。

借贷之后,当家人刘福德来承担责任,由整个家庭来共同还贷。如果刘福德不在家,家庭其他成员是没有权利同时也借不到。但是如果是借盐、醋之类,内当家梁氏也可以拿主意做决定,当家人刘福德仍然要承担责任,全家全体成员共同还贷。同时家庭有劳动能力的成员都有责任还贷。刘家的收入都由刘福德来拿着,所以也是他来还债,没有男性女性以及长者幼者还多还少这一说。对于借贷必须要还,不可不还,如果不还的话会被别人笑话。

(三)借贷的过程

刘家的借贷,一般都是刘福德向自己二姑家借。刘家借粮食和钱的时候不需要抵押,不需要打欠条,也不需要中间人。因为是自己的二姑,所以借的时候比较方便,只需要和她家的家长说一声就行。借钱的利息是刘福德与二姑家的家长商量,如果借的少就不需要利息,但是借的多就需要利息。借款期限也是双方在一起商量,如果遇到年景不好的时候,地里的庄稼收成不好,刘家还可以和二姑家商量可不可以延长一下时间。

(四)家长还贷,父债子偿

一般在年景不好的时候或者家中举办红白喜事的时候,刘福德会去自己二姑家借钱。刘家还钱的时候都是主动送到对方家里的,这是刘家定下的规矩。一般情况刘家会在麦收之后还款,这时刘家才有收入,家中有粮食才能还欠下的债。如果借的是钱,可以用粮食还,但是必须得等价,不能让人家吃亏;如果借的是小麦,不可以还玉米,小麦是主粮,消费得多。刘家很少有还不上的情况,但是如果还不上就的话,就会和对方家商量一下缓缓时间,都是自己的亲戚也比较好说话,而且二姑家比较富裕也知道刘家的困难。

刘家在借贷中,没有出现过未经家长允许其他家庭成员擅自做主借钱粮的情况,外人也不会借给家长之外的人,怕赖账不还。在项营村有"父债子偿、夫债妻偿"的说法:父亲借了债,儿子必须帮忙还,丈夫借了债,媳妇必须帮忙还。欠下的债不还不行,别人也会一直找你。家长去世后遗留下的债务由儿子们共同承担。如果分家后,家里的长辈遗留的债务,则由与老人住在一起的儿子主要承担,其他的儿子负次要责任。如果没有后人,就只能不了了之了。刘家的家长刘福德去世后没有为儿子们留下债务。

六、家户交换

(一)交换单位

1.家户交换为主体

刘家在进行经济交换时,以整个大家庭为主体,也是当家人刘福德做主,不过他一般会和媳妇梁氏商量一下,不需要告知或者请示四邻、宗族及保甲长等。若当家人不在家,由梁氏拿主意,她是个比较有能力的人,等到刘福德回家后和他说一下这件事情即可。

2.无小家和个人交换行为

刘家的小家庭或个人没有单独进行经济交换活动的。一方面是他们没有能力进行经济交换活动,另一方面刘家的钱都在家长刘福德手中拿着,没有钱进行经济交换活动。所以他们都听从家长刘福德的决定,整个大家庭一起进行经济交换活动。比如过年的时候,刘福德会到集市上去买肉,目的是为每个家庭成员改善一下生活,能好好地过一个好年。

(二)交换主体

1.当家人交换

刘家在交换活动中,刘家的当家人刘福德是实际的支配者,由他来做决定。若刘福德不在的话,就由梁氏拿主意,由她说了算,等到刘福德回家后梁氏会告诉他这件事,比如等到秋收的时候,刘家为了要还自己二姑家的钱就必须到龙王庙的粮食行把刚收的粮食卖掉。这时就必须由刘福德出面和粮食行打交道,其他的家庭成员不能去。

2.当家人委托交换

刘家在交换活动中,当家人刘福德是实际的支配者,但是他也不是每件事都自己去干,比如到集市上去买盐、醋等,他会给儿子钱,让他跑跑腿去买;还有关于谁家有了新生儿,内当家梁氏会去这家看望刚出生的孩子,然后再给这家人几毛钱来表达刘家的心意。刘福德不管这些事,他只需要给梁氏钱就行。

3.其他家庭成员交换

刘家在交换活动中,其他家庭成员处于服从地位,但是能办事的家庭成员可以提出自己的意见。在进行交换的过程中,家人不可以擅自进行交换。当家人不在家,便由内当家梁氏说了算,小的事情可以做主,但是大的事情不能拿主意,还是要等当家人回来,让他做决定。

(三)交换客体

1.当家人和集市打交道

1949 年之前,刘家会到集市上购买家里缺少的生活用品。具体逢集的日期刘希普已记不清了,但是逢集的集期他还记得。比如龙王庙的集期是每周的一、三、五、七,芦集的集期是每周的二、四、六。两个集的集期是错开的,这样人们每天都有集可赶,能购买到自己需要的东西,从而大大方便人们的生活。刘家一般是当家人刘福德去赶集,但是如果只是一些买盐、醋的小事,那么当家人也会让儿子们去跑跑腿,自己给他钱就行。刘家一般会到龙王庙去赶集,这地方离自己家比较近也比较方便。刘家距离龙王庙约为三里地,即一千五百米左右,走路约为十几分钟左右就可以到达。刘家的人一般是步行赶集,刘家比较穷也没有可以代步的牲口,家中只有一头驴,但是它是用来耕地以及磨面的,不能骑着去赶集。一般情况下天刚刚亮就去赶集,大约一两个小时集市也就散了,刘家赶集的人也就回来了。产品的价格是通过和卖东西的人打交道了解到的。刘家一般会去价格更优惠的集市,因为那里的东西比较便宜,而且刘家家里也没有钱,每个人都想为家里省一些钱。农村人走点路是非常常见的事情,而且也不费事。去集市买东西的时候,当家人来做主,其他人必须得到当家人的授权才能去集市,绝对不能擅自去集市与人打交道。

2.当家人与粮食行打交道

当地有粮食行,在龙王庙集市。刘家在粮食行进行过粮食交换,一般是由当家人刘福德跟粮食行打交道。如果年景不好的情况下,地里的收成就不好,这样刘家一家人的生活就出现了重大问题。刘家会一方面到二姑家去借粮食,另一方面就会到粮食行买粮食。刘家买粮食一般买粗粮,价格比较便宜,因为刘家没有钱只能买粗粮。刘家在粮食行买的粮食也不是很多,一般就两三百斤,当家人用肩挑着,有时还会让能干活的儿子抬着粮食。但是如果年景好地里大丰收的话,刘家就要去粮食行去卖粮食。一般情况下是刘福德用肩挑着粮食,其他能干活的家庭成员抬着粮食,等到刘福德和粮食行管事的人讲好价钱后,把粮食留给他们就行了。总之,买卖粮食这件事是由当家人刘福德来做决定,其他的家庭成员不能与粮食行打交道。当然刘福德有事也会和梁氏商量。

3.内当家与流动商贩打交道

项营村有流动商贩,人们都管他们叫"贩子"。一般到村里贩卖东西的是附近邢营的人。"贩子"每天挑个挑子来,一到村庄就开始吆喝"卖东西啊,大家来看一看啊"。一听到吆喝声大家就知道"贩子"来卖货了。来村里卖货的"贩子",没有人拦截他们,可以随便过来卖货。在贩子那里一般都是买个小东西,比如针头线脑花个一两毛钱,不会专门为此跑到集市上去买,在流动商贩这里买既省时又省力。刘家人很少买商贩的东西,因为自己家也贩卖东西。不过刘家会和商贩换油,就用芝麻换取食用的油。小贩和集市上的价钱对比,当然是小贩卖的比较贵,毕竟他们是相当于送货上门,耗费了人家的体力,因此在价钱上更贵一些。刘家在与商贩换油的时候是内当家人梁氏来做主,其他的家庭成员不能擅自与流动商贩打交道,他们做不了主,手中也没有钱。如果当家人授权的话,他们也可以和流动商贩打交道,买一些小的东西。

4.有"人市",不打交道

在龙王庙集市上存在"人市",这是出卖劳动力的市场。刘家家里的劳动力够用而且刘家没有钱,没有能力也不需要去购买劳动力,因此刘家就没有和"人市"打过交道。不过项营村的地主会到这里来购买劳动力。一方面地主家的土地比较多,他们一般是不会自己来种地的而且自己也无法种完所有的地;另一方面地主的家庭成员需要让人服侍,他们需要大量的仆人来维持整个家庭的运转,所以地主会与"人市"打交道。

(四)交换过程

1.货比三家

刘家在进行交换的过程中,会遵循货比三家的原则。一般是家长刘福德来完成,比如买几两肉时,刘福德如果感觉这一家的肉贵,就会对卖肉的人说我再看看,然后就到另一家去问,经过自己心中的比较之后,他便去那家价格比较便宜的商家去交易。货比三家是一种买东西的意识,不需要家长的授权,谁买东西都会这样,这是在日常的生活中习得的基本技能。

2.熟人交换

刘家在家户之间进行交换的时候,会和相熟的人进行交换,偶尔买东西的时候会便宜一些。村里面也有在集市上做买卖的人,比如卖肉的或者卖布的等等。刘家在集市上进行交换的时候,也会优先和熟人交换,不然的话面子上说不过去。同时也不利于人际交往的关系。但是和熟人进行交换时刘福德也很难和熟人讨价还价,一般就是价格还算合理在刘福德可接受的范围之内,他也就买下来。但是如果熟人给出的价格太不合理的话,刘福德也不会买。刘家一般是当家人刘福德到集市上买东西。

3.过斗过秤

刘家进行交易的时候会过斗、过秤,这些都由卖主提供,当家人刘福德在一旁会看着,不过回家会再称一下。一般的情况下,刘家买的东西没有发生缺斤短两的事情,人们都是老老实实地做生意。但如果干这种事的话,当家人会去找卖主,然后再也不会在他家买东西,这样卖主的名声就会变臭,他的生意也会变得不好,所以他不敢缺斤短两。

4.赊账还账

在买卖的时候可以赊账,但是必须是在熟人之间,否则不能赊账。刘家的家庭成员在交易时有时候也会赊账,一般情况下不用写欠条,但是卖家自己会记账。刘家只有当家人刘福德才能赊账,其他家庭成员没有赊账的权利。如果未经刘福德同意单独赊账,刘福德也只能认下,但是会责怪该家庭成员,不过刘家还没有发生过这种情况。刘家家庭成员赊的账都是按时还,若不还的话人家以后就不会再赊账了,而且这样也会被别人笑话,全家人都会没面子。

第三章　家户社会制度

　　1952年刘家未分家之前，家庭成员只要到了适婚年龄的都已成亲。一般都是先由媒人介绍，之后双方家长了解情况再做定夺。刘家的家庭成员都能遵循父母之命、媒妁之言的传统，家中没有出现过自由恋爱的情况。虽然刘家的生活条件不是很好，但是聘礼和彩礼刘家还是要出的。刘家的家庭成员认为多子多福，尤其要多生男孩，一般都是由梁氏来照顾生育的家庭成员，让她能早日恢复。在刘家，家庭成员出现过过继给亲戚的情况，不过之后又回继到刘家。刘家的每个成员都十分孝顺，都能很好地赡养老人。刘家的家庭成员一团和气没有闹过大的矛盾，与邻居、村民、地邻、顾客以及亲戚也没有发生过很大的冲突。

一、家户婚配

（一）家户婚姻情况

1.家户婚姻状况：岁数足够基本成婚

　　1952年时，刘家共三代人，分家前若不算外嫁姑娘，人口数为十人。在刘家第一代与第二代的家庭成员中，全部成员均已结婚，但是第三代的成员还没有结婚。具体的情况如下：第一代是刘福德以及梁氏；第二代有刘家大儿子刘希胜与李氏一家，李氏是刘家的小媳妇，她与自己哥哥在一起居住，但家中实在太穷，所以她的哥哥就送给刘家当了小媳妇。刘希胜与李氏在1949年前有一子，名字叫刘洪彬。刘希光自己在1952年才与高氏结婚，之后生育了三个女儿。刘家三儿子刘希亮，于1957年与徐氏结婚，育有一子。刘家四儿子刘希普，其与甘氏在1960年结的婚，之后生育三个儿子。刘家女儿冯刘氏也是在1952年后才出嫁，嫁到了冯寨。所以说在刘家的家庭成员中只有刘福德、刘希胜以及刘希光自己成立了家庭，其余的人年龄尚小没有成立家庭。

2.家户婚姻讲究：门当户对，邻村为主

　　刘家虽然是小户人家，但在选择结婚对象时，也是讲究门当户对的。一般情况是，小户人家要和小户人家通婚，大户人家与大户人家通婚，小户人家不可能与大户人家通婚，因大户人家瞧不上小户人家。例如刘家长子的媳妇李氏，她就是被送到刘家来当小媳妇的，之后等到成年就和刘希胜成亲。刘家比较穷，生活条件也不好，也不可能娶到条件好的媳妇。

　　1952年之前，项营村里面的人很少和同村的人结婚，同姓的"一门"人就更不可能结婚了。一般情况下是和邻村的人结婚，一方面邻村相对比较近，往来也比较方便；另一方面两家之间就算不熟悉，但是他家的基本情况和家庭教养人们都知道。基本流程是媒婆先说亲，两家家长同意后这事情就算成了，之后两家人要频繁走动了解一下具体的情况。结婚也没有什么特殊的讲究，就用轿子把新娘子抬过来，然后宴请一下宾客就行，新媳妇第二天需要早起

去问候一下公公婆婆,三天之后才能回娘家。

刘希光认为家庭人口规模对婚姻有一定的影响。子女多的家庭就会比较操心,想着法地要给儿子娶亲或者把女儿嫁出去,从而减轻家中的负担;而子女少的家庭就操的心少一点,家庭负担也不重,可以慢慢地找,直到找到合适的人。

(二)婚前准备

1.当家人做主

1952年前,在刘家中,一般由当家人刘福德提出给适龄的儿子娶媳妇的事情,孩子是不能主动提结婚这件事情的。一般是刘福德去找媒人说明情况,然后媒人就物色人选,找到合适的人选之后刘福德会和女方的家长见个面商量一下,如果同意,那这事情就算定下来。刘家家庭成员的结婚,都是家长刘福德来做主,儿子本人不能不同意,刘家也没有发生不同意的时候。一般是家长选了什么媳妇儿子就必须得娶,娶妻生子的时候不用告知或者请示四邻,或者保甲长。刘家是三世同堂,家庭成员娶亲的时候是自己的父母同时也是当家人来做主。

2.家户婚配标准

1950年之前,家长刘福德对女方有一定要求。长相没有特别的要求只要看着顺眼就行,身体要健康,一方面是要为家里干家务,另一方面要为家里生孩子,年龄不能太大,最多也就是大三岁,因为有"女大三,抱金砖"这一说法,一般女性的年龄和男性的年龄差不多就可以,女方要会持家,会做家务,要勤劳肯吃苦。刘家对名声和德行看得最重,对方要懂礼数,要孝敬老人、关爱孩子等。这些都是由当家人刘福德提出,其他的家庭成员也都十分认可。

1952年之前,刘家对男方也有要求,长相也没有要求只要能看得过去就行,男方身体要健康能干好地里的农活,年龄不能太大,要与女方的年龄差不多,刘家对名声和德行看得最重,男方要勤劳肯吃苦,要孝敬老人、关爱孩子等。这些都是当家人刘福德提出的并且需要得到他的认可。

3.结婚目的

人们结婚的最重要目的是生儿育女、传宗接代,不会也不可能去追求个人的爱情和幸福,当时人们也不懂这些。结婚的目的是为了整个家庭,能够繁衍后代,因为在项营村,人口多的家庭不会受到别人的欺负,而人口少的家庭可能会受到别人的欺负。所以少子女的家庭,更希望通过婚姻来传宗接代、开枝散叶,从而壮大自己的家庭,这样能让自己家在村里面显得比较强,让别人不敢随便欺负自己的家庭成员。多子女的家庭也想家庭成员能多生多育,这样能使自己的家庭更加兴旺。

4.禁止自由恋爱

1952年之前,刘家的家庭成员没有出现自由恋爱的情况,那时也不可能自由恋爱。一般都是家长刘福德找媒人帮忙介绍对象,然后双方的家长在一起进行商量。在项营村,父母之命媒妁之言大于天,自由恋爱不仅不行而且村里的人大多听都没听说过。就算是媒人说的亲事,当事人双方也不能见面,他们只有在入了洞房才能见面。一般大户人家的规矩更多,其更排斥自由恋爱这一说,家中的女儿被管教得都是大门不出、二门不迈,不可能自由恋爱。

(三)婚配过程

1.家户家长做决定

在刘家家庭成员的婚配过程中,都是由当家人刘福德来拿主意做决定,结婚的方案是由双方家长来商量,制定出一套令双方都满意的方案。媒人也由当家人刘福德来找,等到找到合适的人选后,双方的家长见个面商量一下,如果同意那这事情就算定了下来。确定下婚事后,刘福德就请人算定日子,等到那一天就自己或者让儿子去通知亲朋好友来吃酒席,刘家没有也不用下帖子。一般的情况会找亲戚来帮忙提供一些建议,不过最终的主意还需要刘福德来拿,需要和内当家梁氏商量一下。大户人家规矩比较多,家教比较严,家长在家庭成员婚姻的作用更大,就是一言堂,谁也不敢反对。

2.良辰吉日去"接亲"

到了两家商量好接亲的那天,一大早,刘福德便会安排"一门"的人抬着花轿,由媒人带领着,到女方家"接亲"。这时男女双方都穿着红衣服,自家和女方家的门窗上都贴着"囍"字,这象征着喜庆。新郎就会把新娘抱上轿,然后一直抬到家中。到了男方家门口,新娘子就要下轿。刘家会在门口放一盆炭火,寄托对未来新生活的祝福,让日子过得红红火火,人丁兴旺。下轿的时候就让新郎背着新娘,新娘的脚不能沾地,老人们认为如果新娘的脚沾地会很不吉利。拜天地的时候都是男左女右,然后是一拜天地、二拜高堂以及夫妻对拜。之后新郎就可以带着新娘入洞房,新娘新郎进入洞房之后,新郎就可以用秤杆挑去新娘的红盖头,这意味着"称心如意"。入洞房之后,新郎与新娘要喝交杯酒,"一门"中的年轻人还要闹洞房,让新娘给喜糖。如果不给的话,就不会走。最后刘家就会让亲戚、邻居以及朋友吃饭。刘家大儿子刘希胜的媳妇李氏是刘家的小媳妇,所以就没有去接亲,但是刘希光的媳妇高氏是这样被接到刘家。

3.找"一门"人帮忙

刘家在办喜事时,刘福德会请一些人来帮忙,一般是自己"一门"的人。尤其是那些岁数稍微大一些的人,他们都经历过无数喜事的筹办,对办喜事的过程比较熟悉,能够照顾到方方面面的事情,不会让来祝贺的人觉得这家办得不好,从而让家长没面子。他们在客人来的时候就在门口去迎接他们,然后把客人领带到座位上。等吃完饭后,他们会在门口去问一下客人"吃好了没有,感觉热闹不热闹,喝尽兴了没有",等等。这样会让客人带着满意的心情回去。刘福德还会请"一门"中的女性,让她们来帮梁氏做菜、做饭等。在项营村,每家办事的时候,"一门"的人都会积极帮助,大家在一起把事情办得热热闹闹。

4.婚宴座位按辈排

等到客人来齐后宴席就可以开席。刘家"一门"中有经验办婚宴的人就会招呼客人上桌子①吃饭。具体是这样来布置:每桌坐八个人,面对门的位子为上席,左手边为上席上位,右手边为上席陪位。刘家的亲戚要坐上位,如刘福德的大舅哥以及二姑等,保甲长来的话刘家也会把他安排到上位。不过村里面的大户人家不会来人,他们只会和大户人家打交道,一般不会和贫穷人家打交道,贫穷人家没有能力也不敢和大户人家打交道。

5.家户成员服从

在刘家家庭成员婚礼过程中,其他家庭成员处于服从地位,婚姻最终的决定权由当家人

---

① 上桌子:坐座位上。

411

刘福德掌握,由他来决定,他也会和梁氏商量一下。婚姻的当事人可以提出意见,比如需要请的人,但是重要的方面还是由当家人来决定,其他家庭成员绝对不能擅自做决定。大户人家规矩比较多,家教比较严,其他家庭成员更要听从家长的安排。

(四)婚配原则

1.家户结婚次序:长幼有序

刘家家庭成员在结婚时,讲究兄长优先,长幼有序。比如在刘家中,家长刘福德的大儿子刘希胜先结婚,其次是二儿子刘希光、三儿子刘希亮,所以刘家其家庭成员在结婚时按照兄长优先、长幼有序的规则。家长在给儿子相亲的时候也是按照从大到小的顺序,如果不按顺序就会自找麻烦,引起邻居的议论,比如人们会认为是不是大儿子人家看不上、找不到媳妇等,所以家庭成员结婚时都按照长幼的顺序。当然大户人家规矩多、家教严,他们也是比较讲究兄长优先、长幼有序的规矩,这关系到家产的继承权。

2.家户结婚花费:差距不大

刘家的家庭成员在结婚的时候所花的费用大都相同差距不大,没有出现谁花得特别多谁花得特别少的这种情况,家庭成员也没有意见,也没有发生不愉快的事情。婚礼所需花费主要是聘礼以及办的酒席,刘家大儿子的媳妇是小媳妇,所以结婚时没有要聘礼。但是二儿子的媳妇要了聘礼,所以多花了点钱,这也是刘福德来做主。两个儿子办酒席花的钱都差不多,大概都花了几十块钱吧。大户人家在婚姻花费得多,他们还要吹喇叭还要请唱戏的等,场面办得大得很。

(五)其他婚配形式

1.纳妾

刘家在项营村只是一个小户人家,生活条件比较艰苦,一家人只能勉强过日子。所以对于刘家的家庭成员来说,他们能娶到媳妇就算是谢天谢地了,所以根本就不可能纳妾。但是项营村里,大户人家比较有钱,纳妾比较常见。

一般来说,名媒正娶的媳妇是家中的大老婆,而纳的妾只能是小老婆。过去只有条件好的人家才会纳妾,有钱有权的会娶两个甚至多个。比如刘奉刚,他是项营村的一个土匪,一直都是做打劫的生意,因此家中比较有钱。他自己就纳了几个妾。然而那些干农活的庄稼人,比如刘家的家庭成员想娶一个老婆都难,更别说纳妾了,那是刘家的家庭成员不可想象的事情。一般家庭成员想要纳妾都得要跟当家的商量,得经过当家人同意才能纳妾。而家长纳妾就不会和任何人商量,由他自己决定就行,就算自己的媳妇也管不着。

在项营村一般纳妾的原因主要是老婆生不出儿子,家庭后继无人,为了生育男孩传宗接代来继承自家的香火,这种情况下媳妇也会允许丈夫纳妾。"不孝有三,无后为大",这种观念影响着每一个家庭成员。一般来说,一家的媳妇要掌管这家的内务即生活中的事情。而妾只能听从正妻的话,在一旁协助她来照料一家人的生活起居。一个家中正妻与妾关系的好坏是由正妻的人品以及丈夫的态度来决定。一方面因为丈夫纳妾本身就在正妻心中造成一定的影响,让她会觉得自己做得不够好。尤其是因为没有生育的原因,导致丈夫纳妾的情况下,她会十分自责。但是如果能正确认识到这一点,她会很好地对待丈夫的妾,一家人和睦相处。但是如果她心胸狭窄,不能很好地与妾相处,从而造成家中的矛盾重重。另一方面,如果丈夫娶了妾而对待自己的妻子不好,对她越来越冷漠,每天就只和妾在一起,这样会严重影响正妻与妾的关系。如果妾为这个家生了个儿子,那她的地位会有所上升。妾生的儿子有继承权,分家的时候能够参与家庭的财产分割。如果正妻没有儿子,家里的财产就全部由妾的儿子所继承,女儿是不能继承家中财产的,她们是要外嫁的人,算不得自己家的人。妾的儿子不仅要赡养自己的妈妈,还要赡养父亲的原配。在项营村,只要家里有钱,家中生活条件比较好,纳妾是允许的,而且也没有人管。村里的保甲长都不管,也不需要请示他们。

2.小媳妇

童养媳在项营村被人们叫作小媳妇。在刘家中,其大儿子刘希胜的媳妇李氏是小媳妇。李氏的父亲与母亲都去世了,跟着哥哥一起生活。可是李氏哥哥家太穷,根本无法养活李氏。李氏的哥哥为了能让她能生活下去,不得不给妹妹找了一个婆家。刘家的生活条件也不是很好,刘福德也有想给儿子娶一个小媳妇的想法,于是李氏的哥哥通过别人介绍便来到了刘家。他先和刘福德交谈了一下,认为刘家的人还是十分不错。然后他又看了看刘家的粮食以及生活用品,他又认为刘家能养活自己的妹妹。最后他就向刘福德提出将妹妹嫁给刘家的想法。刘福德在与李氏哥哥交谈中也大概了解了他家的情况和李氏的性格等。刘福德认为李氏这个人还比较好,于是便同意了李氏哥哥的想法。就这样李氏便成了刘家的小媳妇。李氏大概10岁就来到了刘家,等到李氏年龄到了就和刘希胜成了亲。小媳妇没到一定岁数是不能圆房的,要当作家中的女儿养。小媳妇结婚前与婚后在家中的地位是很大的差别。婚前小媳妇在家里要干各种家务活特别辛苦,比如每天她要喂养鸡和猪,她还要学习怎样做饭等。但是在婚后她的地位就变高了,她也算是这家人的媳妇,算是真正的一家人。经过简单的结婚仪式后她得到了一家人的认可,能够继承家中的财产。

在项营村,当小媳妇的人大多是自己家太穷,养活不了自己,就会让别人把女儿抱走,等到岁数足够了就可以结婚。小媳妇会对婆婆叫妈,对公公叫爹,对家里其他人就按着辈分叫。娶小媳妇一般都是双方的家长来决定安排,比如刘家的小媳妇是由李氏的哥哥和刘家当家人刘福德在一起商量的结果,不需要告知或者请示四邻、保甲长等。刘家再娶小媳妇也不用写文书,双方的家长决定就行。刘家娶小媳妇时也没有给李氏的哥哥粮食,她哥哥也不用告知保甲长,自己决定就行。等到刘希胜到了结婚的年龄,刘家当家人刘福德就给他们办了婚礼,在家中摆下酒席,让自家的亲朋好友都来吃喜酒。酒席的花费都是家长刘福德来安排做决定。

3.上门女婿

入赘在项营村也叫招上门女婿。刘家有四个儿子和一个女儿,所以刘家不需要招一个上门女婿。在项营村一般如果家中想要招个上门女婿,是因为家中没有儿子继承香火,家中只有女儿。那么这家的家长就会要求女儿的丈夫必须要留在自己家中。而刘家有四个儿子,所以就没招上门女婿。刘家大女儿冯刘氏最后嫁到冯寨去了。不过在刘家的"一门"中,如果谁家没有儿子,"一门"中的老人们首先想到的是过继,看谁家的儿子多就让他两家来商量一下,过继自己的儿子,这样也可以继承香火。比如刘家刘希胜就曾过继给"一门"的亲戚,不过最后又回继给刘家。如果不愿意过继的话那就只能招个上门女婿。

上门女婿不用改姓氏,但是这家女儿所生的第一个孩子要随母亲的姓,特别是男孩,他也只能随母亲的姓,这是一个硬性条件。这家人就是因为要有个男孩来继承香火,能让自家延续下去。但是如果生的孩子比较多,也是可以让孩子随父亲的姓。这样可以让两个姓氏的血脉都能够得到传承。一般愿意入赘的男性，一方面自己家要有很多的兄弟，要有人赡养自己的父亲母亲，有人为他们养老送终；另一方面这家人比较贫穷，生活条件不好。这样这个男的才有可能愿意去当上门女婿。一般情况下，上门女婿会被这家人当作自己的儿子看待，对他也比较好。如果上门女婿能力强干活比较踏实，他也就可以逐渐地当这家的家长来管理这个家庭。上门女婿要住在女方家这边，其生活也是和女方的父母亲一起的。入赘到女方家的男性，不能参与以前自己那个家财产的分配，也不能继承家里面的财产，但是如果自己的亲生父母留下给自己的财产也可以继承。上门女婿对于自己的亲生父母没有养老送终的义务，但是平时还是要去看看父母。尤其是如果父母生大病的话，他也需要照顾父母。如果自己有钱的话，还要给父母买点东西。入赘的男性对待女方的父母要孝顺，要为他们承担养老送终的义务。如果他对老人不孝，就会被村里面的人说闲话，也会被人指责。

（六）婚配终止

1.休妻

刘家没有出现过休妻的情况，刘家的生活条件比较艰苦，家中没有钱财，每年的收入只能勉强维持一家人的生计。对于刘家的男性家庭成员来说能够娶到媳妇就算很不错了，这就要多给祖先磕几个头并多摆一点供品。再加上刘家的男性家庭成员从小就受到刘福德的教导，做人要本分，要踏踏实实地干活和生活，不要整天想与生活无关的事情等，所以说他们都还比较老实本分。刘家的男性家庭成员娶媳妇都由刘福德来做主，同时对象也是刘福德让媒婆按照性格好、老实本分等条件来找的。所以说刘家的媳妇一般都比较勤劳朴实、恪守妇道，没有做出什么对不起刘家的事情。比如刘家儿媳妇高氏，她是刘福德让媒婆给刘希光找的媳妇。自从进了门以后，高氏能干家务活，能编草帽，也能很好地孝敬公婆以及对待丈夫。

不过在项营村也有休妻的现象，一般休妻有两方面的原因：一方面是大户人家的休妻。媳妇对公婆不孝顺，在家中不能很好地干家务活，做人做事都十分霸道，不能很好地照顾丈夫以及孩子，最后弄得一家人都对她十分不满。在这样的情况下，大户人家的家长就会让他休妻，然后重新给他娶一个媳妇。另一种情况是在中等人家中，如果媳妇没有给生下孩子，尤其没生男孩的话，儿子就会休妻。因为家中虽然有一点积蓄，但是纳个小妾会加重家中的负担。再加上"不孝有三，无后为大"思想的影响，为了有一个孩子为自己家继承香火，一般这种家庭的家长就会要求儿子休妻，然后再娶个媳妇。丈夫一旦休妻，媳妇就必须得离开现在的家庭，这个家庭已经把她排除在外了，她不走是不可能的。在家中媳妇必须要听从丈夫和公婆的话，不能有任何的反抗。一般休妻要写休书。休书由丈夫或者当家人来写，要写清楚休妻的原因、时间，同时签名。如果这家人都不会写字的话，那么就要请"一门"中有文化的人来代写，但是很少有人愿意代写休书，毕竟这不是一件好事。媳妇被休离开丈夫之后，就只能回娘家。虽然这会令娘家颜面扫发，但也是无路可走。总体来看，项营村休妻得较少。

2.丧夫守寡

刘家的家庭成员尤其是男性每天都要干农活，身体都很健康。1952年之前刘家的家庭成员没有丧夫守寡。但是项营村里面有丧夫守寡的情况。

在项营村，一般家中的男性成员因为得了治不好的病去世，导致家中的媳妇守寡。村里的人们每天都干农活，把身体锻炼得很结实，不可能无缘无故就去世。比如村里面的一家家长就患有支气管炎,他才30岁就过世。他正值盛年身强力壮,干农活十分卖力,村里面的人都不敢相信他去世了。然后这样就导致这家的内当家变成家长,独自一人来支撑着一家的生活。俗话说"养儿防老",这是要让儿子来照顾自己。而嫁出去的女儿,是泼出去的水,不可能回娘家,也不被人所允许。等到她年老之后,就靠自己的儿子来养着自己。等她去世之后,她的儿子就把她埋到了丈夫坟墓旁边。一般说来,小户守寡者更难,大户守寡者相对容易一些,一方面大户人家有钱有粮可以养起,另一方面大户人家规矩多而且还比较严,一般不会允许守寡人改嫁。

二、家户生育

(一)家户生育基本情况

1.家户生育概况:一般水平

1952年之前,刘家三代人的生育情况在村里算"一般水平",其具体的情况如下。第一代人是家长刘福德以及梁氏,他们生育了四个儿子和一个女儿;第二代是刘希胜以及李氏、刘希光以及高氏、刘希亮、刘希普和冯刘氏,但是只有刘希胜以及李氏在1952年之前生育了一个儿子;第三代是小孩,没有成婚。一个家庭生两三个小孩在村里边算是一般水平,五六个的不在少数。1952年以前,生孩子是想生多少就生多少,没有人管。这还得看家庭情况,对小家庭而言不能多生,因为养活不起。不管大户还是小户,都希望多生儿子,重男轻女的思想在农村很普遍也很严重。

2.家户其他生育概况:无非婚生育

刘家没有出现过没有结婚就生育的情况,在项营村这是被明令禁止的。如果出现这种情况,会被别人所笑话,大户人家会把他们浸猪笼。这是非常有伤风化的事情,有辱家门。刘家的家庭成员都比较老实,不敢做出这样的事情。

(二)家户生育目的与态度

1.生育为传宗,生子为防老

刘家的家庭成员都认为生育最重要的目的是为了养儿防老、传宗接代,这样可以为家庭增加劳动力,减轻家庭负担。生育对于家庭来说,意味着自己的家庭世世代代可以一直传承下去,而生儿子是等到自己年老时让他来照顾自己,没有孩子尤其是没有儿子,会被人说三道四,还容易受到别人的欺负。在村里面家中如果有四五个儿子的话,当家人和别人说话的语气就比较硬气,小户人家也不敢招惹。村里面的人是用拳头来说话,你既然打不过人家,就只能跟别人低头。

2.重男轻女,多生多育

刘家人认为生男孩比较好,一方面是养儿防老观念的影响,另一方面可以为家庭增加劳动力,减轻家庭的负担。刘家没有非婚生育的情况,这也不被人们所允许,是被明令禁止。如果出现这种情况,会被别人所笑话,大户人家会把他们浸猪笼。这是非常有伤风化的事情,有辱家门。刘家的家庭成员都是16岁之后才结婚,没有早婚的人,而且都由刘福德来安排。

虽然刘家的生活条件不好,家中也比较穷,但是刘家的家庭成员都还是倾向于多生,尤其是多生一些男孩。每家生三四个男孩以及两三个女孩就行,这样家中的人口就会多起来,家中的劳动力也会多起来,可以有效减轻家庭负担;另外可以不受到村里面人随便欺负。在村子里比较有面子有地位,在村里面做事腰杆也比较硬。

不管是大户还是小户对于生育的目的、性别以及非婚生育的看法都是一样,但是对于是否要多生多育的看法可能有所不同。大户人家当然希望家庭成员要多生多育,他们可以养得起,但是小户人家家里比较穷,一方面养不起那么多的人,另一方面还有给儿子娶媳妇这样的大事,所以他们可能不会生育很多男孩。

(三)家户生育过程

1.夫妻定生育

在刘家,生孩子的事情当然由夫妻决定,外人无法做决定。刘家的全家人都认为要多生为好,男孩越多越好。这样一方面可以传宗接代,使刘家的血脉可以代代传承;另一方面可以为家中增加劳动力,为家里干活,可以免受村里面人的欺负,比如刘希普就养育了三个儿子。

2.家户承担照顾责任

在刘家如果家庭成员怀孕了也要干活,主要是做些家务活,比如煮饭、洗衣、喂牲口之类。刘福德不会让她干农活,她也干不动农活。平时没有人照顾她,日常的生活还能自理,也不需要人来照顾。

刘家的家庭成员在生孩子的时候都是在家让产婆来接生。在项营村,有专门的产婆,刘福德提前几天和产婆说好,等到孩子快要生的时候,他就去把产婆找来,帮助接生孩子。

刘家家庭成员生孩子的费用都是统一支出,由家长刘福德来拿钱。生育的主要费用是请产婆以及举行"烧三天"仪式等。

每家生完孩子后,产妇必须坐一个月的月子。坐月子期间不能碰凉水,必须得有人来照顾,比如未出嫁的小姑子,就可以去照顾。产妇坐月子的时候在吃的方面要好一点,比如多吃个鸡蛋补充营养。刘家李氏坐月子时,她就由梁氏来照顾。坐月子的前几天,她一直在床上睡觉,身体十分虚弱,就连坐都坐不起来。过几天后,李氏才能慢慢地坐起来,不过吃饭还只能让刘希胜喂她,而自己不能端着饭碗来吃。

孩子生下来之后,要用布包住,不能让他被风吹到,以免生病。三天之后,家中会举行"烧三天"的仪式,比如刘家就会请来自己的亲戚以及孩子的大舅哥等来到家中,热热闹闹地为孩子过这个仪式。这时梁氏会抱着孩子向祖先祭拜,一方面告诉祖先家中有后人,另一方面祈求祖先保佑孩子能健康成长。

小户家庭和大户家庭一般都会请产婆来接生,但是有的大户人家会请两三个产婆。饮食方面大户比小户要吃得好一些,比如每天吃鱼肉来补充营养。大户人家的孕妇在平时不用干活,而且还被许多的人照顾,但是小户人家孕妇在平时也要干活,也没有人照顾自己。

(四)家户生育仪式

1."烧三天"

项营村每家生了小孩子之后,第三天要举行"烧三天"仪式。具体的过程如下:孩子生下的第二天,会让家里的人告诉孩子的外婆家以及自己家的亲戚,然后请他们明天来参加"烧三天"仪式。一般情况下,由婆婆家的人在桌子上摆上几个碗,碗里有鸡蛋、青菜以及米饭等,还要摆几双筷子。之后就有婆婆抱着小孩出来,祭拜祖先。一方面告诉祖先家中有后人,另一方面祈求孩子能健康地成长。孩子的外婆以及亲戚会来观看,一般他们会送鸡蛋以及几十斤面来,亲戚家也会送来鸡蛋以及油果子①等,自己的邻居也会来凑热闹,不过不会送东西。

2.仪式有目的

生完孩子后,刘家会举行"烧三天"的仪式,这是一种风俗习惯,这象征着刘家有了后代,是一件值得庆贺的事情,同时这也是为了祝愿孩子能健康地成长,平安地度过一生。

3.费用家户承担

刘家举行"烧三天"仪式时所花的费用都是由家庭来统一支出,然后由家长刘福德来拿钱。刘家所收的鸡蛋、面以及油果子是由内当家梁氏来管理,她会每天给儿媳煮一个鸡蛋,用来补充营养。

4.不同家户有差异

在项营村,大户人家一般会办喜酒,会请来亲朋好友庆祝一下,花费的比较多,有时还会请来唱戏的人,但是也都举行"烧三天"仪式。小户人家没有钱,家里比较穷,只能举行"烧三天"仪式,而且只能请自家的亲戚,不敢花太多钱。

(五)家户孩子起名

1952年之前,刘家的孩子都是在出生之后,由当家人刘福德来起名字,而且都是采用第二字为辈分统一的形式。第十代男孩的名字分别是胜、光、亮以及普然后加上"希"字辈,所以刘福德的四个儿子分别叫刘希胜、刘希光、刘希亮以及刘希普。下一辈是"洪"字辈,起名字就是刘洪加一个字就行,比如刘福德的大孙子就叫刘洪彬。刘家的孩子也有小名,比如刘希胜的儿子小名叫国顺,希望国家顺顺利利、繁荣富强。村里面还有的人给小孩起小名叫作铁蛋,希望小孩能像铁一样身体健康,能顺顺利利长大成人。刘家人起的名字是上学用的学名,都是由当家人来起,没有什么特殊的意义,人们也不讲究这个。大户人家都有学问,会讲究一些,不会随便起名字,他们的名字都有特殊意义,而且是让村里面德高望重的老先生或者保甲长来起名。

三、家户分家与继承

(一)家户分家

1.分家原因:人口增多所致

1950年项营村开始进行土地划分,每家每户都分到了田地,同时村里的人开始分家,刘家还没有分家,但是也受到了影响。直到1952年,刘家的二儿子也结了婚,家中的人口逐渐增多,为了减轻家中的负担,刘家便决定分家。

一般情况下,家庭分家要先由男性主动提出来,并且要与当家人商议,当家人同意之后才能够进行正式分家。如果当家人不同意分家,那这个家还是不能分,最终要当家人同意才行。儿媳妇不能提分家的事,这会被别人认为自己不想和婆婆在一起生活,会被认为不孝。刘家分家由当家人刘福德提出,他认为家中的人口逐渐增多,大家庭无法很好地维持生活。在分家的过程中,刘家大儿子刘希胜不愿意和父母亲分家,他同家长刘福德商量了几次,可惜不能违背家长的决定,不得不分家。家庭的外部成员影响不了刘家的分家,村里的其他人不会管别人家分家的事情,但是如果你家分了家他们也会十分认可。大户家庭分家的时候

---

① 油果子:油条。

比较麻烦,需要分的东西比较多,比如房屋、牲口、钱财等。而小家户在分家的时候就会比较简单,家里面也没有什么东西,只有几间房以及几亩地而已,家小而且没有钱财,分不到什么东西。

2.分家资格:儿子所有

在刘家的分家中,只有刘家的四个儿子能分到家产,没有出嫁的女儿分不到家产,但是需要给她准备嫁妆,一般就只有几件衣服以及一床被子,刘家没有钱也没有能力准备其他的东西。已经成家的儿子比如刘希胜以及刘希光分家时就可以得到家产,但是未成家的儿子没有,他们需要与父母在一处,应获份额由父母管理。总之,刘家是按照儿子的数量来平均分成几份,各自一份。不论是大户人家还是小户人家,都是只有家庭内部成员才有资格分到家产。

3.分家无证人

刘家分家的时候没有请见证人,是由当家人刘福德提出来的。他认为家中的人口逐渐增多,大家庭无法很好地维持生活,便开始分家。一方面因为刘家在项营村是一个小户,家中的财产不是很多,没有什么东西能引起家庭成员的争夺;另一方面刘福德在刘家还比较有权威,他说的话家庭成员不敢不听。刘家的家庭成员自幼受到刘福德的教诲,他们都比较听从刘福德的意见,彼此之间也都能和睦相处。在刘家分家的时候,刘福德就把所有具有分家资格的家庭成员叫到自己的房中,并将家中所有能分的东西清楚地摆在儿子们面前,然后按照平均分配的原则把东西分给每个儿子。刘福德做事情还是比较公道,他不会偏向任何人,就怕家庭成员之间有人不满。总之在刘家的分家过程中,其他家庭成员对分家的结果是没有意见,在以后的生活中也没有因此事闹过矛盾。不过在项营村,大户人家的家庭分家时大都会请见证人,其家庭的家产比较多,比如房屋、牲口、钱财等,人口也比较多,因此在分家的时候,难免家庭成员有感到不公平的地方,所以就请一个见证人。请的见证人都是村里一些德高望重的老人,可以在分家的时候比较公正,而小户人家一般不会请见证人。

4.分家做主:当家人做主

刘家在进行分家的时候是由当家人刘福德拿主意来做主,主要是分房子、桌子、板凳等方面。刘福德在分家的时候比较公平公正,家庭成员都是比较服从分家结果的。刘家分家的时候,家庭的其他成员处于服从的地位,但可以提出自己的意见。家庭的外部成员是不可能参与刘家分家的,大户人家当然也是当家人来做主,由他来进行分家。

5.家户具体分房分地

刘家一共有三间正房,勉强够一家人居住,可是随着家中的人口增多,房子就不够住了,也就开始了分家。在分家的时候,刘家大儿子刘希胜没有分配到房子,因为当年他过继给亲戚,之后帮亲戚送终后,他就带着李氏以及儿子住在亲戚家的两间房子里。二儿子刘希光也没有分配到房子,当年他在息县工作时有自己的房子,然后一家人就在那里住了下来,所以家长刘福德便给他们一些钱当作补偿。这三间房子就归父母亲以及未成家的兄弟妹妹居住。1950土地改革运动,每家每户都分到了土地,分家的时候这些土地刘福德也是按照平均分配的原则来进行分配的,刘希胜分到两亩土地,但刘希光没有,他自己有工作,因此刘福德分给了他一些钱当作补偿。剩下的土地由刘福德、梁氏以及未成家的兄弟妹妹来耕种。刘家在分房子和土地的时候都是听从家长刘福德的安排,其他家庭成员都没有意见。

6.刘家分家,外界认可

1952年刘家才开始分家,项营村里面已经没有保甲长,村里面的其他人也不会关注别人分家的事情,他们认为这是人家内部的事情,与自己无关。但是别人家一旦分家,村里面的人也会十分认可,有什么事情不会再找以前的老家长,只会找新的家长,比如村里面的人如果与刘希胜打交道,就直接和他交谈,不必再通过刘福德。县乡政府也不会管别人分家的事情,也会认可别人的分家。

(二)家户继承

1.家户继承资格:儿子继承

在继承家产时只有家庭内部成员才具有资格,家庭外部成员没有资格继承,在刘家,只有儿子才拥有继承权。分家后,老人会跟着未成的儿子一起居住,比如刘希普还没有成家,刘福德与梁氏一直和他一起生活,最后也是刘希普给两位老人送终,他也就继承了父母的财产。刘家没有入赘的儿子,也就没有继承家产这一说。刘家的儿媳妇是不能单独继承家产,她只能跟着自己的丈夫算作一份。刘家未出嫁的女儿也不能继承家产,比如刘家大女儿冯刘氏在分家时就没有继承家产,不过刘家也给她准备了嫁妆,出嫁的女儿就更不能继承家产,俗话说得好"嫁出去的女儿,泼出去的水",她不算家庭的内部成员。一般的情况下,有儿子的时候,就由儿子来继承家中的财产,女儿和侄子没有继承权,但是如果家中没有儿子,女儿也可以继承家产,不过家中会招个上门女婿,第一胎孩子必须随女方的姓氏,从而能继承家中的香火以及传承后代。但是刘家有儿子,那么只能由儿子来继承,而且这四个儿子的继承权平等,其所分到的财产也是相等的。

2.家户继承条件:自动继承,无法改变

在刘家,只要是儿子就有继承权,就可以来继承家产。儿子不孝顺也可以继承,儿子不给老人送终也可以继承,但是现实中刘家不存在不孝顺或不给老人养老送终的情况。刘家的儿子可以继承家产,但女儿没有继承权,不参加分家,但家户会给她们准备嫁妆。除了当家人之外的其他家庭成员不能决定继承条件,有时候就算是当家人也无法决定继承条件,比如家中有儿子的话,不可能让侄子来继承家中的财产,这是祖上传下来的规矩,儿子自动继承家中的财产,很难更改。在刘家,只有刘家的四个儿子能继承家产,不能也不可能指定其他的继承人。如果当家人刘福德去世的话,就由内当家梁氏来做决定,家庭的外部成员不可能改变继承的条件。在项营村如果家中没有儿子来继承自己的香火的话,一般就会采取三种方法。第一是过继亲戚家的一个男孩,让他来继承自家的财产。第二是买一个刚出生的小孩,把他当作自家的儿子,让他来继承自家的财产。第三是招一个上门的女婿,之后把自己的财产传给自己的女儿,让她再把财产传给自家的儿子,来继承自己家的香火。但是如果家中的儿子因身体、精神障碍等其他原因不能照顾自己的话,可由家长做主,把他应继承的家产分配给愿意照顾他的其他儿子。总的来说,一般儿子具有家中财产的继承权。

3.家户继承内容:只继承家产

刘家的儿子只能继承家中的家产,比如家中的农具和房屋等,不能继承其他的东西。梁氏在土地改革运动时任村里的组长,这也不能由儿子来继承,只能凭借自己的能力才能当上。刘家有四个儿子,在分家产时就平均分配,由当家人刘福德来做主。对于分配的结果家庭成员都没有意见,都比较同意,在以后的生活中也没有出现过关于分家事情的矛盾。刘家关

于分家与继承的相关事情,外界都没有任何异议,都比较认可。

4.家户继承权的确立与调处:家长做主,并无纠纷

在刘家,确定继承权时由家长刘福德做主,房屋、土地以及家具等的分配也全部由他来决定,但是他会与内当家梁氏商议一下,其他家庭成员处于服从的地位,可以提出自己的意见。刘家大儿子刘希胜就曾在分家的问题上提出自己的意见,希望晚几年分家。刘家分家时由家长刘福德主持,分配的结果还是比较公平,其他家庭成员都是遵从。

在继承权问题上,刘家没有发生过纠纷。刘家家长刘福德在分配家产时没有偏向任何一个儿子,按照平均分配的原则进行分配,对于分配的结果家庭成员都没有意见,一致服从刘福德的决定。

5.家户差异性:大户不同

在继承资格方面,大户人家虽然也是儿子拥有继承权,但是长幼兄弟之间的继承权不相等,一般情况下长子会继承得较多。妻生与妾生的儿子继承权不相等,妻子是正房,她的儿子会继承家中的大半家产,大户人家未出嫁的女儿也有继承权。在继承内容方面,大户人家不仅会继承家产,还会继承族长的身份,这也是由长子来继承。大户人家很少进行分家,一般当家人会留下遗嘱,按照遗嘱进行分配。大户人家发生的纠纷特别多,其家产多,分配时不会按照平均分配的原则。长子比次子或者妾生的儿子有优势,分配时长子会得到家中较大比重的家产,而其他的儿子只能来分剩下的家产,这样就会产生纠纷。

四、家户的出继与抱养

1949年之前,刘家是小户,家里没有钱比较穷,因此家中没有出现抱养与买卖孩子的情况,但是在项营村里存在抱养与买卖孩子的情况。刘家只有过继以及回继的情况。过继的对象是刘家的长子刘希胜,过继的人家是自己"一门"的亲戚。

(一)家户过继

1949年之前,过继在项营村并不常见。一般情况下,是"一门"的伯伯叔叔没有生孩子,家中没有人为老人送终,所以就过继给他一个孩子,孩子的读书费、结婚费都需要过继家中承担。刘家有过继的事情,刘家大儿子过继给自己"一门"的亲戚家,不过这次过继和一般的过继有所不同。其具体的过程如下:刘家"一门"的亲戚没有孩子,家中也只有一个老人在世。突然有一天这位老人去世了,因为没有子女,所以没有人为他送终,也没有人为他抬头棺,这只能是儿子做的事情。这时刘希胜的二叔想到刘家有四个儿子,而且家中比较贫穷,如果临时过继给这位亲戚,一方面可以为这位亲戚抬头棺好好送老人一路,另一方面也可以继承亲戚家的财产减轻刘家的负担。于是刘希胜的二叔就和当家人刘福德商量一下,又去和"一门"里辈分比较长的老人商量一下。他们都本着死者为大以及让死者能安心上路的想法就同意这件事,就这样刘家大儿子刘希胜在老人出棺的时候抬了头棺,这也就算是过继给了这位老人。

在刘家,大儿子刘希胜有责任为家中减轻负担,同时也只有他有资格过继给老人,所以大家也就选择了他。在过继的时候是由家长刘福德来决定,需要和内当家梁氏商量一下,也需要请示一下"一门"辈分比较长的老人的意见。刘家的过继形式是临时的过继,是为了好好地送去世老人上路。之后他还是刘家的长子,没有发生什么变化。这是当家人刘福德、刘希胜

的二叔以及"一门"里辈分比较长的老人共同的决定。刘家大儿子过继的时候不需要写契约，只要亲戚之间商量一下同意就行。

刘家的过继是由刘希胜的二叔介绍，其负有担保的责任。在刘家过继的事情中，刘希胜对于家长刘福德的决定没有意见，也愿意干这件事情，就这样刘希胜可以继承去世老人的财产。村里面的村民也都明白具体的情况，比较理解这件事，也比较认可刘家的这次过继。村里的保甲长对刘家的过继也比较认可，同时出席了老人的葬礼。刘家的这种过继情况在项营村是一个特例而不是普遍的情况，一般是家中没有儿子继承香火，传承后代，那么这户人家就会过继自己家亲戚的孩子，而且在过继的时候还需要双方家长写文书，这个孩子就成为这家的家人，不能再回原来的家庭。

（二）家户回继

刘家刘希胜的过继是"一门"辈分比较长的老人一手安排。一方面出于可以减轻刘家的生活负担，能让刘家的家庭成员能生活得好一点的考虑，另一方面出于死者为大以及让死者能安心上路的考虑。所以这次过继就没有文书，村里面的人也都知道。因此等到埋葬老人后，刘家也没有举行正式的回继仪式，也是在"一门"辈分比较长的老人的见证下，刘希胜回继给刘家。刘希胜还是刘家的大儿子，而且他还可以继承过世老人以及刘家的财产。这在项营村是一个特例而不是普遍的情况。一般的情况过继的时候必须要双方的家长签文书，所以如果要回继的话，必须征求入继家庭家长的同意，这样出继家庭的家长才能把儿子接回。不过一般入继的家长不会同意，因为他入继这个儿子是为了继承自己家的香火。村里面的邻居、亲戚以及保甲长都不能干涉回继的事宜，必须由这两家人共同协商。

（三）家户抱养

刘家没有抱养过孩子。一方面刘家比较穷没有钱，只能够勉强过日子，另一方面刘家家里面的孩子也比较多，不需要从外面抱养孩子。但是抱养孩子的这种情况在村庄里面存在。

在项营村一般抱养孩子的家庭有三种情况。第一种情况是因为家庭成员不能生育，无法继承家中的香火，绵延后代。俗话说"不孝有三，无后为大"，所以这种家庭必须想办法要一个孩子来继承香火，即使家中没有钱，他们一般还是会要一个小孩。如果没法抱养小孩的话，他们便会去买小孩。第二种情况是家庭成员能生育但是生育下来的全是女孩。受到传统观念的影响，比如女儿终归要出嫁的，最后变成别人家的人，无法继承自己家的香火，只有儿子才能继承家业。所以他们会选择抱养一个男孩子。但是这种家庭必须得有一点钱，家中的生活条件比较好，否则没法养活这一家的家庭成员。第三种情况是村里的大户人家，他们一般会抱养自己家穷亲戚的孩子，等他们长大了可以成为自己的管家为自己做事。

一般情况下被抱养孩子的家庭都比较贫穷，家中没有多少钱，生活条件比较差，家庭中孩子也比较多，凭借自己的条件无法养活这一大家子。如果有人提出来抱养自己孩子的时候，他们就会同意。一方面可以让这个孩子能正常地活下来，另一方面也可以为自己的家庭减轻负担，让自己的家庭成员能勉强过活。一般都要在孩子1~3岁的时候去抱养他，这样孩子就会对自己的家庭没有什么记忆，不会记得谁才是自己的亲生父母，这样能很好地与抱养者培养亲近感，会认为自己是抱养者的小孩，会很好地孝顺他们。但是如果孩子五六岁甚至更大点的时候对家庭以及父母有记忆，他们不愿意离开家，即使他们同意也只会是勉强同意，很难与养父母培养好感情。在项营村，抱养孩子一般都是从亲戚中间抱养，因为这样多少有一点亲戚关系。但是如果亲戚家实在没有小孩或者合适的抱养人选,就会再从本村的人家去找,总之两户人家要关系好,这样以后比较好来往。

抱养者把小孩带到自己家来之后,要根据自己家的起名规则来给小孩起名字。然后会教他做人做事的道理,等到上学的年龄就会供他去上学。养父母要能使他健康地成长,等到他们老了孩子也会很好地为他们送终。在项营村一般不会告诉孩子他是被自己抱养回来的,这样会让小孩感觉自己是被亲生父母所抛弃,会严重伤害孩子的情感。但是大户人家对此却不在意,告不告诉都无所谓。因为抱养的孩子对他们来说只是一个管家,是为他们做事情的人,他们是不算自己的孩子,同时也无法也没有权利继承家产。但是小孩长大之后,如果他知道自己是抱养过来的,他也会去看望一下自己的亲生父母,但是他不对其具有赡养义务,因为他们自己家孩子挺多,有人赡养,也轮不到他来养,被抱养孩子只需要赡养他的养父母。对于自己的家庭,如果亲生父母给自己留了一份家产的话,他回去继承财产,家里人也不会反对,他只要尽到相应的义务就可以。对于家中没有孩子以及都是女孩的家庭,抱养过来的孩子是可以继承家产的,孩子就把家业传下去,并且他们的养父母会积极给孩子操办婚礼,让其尽快生育后代,让家里开枝散叶。

(四)家户买卖孩子

刘家的生活条件不是很好,一家子只能够勉强过日,再加上刘福德认为自己的孩子够多,而且凭借自己家庭成员的努力能够养活自己家的孩子。所以刘家没有出现过买卖孩子的情况。这种现象在项营村里很少出现,以前各家各户的孩子比较多,如果家中实在养活不了这么多孩子,那么就会让家庭条件好而且愿意抱养孩子的亲戚来抱走。大家双方都是讲人情,你情我愿,只要他能吃饱喝好就可以。这样不会把孩子当作一个挣钱的工具,但是也有例外的人。比如村里面的一户人家,因为家长抽大烟①导致家道败落,最后为了买大烟就把自己的孩子卖到村里的大户人家中。

五、家户赡养

家户赡养是刘家内部的家庭事务,儿女都承担着老人们的赡养责任。分家的时候,刘家老人是跟着刘希普在一起生活,也主要由他为老人送终,外界对于刘家家户赡养也是比较认可。

(一)家户赡养单位

赡养老人是家户内部的事务,家户之外的人不能干涉,但是如果儿女不孝顺的话,"一门"辈分比较长的老人会干涉。比如会骂这个不孝顺的人,邻居也会笑话这个人,家里面丢不起这个面子。刘家的赡养单位是以家户为主,是由儿女来共同承担赡养的责任,但是主要还是依靠儿子,在刘家的家庭成员中没有不承担赡养责任的人,刘家的儿女都是比较孝顺,都能很好地赡养老人。

(二)家户赡养主体

刘家有四个儿子,所以在刘家的家户赡养中,主要由儿子们来承担赡养的责任。最后老人跟着哪个儿子一起生活,就由他主要来承担赡养责任。比如刘家老人最后是跟着四儿子刘

---

① 大烟:即鸦片。

希普住在一起,也是他给老人看病以及送终等,其他儿女有时间就回来看看老人、给老人买一些吃的以及一些钱,多少也要负些责任。

(三)家户赡养形式

刘家采取的养老方式是和自己未成家的儿子一起生活, 等到儿子全部成家后再选择一个儿子跟他一起居住。1952年刘家分家时,刘家的三儿子与四儿子都没有成家,所以父母就和他们一起居住。但等到他们成家后,刘福德以及梁氏选择和小儿子刘希普一起生活,由他主要赡养老人。这是刘家当家人刘福德做出的决定,刘家的家庭成员都是同意的没有什么意见,不需要告知或请示四邻以及保甲长。大儿子以及二儿子会在空闲的时候看看父母,给他们买一些吃的,给他们一些钱等。嫁出去的女儿冯刘氏也会常回娘家来看望父母,给他们买一些吃的,送给一些钱。这种养老方式在项营村是很普遍的,老人最后跟着一个儿子一起生活,由他主要赡养老人。如果老人生病了儿女们会去轮流去照看,有钱的就给钱,没钱的也不强求他给。刘家家里的老人就一直和刘希普生活在一起,也一直是他们当家。

(四)养老钱粮

刘家在分家后, 刘福德和梁氏是和未成家的三儿子以及四儿子在一起居住。刘家分家时,刘福德和梁氏分到房子以及土地,而且他两人还代为管理未成家儿子分到的房子以及土地,所以他们就在一起生活,一起种地。刘家每年的粮食只能勉强维持一家人的生活,分家的时候是按照平均的原则来进行分配,给刘福德和梁氏留足够的粮食后,其他的就由四个兄弟来分配。刘家的养老钱粮主要是由和刘福德和梁氏一起居住的儿子来承担。其他的儿子在农闲的时候,他们会给老人送一些钱。当然每个儿子送的钱不一样,这个要根据自己的家庭经济条件来决定。这种方式是由当家人刘福德来决定,他也与内当家梁氏商量过,其他的家庭成员处于服从的地位,没有意见。一般来说,大户人家在养老钱粮分配上会给老人东西多一些。比如,分几十亩土地以及上千斤粮食这也是很常见的事情,而小户人家分配的钱和土地等就会很少。

(五)治病与送终

1.家户治病

家庭成员都是治病照顾的实际承担者,老人生病了就由家庭共同承担,几个儿子轮流照顾。如果得了小病,就去郎中那里买一点药吃,然后由内当家梁氏来照顾。但是如果得了大病,刘家没有钱来治。比如当家人刘福德就得了支气管炎,一直没有去看郎中,也没有钱去看,所以一直硬撑着,由儿女们来照顾。分家之后,老人生病主要由自己小儿子刘希普来承担。这时如果刘福德和梁氏生病了,基本上都是由刘希普去请医生来看病,看病产生的费用也主要由他来掏,不过其他的儿子也会给钱。但是如果其中一个儿子家中条件不好、家里没有钱的话,也不会让他出钱。比如刘家三儿子刘希亮,其家中就比较贫穷,就种几亩地也没有其他的收入,大家也就没让他出钱。嫁出去的女儿冯刘氏也给老人钱以及粮食。总体来说刘家的家庭成员对老人都比较孝顺。

2.家户送终

在项营村里,如果未分家,老人去世后,丧葬费用由几个儿子共同商议后办理。如果已分家,则由一直跟着老人生活的儿子来负主要的责任,其他儿子起到次要作用。刘家的两位老人刘福德和梁氏都是在分家后去世,所以老人的葬礼主要是由刘希普来承担,包括告知亲朋好友,举行葬礼的酒席以及出棺埋葬等,其他儿子在一旁协助。

在丧葬中,一般长子承担责任比较大,要给去世的父母来拽线以及抬头棺。出嫁的女儿只需要来家中哭丧就行,不需要准备其他的事情,这些都是由家中的儿子与本家的辈分比较长而且有经验的老人来商议,因为刘希普一直跟老人生活,所以刘家两位老人刘福德和梁氏的丧葬均由刘希普来负责。长子刘希胜在父母出棺的时候抬了头棺,其他的儿子在一旁招呼客人,女儿冯刘氏在棺材前哭丧。

(六)外界对家户赡养的认可与保护

刘家家庭成员都能主动承担自己对老人的赡养责任,没有发生不赡养老人的情况。项营村里面人对刘家家户赡养都是比较认可,时常会说刘家的几个儿女那是真孝顺,对父母非常好。在村庄里如果有的儿子不赡养父母,村民会在他背后笑话他、轻视他,但不会有什么惩罚,最多是"一门"的辈分长的亲戚会骂他。

六、家户内部交往

在1952年之前,刘家在内部交往中存在着父子、婆媳、夫妻、兄弟、妯娌、兄妹等几对主要关系,彼此之间都是互帮互助、互相关爱的,没有发生过很大的冲突。

(一)父子关系

1952年以前,在刘家,父亲对儿子有绝对权威,儿子必须听从父亲的话。比如儿子的学业、婚姻大事等都由父亲来做决定,但是等到儿子能独立办事时,父亲的管教就会变少。在刘家,儿子很尊重父亲,父亲也爱护儿子,没有发生过很大的冲突。

1.权利与义务

父子关系是家庭内部交往最重要的关系。刘家中就以当家人刘福德和长子刘希胜这对父子为例。父亲对儿子处于绝对的权威地位,儿子必须听从父亲的话。具体情况如下:家里的生产活动由刘福德来安排,他让儿子干什么活、怎么干,儿子都要听他的;婚配大事由刘福德与梁氏来共同决定,村里不存在自由恋爱的情况,全部都是父母之命、媒妁之言。刘希胜的媳妇李氏是刘家小媳妇,这是刘福德和李氏的哥哥一起商量的结果;刘家家庭成员上学的事情由家长刘福德来安排。比如刘希胜没有上过学,是刘福德没让他去上。一方面当时家中比较穷,没有钱去上;另一方面刘希胜是长子,他有责任来承担家中的负担,帮助父母干农活。等到儿子能独立了,父亲的管教就会变少。但是遇到一些大的事情,刘希胜还是要去向父亲刘福德请教,由他来做决定。比如刘希胜的孩子办的"烧三天"仪式便是由刘福德来安排,刘希胜无法做主。

在刘家,刘福德会打骂孩子,但都是在孩子犯错误的时候,其不会随便打骂孩子。要知道每个孩子都是父母的心头肉,谁会无缘无故打骂孩子。刘福德的话儿子必须无条件地服从,即使父亲说得不对也不能当面指出,这样会使父亲没面子,但可以私下通过母亲梁氏来指出他的错误。这样的话,一方面没有当面使刘福德难堪,另一方面他也会听从意见。刘福德曾经吸过大烟,虽然大家都知道这是不好的事情,但没有当面说出,都是通过梁氏表达自己意见,最后他也就戒掉了。

一个父亲要从人品上教育好儿子,要抚养他长大成人以及要给儿子娶媳妇等,这才算好父亲。而一个儿子要学会做人的道理,要照顾父亲、要给他养老、送终等,这才是一个好儿子。

刘家父子就是这样做的,父亲和儿子都能履行自身责任。

2.交往关系

平时父子之间的关系相处得比较融洽,刘福德也跟儿子刘希胜聊天,但不会开玩笑。刘福德在刘希胜心中是比较有威信的,他也很怕父亲,对他所做的决定都会服从。一般情况下,刘福德会和刘希胜聊一聊他过去经历的一些事情。刘希胜比较害怕做错事,因为这样刘福德会骂他,如果事情比较严重,刘福德还会打他。刘希胜会和母亲梁氏说心里话,梁氏比较温柔,不会打骂孩子,她只会让孩子们认识到错误,改正过来。

3.冲突关系

在刘家,父子之间很少发生冲突,但是父亲能打骂儿子,儿子不能顶嘴要完全听从。刘福德的脾气比较急躁,一般他就直接进行打骂。有一次刘家大儿子刘希胜把刚刚盛的饭弄翻了,弄得地上到处都是,刘福德二话没说就对着他骂了起来:"你想死了,着急弄啥哩,你今天就不用吃饭了。"然后刘福德又动手打了他一下,其他人也不敢说话,只有梁氏把地收拾干净后,把刘希胜拉到里屋,又给他盛了一碗饭。刘家父子之间在日常生产生活中总是产生小冲突,一般就是刘福德打骂后,孩子就改正了,没有出现孩子顶嘴的情况,其他家庭成员不能多说话,只有梁氏会从中调解一下。这是家庭内部的事情,一般情况下邻居不会介入,但是如果家庭冲突比较严重,家里的人也可以请亲戚帮忙调解一下。

(二)婆媳关系

1952年以前,刘家婆婆对媳妇处于绝对的权威地位,儿媳妇必须听婆婆的话。比如每天做什么饭、怎样做衣服等等都由婆婆做决定,儿媳妇处于服从地位。在刘家,儿媳妇很尊重婆婆,婆婆也爱护儿媳妇,没有发生过很大的冲突。

1.权利与义务

在刘家刘福德的媳妇梁氏是内当家,她是一个比较善良、有能力的人,家中的事情能管理得井井有条。婆婆需负责儿媳妇坐月子,帮助儿媳妇抱孩子、洗孩子的尿布,以及每天给儿媳妇做个鸡蛋羹,为她补充营养。梁氏还要指导媳妇做家务,比如做饭、打扫、弹棉花,以及编织草帽等等。婆婆可以支使儿媳妇干活,在生病的时候可以让儿媳妇照顾自己。总之,好的媳妇要对婆婆尊敬、关心,不能与婆婆顶嘴吵架,把该做的事情做好就行。好的婆婆应该关心儿媳妇和小孩子,要好好地指导儿媳做家务,而且对于多个儿媳妇的家庭,要公平对待不能偏心,否则会引起家庭内部矛盾。

2.交往关系

在刘家,平时婆媳的关系比较融洽,她们会经常聊家常。比如梁氏会讲一些儿子小时候的事情以及干家务活的经验等。儿媳妇也会请教该如何照顾丈夫、怎样做好家务活等。刚嫁入刘家的时候,高氏比较怕婆婆梁氏。比如吃饭时只有梁氏让高氏夹菜,她才会夹菜。但是她们相处一段时间后,高氏知道自己的婆婆是一位好婆婆,她便不再怕梁氏了。总之,刘家婆媳之间相处得比较好。

3.冲突关系

在刘家,梁氏能打骂儿媳妇,但只有在其做错事的情况下。一般情况下,梁氏不会随便找儿媳妇的错。梁氏是一位善良又和蔼可亲的人,她做事比较好,能很好地管理家中的事情。梁氏对儿媳妇比较好,她们之间没有发生过很大的冲突。不过在项营村,有的家庭婆媳关系很不好。婆婆不能很好地对待儿媳妇,儿媳妇也不听从婆婆的话,最终这家的婆婆让儿子休了媳妇。

(三)夫妻关系

在刘家,丈夫对妻子有绝对权威,妻子必须听丈夫的话。比如家庭成员的生活问题以及家中的人情来往就由丈夫做决定,妻子处于服从地位。在刘家,妻子很尊重丈夫,丈夫也爱护妻子,没有发生过夫妻间的大冲突。

1.权利与义务

在刘家,丈夫对妻子处于绝对的权威地位,妻子要服从丈夫,听丈夫的,丈夫对妻子要承担一定的责任。比如妻子生了病,丈夫要请郎中来给她看病;妻子坐月子的时候,丈夫要帮忙抱小孩、洗衣服等。同时丈夫也拥有一定的权利,比如丈夫可以让妻子给自己做饭、做新衣服;丈夫还可以让妻子为自己生孩子。在刘家,刘福德和梁氏是一对夫妻,他们都能承担各自的责任,能把自己应该做的事情做好。在他们两人的带领下,刘家的生活条件才能越变越好。一位好的丈夫要能照顾好妻子,能承担家中的责任,能与妻子相亲相爱;一位好的妻子要能照顾丈夫,要能干好家务活,能为家中生育并且教育好孩子。

2.交往关系

刘家一共有三对夫妻,他们之间的关系都是比较融洽的。刘福德和梁氏以他们的行为给儿子儿媳妇做表率,所以儿子与儿媳妇之间也能很好地相处。刘家夫妻之间会经常聊聊家常,比如说说自己以前经历过的事情以及自己在外面听说的事情等。

3.冲突关系

在刘家,夫妻之间在日常生活中吵嘴是不可避免,但没有发生过大的冲突。刘福德没有对妻子梁氏随便打骂过,梁氏是一位比较和气以及会来事的人,如果刘福德犯了错她会私底下告诉他,不会当着别人的面指出。比如刘福德喜欢打牌而且还赌博,有一次欠了别人好多钱,刘福德为了还债就把家中的粮食以及牲口变卖了。梁氏没有当着众人的面同刘福德吵闹,而是等到晚上和刘福德说不要再赌博了,家中本来就很穷,每年只够勉强生活,你这样还让一家人怎么过。就这样刘福德没有再赌博,一家人好好地生活。

(四)兄弟关系

刘家当家人刘福德一共有四个儿子,他们之间都相处得比较好,三个弟弟都比较听从大哥刘希胜的话。兄长对弟弟要承担一定的责任,比如负责抚养未成年的弟弟、传授弟弟做人的道理以及教弟弟怎样干农活等。刘希胜比弟弟们年长几岁,而且懂事得比较早,他深知作为长子的责任,要为弟弟们做榜样。为了减轻家中的负担和让弟弟们能上学,他放弃了自己上学的机会,很早就帮助家里干农活。而且等到弟弟们都能干活的时候,刘希胜还教弟弟们怎样干活,并且告诫他们要勤劳。大哥刘希胜很少打骂弟弟们,他很关心照顾他们,只有弟弟们之间发生了争执以及打架的时候,他会出来训斥每一个人。弟弟们也比较尊重大哥,愿意听从大哥的意见。刘希胜兄弟之间会经常聊天,比如刘希胜会给弟弟们讲干农活的事情,而弟弟们会讲一些上学的事情。好兄长要能传授给弟弟们做人的道理,能教弟弟怎样干活以及能帮助弟弟成家立业;好弟弟要能尊重兄长,能听从兄长的意见。

(五)妯娌之间

刘家妯娌之间的关系相处得比较融洽,没有发生过很大的冲突。嫂子要对弟媳承担一定的责任。比如嫂子要教弟媳怎样做家务活的以及家中的一些规矩等。李氏是刘家的小媳妇，但对刘家比较了解，所以也能很好地教高氏该怎样做。刘家的家务事是由梁氏来管理，在她的统一安排下由儿媳妇来干。嫂子不能对弟媳随便打骂，这样会引起家庭的争吵以及不和。在刘家中即使高氏做错了事，也是由梁氏来处理，大嫂李氏也不能去打骂高氏。刘家妯娌之间是没有发生很大的冲突，一方面是高氏嫁来刘家一年后便分了家，在一起生活的时间不长；另一方面是内当家梁氏比较公平，能处理好家中的妯娌关系。一位好的嫂嫂要能教好弟媳怎样做家务活、能以身作则做好榜样、能孝顺老人以及照顾好小孩等；而一位好的弟媳要学会尊重嫂子、不能与其闹矛盾、要听从嫂子的意见和她处好关系，共同来孝顺老人，照顾丈夫和小孩。

（六）兄妹之间

在刘家，当家人刘福德有四个儿子，只有一个女儿。所以父母都特别喜欢这个女儿，哥哥们对妹妹都非常好，兄妹之间相处也十分融洽，没有发生什么冲突。兄长要对妹妹承担一定的责任。比如兄长要教妹妹做人的道理、保护妹妹不受外人欺负并帮助妹妹做家务活等。刘希胜几兄弟对妹妹都很好，比如在吃的方面，先让妹妹吃饱。他们从没有随便打骂过妹妹，就算妹妹做错事情了也只是指出来，让她改正。为了怕父母知道妹妹做错事而打她，有时哥哥们还会替她隐瞒。他们出去玩的时候会带着妹妹，比如刘希胜和弟弟们去河里抓鱼，就带着妹妹。他们让妹妹站在河边，然后抓到的鱼就让妹妹拿着，等抓够了就和妹妹带着鱼一起回家。好的兄长要能教会妹妹做人的道理，能爱护妹妹以及能帮助妹妹找到一个好的丈夫；好的妹妹要尊重兄长，能听从兄长的安排，能把家中的家务活做好，能为家人洗一洗衣服、做一做饭等。

七、家户外部交往

1949年以前刘家主要同邻居、亲戚、地邻、顾客以及村民交往，他们之间的关系相处得十分融洽，经常互相帮忙。谁家有什么事情会来找刘家帮忙，刘家也会找亲戚邻居们帮忙。刘家同邻居、亲戚、顾客以及村里的人关系都很好，很少发生过大的冲突。

（一）邻居关系

刘家同邻居家相处得比较好，经常互相帮忙，来往也比较多。一方面是去邻居家串门聊天，比如内当家梁氏在编织草帽的时候就喜欢去邻居家，可以和邻居家聊一聊编织的经验，也可以同邻居讲讲家中的事情，不会感到编织时的无聊，反而会感到时间过得很快，另一方面是向邻居家借东西，比如刘家每年耕种土地的时候家长刘福德就会去邻居家借牛。如果家中没有盐的话，梁氏还会用鸡蛋同邻居家换盐等。总之刘家和邻居之间的关系都是十分融洽，他们之间都能互相帮助，就像俗话说的那样"远亲不如近邻"，一定要与邻居打好交道，才能更好地生活。

（二）村民关系

刘家同村里其他村民的关系相处得十分融洽，平时来往一般，离得近的村民打交道自然比较多，村民之间都能互相帮忙。谁家里办红白喜事的时候，缺个桌椅板凳的就会来刘家借，当家人一般会借给他们，不过需要在借出去的桌椅板凳上写上名字好区分，以防自家的东西被别人家拿走。如果办事家里做饭帮忙的人手不够的话，梁氏也会去帮忙，不会要人家的报酬,只是村民之间帮个小忙而已。村民之间的地位都是平等的,刘家没有惧怕过其他的村民,其他的村民也不惧怕刘家,相互之间能友好相处,互相帮忙。

(三)地邻关系

刘家与地邻之间没有发生过什么矛盾,土地之间都有明确的界线。刘家用两种方法来进行区分。第一是路埂,这是种地的时候就修建而成的,路埂大约只有几厘米那样宽,但可以明确区分每家的地。第二则是"地印子",他们会在自己地的最远处种上枸杞树,每边种两三棵就行,这种树耐活,也很好生长,即使收庄稼时把它除掉了,第二年又会长出来。土地四邻都自然互相认同并充分尊重各自的土地的边界,其农业生产更是严格遵循土地边界。当土地邻里发生边界争议时,便可根据以上两种界线去判别谁对谁错。刘家在耕种土地时一方面没有越过土地的边界侵犯别人家的地,另一方面刘福德还常常帮助地邻耕种土地。有时候如果地邻家的土地不能及时地耕犁完,刘福德会主动问他需不需要帮助,之后就牵着牛帮他犁地。刘福德是不会找地邻要费用,也不会在他家吃饭,只是尽自己的一份力。总之,刘家与地邻之间的关系相处得比较好,没有发生过什么矛盾。

(四)亲戚关系

刘家与自己亲戚的关系相处得也比较好,没有发生过太大的冲突。刘家与本村的亲戚来往比较频繁,打的交道也比较多。但是与外村的亲戚就来往比较少了,关系也一般。比如刘家与二姑家交往最多,刘家一旦没有钱了或者没有粮食的话,刘福德就会向二姑家去借。一方面二姑家离自己家比较近,另一方面二姑家比较有钱,借钱以及粮食比较方便,还的时候可以商量一下时间等。每年大年三十晚上吃完饭,家长刘福德会去"一门"的亲戚家去坐一坐,给辈分比较长的老人拜一个早年。而外村的亲戚,比如刘家的亲家、表亲家,只有过年的时候刘福德会带着孩子去一下,平时很难聚在一起交流过。亲戚之间都是平等的关系,没有出现一方惧怕另一方的情况。在刘家亲戚中,刘家二姑家庭条件比较好,家中也有一些钱。可是刘家一样和她家打交道,同她家借钱或粮食,没有出现惧怕的情况。

(五)主佃关系

刘福德为了能维持一家人的生活,便租种了自己大舅哥家的五亩土地。租种这五亩土地时,刘福德没有和大舅哥签契约,同时也不需要找中间人见证。刘福德到自己大舅哥家说明情况以及来意后,大舅哥考虑了几天便同意租给刘家。大舅哥家中的地比较多,生活条件也比较富裕,所以说比较好商量。刘福德每年秋收后要交给自己大舅哥地租,这也是两家人在一起商量的事情,不过同时要根据每年的实际情况来计算。如果今年地里的收成不好,刘家交不起地租,那么刘福德就要去自己大舅哥家说明情况,商量一下能不能明年再交地租。一般情况下,刘福德的大舅哥会同意让刘家明年交地租。因为都是一家的亲戚,谁家有困难都要互相帮助。刘福德与自己大舅哥关系相处得比较好,每年过年过节的时候,两家人还会互相来往。两家人没有发生过什么矛盾,也没有发生过冲突。

(六)主顾关系

刘福德在农闲的时候会做一些贩卖盐、布的小买卖,这样能多赚一些钱,让家庭成员生活得更好一些。在卖东西的时候,刘福德会多给顾客一点,这样可以吸引回头客。刘福德一般不会和顾客讨价还价,只要是合理的价格,他就会把东西卖给顾客。刘福德卖东西时不会缺斤短两,这是不道德的事情,会让自己的名声变臭。如果是老顾客,就可以欠账,然后自己在本子上记录。但是如果是新顾客,刘福德一般不会让他欠账。因为不知道这个顾客的人品怎么样,刘家也是小本买卖,本来也赚不了几个钱。刘福德从来没有和顾客发生过矛盾,更没有发生过冲突,在村里名声还是比较好的。

八、纠纷调解

1949年以前,刘家家庭成员之间并未发生过大的矛盾和纠纷,有的只是兄弟之间的吵嘴打架,这也是十分平常的事情。这时候大哥刘希胜就会站出来拉架,还会让吵嘴打架的两个人自我反省。如果刘希胜管不住吵嘴打架的人,那么当家人刘福德就来管,他是二话不说,先打了两人再说。不过这些都是一些小的纠纷,不算大的事情。

刘家与村民、地邻、邻居、顾客以及亲戚之间没有产生过很大的矛盾冲突,关系相处得比较和睦。但是刘希普记得,刘福德与自己弟弟发生过一次冲突,不过冲突不是很大,最终和平地解决了这件事情。冲突的起因是刘福德的弟弟要扩建自己家的房屋,从而侵占了刘家的边界,这样一来刘家的家庭成员和其他的邻居出行就很不方便了。刘福德的弟弟家本来人就少,房屋就够住,他要扩建自己家的房屋没有问题,但是不能侵占刘家的边界。于是刘福德便和他吵起来了,但没有动手。最后闹得保甲长都来了,在他的劝说下刘福德弟弟才退让一步,没有把房屋扩建到自己家的边界。总之,刘家不会无缘无故和村民、邻居、地邻、顾客以及亲戚发生冲突,但是如果外人要找刘家的麻烦,刘家也不会惧怕畏缩的。

第四章　家户文化制度

　　刘家对于教育还是比较重视的,刘福德、刘希光、刘希普以及冯刘氏都上过学,上学的费用就由家庭来统一支出。刘家的家庭成员都有家户一体的意识, 他们都认为家户的利益至上。刘家逢年过节大多是刘福德带着家中的男性来祭拜祖先,办理红白喜事也是由当家人刘福德做决定,而且以家户为单位,其他的家庭成员处于服从的地位。刘家家庭成员平时会到邻居家串门聊天,刘福德也会和别人打打牌消磨时光。刘家一家人没有宗教信仰,但是对于家神以及祖先每年还是要虔诚地祭拜,从而祈求保佑一家人能平平安安、健健康康的生活。

一、家户教育

(一)家户教育情况

　　刘家的家庭成员主要通过私塾、学校以及家庭的方式来接受教育。具体的情况如下:家长刘福德10岁时才上私塾,只上了几年,认识一些字后就不再上了,然后回到家中干农活。刘希光6岁开始先上了几年私塾,等到村里有了学校后,就到学校去学习,之后就在息县农场工作。刘希普11岁去邢营学校上学,一直上到中专毕业。之后就回到村里的学校教书,他还当过学校的校长,现在早就退休了在家中颐养天年。冯刘氏也上过学,不过具体情况刘家人也记不清楚了。刘家的家庭成员上学的时间都比较迟,上学的因为都由当家人刘福德决定做主,需要和内当家梁氏商量一下。送孩子上学的目的当然是希望孩子能掌握知识,有能力过上好日子,能出人头地,光宗耀祖。穷人家的孩子也只有上学这一条路能改变自己的命运,从而过上富裕的生活。在刘家,女孩也能上学,男孩也可以不上学,上学这件事没有重男轻女,比如冯刘氏上过学,而大儿子刘希胜就没有上过学。

(二)私塾教育

　　在刘家的家庭成员中只有家长刘福德以及二儿子刘希光上过私塾。上学是家里的一件大事,必须由家长来决定来做主。刘家是小户,家中没有钱,祖上没有有名的文化人,所以没有也不可能开过私塾。刘家的家庭成员上私塾的花费每年只有几毛钱,还有就是买一些笔和纸,也没有其他的花费,这些都是由家庭统一支出的。

　　刘家的家庭成员都是和其他孩子一起去教书先生家中上课,刘家的生活条件不好,没有钱。所以并没有请教书先生到家中为孩子上课。私塾的学习内容是《三字经》《弟子规》《论语》等。等到孩子够上学的年龄,刘福德先和教书先生商量好,然后就带着孩子去上课,之后便是孩子单独一人去上私塾,也不需要家长带着。过年的时候,刘家没有给教书先生拜年,家里比较穷,拜不起年。如果要去拜年的话,就必须带礼物,可是刘家没有钱,能让刘希光上私塾就很不错了,根本买不起礼物。刘希光在私塾也就只上过六七年,之后就到学校上学。在项营村一般只有大户人家有足够的钱,才会在家设学堂。一方面因为大户人家的子女众多,他们不愿意让孩子们上公共学堂,另一方面因为大户人家比较有钱,他们有能力单独负担请一位教书先生的费用。大户人家每年过年的时候还会给教书先生一些粮食和肉,让他能够过一个好年。他们还会请教书先生在家吃饭,然后询问一下孩子们的学习情况。

(三)学校教育

1949年之后,芦集乡人民政府才在邢营建立小学。在刘家,刘希光、刘希普以及冯刘氏都上过学,由当家人刘福德做主、拿主意。刘家的男孩和女孩都可以去上学,没有什么讲究。上学的费用也就一两毛钱,自己需要买笔和纸,没有其他的花费,这些费用都是当家人刘福德统一支出。当然孩子自己决定读书,其首先是为了自己能出人头地,有能力、有本事过上好的生活;其次才是为了全家,能光宗耀祖,使自己家能有声望,比如刘希普头脑聪明,学习也比较刻苦,在班里面成绩比较好,所以他一直上完中专,然后在村里的小学教书,工作十分轻松,还当上了学校的校长,现在退休了在家中颐养天年。他感觉他让自己家在村里比较有面子,能受到别人的尊重,这就算是光宗耀祖。

(四)家庭教育

刘家人十分注重家庭教育,当家人刘福德上过几年私塾,有文化,也可以教育儿女。一般情况下,刘福德先教儿子做人的道理。比如为人要诚实、不能说谎话,否则没有人会相信你;干活要勤劳、不能偷懒,只有勤劳才能致富等。然后等到儿子们能干活的时候就教他们如何干活,比如耕地、犁地等。女孩子也是由刘福德教授有关做人的道理,首先要养成良好的品德,其次由内当家梁氏来教女儿家务劳动技艺,如做饭、洗衣等,还会传授有关家庭手工业技艺,如弹棉花以及编织草帽等,其他亲戚不会无缘无故来教自己家孩子知识,除非在亲戚面前犯了错误,他会指出并且要求你改正,不过这种情况很少。同龄人也会相互影响,俗话说得好,"近朱者赤,近墨者黑"。当然家庭对小孩的教育才最重要,同时影响也是最大。家长是孩子的第一任老师,孩子做人做事的道理以及生活的本领都是父母所教授。父母的性格在孩子成长中也会产生一定的影响,比如梁氏的性格比较温和,做事情讲道理,办事公道。当自己遇到困难时,也是父母以及家人首先帮助自己。刘家的家庭成员在此影响下性格都比较好,做事都按照规矩来。在刘家,只有孩子成年了或者能独立办事才被家长认为是长大了。

(五)家教与劳动技能

刘家人会教孩子学习一些劳动技能,一般情况下男孩子就学耕田、犁地等劳动技能,女孩子学做饭洗衣、编织草帽等家务活。这些劳动技能家庭成员必须要掌握,作为一个农村人不干农活要怎么生存。女孩子只有会做家务活才能找到一个好丈夫,才能很好地照顾家庭。如何干农活,就由当家人刘福德来教给儿子,家务活由母亲梁氏教给女儿。男孩子比如刘希普在七八岁的时候,就要去割草喂家中的牲口,到了十三四岁便开始跟着父母到地里干农活。女孩子比如冯刘氏也是在七八岁时要去割草喂家中的牲口,十三四岁就由母亲负责教授怎样做饭以及洗衣服。如果女孩儿不会家务,在找婆家时会有一定的困难。到了夫家,女孩子做不好家务活的话,会被夫家看不起,会被婆婆说。当然刘家没有出现这种情况,冯刘氏在很小的时候就干家务活,她在梁氏的教导下,洗衣、做饭以及编织草帽等家务活都能熟练地掌握,最后找到一个好的丈夫以及婆家。她在婆家中能很好地完成家务活并照顾好丈夫,生活十分美满。

(六)家教与人格形成

父母亲和其他家人的思维方式与性格在孩子的成长过程中有重要的影响，家庭成员之间的相处模式和平时的生活氛围也会对孩子的性格产生影响。刘福德在刘希胜小的时候就一直教育他，受父亲的影响，刘希胜的性格也比较直，敢说真话，比较诚实。关于做人做事的道理，基本上都是从父母、家人那里学来的。刘福德教育儿女要诚实不能说谎话，要做一个堂堂正正的人，干活的时候要勤劳，不能偷懒等。当刘家的家庭成员犯错误的时候，刘福德会及时教育，严重的话还会打他一顿。有关的风俗习惯刘家的家庭成员也是从家中习得，过年过节都会看着或跟着长辈进行一些特殊的仪式活动。比如过年祭祖的时候，刘福德会带着儿子们到坟地。首先是给祖先上供，摆放酒和肉，之后烧纸、烧香；然后就是放鞭炮，最后刘福德会带着儿子给祖先磕头。这些仪式过程刘家男性成员都是跟着长辈习得的。

(七)教化功能

1949 年之前，刘家家长刘福德在孩子们小的时候就教育他们要热爱国家，坚决不能当亡国奴，不能被日本人所俘虏。他告诉孩子们，国家是由一个个小的家庭所组成，国家若灭亡了，那么每个家庭也将不会存在了。村里的保甲长也会向村民宣传：我们每个人都应该热爱祖国，不能当日本人的走狗，坚决不当亡国奴。刘家的每个家庭成员都能接受家长刘福德的教化，都十分热爱祖国。

(八)手艺安排，家中未有

刘家没有什么独门手艺，祖祖辈辈都以务农为生。梁氏会编织草帽，是父母传授的。此外梁氏还会做"茶饼"，这也是父母传授而来的。不过这些都算不上什么手艺，梁氏没有把这些技能教给刘家的下一代。

村里的木匠家里的手艺人会将手艺教给家里的男孩，传男不传女，一般按照习俗都是教长子，其他儿子愿意学也可以，不愿意学也不强求。学手艺平时在家里也要做农活。把手艺传给孩子是因为手艺人比单纯种田要过得好一点，即使荒年也不会饿肚子。有的父母也会带着小孩去找木匠拜师，供他一顿饭吃，如果爷爷是当家人，爷爷带孩子去。家长想让小孩子学一门手艺，因为做手艺人饿不死，即使是荒年也有饭吃，别人既要给钱，又要供饭，小孩是否学手艺、学什么都要听从家长的意见。

二、家户意识

(一)自家人意识

刘家的家庭成员一直就有深厚的家户意识，不管是分家之前，还是分家之后。具有血缘关系的刘家人肯定要比"一门"的亲戚及外人更为亲密。刘家的家庭成员认为，家庭是一个整体，每个人都要互相帮助、互相扶持，家庭利益高于个人利益。"发家致富"是每个家庭成员共同的经济目标，家庭和睦是每个家庭成员共同的生活目标，行善积德是每个家庭成员的行动目标。

只要是在一起吃饭、在一起居住，具有血缘关系的便是刘家的自家人，比如从刘福德到刘希胜再到刘洪彬这三代人不仅具有血缘关系而且吃住在一起，这就是刘家的自家人。即使分家之后，大家不在一起居住和吃饭了，有事情时家人还是能够互相帮助的，心中感觉还是自家人，但是有的大户人家，家中有好多丫鬟以及帮工，他们吃住也会在一起，但却不是自家人。自家人之间相处比较随意而且不用心存戒备。自家人当然是最重要的人,如果在生活以及工作中遇到什么困难,第一时间便想寻求家里人的帮助。家里的事情都由家庭成员解决,外人是不可以也不想介入别人家的事。有时自己家的事情都快管不了,所以根本没有心思管别人家的事情。刘家的家长是刘福德,家事由他全权负责,比如生产生活都要听他的安排,租地以及维修房屋的大事情也是由他来做主,不过也需要同内当家梁氏商量一下,其他家庭成员就处于服从地位。刘家的家务事由内当家梁氏来负责拿主意做决定。比如梁氏安排儿媳妇做饭、洗衣、做衣服等。邻居以及保甲长不会来插手刘家的家事,自家处理自家的事情。但是如果家庭成员发生比较大的冲突,家长处理不了的话,可以请"一门"中辈分比较高的老人或者保甲长来帮忙劝说和解决。这种情况刘家没有出现过,家庭成员没有闹过大的矛盾,刘福德基本能处理好家中出现的各类问题。刘家与外人交往时,当然要称呼他的名字,说话要客气,要委婉以及要有所保留。借钱一般会向亲戚家借,因为这样比较方便。

（二）家户一体意识

刘家在未分家的时候,几个兄弟在生产和生活中都会相互帮助,妯娌之间也都能互相帮助。比如刘家大儿子刘希胜常常为弟弟们分担地里的农活,让他们少干点,怕累坏了他们。如果家中成员被外人欺负,刘家一定会为其讨回公道。刘家在分家的时候是按照平均分配的原则,不会偏向任何一人,家中也没有患重病或丧失劳动能力的人。刘家几个兄弟分家之后,他们之间的经济条件便有所差异了。老二刘希光以及老四刘希普的家庭条件比较好。一个在息县农场工作,一个在村里教学最后还当上了校长。相比之下,老三刘希亮没上过学,家中就种了几亩地,经济条件很差。每年二哥和四弟都会给刘希亮一些钱和粮食,尽自己所能来帮助刘希亮。

刘家的家庭成员共同的经济目标是"发家致富",每个人都要为此而不断努力。如果谁发达了,必然会帮助家庭的其他成员,虽然不能让其他人也像他一样发财,但是过上一般富裕的生活也是可以了。刘希光和刘希普两兄弟,因上学改变了生活。虽然没有发大财,但是家庭条件相对较好,他们尽自己的能力帮助家中的其他成员。刘家的每个家庭成员都希望自己能光耀门楣。刘希普上完中专后,在村里教学,之后当上了校长。这在他心中也算是光耀门楣了,自己让刘家在村里面比较有面子。刘家的家庭成员都是有共同的生活目标,都希望家庭和睦、枝繁叶茂。家里面的人如果发达了,全家人也都能沾光。每次过年过节的时候,家长刘福德就会祈祷祖先保佑家庭成员身体健康,能够很好地度过一生。

（三）家户至上意识

刘家的家庭成员都认同"没有家就没有个人"的说法,一个人是不可能离开家庭而独活的,在个人的成长道路上家庭教育是第一位的,离开家庭的个人不可能有很好的发展前途。当家庭利益与个人利益发生冲突时,个人利益要服从家庭利益,要把家庭利益放在个人利益之上,如自己想买一些东西,但是家里的钱不多,那肯定不能买,而要用于家庭成员的生活。刘家考虑事情都是从家庭利益出发,家庭肯定要比个人重要,比如在上学这件事情上,刘家大儿子刘希胜就没有上过学,这是家长刘福德做的决定,他也和梁氏商量过,一方面是当时家中没钱;另一方面是为了家庭的整体利益,让刘希胜来帮忙干农活,可以增加家中的劳动力,从而减轻家庭的负担,让整个家庭能过得好一点。刘希胜为了整个家庭同意刘福德的决定,但是也会感到有些遗憾。刘家没有人为了家庭而放弃在外工作的机会。刘希光在息县农场工作,刘福德以及梁氏还是比较支持,没有让他回家干农活。在儿女的婚姻问题上,要听当家人刘福德的安排。一般情况下是父母之命、媒妁之言。当家人不同意，儿子不可能结婚。如果当家人不喜欢儿媳妇，希望他们离婚，儿子大多会听当家人的话，但是很少有当家人因为不喜欢儿媳妇而让儿子离婚的，大多会选择分家。刘家没有出现过这种情况，刘福德和梁氏希望儿子和儿媳能好好地过一辈子。

（四）家户积德意识

常言道："日行一善，功满三千。"刘家的家庭成员都有行善积德、造福子孙的意识。比如村里经常有来要饭的乞丐，每次到刘家要饭时，家长刘福德会给他一点粮食或者一碗饭吃。虽然刘家的粮食也不是很多，但是刘家人不会看着别人挨饿。因为谁家都有要饭的时候，刘家的家庭成员也都要过饭，都能理解要饭人的难处。过年过节的时候全家人会在家里祭拜祖先，祈求一家人身体健康平安，能很好地过完一生。刘家人都相信"善有善报、恶有恶报"，他们自己不会、也不让自己的子孙后代做坏事，如果谁做了坏事会受到家长的惩罚。如果家中有人学有成就的话，刘家会认为这是祖上乐善好施、行善积德的结果。比如刘希普通过上学有了一番成就，刘家人就认为是祖上冒了青烟。刘家没有出现心地不好或没有道德的人，家长刘福德比较注重道德教育，因此刘家的家庭成员都具有积德的意识。

三、家户习俗

1949 年之前，项营村村民过的节日有春节、元宵节、清明节、端午节、中秋节、中元节等，都是全家在一起过。婚丧嫁娶也有很多的程序和习俗。刘家过节以及办理红白喜事都由当家人刘福德做主、做决定，而且以家户为基本单位，其他的家庭成员处于服从的地位。

（一）节日习俗概况

1949 年以前，刘家家庭成员过的节日有春节、元宵节、清明节、端午节、中秋节、中元节等，这些节日都是全家在一起过，但是不同的节日都有着不同的过程以及习俗。

1.春节：迎接好前景

过了腊月三十便是新的一年，也就是春节。春节不仅是一年的结束，而且也意味着要迎接新的前景。春节之前，每家每户都要准备过年的东西。为了过一个好年，即使家里再穷，刘家人也要借钱买东西。一般情况下，刘家由家长刘福德准备年货，他从腊月二十就开始行动。刘家的家庭条件不好，家中没有钱，只会到龙王庙街买一些鞭炮、烧香以及烧纸，然后再割一斤肉就行了，也买不起其他东西。刘家过年的时候一般不会给家人添新衣服，只有衣服破到不能穿才可以添。刘家的大扫除要在腊月三十那一天完成，刘家人会把家里弄得干干净净迎接新的一年。贴春联在腊月三十的早晨或上午，一般由刘希胜几个兄弟来贴。当然在项营村也有不贴春联的家庭，比如家中的亲人才过世不久及家庭信奉基督教的都不贴春联。刘家还会贴门神和灶神。在堂屋的门板上贴门神，有古代武将秦琼、尉迟恭，祈求能避鬼驱邪；在厨房就贴灶神，祈求来年家庭能过得红红火火，刘家以家庭为单位，全部家庭成员在一起过年，外人不会无缘无故来家中过年的。

过年需要祭祖，每家每户都会去自家的坟地烧纸。刘家由家长刘福德带着四个儿子去祭祖，女性不能去坟地。首先，家长刘福德会在坟前摆好贡品，一般只有馒头、猪头肉和几杯酒；之后刘福德就会给祖先烧纸，等烧完纸后他会掐下几块肉放在墓前，再把酒倒在墓前，接下来就放鞭炮；最后刘福德就会跪在墓前给祖先磕头，还会让儿子们来磕头。回到家中，吃饭之前也要祭拜祖先,要烧香、烧纸并磕头,女性不能参加,之后就可以吃年夜饭了。刘家的年夜饭是自己一家人在一起吃,外人是不能也不会参加的。刘家的年夜饭有鸡、猪肉以及几盘青菜。吃饭的时候一家人会聊天,一般就聊一聊这一年家中的收支、孩子的学习情况等。刘家过年时很少会给孩子们压岁钱,因为家里实在没有钱,能过一个年就算很不错。吃完饭后一般由女性收拾桌子,男性一般不干家务活了。刘家的家庭成员会在一起守岁,等到十二点过后才会睡觉。在守岁的过程中,大约在十点的时候,刘家一家人还会在一起吃饺子。

春节的时候每家每户都会给自己的亲戚去拜年,说一声"过年好,新年快乐"来表达自己的心意。一般情况下先给辈分最大的老人拜年,然后按照辈分依次拜年。不过在项营村有"舅为大"的说法,即先要给舅舅家拜年,然后才给姑家、姨家拜年。而且村里还有还礼的情况,比如你去舅舅家拜年,那么舅舅家的小孩还会去你家拜年。拜年从大年初一开始,要是亲戚太多,都是腊月三十晚上吃了饭,家长便会先到村里离自己家近的亲戚家坐一坐,如果遇到认识的人就会停留一会,互相说声过年好。刘家是刘福德带着自己的儿子去给亲戚家拜年,他会提一两斤红糖和果子。新媳妇在大年初三或者初四的时候才能回门,和自己的丈夫拿着礼品一起回娘家去拜年。

大年初一的时候不能动剪刀,也不能在正月里剪头发,因为有"正月理发死舅舅"这一说法;初一也不能往外扫地、倒水倒垃圾等,因为如果倒了就意味着把福气都送走了;在吃年夜饭的时候不能吃完,这意味着年年有余。

2.元宵节:玩灯笼

正月十五那一天是元宵节,在项营村又叫"灯节"。在元宵节的前一两天家长刘福德也会提前准备好过节的东西,也不过是买一些鞭炮、烧香以及烧纸等。在元宵节每家的小孩在晚上都会打灯笼,这在集市上有卖的,形状各异,非常好看,但是刘家买不起只能让内当家梁氏给孩子制作简易的灯笼。一般是用几根竹条编成圆形,然后用纸糊住,在中间放一根蜡烛就行。这一天也要祭拜祖先,和过年之前一样,刘福德带着儿子们去坟地祭拜。之后回到家中拜完祖先、放了鞭炮后就可以吃饭了。元宵节每家每户都必须吃汤圆和饺子,这些吃食是梁氏带着媳妇一起做的。

元宵节这一天村里面有舞狮子的活动,他会到每家每户家里去玩。其具体情况如下:会有两个人扛着狮子布偶跳,一个人跟在后面唱词,还有一个人拿着灯为他们来照路,另外有一个人拿着鞭炮到了各家各户门口放一会儿,比如到了刘家,狮子会到刘家的每个房间中要一要,这意味着扫除家中的晦气,迎接福气。然后刘家家长刘福德会把钱放在门头上,也就几毛钱,让舞狮子的人自己来拿。有的人家会放在更高的地方,来刁难舞狮子的人。等舞狮子的人拿到钱后,在这一家的表演就结束了。

3.清明节:上坟拜祭祖先

春分后十五天就到了清明节,这一天每家每户都会去自己坟地上坟。刘家是刘福德拿着铁锹带着四个儿子们一起上坟,女性不能参加。如果看见坟地上的土松动了刘福德就把土拍紧实些,然后还会挖新土来覆盖坟墓。他还会告诉儿子们,坟墓就像房屋一样,每年都要翻修翻修,这样才让人看着庄重。我们一定要尊敬祖辈,要让他们在"那边"①过好。等这些做完之

---

① 那边:当地土话,即阴间。

后,刘福德就会烧香、烧纸以及让儿子们和自己一起给祖先磕头。

4.端午节:吃粽子

五月初五是端午节,又称为端阳节,这个节日是为了纪念屈原。在刘家,一般早上起来,内当家梁氏就会在家门口插蒲艾,然后全家人吃鸡蛋、粽子等。粽子是刘家人做,就用粽叶包住糯米在锅里一蒸就行。端午节这天,南方一般会举行龙舟竞赛活动。但是在项营村这天没有什么活动,自己家过自己的节,一家人在一起吃鸡蛋以及粽子。

5.中秋节:家人团聚

八月十五这一天是中秋节,刘家的家庭成员会聚在一起。刘福德这一天会到集市割一斤肉,中午让梁氏做给大家吃。刘福德还会买一些月饼,等到晚上,刘家人会在一起吃月饼。刘家人还会在一起聊聊天,比如刘福德会讲一讲他贩卖东西时的经历以及讲一些父亲刘鹤鸣的事情,这些事都十分有趣。梁氏也会讲一讲她小时候的事情和她自己父母家中的事情。

6.中元节:烧纸祭拜祖先

七月十五为中元节,在农村也称为"鬼节"。中元节是超度亡魂、敬祭祖先的节日,同时中元节也是自家祭拜祖先的节日。到了农历七月十五日傍晚,项营村有的人家还会在道路的十字口烧纸、烧香。

这一天正是鬼门大开的日子,这个时候阴气最重,所以那天晚上最好不要随便出门,以免撞见鬼。另外,最好不要到河边或沟边等地方,以免不小心失足,就成了水鬼的替身。除此之外,最好不要乱说一些不吉利的话,以免招惹阴灵。

(二)红白喜事

1949年之前,办红白喜事是比较复杂的,有许多流程。其中嫁娶包括找媒婆、看人、合八字、定亲、通知、送嫁妆、娶亲、下轿、拜天地、闹洞房、揭盖头、回门等;丧葬包括报丧、请人、行礼、戴孝、出殡以及烧头七、周年等。

1.婚礼

一般新媳妇是三天后回门,回门时带几斤红糖及一些果子。嫁出去的姑娘不能在娘家过年,只能在初三或者初四回娘家去拜年,回去的时候不能祭拜家里面的祖先。婚礼过后的第二天新媳妇需要去厨房做饭,需要向公公婆婆请安,也需要和小姑子以及小叔子打招呼。举行婚礼的时候会请家里的亲戚、朋友等来吃酒席,一般外人不会随便来吃酒席。以刘希光和高氏的婚事为例,具体流程如下:找媒婆、看人、合八字、定亲、通知、送嫁妆、娶亲、下轿、拜天地、揭盖头、闹洞房、回门等。

第一找媒婆。刘希光到了结婚的年龄,当家人刘福德就会找村里的媒婆,告诉媒婆一些有关要找对象的条件,让她按照这些条件来寻找。之后她就到刘福德家介绍高氏的基本情况,比如人品相貌、脾气秉性以及家庭条件等,然后再到高氏家介绍刘希光的基本情况,让彼此有一个初步了解。事成之后要给媒婆一些钱或者粮食。

第二看人。媒人先介绍两家情况,刘福德与高氏家的家长都同意后,媒人就会带着刘福德与高氏家的家长到对方家看一看女方或男方,看看是否如媒婆所说的那样能满足自己的要求。然后刘福德与高氏家的家长在一起相互问问孩子的情况,之后就会在集市上吃个饭。这时刘福德与高氏家的家长都不会表态,之后和家人商量一下后再做决定。

第三合八字。如果刘福德和家人商量后感觉可以,他便去找媒婆去问问女方家长的意见。如果刘福德与高氏家的家长都感到满意,他们便会找人给双方看一下生辰八字,如果双方相合,就可以定亲。如果八字相冲,这桩婚事一般也办不成,人们尤其是农村人十分迷信。

第四定亲。刘福德与高氏家的家长都同意、生辰八字相合之后,就可以商量彩礼钱。刘福德把高氏家的家长约出来商量,如果双方对商量的结果都满意,这件事就算完成了。刘福德还会请高氏家的家长以及媒人等在一起吃饭,这样就表示两家人正式定亲了。

第五通知。刘福德在确定结婚的日子后就会通知女方家,一般都是让媒婆去通知。高氏必须在这一天打扮得漂漂亮亮的,穿上红色的衣服,等刘希光来迎娶。

第六送嫁妆。迎娶的前几天,高氏家会把已经准备好的嫁妆送到刘希光家中。一般是一床被子和一些衣服,穷人家也送不起贵重的东西。

第七娶亲。娶亲的当天,刘希光以及高氏都穿着红衣服,象征着喜庆。刘家以及高氏家的门窗上都贴着"囍"字,男方就会用轿子去接新娘子,之后就可以下轿、拜天地。

第八下轿。高氏下轿时,刘家的门口会放一盆炭火,寄托对未来新生活的祝福,让日子过得红红火火,人丁兴旺。下轿的时候让刘希光背着高氏,高氏的脚不能沾地,据老人说如果新娘的脚沾地就不吉利了。

第九拜天地。拜天地都是男左女右,一拜天地、二拜高堂以及夫妻对拜,之后刘希光就可以带着高氏入洞房。

第十揭盖头。刘希光和高氏进入婚房之后,刘希光便可以用秤杆挑去高氏的红盖头,这种方式寓意着"称心如意"。这时他们两人才能看到对方的长相,会在一起说说话。

第十一闹洞房。刘希光揭去高氏的盖头之后,他们就可以喝交杯酒,这时新郎的表兄弟会闹洞房,比如找高氏要钱或者糖果,不给的话就不出去,总之闹洞房就要图个热闹。

第十二回门。高氏只能在结婚的三天后才能回娘家,一般会和自己的丈夫刘希光带着红糖以及果子一起回去。

2.葬礼

一般情况下老人葬礼的具体流程包括报丧、请人、行礼、戴孝、出殡以及烧头七、周年等。但是如果16岁以下的孩子死亡,那么家人便会直接用火焚化了,不埋葬。如果家中的老人刚刚去世的话,过年家中不能贴春联。以刘福德父亲的丧事办理为例。

第一报丧。刘福德的父亲刘鹤明去世时,家长刘福德便让家中能办事的成员去通知亲朋好友。刘家报丧的人头上勒一条白手巾,到对方家之后他们就知道有人去世了。这时亲戚们立马来到家中吊唁并安慰去世者的家人们,朋友以及邻居第二天才来吊唁。

第二请人。刘福德请村里会办酒席的人来为自己家做菜,还会请"一门"中有经验处理丧事的亲戚帮忙料理一下丧事。帮忙招待来吊唁的客人并处理一些琐事。一般刘福德会找那些岁数稍微大一些的人,他们都经历过多次丧事的筹办,对办丧事的过程比较熟悉,能够安排好相关事项,不会让前来祭奠的人觉得这家办得不好,让家长没面子。他们在客人来的时候就在门口迎接他们,然后把他们带到座位上。等吃完饭后,他们会在门口问一下客人吃好了没有。客人一般会让刘家的人节哀顺变。

第三行礼。等到刘家家里的亲戚到刘家后,他们要给刘鹤明老人行礼,还会在棺材前磕头,然后哭着和刘鹤明老人说话,"你咋这么命苦啊!这么早就不在了",等等。

第四戴孝。刘鹤明的女儿、儿子、儿媳妇和姑爷都要戴重孝,即头上戴一个白布做的帽子,然后身上系上白色的孝带,其长度直达脚部;"一门"的亲戚在身上系上一条白孝带就可以;孙子头上戴着一顶白帽子。吃饭的时候,刘家的家庭成员都站在房屋的一边吃。等丧事办完后,这些孝布都要留着,可以做衣服。

第五出殡。等到第三天就必须得出殡,要把刘鹤明老人抬到已经挖好的坟墓中埋藏。这时刘福德作为刘家的长子必须要给老人拽线①,然后也是由他来埋第一锹土。等埋葬之后,刘鹤明老人的女儿们就会跪在墓前哭,刘福德几兄弟就会把用纸做的马、房子以及飞鹤等等烧给老人,让他能好好地上路。

第六烧头七。等到第七天之后,刘福德以及家人会到老人的墓前烧纸、烧香以及放鞭炮等。然后每个家庭成员会跪在坟墓前哭,一边哭还会一边喊"在那边要好好保重,要吃好穿好"。

第七烧周年。等到老人去世一周年后,刘福德以及家人也要特意去坟地祭拜老人。他们一般会给老人烧纸元宝、放鞭炮等。等到这些做完之后,家人们要在坟墓前磕头。

(三)家长在节日的支配地位

在刘家中,过节是家庭成员全部团聚在一起,不会请外人,外人也不会到家中过节。过节的仪式都是由家长刘福德主持,其他家庭成员都处于服从地位。例如过春节的时候,刘家的年货是刘福德提前几天准备好的,然后去坟地祭祖,也是刘福德带着儿子们,他摆贡品、烧纸、烧香和放鞭炮,儿子们只需要给祖先磕头就行,走亲戚的时候也是刘福德带着儿子去,主要也是他和亲戚们联络感情。总之在刘家,家长刘福德在过节时处于支配地位,由他来做决定以及做主。

四、家户信仰

1952 年之前,刘家的家庭成员没有宗教信仰,也与项营村其他家庭一样家里供奉的有门神、灶神等,从而保佑家庭的平安。当然刘家也供奉祖先,每年过节都会烧香、烧纸以及摆酒水。此外,刘家也会去村外的庙里祭拜,祈求家庭成员能健健康康、平平安安地生活。

(一)宗教信仰概况

刘家的家长没有宗教信仰,家庭成员也没有一个人信教。不过在项营村有村民信仰宗教的情况, 比如刘希见一家人信仰基督教, 每个星期日人们都会到他家里集会以及在一起祷告,之后人们就回家了。每年刘希见都会组织人们到他家里学《圣经》,一般念一个星期。这时人们就会在他家吃饭,也会住在他家中。人们也都会给刘希见粮食或者钱算作自己的学费以及伙食费。

(二)家神信仰及祭祀

1952 年之前,刘家与项营村其他家庭一样供奉有门神、灶神等,从而祈求保佑家庭平安。门神要贴在堂屋的门上,一般会贴秦琼以及尉迟恭的纸画,用以驱邪辟鬼、卫家宅、保平安。灶神又被人们称为灶王爷,一般会贴在厨房中,还会摆上一碗米饭、一杯酒以及一炷香祭拜,祈求灶王爷保佑家庭生活能越过越好。祭拜家神一般都是在过年的时候,平时不会祭拜。在刘家是由家长刘福德准备及摆放祭品,同时也只能由刘家的男性成员祭拜,不允许女

---

① 拽线:即抬头棺。

性祭拜家神。

（三）祖先信仰及祭祀

1.祭拜祖先

刘家供奉有祖先的牌位,对于祖先是谁,从哪来的以及怎样来的,家里老一辈子的人都知道, 比如刘希普是从他父亲刘福德口中得知刘家的祖先是从山西迁移过来的,到了村里后,刘家祖先便安了家,开垦了几亩土地,就这样世世代代传承下来。刘家的人都祭拜祖先,祖先在刘家的地位是极其崇高的,逢年过节家庭成员都会祭拜祖先。刘家有祖坟,而且还有一定的埋葬顺序。比如儿子去世的话,就会被埋在父亲墓地的后面。刘家的家庭成员是很重视孝道,这是祖祖辈辈的传承以及中华民族的传统美德。刘希普一直和父母生活在一起,照顾他们,直到把他们送终,其他的儿子在分家之后也会看看父母,给父母一些钱等。总之,刘家十分重视孝道,同时也在实际生活中践行着,刘家的家户赡养被外界所认可。

2.怀念祖先

刘家的家庭成员祭拜祖先是为了怀念祖先, 同时也祈求祖先保佑活着的人们平安健康顺利以及保佑儿孙们能有出息,有一番作为。刘家会在过年时祭拜祖先,是由当家人刘福德主持和祈求,他一般就会说"希望祖先保佑家人身体健康,平安一生",等等。祭拜祖先时,家长刘福德当然起支配作用,摆放贡品以及烧纸、烧香、放鞭炮等事情都由刘福德来做。刘家的女性不能祭拜祖先,嫁出去的女儿和媳妇都不能祭拜祖先。小孩子在祭拜时只需给祖先磕头就行,这是当家人要求的,同时也是一种习俗,小孩子不愿意也不行,但是刘家也没有出现这种情况。

（四）庙宇信仰及祭祀

1949 年以前,项营村没有庙,但是龙王庙村有庙,且这个村的名字是用这个庙宇的名字命名的。每年在龙王庙村都举行庙会以及拜庙活动,此外在龙王庙村还有集市,这里离项营村比较近,三里路也就是 1500 米,走路十几分钟就到了,一般村里的人会到龙王庙赶集,再加上那一天逢会真是好不热闹。龙王庙供奉的是龙王,人们祭拜他都是祈求这一年能风调雨顺,不要干旱也不要发洪水,让地里的庄稼能很好地生长,能有一个丰收年。在刘家,一般是家长刘福德去赶庙会、到庙里祭拜,不过有时候他也会带着儿子一起。祭拜的时候会烧纸、烧香,没有其他的东西。刘家的其他家庭成员自己不能到庙里祭拜,这是以家户为单位,也是祈求保佑家庭能平安,只有家长才能代表。龙王庙村举行庙会的时候会搭戏台子,请外村人来唱戏。农村人也没有什么娱乐活动,对看戏的热情非常高,有的人甚至每天都来龙王庙看戏,一直到庙会结束。

五、家户娱乐

1949 年之前,农村人一般没有什么娱乐活动,日常生活比较简单。刘家家庭成员的娱乐方式主要包括结交一些朋友,与村里的人打打长牌或麻将、到邻居和亲戚家中串门聊天、去外村逛庙会,以及过年的时候看一看村里的人舞狮子。

（一）结交朋友

多个朋友多条路。结交朋友是一件非常重要的事情,他会在你有困难的时候帮助你。在刘家,男性家庭成员尤其是家长刘福德在做小本买卖时结交的朋友比较多。刘希荣便是刘福德在贩卖盐时结交的朋友，每次哪里的盐比较便宜他就会告诉刘福德，然后两人一起去贩卖；女性一般在出嫁之前没有朋友，男性朋友更是没有。1949年之前，没有出嫁的女性自己不能一人出门，就算是丈夫也是结婚的时候才能见面，但是成家后女性可以交朋友。一般也只会和邻居家的女性成为朋友，同远地方的人或男性是不可能成为朋友的。刘家的男性都可以交朋友，不需要得到当家人刘福德的同意，这都是自己的事情。不过只有当家人交的朋友，才是刘家全体家庭成员的朋友，刘家的儿子交的朋友只是自己的朋友不能算是刘家的朋友，比如之前提到的刘希荣是刘家的朋友，但是刘希荣结交的朋友就只能算个人的朋友。刘家在办红白喜事的时候，家长刘福德会告诉和自己玩得好的朋友，让他们来帮忙或者来喝酒。当然，朋友家有事的话，他也会去朋友家帮忙。

刘家交朋友没有什么特殊的仪式，只要看别人做事比较公道，为人比较老实不耍心眼，就会和他交朋友。如果两人之间玩得很好，还可以让自家的儿子认他为干爹，增进两家人的感情。如果是平辈的朋友就按岁数大小来称呼，如果辈分比自己长的朋友，就喊叔伯等，比如刘希荣就要喊刘福德叔。刘家家庭成员交的朋友都是和自己家庭条件差不多的，有钱的家庭一般不会和穷人家结交朋友。刘家的朋友很少在刘家留宿，他们都知道刘家的房子自己住就勉强，不过也有在刘家留宿的，就只能挤一挤了，当家人刘福德需要和内当家梁氏说一声。

（二）打牌

在项营村打牌没有什么特殊的叫法，不过村里的人一般叫"斗牌"。村里的人主要玩"纸胡禄"及麻将。"纸胡禄"也就是人们现在说的长牌。这种牌一种有84张，据传是三国时期诸葛亮所创造。长牌由各种点子组成。牌面上还有各种人物，比如水浒人物以及三国人物。麻将一般是用竹子、骨头或塑料制成的小长方块，上面刻有花纹或字样，每副136张。麻将的牌式主要有"饼""条""万"等，麻将应对的五种标准状态，是"吃""碰""杠""听""和"。吃，即上家打出牌，与下家的牌正好组成一副顺子，他就可以吃。碰，即其他人打出一张牌，自己手中有两张相同的牌正好组成一副刻子，他就可以碰。杠，即其他人打出一张牌，自己手中有三张相同的牌，即可杠牌，称为明杠，倒下这个杠，再到牌尾抓一张牌，将手中不需要的一张牌打出；手中有三张相同的牌，又抓到一张相同的牌，称为暗杠，扣下，别人不知道是啥牌，再到排尾抓一张牌，将手中不需要的一张牌打出。"明杠"比"吃"优先，如果你要杠的牌刚好是出牌方下家要吃的牌，则吃牌失败，杠牌成功。听，即当你将手中的牌凑成了有用的牌，只需再加上最后一张便可和牌，你就进入听牌阶段，报听后不能吃、碰、杠，只能打本轮摸到的牌。和，即当最终牌型满足四个连在一起的以及一对相同的就可以和牌。四个玩家谁先和牌谁为胜利。在刘家只有家长刘福德比较喜欢与人打长牌，一般会和村里的人在一起打牌。打牌时刘福德不会管穷富以及年龄，只要打牌的人自己付得起钱就行。刘福德一般在农闲的时候打牌，农忙时还得干活，没有时间。刘福德常常会在别人家打牌，不会在人家家中吃饭。他们打牌都是有赌注的，一般主要是以赌钱为主。刘福德曾经在一次打牌中输了好多，因此欠下了赌债。为了还赌债他把家中的牲口卖了，刘家的家庭成员虽然对他心有不满，但是并没有当着外人的面说，而是到了夜晚由内当家梁氏和刘福德说"你不要再赌博了，家中本来就很穷，每年只够勉强生活，你这样还让一家人怎么过"。从此之后刘福德就很少赌博了，即使打牌的话，也很少输钱。当然村里也有为了还赌债而变卖家产的人，从而导致家庭支离破碎。

图 5-5　长牌

（三）串门聊天

村里的人到邻居家或者亲戚家串门聊天是一件很平常的事情，同时也是农村人重要的联络感情的方式。在刘家，大人和小孩都可以串门。一般在农闲的时候去串门，农忙的时候，每家每户都在干活，没有时间串门。刘福德会去自己的朋友家，他们在一起聊一聊干农活的经验或者聊一聊贩卖盐、布过程中遇到的问题。刘福德有时候会在朋友家吃饭，和朋友喝喝酒，增进一下之间的感情。梁氏会到自己邻居家串门，她会一边做衣服或者编织草帽，一边同邻居聊天。主要聊的是关于做家务活的经验以及家里最近发生的事情。一边干活，一边聊天，她会感觉时间过得很快，一点也不枯燥。梁氏是不会在邻居家吃饭的。一方面两家离得比较近，另一方面她还得回家做饭，家里人正等她吃饭。刘家的其他家庭成员也会去串门，比如刘希光会去同学家串门，他们相互之间聊一聊学习的情况或者在一起玩游戏等。等到快吃饭的时候，他就会回家，不会在同学家吃饭。刘家一家人不会全都外出串门，会有人看家门。

（四）逛庙会

1949 年之前，项营村没有庙会，不过邻村龙王庙村有庙会。从项营村到龙王庙村有三里路，走路只需要十几分钟。龙王庙村有集市，村里面的人一般是到这里买东西。等到办庙会的时候，那时来赶集的人会更多，真是好不热闹。每年只办一次庙会，一次大概持续三四天。刘福德会走路去赶庙会，他会带着儿子去。刘家也没有什么可以代步的，一头驴要耕地、磨面，刘家人不能骑着它去看庙会，怕累坏它。刘福德会到庙中烧纸和烧香，祈求保佑地里庄稼能丰收。龙王庙村办庙会的时候会搭戏台子，请外村人来唱戏。农村人没有太多娱乐活动，对看戏的热情非常高，有的人甚至每天都去龙王庙村看戏，一直到庙会结束。

（五）舞狮子

项营村平常不会公开举行什么娱乐活动，既没有钱也没有人会表演。但是在元宵节这一天村里会有舞狮子的，会到每家每户家里去玩，每家每户都会参与。具体情况前文已有详述。

第五章　家户治理制度

一个家庭要有一个主心骨,家庭成员才能在他的带领下,共同努力奋斗,刘家的主心骨是当家人刘福德。1952 年之前,刘家有两个家长,一个是男家长即刘福德,一个是女家长即刘福德的媳妇梁氏。刘福德主管家外事情,比如刘家的生产情况、对外的交往、教育儿女;媳妇梁氏主管家内事情,比如刘家的家务事以及教育儿女。但在刘家难以凭借自家力量处理的公共事务中,就需要求助于村庄以及政府,如防备盗匪、灾情等。刘家没有出现偷税、漏税、被抓壮丁的情况,刘家也没有代理当家人,如果刘福德出门做买卖,媳妇梁氏暂时管理家中的事务。刘福德去世之后,就由媳妇梁氏全权管理家事。在刘家,当家人刘福德在家庭成员的心目中极具权威性,家庭成员都对当家人所做的决定表示同意,但也可以提出意见。

一、当家人当家

(一)当家人的确定

1952 年以前,刘家的当家人一直是刘福德。但是家中有两个家长,一个是男家长即刘福德,一个是女家长即刘福德的媳妇梁氏。之后,随着土地改革引发分家浪潮,同时因刘家人口的增多,刘家便开始分家了。

刘家的家长是刘福德,一方面他是家里辈分最高、年龄最大的人,另一方面刘福德处理事情比较有能力,为人比较好。这两方面都不可缺少,假如某人在家里辈分高但是没有处事的能力,这样的人也当不了这家的家长。在项营村家长没有特殊的叫法,家庭成员及村里的人都是按照辈分称呼,比如儿子刘希胜称呼当家人刘福德为父亲,村里的人如果跟刘希胜一个辈分则称呼刘福德为叔叔。刘福德主管家外事情,比如刘家的生产情况、对外的交往及教育儿女;梁氏主管家内事情,比如刘家的家务事以及教育儿女。村里人说起刘家时,就说项营村刘福德家,而不说家里其他人的名字,说明他们都知道刘家是刘福德来当家,所以村里的人和刘家来往时往往会跟刘福德来往。在刘家,刘福德成为当家人不需要开会,不需要告知四邻、不需要告知保、甲长,也不用在家里的门牌上写这个人的名字。村里的人都心知肚明,一看你家是谁来处理家中的大事,就知道你家是谁当家。

在刘家,每个家庭成员对当家人刘福德都很尊重,比如早上都要跟他问好,刘福德安排给大家事情大家都会尽量去做好,吃饭的时候要让他先入座、要给他盛饭,等等。但是刘福德的责任也十分重大,他一方面要把家庭成员教育好,使家庭成员能成为品德良好的人;另一方面又要使家庭成员能吃饱穿暖。所以一家的当家人不那么好当,是件十分操心的事情。刘福德去世后,就由梁氏来当家,她也是个有能力的人,把刘家管理得井井有条。在刘家,当家人刘福德在家庭成员的心目中极具权威性,家庭成员对当家人做的决定表示认同,但也可以提出意见。

(二)当家人的权力

1.权力的来源与范围

家长是一个家庭的主心骨,需要带领家庭成员努力奋斗,因此他具有管理家庭的权力。当家人的权力,一方面是祖先所赋予的,另一方面自己要有处事做人的能力,要让家庭成员都能服从和承认他的权威。这两点缺一不可,否则他也就无法当家长了。家长管理的范围是整个家庭各方面的事务,全部家庭成员。在刘家,刘福德是外当家,主管家外事情;他的媳妇梁氏是内当家,主管家内事情。刘福德在遇到一些大事如土地租佃、房屋维修及嫁娶时,会和梁氏商量一下,其他家庭成员处于服从地位,但也可以提出意见。一般刘福德不会管家内事情,就由梁氏做主决定。

2.财产管理权

刘家家庭的收入主要来自农业,还有一部分来自于副业以及手工业。刘家的财产是全家人共同所有,由当家人统一管理,统一分配。刘家的钱都是在家长刘福德手中,家庭成员没有私房钱。家里的地契、房契等贵重物品都在刘福德所住房间的柜子里锁着,钥匙也是他拿着,其他人打不开这把锁。刘家的当家人和管事人都是刘福德,刘福德不给家庭成员零花钱,就算是过年也很少给,家中实在是没有钱,只够勉强维持家庭成员的生活。聘礼、彩礼等由当家人决定,儿媳妇带来的嫁妆归她们自己所有,当家人可以支配,但是分家的时候别人不能分,归她们自己所有。儿媳妇带来的嫁妆很少,比如刘家的长媳李氏是小媳妇,结婚的时候就没有带嫁妆。刘家的二媳妇高氏在结婚的时候就只带了一床被子以及几件衣服。

土地租佃当家人刘福德会和内当家梁氏商量一下,其他家庭成员就处于服从的地位。刘家耕种了十亩地,可是不够维持自家人一年的生活,于是刘福德便与梁氏商量租种大舅哥家五亩土地。租佃的时候不需要中间人,也不需要写单子,只要和大舅哥家商议一下,他同意了就行了。这必须由当家人刘福德出面,刘家其他家庭成员不能出面,大舅哥家不承认也不相信其他人。刘家的粮食是统一供全家人一起吃,每天由梁氏安排吃什么,不过其他的家庭成员可以向梁氏提出意见,比如今天不想吃稀饭,想吃米饭行不行。家里的粮食就放在房屋中,没有人专门看管。刘家没有发生过家庭成员偷偷卖粮食的事情,一方面家里的粮食本来就少,不够家庭成员吃;另一方面刘家的家教比较严,每个人都比较老实。

3.制衣分配权

1952 年之前,项营村的村民都是用棉花织成布,用布做衣服。在刘家,每年地里的棉花采摘后,内当家梁氏就会同儿媳以及女儿一起弹棉花,然后把弹好了的棉花送到村里的织布房,织成布后送到染坊,染成白色和黑色的都行。刘家的棉花不分配到个人,是全家人统一使用。每个人的衣服都要穿很久,如果破了,就用布补上。"新三年,旧三年,缝缝补补又三年。"等到家庭成员衣服破得不能补了,梁氏就和媳妇用织好的布给他做衣服。在刘家,每个家庭成员的衣服不能随便添,刘福德的衣服可以给儿子们穿,兄弟之间还可以换着穿。刘家的家庭成员是否添衣服由梁氏安排,做的时候也是她和媳妇一起做。男女都是穿着长袖的上衣,下面则会穿宽松的裤子。

4.劳动分配权

一个家庭在进行劳动生产时,必须有明确的分工,这样每个家庭成员才有动力和目标,共同努力奋斗。1952年之前,刘家的农活就由刘福德来做主,家务事是梁氏做决定,家庭成员都听从家长的安排,没有出现不听家长的情况。在刘家一般是男性劳动力干农活,女性劳动力干家务活,但是农忙的时候梁氏也帮忙干地里的农活。具体情况如下:刘福德和刘希胜以及刘希光干地里的农活,比如耕地、犁地等;梁氏与两儿媳妇干家务活,比如做饭、洗衣服等;小孩子放学后就割草喂牲口。农闲的时候,刘福德会做一些小本买卖,贩卖一些盐、布等;梁氏和儿媳们会编织草帽及做衣服鞋子等;在刘家孩子到了十三四岁就可以干地里的农活了,比如刘家大儿子刘希胜,他没有上过学,很早就帮助父亲干家中的活,从而减轻家中负担。在农村,生活和医疗条件很差,能活到60岁的人很少,老人不用干干不动的活。

5.婚丧嫁娶管理权

刘家娶媳妇、嫁女儿都要听从当家人刘福德的安排。刘家是父亲当家,不存在当家人同意而孩子父母不同意的情况,不过家长刘福德要和内当家梁氏商量一下。1949年之前,婚姻都是父母之命,媒妁之言,不能擅自做主。结婚没有证书,就不存在证书上写名字的情况。刘家没有离婚的,夫妻双方相处得都比较好。家庭在祭祀时,比如过春节以及清明节,当家人刘福德都要带着儿子们到祖坟前去烧纸、烧香以及放鞭炮,然后给祖先磕三个头。刘家当家人过世的时候没有立遗嘱,也没有为儿子们留下什么债务,但是如果留下遗嘱的话,儿子们也会遵照遗嘱办事。

6.对外交往权

在刘家的对外关系中,家长刘福德可以代表整个家庭,他也可以家庭的名义借债。年景不好的时候,家中的粮食不够一家人吃,刘福德就会到自己二姑家借钱或者粮食。村里的人办红白喜事,人家找的是当家人刘福德,亲戚邻居之间的帮忙,人家找的也是刘福德,村庄开会、投票等事情,需要刘福德代表刘家去参加,交税纳粮时刘福德是主要负责人,兵役也由刘福德安排。总之,在对外交往中,刘福德要代表整个家庭全权负责。

7.权力的约束与代理

在刘家,当家人的为人处事的能力必须强,这样才能让家庭成员信服,让大家听他的话,他才能带领大家共同努力奋斗。刘福德为人处事能力比较强。在项营村,一方面他比较实在,敢说真话,人缘比较好;另一方面他有力气,干农活从不含糊,十分卖力气。而且在农闲的时候,他还外出做一些小本买卖。但是刘福德喜欢打牌,曾经有一次他欠下了好多赌债,为了还赌债,他就把家中的牲口卖了。刘家的家庭成员虽然有意见,但是没有当着外人的面说。等到夜晚,内当家梁氏劝说刘福德不要再赌博了,家中本来就很穷,每年只够勉强生活,这样让一家人怎么过。从此之后刘福德也就很少赌博了,即使打牌的话,也很少输钱。刘福德也吸过大烟,不过是尝尝新鲜,家中没有钱吸不起。在项营村有一户人家,因为吸大烟把家中的几百亩土地都卖了,最后还不起大烟钱,还被别人把腿打断,最后就去世了。刘家家长刘福德没有做过什么违背法理的事情,他做的事情都是在情理之中而且都是为了整个家庭成员的生活。比如年景不好的时候,他就会到二姑家借钱借粮食。这都是为了整个家庭,是被家庭成员所认可。刘家没有找过人来代理家长,刘福德一直都是家长。他去世后梁氏为刘家家长。当然1952年分家后,各个小家庭都有了自己的家长,不过他们还是要听从刘福德的意见。

(三)当家人的责任

1.家长要做的事情

一是要解决一家人的吃饭问题。民以食为天,吃饭是一个家庭首先要解决的问题。刘家耕种十亩土地,而且又向大舅哥家租种了五亩土地,这样才能够勉强维持家庭成员一年的生活。遇到年景不好的时候,地里的粮食没有收成,那么刘家就会闹饥荒,当家人刘福德就会和梁氏商量一下,然后去二姑家借一些粮食或者钱,先渡过眼前的难关。

二是解决制衣问题。在刘家,每年地里的棉花采摘后,内当家梁氏就会同儿媳以及女儿一起弹棉花,然后把弹好了的棉花送到村里的织布房,织成布后送到染坊,染成白色和黑色的都行。刘家的棉花不分配到个人,是由全家人统一使用。每个人的衣服都要穿很久,如果衣服破了,就用布补上。等到家庭成员衣服破得不能补的时候,梁氏就会和媳妇用织好的布给他做衣服。在刘家,每个家庭成员的衣服是不能随便添的,刘福德的衣服可以给儿子们穿,兄弟之间还可以换着穿。

三是保证家庭和谐相处。攘外必先安内,一个家庭要想长久的发展,家庭内部必须要保持和谐氛围,这样全体家庭成员才能在一起共同努力奋斗。一个家庭的内部矛盾主要有两方面:一方面是婆媳矛盾,刘家内当家梁氏是一个性格比较好而且做事能力比较强的人,她没有和儿媳妇发生过矛盾。另一方面是妯娌矛盾,刘家长媳李氏与次媳高氏住在一起的时间比较短,她们两人的性格也比较好,没有发生过矛盾。

四是教育好孩子。家庭是孩子学习的第一场所,父母是孩子的第一任老师,这两者对孩子的成长起到很重要的影响。在孩子小的时候,刘福德和梁氏就教他们做人要诚实,不能说谎话;要尊重老人,孝敬老人等。等到孩子能干农活的时候,刘福德就教男孩如何耕地、犁地;梁氏就教女孩怎样做针线活及做饭等。刘家的孩子从小到大都受到父母良好的教育,所以他们都能做一个勤劳又善良的人。

2.好家长与卸任

一个好的家长要有能力,一方面要保障家庭成员有吃的以及有穿的,另一方面还要教育好孩子,让他们能成为品德优良的人。刘家刘福德是外当家,梁氏是内当家,他们两个一起把刘家管理得井井有条。内当家要听外当家的意见,梁氏要听从刘福德的意见,家里的大事最终还是刘福德来做决定。刘福德一直都是家长,他去世后就由梁氏来担任刘家的家长。1952年分家后,各个小家庭都有了自己的家长,不过他们还是要听从刘福德的意见。

(四)当家人的更替

刘家没有代理当家人,如果刘福德出门做小本买卖时,媳妇梁氏就暂时管理家庭内外的事务,刘家也没有出现过家长不当家的情况。刘家第一次分家是在20世纪30年代,刘福德同自己的兄弟分家,然后他就成为自家的当家人。1952年刘福德一大家开始分家,大儿子、小孙子以及二儿子分出去,三儿子、小儿子和女儿和刘福德梁氏一起生活。大儿子就成为他自己家的当家人,二儿子同样也成了自家的当家人,不过刘福德依然还是刘家的当家人,两个儿子还是听从刘福德的意见。直到刘福德去世后,媳妇梁氏就成了刘家的当家人,家里的钥匙也交给梁氏保管,邻居家对刘家的称呼没有发生变化,他们一般还是称呼项营村刘福德家,大家还是按着辈分称呼,没有什么改变。一个家庭中当家人如果改变,不需要告知四邻,也不用告诉保、甲长。

二、家户决策

(一)决策的主体

刘家的大小事情都由刘福德全权负责。刘家有两个家长,一个是外当家刘福德,另一个是内当家梁氏,他们两个人有着明确的分工:家里的小事都由梁氏管理,比如日常的吃饭安排、洗衣服以及安排儿媳做衣服、编织草帽等;家外的事情就由刘福德管理,比如参与红白喜事、交粮纳税以及租佃土地等。农闲的时候,当家人刘福德出门做小本买卖,他就会让媳妇梁氏来管理家庭内外事务,这不需要和家里人特意说。刘福德所做的决定大多比较正确,出发点都是为了家庭成员的利益,能得到家庭成员的支持。刘福德在租种土地、维修房屋以及借钱借粮的大事上要同媳妇梁氏商量一下,其他家庭成员处于服从地位,但可以提出意见。

(二)决策的事务

刘家的大事情必须由家长做主,比如在娶媳妇的事情上必须由当家人出面,一方面当家人掌握家中的钱财,而且也只有他才有调动一家人的权力;另一方面受到父母之命、媒妁之言的传统影响,结婚是一件大事情需要由当家人来做主。刘福德既是刘家当家人,也是一位父亲,所以刘家家庭成员的婚姻都由他来操办。一般刘家的小事情就不需要当家人做主,比如小孩子放学后割草来喂家中的牲口,自己来安排就行,家中如果缺盐和醋等,梁氏可以用鸡蛋同邻居家换,他还可以让儿子到集市去买。

三、家户保护

1952年之前,项营村遭受过水灾、旱灾以及虫灾等。其中水灾特别严重,那一年村里发了十次洪水,地里的庄稼颗粒无收。刘家没有存粮,因此刘福德不得不去外村要饭,梁氏则带着孩子们去娘家住,然后刘福德去二姑家借粮食渡过眼前的难关。项营村经常遭受土匪的抢劫,到了晚上人们就去村里的大寨睡,每家每户派一人守夜。村里大部分人都有院子,防止小偷偷盗。

(一)对外庇护家人

刘家家庭成员如果在生产生活中与别人产生矛盾,家长刘福德要出面去调解,不过刘家很少与别人发生矛盾,但是别人找刘家的麻烦,刘家人也不害怕。刘福德的兄弟要扩建他家的房屋,侵占了刘家的边界,家长刘福德便和他吵起来了,但没有动手,最后闹得保、甲长都来了, 在他们的劝说下事情才得以解决。刘家的小孩子也会和别人家的小孩子吵嘴甚至打架,比如有一次刘希光在放学回家的路上把同学的衣服撕烂了,人家家长就找到刘家,刘福德就要给人家赔礼道歉,还要赔人家的衣服。总之,若刘家和别人家发生矛盾,就由刘福德代表家庭去解决,同时家庭成员都会站在自己人这边,不会去考虑谁对谁错的问题。家庭成员犯错就只能由家长处罚,其他人不能处罚。如果家中的人犯了错误,家里的人不会隐瞒,会及时指正他的错误,让他意识到犯错的严重性。刘家家庭成员没有人犯罪,也就没有隐瞒这一说。

(二)情感支持

刘家家庭成员在外面受了委屈,都会回家诉说。一般会向内当家梁氏诉说,梁氏性格比较好,擅于安慰人。刘家大女儿冯刘氏如果在婆家受委屈,也会跑回娘家,向梁氏诉说,但是不会提出解除婚约的想法。在刘家，梁氏没有和媳妇生过气，她对待媳妇比较好。刘家家长刘福德对儿子的期望一般，不期望儿子们能取得多么大的成就。他希望没上学的儿子能勤劳干活，然后成家立业；上学的儿子能好好上学，掌握知识，然后找一个好点的工作，最后成家立业。刘希普认为，家是每个人的根源，无论在外面混得好坏，最后都是要回到家中，家是最温暖的地方。春节、元宵节、中秋节等都是传统的团圆节日，每个家庭成员都应该在家一起庆祝节日。

（三）防备天灾

1952年之前，项营村遭受过旱灾、虫灾和水灾。其中旱灾以及虫灾发生的次数非常少，造成的影响不是很大。但是每年都发洪水，对地里的庄稼影响十分严重。发生旱灾、虫灾的时候，人们还可以保证地里庄稼的生长，比如当遭受旱灾时，人们可以用肩挑河里以及村里老井的水灌溉土地，这样地里的庄稼还会有收成。但是发生水灾时，人们就无能为力了。有一次项营村一年之内发生了十次洪水，把地里的庄稼全淹没了，小麦的麦头全都在水的表面上漂浮着，因此这一年的庄稼颗粒无收。不过由于村里面的房屋都建在高地，所以没有被洪水冲塌。刘家没有存粮，每年地里收的粮食只够维持一年的生活，而且遇到如此大的水灾，村里各家基本都是自己顾自己家的人，村里的保、甲长也不会管别人，大户人家家中是有存粮，他最多也只能救济自己的亲戚家，没有多余的粮食来救济其他的人。

面对这种情况，刘家家长刘福德为了家庭成员的生活，他选择了逃荒。逃荒不需要和村里的保、甲长打招呼。他每天背着一个布袋到龙王庙村及新里要饭，那里没有被洪水所淹。他去的最远的地方是潢川，离项营村大约几十里地。他都是自己一人去要饭，不会和其他人一起，害怕人多了要不到。刘福德去要饭时会把家中的门锁住，不会随身带着贵重物品。梁氏会带着孩子去自己娘家住几天，回家的时候还会带一些粮食。刘福德每天早上要饭，晚上还回家。他把要到的粮食存起来，然后再向自己二姑家借一些粮食，这样就可以勉强应付眼前的灾难。在灾害发生期间，刘家的家庭成员都会听从家长刘福德的安排，一家人团结在一起，不会自己只顾自己。在这期间，刘家人在一起节衣缩食，比如中午本来可以做五碗面条，那现在就只能做三碗面条了，每个人都少吃一点，多喝点汤就行；而且一天只吃两顿饭，晚饭就不吃了，刘家的每个人都会早早地就睡觉了防止自己饿。如果家中的小麦磨成面不划算的话，梁氏就会把小麦炒一炒，这就算一顿饭。当然小孩子要多吃一点饭，刘福德与梁氏就会少吃一点。等到水灾过后，刘家就继续在地里种庄稼，等待来年的收成。

（四）防备盗匪

项营村有土匪，土匪的头子[①]是刘奉刚，他手底下一共有几十号人，在方圆几十里也是有一定"名声"。刘奉刚经常抢劫，他就以抢劫为生。此外，村里面也是有小偷小摸的人，不过每家每户都有院墙以及大门，家里的东西很少被小偷偷走。刘奉刚一般会抢劫外村的人，比如龙王庙村。正所谓兔子不吃窝边草，他很少抢劫本村的人，都是邻居以及亲戚，他也不好下手。但是如果他在别处抢不到钱的话，他会让外村的土匪来抢劫，然后他们平分。他一心就只为了钱，只会抢大户人家以及中等人家，穷人家没钱，他不会抢穷人。等到夜晚的时候，刘奉刚就会带着几十号兄弟，拿着枪蒙着面，闯入有钱人家中，用枪对着人家，让他拿出家中的钱

---

① 头子：首领。

财。刘奉刚的第一目标当然是袁大头^①以及女性的金银首饰。第二目标是大型的牲口,比如马、牛以及猪等。最后是衣服、被子等。刘奉刚不会抢地契以及房契,他也不会绑票,这样会暴露自己的身份,他只会在背地里^②抢劫,防止被抓。这样抢劫即使你知道是他干的,可是一方面没有证据,另一方面害怕他报复,所以刘奉刚每一次都能成功。

项营村修建了大寨,高有一两丈,寨墙上还有几门大炮,而且还有人拿着枪在巡逻,这大寨是用来防御土匪的。村民白天的时候就在自己家居住,到了晚上就会赶着自己家的牲口,带着自己的粮食以及衣物从大寨的东西两个门进入。夜晚村民不会也不敢在家睡觉。"那土匪白天是不敢明目张胆的抢劫,他只会在夜晚闯进人家家中,拿着枪指着人家,然后抢走钱财牲口以及衣物。"等到天亮了,人们就会赶着牲口,拿着衣物回家。刘家贫穷,再加上每天晚上一家人都会带着家里的粮食、衣物等进入大寨,其就没有被土匪抢劫,但是刘家被小偷偷过。有一次刘家全家人头晚上进入大寨后,第二天走到家门口发现家门被人撬开了,房屋里被翻得乱七八糟的,刘福德以及梁氏的衣服被偷走,梁氏十分难过,她后悔前一晚没有带进大寨,因为衣服对刘家的家庭成员来说十分珍贵。可是这也不知道是谁偷的,这件事情也就不了了之了。刘家的家庭成员没有被土匪绑过票,这在项营村很少发生。当地的土匪不绑票,只会闯进有钱的大户人家家中,直接抢东西。大户人家也斗不过土匪,人家手中有枪,只能在土匪面前服软。项营村的一个大户人家就因为反抗土匪,全家人几乎都被杀,只有他的女儿在亲戚家才幸免于难,之后土匪把他家的东西全部抢走后又放火烧了他家的房屋。

(五)防备战乱

项营村没有发生过重大的战役,这里不是战场。不过日本的军队、国民党的军队以及中国共产党的军队都路过这里,也都在村子里待过一夜休整部队。日本军队的人和国民党军队的人都是在村里的大户人家中休息,让他们准备饭菜,等到第二天就走了,也没有给钱或者物品。但是中国共产党军队都是自己带着锅以及粮食做饭的,不到村民的家中吃饭。他们在农民家的外面睡觉,没有闯入农民的家中。等到走的时候,也是静悄悄地出发,他们没有惊扰项营村的农民。

(六)扶弱功能

1952年之前,刘家没有残障家庭成员,每个人的身体都还行,都能干活。不过在项营村有一个家庭,他家女儿因为从小就得了病,没有钱给她治病,所以就变成了傻子。每天疯疯癫癫的,就自己一个人在路边玩。她的家人并没有抛弃她,一直照顾她。每天她的母亲会帮她穿衣、穿鞋等。她的姐姐在吃饭的时候会帮忙喂她。她不能干活,她的智力就停留在3岁,她每天就只知道玩。村庄以及县政府没有给予任何的帮助,这是自己家的事。不过她的亲戚有时候还会给她家一些钱或者粮食,能帮就帮一点。最幸运的事,她的家人给她寻了一门亲事,不过她的丈夫也是一个残障人,耳朵听不清楚,不过他能干活。她家对结婚对象没什么要求,只要能一心照顾她就行。这就十分不错,正常的人不可能娶她,而且她的丈夫对她十分好,每天都照顾她的生活起居。

---

① 袁大头:银元。
② 背地里:暗中。

(七)其他保护

刘家在项营村算是小户,每年的收入只能勉强维持一家人的生活。村里每天都有乞丐要饭,刘福德以及梁氏会给他们东西,比如给一碗饭或者几斤粮食等。虽然刘家的粮食也不够吃,但是人家来要饭,你不能眼睁睁地看着让人家饿肚子,谁家没有要饭的时候。有一年村里发了十次洪水,地里庄稼是颗粒未收,刘福德也是跑到外村要饭加上借二姑家的粮食,才能勉强渡过难关。刘家人一直都有行善积德造福子孙的意识,村里的人也都愿意和刘家来往。农忙的时候村里面的人找刘家借农具,或者谁家举办红白喜事的时候来刘家借用桌椅等,刘家也都十分愿意借给他们。

四、家规家法

国有国法,家有家规。没有规矩,不成方圆。刘家虽然没有成文的家规家法,但是有一些默认的家规,并且世世代代传承下来。这些默认的家规都在日常生活中形成,比如做饭、吃饭、座位、请示、请客、房屋以及进出居室的规矩、制衣洗衣、扫地、茅厕、洗澡等方面的规矩。当然还有一些家庭禁忌,全家人也要有所忌讳。

(一)成文家规

刘家没有形成成文的家规家法,家里的规矩都是约定俗成,刘家人并没有把它制定成册。但是在项营村的大户人家中,他们有明确的家规家法,而且他们还请人把这些家规家法制定成册。刘家约定俗成的家规约束的范围是整个家庭成员,家长要以身作则,起到为家庭成员示范的作用。刘家的家规当然管不到外人,不过他们的家庭同样也有这些规矩,他们的家庭成员必须也要遵守。

(二)默认家规

家规对一个家庭起着至关重要的作用,好的家规使每个家庭成员都受益终生。刘家的家规都是默认的规矩,而且都是在日常生活生产中形成的,比如做饭、吃饭、座位、请示、请客、房屋以及进出居室的规矩,制衣洗衣、扫地、茅厕、洗澡等,这些规矩刘家的家庭成员都必须遵守。

1.做饭的规矩

刘家有一个厨房,每天由内当家梁氏和儿媳妇做饭。在高氏还没有嫁到刘家前,梁氏和李氏就一人做一天的饭,轮着来。之后,就由高氏与李氏轮流做饭,梁氏很少再去做饭了。不过,过年的时候梁氏会下厨,让两个儿媳在一边帮忙。平时刘家做饭和烧锅都是一个人,但是过节的时候家中的女性都会帮忙做饭。做饭是一个累活,尤其是在夏天的时候。刘家做饭烧的是柴火,非常热,再加上做饭和烧锅都是一个人来做,一顿饭做下来,整个人都被汗湿透了。吃什么饭,炒什么菜,这些都是由内当家梁氏来安排,儿媳妇在做饭之前必须要问婆婆梁氏一声,她们自己不能擅自做饭。刘家的家庭成员对于吃什么饭可以提出自己的意见,比如今天梁氏安排做米饭,你也可以问问她换成面条行不行。不同的人提出来的效果是不一样,外当家刘福德提出来的意见,梁氏一般会听,但是其他家庭成员提出来的意见,她只是说考虑一下。刘家有菜园子,里面种的有萝卜、白菜以及土豆等,很少到集市上去买菜。但是过年的时候,刘福德会到集市割两三斤肉,让大家能过一个好年。刘家做饭用的盐、醋是刘福德在集市买的,但有时候也用鸡蛋和邻居家换;做饭用的油是用芝麻和村里卖油的人换的。

2.吃饭的规矩

1952 年之前,刘家人早上一般会吃稀饭,就用昨天中午剩下的米饭然后加上水做成,刘家人早上不会吃菜;中午的时候就吃米饭或者馍,然后炒两盘白菜萝卜,有时候再做一个白菜汤;晚上就吃面条或者面糊糊。只有在过年过节的时候,刘家才会上街买点肉或者把家中的鸡杀了,给大家改善生活。当年景不好时,家中粮食就会不够吃,那么刘家就不会吃晚饭,一家人早早睡觉,防止饿肚子。

在平时,刘家的家庭成员不会在桌子上吃饭。夏天就会跑到门外的桥上吃饭,这里十分凉快,附近的人都会坐这里吃饭,好不热闹。冬天就会在厨房或者自己房屋里吃饭,这里比较暖和。吃饭时必须要把饭菜吃完,刘福德一直教育家庭成员要珍惜粮食,家里的粮食来之不易,不可浪费。有一次刘希胜把盛的饭弄翻了,弄得地上到处都是,刘福德看了十分心疼,然后二话没说就对着他骂了起来。"你想死了,着急弄啥哩,你今天就不用吃饭了。"刘家人都是在一起吃饭,每个人吃的饭都是一样。盛饭由内当家梁氏来做,她把每个碗放好,然后一勺一勺地盛,生怕把饭弄翻了。她会给小孩和家长刘福德多盛一点,自己少吃一点。如果让每个家庭成员自己盛饭,一方面会把饭碗弄翻,另一方面一个人把稠的都盛到自己碗里,其他人就吃不到。孕妇坐月子的时候会吃得好一点,多吃一个鸡蛋补充营养,这就算很不错了,刘家的其他成员也都要理解。在农忙的时候,刘家人干活干得累,所以就吃得简单一点。但是一般都回家吃饭,很少让人送到地里去吃。平时只有梁氏把饭递给你,你才可以动筷子;如果家里来了客人,那必须客人先动筷子;过年的时候,必须刘福德先动筷子,其他家庭成员才能动筷子。吃完饭就由做饭的人来刷碗刷锅,过年的时候刘家女性会一起刷碗刷锅。吃饭的时候,刘家人不能用筷子敲碗,这意味着家庭会越过越穷。过年吃饭刘家家庭成员可以剩下饭,这意味着年年有余,家庭的生活会越来越好。

3.座位的规矩

刘家的家庭成员平时不会在桌子上吃饭,只有在过年过节以及请客的时候,一家人才会在桌子上吃饭。过年过节的时候,刘福德以及梁氏会坐在上座,即座位朝向大门的座位;其他的家庭成员就坐在桌子的两旁,刘家的媳妇也可以上桌吃饭。刘家请客吃饭,一般是按照辈分及年龄来安排座位。辈分大的坐在上座,平辈按照年龄的大小来决定。当本家的亲戚以及娘家的亲戚都来到刘家做客时,刘福德也是按照辈分年龄安排座位,不会分谁家的客人比较亲,都是刘家的亲戚;当客人是邻居时,也是按照邻居的辈分来安排座位;但是当客人是保、甲长时,他们会直接坐在上座。刘家很少请保、甲长吃饭,一方面必须得好酒好菜招待,另一方面保、甲长也不会跟穷人多来往。刘福德陪客的时候坐在客人的旁边,他要给客人倒酒,请客吃饭的时候小孩子不允许上桌。

4.请示的规矩

(1)生产活动中的请示

对于土地的经营管理,刘家由当家人刘福德说了算。刘家全年农业生产与种植是由刘福德、刘希胜以及刘希光来干,不过如果地里的活实在忙不过来,梁氏也会帮忙。刘家的家庭成员在干地里的活时都有比较好的分工。家长刘福德主要负责耕地、犁地以及看青,他会用绳子把犁耙拴在牛和驴的后面,然后用鞭子赶着牛和驴,这样它们就会拉着犁耙走,他一天能犁完三亩地。等到庄稼快成熟的时候,刘福德每天都会到地里看看,防止粮食被别人偷走。在农闲的时候,刘福德还会做一些贩卖盐、布的小本买卖,他一般会和内当家梁氏商量一下,比如这次出去计划买哪些东西、花多少钱等。刘福德挣到的钱自己拿着就可以,他是刘家的家长,刘家所有钱都在他手中,不过梁氏要知道他一次能挣多少钱。刘希胜以及刘希光主要负责刨地、播种等,他们两个需要用锄头把地刨一遍,然后才能撒下种子。有时候梁氏也会去帮忙刨地,她一人一天就能刨三亩地。刘家的劳动力都会参与庄稼的收割。家中的媳妇以及小孩都要喂养牲口,比如每天放学后,刘希普会割草来喂家中的驴。刘家借用邻居家的牛必须家长刘福德出面,否则邻居不会外借。别人借刘家的农具也必须刘福德来做主,只有刘福德同意后才能借出。刘家的劳动力可以把地里的活干完,不需要也没有钱来雇帮工。

(2)家庭生活中的请示

刘家每天是内当家梁氏和儿媳妇来做饭。过年的时候梁氏一般亲自下厨,让两个儿媳在一边帮忙。吃什么饭,炒什么菜,这些都是由内当家梁氏来安排做主,儿媳妇在做饭之前必须要问婆婆梁氏一声,她们自己不能擅自做饭。刘家的家庭成员对于吃什么饭可以提出自己的意见,比如今天梁氏安排做米饭,你也可以问问她换成面条行不行。孕妇坐月子的时候会吃得好一点,梁氏会安排做饭的媳妇多煮一个鸡蛋,来给她补充营养。每年等到地里的棉花收获后,梁氏和儿媳就会在一起弹棉花,然后送到织布房以及染坊做成布。等到家庭成员的衣服破得不能穿的时候,梁氏就会安排媳妇来做衣服。刘家做衣服必须得请示梁氏,否则衣服不能做。

家庭中涉及土地和房屋的大事都是由当家人做主做决定。刘家自己耕种了十亩地,可是不够维持一家人的生活。于是当家人刘福德和梁氏商量一下后,最后决定租种大舅哥家的五亩土地。刘家的房顶每年都会漏水,这也需要刘福德请来村里的木匠维修房子。每次刘福德都会请木匠吃饭,不过需要和梁氏商量。

刘家的经济条件不好,家里也没有钱。家中小孩上学都需要请示当家人刘福德,由他来做主。比如刘家大儿子刘希胜就没有上过学,这事由家长刘福德来决定,也和梁氏商量过。一方面是家中没钱,另一方面是出于家庭的整体利益考虑。让刘希胜来帮忙干农活,增加家中的劳动力,从而减轻家庭的负担,让整个家庭能过得好一点。最后,刘福德考虑到家中劳动力已经足够,而且家中必须要培养出有文化学识的人,所以他便让刘希光和刘希普去上学。

(3)外界交往中的请示

一般情况下刘家家长刘福德会到集市上买东西,但是如果家里没有盐、醋等这些生活用品,内当家梁氏也可以安排刘希胜到集市上买。龙王庙村办庙会的时候,刘家的家庭成员都会去,不过需要和当家人刘福德说一声。一般刘福德会和梁氏到庙里烧香烧纸,祈求今年要风调雨顺,地里的庄稼能有一个好收成。

刘家儿媳妇回娘家也是需要请示刘福德以及梁氏,一般会在过年后的第四天回去。回娘家要带礼物,梁氏一般就给儿媳准备一两斤红糖和一些果子,其他的东西刘家也买不起。村里的红白喜事主要是刘福德去参加,他有时候也会带着儿子,他不需要请示,只需要同梁氏说一声就行。刘家家庭成员在串门聊天的时候需要和梁氏说一声,尤其是刘福德,因为有时候他会在朋友家吃饭,这样梁氏就不会做他的饭。

刘家借钱借粮食也必须由当家人刘福德出面,只有他去借才能借得到,需要和内当家梁

451

氏商量一下。有一年,村里发了十次洪水,地里的庄稼颗粒无收。刘福德和梁氏商量后,便跑到二姑家去借粮食。刘福德去自己二姑家借粮食不需要中间人,也不需要签借据,只需要二姑家当家人同意了就行。

刘家人在一般的事情上就只是简单的口头请示,但是在租佃土地以及借钱借粮食这些大事需大家一起商量,主要是由刘福德以及梁氏来拿主意,其他的家庭成员可以提出自己的意见。如果家里面有人跟刘福德请示,比如刘希胜想要到龙王庙村看庙会,但是刘福德不同意的话,刘希胜就不能去庙会,他不可以违抗刘福德的话,但可以通过自己的母亲梁氏来向刘福德说一说。刘福德去世后,梁氏就成为刘家当家人,刘家的一切事务就由她来管理。1952年刘家分家后,刘希胜、刘希光就自己当家,刘姓在项营村没有形成家族,所以不可能找家族的族长做主,但是他们弟兄两个还是听从刘福德以及梁氏的意见,遇到大事还是同刘福德以及梁氏商量一下。

5.请客的规矩

刘家在生产活动中很少请客,家中不需要请帮工来干活。刘家租种土地以及借钱、借粮食的对象都是自己的亲戚,不需要请见证人,也不需要借条,只要亲戚家当家人同意就行,所以刘家也不需要请客。不过在维修房屋时,当家人刘福德会请木匠在家里吃饭,需要和内当家梁氏商量一下。一般会在房屋修好的那一天请客,一方面庆祝一下房屋修好了,另一方面表示对木匠的感谢。刘家没多少钱,就炒两盘青菜和一盘肉菜就行了,然后刘福德还会拿一瓶酒和木匠一起喝。

与生产活动中请客相比,刘家在生活中请客的次数比较多。刘家儿媳生孩子后的第三天要举行“烧三天”仪式。刘家会请孩子的外婆家以及自己家的亲戚来参加“烧三天”仪式。一般外婆家会送了鸡蛋以及几十斤面来,亲戚家也会送来鸡蛋以及油果子等。仪式结束后,梁氏会炒个鸡蛋、肉菜,再弄两个凉菜来招待亲戚,刘福德会按照辈分安排座位,然后自己坐在上座的旁边来陪客。在刘家,一般小孩子以及女性不会上桌陪客人吃饭。等到客人动筷子后,就算开席了。不过开席前,刘福德会和喝酒的人共同先喝一杯酒,庆祝刘家有后代了。等到主客吃好放下筷子后,这就意味着可以散席了。

刘家举办红白喜事的时候要请客,一般会请自家的亲朋好友,不需要下帖,农村也没有这一说,只需要刘家通知一声就行。刘家也会请村里的保、甲长来吃酒席,但是村里的大户人家很少来吃喜酒,他们一般不会和穷人来往,看不起穷人,他们只会和有钱的大户人家以及当官的人打交道。刘家会提前三四天请掌勺的厨子以及帮忙做菜、洗菜的人吃一顿饭,感谢他们能给自家帮忙。办红白喜事做的菜当然要比平时请客做的菜好一些,一般一桌子要有八盘菜,否则会让村里面的人笑话。在吃饭的时候,男方需要到每桌敬酒。刘家请客时存在把客人陪好了的概念,就让客人吃饱喝好,能够在自己家尽兴就行。

在项营村有贵客的概念。贵客一方面是指自家的大舅哥和出嫁的姐妹,另一方面是指村里保、甲长这些有权的人、大户人家这些有势的人,以及村里有能力、有文化德高望重的人。刘家都是由当家人刘福德来招待这些贵客,请他们吃的饭菜当然要好一点,一般需要四五个菜,再加上一瓶酒。

6.房屋及进出居室的规矩

刘家的房屋是坐北朝南,这样可以向着太阳,让房屋不会变得潮湿。刘家一共有三间正房,家中人多、房屋少,只能在一起挤着住。最东面一间是上房,就由刘福德梁氏和未出嫁的女儿一起居住;大儿子一家同二儿子一家在一间房子里住,不过要在屋子的中间用帘子隔开;还有一间房子是其他的兄弟一起住。当家人刘福德不能随便进出自己儿媳妇的房间,但梁氏可以。小孩子不能随便出入当家人的房间,怕他会把刘福德的东西拿走或者弄坏。刘家有院墙,是用土块垒成,防止家中的东西被小偷偷走。刘家的院子里没有摆放桌椅,也没有在院子里种树,但是修建了一个厨房,搭建了一个小的磨面棚,刘家还在院子中养了一头猪,每天喂养它,不让它跑出院子。

刘家家里一般是刘福德和梁氏先起床,之后其他的家庭成员才起床。农忙的时候,如果当家人刘福德起床了,发现儿子们还没有起床,他就会让梁氏去喊大家起床,说该去河滩地犁地、播种了,儿子们一听到喊声就会赶快穿上衣服起床。农忙的时候,特别是六月份时,刘福德和儿子们就会在五点多起床,然后吃了早饭就到地里干活。一方面这时候天气比较热,害怕干活的时候把人热坏;另一方面从五点开始干,干到十点的时候就可以回家了,活也干完了,人也不太热。刘福德和儿子们回到家中休息一会,然后就可以吃中午饭。吃完午饭后就睡一会儿午觉,等太阳最毒的时候过去。大概下午四点的时候刘福德和儿子们继续下地干活,他们一直干到天黑了才回家,这时候晚饭早就已经好,就等他们几个回家来吃。每到农忙的时候,刘家一家人都非常忙碌。媳妇也要五点起来给刘福德和儿子们做早饭,午饭以及晚饭也要提前做好,让他们能填饱肚子,这样才有力气干活。如果地里的活忙不过来的时候,梁氏也会到地里干活。她一个人一天能刨三亩地。农闲的时候,刘家人一般会在七点起床,可以多睡一会,但是也不会睡懒觉。刘福德有时还会出去做一些小本买卖,他一般六点就会出门。

每个人吃完晚饭就是洗脸洗脚,之后自己就回自己的房间休息。睡觉的时候没有特别的顺序,什么时候睡大家也不知道,这事也不需要当家人来管,不过大家都是尽量早睡早起,尤其要做早饭的人更要早起,所以刘家人一般就九点多睡觉。有时候梁氏也会和儿媳说说话,刘希胜也会和弟弟们聊聊天,不过都在十点多睡觉。

7.制衣、洗衣的规矩

(1)制衣

在刘家,每年地里的棉花采摘后,内当家梁氏就会同儿媳以及女儿一起弹棉花,然后把弹好的棉花送到村里的织布房,织成布后送到染坊,染成白色和黑色的都行。在刘家,每个家庭成员都不能随便添新衣服,自己的一件衣服可以穿好几年,此外刘福德的衣服可以给儿子们穿,兄弟之间还可以换着穿。

(2)洗衣

刘家家里的所有衣服都由女性来洗,听从内当家梁氏的安排。当家人刘福德的衣服由梁氏来洗。但是如果梁氏干不动活的时候,二老的衣服就由媳妇来洗,不会自己洗衣服的。未成家儿子的衣服也是梁氏洗,比如刘希普年龄还小,他还没有结婚,他的衣服都是梁氏来洗。未出嫁女儿的衣服自己来洗,不需要梁氏帮忙。成了家儿子的衣服由媳妇来洗,比如刘希胜的衣服由李氏来洗。一般的贴身衣服只能由自己最亲密的人来洗,比如丈夫的衣服就只能由媳妇来洗,前一晚他会把需要洗的衣服脱在自己房间里,然后第二天媳妇就会把衣服拿出来洗。刘家的男性不会自己洗衣服,他们都认为这是女性该干的事情。尤其丈夫自己洗衣服的话,这件事会被别人当作笑话相传。洗衣服时没有洗衣皂,刘家用的是自己家制作的"茶饼"。

洗衣服时把"茶饼"与脏衣服放在一起用棒槌去槌,再用手搓一搓,然后再用水洗一遍就行。有的家庭也会用烧锅之后的锅灰洗衣服。锅灰有碱性,将其放到水中,然后将衣服泡一个小时,这样随便用手搓搓衣服就行,衣服会变得十分干净。

刘家的附近有一条河,夏天的时候媳妇们通常拿着衣服站在河边的石头上,先打一盆水,把衣服和"茶饼"放到盆中泡一会,然后用棒槌敲、用手搓一搓。冬天的时候,河里的水比较凉,就在家里面洗。先在盆里倒热水,然后把衣服放在里面洗就行。洗完衣服后就把水倒在门口,这也比较方便。在刘家,晾衣服就用一根绳子拴在门外的两棵树上,然后把衣服搭在绳子上就行。晾衣服是谁洗的谁晾,收衣服的时候是谁洗的谁收,但是如果自己没有时间收衣服的话,也可以让小孩子帮忙收衣服。一般贴身的衣物会在自己院子里晾,不会在门外晾。如果儿媳妇把衣服给洗破了,梁氏也不会责骂她,她的性格比较好,只会让儿媳妇把衣服补好就行。

8.洗漱的规矩

1952 年之前,刘家的家庭成员早上洗漱的时候只洗脸,但是晚上的时候会洗脸和洗脚。刘家家里有盆架和脸盆,都是用木头做成。家中一共有两个木盆,大的用来洗漱,小的是用来洗衣服。刘家家里的脸盆一家人一起用,洗完了脸必须涮一涮,这样其他人才可以接着用。刘家洗漱用的毛巾也是一家人在一起使用,毛巾是自家用白布做成,这些布还是梁氏和儿媳妇在做衣服时剩下那些边边角角,梁氏会把它们缝在一起然后就做成了毛巾。刘家人洗漱时也没有什么讲究,有毛巾用就很不错。冬天的时候刘家会用热水洗漱。每天早上起来,当天做饭的媳妇会在锅里添凉水,等到饭做熟了水也烧开了。夏天就从水桶里倒一盆凉水来洗漱。一般梁氏会给刘福德打水让他先洗,等到他洗完之后梁氏再洗,然后又喊小孩子来洗。小孩子由梁氏帮他洗,但是到一定年龄自己可以洗就由自己洗。刘希胜及刘希光让自己媳妇把盆中的水倒掉,然后打来水一起洗。刘家不远处就有一口井,家里的水都是刘福德以及刘希胜用肩膀从井里挑到家中,到家之后把水倒在水缸里就好。刘家的家庭成员洗完脸之后,就把水倒在门口的树根部,这样一方面可以灌溉树木让它能够很好地生长,另一方面可以节约用水。

9.洗澡规矩

项营村没有澡堂子,农村人也没有钱去澡堂洗澡。夏天的时候,男性都到河里去洗澡。尤其是干了活之后,身上全是汗味,而且十分难受,这时候跳到河里,美美地洗个澡,感觉全身凉爽。刘家刘希胜就非常喜欢去家旁边的河中洗澡,他一边洗澡还能一边抓鱼。河中的鱼非常多,不一会就可以摸四五条鱼。然后就把鱼拿回家,让梁氏做水煮鱼给大家改善一下生活。刘家不允许小孩在河里洗澡,除非刘福德带着,害怕小孩子一不小心就被水淹死。村里淹死的小孩多得很。女性就在家倒一大木盆水洗,她们不去河里洗澡。冬天的时候,河水太凉,男性也很少到河里洗澡,最多在家用热毛巾擦一擦就行。女性大多也在家中用热毛巾擦一擦身子。

10.扫地的规矩

每天清晨,刘福德起床洗漱后,先打扫院子中猪排出的粪便,然后再清理大门外面鸡的粪便,以及灰尘。梁氏会打扫堂屋的地,然后把垃圾倒在粪堆上。厨房则由儿媳妇轮着扫地,每当她们做完饭之后就顺便扫一扫厨房的地,然后刷一刷灶台等。在刘家,丈夫的房间一般由媳妇来扫,比如刘福德的房间是由媳妇梁氏来打扫,而且房间的柜子也是梁氏用布来擦。

刘家扫地用的是笤帚,是用蜀黍①捆绑在一起做成。集市上有卖笤帚的,一般大户人家会去买,但是刘家的笤帚都是梁氏自己做的。一把笤帚可以用一两年,如果用坏的话,梁氏会修一修,可不能随随便便扔掉。刘家的家庭成员不能在别人吃饭的时候扫地,这样会把灰尘弄得满天飞,让人家吃不成饭。客人吃完饭后要及时扫地,这样大家才能在一起聊聊天。

11.茅厕规矩

刘家只有一个茅厕而且还是在房屋的后面,茅厕上挂着布帘子,有人时把布帘子拉下来就行。刘家的大人都会在茅厕中大小便,小孩子则在大门口大小便,然后梁氏会把粪便铲到粪堆上。到晚上,由于出去大小便不方便,所以就在房间床底下放一个尿壶,一般都是由女性来倒,比如在刘福德房屋中,梁氏每天早上要倒尿壶。种地没有肥料,土地也十分贫瘠。这时就只能用粪便来给土地施肥。如果家中没有茅厕的话,就只能由塘泥代替粪便。刘福德每次种庄稼的时候,它就会先挑着茅厕的粪便浇灌土地,然后再清理大门口粪堆上的粪便,用它掺土来施肥。平时刘福德一看茅厕的粪便快满的时候,他就会挑着粪便去浇灌土地,希望自己的地能肥沃些,能多产一些粮食。

（三）家规家法的制定者

刘家的家规家法是从上一辈人传下来的,这些规矩都是约定俗成的,刘家没有人特意去制定这些。刘家的这些家规家法已经延续了十一代人,而且还会继续延续下去。刘家的家人会遵守这些规则,比如刘希普一直教育孩子们不要浪费粮食,每次吃饭的时候要吃完,不要剩下饭。如果家中来了客人,刘希普也会依据辈分和年龄安排座位,辈分长、年龄大的人会坐在上座,他也存在要让客人吃好喝好的观念。

（四）家规家法的执行者

在刘家,家长在平日的日常生活中都按照家规家法办事,发现了家庭成员有违反的情况会及时提醒。刘福德一般会责骂家庭成员,甚至还会打家庭成员。但是梁氏不会这样做,她只会让家庭成员知道自己的错误,然后让他们改正。家长要以身作则,比如刘福德教育孩子要节约粮食,那么他首先要把饭吃完,不能剩下。其他家庭成员在日常生活中也会依照家规办事,如果违反家规,会被当家人惩罚。

（五）家规家法的影响力

刘家的家长刘福德以及梁氏会在教育孩子的时候告诉他们一些家中的规矩,也会在日常生活中提醒,这样刘家的家庭成员就慢慢知道家中的规矩。家庭成员必须遵循家规家法,这是祖祖辈辈传下来的,不遵守会受到家长的惩罚。国有国法,家有家规,良好的家规家法可以影响孩子的一生。如果孩子们在没有犯错误之前,告诉他们什么能做、什么不能做,这样能够起到一定的预防作用。如果孩子们违反了家规家法,长辈们会惩罚孩子,给孩子指出错误,让他们改正,那么他们以后很难再犯同样的错误。比如有一次刘希光在放学回家的路上和同学打架,把同学的衣服撕烂了,刘福德就必须给对方家长赔礼道歉。之后,刘福德狠狠地责骂了一顿刘希光,梁氏也和他说撕烂同学的衣服是不对的事情,你应该跟同学道歉。认识到自己的错误后,刘希光第二天上学就给同学道了歉,之后就再也没和同学打过架了。

———————————

① 蜀黍:高粱。

(六)家庭禁忌

1952 年之前,刘家没有什么生产禁忌,不过有一些有关种地的老话。比如"过伏不种秋,种秋也不收",以及"三伏有雨秋苗壮,三九有雪麦苗强"等。刘家生活上的禁忌还是很多。

过年期间,大年初一不能动剪刀,也不能在正月内剪头发,因为有"正月理发死舅舅"这一说法;大年初一也不能往外扫地、倒水倒垃圾等,如果倒了就意味着把福气都送走了;这一天不能与人吵架生气等,这样会把双方弄得都不开心,整个春节也过不好。在吃年夜饭的时候不能吃完,这意味着年年有余。过元宵节的时候,每家每户的小孩要"打灯灯"[①],每家要把舞狮子的人请到家中,让狮子扫除家中的晦气,迎接好的福气。

在婚事方面,新娘子下轿,当门会放一盆炭火,寄托对未来新生活的祝福,让日子过得红红火火,人丁兴旺。下轿的时候让新郎背着新娘,新娘的脚不能沾地。老人说如果新娘的脚沾地不吉利。新娘子要在三天之后回娘家,她和丈夫一起带着一两斤红糖以及糖果。如果家中有老人最近去世,家中不能贴囍字。

在丧葬方面,家里的姑娘儿子、儿媳妇和姑爷子都是戴重孝,即头上戴着一个白布做的帽子,然后身上系上白色的孝带,长度直达脚部;"一门"的亲戚就在身上系上一条白色的孝带就可以;孙子就只戴着白帽子。吃饭的时候,他们必须站在一边去吃。等到第三天就必须把老人抬到已经挖好的坟墓中埋葬,家中的大儿子必须要给老人拽线,然后也是由他来埋第一锹土。

在生活方面,吃饭时,刘家的家庭成员不能用筷子敲碗,这样会把家越敲越穷。平时的时候,每个人碗里不能剩下饭,要有节约粮食的意识。但是吃年夜饭的时候可以剩下,这意味着年年有余。家长要住在东边,因为东边是上房。

如果发现了家庭成员有违背禁忌时,刘福德一般会责骂家庭成员,甚至还会打家庭成员。但是梁氏不会这样做,她只会让家庭成员知道自己的错误,然后让他们改正。

五、奖励与惩罚

在刘家,如果家庭成员在生产生活上表现较好,家长可以代表家庭对个人给予相应奖励,比如家长刘福德为了让刘希胜以及刘希光能努力地干活,就说赶明到集市上割肉来给他们两个吃,改善一下生活。刘家的奖励形式总体来说是以言语激励为主,物质奖励为辅。有时候刘福德许下的奖励就没有实现,家庭成员也都理解,不是他不想实现,而是家里没有钱,他没有能力去实现。奖励对刘家的家庭成员起到一定的激励作用,使每个人都能充满干劲。刘家奖励的范围仅限于家庭成员,不会也不可能去奖励别人家的孩子。如果今年地里收获的庄稼比较多,那么内当家梁氏会和儿媳把饭菜做得丰盛一点,比如多炒一个菜,多吃几顿肉也都是可以的。刘家人从小都知道孝顺老人,而且在自己生活中得到了贯彻,邻居们以及"一门"的亲戚都称赞刘家的儿女。

在一个家庭中,当家人有权力惩罚家庭成员,父母亲也可以惩罚自己的子女,丈夫也可以惩罚自己的媳妇,婆婆也有权力惩罚儿媳妇,但是只有在他们做错事的情况下才能惩罚,不能无缘无故进行惩罚。比如刘福德既是刘家的家长,又是刘希胜的父亲,每当刘希胜犯了

---

① 灯灯:灯笼。

错误,他就会责骂,让他记住教训,下次不能再犯。刘家家长在惩罚小孩的时候,邻居、熟人等外部家庭人员一般不会介入,因为这是别人的家事,人家有权教育小孩。但是如果亲戚看见,他们会在一旁劝架。如果家里的小孩子做错事,当家人必须要出面去道歉。

六、家族公共事务

在项营村,刘家只是小户人家,家中既没有钱,同时"一门"的人口也不多,所以就没有形成家族。穷苦的人家不知道家族是什么,只想能吃饱饭,能让家人过得好一点。刘家虽然没有家族,但是每年过年的时候刘福德几兄弟还是一起到坟地去祭拜父亲;如果谁家的生活比较困难,也会互相帮忙。比如刘福昌是村里的甲长,家中的生活条件比较好,每当刘福德家遇到缺粮缺钱时,他也是尽力帮助。每当"一门"的家中有红白喜事时,都是能在一起互相帮助。男性帮忙招呼客人,女性帮助洗菜、涮碗等,这些都是极平常的事。

不过在项营村,那些有钱的大户人家家中是有家族。他们祖上比较有钱,再加上家中人口的不断绵延,所以自然而然地就形成一个家族。每年他们都会在自家的祖坟前举行祭祖的仪式。摆上鸡鸭鱼肉、酒水以及纸做成的房子、轿子等。他们还会续写家谱、字辈,并且会搭台唱戏,让全村的人都来看戏。

七、村庄公共事务

1949 年之前,刘家参与的村庄公共事务比较多,如村中的一些会议、修桥、修路、打井以及村寨的巡逻等。对于需要出劳动力的事务,刘家是积极参与,从来没有也没想过不参与。

(一)参与主体

1.村务会议

项营村每年都会举行一些会议,比如征税的会议。村里面有什么事情,保甲长就会首先通知村里面有能力管事的人,然后让他们到每家每户通知家长。村里开会时都是家长代表家庭去参加,当家人可以代表自己的家庭提出一些有关村庄事务的建议。如果当家人没在家的话,内当家可以代替当家人去参加会议,但是之后要告诉当家人会议的内容。比如项营村每年开的征税会议,刘家刘福德必须去参加,其他的家庭成员则不能参加。但是如果刘福德出去做小本买卖,梁氏也可以代替他,但等到刘福德回家后,梁氏必须告诉征税会议的内容。参加征税会议的人必须家中有土地,没有土地的不用去,租别人土地的人也不用去。刘福德说话比较直,做人比较实在,遇到年景不好的时候,他就向保、甲长提出是否能少交一点税的建议。

2.修桥修路

项营村的保甲长会组织村民们修桥修路,必须找各家的家长,是以家庭为单位来提供人力。如果保、甲长直接找个人的话,他有可能不会去干。这样直接找每家的家长,比较方便。一般的话一个家庭只需要出一个劳动力,大户人家会用钱和粮食代替干活,这样有的穷人家庭为了不出修桥修路的钱,便会多出一个劳动力。

项营村的主路和主桥是村里面的保、甲长召集村民修建。首先保、甲长通知村里面管事的人,让他们把各家的家长召集在一起。然后把修桥修路的重要性、如何干、该怎么干以及每家每户所需要出的人力和钱说清楚,之后人们就可以干活了。刘家是刘福德参加的会议,刘家一般是刘福德或者刘希胜去修建。村里面有钱的大户人家不会出劳力,他会用钱或者粮食代替。在项营村还有一种情况,村民自发组织起来修桥修路。比如刘家旁边的桥是刘福德和附近的几家在一起修建的。为了出行的方便,刘家家长和附近的几家的家长就在一起商议修建一座桥。所需要的劳力及钱要几家平均分配,当然也可以用钱代替劳力。然后他们就用木车拉了石板修建了一座石头桥。只有刘家附近的几家参与,远地方的家庭不会参与,人家又不从这桥上走。刘家附近的道路都是土路,坑坑洼洼。一到下雨天,根本没法走路,附近走这条路的人都会在一起修这条路。修路时一般是从地里面抬土然后把这条路给铺好就行。每家出一个劳动力,而且修的路还很短,所以很少能用到钱。

3.打井、淘井

项营村里有三口井,都是村里面的人集体修建的。保、甲长先找各家的家长,让他们每家出一个劳动力,这是全村人的大事情,每家必须参加。每个井首先要挖两丈多深,这样出的水才多,干旱的时候水井不容易干枯。水井都是村里面的人所挖,这是件十分累的活,最后用石头把井的四周砌上就行。这三口水井是全村人在一起修建而成,全村人都有使用权。每家都会选择离自家最近的井去打水,有的人用肩挑水,有的人把木桶放在木车上推着走。刘家人一般会在清晨六点或者中午两点的时候挑水,这时候打水的人比较少,不会拥挤。当然如果遇到干旱的情况,井里面的水干枯,就要去别的村挑水。刘家人一般会去龙王庙村,那里比较近,而且水井也比较多。

淘井的人是经常用这口井水的人,村里面管事的人会召集附近的年轻人来干。淘井不需要很多人,四五个人就行。两个人用绳子把人放下去,然后他把井里的垃圾拿出来,还要用瓢将泥舀出来;另外的两个人打扫一下水井四周的垃圾以及牲口的粪便。淘井这件事大家都很积极,因为人们都不想吃脏水。

4.巡逻看寨

每个村庄几乎都被土匪抢劫过,国民党也没有去剿匪,这使各地的土匪更加猖狂。在项营村就有一大群土匪,土匪的头子叫刘奉刚,他手底下一共有几十号人,在方圆几十里也是有一定"名声"。刘奉刚经常抢劫,他就以抢劫为生。为了防御土匪,项营村修建的有大寨,高有一两丈,寨墙还有几门大炮。村民白天的时候就在自己家居住,到了晚上就会赶着自己家的牲口,带着自己的粮食以及衣物从大寨的东西两个门进入。这时村里面的保、甲长就会安排每家每户出一个人轮流来巡逻看寨。每天七个人一班,主要在大寨的东西两个大门看守,然后三个人又一班在大寨里面巡逻,防止小偷小摸。这关系到全村人的钱财以及性命,每个家庭必须参加。刘家是刘福德以及刘希胜父子俩轮流去巡逻,没有让其他的家庭成员参与。

5.集体娱乐活动

在项营村,过元宵节的这一天村里面有舞狮子的活动,这意味着扫除家中的晦气,迎接好的福气。为了在新的一年中能有一个好福气,能让一家人生活过得更好,村里面的人都会参加。刘家是刘福德来安排,他会让舞狮子的人来到自己家。但是大户人家家中有钱,他们会请唱戏的到村子里面,搭上戏台唱上三天。这时村里面的人都可以来看唱戏。刘家一家人也会由刘福德带着他们一起去看唱戏。

(二)筹资

项营村组织修桥、修路以及打井时需要筹集一定的资金,村里的保、甲长会召集每家的家长来商量一下费用的事情。这是一件大事,必须要找各家的家长。一般是每家分摊费用,但是如果家庭出不起钱的话,也可以多出一个劳动力来代替。有钱的大户人家会多出一些钱。一方面他家有钱,多出一些钱他不在乎,还可以为自己赢得一个好的名声。另一方面大户人家不会出劳力干活,会用钱来代替。刘家是当家人刘福德去参加的会议,也是他把钱交给保、甲长。刘福德只需要和内当家梁氏说一下就行,其他的家庭成员处于服从的地位。村里面组织修桥、修路以及打井事务时,刘家从来没有不参与过,因为这是全村每一个人的事情,对全村的人都有好处,如果不参与的话,村里面的人会在背后说这家闲话,让这家在村里抬不起头来。

(三)筹劳

项营村组织修桥、修路及打井时需要筹劳,村里的保、甲长会召集每家的家长来商量一下,然后会让每家出一个劳动力。村里有钱的大户人家不会出劳力干活,就多出一些钱和粮食来代替,当然有的穷人家会多出一个劳动力。刘家是刘福德以及刘希胜轮流去修建,一个是刘家家长,而一个是刘家长子,他两人负有主要的责任。每家每户都必须参与,如果家中非常穷,那么你家就出一个劳动力,不让你家出费用。项营村没有组织过集体的看青活动,自家看自己家的庄稼, 比如刘家刘福德等到地里的庄稼快成熟的时候,他就每天去地里转悠一圈,然后再去干别的事情,刘福德就怕地里的庄稼被别人偷走。

八、国家事务

1949年之前,项营村的每家每户都需要纳税,而且是以家户为单位。刘家没有人被国民党或者中国共产党征兵,也没有人被拉去当壮丁;对于村里面摊派的修路以及修桥等刘家都是积极参加。

(一)纳税

项营村纳税是以家户为单位,主要是按照每家每户的土地面积计税。一亩地最多收二百斤粮食,如果遇到年景不好的情况,那就收一百来斤粮食。所以说一亩地交多少粮食不是一个固定的数字,要根据土地的收成。最多一亩地就交四五十斤粮食。每年在麦收之后就需要去交税,一年交一次,大多都交的是粮食。每次交税的时候,村里面的保、甲长就会召集各家各户的家长开一个会议,通知家长今年该交税。交税是一件大事,主体必须是家长,找其他家庭成员没有用。但是如果当家人不在家,保、甲长也可以找内当家,让她来参加会议,之后由她告诉当家人。刘家是刘福德来参加征税的会议,之后他和刘希胜会把应该交的粮食放在木车上,两人推着木车把粮食交到县里,刘家每年都能按时交税,没有出现不纳税或者延迟纳税的情况。刘家也从来没有找过人代为交税,纳税是每个家庭的大事,刘福德不放心让别人帮忙交税,还是自己亲自交比较安心。村里面当然存在不能按时交税的人,首先他要和保、甲长说明家中的情况,然后问问能不能延长时间交税。但是到了期限也必须要交税,否则村里会抓家中的人。一般不会抓这家的家长,因为抓了家长就更无人交粮食了。直到这家人交了粮食才放人。遇到村里面摊派壮丁的时候,那就倒霉了,即使交了粮食也不放已抓的人回来了。项营村没有过村民不纳税的情况,家里穷少交一点,但是不能不交。

(二)征兵
1.征兵
国民党征兵的时候,他就会把总人数通知村里面的保、甲长,然后保甲长会召集各家的家长商量一下,根据各家的实际情况分配人数。一般家中只有一个儿子的不会征兵,但是一家有好几个儿子的人家,必须让这家的当家人安排家里的一人去当兵。有钱的大户人家会拿钱向别人家买兵,不愿意让家中的儿子去战场送死。刘家虽然有四个儿子,但是只有大儿子刘希胜能办事,其他的儿子还非常小,所以刘家也没有被要求安排人去当兵。

2.抓壮丁

国民党抓壮丁的时候,他会把要抓的人数通知村里面的保、甲长。然后保、甲长就会带着人到各家家中去抓,这事不会告诉各家家长,他们害怕家里符合条件的人跑了,这样就抓不到人,完成不了任务。抓壮丁的对象一般年龄在 17 岁以上,30 岁以下,要求身体必须要健康,能扛得起枪;身高要一米七左右。如果身体有残疾或者有疾病,他们不会抓。刘家没有被抓过壮丁,刘家只有刘福德以及刘希胜符合被抓的条件。但是如果村里抓壮丁时,有人会传递信息,这样他们两人就会跑走,过几天才偷偷回来。这时在刘家中只有女性以及孩子,保、甲长也没有办法。村里面的人都不想被抓壮丁,都十分害怕。村里面的刘福清一直在家里放牛,可是有一天就被甲长抓了壮丁参加了国民党。不过他最后的结果还是比较好,他不仅没有在战场上被枪打死,而且他还在国民党的军队里学了几天的知识,之后又投奔了中国共产党的军队。

(三)摊派劳役

项营村摊派劳役是按照家户的人口来计算的,每次都是保、甲长召集各家的家长商量一下,然后由当家人安排家里的人去出工。如果甲长直接找青壮年,他有可能不会去干,这还会被人们认为不尊重家长。如果需要出钱,那么便由各家来平均分摊。有钱的大户人家会多出一些钱,他也会用钱来代替出工。一般情况下村里面修路、修桥等需要大家一起来干,等到吃饭的时候各人回各家吃饭。刘家对于村里面摊派的劳役比较积极参加。刘家是刘福德以及刘希胜轮流出工,这也是由刘福德来安排。刘希胜作为长子有责任照顾弟弟妹妹们,为他们多干点活。

(四)上级任命

1949 年之前,项营村保、甲长不是由村民们来选举,而是由上级任命。村里面会办事以及有文化的人一般会被上级看中,然后就任命他来当,比如刘福德二叔在村里算是一个文化人,而且他办事比较公道,被上级看中后就成了村里面的甲长。当甲长有一定好处,一方面能使自己有一定的名望,能让村里面的人都看得起自己,同时也能使自己家在村里面显得更有面子,另一方面能使自己成为"吃粮的",由甲里的各家各户摊派。村里的甲长一般就只负责税收的摊派事务,不过他们也会处理村民之间的纠纷,但是各家家里面的事情甲长也就无法处理了。

调查小记

　　家户制度调查是"新版中国农村调查"的重要组成部分,是中国农村研究院四大深度调查之一。家户制度是以家户为基本经济单位和治理单位的制度,表现为家户及其成员在长期的社会经济生活中所形成的一系列稳定的社会政治经济关系与行为规范。其考察家户作为基本经济、社会、文化与治理单元的具体特征与表现,揭示家户制在中国传统乡村治理中的本源性作用和基础性地位。

　　在接受访谈培训几天过后,我感觉对家户制度调查有了一定的了解,就开始到村庄里寻找访谈的对象。7月5日,我六点多就起床了。父亲带着我到项营村去寻找老人。我们俩骑着电动车,大概过了一个小时才到达。路上我一直担心能否找到适合的访谈对象,因为早先听参加过访谈的同学讲,找到符合条件的老人很难,即使找到了老人,他可能也说不出什么东西来。就这样我怀着十分忐忑的心情来到了项营村。父亲给我找的第一位老人,今年83岁,年龄十分合适,他曾经当过兵,头脑比较清晰,我便开始对他进行初步的访谈。我心中比较高兴,认为一下就找到了合适的老人。但是经过初步的访问后发现,这位老人家中的人数在1949年之前不满足访谈要求的最力人数,这使我心情很沮丧。于是我向老人说明了情况,并且向他表示了衷心的感谢,然后就和父亲一起离开了老人的家。父亲对我说,"别灰心,我带你去另一家看看,他一定符合条件"。我对父亲说没事,一定能找到。于是我们两人便来到另一位老人的家中。这位老人是我的"一门"亲戚,今年也已经80岁了,1949年前家中人口有十几人,而且家庭成员在土地改革运动中被划为富农,总之这位老人比较符合条件。于是自己心中又是一喜,这下找到了老人,能够完成任务了。但是在初步的访谈中,我发现这位老人的听力不是很好,我说的话他很难听见,这可真是急坏了我。再三思量后,我决定放弃这位老人作为自己的访谈对象。于是向这位老人说明情况,并且向他表示了衷心的感谢。这家人与父亲的关系比较好,正好也到了吃中午饭的时候,于是父亲和我便留在这家吃饭了。吃过饭后,我和父亲便回到老家去休息。等到三四点的时候,父亲骑着电动车和我便往县城赶去。一路上我的情绪十分低落,心中没有了来之前的忐忑,有的只是无尽的失落。害怕找不到符合条件的老人,担心完不成中国农村研究院交给我的任务。父亲这时也感受到我低落的情绪,他一边骑车一边对我说,明天一定能找到符合条件的老人,你不要灰心。听到父亲的话后,我只是随便应了一声。

　　第二天,也就是7月6日,父亲早早地喊我起来,然后带着我又来到自己的家乡项营村。在路上父亲对我说,昨晚村里面的人向他介绍了刘希光老人,他感到这位老人一定会符合条件。可是经过昨天的打击,我对父亲的话没有多大信心。来到刘希光老人的家中,他正在床上坐着,父亲向他说明来意后,他当场就表示会完全配合我的工作。于是我便问了他的基本情况。他今年 84 岁,于 1952 年分家,家中有十口人,代际为三代,而且家中有三对夫妻,这完全符合访谈的条件。我心中欣喜若狂,十分激动,便正式开始了家户制度的访谈。在自己和老人关于问卷问题的交流中,我感觉刘希光老人记忆力非常好,而且他还能准确地说出来。比如他竟然记得他家在项营村落户的第一代到他这一代人的姓名,他还记得他家为什么迁移到项营村的等,这真是给我带来了惊喜。这家人也是我家"一门"的亲戚,我和父亲也是在这家吃的午饭。然后,我们便回家休息了。下午三点多我又来到他的家中继续访谈。可是由于上午长时间的说话,老人有些头疼,不能继续接受访谈。老人让我去找他的弟弟刘希普,今年 79 岁,他曾经还是一位教师,说话比较有条理,头脑清晰,身体也比较好。父亲和我便来到刘希普老人家中,他也十分愿意配合。在访谈中,他也能准确地说出有关家中的事情,对于各种问题也都能回答上来,这使我悬着的心终于放下了。就这样我的主要访谈对象变成了刘希普老人。在他家中,我一共用了七天终于完成了任务。此次调研历时 9 天,总体上来说不是十分顺利。从一开始的忐忑,中间的挫折、灰心,到找到适合老人的惊喜,这真可谓是一波三折。这次调研自己感到收获颇多。一方面又锻炼了语言能力和沟通能力,另一方面让自己了解到农民家庭的生活状况以及各种事情。

心怀感恩,砥砺前行。我要感恩中国农村研究院,为我提供外出调研、接触社会、提高为人处世能力的机会;感谢尊敬的徐勇、邓大才两位教授的谆谆教诲;感谢黄振华老师和其他三个审核小组成员耐心细致的专业审核和指导;感谢我的父亲刘永飞带领我寻找访谈对象,在我灰心的时候,给予信心。感谢刘希光老人和刘希普老人能接受访谈,是他们给予的支持与帮助,才使我能完成任务。路漫漫其修远兮,吾将上下而求索。每一次调查都是一次自我的历练,同时也是一次自我的成长!希望通过自己的努力,能为中国农村研究院的家户制度调查出一份力,能将这一个个平凡却耐人寻味的家户故事向更多的人展示它们真实的模样。

第六篇

内生外助：以副促耕的老户衰败与重振
——蜀北瓮家坝白氏家户调查

报告撰写：刘　娜[*]
受访对象：白焕华

* 刘娜(1994—　)女,四川青川人,华中师范大学中国农村研究院 2017 级硕士研究生。

导　语

　　白氏一族祖居于陕西省凤翔府岐山县①，后白家一世祖白丹衷于清朝年间被顺治帝派遣带兵镇守蜀北，于是携全家老小迁至原四川省平武县②雍家坝定居落业，大量买田置地以及开垦荒地，驱赶原居于此地的大姓雍氏，并将此地更名为瓮家坝。此后三百年间白氏一族共沿袭十余世代，并繁衍出潘、贰、翰、鼎、垣、屏等六大房人，族内不仅人才辈出，且族产众多、田连阡陌，白氏一族属当地名门望族。

　　从一世祖白丹衷至白文彦一代，白氏已繁衍十代后裔，其子则属于十一世代，白文彦家系白氏家族长房下小三房中的分支家户。但与为官多任的先祖及白氏族人相比，到祖父白金奎、父亲白泽恩以及白文彦这三代时，家中相对而言比较没落。随着父亲白泽恩、母亲李君相继离世，兄长纷纷入赘他乡，孤苦伶仃的白文彦亦过房③至同族大户人家白泽沛家担任长年头儿④，家中人去楼空，全然陷入绝境。后幸而在妻子王万珍的鼓励支持下，白文彦夫妻二人又返回白家，开拓属于二人的新生活。

　　1945年年初，白家人丁达到鼎盛时期，白文彦夫妻二人共养育四子一女，加之两名童养媳，为两代九口之家。由白文彦担任家长，掌握家中主要财产权、对外交往权、大事决策权，并主导家中消费、分配等事宜。白家本自有三亩四分土地以及代耕两亩兄长的祖业地，白文彦还做主逐渐租佃他人二十余亩土地。同时为更好地保护家人，白文彦积极为家庭修建木质茅草房，以及利用所积累资金为白家伙养牲畜、购置农具。平日白文彦以从事农业耕作为主，偶尔于冬、腊月外出贩口袋⑤以及背脚⑥挣钱。王万珍作为家中的内当家则主要操持家务事，偶尔可适当向家长白文彦就家中琐事提出建议。虽王万珍因裹脚而导致务农不便，但其头脑十分精明，主要在家从事家务劳动以及往来于各个场镇售卖锅锅窑⑦维持家庭零碎开支。随着白家长子白焕光年岁增长，从私塾毕业后于1947年与童养媳李成茂成婚，小夫妻俩亦成为家中的主要劳动力。白家人一直秉承发家致富、勤苦俭省的理念，在白文彦的带领以及全家共同努力之下，白家人与邻互助开展生产生活，最终从常年向他人借贷钱粮的贫弱小户到逐步实现家庭开支相对均衡。对外交往层面，白家人不仅参加白氏家族所举办的清明会，在参与村庄龙洞取水等公共事务以及对待上交皇粮国税等国家事务亦十分积极。

---

① 陕西省凤翔府岐山县：今陕西省宝鸡市岐山县。
② 四川省平武县：今属四川省广元市青川县。
③ 过房：指在家族内的不同房分之间过继。
④ 长年头儿：意为长工领头人。
⑤ 贩口袋：指倒卖粮食。
⑥ 背脚：即进行人力运输。
⑦ 售卖锅锅窑：即经营小吃生意。

1949年,因白文彦逐渐年迈,而长子白焕光却年轻有为,于是改由长子白焕光接替家长一职,白焕光不仅担任村中武装队长,还担任白氏家族之族长,最终在他的积极作为下促使白家在当地的声望不断得以提升。

第一章　家户的由来与特性

　　白氏原祖居于陕西岐山县,后白氏先祖白丹衷被清廷派遣带兵镇守蜀北,于是携家人迁至原四川平武县雍家坝定居落业,大量开垦土地,并将此地原大姓雍氏驱逐出境,更改地名为瓮家坝。此后三百年间共发展出六大房人,繁衍十余世代。其中白文彦属白氏第十代后裔,系长房之下的小三房后代。1945年,白家为两代九口之家,由白文彦担任家长,家中人口虽多,但土地、劳动力均有所不足,属小户家庭。在家庭社会地位方面,白家经常受到同族大户白泽沛的庇护,同时也与当地村民保持着良好关系,至长子白焕光当家后白家的社会声望更日益提升。

一、家户迁徙与定居

(一)祖居陕西守蜀北

　　据《白氏家谱》记载,白氏祖居于陕西省凤翔府岐山县,先祖白珂、远祖白宗禹均系明代官吏。白家先大人①白丹衷自幼习武,并于明崇祯时从戎报国,明亡后,白丹衷隐为盐商而避走蜀北,往来于广元、青川一带。清廷初得天下,顺治皇帝多次下旨寻访丹衷之下落,最终丹衷官复原职。顺治九年(1652年)间,清帝召见白丹衷,特封其为怀远昭义将军,并特授龙安营首任参将,丹衷带兵镇守蜀北包括平武等地,并修筑安府、青川城池,于是丹衷携家迁至原四川省平武县雍家坝落业,买田置地以及大量开垦荒地后并在此地修建参将府、怀远第、昭义府等住宅,此后将原本居住在此的主姓人氏雍氏人驱逐出境,并将其更名为瓮家坝。后白丹衷因屡立战功,被升至宁夏等地总镇,于奔赴新任途中不幸去世,官至正二品,后灵柩搬回瓮家坝安葬。清廷念其功绩,荫封长子白琼为襄城知县,次子白瑚为宛平知县。此后长子白琼定居平武县城,次子白瑚则继承父亲余荫,定居瓮家坝,白氏家族家业发达且人丁兴旺,族人们读书、习武,人才辈出。

(二)繁衍六大房人

　　白瑚子承父业后,共养育六子即潘、贰、翰、鼎、垣、屏,并在此基础上逐步发展为六大房人。据《白氏家谱》记载,自落业至瓮家坝的第一代白丹衷截至家长白文彦一代,白氏家族已繁衍十世代,而白文彦所育之子已属于白氏第十一代后裔,而白文彦一家系白氏老大房即长房之下的小三房。

---

　　① 白家先大人:指落业至瓮家坝的白家一世祖。

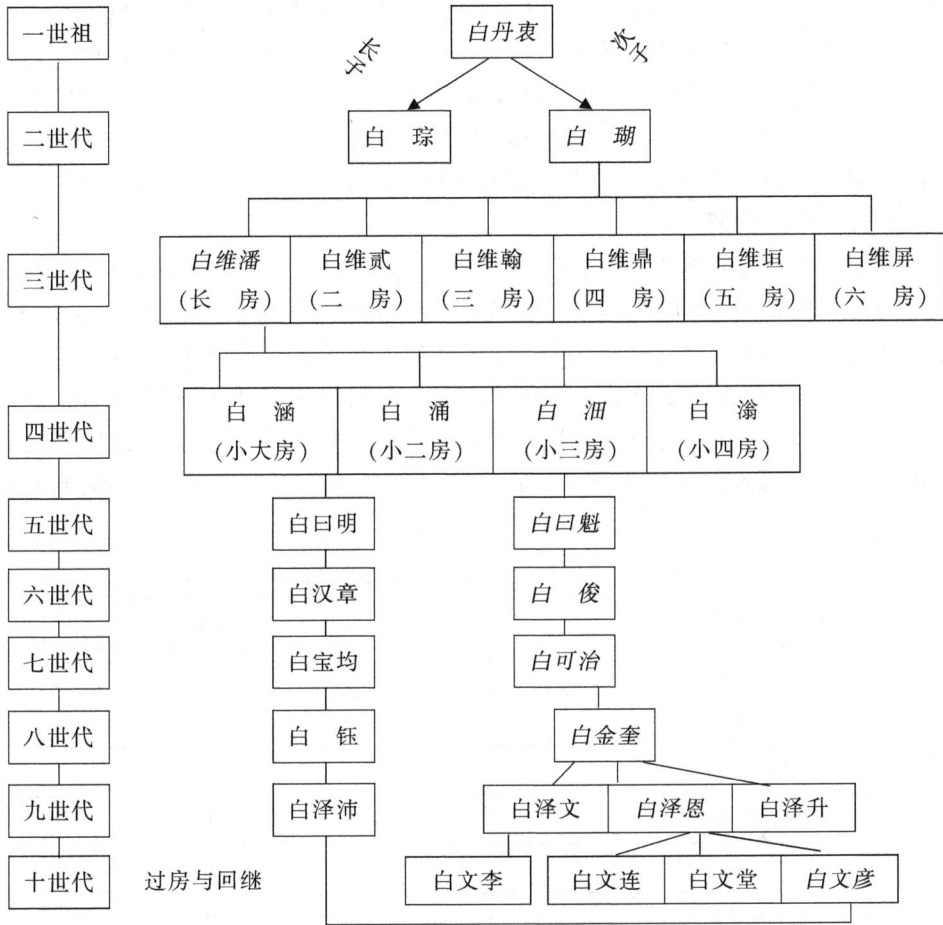

图 6-1 一世祖白丹衷以下至白文彦世系繁衍图

世代列（左侧）：一世祖、二世代、三世代、四世代、五世代、六世代、七世代、八世代、九世代、十世代

一世祖：白丹衷（长子 / 次子）

二世代：白琮、白瑚

三世代：白维潘（长 房）、白维贰（二 房）、白维翰（三 房）、白维鼎（四 房）、白维垣（五 房）、白维屏（六 房）

四世代：白涵（小大房）、白涌（小二房）、白泗（小三房）、白瀹（小四房）

五世代：白曰明、白曰魁

六世代：白汉章、白俊

七世代：白宝均、白可治

八世代：白钰、白金奎

九世代：白泽沛、白泽文、白泽恩、白泽升

十世代（过房与回继）：白文李、白文连、白文堂、白文彦

注：斜体字表示调查的白文彦一系主要支脉，其余与白文彦有关的白氏家族主要人物亦列入其中。

（三）望族分家渐衰

白家最兴盛时期便是白家几位先祖在世的明清时期，通过在朝廷担任官员而逐步发展兴盛，仅清代时期白氏家族有功名者共六十六人，白族田连阡陌，富甲一方，可谓当地的名门望族。白氏本家大业大，但随着人口的不断繁衍，陆续分家，白氏家族所发展出的户数非常之多，因此每户人分家时所继承的家产相对较少。繁衍至祖父、父亲白泽恩以及白文彦这三代时，家中相对而言比较没落，未担任任何官职，家庭主要以务农为生。

二、家户基本情况

（一）两代九口之家

白文彦之父白泽恩英年早逝，母亲李君上山割草时被豹子咬伤而亡，两位兄长白文连、白文堂也纷纷作为上门女婿入赘到他姓人氏家中。同为大房人氏而分属不同小房支的大户白泽沛家仅有一独子，因白泽沛盼其亲生儿子认真学习文化知识，这便导致家中土地无人耕作，于是只身一人的白文彦过房到白泽沛家担任长年头儿，白泽沛家的各种农活都由他安排,其他来给白泽沛家帮工的人都必须听从他指挥。之后白泽沛为白文彦娶亲,从外乡为白文彦购买了一个他人之妇即王万珍作为妻子。但王万珍认为夫妻二人常年给白泽沛家帮工并非长久之计,于是便想出了一个计策:当白泽沛让自己干农活时,她故意得罪其地邻,致使其地邻上门找白泽沛说理,之后王万珍便可趁机与白泽沛闹场合①,让白泽沛看不惯自己,最后便顺利地返回至望狮山家中。等到妻子王万珍回家之后,白文彦也偷跑回家中,几个孩子们均是二人回到家中之后所生。

1945年年初,白家人丁兴旺,两代之家共有九人,其中包括一对夫妻即白文彦与王万珍(王君)、七个孩子即四子一女以及两个童养媳。由于家中成年劳动力少,但小孩较多,导致白氏家庭负担较重,经济压力相对较大,而曾入赘到木鱼镇苟家沟的堂兄白文李长期未生育孩子,后在堂兄的强烈恳求之下,于是白文彦将次子白焕明从小干抱②给堂兄,后因其中发生一些小变故,又出现双方共同撕毁抱约③,白焕明回继于白家的现象。此后白焕明又到白水李家山的远房舅舅家担任三年长工,直至1952年土地改革运动前夕,白焕明才正式完全返回白家。

表6-1　1945年左右白家基本情况数据表

家庭基本情况	数据
家庭人口数	9
劳动力数	2
男性劳动力	1
家庭代际数	2
家内夫妻数	1
老人数量	0
儿童数量	7

(二)家庭功能渐完善

1945年年初,白家九人即家长白文彦、妻子王万珍、长子白焕光、次子白焕明、三子白焕华、幼子奎生娃、女儿棉花子以及童养媳李成茂与赵芝秀。白文彦的身体健康状况良好,但王万珍一直有心脏疼痛的老毛病,白焕光等几个年长的孩子身体不错,而几个年幼的孩子包括白焕华、奎生娃、棉花子则身体相对孱弱,小病不断。1945年于白家而言是多灾多难的一年,家中接连发生变故,6岁的女儿棉花子突发疾病并口吐白沫而亡。同年,白家幼子奎生娃因患痢疾未被治愈而亡。

就白家受教育状况而言,白家长子白焕光接受多年私塾教育,读完十二本古书后学成毕业,在当地被称为"柱子抱齐了"④;而三子白焕华则接受一至两年私塾教育与三年小学教育,后因连续读三个一年级却一直考零分而辍学回家,除此之外的白家成员均未接受过系统的

① 闹场合:指发生争执。
② 干抱:属于入赘的一种形式,但对方家中无女儿,入赘到家中再为其娶妻。
③ 抱约:指入赘时双方共同见证下所撰写并签字画押的文书。
④ 柱子抱齐了:意为将所有古书全部读完。

文化教育。

就婚姻状况而言,最初白家仅有白文彦与王万珍一对夫妻,后随着白家长子白焕光年岁增长,从私塾毕业后于1947年与童养媳李成茂成婚。而赵芝秀本应许配给三子白焕华,但白焕华认为她性格泼辣,长大以后便告知家人自己不愿娶她为妻,最终赵芝秀在新中国成立后嫁给白家次子白焕明。

就白家人加入的社会组织而言,其一,家长白文彦曾于干旱时节与村人一同组织加入龙会,并一起前去龙洞取水,以祈求降雨;其二,长子白焕光曾以个人而非整个白家名义加入五行袍哥组织,被圣人会划分为"小老幺"①,未在其中担任任何官职。

表6-2 1945年左右白氏家庭成员情况表

成员序号	姓名	家庭身份	出生年份	婚姻状况	教育状况	参与社会组织	备注
1	白文彦	家长	1903	已婚	无	龙会	—
2	王万珍	妻子	1906	已婚	无	无	—
3	白焕光	长子	1933	未婚	多年私塾教育	袍哥组织	—
4	李成茂	童养媳（长媳）	1931	未婚	无	无	1935年来到白家
5	白焕明	次子	1935	未婚	无	无	1941年前后干抱至堂兄家,后又返回至白家
6	赵芝秀	童养媳	1935	未婚	无	无	1941年来到白家,最终嫁给次子白焕明
7	白焕华	三子	1937	未婚	一至两年私塾教育与三年小学教育	无	—
8	棉花子	女儿	1939	未婚	无	无	6岁因病去世
9	奎生娃	幼子	1941	未婚	无	无	4岁因病去世

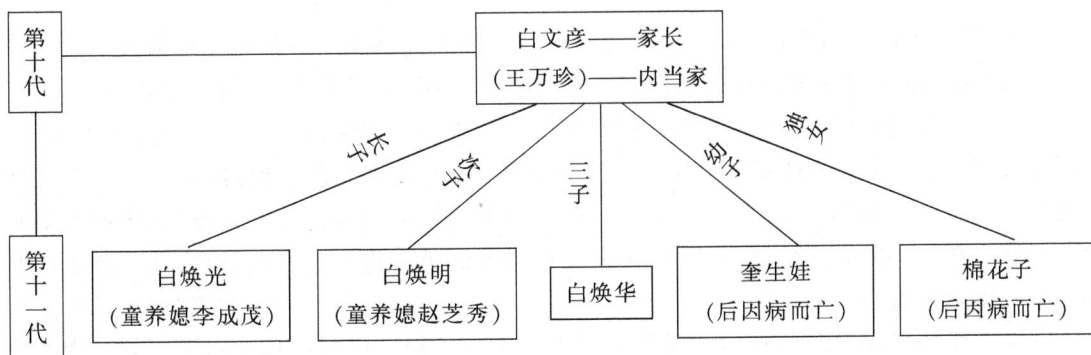

图6-2 1945年年初白氏成员结构图

---

① 小老幺:意为小弟。

(三)独居于山顶

望狮山的各个家户之间居住得相对较分散,而白家则居住于望狮山山顶之上,房屋整体坐东向西,属于单家独户,与街坊邻里相距较远,即便最近的一户邻居也距白家约五百米。白家的房屋四周均为山林,为便于通行,白家人合力修建了一条道路直接通向白家房屋,若其他村民上山种地时亦可以途经此路。

最初白家居住在使用谷草与树枝所搭建而成的窝棚中,仅在棚子上面覆盖一层茅草。白家喂养耕牛时,首先使用石头简单堆砌成一个圆圈,然后再修建圈门,当雨季来临时,白家人便在顶部放置几根竹竿和苞谷秆为牲畜遮风避雨。此外,白家亦无专门的茅房,而是在土地之上挖筑一个大坑,在其上放置几根木棒,便将其当作茅房使用。此时白家也没有专门的灶房,平日里在户外做饭,在一块平地上将石头堆砌起来作为灶台,将烧饭的铁锅放于之上即可。慢慢地,家长白文彦又做主修建了三间木质结构的房屋,才将其划分为堂屋、睡房与灶房。但房屋周围未修建专门的排水沟,夏季连续降雨时,白家便挖筑一个小水槽蓄积雨水,以避免雨水流入白家所居住的房屋之中。

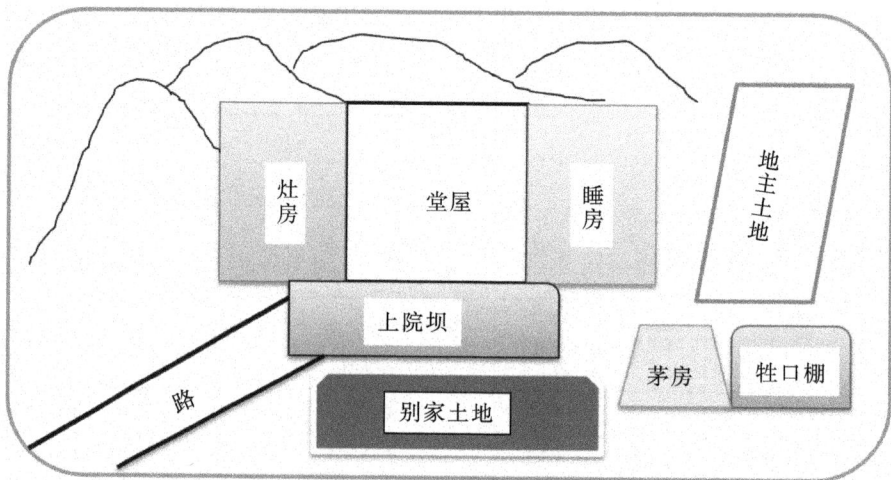

图6-3 白家房屋结构图(基本成型后)

冬季天气太寒冷,因此夜晚大多时间白家人通过烤火御寒,通常烤火至凌晨一点或两点,家人们稍有困意时才躺在床铺里休息一会儿。由于房屋是茅草棚,不可在室内烤火,白家人便只能在窝棚前的露天斜坡上生一团火,全家人围坐在一起烤火。由于白家房间太少,有时四个孩子共憩一铺,平时使用木杈作为支撑主体,其上放置几根木棍,再放一些谷草铺在表面即可睡觉。因买不起床单,在迫不得已的情况下白家人只能穿着肚囊皮①在床铺上翻来滚去。有时孩子们实在无床铺可睡,白文彦便在房屋的角落里扔放一些谷草,几个孩子便躺在谷草堆里翻来滚去。

三子白焕华年幼时与家长白文彦及妻子王万珍憩于同一房间;长子白焕光与长媳李成茂还未成婚之前,家长白文彦便为其分别准备床铺,让长子和次子同卧于一铺,两个童养媳同睡一铺;等到三子白焕华长到5岁左右,此时次子暂时干抱到他人家中,于是三子便与长

---

① 肚囊皮:此处意为衣服。

子共憩于一个床铺，家中最小的两个孩子棉花子、奎生娃与白文彦夫妻二人憩于同一间房。长子白焕光结婚以后，家长白文彦与内当家便将睡房腾出来，让给白焕光及其妻子李成茂居住，老夫妻则搬去灶房居住。

（四）农业生产供生存

白家原本共有三亩土地，三弟兄分家时每人各继承一亩土地，但由于大哥与二哥皆入赘到他人家中，便把继承而来的土地转交给白文彦代由耕作，但所有权仍归兄长所有。不久，在保长白文鹏强迫之下，白家还购买了白文鹏家的二亩四分土地。此后，在白家自有土地仍不足以满足耕作需求的情况下，逐步租入四家人的土地，合计二十二亩山坡地。除此之外，白文彦夫妻二人从大户人家白泽沛家返回望狮山家中时还悄悄携带了白泽沛家的草锄、挖锄、镰刀等农具，从而积累到一部分得以开展农业生产的基础生产资料，之后再慢慢置办山坡犁、斧头、栓刀等农具。当白家通过发展农业生产赚到一定资金后，便开始与他人搭伙饲养牲口，白家共计有四脚①耕牛股份与一脚马股份。同时某些年份白家喂养一两头猪，但某些年份却一头猪也未饲养。

1.农主副辅

从白家年均收入来看，最初未租入他人土地之时，每年大概收获约四百八十斤苞谷，同时还种植麦子、豌豆、胡豆等农作物，每年大概收获一百多斤麦子，此外还能收获一百多斤洋芋加两百多斤红薯。由于荞子②的产量最低，当白家土地比较宽裕时，便稍微种植少量荞子，没有多余的土地便选择弃种荞子。再加之此后白家又租入他人二十余亩土地，且白文彦属于耕作庄稼能手。有一年白家迎来大丰收，共收获四十多背篼苞谷，每一背篼一百多斤，合计四千多斤，即便与土地所有者分成以后，白家仍收获近两千斤苞谷米。

白家曾饲养春蚕，正月初九左右便给春蚕的外壳包裹一层纸，晚上睡觉时白家人将春蚕放置在暖和的被窝里，过不了多久春蚕便可以脱茧而出，然后王万珍在簸箕上给蚕铺一层纸，使用鸡毛掸子将桑叶掸细喂给小蚕吃，小蚕变白之后白家人再将蚕茧煮成丝，因骑马乡集市上有专门收蚕丝来转卖的生意客③，于是白家便将蚕丝拿去集市贩卖，蚕丝非常珍贵，折算下来大概以近三百块钱的价格售出。

除务农以外，妻子王万珍平日辗转于骑马乡、天隍乡、板桥乡等多个场镇经营小生意，售卖"锅锅窑"即小吃，于逢场天④背一背篼馍馍、擀面或者一锅饭到场镇街上，其他前来赶集之人感到肚子饥饿时便来王万珍的摊位处食用小吃，食用完毕以后便给王万珍支付一些银钱。一般内当家王万珍上街时会首先购买一升米，无钱可支付的情况下便暂时向售米之人赊账，待王万珍将食物售卖出去以后再向其支付米钱，每个集期的收入至多为七块钱，一年约赚一百块钱。王万珍于夜晚时分带着孩子一起推麦子，将其推出来以后便连夜赶路去卖，孩子们则在家食用推磨所剩下来的麸子。

---

① 脚：属于与他人搭伙饲养牲畜时的股份单位，一脚即意味着拥有牲畜的一条腿股份。
② 荞子：学名为荞麦。
③ 生意客：商人。
④ 逢场天：即集期当天。

某些年份,白文彦于农闲时节会外出贩口袋,由于碧口镇①所使用的度量升子较小,而骑马乡所使用的度量升子较大,将一斗粮食背到碧口镇去转卖,便可以赚到价值两升粮食的银钱。一种方式是贩卖白家收获的粮食,另一种方式则是将别人家的粮食转运到碧口镇去售卖,将粮食售掉并返回骑马乡以后再向对方支付粮食本钱,无须支付粮食利息钱,而由白文彦最终获得粮食差价的利润,一年约赚四百块钱。

2.各年开支项目多

就白家年均支出方面而言,刚开始每年收获的粮食无法满足自家食用,之后在白家人的辛勤耕作之下,粮食本应勉强满足自家人的食用需求,但由于上交皇粮国税、款项以及家庭各类人情世故开支等诸多因素,如每年向国家交纳约八十斤皇粮与五十块钱国税,故而冬月不得不贩卖粮食以换取银钱来凑足款费,如此一来便导致粮食不够白家人食用。白家贩卖粮食时以五角钱一斤的价格售出,而等到白家无粮食可食用时,大户人家此时便开始放粮,白家人以一块五一斤的价格才能将粮食购买入手。若家中实在没钱,大户人家给白家借出一升粮食,日后白家便需要为大户家无偿干三天农活,借贷三升粮食便需要无偿干九天农活,而且干农活的日期由大户家决定,一般白家处于农忙抢种抢收时期,大户人家便要求白文彦前去干活,等到他为大户家干完农活,已然错过自家应当种植粮食的最佳季节,这也在一定程度上加剧了白家的贫困。

白家某些年份因家庭缺乏资金便不会置办衣物,有时一年给家人置办一次衣物,称为过年换季。不同颜色的布料价格相应不同,因此内当家王万珍有时在给家人制作衣服时使用多种颜色的布料拼凑而成。

此外,白家每年的人情开支繁多,年均支出约四百块钱,虽然白家每次赠送的礼金数额较小,但是由于户数多,且开支项目繁多,包括其他家庭给老人祝寿、给孩子置办满月酒、给先祖立碑等各种各样的人情开支,某些家庭给神灵还愿时也会待客,因此多次累积支出金额较大。例如对方家给大老爷许愿,希望大老爷保佑自己家生病的孩子早日痊愈,如果最终家人能痊愈,便请端工前来敲锣打鼓,这时他们会邀请白家人前去一起庆祝,白家便需要赠送礼金。

总体而言,白家每年向别人借贷银钱与粮食的数量处于变动状态,某些年份所借数量多,而某些年份所借数量少,但凡家庭能够勉强周转过来便尽量不向他人借钱。当白家办红白喜事时向他人借钱,由于对方知晓白家将会有一笔礼金收入,便会将钱借给白家,等到办完宴席之后白家便立即将银钱归还于他人。

---

① 碧口镇:今甘肃省陇南市文县碧口镇。

表 6-3　1949 年以前白氏家计状况表

土地占有与经营情况	土地自有面积		3.4 亩	租入土地面积	22 亩
	代耕土地面积		2 亩	土地耕作面积	27.4 亩
生产资料情况	小农具		草锄、挖锄、镰刀、山坡犁、斧头、栓刀		
	牲畜情况		四脚耕牛股份、一脚马股份		

收入	农作物收入				其他收入	
	农作物名称	耕作面积	亩产	总产量	收入来源	收入金额
	苞谷	2~10 亩	200 斤	400~2000 斤	养蚕	300 元
	麦子	2.5 亩	140 斤	350 斤	锅锅窑	100 元
	荞子	2~3 亩	70 斤	140~210 斤	贩口袋	400 元
	豌豆	1.4 亩	240 斤	336 斤	—	
	红苕	0.3 亩	2000 斤	600 斤	—	
	土豆	0.4 亩	500 斤	200 斤	—	

支出项目	人情开支	皇粮国税		地租
	400 元	80 斤皇粮+50 块钱国税		不定

结余情况	不详	资金借贷	借入金额	不详
			借出金额	不详

注：本表的数据为折算数据，而非现金数据。

（五）大爷佑家声望高

1949 年以前，白家这一小家户中无人担任过乡长、保甲长、会首等职务，但整体而言，白家的社会声望相对较高。一方面，白文彦为人十分热情，喜爱帮助他人，使得白家与当地其他村民始终保持着良好的关系。另一方面，尤其是白文彦曾过继到同族大户白泽沛家，而继父①白泽沛属于有地位的袍哥大爷，在当地被称之为"沛大爷"，因此在他的庇护下，一般人家不敢欺负白家人。直到新中国成立后，长子白焕光担任武装队长与白氏家族的族长，于是白家在当地的社会声望也在相应不断提升。

（六）人口虽多仍属小户

1930 年至 1949 年期间，白家共有两代人，由白文彦为白氏家庭外当家，妻子王万珍为内当家，除此之外白家无其他当家人。1949 年由长子白焕光接替白文彦成为新任家长，一方面长子白焕光为人十分能干，接受多年私塾教育，既有口才，也有文化；另一方面，次子白焕明在外做长工，而三子白焕华尚且年幼，因此白焕光顺理成章成为白家新任家长，从此白家与外界的一切人情往来、开会等事宜皆由白焕光负责，若有时因白焕光太忙而无闲暇参加宴席，便将礼金交给白文彦，由白文彦代为参加宴席，但是在礼簿上落款需署白焕光之名。而白文彦在家仅负责家庭农业生产事宜，在耕作庄稼时可适当向长子白焕光提建议，包括如何将庄稼耕作得更好，或者第二天干活需要找多少人前来换工等。

望狮山有大户、中户、小户的说法，在白家人看来，大户人家主要是指有钱有势、土地众多，且家中雇用许多长工帮忙干活的家户，就望狮山而言，只有李全炳家算作大户人家。中户

---

① 继父：此处意为白文彦过继家庭的父亲。

家庭一般主要表现为家中人口虽少,但劳动力相对较多,家庭比较容易发展起来,而一旦家里人口数量增多,便导致家庭不容易发展起来。此类中户家庭粮食与资金相对充足,不需要外出干活以获得口粮与零花钱。总体而言,望狮山的各个家户之间差距不大,绝大部分家庭属于小户,家庭所收获的粮食通常难以满足全家人的基本生存需要。小户家庭主要包含以下两类:其中一类情况是家中孩子较多,但劳动力少;而另一类情况则是家人不喜劳动,即便家中拥有较多土地,但是却未对其良善经营,最终沦为困难户。

从人口角度来看,望狮山各家户中拥有六至七人属于平均人口水平,人口较多的家庭大约有十人以上,而人口较少的家庭则一般少至三人。较之当地其他家庭,白家在人口方面属于大户,家中人口数量最多时,加童养媳达九口人。

总体而言,一方面,白家人口数量虽多但劳动力少,孩子们尚年幼,家中仅有白文彦与王万珍两个劳动力。另一方面,白家的土地较少,自有土地不足够家人耕作,因此才租佃他人家的土地耕作。此外,白家每年的收支勉强够用,有时甚至入不敷出,因此家中未蓄积财产。因此将人口、土地、财产等多个因素相综合而言,白家仅属于小户家庭,在当地不具有影响力,在登记保甲册时白家被登记为三等户。及至1949年,白家祖先自清初顺治年间迁徙到瓮家坝已达三百余年,瓮家坝已逐渐发展为以白姓人氏为主,夹杂他姓,因此从年份上来看,白家属于当地的老户。

第二章　家户经济制度

白家继承一亩祖业地,为兄长代耕两亩土地,此后又被迫购买保长家二亩四分土地。随着白家的耕作能力增长,家长白文彦做主逐步租佃四家人的二十余亩土地。家中最初仅有供白文彦一人从事农业耕作所需的基础小农具,孩子们长大后又逐渐增添新农具。当白家通过务农与发展副业等得以积累一定资金后,便开始与他人搭伙饲养牛马等牲畜,并由暂居窝棚发展为修建三间木质茅草房。即便白家与邻换工互助发展生产,并在闲时与外界开展锅锅窑与贩口袋等多种经济交换,但所得收入有时仍不足以满足白家的租税、食物、人情、教育等繁多支出项目,于是家长白文彦便不得不出面向他人借贷钱粮。

一、家户产权

(一)家户土地产权

1.继承代耕祖业地

白家原本有三亩土地,父母去世后白文彦等三弟兄各继承一亩祖业土地,白文彦本来仅分得一亩土地,但由于大哥与二哥都相继入赘到他人家中,便将土地交给白文彦一家代为耕作,但兄长们不会完全声称将土地赠与白文彦,因为这是他们的老业,不管兄长们去往何处,土地所有权还是归属于他们。直到1952年土地改革运动,兄长的这两亩土地才全部被划分给白文彦一家。

大约在1942年,白家被迫购买过保长白文鹏家的二亩四分土地,购置这块土地的原因是此土地左右两侧均属于白家兄长而暂时由白文彦所代耕的土地,因此保长强行要求白家人必须将其购买下来。

白家的祖业地以及购买的土地均属于山坡地,大致分散为三块。但土地与河流、沟渠皆相距较远,因此白家人不会特意到河边挑水灌溉土地,全部靠天吃饭。白家所有的土地皆属于沙土,土质相对较差,主要由大石头与小石渣组成,大石头在底层,小石渣覆盖于表层,白家的农作物主要种植在小石渣之上,从而养活幼苗,而一旦农作物长期遭到太阳曝晒,气温过高,便会导致庄稼全部干涸而死,因此收获不了太多粮食。即便如此,白家亦无法开垦荒地,由于荒地亦属于有主土地,若白家人随意开垦荒地,被主家发现后便会告状,与白家打官司,还会向白家征收罚款。

在现有土地不足以满足白家耕作需求的情况之下,白家人先后租佃四家人的土地,合计二十余亩。一般是由于对方家中土地多,缺乏劳动力耕作,但租佃给白家的土地大体仍属于产量低的山坡地。

2.全家合有土地

从严格意义上来看,完全属于白文彦一家人所有的土地仅为一亩,之后购置的土地也属于白家全家人合有,即共同共有,家中人人有份,主要由家长白文彦对土地进行支配,全体白家成员都可以享用通过经营土地所获得的粮食成果。白家认为土地属于全家人比较好,但家长比其他成员在土地产权上更有权力,享有更多的支配权。无论是成年人还是家中的孩子,无论是嫁进来的媳妇王万珍,还是家中两个童养媳,对于家中的土地使用都有份。此时孩子们都还年幼,暂时不具有分配给每个人的现实可能性,只有等儿子们长大成人结婚以后白家才会将土地进行分配。

3.白家成员知晓并经营土地

白家的家庭成员都知道哪些土地属于白家,因为全家人都会上坡干农活,除次子白焕明从小过继到同族人家中,没有在自己家耕作过庄稼,因此不知道哪些土地属于自己家以外,其他成员包括嫁到白家的王万珍以及两个童养媳李成茂、赵芝秀在内的所有白家人,均能分清自家土地与别家土地。同时白家的土地平时仅限于白家内部家庭成员可耕作使用,一般情况下,其他外人只能在白家的邀请之下即与白家人进行换工时可以帮助白家进行土地耕作,但不能在未经白家人同意的情况下进行耕作。此外,白家土地经营权归白家人所有,种植何种农作物、怎样耕种、如何收割粮食,以及将粮食收割回家之后应当怎样分配均由当家人白文彦支配,不需要与外人商量,土地的产出归白家所有。

4.栽植石头为疆界①

白家土地与邻居家的土地拥有一定的疆界,在土地四端各栽种一块石头,一般在土地之间挖筑一个小槽,将石头栽进去。但白家不能种植树木以当作疆界,因为当树木生长起来后会吸收地邻土地上的养分,地邻便会将此树木砍掉。一方面,白文彦与大哥、二哥分家之时曾重新栽种疆界。另一方面,白家在购买土地时,土地上下左右到哪里为止即四界都会栽植疆界②,这时买卖土地双方会各邀请一个证人前来作证。此外,还会将与白家土地四方相邻的其他地邻也找来见证,以避免疆界越过别人的土地,最终由中人负责栽植疆界。

地邻一般不会越过白家的土地种植庄稼,但某些个性较强的人例如白焕银曾侵犯过白家的疆界,当白文彦家购买保长白文鹏家的土地时,本来两家曾协商好,土地上到山脊,下至河角③。但是约一个月以后,地邻白焕银干完农活以后,看到四周无人,便携带锄头,在与白家的边界处悄悄迁移一点疆界,把之前栽种下的石头稍微挪一下位置,大概移了一至两尺左右土地。等到白文彦一家人发现后去找白焕银说理时,对方却声称,"这是你们之前当着大家面所栽植的疆界,我怎么可能知道怎么回事?"这时白家人也感到无可奈何,如果想重新再栽种一次疆界,需要重新再邀请一次证人、代笔先生,但找证人与代笔先生需要给对方购买鸦片吸食,又要把他们请到土地里查看现场,这一环节来来回回起码需要三天,这三天之内白家还需要负责证人等人的饮食,最终迫于家庭贫穷,于是白家只能向白焕银妥协。

5.家长主导土地交易

白家在土地买卖、租佃、抵押等活动中,家长白文彦占据主导地位,均是在白文彦的主导

---

① 疆界:即边界。
② 栽植疆界:即划分边界。
③ 河角:河边。

之下所完成。

（1）当家人画押并印约①

白家购买保长白文鹏家土地的过程大致如下：保长白文鹏主动找到白家当家人白文彦，强迫白文彦必须购置其土地，于是白文彦与保长等买卖双方各邀请了一个有能力之人担任证人，且证人通常立场比较客观，不会偏袒买卖土地的其中任何一方。保长白文鹏声称土地值一万块钱，而白文彦家认为该土地值不了一万块钱，便由双方所邀请的两个证人来商谈土地的价格。

此外，白文彦还邀请了代笔先生前来撰写文书②，此人为当地有头有脸的人物，既有一定的写作能力，且具有魄力之人。地契是使用树皮纸制作，用毛笔书写而成，不易风化损坏，然后买卖双方在地契之上画押以表示认可，白家便是由家长白文彦做主并画押。

然后买卖双方家长即白文彦与保长白文鹏带上已画押的文书一同前去县政府印约，此时县政府驻地位于平武③，两人翻山越岭走到平武便需要大概三天时间，往返一趟约五天时间。两人走到县衙，白文彦便将文书呈递给县大老爷④，他稍微浏览一下，然后在文书上盖章以后地契便正式生效。如果县大老爷当时恰巧下乡视察暗访不在家，白文彦便需要给他手下的衙役支付一点银钱，让衙役帮忙盖章，否则便只有等待县大老爷三至五天。之后白家与保长家买卖双方手里各保存一份地契，并在之后分家时将地契传承给子孙后代。

（2）家长主户⑤同协商

白家进行土地租佃之时，租种某些与白家相邻的土地是家长白文彦主动找家中土地富余的家庭，找到对方的家长进行协商。而租佃某些土地则是别人找到白家当家人白文彦，让白家帮忙耕作并顺便进行管理，不要让他们家的土地荒废即可。总之，白家与主户等租佃双方家庭势力都不大，考虑到双方家庭的劳动力数量与孩子的年龄等因素，经协商决定好租佃年限便成交，一般无须撰写文书及邀请证人见证，白家每年收获粮食时，定期给对方交一定数量的粮食即可。

白家共租佃了多家人的土地，有的家庭与白家进行对半分成，比如韩东倪家居住在另外一个保，他妻子的娘家与白家同在瓷家坝保，于是他在瓷家坝保购买了一些土地，但是由于居住得较远，无法有效耕作土地，于是将土地出租给白家代为耕作，并撰写了租约。此外白家还租了李全洞家的几亩土地，根据产量来具体分成，当白家当年粮食收获得多时便多给李家分一点，收获得少时便少给李家分一点粮食，如果一亩土地只收获一至两背篼苞谷，便干脆不进行分成。白家未曾租佃过大户人家的土地，所租种土地的家庭均属于家中劳动力较少的家庭，家里土地较多但没有足够多的劳动力，欲将土地转卖出去但考虑到后代的孩子们又不敢将其售卖，于是希望白家帮忙耕作其土地的同时代为管理，以避免土地荒废。等到对方家庭孩子长大至有能力劳动时便将土地从白家手里收回，由自家进行耕种，白家将土地退还对方后又去租佃另外一家人的土地。

---

① 画押并印约：指制作地契。
② 文书：指地契。
③ 平武：今四川省绵阳市平武县。
④ 县大老爷：县长。
⑤ 主户：即出租土地者。

本来白家租种别人家的土地理应给他人分粮食，但是又出于各种原因，实际上有时没有给别人分粮食，于是白文彦便去找对方家长商量，向他人支付一笔租金费。一般情况下需要在付钱与分粮二者之间选择其一。而他人免费交给白家耕作的土地，既不需要共享粮食，也不需要交钱，但家长白文彦有时会去对方家帮忙干活。有时白家是租种别人家的荒地即毛坡树林，前一至两年收获的粮食不需要与对方分成，通过耕作将荒地转变为熟地以后再给别人家上交地租。

（3）家长询问同族前辈

白家进行土地抵押时，由于白氏族人众多，称之为"除开亲房，还有亲房"，要是不就抵押土地一事提前询问白族的亲房们，他们便会对此产生意见。白家因急需花钱，于是当家人白文彦做主去找白氏家族的一位老前辈协商当土地①一事，最终便把自己连同兄长的三亩土地当给了老前辈家，他付给了白文彦二十吊"当价钱"，由于白文彦不识字，便请有文化的人担任证人撰写一份当地文书即当约，但是因老前辈家缺乏足够多的劳动力，最终还是将土地交给白文彦家耕作，收获到的粮食两家人对半分成，若年终共收获十背篼苞谷，白文彦家分得五背篼苞谷，同时给老前辈家分五背篼苞谷，等到白文彦赚到钱以后又将"当价钱"退还给老前辈家以赎回自家土地。白家抵押土地时，家长白文彦做主与对方家庭商量即可，这属于两个家庭的事情，不必将此事告知保甲长。

6.内当家仅可适当建议

白家土地买卖、租佃、抵押等家庭大事只可由男性做主，即在白家完全由家长白文彦做主，俗话说"一家无二主，一林无二虎""只有男州，没有女县"，女性在家一般无发言权，说话也无实际效力。王万珍虽为白家的内当家，只能管理家庭中的柴米油盐酱醋茶、洗衣缝补、煮吃煮喝、招待客人等生活琐事，作为女性对土地无法做主，只可适当向家长白文彦提一些建议，但白文彦不一定会听取此建议。当妻子王万珍向家长白文彦提出建议，不要将自家的土地抵押出去，白文彦便回答说："你不让我当土地，那你就把银钱拿出来供家庭开支！"。于是王万珍只好作罢，最终家中土地还是被白文彦暂时抵押出去了一段时间。其他家庭成员比如白家的孩子们年龄尚小，既无权对土地做主，一般情况下也不会向家长白文彦提建议。尤其是白家进行土地买卖的过程中，其他外人只会就买卖土地一事询问白家的当家人，白家的其他家庭成员不可做主。

7.土地偶被侵占

当地俗语称"田地房屋十八反，二十四个不要脸"，虽然白家购置保长家土地时曾印制地契，但后来白文鹏家逐渐没落，由于白家购置的土地比较适合种植鸦片，白文鹏不但每年会到已归属白文彦家的土地里种植鸦片，每当逢年过节时白文鹏还会到白文彦家索要过年钱粮与酒肉。

白家人在土地的田埂之上种植了核桃树、桑树，树木附属于土地的收益权本归白家所有。但某些饲养春蚕的家庭比如李全炳向白家索要桑叶，却被白家果断拒绝，因为白家自己家亦在饲养蚕，而李全炳这一大户人家雇用多名长工，于是便在夜晚带长工悄悄偷窃白家桑树上的桑叶拿回家喂蚕。考虑到李全炳家属于有钱有势的大户人家，于是白家人只能默

---

① 当土地：此处意为"土地抵押"。

默忍受,不敢去数落对方,也没有将此事告知保甲长。

8.持有地契外界认可

望狮山其他村民,尤其是与白家土地相邻相近,以及经常与白家换工干农活的家庭知晓白家有哪些土地。白氏家族以及瓮家坝的保甲长均承认白家土地的所有、耕作与收益的权利,了解白家有哪些土地,当白家的土地边界被白焕银侵犯时,家长白文彦没有主动去找保甲长,所以保甲长便不会主动插手进行管理。白家买卖土地时,由于曾去县政府印制了购买土地的地契,因此县乡政府承认并保护白家对该土地的所有、耕作及收益的权利,不会侵占白家的土地。

(二)家户房屋产权

1.七尺木房

白文彦刚返回望狮山家中时,家内一无所有,只能搭建一个窝棚用以遮风挡雨,窝棚的建筑面积仅二十平方米左右,和妻子王万珍一起努力耕作了两季庄稼以后,才慢慢修建了高为七尺左右的三间木质茅草房,约六十平方米,仍用茅草遮盖房顶即茅草房,还修建了一个牛圈用以饲养耕牛和猪。后来还修建了一个约两米大的院坝①,因此白家宅基地面积总计约八十平方米,房屋整体坐东向西。

三间木质房屋中,堂屋②位于正中间,其左右两侧一侧是灶房,另一侧是睡房。堂屋的开间③为一丈一,进深④为一丈二。白家人夏天在堂屋吃饭,室内相对比较凉爽,冬天因为太冷,需要烤火,但碍于房顶使用茅草遮盖,白家人便不敢轻易在室内烤火,因此冬天一般在门前的院坝里吃饭与烤火。因白家的房间数量比较少,于是平时白家人都是勉强居住。夜晚来临时,白家人撑一个六尺长的竹竿于堂屋中,再扔放一些茅草在竿子上,便可作为长子白焕光与其他几个孩子的简易床铺。家中小睡房的开间为九尺,家长白文彦与妻子王万珍便居住在睡房,孩子年龄非常小一般在3~5岁时也和夫妻二人夜宿在一起,年龄稍微大一点的孩子便与当家人们分开睡。白家灶房与睡房建筑面积相同,为九尺的开间,一丈一的进深。且每个房间都没有正式的房门与窗户,夜晚睡觉时白家人便使用竖木棒夹起来当作房门。相较于瓮家坝保的其他村民家,白家的房屋属于比较差的茅草房,某些富裕家庭所居住的是瓦房,且门是使用木板所制作。

在白家,新婚夫妻在房间使用上具有优先权利。当长子白焕光与作为童养媳的妻子完婚以后,家长白文彦与王万珍便将睡房给这对新婚夫妻腾了出来,老夫妻二人搬去了灶房,灶房前半部分用于做饭,后半部分则重新布置了一个床铺。

2.新建木质茅草房

白文彦的父母去世得比较早,之前虽曾留下石板房,但白文彦过继到大户沛大爷家居住了几年以后,发现望狮山家中的石板房早已坍塌,不得不着手在原地搭建了一个窝棚以勉强居住。后来白家居住的木质结构茅草房则是由白文彦做主一手修建而成,树木是向与白家关系好的家庭索要而来,不需要花钱。

---

① 院坝:院子。
② 堂屋:即客厅。
③ 开间:建筑学用语,指房间宽度。
④ 进深:建筑学用语,指房间长度。

在修建木质茅草房的过程中，白家还会请道士先生看期，决定何时架马①、何时起柱，此后白文彦便邀请木匠前来架木马，架马与起柱需要向木匠支付一定的银钱，按照干一天活五毛钱来进行计算，最终按照干活的总计天数来结算工钱。然后白家人还需要敬木马神，为其烧香、烧纸。架马时，木匠的徒弟会手拿鸡公施道法，同时也会讲一些吉利话语，"大梁放在一寸，儿子儿孙坐高官；大梁放在中柱口，要成金银满斗"，白家人此时便会给木匠的徒弟支付一些礼钱。最终修建房屋的全部花费相加约二百元钱。

3.房屋人人有份

白家的房屋属于白家全体成员所有，大人、孩子人人有份，童养媳李成茂与赵芝秀也有份，次子白焕明虽然在外担任放牛长工，但对于房屋也有一份。白家认为，房屋属于全家人所有比分配给每个人更好，更有利于维护家庭的团结与和睦。

4.家长做主建房

白家在建造房屋时，一切事宜包括房屋大小、将房屋修建成何种类型、请人看风水、请人帮忙等主要由当家人白文彦来决定与安排，首先他根据屋脊的地盘大小来设计房屋的开间与进深大小，然后木匠便根据白文彦所规划的大小来下木料。内当家王万珍只负责为前来帮忙修房屋的人做饭，当家长白文彦忙不过来，王万珍偶尔也可以前去请风水先生看期，开一个关于具体上梁时间的单子，然后由王万珍拿回家。修建房屋时，白家的孩子们尚年幼，因此既无权做主，也没法提建议，只能完全听从白文彦的安排。1950年进行"减租退押、清匪反霸"，白家房屋周围的土地包括原属于大户人家的土地全部划分给白家，于是白家便着手扩充房屋，在房屋的左右两端共嫁接了两间房子，即一端各嫁接一间房屋。此时长子白焕光已成了白家的新任当家人，主要由白焕光做主安排扩充修建房屋，并适当与老当家白文彦商量。

5.房檐水滴为界

白家虽属于单家独户，周围没有四邻居住，但房屋也拥有一定的边界即房檐，只要白家的屋檐水滴下来时不会滴到别人家的土地上，他们便不能前来找白家人麻烦，而白家仅修建九尺的小房子便是由于房屋旁是属于大户人家的土地。同时仅限白家人才对白家的房屋享有所有权，由于房屋尚且不足够自家人居住，因此也不会提供给外人居住。此外白家人不能容忍他人侵占自家房屋，白家的院坎之下属于别家的土地，邻居家耕地时，若耕牛需要经过白家的土院坝，必须提前告知白家人，在得到白家人许可的前提下方可经过。

6.修房翎屋不必知会外人

白家房屋无论是拆除、修缮、重建等全部由家长白文彦决定，因房屋所处土地属于白文彦从祖辈手中继承而来的地基，因此白家修建房屋一事不需要特意告知四邻、白氏家族，保甲长也不会过问白家修房翎屋事宜。当白文彦在修房时偶尔会去找邻居们前来帮忙时，才会主动将此事告知他人。总之，无论是望狮山村民还是村庄层面的保甲长及县乡政府，都承认白家对房屋所享有的所有权及管理权。

(三)生产资料产权

1.基础农具渐置

由于白家人相继入赘以及过房到别人家，家里长期无人居住，因此家内农具早已损坏而

---

① 架马：即上梁。

无法使用。白文彦与王万珍长期在大户白泽沛家干活,都有固定的农具,后来从白泽沛家返回望狮山自己家中时,悄悄偷走白泽沛家一个草锄、一个挖锄与一把镰刀,但此后白泽沛也并未发现此事。最初白家没有斧头、栓刀等农具时便只能向他人借用,之后再慢慢置办,到骑马乡场镇专门出售锄头、斧头等铁制农具处购买,也可以把自己家的坏斧头拿到铁匠处加工一下,便又成为一个崭新的。此后白家再请人帮忙制作山坡犁与滑子,一般下雨天木匠才有空闲时间来白家帮忙砍山坡犁,若家里没有足够的钱来支付工钱,之后白家人便给木匠家还工,砍一把山坡犁还一个工,木匠家中有事需要找人干活时,当家人白文彦便前去帮忙。但由于最初白家唯有白文彦一个主要劳动力下地干农活,因此所有农具也仅准备了一套,等到孩子们长大以后,家中劳动力逐渐增多,白家再逐步购置与制作新农具。

2.伙养牲畜轮流用

白家分别与他人搭伙饲养一脚牯牛①与一脚母牛,结果母牛又繁殖出两头小牛,于是这四头耕牛都有白家的一脚股份,即四脚耕牛。最初白家仅与一家人搭伙,但是他家里的耕牛比较多,于是又将耕牛伙给多个家庭,大家都属于牛伙计,几家人一起轮流使用耕牛。当白家需要点苞谷时,白家就先使用耕牛,将苞谷地耕作完以后,其他人再使用。

大户人家赵术田的儿子不务正业,瞒着赵术田收取白家银钱,偷偷将自己家马匹的伙养权出售给白家,但是平时又不敢让白家使用,必须等到赵术田去世后方可使用。最终直至1949年以后,村中将赵术田家的马匹没收后,白家才将之前伙养马匹时所撰写的伙约②带上前去分马。

某些年份白家会喂养一头母猪,然后繁殖几头小猪仔,但某些年份一头也未饲养。因有时白家无足够粮食可以用来喂养小猪,有一年过年时,白家宰杀了一头年猪,结果发现只有三十斤肉。有时白家想饲养年猪,但是家里买不起小猪,于是家长白文彦便找其他熟人出钱帮忙购买一头小猪,等到将猪养大宰掉以后,两家人对半分猪肉。此外白家每年会饲养十多只小鸡。

3.牲口共有与农具单独所有

在白家,农具、牲畜等属于全家人所有而非某一个人,对于这些生产资料,所有白家人都有一份,无论外出打工者抑或是嫁进来的媳妇以及童养媳均有份,这样有利于白家内部紧密团结。其中,因白家无足够银钱单独购买牛马,于是与多个家庭搭伙饲养,从而缓解购买与饲养的双重压力,因此牛马属于白家与多家庭共同所有,且是按照家庭来说明共有关系。有些时候,年猪由他人替白家出资购买时,同样属于两家共同所有。而就镰刀、锄头、山坡犁等农具而言,则完全由白家单独所有。

4.家长出面伙耕牛

白家在与他人伙养耕牛与马匹时,由家长白文彦出面去与其他家庭的家长商谈,适当地与妻子王万珍商量,妻子也可以就此事提出一些建议,但伙养耕牛时不会与其他白家成员商量,等到将伙牛的银钱交给牛伙计,并与伙计们画押签订伙约以后,白文彦再回家将此事告知白家家庭成员。此事既不必告知保甲长,也无须告诉亲房本族与四邻。

---

① 牯牛:公牛。
② 伙约:指与他人搭伙饲养牲口时共同撰写并画押的文书。

白家伙养耕牛时,需要根据耕牛属于牯牛还是母牛来计算伙牛价格,牯牛只能耕地,不能交配并繁殖小牛,因此价格略低;而母牛不仅能够耕地,还能繁衍小牛,因此价格稍高。而白家最初与人搭伙饲养的耕牛便属于牯牛。白文彦找证人前来作见证,首先协商好伙养一脚耕牛的价格,对方想要以五十块钱半脚牛的价格卖出,而白家认为价格太高,于是证人便让双方都互相妥协一下,价格向中间倾斜一下,如果双方都表示同意,伙养耕牛一事便成功了一半,最终白家以四十块钱半脚牛与对方达成一致,之后由于觉得半脚耕牛不太便于分配,于是白文彦又添了一点钱,凑够了一脚耕牛股份。

然后对方便告诉其他搭伙饲养耕牛家庭的家长,今天将耕牛搭伙给白家,大家一起来认识一下牛伙计,当着所有牛伙计的面给牛过户,由代笔先生撰写伙约,在伙约上会写清楚每家人各占耕牛股份以及伙养价格,然后白文彦与其他几个家长一起签字画押。刚开始白家与李成功一家人伙养耕牛,因为李家的耕牛比较多,后来又把牛伙了其他几家人,最终白家人与五个家庭共同伙养了一头耕牛,但每家人所占的股份有所不同。当耕牛病死或者因其他原因死亡时,也是按照每家人所占的股份数额来分摊牛肉。

此外,白家在农具等生产资料的购买活动中,由当家人白文彦来支配,于逢场天到骑马乡场镇购买栓刀、斧头等农具。当维修锄头等生产资料时,如白家的锄头发生磨损,主要由当家人白文彦出面找铁匠牛友国帮忙将其加工一下,之后就变为一个崭新的锄头。

5.耕牛借用必经当家人

由于白家是与多个家庭共有耕牛,因此牛当伙计家使用耕牛时,白家偶尔会向另外的家庭借用耕牛,譬如今天白家需要耕地,家长白文彦便出面把别人家的耕牛借来耕作一天,而白家孩子们借不到耕牛。但白家借用耕牛需要还工,耕牛拉一天地,便给对方偿还两个工,有时向关系特别好的家庭借用耕牛,也可以不必还工。但是借用耕牛有时需要对方家庭,以及对方的牛伙计家均同意将牛借出才行。一般白家很难单独借到耕牛,因为别人家担心在使用耕牛犁地时没有轻重,不考虑耕牛的承受能力而过度使用耕牛,于是还会派一个人前来监督白家的耕作过程,让耕牛慢慢地悠着耕地。

别人借用白家的耕牛时,也必须经过当家人白文彦同意,如果当家人不在家,其他家庭成员包括内当家王万珍以及孩子们便会告知对方,等待白文彦回家,询问他的意见后才能决定是否能够将耕牛借出。且白家平时不会将耕牛借出两天以上,一般情况下至多允许他人借用一天,下午耕完地以后便立即将耕牛归还给白家,还需要给耕牛喂水,并背一背篼草料到白家,白家此时还会检查耕牛是否生病。

俗话说"借铜不借铁,借铁少一截",借用铁器农具时,很容易导致农具遭受磨损,因此只有与白家相好①的家庭才会同意将农具借出,不相好的家庭一般不愿意将农具借出。这时一般是由家长白文彦出面前去借用,内当家王万珍偶尔也可前去借用农具,除此之外的其他家庭成员则借不到农具,对方家长也不会同意借出。另外一种情况便是借用农具之前,家长白文彦与内当家王万珍提前与其他家庭沟通好,把家里的锄头给白家借用一下,之后当家人若无空闲时间,便派长子白焕光前去取农具,下午使用完毕之后归还给对方家即可。

如果白家借用他人农具后,在耕作过程中不小心将别人家的农具如山坡犁损坏,需要重

---

① 相好:此处意为关系好。

新给对方家制作一个,若山坡犁上的滑子损坏,当家人白文彦或内当家王万珍便需要做主到铁匠家重新购买一个新滑子更换上去再归还于人。

最初白家只为当家人白文彦这一主要农业劳动力准备了一套农业生产所需的基础农具,因此他人不会向白家借用农具,等长子白焕光与童养媳李成茂长大成人之后,白家逐渐置办了一些锄头、镰刀等农具,这时才有四邻来向白家借用农具,并在使用之后及时归还到白家。如果他人在使用白家的山坡犁时将其损坏,对方会马上找几块木头并请人给白家砍一把新山坡犁,然后将其还给白家;或者白家找木匠重新砍一把山坡犁,对方家庭去给匠人家还工。

6.外界承认白家生产资料

其他村民承认白家对牲口、农具等生产资料的产权,从未侵占过白家的生产资料,只会在经白家同意的情况下借用,并会在使用完毕后及时归还。白氏家族、保长白文鹏与甲长白培兴、平武县及此后的青川县政府均承认白家的生产资料,不会随意侵占白家的牲畜与农具。

(四)生活资料产权

1.桌椅家什属自制

白家将木质茅草房修建完工以后,便开始慢慢置办各类家具。白家附近有一个邻居是木匠,白家人将木板等材料准备齐全以后便找他帮忙做木柴桌子,有四个桌腿,上面放置一个木板,无钉子可用,木匠便用钻头在木头上面钻一个小孔,从而将泥钉钉进去。白家主要使用桌子吃饭,因此桌子不容易发生磨损。家里还制作了一些木凳及草墩①,制作草墩时自家无稻草,便找有水田的家庭索要一些谷草作为原材料加工编织而成,坐起来比较软和舒适。制作木凳时,白家人一般是到正在修建房屋的家庭,帮他们干完活以后,便找他们要一些锯下来没用的柱头拿回家当作木凳。白家人还做过山坡犁板凳,砍两节木杈,在山坡犁上面打几个小孔楔进去。当有相好的人来白家串门烤火,孩子们便无凳子可坐时,便可将山坡犁板凳当作凳子抑或是坐于粗壮的木柴之上烤火。

白家未修建晒场,也没购买晒垫,将苞谷收获回家以后,使用绳子将苞谷穿起来挂在房屋向阳处,既能晒到太阳,又能吹到风,等到冬天苞谷变干,白家人便将其从房屋上取下来,将苞谷掰好并使用竹篾条编织一个囤子来放置苞谷。

白家共七个人,却仅只有一个木碗和一个竹碗,不够全家人使用,于是成年人使用碗,孩子们要么使用勺子抑或是木瓜沥吃饭。有时家长会使用斧头将家里的木凳凿一个小坑,将饭菜盛放在小坑里。此外由于白家并无筷子,孩子们便徒手抓饭吃,由于肚子太饿,孩子们用手抓几下就将饭食吃光,于是内当家王万珍便又给他们舀一勺放在木凳中的小坑里。如果实在想使用筷子,白家人便去捡几根木棍来当作筷子使用。

2.生活用品较匮乏

冬季白家较少种植蔬菜,但所居住地树木较多,白家人便到山坡上砍一背篼柴去上马坊②用来交换蔬菜。如果对方为人善良或者觉得白家背去的是好柴,便去土地里挖一些白菜、

---

① 草墩:使用稻草所制作而成的坐具。
② 上马坊:今青川县板桥乡乡政府驻地。

十多苗葱子,再挖一些红萝卜、白萝卜等农作物一并交给白家人。由于这些食物来之不易,平时白家大人们担心小孩将其偷吃掉,所以会把这些蔬菜藏起来节省着慢慢食用。

白家一家人单独居住于山顶之上,难以获得饮用水,于是白家在泥土地之上挖一个小土坑以蓄水,然后盛两桶泥土水抬回家,通过澄清的方式将泥土沉淀下去,表面一层相对清澈一点的水便作为饮用水。

因家庭贫困,平日里买不起食盐,因此白家人吃饭时一般不会食用食盐,若实在想食用盐,一般是有客人来家中做客或者邻居朋友们到白家帮忙换工干农活时,便于逢场天到骑马乡场镇赶集,看到贩卖食盐的商贩,家长白文彦或内当家王万珍便告诉盐贩子,白家只有一块钱或五角钱,能不能只称一块钱或五角钱的盐卖给自己,盐贩子不给白家这类小主户过秤,只给有钱的大主户过秤,一般舀一木勺盐并用纸将其包起来交给白家人,白家拿回家后便给客人碗中放少许食盐或者让客人用筷子蘸一点食盐放进去。之后白家家庭条件稍微变富裕一点以后,便去集市购买半斤盐或者一斤盐回家,但吃得相对比较淡,平时还是将盐节省着慢慢食用。

白家所食用的油包括过年宰猪时所积攒下来的猪油,有时将核桃、芝麻、花生等压成粉末,做菜时放一勺进去当作食用油,既有香味,又有油味,种一棵核桃树有时足够支撑白家近一年的食用油量。家里没有醋,当食用凉粉、搅团时,白家人将各种野菜混合起来做一些酸菜,然后将酸水过滤出来当作醋食用。有些富裕家庭会烤酒,白家便向他们索要一点烤酒时剩余下来的镇窖水,做饭之前再去山上采一些野花椒,然后白家在镇窖水中混合一些花椒叶子与打麦子遗留下来的麦麸子,之后再参一点水放在铁锅里一并熬,最后再稍微过滤一下,闻起来很香,吃起来也比较酸,这也可以当作醋食用。白家平时做饭时还会到山上摘取一些青辣椒和红辣椒,回家以后将辣椒切成圈状,再放到姜里面碾压碎,偶尔吃饭时添加一点进去调味。此外,白家会制作黄酒,首先在苞谷里面搭配一点高粱翻炒,然后将炒好的高粱放在锅里煮,煮好以后将其晾凉,再装进桶内,最后用开水泡出来便可以饮用。

另一方面,白家种植了几棵桐子树[①]可收获部分桐子,当发现邻居家打桐子时白家人也会去捡一些桐子,最终将桐子收集起来以后自己榨桐油。首先将桐子的外壳剥掉,将果实放在锅里翻炒,然后使用石磨推,最后将其放进油灯中用以照明。若无桐子可做桐油,吃饭时看不见,白家人便去采集一些竹子,回家后将其点成火把照明,但为避免引发火灾,一般也仅是将火把点在茅草房之外。有时为节约使用桐油与火把,白家在灶房做饭与盛饭时将火把点燃,将饭菜盛好以后便立马将火把熄灭。有时白家人还会用醛油、漆蜡油等几种物质混合做蜡,首先将其放在罐子里面煮,再把蜡线放到大火上面烘干,然后在上面卷一层草纸,之后再放到火上面烤一下,最后放到簸箕里面晾干便成了白色的大蜡小蜡,在过年过节敬菩萨时使用。

平日里白家的孩子们一般无鞋可穿,冬天白文彦看到孩子们实在冷得难受,脚快冻坏了,整个脚上全是裂口,于是在烤火时将洋芋烧红以后给孩子们放在脚上舒缓裂口,之后再找谷草给孩子们编一双草鞋穿,或者剪一小块布包在脚上抑或是将棕叶捆在脚上御寒。

3.家长使用权更强

白家认为家里的木桌、锅碗、瓜沥、油盐等基本生活资料归属全体白家成员,白家人属于

---

① 桐子树:学名山桐子。

一个整体,不可能将生活资料分配给每一个个体,因此人人有份,外出打工的白焕明也有份,童养媳李成茂与王万珍也有份,家中最年幼的孩子棉花子与奎生娃也有份。相较之其他白家成员,家长白文彦在生活资料产权方面更有权力,即拥有更大的使用权,如使用板凳时通常白文彦优先,而黄酒、白酒等也专门为白文彦制作,其他人平日不会饮酒。

4.内外当家齐统筹

在白家,铁锅、草墩、食用油、照明油等生活资料的制作、购买、维修、借用等活动,内外当家人共同统筹与安排,大型生活资料如桌椅板凳等家什的制作、维修、借用主要由家长白文彦做主,小型生活资料如食盐、布匹的购买与借用活动则主要由内当家王万珍决定。

(1)家长置办较大家什,内当家购小件用品

白家在石磨、铁锅等一系列较大家什的购买活动中,当家人白文彦是实际支配者,不必告知或请示四邻、白氏家族以及保甲长,外人也不会进行干预。铁锅、木碗以及吃饭时盛饭所用的木勺、瓜沥均需要白文彦去骑马乡场镇购买。白家家境逐渐改善后,白文彦做主从他人手里购买了一个用石头制成的小水磨,用以推磨黄豆。内当家王万珍售卖锅锅窑赚到钱以后,用于给白家人购买布匹与食盐,若积攒到足以购买一尺布的钱便购买一尺布,当积攒到两尺布匹的钱便购买两尺,每年购买的布料颜色也有所不同。总体而言,王万珍并非每年都会给家人缝制衣物,而是取决于家庭收入状况。一般家中年龄大的孩子穿坏的衣服补了又补,之后又留给年龄小的孩子穿。

(2)家什损坏家长修

家中的木瓜沥损坏后,当家人白文彦便于夜晚烤火时,拿出一根铁丝,用火将其烧红,使用红铁丝在木瓜沥的两端各穿一个小孔,再用麻绳将木瓜沥串起来继续勉强使用,但这并不牢固,使用起来有些摇晃。家中的木凳一般不容易损坏,一个草墩儿大概可以坐三年,当草墩儿损坏以后,白文彦晚上烤火时,便放一堆谷草在身旁,一边烤火一边重新编织一个草墩儿即可,编三圈后再拿绳子将其捆起来便基本成型。

(3)内当家借用小资料

过年时家中粮食不够吃,白家当家人白文彦会出面到与相好家庭去借一些粮食以过年,之后白家收获粮食后再还给他们。白家偶尔还向关系好的家庭借用过猪油与食盐,当雨季涨洪水时,家里碰巧来了客人,不能立马下山购买食盐,知道某家人之前去场镇买了食盐,内当家王万珍便使唤孩子悄悄地去邻居家借盐,邻居便用饮酒的小杯子盛一小杯盐给白家人。为了不让客人发现此举,孩子们便找一个干净的树叶将食盐包起来,悄悄带回家中的灶房,再给客人的碗中放少许盐享用。最初白家没有石磨,需要使用石磨时便到邻居家借用,看到邻居家未使用石磨,内当家王万珍从柜子里舀一些粮食,便带着孩子们到邻居家借磨,请求邻居家给白家借用磨来推一至两升,经邻居同意后,王万珍便叫几个孩子合力推磨。之后王万珍将粮食与酸菜放在锅里一起煮着吃。借磨时无须支付银钱等报酬,但推完磨以后不能扫邻居家的磨堂,因为此举可能会对石磨造成一定的损坏,否则此后便不再允许白家借用石磨。白家操办红白喜事时,家中的锅碗瓢盆不够用,还需要借四邻的铁锅来做饭,同时白家还曾向邻居借桌椅。因为白家是同时借用多家人的家什,会在锅碗瓢盆上标清楚名字。酒席结束后,与白家关系好的人回家时顺便将自家的

碗带回家,无须白家人亲自上门归还。对于与白家距离相对较远的家庭,白文彦吃完晚饭后,便将邻居们的家什装在大背篼里,主动上门向他们归还锅碗瓢盆。

5.深夜铁锅被偷盗

白家尚未修建木质茅草房、仍居住在窝棚中时,搭建了一个简易的做饭场所,四周敞开而非封闭,原本白家购买了一个做饭使用的小铁锅,用石头堆砌了一圈并将铁锅放于石头之上。有一年的夜晚,三子白焕华睡觉之前在铁锅下面埋了一个红薯,准备第二天早上起来吃,结果正准备去将红薯掏出来时,发现前一晚小偷到白家悄悄地将其平日里煮饭使用的铁锅盗走,一并将红薯也偷走,白文彦最终未能捉到偷自己家铁锅的盗贼,且由于家庭无钱无势,保甲长不会受理,因此白文彦也没有将此事告知保甲长。不能找回铁锅且白家苦于缺乏资金立即购买新锅,于是白家便将火炉围起来,将罐子暂时当作锅使用,放在火炉上煮饭,等到十天以后白文彦将收获的粮食背去骑马乡场镇贩卖掉之后,才用其购买了一个新锅。为更好地保护家庭财产与家人,白文彦开始着手修建房屋。

二、家户经营

(一)生产资料

1.劳力适当与邻里相互补给

(1)大小劳力同干活

1949年以前,白家最初只有家长白文彦与内当家王万珍两个劳动力,而王万珍是个小脚女人,下地干活的时间相对较少,一般在家做家务或在各个场镇贩卖"锅锅窑",做小吃生意赚钱。长子白焕光六七岁便开始捡柴,10岁时便可以下地做一些轻松的农活。童养媳李成茂与赵芝秀长到5岁左右,有能力去扯猪草,便背一个背篼四处扯猪草捡小木柴,7岁左右便开始上坡干轻松农活,顺便捡耕牛的粪便带回家制作肥料。家里的农具不够用,比如家里薅草时,家长白文彦拿着锄头在前面锄,童养媳便将杂草从地里捧出来。等到长子白焕光和长媳李成茂长大以后,白家便拥有四个劳动力,而且李成茂从小没有裹脚,且比白焕光年长两岁,干起农活来十分厉害。

(2)部分外出帮工

父母双双去世,大哥作为上门女婿入赘到板桥乡,二哥入赘到木鱼镇,剩下白文彦孤身一人,便过继到瓮家坝大户白泽沛家当了两年长年头儿,白泽沛家有饭吃,有农活干,还可以为自己提供鸦片吸食。之后虽返回到自己家,但农忙时节白泽沛家需要人手帮忙干农活时,便会找人送信上山给白文彦,于是他和妻子王万珍偶尔还是会前去沛大爷家帮一至两天工,沛大爷虽不会向白文彦支付报酬,但他知晓白文彦家缺乏蔬菜,于是他便会让家里的常年伙计们到菜园子里采摘蔬菜,让白文彦于下午回家时将蔬菜背回家食用。

次子白焕明几乎未参与白家农业生产,从小过继到堂兄白文李家,因为白文李与白文彦家属于同一个爷爷的后代,因此每年清明做会时,白文李会带着白焕明一同到瓮家坝吃会,白焕明就顺便回白文彦家玩几天,之后白文彦又将白焕明送到过继家庭去,之后由于一些因素的影响,过继父亲白文李对白焕明不好,于是白焕明便想办法偷偷从对方家回到白家。但白焕明在自己家也没有适合的农活干,只会放牛,而白家是与多个家庭共同伙养耕牛,因此家中大多时间也无耕牛可喂养。于是白焕明开始外出找事情做,到远房舅舅家当了近三年长工,帮忙饲养耕牛以混口饭吃,养活他自己一个人,主家虽然不会支付工钱,但是会负责他的食宿问题,过年时给他缝制衣服,给他制作一双草鞋穿。由于白家比较穷,所育孩子比较多,因此有时即便过年,白焕明也不会回白家玩耍,后来主家因一些特殊原因将他辞退后,白文彦才前去将他接回白家。

(3)农忙与邻相换工

白家在开展农业生产时,自己家能够干的农活尽量独立完成,但农忙季节自己家不能单独完成的情况下,便会与其他关系好的家庭包括邻居与地邻进行换工,不需要将换工一事告知或请示白氏家族以及保甲长。由于白家租佃土地面积大,而家里劳动力少,当家中需要薅草时,便找十来个人在一天之内帮白家将草薅完;之后等到别人家需要薅草时,白家又去帮他们家薅草。同样地,白家需要点苞谷或割麦子等时亦是如此。一般需要找人帮忙换工时,家长白文彦会首先决定好需要找的帮忙人员,然后要么会提前一天到别人家,告诉他们第二天白家需要干哪一项农活,要么安排内当家王万珍或者家中的孩子们于前一天下午去邻居家找人。还有一种情况是白家和相好的人在一起帮他人干活,下午快要收工时白文彦便和他们聊天,告诉他们第二天白家需要干什么农活,请他们来帮忙干农活并告知他们需要携带哪些农具前往,邻居们要是忙得过来,便会前来帮忙,要是邻居自己家也比较忙碌,便只能拒绝白家。

白家与邻居家换工时,不会规定统一的干活时间,若白家人去帮邻居家干活时去得早,相应地,下一次邻居帮白家干活时也来得早。若某些邻居在换工时经常偷奸要滑,白家人下次便不与他换工,而找另一户人换工,长此以往,爱偷奸要滑之人便会被大家孤立,找不到人愿意与他换工。

农闲时节,白家需要上耳山砍柴时,邻居第二天便将斧头、镰刀等农具携带上前来帮忙。有时白家去帮别人换工挖地时,自己家没有锄头可携带,只去一个人帮忙干活,用别人家的锄头也行。当三至四月以及十月耕地时,白家请邻居们来帮忙耕地,邻居便把自己家的耕牛牵来一同给白家帮忙干活,下午犁完地以后再将耕牛牵回去。等到下一次邻居家耕地时,主家若需要使用耕牛,便提前告诉当家人白文彦,白家便也把自己家的耕牛牵上前去给他们家犁地。白家与他人换工时不需要支付报酬,而是以工换工,一个人工换一个人工,一个牛工换两个人工,换工时需要管一天三顿饭、管烟抽。

当长子白焕光接替白文彦成为白家当家人以后,换工时便是由白焕光出面去邻居家找帮忙的人,老当家白文彦可以向白焕光提出建议,明天干什么农活,需要多少人帮忙,找哪些平日里为人忠诚老实之人,不找偷奸要滑之人等,之后白焕光便去找人。

2.土地不足遂租佃

白家完全拥有所有权的土地为三亩四分,但是这些土地仍不够自家耕作,因此租佃了四家人的二十余亩土地,最初租佃了一块土地,慢慢地伴随着孩子们长大成人,家庭劳动力逐渐增多,便租佃越来越多的土地。知晓某块土地产出粮食较多,白家重视这块土地,才会主动找主户商量能否将其租给白家。租地之前,白文彦便给主户家打一壶酒前去。平时白家与主户家的关系很好,并非亲戚与房分关系,而大多是邻居关系,还有一户李家人属于外保人。

白家很容易租佃到土地。有些家庭的土地比较多,便会主动来询问白家人,你们家的土地是否足够耕作,白家回答不够耕作后,对方便说,我在某个位置有一块土地,有多大面积,你家去帮忙耕作,年终给我分配多少粮食。白家人此时一方面会考虑这块地产出如何,是否费力大,土地产量却较低,另一方面还会考虑土地价格,若要价过高,即便愿意将土地租佃给白家,白家人也不会同意承租。

白家租佃土地时并非主要考虑土地亩分数,而是取决于土地能点多少升种子以及能够收获多少粮食。租佃各家土地的年限不等,有的土地仅租佃一年或者两年,而有的土地租佃三至四年,最初租佃李全洞家的土地两年,后来租佃白文富家的土地三年,之后又租佃白培倪家的土地一年,由于租佃时主户家没有劳动力,等孩子稍微长大一点,可以进行农业耕作时,便将土地从白家手里收回。白文富家与白文彦家同属于一个家族,他家距离一块土地太远,这块土地称为“崖巴陡”,即地势极为陡峭,他甚至将土地免费租佃给白文彦家,不需要白家与其分粮食。白家租佃的土地大多位于瓮家坝保,李全洞家的土地虽位于光明保,但该土地距离白家非常近。租佃期间,白家不会去给主户拜年,主户也不希望白家主动前去拜年,若白文彦携带孩子们前去拜年,对方还需要给孩子压岁钱。

3.耕牛轮用共照顾

在伙养耕牛时,由家长白文彦做主与其他家庭商量后搭伙饲养,平时只能与牛伙计们相互协商着使用,每家各耕作几天。各个牛伙计家庭之间都相对比较熟悉,因此内当家王万珍与白家的孩子们也可以在牛伙计家下午放工以后,去牛伙计家将牛牵回家。等到白家使用耕牛将土地耕作两至三天以后,其他牛伙计再来白家牵牛,告知白家所有家庭成员都可以,白家人此时会询问一下对方家需要使用耕牛多长时间,自己的土地还有一小块未耕作完毕,等对方家耕完以后自己再去将耕牛牵来使用半天。

大多牛伙计与白家保持着良好的关系。在伙养耕牛的过程中,某些势力大的伙计家庭会因为自家需要使用耕牛,不允许白家将耕牛牵走。而某些与白家家境相当的伙计,则通常会和和气气地与白家进行协商,比如伙计家第二天需要点苞谷,急需使用耕牛,他们便告知白家在第二天下午自家将耕牛使用完毕以后前来牵牛。

大耕牛繁殖小牛时,小牛出生在哪一个牛伙计家,便由该家庭负责照顾大牛和小牛。有一次大牛在白家的牛圈里繁殖了小牛,白家负责照顾它们,其他几个牛伙计家便每家各出三斤或五斤黄豆送到白家,用来喂给大牛吃。等三天之后小牛出圈时,牛伙计们便可以前来白家将小牛带回家照料,等到一个月之后,大牛才能用于耕地。

当耕牛在白家饲养的过程中生病时,家长白文彦便主动去找大夫来家里给耕牛看病,如果看一次病以后,耕牛的病情却依旧没有好转,第二次当家人便可以打发①白家的孩子们去找大夫,最终几个牛伙计家一起按所占脚数即股份摊派医药费用。还有一年,白家饲养牯牛的过程中,牯牛被白焕金家的耕牛碰撞后最终从悬崖掉下去摔死,当家人白文彦便去给每个牛伙计家送信,大家一起来查看具体情况,一起剥牛皮与分牛肉,一张完整的牛皮可以分割成四十张小牛皮,白家给有的家庭分一点小牛皮,给有的家庭分点牛肉,不喜欢吃牛肉的家庭便不分,喜爱吃牛肉的四邻也可以到白家分牛肉吃。

---

① 打发:此处表示指挥。

俗话说,"牛打牛,有抵头"。白家的牯牛被白焕金家的耕牛碰撞而摔死,对方家必须向白家赔偿耕牛,于是白家便可以直接将白焕金家里的耕牛牵来饲养,这个新耕牛依旧属于几个牛伙计家共同所有。

由于是多家搭伙饲养耕牛,不可能完全满足白家的用牛需求,当实在需要使用耕牛时,白家也会借用耕牛。除此之外,当耕牛生育小牛的一段时期之内,便不能使用耕牛,也只能向他人借用耕牛。白家的亲戚家距白家较远,因此白家不会向亲戚家借用耕牛,一般向关系好的邻居借用耕牛,不需要支付报酬,归还耕牛时白家人会携带一背篼苞谷壳前去,并于之后偿还对方家两个人工,抑或是之后也给对方借用耕牛。白家借用他人耕牛一事属于两个家庭之间的私人关系,无须特意知会他人。由于白家的牛伙计家与白家相距较远,在五千米之外,因此当关系好的家庭向白家借用耕牛时,白家一般不需要告知牛伙计们。此外,白家不会将耕牛借给农业耕作过程中不心疼牛、不给耕牛及时喂草料的家庭。

4.部分农具自外借

但凡是白家能自行制作的农具,便不会前去集市购买,背篼、簸箕由自己家编织,蒿草以及放牛时所穿的草帘子①也是自己家制作。白家不会编织簸箕,因此家长白文彦只能请木匠编织,编一个簸箕偿还一个半工。白家的锄头、镰刀等农具损坏后,便去山上砍一根木棒,然后白文彦携带碳与一壶酒找铁匠将生铁烧成熟铁,之后再请铁匠将毛铁打造成锄头、镰刀、斧头。若白家拥有足够的钱,便立马给铁匠支付打造农具的工钱,折算下来打造一个镰刀约两块钱。若白家未支付工钱,铁匠家需要干农活时,便带信给白家,让白家当家人白文彦前去帮忙干活。

由于望狮山上的农户们居住得比较分散,总体而言,白家单独借用别人家的农具不太方便。但由于最初白家非常贫困,又只有白文彦一个主要劳动力,因此自己家置办不起部分农具,无奈只得向相好之邻借用。白家借用他人背篼时,借用半天抑或是一天时间,将其使用完毕后便立马归还,有时如果在山上干活时恰巧遇见对方家的人,便让他回家时顺便将背篼带回去,白家人便不必专程跑一趟归还。

白家有时在相对平坦的山坡地或者黄泥巴地上干活,偶尔需要使用耙耕地时,会找邻居家借用耙使用一会儿。如果土地距离比较近,白文彦看到别人家正在使用耙,便询问对方家长,他家将耙使用完毕之后能否借给白家使用两个小时,使用完马上归还给他们家。由于耙属于大型农具,相对比较沉重,因此白文彦不会使唤家中的妇女与孩子们前去借用耙。

白家一般是由当家人白文彦出面向其他家庭借农具,内当家王万珍闲时偶尔也可以出面去借。白家借山坡犁或者小农具时,可以由家长白文彦提前给其他家庭打招呼,经过对方家长同意之后,然后派家中的孩子们前去拿。当白家归还农具时,也同样如此,只要孩子们拿得动农具,白文彦便派孩子们前去归还。借用与归还他人农具时均不需要赠送礼物,但借用农具时,白家会与对方商量好归还期限,到达应还时间时,白家人便主动将农具归还到他人家中。如果白家仍需要使用,而对方家当时不着急使用该农具,白家人也可以多使用一天再归还,在归还时向对方解释清楚即可。如果对方家急于使用农具,又距离白家相对较近,便在山下吆喝一声,让白家将某种农具归还回去,白家的孩子们便立马将农具归还到他们

---

① 草帘子:雨衣。

家。白家与关系非常要好的家庭之间，两家人就如同一家人一般，你使用我家的农具，我使用你家的农具，互相都觉得无所谓，即便家里没有人也可将农具借走，遇见对方时再给对方打声招呼即可。而对于关系不好的家庭，即便他们家里拥有白家所需要的农具，白家人也不会前去借用。白家归还农具时，不会当着相好邻居之面共同检查农具的完好程度，即便将小农具磨损也不会进行赔偿。

(二)生产过程

1.白家成员生产分工

家长白文彦在家主要从事农业耕作，五至九月最忙季节时内当家王万珍也会下地干活，包括扯猪草、薅黄豆与苞谷草等，但由于王万珍是小脚女人，因此做农活时行动稍微迟缓一点。白家的土地均位于高山之上，王万珍上山干活时便手拿锄头作为支撑爬上去，干完活下山时，如果是坡度稍缓一点的山坡，便直接从山坡上滑下来。当白家与他人换工干活时，王万珍则在家负责烧开水、做饭等事宜。

白家将庄稼大体耕作完毕后，大概十月与腊月期间，白文彦便出门贩口袋挣过年钱与税款费。农闲时约十月开始，王万珍便在附近的几个集市上售卖锅锅窑，卖凉粉与豆腐，再加一些小菜，放一点油一并煮在锅里，卖粮食与赶集的人下午肚子饿了便来白家摊位吃一点小吃，按照多少钱一碗饭收费。白家长子白焕光有时会前去帮忙，王万珍将做饭的材料放在背篼里，长子便负责背到骑马乡场镇的集市里，此时还需要把自己家的铁锅也一同背到集市里，下午散集时再将铁锅背回家做晚饭，下一场王万珍在天隍乡赶集售卖小吃时，又将铁锅背到天隍乡去。

长子白焕光从小读私塾，读书期间不会从事农业耕作，放假期间才会帮家庭分担一些较轻的农活。学业完结后，长子白焕光便回家干了两年农活，不久与童养媳李成茂结婚白焕光便正式成了家中又一主要劳动力。童养媳李成茂不太会做饭，只会做非常简单的饭菜，也不会缝制衣物，平日在家照顾孩子，也会在家做一些简单农活，如喂猪、喂鸡等，上山捡一些小木柴，成婚以后便成了家中的主要农业劳动力，除不能犁地、耙地以外，其他农活包括背柴、挑粪、割草等都可以干。童养媳赵芝秀则会捡柴、扯猪草，在家做一些杂七杂八的事情。白家的小孩们有能力放牛时就到山上放牛，三子白焕华5岁就开始放牛，当家人们在地里干活，孩子们便牵耕牛到土地一旁吃草，避免让耕牛偷吃粮食。

2.农业耕作具体环节

白家每块土地种植何种农作物以及每位家庭成员负责做什么农活，都是由家长白文彦安排。俗话说："苞谷吃出来像牯牛，麦子吃出来像稀猴。"意思是苞谷所含的营养价值更高，更符合白家人的身体需求，麦子虽然种植速度更快，但产量较低，营养价值更低，因此白家选择将苞谷确定为家庭最主要的粮食作物。但土地不能无休止的耕作，需要交叉耕作及休耕，白家土地包括大翻身地与小翻身地，大翻身地一般是差地，是指该土地始终用于耕作苞谷，将苞谷收获之后也不会用于种植其他作物，等到第二年仍然用于种植苞谷。但不可能每年都在同一块土地上种植苞谷，这样会导致土地无法产出粮食，于是白家隔一年在同一块土地上种一次苞谷。对于白家而言，小翻身地通常是好地，实行两翻，种植完苞谷之后可以种植麦子、豌豆、胡豆。每块土地每年所种植的粮食数量不一，若白家土地相对比较宽裕，白文彦便安排家人将庄稼种得多一点,若家里土地比较紧俏,便少种一点农作物。白家历年农业耕作过程始于正月种植洋芋,种约四分地,六月便可以收获,此外一般在农历五月或六月天快要下雨时栽三分地红苕。

(1)大春点苞谷

白家种植苞谷的流程大体如下:通常会提前规划,前一年便为点苞谷预留冬地,对土地进行适当管理,将土地中的杂石拾出,并于大春即农历三月开始正式点苞谷。首先耕地,之后挖窝窝①、撒种子、挑粪、灌稀粪、再翁窝窝②。挖窝窝时应当一步挖一个窝,由童养媳李成茂来挖窝窝,其技术非常好,横竖看起来都在一行,家长白文彦便负责撒种子,其他几个小孩则在其后翁窝窝,因孩子们无力使用锄头,便用手翁。此后还需要给苞谷锄两次草,一般四月锄第一次草,六月锄第二次草。白家锄草时男性与女性一起薅,家中成年人使用锄头薅,小孩则使用家中废弃的锅铲去薅,一边薅草一边玩耍,半个小时的时间还不能薅尽一亩土地的杂草。总体而言,白家一年可以收获一季苞谷,即七月至八月份收获苞谷,白家人将苞谷收割回家以后,主要由家长白文彦进行管理,将好苞谷串起来挂在房门前,而对于一些零碎的苞谷米,便使用簸箕放在石板上晒,晒干后再装进木圈子里储存。白家所种植的品种是早苞谷,通常将苞谷收获以后,白家人便又立马将耕牛带到土地里去耕种黄豆。

(2)立秋种麦子

大春以后白家便开始种植包括豌豆、胡豆、麦子等,俗语称"霜降以前种麦子,寒露期间种豌豆,种一升要打一斗",白家人一般立秋以后耕种麦子,将麦子种在向阳处,便成熟得快一些,白家称其为"早麦子"。种麦子之前,需要首先将干粪从自家中背到土地里。白家在收集粪便时,主要是收集自家圈里牲畜的粪便,将其发起来,然后反复翻,将其翻细,需要使用时便将其挑到山坡地里,倒成堆状。挑粪这一环节既可由白家男性也可由女性来做,家长白文彦力气最大,背一大背篼粪肥,长子白焕光则背大半背篼粪肥,长媳李成茂比白焕光年长两岁,力气比白焕光大一点,背粪肥数量也相应比白焕光所背数量多一点。此后便将粪铺在土地里,再将麦子的种子撒进去,然后用山坡犁与耕牛耕地,犁地、耙地一事由家中的主要劳动力白文彦负责,白家女性不会从事犁地这一重活。耕地环节完成后,再使用锄头、锅铲将麦子地平整一下。孩子们使用小农具在一旁铲地,有时白家的孩子们偷懒被家长白文彦发现后,家长会将孩子数落一番,然后孩子们又立马去干活。白家于第二年五月端阳收获早麦子,家长白文彦与内当家王万珍在前面割,白家的小孩们则在后面拾捡,长子白焕光与长媳李成茂长大以后也可以割麦子。

3.圈养家猪与散养小鸡

有些年份白家也饲养年猪,但是由于家庭贫困而无力购置小猪。有一次家长白文彦便找附近的白焕云家商量,告诉他们白家想买一头小猪,却无足够的钱,希望白焕云出资帮忙购买,但是白家人又没有钱偿还,最终决定由白家人喂养,等到腊月将猪养肥宰杀以后,两家人各分配半头猪肉。白家饲养年猪时,发现树叶凋零落下后,白家人便将树叶拾回家,铺在地上给年猪搭建猪窝,此举可以让猪圈变得更加暖和。平时白家人主要给年猪喂野草或者

---

① 挖窝窝:窝窝指坑穴,挖窝窝指挖坑穴。
② 翁窝窝:指用泥土把已种植粮食的坑穴填埋好。

藤枝叶,白家无固定人员负责喂猪,由内当家指挥孩子们去喂猪,王万珍使唤哪个孩子,便由哪个孩子前去喂猪,当孩子们习惯内当家的安排以后,也会主动前去喂猪。

白家养鸡时未将其圈养,白天将小鸡放在山上散养,下午太阳落山后再将其赶回家,白家人便给它们喂一些粮食,晚上鸡在树上休息,第二天它们又自己跑上山。白家有时养八只或者一窝大概十二只小鸡,但由于白家人对其管理不到位,结果导致小鸡有时被毛狗子叼走,有时被野猫叼走。

4.内当家卖锅锅窑与家长贩口袋

白家成员除务农之外还在开拓副业。由于家庭负担沉重,内当家王万珍便与家长白文彦商量寻找其他赚钱方式以弥补家庭开支,于是每年家中空闲时,王万珍到集市售卖锅锅窑包括凉粉、馍馍、面食等小吃,她一人既做小吃又负责售卖,长子白焕光偶尔会帮王万珍将食物背到街上,但不会帮忙照看生意摊。此事不需要告知或请示四邻、白氏家族以及保甲长,但集市上拥有商会等管理部门,王万珍等做生意之人必须到商会报到,经商会许可后还得向其支付数量相对较少的地摊费。

冬季农闲时,家长白文彦会到碧口镇贩口袋赚钱,亦无须将此事告知他人,其流程大致如下:譬如头天白文彦到碧口镇将粮食贩出,经过一天路途今天回到家中,明天又到骑马乡场镇集市上购买粮食,后天又启程前去碧口镇贩口袋,如此反复进行。此外,白泽沛大爷有时会雇白文彦帮忙背脚,白文彦将粮食运输到碧口镇,沛大爷便向白文彦支付一定数量的工钱。

5.家贫故外出放牛

因白家比较贫穷,于是当家人白文彦与次子白焕明经过一番商量之后,便将白焕明送到远房亲戚家打工,替对方家饲养耕牛。其主要目的在于混口饭吃,足以养活他自己一个人,主家虽然不会向白焕明支付工钱,但是过年时会给他缝制一套新衣裳。白焕明外出当长工放牛一事不需要特意告知四邻、白氏家族与瓮家坝保甲长。

(三)生产结果

1.吃饭主要靠天

白家主要的粮食作物为麦子和苞谷。夏至收获麦子,一亩土地产一百四十斤麦子,白家共收获三百斤。秋季收获苞谷,收成极好时,将苞谷全部种植于大翻身地之上,共种植十多亩苞谷地,白家曾收获两千多斤苞谷;若将苞谷种植于小翻身地之上,一亩地大约产两百斤苞谷,四亩土地共收获八百多斤苞谷。白家于农历二月耕作两至三亩荞子,如果雨水充足,一亩土地可以收获七十斤荞子,一共收获两百多斤荞子。六月,白家人将荞子收割回家后便开始种植巴桑豆①,将巴桑豆均匀撒到土地中之后,便使用山坡犁耕地,十月才可以收获,由于是在原本耕种荞子的土地上种植巴桑豆,因此巴桑豆的耕作面积大小主要取决于荞子的种植面积。白家人将巴桑豆收获之后便不在这几块土地上继续耕作,而将其用于预留冬地,来年则将此块土地用于耕作苞谷。洋芋亩产约五百斤,一般白家不会将一亩土地全部用于种植洋芋,通常仅耕种四分地左右,收获两百多斤洋芋。收获豌豆称为接早,即豌豆快要成熟时便将其采摘下来食用,一亩土地大约产两百四十斤豌豆,白家的一亩四分豌豆地大概产三百多斤豌豆。红苕产量高,一亩土地可产出近两千斤红苕,白家仅种植三分土地便可产出约六百斤红苕。

---

① 巴桑豆:即巴西豆。

总体而言,白家的粮食收成不具有固定性,"吃饭主要靠天",这便导致白家年际收成不相等,有时年成好,有时年成差。当白家遭遇风灾时,大风将苞谷秆全部吹倒,抑或是被野生动物偷吃等多种情况都会导致苞谷产量大幅度减少。当年野猪未偷吃时,白家粮食收获数量相对较高,有时一两亩土地的粮食均被野猪偷吃,则这一两亩土地颗粒无收。暴雨季节,连续降雨导致水土流失,也会造成白家某些土地的粮食大幅减产。"春干不算干,秋干端火焰",干旱季节有时不仅地里的庄稼干涸而死,甚至连树木也干枯而死。1935 年,天气过于干旱,最初连续四十八天未降雨,之后又连续降雨四十八天,导致白家的苞谷几乎颗粒无收,三亩地的苞谷收获量加起来还不够白家人吃一顿早饭。

1946 年于白家而言属于丰年,粮食收成好,可称之为"做什么便成什么"。其一在于不仅雨水丰沛,阳光充足,一般一阵雨之后天空便马上变得晴朗起来,且当年没有野猪偷吃白家粮食。其二,白家的孩子也逐渐长大,劳动力逐步扩充。1946 年,白家将麦子收获后的空地用于种植黄豆,一背篼黄豆相当于一斗二黄豆,一石黄豆约八百斤,共收获了一石以上约一千斤黄豆。就苞谷这一项粮食作物而言,去掉苞谷壳以外,便共有两千多斤苞谷米。但 1946 年以后白家年粮食收成又开始下降,种植的苞谷被大风吹倒,耕种的麦子被野兔偷吃。

白家每年的粮食收成属于白家共同所有,由家长白文彦与内当家王万珍统一管理。在家庭成员中,全体白家人包括妇女、小孩都关心收成,又尤以家长白文彦为最,某些年份家里的收成不能满足白家需要时,白文彦便会提前主动向他人借贷粮食,或借贷大户家的粮食,之后家长白文彦负责给大户家偿工。

2.饲养小猪来年食

白家每年饲养牲畜的数量具有略微的差异性。有时饲养的三至四只鸡中有一只母鸡,用其产下的鸡蛋孵化小鸡,然后将小鸡饲养,大鸡宰掉自家食用。但白家人舍不得食用鸡蛋,而是将鸡蛋拿去集市贩卖,按照三角钱十个的价格售出,然后用这三角钱去购买食盐。有时还有毛狗子即狐狸来白家叼鸡,狐狸悄悄观察这些鸡的情况,等到白家将鸡放到山间散养时,狐狸立即将鸡叼走,它奔跑的速度非常快,白家人根本撵不上它。有一次白家三子白焕华在家看门,突然有一只狐狸来白家叼走两只鸡,于是白家的小狗马上去追赶,虽然追回来一只鸡,却发现小鸡已然被狐狸咬死,于是夜晚家长白文彦便用热水将小鸡清洗干净,由内当家王万珍将鸡肉烹饪出来供家人们食用。

各年之中,1946 年白家饲养鸡的数量最多,因为 1946 年的母鸡数量多,用鸡蛋孵化出来许多小鸡,存活下来的公鸡与母鸡数量总计十八只。同年,白家饲养了一头猪,既未生病,也未被豹子叼走,最终长到近一百八十斤才宰掉食用。此后白家又购买了一头小猪崽,结果豹子跃过白家圈门,将小猪叼在口中立马就跑,白家人看到后立即吆喝,豹子听到吆喝声便扔下小猪独自跑掉,虽然小猪当场未被咬死,但之后却还是死掉,由于白家家境较差,也没有多余的钱买新的小猪仔。总体而言,白家所饲养的猪不足以完全满足自家食用需要,勉强有一定数量的猪肉与猪油可使用而已。

3.副业收入易波动

白家的副业收入主要来源于内当家贩卖锅锅窑与白文彦贩卖口袋等两项,但此两类收入均容易发生波动。农闲时节,白家内当家王万珍于农历每月的初二、初五、初八、十二、十

五、十八、二十二、二十五、二十八等赶场天①到骑马乡场镇售卖锅锅窑,但并非每个赶场天都会去,折合下来一次大约赚五块钱,生意兴隆时至多一次赚七块钱,有时王万珍未能成功将提前在家做好的馍馍或者一整锅米饭悉数售出,于是又将其背回家给孩子们食用,此时甚至还会出现亏本的现象。总体而言,一个月大约赚二十元钱,赚到的钱无须交给家长白文彦管理,可以由内当家王万珍支配,为白家购买食盐、布匹。同时白文彦一年之中约有两个月到碧口镇贩口袋,赚到的钱供白家开支。贩一次口袋,一般情况下减去本钱大约赚五块钱,一年大约赚五百块钱,但遭遇土匪抢劫的情况下,白文彦不仅无法赚到钱,甚至连本钱也倒贴进去。

三、家户分配

(一)分配主体与对象多元化

1.小家户分配为主导

于白家而言,同居共财的小家户是最主要的分配主体,平日里无论白家贫穷与否,白氏家族以及保、甲长都不会向白家分配钱粮。但白家曾耕作过白氏家族的集体会地,一般族长会提醒白家人,第二年将由白家担任清明会的会首,那么便由白家负责清明会的一切前期筹备工作,包括提前一年经营白族会地,最终将这一整年会地的收益用于筹办清明会的一切开支,若白家经营良善,则可以从中获取少许资金。

2.不局限于小家户

白家在分配过程中的基本分配单位以白家这一小家户为主,主要针对同一口锅吃饭之人,即所有白家成员都可以享受分配权,既包括内外当家人,也包括未成年的儿子以及从小来到白家的两个童养媳。除此之外的白家亲戚、朋友、邻居等家户之外的人无法享受白家的分配成果,但白家分配范围却又不完全局限于同居共财的白氏家庭成员。由于白文彦替兄长们代耕土地,过年时白文彦便会给哥哥们分配一些钱粮,不会提前规定固定数量,多少皆可。有时白文彦家宰完年猪,便给哥哥们赠送几块猪肉与一条猪腿。当大哥与二哥家境富裕起来后,他们考虑到白文彦育有多个子女,经营家庭比较辛苦,有时便不向白文彦索要过年钱粮。此外,由于白家家中缺乏资金,将土地抵押给族中长辈,因而白家需要将粮食与长辈家进行对半分成。同时白家租佃他人土地亦需要与他人共享农业生产成果。

3.外人无权干预分配

白家开展分配活动时,由家长白文彦主导,家人吃什么、用什么、买什么主要由家长白文彦与内当家王万珍共同安排,白家内部进行分配一事无须告知望狮山的四邻们、白氏家族成员、甲长白培兴以及保长白文鹏,外人亦无权干预白家的分配事宜。

(二)农副收入分配

对于白家的收入分配而言,其分配主要来源包括白家人的农业收成与副业生产收入两项,既包括钱,也包括粮食,并在此基础上衍生出赋税、租金、食物、衣物等多种分配项目。

1.庄稼收成交租税

瓮家坝保征收皇粮国税及款费时主要依据各家户的家庭条件。当白家遭遇天灾人祸时,

---

① 赶场天:即开集日期。

粮食收成非常差,家长白文彦会向甲长白培兴求情,甲长可以适当减少白家的征税量,本应上交五十块钱税收,最终白家可以仅交二十五块钱。征收款费具有相对弹性,有时白家境况十分艰难时只需上交几毛钱款费而已,实在没有钱也可以完全减免,但整个望狮山的税收款费总量固定,因此甲长会向家庭条件稍微宽裕一点的家户多征收一点税款来弥补空缺,这一现象在当地称为"取长补短"。但当白家的家庭境况有所改善时,甲长白培兴便相应地向白家征收更多的税款。比如白家稍微能够吃得起饭,收获的粮食多一点时,则需要上交三块钱甚至更多数量的钱。

有一年白家没有按时上交皇粮国税,保、甲、长知晓当时白家的境况,家庭能够维持基本生存,于是便将白家当家人白文彦抓起来关进骑马乡乡公所,实行"钱到人回",等到白家人想办法向街坊四邻借钱,凑足银钱上交后,他们才将白文彦放出来。之后白家贩卖粮食赚到钱以后,再将其归还于四邻。

白家的农业收成中,由于土地抵押给他人及此后租佃他人家的土地,因而白家需要与他人共享农业生产成果。地租属于分成地租,其中两家主户与白家进行对半分成,但在实际分配过程中,并不是严格意义的五五分成,主户会根据自身家庭情况来灵活调整分配要求,有时主户会体贴白家,认为白家辛辛苦苦耕作一场非常不容易,便进行四六分成或者三七分成。在年成差时,主户更会在一定程度上减轻地租,比如白家收获五背篼苞谷,主户家认为庄稼差,耕作收入不高,因此便主动告知白家,只收取一背篼苞谷作为地租,其余四背篼苞谷则留给白家享有。另外两家主户包括白文富与李全洞两家人,由于家中土地较多但劳动力较少,则免费将土地交由白家暂时耕作,不需要白家与其分配粮食。总体而言,白家人认为租佃土地的地租并不高,因为这是家长白文彦与主户家相互协商后,白家自身愿意接受的结果。

交地租时,白家会提前告诉主户家,第二天白家掰苞谷①,主户家的家长便会前来土地里抑或是打发一个长工前来,与白家人一起在地里收割苞谷,然后使用背篼称量。若粮食收成极差时,比如白家仅收获一至两背篼苞谷,主户会直接减免地租,所有粮食收益由白家独享。

2.小吃摊需交"摊摊费"

内当家王万珍在集市上售卖锅锅窑,摆摊需要向商会上交一定的摊位费,当地称之为"摊摊费"。根据摊位的大小收费,大摊位一次交一块钱,小摊位如白家的小吃摊位一次则交五毛钱,若白家暂时没有赚到钱也可以累积到下一集期交纳。内当家王万珍不会将所赚收入交给家长白文彦统一管理,而会自己做主为整个家庭所开支,通常在下午收摊以后,王万珍便将赚到的零散钱为整个家庭购买食盐、布匹、桐油、漆蜡等小型生活资料,若手中剩余几块钱,又将其储备起来用于购买下一次经营锅锅窑的食物材料。有时白家有人情开支时,王万珍会用手中的前去附近的家庭随礼,然后让家长白文彦代表白家出面参加宴席。

当家人白文彦于冬月至腊月外出贩口袋所赚到的钱则用于交纳税款、家庭日常开销、给家中置办家什及人情开支等。白文彦凭借劳力运输粮食赚钱,不需要向他人缴纳费用。在贩口袋时,白文彦会与碧口镇人沟通一致,多少钱一升米,谁想购买白文彦运去的大米,白文彦便将大米直接从自己家人力运输至碧口镇对方家中,实行一手交钱、一手交货,白文彦将

---

① 掰包谷:在此表示为收获粮食。

整个背篼的大米倒在买主家的米缸中,对方便将钱支付给他,之后白文彦又立马打道回府,开展下一轮贩口袋活动。

(三)内当家安排衣食

白家在赋税与租金、衣物与食物等分配活动中,尤其是缴纳赋税与租金方面,家长白文彦占绝对主导地位,内当家与其他孩子无法决定。直到长子白焕光接替白文彦成为当家人,便由白焕光决定家中缴纳赋税、租金行为。而家中的衣物与食物分配则主要由内当家王万珍做主安排,但当家中缺乏粮食时,白文彦会想办法解决。

首先,在衣物分配中,内当家王万珍手中的少量资金通常不足以购买一整块布匹,准备为家中的孩子们缝制衣物时往往一次购置一小块布匹,下次有钱再购置一小块布匹,从而将各种颜色与式样的布匹拼凑起来为孩子们缝制成衣物;而在为家长白文彦缝制衣物时,王万珍会凑足能够购下一整件衣物布匹的资金后再行购买。孩子们的衣物磨损后,不会也不敢主动告诉当家人们,甚至不会向当家人提建议,直到王万珍实在看不下去才会主动为孩子们购置布匹。白家年景较好,即收获的粮食与赚到的钱皆较多时,王万珍会于腊月开始为家人们缝制衣服,所有的孩子们一视同仁,既会给白家儿子们缝制衣物,也会给童养媳添置衣物。白文彦不会为家人购置布匹,但偶尔会使用谷草为孩子们制作草鞋。但白家在年景不好时,则只会给衣物完全损坏的家人缝制新衣,不会为衣物还能勉强维持的家人添置衣物,但凡衣物足以蔽体的情况下则不会新添。若衣物出现小裂缝,夜晚王万珍使用针线为其缝补一下来勉强凑合,两位童养媳的针线活不好,不会为家人缝制衣物。夏天时,白家的男孩们没有衣服可穿,平时仅穿一条内裤,冬天则穿衫衣和长裤。等到长子白焕光成为新任当家人,则主要由白焕光安排,但是在置办衣物时,他不会出面为兄弟姊妹们缝制新衣,而是将购置布匹的钱交给白文彦与王万珍,由他们二人为兄弟们置办衣物。

其次,在白家的食物分配中,每顿具体吃什么饭菜以及煮多少饭菜都由内当家王万珍支配,家长白文彦不会做主。内当家做什么饭菜,白家人便吃什么,不会就饭食种类向王万珍提建议。一般将饭食煮熟以后,王万珍便叫家人们一起来吃,不规定饭量,每个人随便吃,吃饱为止。如果白家人没有将饭食吃完,又留着下一顿继续吃,但是会在里面加一些水,将饭食煮得更稀一点,水多粮少。等到白焕光当家,则主要由李成茂来做饭菜,譬如擀面、煮珍珍饭[①]。

(四)当家人统筹分配

白家在开展分配的过程中,家长白文彦会综合考虑全家人的需要,尽量满足家里所有人的需求,不会特意偏袒某一人。在分配自家产品之时,通常情况下,"自家消费、地租赋税"的次序是无论自家的粮食是否足够自家食用,都会上交皇粮国税,但有时白家粮食收成非常低,且家中有人生疮害病时,家中实在拿不出来钱粮,甲长白培兴考虑这一情况后,会适当减轻甚至免除白家的赋税。譬如白文彦的女儿棉花子与幼子奎生娃于1945年因病去世时,甲长便同意免除白家当年的赋税。

白家对于"衣物与食物"的分配次序则为食物分配优先,衣物分配其次,如果自己家出现食物短缺时,则不会购买布匹缝制衣物,只有家庭年景好时,白家才会为家中每一位成员都

---

① 珍珍饭:其原料为玉米磨制而成的颗粒物,即玉米饭。

缝制新衣。

白家在进行分配之时,并非绝对地平均分配。首先,孕妇拥有一定特权,王万珍坐月子期间,家人会为她单独烹饪白米饭食用。其次,小孩亦拥有一定特权,在白家年景不好时,通常将食物优先分配给白家的儿童,最后再分配给家长白文彦与内当家王万珍。此外,当家人白文彦在分配方面享有一定特权,食用品与其他家庭成员通常无异,但他所穿着的衣物布料会比其他家庭成员更好,家庭种植的鸦片以及白家自制的白酒与黄酒亦主要为白文彦所服务,其他家庭成员一般不会享用。

(五)灵活调整分配结果

白家在实际分配过程中,从分配结构占比来看,用于食物分配的比例最大,其次是地租赋税分配,再次是衣物分配。对于家长白文彦所决定的分配结果,家庭成员会予以接受。但每年的分配结果不完全相同,呈现出一定的变动性,当家人白文彦会根据当年白家收成、副业经营状况及家庭的特殊需要进行灵活调整。

四、家户消费

白家在粮食、食物、衣物、人情、医疗、教育等消费的过程中,完全由白家这一小家户负担,白氏家族与瓮家坝保皆不会帮忙负担,即便家庭经济出现一定危机,也是由白家自行解决。将白家所有的消费进行排序与选择,其中粮食、医疗、人情消费属于必须消费,其开销份额巨大,而衣物、教育消费则处于相对较其次地位,某些年份甚至可以将其舍弃。总体而言,白家的收入在村里属于相对较低水平,当受到天灾人祸的影响,白家的收入实在无法维持家庭正常运转时,一方面白家人会节俭消费,另一方面白家在迫不得已的情况下才会向亲朋好友、邻居们借贷钱粮,由于白文彦为人直爽,因此白家比较容易借到钱。譬如白家操办红白喜事,便向他人借五十块钱或者一百块钱,等到白家收到礼金后又马上将钱归还他人。

(一)粮食无法自给需借用

白家当家人白文彦仅操心家庭粮食总量,而每顿饭吃多少粮食由内当家王万珍具体安排,白家的粮食消费主要由自家生产,但却无法完全实现自给自足,在白家所收获的粮食不足以维持自家食用的情况下,有时白家人将尚未完全成熟的苞谷摘取一些回家吃,有时去山上采野草来勉强维持生活。若仍无法满足,白文彦便向与自家关系密切的白焕新家借粮食,借一升粮食仅需归还一升粮食,无须支付利息。但有时好友家粮食尚且不足,无法向白家借贷粮食时,白文彦便只能出面向大户家借贷粮食。

(二)卖鸡蛋购食盐与以柴换菜

1949年以前,白家每年自产的猪肉与鸡肉、鸡蛋、蔬菜等食物无法满足全家人的食用需求。白家人十天甚至半月才能吃一次猪肉,且食用数量少。某些年份,白家未饲养年猪时,则会向外购买猪肉,至多购买一至两斤猪肉。鸡所产下的蛋偶尔会自家吃,但大多时候是储存起来到集市上售卖后用以购买食盐。就蔬菜方面,白家主要种植萝卜,其他蔬菜产量低,打春以后会采集野菜凑合着吃,但是到过年时节,蔬菜便显得尤为缺乏。白文彦曾过继到大户白泽沛家,之后即便离开沛大爷家,由于沛大爷家居住在平坝里缺乏木柴,于是白文彦从家里背一背篼木柴送到沛大爷家,沛大爷便派长工采摘一背篼蔬菜送给白文彦,有时白文彦还会到上马坊等地去以柴换菜。

（三）年景好时置新衣

1949年以前，白家的衣物消费主要是由王万珍做主，凭借经营小吃摊的收入为家人置办衣物，向外购买布匹后再回家缝制。当白家年景好时，王万珍会于冬季为家人置办新衣；当年景差时，则只能购置布匹为家人缝补旧衣，总体而言，白家人的衣物在各年份都相对比较短缺。当白家人需要走亲访友时，不好意思穿破烂的衣服前去，有时会向他人借衣服暂时穿一下，回家以后立马将衣服脱下来归还他人。

（四）房间凑合住

白家的住房消费如建造房屋与维修房屋等伴随而来的消费由家长白文彦支配。白家人口多，房间数量少，因此房屋不能完全满足全家人的居住需要，即便如此，白家也不会租他人的房屋居住，平时只能一家人在现有的房屋中挤着住，几个孩子同睡于一个谷草堆。白家次子过继给同族人家中几年，之后又到远方亲戚家打长工，常年不在家中居住。而长子白焕光也因为接受文化教育的需要，读私塾期间长期居住在他人家中。

（五）医疗支出费用低

总体而言，白家医疗消费的费用较低，一般的小病稍微忍忍便过去了，如果肚子疼，就到山上挖一些野草吃。白家人生病比较严重的情况下才会去许愿、调神，通常不会找大夫开药，而是以调神、叫魂等为主，邀请男巫师等人前来看病需要支付一定的钱。瓮家坝有一座大老爷庙，白家孩子生病时先找"端工"来家里调神，并向其支付一定的钱。

"寒老二"即感冒病，在当时又称之为汗病，如果七天之内身体未出汗，则会因病而亡，即便调神弄鬼也无法治愈，但只要身体出汗便不会有大碍。"寒老二"极易传染给他人，白家三子白焕华曾被他人传染后患上"寒老二"，没有找大夫看，而是每天晚上便将袄子在大火之上烤热以后，给白焕华裹在身上，从而使白焕华出汗，之后就病愈了。此外，白家三子白焕华有一次患惊吓病，白文彦便请端工到家中为其立筷子。将一个碗倒扣在桌子上，然后将三根筷子立于之上，端工口中说到，是某某在害你如果说得正确，筷子就立起来，若说得不正确，筷子便无法立起来。之后筷子果然立了起来，于是白文彦便向端工支付了几个铜圆。

白文彦的幼子奎生娃患痢疾后，白家首先使用土办法即用筷子蘸一点蜂蜜涂抹在幼子的肚子上，未曾想到痢疾越来越严重，于是白家人购买香蜡等给大老爷许愿，希望把家中幼子的病看好，端工便给白家人拿了一道符，即包一块红布，再念一些咒语，称把这道符拿回家烧掉再给孩子喝下去，孩子便痊愈了。然而奎生娃却并未被治愈，有一天夜晚突然说不出话，翻着白眼，没过多久便因病而亡，最终白家人也没有再去给大老爷还愿。

女儿棉花子有一段时间看起来精神不好，白家人便请人为其叫魂，其大致流程如下：太阳快落山时，内当家王万珍把女儿棉花子抱着在前面走，王万珍说："棉花子，被狗吓着回来了吗？"后面一人应答："回来了！"共行走一百二十步，快到家时，便问："三魂七魄回来了吗？"答："回来了！"白家请人来帮忙叫魂，不用给钱，请对方在白家吃一顿饭即可。之后突然有一天，棉花子前一天下午还在蹦蹦跳跳地玩，晚上却突然生病，整个人一直抽风并口吐白沫，第二天天亮便因病而亡，由于此病来得十分突然，白家来不及找人为棉花子调神看病，也不清楚到底是何缘故导致。

(六)人情紧如债

白家每年人情开支约为一百八十至两百块钱。当关系尤为密切的亲戚家,如王万珍的娘家有红白喜事时,白家人会携带一升麦子作为礼物赠送给他们,同时再赠送几块钱礼金。当白家人知晓第二天邻居家办红白喜事,便于前一天去场镇售卖一升粮食,卖得的钱给邻居家送礼。古言称"人情紧如债,提起锅儿卖",只要邻居家邀请白家,无论此时白家多么贫穷,都必须赠送礼金。有时连续几天有多家人操办红白喜事,此时家中若实在没有足够的钱,家长白文彦便找他人借钱送礼。有时邻居家办红白喜事时收到一笔礼金,白文彦便找这家人借钱,将其用于给另外一家人送礼,之后售卖粮食或者经营锅锅窑赚到钱以后再将其归还给他人。白家在人情往来时,主要由家长白文彦做主出面参加,若白文彦没空,便把当天人情支出的礼金交给内当家王万珍,告知王万珍前去参加哪一家人的宴席,及赠送多少礼金,但必须在礼簿上署当家人白文彦之名。此外,内当家王万珍偶尔也会利用做生意所赚到的闲散资金进行人情开支。

(七)婚宴倒贴钱

长子白焕光结婚时,家长白文彦曾做主为其举行婚宴,共邀请了七八桌客人,同族人不一定会来,属于同一个爷爷下的分支才会前来参加。白家提前为过酒席①作准备一斗麦子,此外内当家王万珍专门提前为婚宴饲养了一头猪,自家还烤制了玉米酒。当婚宴举办完结以后,白家计算了一笔账,婚宴不仅花费七升共五十六斤粮食,结果发现减去收到的所有礼金,白家最终还倒贴十二块钱。

(八)儿子上学开支大

白家的长子白焕光与三子白焕华都读过书,读私塾的开支由家长白文彦做主安排,内当家王万珍不会管理。家长白文彦既需要为儿子们交学费,同时还有一定的笔墨纸砚开支,需要为孩子们买毛笔与墨水,一支毛笔一角钱,没有钱买砚台,于是便用破烂的碗作为砚台。

长子白焕光的老师是外地人,规定学费形式为现金而非实物,于是白家一年给老师支付四十块钱。而教授三子白焕华的白老师是本地人,他要求的学费形式为实物,白家则给白老师交八十斤粮食,不需要白家人将粮食背到白老师家,而是白老师亲自来白家背粮食。除此之外,由于白老师是白家与其他五个家庭联合起来所聘请的老师,因此这六个家庭会轮流负责老师的伙食问题,今天白家为白老师提供一天食宿,下午白焕华放学之后,便把白老师带回白家吃晚饭,白老师还会在白家居住一晚,第二天早上与中午再各吃一顿饭,当晚白老师又到另外一个学生家食宿,等到五天之后又轮到白家负责。

长子白焕光天资聪颖,家长白文彦从未让他停学②回家,而是持续性地读私塾多年。对于白家三子白焕华,在读书方面不太有慧根,有时白家实在没有足够的粮食交与老师时,当家人白文彦会告诉老师,我的孩子在你那儿学习一段时间,家里赚了钱就立马给你交钱粮。但有一次白家既未给老师交钱粮,白文彦也未提前告知老师缘由,于是老师便不会免费教授白焕华,而让三子返回家中,白焕华回家将此事告诉当家人白文彦,白文彦也无可奈何,家中确实没有足够的粮食,于是他安排三子暂时停学一季在家放牛、扯猪草,直到下一学期白家有

---

① 过酒席:即举行婚宴。
② 停学:辍学。

钱粮时,当家人白文彦将钱粮交给老师后,又把白焕华送去私塾继续学习。

(九)打发新年钱

平日里白家一般不会给自家的孩子们发过年钱。过年时,如果亲戚家的孩子到白家来拜年或者串门玩,家长白文彦需要准备新年钱打发给孩子,由于白家较为贫穷,亲戚来白家拜年的情况极为少见,因此这一消费所占比重非常低。

五、家户借贷

(一)借贷缘故

白家会因多种缘故向他人借贷钱、粮食或物品。当白家无法维持正常开支时,由于白家的亲戚也比较贫穷,家长白文彦便不会向亲戚家借钱,而是找与自己关系较好的朋友借钱,虽然对方家也不属于富裕家庭,但由于他们刚贩卖了一头猪或者家庭刚办完一次红白喜事,家内略有结余,于是可以借给白家一些钱。虽然白文彦曾经过继到大户沛大爷家,但沛大爷一般不会愿意将钱借给白文彦,因为他知晓白文彦并无偿还能力,如果将钱借出,而白文彦却偿还不了,这笔钱便犹如"肉包子打狗,一去不回"。而且白文彦为人也比较有志气,由于考虑到自己是从沛大爷家偷跑离开,现在生活经营不善又去找沛大爷借钱,这样也感到难为情,于是白文彦一般会选择找其他人借钱,而不向沛大爷借钱。同时当他人家里有人生疮害病或者红白喜事发生时,也有他人向白家借钱,但一般仅是借去周转几天,办酒席收到礼金后便又将其归还给白家。此外,当白家无钱可供孩子读书时,白文彦有时会出面找他人借钱,凑足学娃儿①的学费交给老师,等到之后白家赚到钱再归还。

总之,白家无论借钱粮还是归还钱粮主要由家长白文彦出面,出于家庭生产与生活需要而代表白家整个家户借贷。当家人白文彦为人直爽、热情,经常给他人帮忙,因此白家相对比较容易借到钱,只要白家不赖账,推迟一段时间归还也行。

(二)借贷认准当家人

白家的借贷过程中,家长白文彦是实际支配者,一般不可以委托白家家庭成员前去借贷钱粮,因为他人也只认准白家当家人,不会认准内当家王万珍以及其他白家成员,对方会回答说,让你们屋头②的当家人来借,这就导致除白文彦以外的其他家庭成员无法借到钱粮。除非有一种情况,即当家人白文彦提前给手中有钱的邻居打招呼,白家需借贷多少钱,何时前去拿钱,经对方同意后,这时可以不由白文彦亲自上门去拿钱,可以派内当家王万珍前去拿钱,但不会派家中的孩子们去对方家中拿钱。

借粮食时也需要白文彦提前与对方沟通一致,在街上赶集或者在人家帮忙换工干活时告诉他人,最近白家的粮食比较紧缺,无法度过春节,能否借一至两升粮食给白家,然后白家人可以派童养媳李成茂前去背粮食,对方不会向白家索要粮食利息。

等到长子白焕光读完私塾回家以后,白家拥有三个农业劳动力,所收获的粮食基本够吃,便再没有向他人借贷粮食。此时白焕光逐渐也可以代表整个家庭向与白家关系好的家庭

---

① 学娃儿:指学生。
② 屋头:家里。

借钱,而无需家长白文彦亲自前去借贷。白焕光掌家以后,则完全由新任家长白焕光出面借钱与还钱,白文彦只可向白焕光提建议,家庭稍微得过①便不要向他人借钱,且还钱时必须下决心尽快归还,从而避免白家负债越来越多,即"借钱要忍,还钱要狠"。其中,白家办红事时非常容易借到钱,因为对方知晓白家将会收到一笔礼金,宴席的桌子刚拆下来,对方就主动向白家要钱,白家人便立即将钱归还对方。

(三)全家人共担借贷责任

白家在借贷时,由于是代表整个白家进行,因此全家人无论男女,无论长幼都享有偿还责任,白文彦作为一家之长,是借贷与还贷的第一责任人,但无须白文彦亲自去还贷,可将钱交给内当家王万珍前去归还。若家长白文彦不在家,而家庭恰巧需要资金使用,内当家王万珍可出面代表白家借贷,并向借贷家庭做出承诺,当家长白文彦回家后一定会向其归还钱,最终白文彦回到家中便立马前去还贷。

(四)适当推期限日

白家所在的瓮家坝保将借条称呼为"欠条",白家向他人借钱的时候不需要打欠条,亦无须抵押物品,但必须提前告知借出一方,白家何时归还,通常借十天至半月便归还他人。白家向关系好的家庭借钱,这种家庭属于既不富裕也不贫穷的中户家庭,不需要白家支付利息,双方本来商量好当月以内归还,但该月白家没有资金还钱,便会告知对方详情,可适当推期限日,推迟到下个月归还也可以。若向大户家借钱,"粮食加五钱加三",因此白家人即便急需使用钱,也不会向大户人家借用。

(五)借何物则还何物

白家在还贷过程中,一般是几家人一同在山坡上干农活,有人便询问白文彦,"某天你借了我的钱,你们家是否有多余的钱?我家现在需要用钱,可否将钱归还?"于是当晚白文彦便亲自到对方家中归还钱,对方便向白文彦说一些客气话,实在不好意思,因自家急需使用钱才让白家现在归还,要是之后白家仍缺钱可以再次来借。有时他人到山上干活恰巧经过白家门口,进来休息闲聊时便顺便问一下白家现在是否有钱,若白家有钱,便立马掏出来归还于人,不需要再上门还钱。同时白家归还钱时往往是一次性将钱还清。

白家未向大户人家借贷过钱,但向大户人家借过粮食,大户家会提前与白家当家人白文彦协商一致,借一升粮食需要白文彦为其无偿做三个工。有一年当家人白文彦向大户人家李全炳家借粮食,大户家给白家借贷六十四斤粮食加两升巴桑豆计为一斗,"粮食加五钱加三,一本万利不算贪"。如果给大户家归还粮食,白家便需要归还共一斗三升粮食,于是白家给大户家偿还一半粮食与一半钱,五升粮食相当于十五个工,另外五升粮食则给大户家付钱,大户通常会以粮食的最高价格计算白家应还钱数额。

白家向大户人家以外的家庭归还粮食时,首先在自己家称一次,还会在应还粮食数量的基础上尽量给对方多称一点粮食,然后将粮食背到对方家以后,对方家还会当着白家人的面称一次粮食是否足量,但与白家关系十分密切的则不会如此。白家借何种粮食便归还何种粮食,借苞谷便归还苞谷,借麦子则归还麦子,不能借钱却归还粮食。

当白家饲养的年猪尚小不能宰掉吃肉,看到其他家庭宰猪时,白家人便向其借一块猪肉,

---

① 得过:此处指能够周转过来。

等到白家将年猪宰掉以后再将猪肉归还他人,借哪个部位的猪肉便归还相应部位的猪肉。

六、家户交换

(一)内当家代表白家交换

白家的经济交换虽由家中的个人出面开展,但均代表整个白家而非单纯意义的个人交换。一般是由内当家王万珍代表白家上街做生意或为家中购买各项用品,最初此事是家长白文彦与内当家共同商量后决定,此后王万珍每次外出经济交换时无须当家人白文彦授权。长子白焕光长大后也会将王万珍做小吃生意的材料背到集市上,帮忙生火、提水,以及招呼客人,但不负责收钱。一直延续到白焕光当家以后,王万珍依旧在场镇经营小吃生意。与内当家王万珍相比,家长白文彦代表白家交换的情况相对较少,但是贩口袋时会与外界进行经济交换,首先在骑马乡场镇购买粮食,然后白文彦使用人力将粮食运输到碧口镇,与碧口镇人进行交换。白家与外界进行经济交换一事无需特意告知四邻、白氏家族以及瓮家坝保保长。

(二)交换客体

1.白家人赶多场

白家内当家王万珍不仅会在蛤蟆场①赶场②做生意,也会到板桥乡、天隍乡等地的集市上经营小吃摊,若看到板桥乡有合适的物品,她便在板桥乡购买,发现天隍乡有物美价廉的商品,便在天隍乡购买。但主要集中于蛤蟆场购买货物,其一在于地点较近,其二在于蛤蟆场的生意客较多,所售卖的物品种类更多。

白家人无论去哪一个集市赶集,都是步行前往。白家距蛤蟆场较近,约八里路程,即便身负重物前往,步行约一个多小时便可到达。王万珍通常早上七点多出门,等到下午散场③约六点以后再收摊回家,到家已接近晚上八点钟。白家人知晓碧口镇的大米价格高,且度量衡更小一点,于是家长白文彦会于农忙时节到碧口镇倒卖大米即贩口袋,并顺便为家人购买过草鞋。白家到碧口镇单程九十里路,且需要翻山越岭,当天无法到达,今天从家出发,刚到达山梁上便已天黑,于是白文彦便在贾家场的店里休息一晚,第二天继续赶路。

此外,骑马乡在河边设立了猪市场以专门进行小猪交易买卖,白家需要小猪时便到猪市场购买。而售卖大猪则是白家人主动去找屠夫,两人互相商量价格,一头大猪售价多少钱,最终双方在价格方面协商一致后便正式成交。

2.粮食坝坝④与吃斗行⑤

骑马乡场镇有一个专门交易粮食的粮食坝坝,交易粮食时都必须在斗行过秤,但什么时候买卖粮食,以及买卖多少粮食均由白家等买卖双方私人决定。白家本想以八角钱的价格将粮食售出,这时有钱人便询问白家人,五角钱能卖吗?如果白家人愿意,便以五角钱的价格成交,找斗行称量粮食,虽然不收钱,但是白家的一斗粮食只能称量出九升,剩余的一升粮食则

---

① 蛤蟆场:原骑马乡公所驻地以及集市所在地。
② 赶场:指赶集。
③ 散场:散集。
④ 粮食坝坝:指统一贩卖粮食的地方,即粮食行。
⑤ 吃斗行:指粮食行在为农民们称量粮食的过程中收取一定的粮食份额作为称粮费用。

放进斗行的簸箕里,这在当地叫作"吃斗行",且必须是骑马乡有能力、被乡长所信赖的人才被允许"吃斗行"。

3.赵何客卖花线

骑马乡场有流动商贩,一边走一边吆喝着售卖货物,通常贩卖水烟、布匹、花线等杂货,但由于白家所居住的望狮山中各家户之间比较分散,流动商贩一般不会特意到山上售卖。有一个化名为赵何客的中国共产党地下党员,在骑马乡场以卖花线等生活用品作为掩护,实则考察骑马乡的社会及政治情况,他贩卖的物品往往物美价廉,因此白家内当家王万珍经常从他那儿购买物品。

4.商会及场头乡约

骑马乡场包括两类市场管理部门:其一是商会,专门负责管理在集市上做生意的商贩以及来历不明的人,商会的主要职能在于负责征收摊摊费,每月定期召集所有商贩开会,根据摊位大小收费,商会每个集期都会向大商贩收费,每个月定期向白家等小商贩征收一次费用。其二是专门负责管理集市治安状况的场头乡约、红旗管司与幺大管司等,本地以及外地生意客都必须到场头处登记,但有时场头及官司们与瘤子客①勾结起来,发给瘤子客一把手枪并支持他们去偷窃,十天半月以后瘤子客会与场头乡约进行分成。平时瘤子客将某人的东西偷窃以后,这个人去告知场头,如果这个人能力强,那么场头就会出面让瘤子客退东西,但也不会全部归还,白家相对比较贫穷,一般没有太多钱可携带,有时做生意的少数钱被偷窃后,也不会告知场头乡约。在白家通常由内当家王万珍代表白家与商会以及场头乡约等市场管理部门打交道,由于王万珍辗转于各个集市经营小吃生意,因此与市场管理部门打交道一事无须经过家长白文彦的授权。

(三)交换过程

1.内当家货比三家

白家在进行交换时,会货比三家,综合考虑物品的价格与质量多种因素。比如有多个商人同时贩盐,白家人会询问多家,比较哪一家所售卖的食盐价格最便宜,再购买。同时内当家王万珍属于讲价能手,经常与商贩议价,尽量以相对低廉的价格将商品购买入手。

2.与熟人交易

白家在进行交换时,内当家王万珍经常出面与熟人开展买卖交易。其一在于购买熟人所售卖的物品,即便白家无现金,可以暂时赊账,下一集期再付钱即可,而陌生人则不允许赊账;其二在于产品的数量方面,虽然价格上无法优惠,但白家购买熟人家的食盐时,对方会给白家人多称几勺食盐。

3.过升子及过秤

白家买卖粮食会使用粮食行的升子来度量,一升苞谷相当于八斤,一升大米是十斤,其原因在于粮食行的度量容器最公正,一般不会缺斤短两。白家购买猪肉则使用猪肉贩子的秤称量,割一块肉便称一下重为多少斤,然后计算应付钱,如果白家人当场认为对方给自己称少了,便让对方把秤拿过来,自己扶一下称以后再重新度量。白家人在购买食盐时,若购买的数量较多如称一斤以上会过秤,但白家一般仅购买五毛钱或者一块钱的盐,盐贩则根

---

① 瘤子客:即小偷。

据自己的一贯经验来称盐,不会过秤。王万珍贩卖锅锅窑时,通常以多少钱一碗饭的价格售卖,无须过秤。

4.口头赊账

白家购买熟人的物品时经常赊账,比如内当家王万珍想要购买锅锅窑所需的大米,便告诉售米之人,自己先赊账,等到下午卖小吃赚到钱再支付大米钱。白家只有家长白文彦和内当家王万珍有权赊账,白家孩子们则不可以赊账,店家亦不会承认。有时部分到骑马乡场镇卖粮食、卖柴的熟人肚子饿了,想到白家内当家王万珍的摊位吃饭或者吃一个馍馍,但暂时无钱可支付,王万珍便告诉他们,这一次可以允许赊账,下一个集期赚到钱以后再将钱支付给自己即可。总体而言,白家买卖物品时赊账均属于口头赊账,不会单独记账。

第三章 家户社会制度

当白家父母双亡后,白文彦等兄弟三人各继承家中一亩土地,此后兄长纷纷入赘他户,而白文彦亦暂时过房到同为大房人氏的大户白泽沛家。后为传宗接代,替白家繁衍后嗣,家中出现两桩婚事,但均非明媒正娶。一桩是白文彦购买王万珍作妻子,夫妻二人完婚后一直相互体贴,并生育十二个孩子,妻子生产后,白文彦一直细心照顾身为月母子的王万珍,但因医疗、生活等条件有限,部分孩子夭折或因病而亡,最终仅养活三子;另一桩则是长子白焕光长大成人后,在白文彦做主之下,长子娶童养媳李成茂为妻。此外,在堂兄白文李的强烈要求后,白文彦曾将次子白焕明干抱给堂兄,后又出现两家人共同撕毁抱约,白焕明返回白家的现象。

一、家户婚配

(一)一对老夫妻与新婚夫妇

白家最初只有白文彦与王万珍这一对老夫妻,家中儿女尚且年幼。当 1946 年长子白焕光与童养媳李成茂这对新婚夫妇成婚以后,白家便拥有两对夫妻,此时次子白焕明与三子白焕华未婚。除此之外,家中还有一个童养媳赵芝秀,本来是白文彦打算为三子白焕华所娶的童养媳,但新中国成立后白焕华对此表示不愿意,因此最终赵芝秀嫁给次子白焕明。白氏家族不允许同姓结婚,因此无论是嫁给白文彦的妻子王万珍,抑或是白家的两个童养媳李成茂与赵芝秀皆属于他姓人氏。同时在婚配的过程中,白家讲究门当户对,大户通常与大户人家通婚,而白家作为贫穷小户则与小户通婚,不敢高攀大户与中户。

(二)女性配偶会持家

就白家的婚姻观念而言,白家人认为成婚最重要的目的是生儿育女,这既是为了家庭也是为了个人,有利于为整个家庭传宗接代,繁衍后嗣。在择偶过程中,白家人对女方长相无太大要求,只要女性身体健康、头脑精明、会持家即可。白家的儿媳的年龄也并无严格要求,家中两个童养媳的年龄反而比自家儿子的年龄大,其原因在于有利于帮助白家人干活。此外,白家不允许自由恋爱,最初为儿子们养童养媳时,由当家人白文彦决定即可。

(三)买他妇作妻

王万珍本来在木鱼镇已经结过一次婚,但前夫不务正业,平时既喜欢烧鸦片,又抢人,最终将庞大的家产包括田地、房屋、牛马等悉数败光,之后便将王万珍卖到骑马乡,大户老爷白泽沛作为白文彦的过继父亲,听说王万珍为人十分能干,便做主花几百元钱将王万珍买下来给白文彦当作妻子。前夫用绳子将王万珍的手脚捆绑起来,使用滑竿①将她抬到属于白家地

---

① 滑竿:当地一种供人乘坐的交通工具。

界的山上,双方提前已就买卖王万珍一事商议好价格,夜晚点燃烛火在山上交易数钱时,当王万珍看到许多铜圆,便谎称自己需要上厕所,让他人为她将绳索解开,她便趁机一口将烛火吹灭,揽了一口袋铜圆放入怀里,并马上坐到滑竿之上,命人将她抬到白泽沛家,只给前夫剩下一小半铜圆,但是对方也无计可施。最终王万珍并未将钱上交给沛大爷,而是将其作为私房钱与新丈夫白文彦共同使用。

(四)长子娶童养媳

1949 年以前,白家适龄儿子即长子白焕光成婚一事由兼具家长与父亲身份的白文彦所提出与安排。首先白文彦询问长子白焕光与童养媳李成茂的意见,"你们都长大了,明年让你俩成婚,是否愿意?"两人都对此表示同意,于是白文彦便着手为两人开年庚①,然后请先生看期,根据白焕光与李成茂的生辰八字来判断哪一天是这一对夫妻成婚的最好日子。

当地将结婚称为"梳头",结婚时无须撰写婚约,白文彦为长子白焕光择定婚期后,其夫妻二人便可以完婚。童养媳李成茂从小来到白家,快要成婚的前几天先返回娘家暂时住几天,等到成婚当天,白家再请滑竿把李成茂抬回白家,李成茂的娘家亲戚一同来白家送亲。白家所请的娶亲娘子与押礼先生都是白家的邻居,不需要给他们支付钱,只需要邀请他们来白家吃饭即可,而大户人家娶媳妇时既会骑马,又会抬轿子。最后白焕光与李成茂夫妻二人在院坝里拜堂,一拜天地,二拜高堂,三拜夫妻,这一仪式结束后,将女性即李成茂的头发盘成发髻盘在脑后,把灰抹在她的脸上,然后把她脸上的毛剪光,即"开脸了",便表明童养媳李成茂已经结婚,已经由女孩儿转变为女人。

(五)年长者优先结婚

白氏家庭成员成婚的顺序为年长者优先结婚,年幼者后结婚,如尚未为年长者找到媳妇,一般情况下幼者便不能娶亲。一方面白家的叔伯辈即白文彦的兄长白文连、白文堂首先结婚,作为幼者的白文彦后结婚;而就兄弟辈来看,作为长子的白焕光因为年龄等因素的影响,也先于两个弟弟结婚。大户家庭较中小户家庭而言,三世同堂、四世同堂的大家庭较一般家庭而言,更注重结婚的年龄先后顺序。

(六)两名抱女子②

童养媳在当地称之为"抱女子",由于白家有多个儿子,因此家中有李成茂与赵芝秀两名抱女子,且两人的家庭都比较贫穷。

李成茂的父亲在县城大户家为常年伙计,其母编制草鞋,后因家中变故,母亲不幸溺亡,由于其父打工的地点较远,无法传信。亲戚与邻居帮忙把其母收埋后,邻居见年仅两岁半的李成茂孤苦伶仃,又做主把李成茂装在背篼里背到白家,而内当家王万珍为人十分善良,见到李成茂这么可怜,便同意将她收留下来作为童养媳,长大以后许配给自己的长子白焕光。等到李成茂的父亲回来时,已经是一年以后了,李成茂当童养媳一事未曾与他商量。由于李成茂是被李家邻居送到白家当童养媳,因此白家没有给李成茂家送钱与粮食,相当于是白家替李家养活一个人。

而赵芝秀的父亲于赶集时被他人杀害,其母与他人私奔,白家亲戚便找到白家家长白文

---

① 开年庚:交换男女双方的生辰八字。
② 抱女子:童养媳。

彦，告知他赵家有一个女孩，父母双亡，她唯一的至亲爷爷也快要去世，白家可以将她带到白家给儿子从小养着，长大以后与儿子成婚。赵芝秀是6岁左右来到白家的定做童养媳时，无须询问白家男孩的意见，也不需要告知白氏家族的族长与族人，但需要通知赵氏家族的族长，通过插香为定亲标志，无须撰写文书。具体而言，白家给女方即赵氏家族赠送两升麦子、两升米、四斤酒，插香时先点燃一把香蜡，然后请赵家的亲房本族饮酒，大家喝下这杯酒之后就标志这个女孩成为白家人，之后白文彦便把小女孩赵芝秀带到了白家，此时赵芝秀年仅6岁。本来白文彦是把赵芝秀许配给幺儿子白焕华，但幺儿子看不上她，长大以后不愿意娶她，于是最终于新中国成立后嫁给次子白焕明。

二、家户生育

（一）祖孙三代皆三子

白家爷爷辈为三子，同时由于白文彦的父母共生育三个儿子，因此白家叔伯辈也为三子，而白文彦与王万珍共生育十二个孩子，结果碰巧出"四六风"，即有些孩子出生四天或者六天后便夭折，有的孩子包括奎生娃与棉花子均成长到4至6岁时因病去世，最终仅存活下来三个儿子。白家的生育数量虽多，但最终只有三弟兄。这一存活数量在当地属于中等水平，望狮山既有养活多至六个弟兄的家庭，也有少至独子或无子家庭。

白家从未出现过"丢底"的情况，但白氏其他家庭出现过"丢底"，即未婚生子的情况，有时是女孩与外人发生性关系，有时是抱儿子①将家中女孩强奸，最终所生育的孩子有娘无父亲，当地将其称之为"私娃子"②。私娃子在本地婆不到媳妇，只能够娶外地媳妇。有的家庭在私娃子刚出生后便想办法把孩子整死，有的家庭舍不得伤害孩子，但此事若被整个白氏家族知晓后便会没完没了。大户人家由于家长将女孩管理得比较严格，女孩6岁左右时便被关在家里，开始缠足，以及学习绣花等，不被允许出门，"女是娘的裙腰带，随时我看在没在"，因而未曾出现非婚生育的情况。中户人家出现未婚生子的情况较少，相对而言，小户出现非婚生育的情况最多，一方面在于其父母管教不严，也可能由于其父母也属于不务正业型。

（二）愿儿女双全

白家生育的目的是传宗接代，生男孩意味着白家有正根继承，其子孙后代也姓白，如果生育的是女孩，其后代则姓他姓，便不再属于正根。在子女生育上，当地都倾向于生男孩，而白家希望儿女双全，能够生育两儿两女是最理想的情况，两个女孩长大嫁出后可以使白家结交更多的亲戚，两个男孩长大后可以每人分别赡养一个老人，养育三个男孩便会面临家庭赡养难题，三个儿子则会互相推脱责任，都不想赡养老人，这时需要将其中一个孩子入赘到他人家作为上门女婿。如果是养一个非常能干的儿子，则外人便不敢欺负白家；但如果三至四个儿子都十分无能，则对于改善家庭境况并没有太大益处，即"养儿不患多，一个顶十个"。

白家人认为，没有结婚就生育孩子的情况十分丢人，丢整个姓氏的脸，大家私下也会议论纷纷。譬如白氏家族有一个女孩未结婚便生育孩子，族人提出需要斩草除根，一方面将私生

---

① 抱儿子：指上门女婿，但不一定最终与家中女孩结婚，也可另外为其娶妻。
② 私娃子：私生子。

子除灭①，将该女性撵走，直到新中国成立后她才敢回家，另一方面此事与女性的父母也脱不了干系，因此对其进行重罚，罚到倾家荡产。

白家长子白焕光十五岁左右便正式成婚，其一，早点结婚可以早日为家庭繁衍子嗣；其二，童养媳李成茂早点与白家长子结婚则在于避免遭到其他姓氏男性的调戏，从而杜绝丑闻的发生。因此无论何种类型以及人口数量的家庭，都尽量希望早婚早育。

家庭条件与所生育儿子多少没有必然联系，只要女性怀上孩子，便不得不生产下来。就小户家庭而言，生育孩子多会暂时导致家庭条件变差，当孩子长大后家庭条件又变好。大户、中户希望多生育孩子，尤其是生育两到三个儿子，便认为家庭有优势、有面子。子女多的家庭与子女少的家庭、三代同堂以及四代同堂的家庭都希望多生育孩子，如此一来，家族可以进一步繁衍壮大。

(三)特别关照月母子②

白文彦与王万珍共生育十二个孩子，这一生育行为并不是基于夫妻二人的要求，有时是由于怀孕后不得不将其生产下来。王万珍在孕期依然会干活，临产的前一段时间即临近分娩期便不上坡干活，在家干一些相对较轻松的家务活，依然由王万珍为家人做饭。王万珍生产时不会找人接生，而是自己自然生产，甚至有一次在山坡上干活时将幼子奎生娃生下来。但王万珍在坐月子期间的短暂几天可以不干活，作为丈夫的白文彦会照顾妻子，为其端茶递水，且在饮食方面会对月母子进行特别关照，孕妇王万珍所食用的饭食会更好一些，白家会为其单独烹饪白米饭，这一费用由整个白家承担，家长白文彦负责支出。

(四)综合字牌起大名

白家孩子们的小名是由同时兼具家长与父亲身份的白文彦所起。白家孩子们刚出生时，白文彦便为其起一个小名，为某某娃子、某某宝子，由于孩子生育下来很难存活，因此给孩子把名字起得土一点更容易存活。白家有时根据生育孩子年份的属相为其起名，如果当年是牛年，便给孩子起名为牛娃子，狗年则给孩子起名为狗娃子。长子白焕光出生时将其放在筛子里，白文彦便为其起名为筛娃子，而次子白焕明属于水命人，白文彦则为其起名为海娃子。白文彦的儿子一辈属于"焕"字牌，希望儿子们前途光明，白文彦便分别给长子与次子起大名为白焕光与白焕明，有时直到孩子长大上学时，老师再综合白家的字牌，给孩子起一个大名，老师本来给白家三子白焕华起名为白焕道，但望狮山有文化的人认为这一名字不太好听，便建议他更名为白焕华。

大户人家起名字时则更讲究，所起名字更有寓意，比如按照仁义礼智信起名，有时还会找算命先生算一卦，测一下孩子出生于哪一个甲子；而家中不愁吃喝的中户家庭也会找算命先生测算一卦，通过生辰八字来判断起哪一个名字更佳；而小户家庭起名则相对比较随意。

三、继承土地

白家在继承家产时，仅限儿子才有资格继承家产。白家父母去世后，白文彦等三弟兄均分家中的三亩土地，即每人分得一亩土地，后来大哥、二哥皆入赘到别人家成为上门女婿，于

---

① 除灭：杀死。
② 月母子：孕妇。

508

是将自己所继承的土地交给白文彦暂时代为耕作，但哥哥们仍旧对自己继承的土地享有所有权，白文彦仅对其享有使用权与管理权，每年白文彦会给哥哥们适当分配一点粮食或猪肉。而除土地之外的其他家产则全部由白文彦继承。

四、家户过房与干抱

（一）过房于同族大爷

一方面，白文彦的父母双亡，大哥白文连作为上门女婿入赘到板桥乡，二哥白文堂入赘到木鱼镇后，仅剩下白文彦自己孤身一人。此外，白文彦年轻时吸食鸦片，而大户白泽沛家既有饭吃、有活干，同时还能够为白文彦提供鸦片吸食。另一方面，沛大爷只有一个独子，家里缺乏足够的劳动力种植庄稼，在此情况下沛大爷本应优先过继自己兄弟的孩子，但其兄也只有一个独子，不可能过继给他。考虑到两人非亲房关系但是属于同族，白泽沛属于老大房之下的小二房，而白文彦属于老大房之下的小三房。于是在族人们的介绍下，在白泽沛与白文彦双方均表示同意的情况之下，白文彦于二十岁左右便过房到瓮家坝的同族之人白泽沛家，由于白文彦的父母皆已去世，因此过房一事是通过家族，由白氏族长做主，并通知了白文彦的两个兄长前来，最终在白氏族人们的见证之下完成，还邀请证人与代笔先生前来履行过房手续，白氏族谱上也做出相应修改。同时沛大爷也将此事告知瓮家坝的保长白文鹏。

沛大爷让自己的亲生儿子读书，而白文彦相当于是在沛大爷家担任长工头儿，之后沛大爷为白文彦买了一个媳妇王万珍。几年以后，王万珍向白文彦提出，两人不应一直在别人家帮忙干活以及替其养育孩子，夫妻二人应该有自己的生活，否则两人生儿育女后根本无房屋可居住，于是白文彦与妻子王万珍不愿意待在白泽沛家，王万珍便想尽办法与沛大爷争吵，而白文彦则对此沉默不语，之后夫妻二人便相继偷跑回自己望狮山家中，搭建窝棚并重新立户即出现回继的现象。最初白文彦在家藏起来一个月不敢见沛大爷，但沛大爷也没有前来望狮山捉他回去。由于白文彦是从白泽沛家离开，是沛大爷自己管理疏忽所致，因此沛大爷也并未找白氏族长说理。之后白文彦还是与沛大爷保持着良好的关系，依旧称呼沛大爷为爸爸，两家人就如同亲戚一般。由于白文彦为人比较诚实，沛大爷认为白文彦来帮忙干活自己才能感到放心，找其他人前来帮忙会感到不放心，于是农忙时节沛大爷家需要人手帮忙干农活时，便会带信上山让白文彦到自己家帮忙干几天农活。此外，白文彦所居住的望狮山上木柴比较多，沛大爷家所居住的瓮家坝柴火较少，于是白文彦有时早晨便背一背篼柴去沛大爷家，沛大爷也很热情地挽留白文彦在家吃午饭，下午再派长工到菜园里采摘一些白菜、红萝卜等蔬菜让白文彦背回家中食用。

（二）干抱及退抱①

白家比较贫穷，家庭通过农业生产所收获的粮食不能养活孩子。而堂兄白文李与白文彦家属于同宗下的同一个房分，与白文彦是同一个爷爷的后代，白文李入赘到木鱼镇苟家沟李家当上门女婿，并改名为李凡梁，家庭相对比较富裕，土地多，但家中无儿无女，希望有人能够继承香火，便询问白文彦能否将其中一个儿子过继给自己，白文彦考虑到长子的年龄比较大，已经懂事，三子的年龄过于小，而次子白焕明的年龄相对适中，既不大也不小，于是白文

---

① 退抱：指结束入赘，返回自己的原生家庭中。

彦把次子抱给白文李，对方并承诺等到白焕明长大后为他订一门亲事，这在当地称为"干抱"，堂兄没有给白文彦家拿钱，也没有给粮食，主要就是帮忙养活一个孩子，因此不仅白文彦与妻子王万珍同意，作为当事人的白焕明也表示同意，认为去亲戚家可以享福。白文李一方还请代笔先生撰写了抱约，在白氏家族的族长主持下，邀请白氏家族的族人们当面共同见证，一张红纸上面写着"一抱永抱，永不归宗，高山打石头，永不回头"，还会在抱约之上签署亲房本族的名字。这属于完全过继，白焕明转变为李家人，不允许他再与自己的亲生父母白文彦相认，考虑到白焕明年龄尚小，暂时没有给他起李姓名字，仍称呼他为海娃子。同时白文彦也在抱约上签字画押，见证人也一同画押，所撰写的抱约只有一份，保留在白文李手里。

最初白文李对待白焕明非常好，但几年之后自己生育了两个儿子以后，便逐渐开始不待见白焕明，对白焕明的态度明显变差，给他吃比较差的饭菜，每年也不再定期为他缝制新衣，还一直使唤他给自己家放牛。同时白文李属于狗腿子，平时给恶霸大爷背枪，之后随着社会形势的变化，害怕遭到批斗，他既不愿意也不敢再收留白焕明，而白焕明自己也不愿意继续留在这里，白文彦也心疼儿子白焕明，去木鱼镇参加清明会结束后便亲自将白焕明接回家中，之后白文彦去天隍赶集时恰巧碰见堂兄白文李，于是白文李用枪指着白文彦的头，并当着当地保长、甲长的面让白文彦做出承诺，必须在规定期限内将海娃子送回他家，才答应放白文彦回家，迫于无奈，白文彦不得不将次子白焕明再次送至白文李家。但白文彦告诉次子，若之后愿意回家便自己悄悄跑回来，后来白焕明实在受不了白文李对自己的态度，于是趁外出为耕牛采集草料之际偷偷跑回了白家，这次白文李没有再一次派人来白家捉他。直至多年以后，白文李的亲生儿子成婚，白文彦与白文李两家人再次相见时才正式退抱，共同将过去为白焕明所签署的抱约撕毁。

五、家户内部交往

（一）严父孝子

白家父亲对于白焕光、白焕华等儿子需要承担一定责任，需要抚养儿子们长大成人，给儿子们积累家业，为儿子们上学赚取学费，还需教授儿子们学习文明礼仪，因白文彦本人未接受过文化教育，于是当别人家有红白喜事时，白文彦便带上孩子前去学习仁义礼智信，教孩子怎样给他人斟酒以及斟多少，"君子不吃满杯酒"，盛酒应当盛八分，不可倒满杯。白文彦还会教育孩子夜晚睡觉时应当安分，不要在床铺上翻来滚去。吃饭之时，白文彦会教儿子们应如何拿筷子，吃面时不能发出声响，且应当将碗中的饭悉数吃尽，不能浪费粮食。同时白文彦还会教儿子们一些做人的基本道理，不允许偷别人家的东西，到别人家玩耍时手脚应当干净，不能自己看上何种物品便拿什么物品，若小时候偷针，长大后便会偷金。当客人来白家做客时，白文彦会教儿子们如何称呼客人，儿子们应当热情对待客人，将家中的木凳优先让给客人们坐。此外，白文彦还会教儿子们干农活，如何耕作庄稼、如何放牛，比如白焕光薅草时方式不对，白文彦便会指出，哪一方面做得不对，正确的薅草方式应是怎样。同时白文彦考虑到儿子们未来的婚姻大事，即便家庭已有多个孩子，依然为儿子们养了两个童养媳在家。

白文彦对于几个儿子们可以随意役使，只要白文彦开口让儿子们干活，儿子们立马跑去干，白文彦指挥儿子们去拿柴草，儿子便必须去拿柴草。白家烤火时，白文彦有一个专属座位,儿子们看到父亲走来,立马将位子让给父亲。平时无论父亲白文彦所说的话是否正确,孩子们都必须听取,当白文彦做了错事,儿子既不敢亦不会批评父亲,即便长子白焕光长大在家主事后也不敢顶撞父亲。

白文彦作为父亲十分严厉,孩子们都非常畏惧他,认为他不太好相处。平时白文彦不会与儿子们开玩笑,说一是一,说二是二,儿子们既不敢主动与父亲聊天,更不敢与父亲开玩笑。白家父子之间也不会一起饮酒,孩子们只能眼看着白文彦一人独自饮酒,即便儿子们想饮酒,也不被允许。晚饭之前,儿子们先盛一罐酒煨在火炉旁,之后再倒在杯子里端到父亲手里。当内当家将饭食烹饪好以后,白家儿子们还会亲自将饭菜递到白文彦手里,当白文彦吃完第一碗饭以后,儿子们又马上去给父亲盛饭。长子白焕光长期在外求学,当他放假回家期间,白文彦会与长子聊天,关心白焕光的读书进度,并让孩子背诵学习内容。由于白文彦经常教育孩子们,"大人在前,小人不能言",因此夜晚白文彦与妻子王万珍商量家庭事宜时,儿子们也不敢向父亲提出建议,只能在一旁保持沉默,否则白文彦会狠狠地数落儿子们。

1949年以前,白家人认为照顾整个家庭,关心与照顾孩子们,向孩子们教授为人处事之道,不随意打骂孩子的父亲是好父亲,而仗着自己父亲的身份随意打骂孩子的父亲则是坏父亲。白家的白文彦即便教育孩子,也会向孩子解释其中作法,指出其中的道理,因此属于好父亲。同样地,孝顺父亲的孩子则是好儿子,白家的儿子们均属于好儿子,平日里听父亲的话,父亲使唤他们时立马行动,且不与父亲顶嘴,为人精简节约,从不偷东摸西,爱惜父亲为自己购置的衣物。

大户家庭中,好父亲通常是不对儿子放任自流,对儿子进行良好地管理与教育,积极为儿子们置办家产,聘请家教先生到家为孩子教授文化课程,为儿子娶媳妇。如果大户家中仅有一个儿子,此时父亲很可能溺爱孩子,当儿子长大后便吸食鸦片,有时甚至在欺瞒父母的情况下偷偷变卖家产,这类父亲与儿子则属于不好的类型,白家人认为,父亲不应该这样教育儿子,白文彦教育儿子们的方式才是正确的教育方式。

(二)婆媳若母女

白家的婆媳之间关系很好,两个童养媳李成茂与赵芝秀从小来到白家,老人婆①王万珍将李成茂与赵芝秀亲切地称呼为女儿,两个童养媳则称呼王万珍为妈妈。平时王万珍会指导童养媳们做家务,包括怎样做饭如蒸馍馍以及擀面等,还会教童养媳们缝制衣物,王万珍将布匹裁剪好以后,将针线交给童养媳,手把手地教她们应当如何缝制。

王万珍使唤童养媳干什么,她们便干什么,平时非常听王万珍的话。王万珍不会打两个童养媳,当她们犯错误时,王万珍仅做一下将要打人的假动作,并未真正付诸行动,只会稍微教育她们一番。但无论王万珍做得对错与否,儿媳们都不敢批评老人婆。

王万珍属于好老人婆,十分疼爱自己的儿媳们,不打骂儿媳,家庭年景好时,不故意让儿媳缺吃、缺喝、缺穿。而好儿媳则听老人婆的话,老人婆给儿媳安排事情做时,儿媳不会对老人婆凶言厉色以待,总是孝敬老人婆,白家的两个童养媳皆属于好儿媳。

白家的婆媳们平时会互相开玩笑,互相逗乐对方,三人非常团结,做家务时互相分工协

---

① 老人婆:四川方言,即婆婆。

作,一人负责喂牲畜,一人便负责生火,另一人则负责做饭,王万珍从来不会仅指挥儿媳干活,自己却在一旁休息。李成茂与赵芝秀两个童养媳都不畏惧老人婆王万珍,平日里有心里话也都会告诉王万珍。

有一次李成茂不小心将家中推制好的一背篼粮食打翻在地,由于害怕老人婆王万珍责怪而意欲逃跑,王万珍则安慰儿媳李成茂,让李成茂不要逃走,大家一起将推制好的粮食拾掇起来或者以后再将其他粮食拿去邻居家推制即可。李成茂回到家以后,感到心怀愧疚不愿意吃饭,王万珍又劝导儿媳,自己不会责怪她,让李成茂也不要感到内疚,还为其将饭盛到碗里并亲自递与李成茂。

(三)夫妻互体贴

白文彦与王万珍两夫妻之间关系很好,二人相互体贴。王万珍经常感到心窝疼痛,但白家没有钱买药,得知樟木利于顺气后,于是白文彦将家中柱子上的樟木砍一块下来,为妻子王万珍熬水服用。由于妻子王万珍是小脚女人,白文彦平时便会在考虑这一因素的前提下给妻子安排轻松农活,王万珍也会听从丈夫白文彦的指挥。同时知晓白文彦做农活十分辛苦,妻子王万珍便在白文彦回家之前为其准备好热开水喝,晚上盛面时,王万珍也会给丈夫白文彦盛更多干面食。白家夫妻之间经常一起聊天,在这期间两人偶尔会开玩笑。白家平时具体有哪些人情世故,第二天需要到哪里去,白文彦都会告诉妻子王万珍,王万珍不畏惧丈夫,心里有事也会告知丈夫。即便二人偶尔因琐事产生小矛盾,但两人不会以打架方式解决,仅是简单地争嘴盘舌①,其目的也是将来能够合力将白家经营得更好。若被讲理之人看到白家夫妻二人发生争吵,便会适当地劝导几句。

(四)兄弟团结相互爱护

白焕光、白焕明、白焕华等三兄弟之间关系融洽,且相当团结,平时兄弟之间会开玩笑,三人从未争嘴、打架。白焕光作为长兄,会教弟弟们识字,也会向弟弟传授一些做人的基本道理,不允许弟弟们说谎与偷奸要滑。白焕光经常说,"饶人不是痴汉,痴汉并不是饶人",让弟弟们出门在外时不能与他人争你强我弱。此外,白焕光会向两个弟弟教授一些饲养耕牛的小技巧,放牛时应及时给耕牛喂水,不能让耕牛偷吃地邻家的庄稼,在放牛的闲暇之余可以捡一些小干柴拾回家用于夜晚烤火。同时白焕光也会指挥白焕明与白焕华两个弟弟做事情,但是不会直接使唤,而是轻言细语地商量。比如白焕光洗脚时,便询问弟弟能不能帮他将干净的鞋拿来;准备生火时,白焕光便询问弟弟能否抱一些木柴前来,此时弟弟们也会非常爽快地去干。对于兄长白焕光所说的话,弟弟们都会表示服从。

好兄长便是当兄弟犯错后,仅会口头教育兄弟,给兄弟讲道理,不轻易打骂兄弟,白焕光便属于典型的好兄长。而白焕明与白焕华作为好弟弟,则从不与兄长争嘴盘舌,与兄长互相尊敬与爱护,听哥哥的话。

作为弟弟的白焕华不畏惧兄长白焕光,因为兄长从未打骂过他,即便自己一不小心说错了话,兄长白焕光也是轻言细语地讲道理,首先指出教育弟弟白焕华的理由,并告诉白焕华哪些话不能说出口,讲某些话不符合仁义礼智信,是不懂礼貌的行为。白焕明、白焕华都认为长兄白焕光很好相处,心里有事时会主动找长兄倾诉,白焕光也会经常找弟弟们聊天。

---

① 争嘴盘舌:言语之争。

(五)嫂嫂照顾小叔子

白家的叔嫂之间大体上关系比较好，尤其是童养媳李成茂与小叔子即白家三子白焕华这一对叔嫂之间关系十分要好，白焕华一直将李成茂称呼为姐姐。童养媳李成茂在家会帮忙照顾小叔子，小叔子白焕华便是由李成茂照顾长大。白焕华足月以后，李成茂去干活比如扯猪草或薅草时便找一条毛巾将白焕华拴在自己背上。当白焕华感到肚子饥饿，李成茂又立马从山坡上将白焕华背回家让内当家王万珍喂奶。

六、家户外部交往

(一)邻里街坊互帮助

白家与邻里街坊关系非常融洽，邻里街坊家修房或办红白喜事时，一般是邻里们主动到白家邀请人前去帮忙，对方需要家长白文彦帮忙时，则白文彦前去，对方需要长子白焕光前去帮忙时，则白焕光前去，有时需要多人帮忙时，白家便派多人前去帮忙。当邻里街坊家有人去世时，白家则会主动前去帮忙，不需要对方亲自上门邀请。当正月过年期间，白家人会到关系好的邻里街坊家串门。

(二)地邻冲突终忍让

白家人偶尔也会找地邻前来家帮忙。同时地邻家需要找人换工干活或筹办红白喜事会找白家帮忙。此外，由白文彦代耕的祖业地曾与身为保长的白文鹏家的土地相邻，但两地邻之间地位并不完全平等。白文鹏为人十分强势，强迫白家必须购买其土地，否则便会侵犯白家的土地疆界，由于畏惧保长，最终白家人不得不将土地购置入手。

白家从保长手中购买土地约一月以后，地邻白焕银曾侵犯白家的土地疆界，于夜晚悄悄移动疆界，白家人发现后，白文彦就此事代表整个白家去询问白焕银，但白焕银对此予以否认，最终白家人共同商量后采取忍让的态度处理此事，并未进一步追究，也未找亲朋好友或保长白文鹏前来说理，从而使两家冲突控制在一定限度之内而未扩大升级。

(三)亲戚相扶持

白家与亲戚之间总是会相互扶持。白家的近亲会找白家人帮忙，当与白家相距较远的亲戚家办红白喜事需要白家人帮忙时，会托人送信到白家，张三或李某去世了，需要白家派几个人前去帮忙，但换工干活等小事则不会邀请白家人前去帮忙。白家找亲戚前来帮忙的情形亦是如此。此外，正月期间，白家人会到至亲家拜年。家长白文彦的二哥白文堂作为上门女婿入赘到别人家，所居住的地方在平坝地带①，白文堂种植木耳时缺乏耳棒②，于是白文彦将耳棒砍好，让长子白焕光带上弟弟白焕华，将耳棒背到白文堂家。

(四)一般族人无来往

白家的同族人非常之多，有一百多户，白家归属于长房，且长房之中又会划分小房支。平日里白文彦家也只与关系比较好的家庭经常来往，与其他族人仅在白家举办包括清明会在内的祭祀活动以及白氏族人们触犯族规之时来往，一般情况下无日常往来。

白玉坤属于白氏家族中的恶霸，他家地处河边，某一年暴雨季节涨洪水以后，泛滥的河

---

① 平坝地带：地势相对平坦处。
② 耳棒：专门种植木耳的树木。

水将泥沙冲积到白玉坤家门口，于是他通知白文彦等白氏族人必须无偿为他淘河，这显然并非白氏族人分内之事，最终白氏族长组织族人们将白玉坤从瓮家坝保驱逐出去。

（五）主户与白家相平等

白家与主户家关系非常好，正因为两家人关系好，对方才愿意将土地租佃给白家耕作。两主佃之间地位平等，且相互信任。白家平时与主户家经常保持来往，主户家有事需要帮忙时，会找白家人去给他们家帮忙，白家人需要人手帮忙时，主户家有时亦会来白家帮忙。但某些免费将土地租给白家耕作的主户通常与白家相距较远，一般不找白家人帮忙。

（六）外保人大事找白家

与白家关系好的外保人家中筹办红白喜事时，白家人也会前去帮忙，有时是对方带信到白家，有时是去骑马乡场镇赶场相遇时，外保人例如与望狮山相邻的光明保人便告诉白家，某天家里有事，希望白家人前去帮忙。但他们并非发生任何事情都找白家帮忙，仅限于家中发生极其重要之事时才会主动找白家人帮忙。

第四章　家户文化制度

在白家,由白文彦做主送长子白焕光与三子白焕华两人去接受文化教育,白焕光读私塾多年后顺利毕业,而三子白焕华先后接收私塾与学校教育,但最终因个人原因而辍学回家放牛。于家庭内部,白家主要教授男孩学习农耕技巧,女孩则主要在家学习家务知识,在内外当家人的言传身教之下,白家人逐渐形成了发家致富、无家庭则无个人等家户意识,以及庄稼佬儿①重时间、外人不可随意进、团结友爱、追求节约等多类型白家观念。在白家人心目中,祖先和祖先堂神圣不可侵犯,因此白家人会定期祭祀祖先,与白氏族人共同保卫祖先堂、修缮祖坟地。同时白家还形成了一系列的年节习俗。过年期间,白家人会漆蜡以敬神、祭祖,全家会一起上街观看舞牛、舞彩龙船等,也会与四邻打臭②以适当娱乐。端午佳节来临,白家人会上山扯艾蒿及看高牛。

一、家户教育

(一)白家长子与三子上学

1949年以前,在白家内部,家长白文彦与内当家王万珍均未曾接受过文化教育,次子白焕明因短暂过继到他人家中等诸多因素影响,故而未曾上学,最终家中仅有长子白焕光与三子白焕华两人接受过文化教育, 长子读私塾顺利毕业,而三子因个人原因最终未能完成学业。送儿子们去上学一事完全由白文彦一人决定,其原因之一在于为了让孩子学到知识后能有一番成就,能够光宗耀祖;其二在于自己未曾读过书,与他人签订伙约、地契时因不识字,在文化上曾被他人欺负,自己吃过亏便希望孩子们能够上学,当孩子们成长到7岁左右,白文彦便将孩子们送到私塾接受教育。

(二)私塾教育

最初,家长白文彦陆续将长子白焕光与三子白焕华送去私塾上学。白家长子白焕光6岁开始上学,辗转于瓮家坝保、里坪保等几个保读了多年私塾。白文彦将长子从小过继给瓮家坝的白文炳,白文炳有一儿子名为白焕表,由于望狮山尚无私塾,于是白焕光便暂居于干爹白文炳家,与兄弟白焕表一同读书,一般节日也不回家,直到整个学期结束放假时再回家。由家长白文彦给长子支出私塾学费,一年给老师交四十块钱。白焕光读了多年古书,把《中庸》《梁惠》《大学》《学而》《述而》等古书全部读完毕业,当地称为"柱子抱齐了",便可以提笔写字,撰写标语,以及可以担任代笔先生替他人撰写抱约与伙约等。

---

① 庄稼佬儿:农民。
② 打臭:指当地一种特色的娱乐互动。

当白焕华长到6岁时,当家人白文彦了解到望狮山有人会教书,于是白家与望狮山的五家人便联合起来聘请了一名男性老师,名为白文诗。几家人共同与白老师订立合同,因白老师家的农业劳动力少, 便要求学生们交粮食给他, 于是白老师与白文彦等家长们互相协商好,教一个学生一年需要支付给白老师八十斤粮食。此外,六个家庭还需要轮流负责老师的伙食问题,白焕华放学后便把白老师带到白家吃饭,一般负责老师的三顿餐食包括一顿晚餐与第二天的早餐与午餐,第二天晚上白老师又到其他同学家吃饭,五天之后又轮到白家邀请白老师来家中吃饭。三子白天在私塾上课,夜晚白老师来白家吃饭与住宿时,首先白老师会让白焕华当着家长白文彦的面背诵白天习得的课程内容,若背诵错误,白老师会当面指出,同时还会单独向白焕华教授额外的内容。

白焕华读私塾时,私塾共分为上下两期,上学期一般八月十五放假,下学期通常于冬月初开始上学。将白家附近的李国才家作为私塾的教室,因为他家房屋相对比较宽裕,没有专门的课桌,每个孩子便抬一块石头置于堂屋,再在石头之上放置石板或木板当作课桌。白焕华所在的私塾中男孩与女孩一同学习,男孩学习《三字经》《五字经》《中庸》《大学》等,女孩则学习《女儿经》,白焕华共读一至两年私塾,仅读完《三字经》《五字经》等两本古书。上学初期仅识字不写字,后来将纸画成方格状,一个方格中写一个字,白老师使用土红[①]将字写于纸上,白文彦便在下边临摹老师的字体。

(三)新式学校教育

自1949年开始,白焕华开始接受新式学校教育,在骑马乡小学读洋书,学习语文、数学等科目,国家会给老师颁发工资,白家仅需上交学费与书本费,无须白家为老师提供伙食。白焕华记忆力好,但生性比较贪玩,平时喜欢踢毽子、跳绳,连续读了三个一年级,结果却一直考零分,最终自己不愿意再继续上学,选择回家放牛。

(四)家庭教育

在白家,孩子们的主要教育来自于家庭。家长白文彦会教孩子做人做事的基本道理,以及农耕技巧,而作为内当家与母亲的王万珍则会教孩子们捡柴、生火、扯猪草、喂猪。白家对男孩、女孩教授知识的侧重点有所不同,长子白焕光与三子白焕华等儿子主要学习农业生产知识,两名童养媳以及女儿棉花子等女孩主要学习做饭、扎花秀朵等家务知识。当白家的孩子们长到12岁,家长白文彦便认为其长大了,已经稍微懂事,可以为家庭分担更多的责任。

1.男学农耕女习家务

白家当家人包括白文彦与内当家会教家中的孩子们学习一些基础劳动技能。在白家,无论是白家的儿子们,抑或是女儿棉花子、童养媳李成茂与赵芝秀,均必须学习农耕技巧,否则长大以后不会耕作庄稼,便难以维持正常生存。男孩偏向于学习务农知识,相对白家男孩而言,女孩所学习的农业生产技能少一些,因为她们还必须学习做家务,否则以后任何技能都不会,在家如同废物一般。白文彦所掌握的农耕知识主要是由上一辈人总结并传承下来,白文彦在进行农业生产过程中也在不断总结经验。

首先,作为家长与父亲的白文彦平时会教孩子们放牛,孩子们早晨起床以后应当将耕牛带到山坡上杂草生长得比较茂盛之处放养,且必须将耕牛带到山上喂饱后,孩子们才能回家

---

① 土红:别名为西红。

吃早饭。同时不允许耕牛偷吃别人家的苞谷,如果白家孩子们在放牛的过程中耕牛偷吃别人家的粮食,别人找到白文彦理论,那么之后孩子们也会被当家人责怪,因此白家的孩子放牛时总是会一直小心翼翼地把牛牵着。在教授孩子学习务农技巧时,几个孩子同时薅草,白文彦会对孩子进行适当鼓励,若孩子早点将农活干完便可以玩耍休息,同时白文彦还会夸奖干活速度快的孩子,因此孩子们干起活来也会愈发有干劲。

白焕华6岁时便开始放牛,为下地干活的家长白文彦送饭、送开水、送烟,白文彦会教孩子们薅草,力气小的孩子们便使用废旧的锅铲锄草。当孩子们长到12岁左右便可以使用锄头薅草等,约14岁便开始耕地。

童养媳李成茂约5岁时,内当家王万珍便开始教授她学习如何做家务,包括做饭时怎样生火、如何推粮拌饭①、饭后怎样洗锅抹灶、打扫卫生等。同时李成茂还需要帮助王万珍照顾家里的弟弟妹妹。

2.素爱助人与待人忍让

白文彦作为父亲,性格活泼,素爱助人为乐,每当其他街坊邻里需要帮助时,白文彦都会积极主动相助,潜移默化之下,白家的孩子们也十分活泼,喜欢帮助他人。此外,白文彦也会教育孩子一些做人做事的道理,告知孩子对待他人应当和气,白文彦时常说,"忍字更比饶字高",与人相处时尽量忍让,不要与他人发生争执甚至打架。当孩子们犯错误后,白文彦会及时教育孩子们,给孩子们讲道理。而内当家王万珍的性格相对比较温柔,因此家中儿女的性格都比较柔和。

长子白焕光在白氏家庭教育中占有一席之地,对白家其他孩子的性格产生了重要影响,经常使用仁义礼智信来教育其他年幼的孩子,劝导他们不要与人争嘴皮子,尽量忍让,若别人表面上害怕你实质是想躲避你,而非发自内心地尊敬你。白焕光还教导弟弟妹妹在与人交谈时忌"高声武气②",应当轻言细语,不讲脏话。在此影响之下,白家孩子们对人总是笑脸相迎。

白家人从小所学习到的风俗习惯如办红白喜事的习俗,以及年节习俗均是白家祖辈遗留下来,最终由家长白文彦与内当家王万珍传授给孩子们。白家收获麦子后,在享用新一年度的第一顿麦子之前需要敬天老爷——烧制一个大白面馍馍置于院中的木桌之上,供奉天老爷之后白家人方可食用。

同时白家人认为"本是同根生,相煎何太急",全家人必须团结一致,平时应和和气气,不能因小事便争嘴盘舌。当白家人遇到天灾人祸等困难时,全家人会共同面对,家人们相互扶持,一起想办法解决。

(五)家族教化与家内教化并行

1.家族有形与无形教化

清朝时期,由于白家祖先白丹衷屡立战功,顺治皇帝封白家祖先为骠骑昭义将军,并钦赐金字御匾"为天一柱""龙凤族""万民伞",以及获赐其他类型大小匾额约四十块,于是白家后人将"为天一柱"匾额长挂于府邸大门之上,其目的在于从无形上教化白氏族人们应当为

---

① 推粮拌饭:指做饭。
② 高声武气:类似于大吼大叫。

国效忠,矢志不渝。同时白氏家族还拥有一些有形教化形式,通过族规与祖训予以规范。白氏家族拥有一名族长,当白氏族人中有人忤逆不孝、偷盗或女性违背守贞操等事宜,白氏族长便将族谱拿出来,朗读其中的族规,指出其该当何罪,对白氏族人犯法[①]现象进行处罚。

此外,白氏家族在瓮家坝建有一个祖先堂,在附近一棵桑树之下放置了一个大锣,由白氏族长负责敲锣,当白氏族人听到三声敲锣声之后,便知道家族内有大事发生,白家与其他男女老少的族人们便纷纷前往祖先堂。当白氏族人白焕亮在家打骂他的二姑姑后,白氏族人将此事上报给族长,族人们首先共同核实是否确有此事,之后白氏族长便命人将白焕亮带到白氏祖先堂责罚。白氏家族共有六大房分,族人们便砍六根木棍,然后白焕亮躺在板凳上,将裤子脱下来接受惩罚,每个房轮流打他,大房人将木棍打断后二房人接着打,二房人将木棍打断后三房人又开始打,直到将六根木棍全部打断为止,白文彦作为白氏家族大房人便亲自打过白焕亮及其他触犯族规之人。

当白氏家族中发现有女性未婚生子的情况后,族人感觉整个白姓人的脸被丢尽,首先会向未婚生子的家庭罚款,家里能够凑出来一百块钱,即便全家砸锅卖铁也必须向家族上交一百块钱,当地称之为"家有多大,罚有多大"。此外,还会把女孩的爹娘带到白氏祖先堂打,因为这一行为属于败坏门风。

对于白族偷盗之人,不仅会被白氏族人施以肉体责罚,白氏家族还会向其征收罚款,要是没钱便罚四十斤酒,二十斤炒花生,让其他前来观看的族人们享用。每次责罚族人时,家长白文彦会将儿子们带上一同前往观看。族长也会教育族内的孩子们,汲取犯错之人的教训,以后不要犯同类错误,若此后其他人犯类似错误,会被处罚得更加严重,这一次是每个房分使用一根木棒打,下次每个房分使用两根木棒打,白家的孩子们听到此类话后感到十分害怕,并时刻保持警惕,尽量不触犯白氏族规。

2.白家内部教化

当家人白文彦经常针对孩子的道德品行进行教化,白家孩子应当忠诚,做任何事情时都应当老老实实,不能对他人撒谎。如果白家的孩子们在接受教化时犯了过错,由兼具家长与父亲身份的白文彦来对其进行批评与惩罚。

虽然白文彦目不识丁,但家中长子白焕光、三子白焕华都在上学,冬季农闲时,白家人经常围在一起烤火,白文彦经常让儿子们于夜晚当着全家人的面背诵《五字经》,白文彦便使用《五字经》中的内容教育白家人,给大家解释其中蕴含的深意。如"孝字海洋深,屈劳难报恩,为子不孝敬,身从何处生",即教育白家孩子应当孝敬,同时还教育白家儿媳"美味先奉敬,不可私自吞",即儿媳李成茂与赵芝秀在家做饭期间,不能背着当家人们私自将好饭菜享用。此外,白文彦还告诉白家人"孤米乱糟蹋,也不怕雷打?"即白家人不能随意糟蹋粮食,否则会被上天惩罚,遭受雷电劈打。

二、家户意识

(一)他是一家我是一户

白家人常说:"他是一家,我是一户",认为居住在一起、同在一口锅吃饭之人皆属于自家

---

① 犯法:此处表示触犯白氏族规。

人,包括白文彦与王万珍夫妻二人、家中儿女以及从小来到白家的童养媳李成茂与赵芝秀等在内的所有人均属于白家人。白文彦的兄弟们入赘到其他家庭后则不属于自家人,均转化为别人家的人,白家次子白焕明干抱至同族人白文李家期间,也不属于自家人,直至返回白家,又再次转变为白家人,即便此后次子暂时在外担任常年伙计,依然属于白家人。白文彦的舅舅一家,及白家孩子的舅舅一家均属于外人,白家的其他亲戚属于外人,邻居亦属于外人。白家人对待自家人十分亲切,家人之间通常无话不说。相反,白家人对待外人时,由于对外人讲述某些贴心话反而会致人生气,因此只会有选择地交谈。

一般情况而言,亲戚、邻居等外人不会介入白家事务。白家成员是一家人,而亲戚、邻居则属于另外一家人,因此外人无法干预白家。同样,白家人只能管理自家事务,没有权力管理外人家中之事。

(二)发家致富

白家人都盼望"发家致富",同时信奉"勤劳致富"。在劳动过程中,白文彦会教导孩子们"出门带粪又带柴,不上三五载,阴着便发了财",全家人应当勤苦俭省、厉行节约,不允许铺张浪费,全家人共同努力,为家庭付出足够多的劳动,如此一来,白家才能致富。虽然每个家庭成员的现实劳动能力有所差异,但只要白家上下齐心,每个人都在为致富这一目标作出努力,白家就会变得富裕发达,家中的所有成员都可以跟着沾光,一同变得富有。

(三)无家庭则无个人

相对于个人而言,白家人认为家庭更加重要,考虑事情也总是先顾及整个家庭。当家人白文彦与内当家王万珍考虑事情时会首先考虑整个白家的利益,同时内外当家也会教育其他白家成员,凡事应以家庭为重,"没有家便没有一个人",譬如白家无房屋时,所有白家人也无安居之处。某些时候,白家孩子做事若首先考虑自身的利益,如内当家王万珍饭菜做好端到饭桌上后,其他家庭成员尚未到齐,有些孩子便想提前吃饭,此时王万珍便会批评该孩子。

当白家家庭境况较差时,家中无法供白焕华读私塾,于是白文彦安排白焕华暂时停学一段时间,在家负责放牛、扯猪草等,三子白焕华也比较体贴家长白文彦,考虑到整个白家的利益与现实状况,知晓家中确实无足够的粮食可作为学费交予老师,因此对白文彦的决定表示听从,回家放牛。直到第二学期白家年景有所改善时,白文彦再将白焕华送去私塾继续上学。

(四)行善积德

白家人认为"善有善报,恶有恶报,不是不报,时间未到",因此白家人十分乐意行善积德。若街坊邻里家中有人去世,无论白家此时有多忙,白文彦也会暂时放下手中之事,主动前去帮忙。若其他家庭出现天灾人祸等事情时,白文彦非常体贴他人,白天尽力帮助他人干活,下午干完活回家时趁天未黑再到自家的地里赶工。总之,白文彦即使让自己稍微辛苦一点,也会相助于他人。同时白文彦经常教导白家人,虫子、蚂蚁也属于一个小生命,因此上山干活时,白家人即便看到虫子、蚂蚁,既不会打它,也不会故意将其踩死,而是尽量绕开它。白文彦认为,行善积德所取得的回报最终会惠及所有白家人,以及子孙后代身上,因素爱积累德行,一方面白文彦本人身体一直很好,另一方面长子白焕光学有所成。

三、家户观念

（一）家户时间观
1.庄稼佬儿重时节
（1）影子人齐人，正当正午

白家人通过翻阅黄历以知晓具体日期，通过观察太阳升降及综合鸡鸣声以判断时刻。太阳升起为寅时，太阳下山为酉时。白文彦常言"影子人齐人，正当正午"，即太阳照晒到白家人所反射出的人影最长时，影子既不偏左，也不偏右，则将其判断为正午时分。

（2）四季八节，二十四气

白家当家人白文彦和邻居们都会教自家的孩子们背诵二十四节气农事歌，"一年四季，四季有八节，庄稼佬儿不识黑，半个月算一气，八节有二十四气"。由于白家人认为农事歌中的内容非常有道理，其中包含一定的农业规律，因此白家便在一定程度上按照二十四气歌来进行家庭农业耕作。譬如"芒种忙忙插，过了夏至就不发芽"，即芒种时白家人必须尽快插秧，否则过了应插秧的季节，秧苗便不会发芽。"过了端午就渐渐闲"，端午节之后白家人便只需对庄稼稍微进行管理，而无须耕种。讲述天干不下雨的习俗主要是"立夏雨不下，山坡犁高挂""小满不漫，江河干断"，若立夏与小满未降雨，白家便会与四邻一起组织起来前去龙洞取水。

（3）农忙与农闲

春、夏、秋季对白家而言是农忙季节，农活十分迫切，白家人连续每天都必须下地耕作。尤其是夏季农忙时分，白家人通常早上五点过刚天亮时便出门干农活，中午回家午休两小时，发现太阳打偏①时又出门干活，当下午太阳落山后，天气愈发凉快，利于干农活，白家人一般干活直至晚八点天黑透才回家。十月至次年正月则属于白家农闲季节，此时白家人主要做砍柴、挖地、捡石头、耕冬地等不太紧急的农活，稍微耽搁或在家休息几天再去干亦可。相对于农忙季节，早上出工更迟，白文彦有时睡到八点或九点才起床，再慢慢收拾出门砍柴，下午收工更早。

就收工时间而言，白家人主要根据农活的完成量、肚子饿不饿，以及内当家将饭做熟时间的早晚等多要素灵活决定农活收工时间。下午薅草时，如果白家人快速将草薅光，那么收工时间便早。如果薅草速度慢，则多做一两个小时，将草薅尽时天已黑透后再收工。白文彦有时即便已从山坡地里收工，还会在回家沿途中拾捡一些木柴背回家。

（4）投多时经营好地

在生产方面，当家人白文彦时常教育白家人应当勤快，不应好吃懒做，孩子们吃完饭后便需要干活，白文彦安排孩子们去砍柴、扯猪草，孩子们必须立马行动，若在家偷懒，则会被白文彦打骂。一般情况下，白家人认为投入大量时间与精力管理农作物，相应的粮食产量便高。相反，若白家人不对庄稼勤于管理，不为其去除杂草，那么粮食产量则低。"三分种，七分管"，白家人种植农作物这一过程相对较快，而更多的时间用于管理农作物，经常去好土地之上察看庄稼长势，必须经常为其育苗、薅草等，白家宁愿去给土地松土、施肥等也不愿意在家

---

① 打偏：稍微偏西。

休息玩耍。大风将苞谷吹倒在地后，白家人便立马想办法将苞谷杆重新支撑起来。

同时白家人在从事农业耕作的过程中，会考虑时间的投入与粮食产量二者之间的关系。如果白家将苞谷种植在优质土地之上，产量便相应高，而对于土质较差的土地，白家人虽然也会花费一定的时间耕种，但即便白家人投入大量时间，将苞谷种植于差地之上，所产出的粮食却并不理想。因此，相对而言，白家人用于管理差地的时间与精力比好地少，白家夜晚看野猪时，首先是对优质土地进行看管，心想着差地的粮食收成原本就差，即便被野猪偷吃，也不会损失太多，而好地的粮食倘若被野猪偷吃，白家人便会感到十分心疼。

（5）"逍遥的买卖，紧火的庄稼"

俗话说："逍遥的买卖，紧火的庄稼"，即生意人做买卖时无须着急，白家人种植庄稼则十分注重时节。农忙时期，由于天气因素会对白家人种植与收割农作物带来巨大影响，一旦下雨，便会导致白家人无法顺利完成农业耕作。因此为了在短期内快速将粮食种好，白家总是会抢种抢收，与他人换工以集中人力来抢季节与时间。"寒露种菜籽，霜降种麦子"，即白家人会在寒露期间换工种菜籽，于霜降期间与邻居换工种麦子，一旦错过最佳时间，便不利于庄稼生长。

白家收获庄稼时也同样如此，若能早点将粮食收获回家，它便最终属于白家，一旦白家人未能及时将农作物收割回家，则会具有许多变数，给白家的粮食收成带来一些不确定性，庄稼可能会被野猪偷吃，或因连续降雨而导致粮食腐烂在地。

2.世人无闲人

白家人喜爱忙碌的生活，白文彦经常教育白家人，"朝中无空土，世上无闲人"，因此白家人将大部分时间用于干活，平时即便在家里，总会找一些活干。白焕华白天上学，下午放学后会捡木叶、砍驱蚊木梢回家熏蚊子、提一桶水回家、砍竹子回家打火把。总体而言，白家人几乎没有自己的私人时间，孩子们将家长白文彦安排给自己的活干完之后，内当家王万珍又会给孩子们安排其他活干。

冬季夜晚，白家人会聚在一起烤火，夏季夜晚，白家人会在树下乘凉。白家从未规定统一的吃饭时间，有时下午两点吃午饭，有时下午三点吃午饭。总之，必须等到家中干活之人回到家后再一同吃饭，晚上吃饭亦是如此，等到白文彦干完活回家再开饭。

在白家，即便大年三十也仍需干活，"三十夜的火，四十夜的灯"，大年三十吃完午饭，白家的大人、小孩便一同到山上砍柴与捡柴，必须保证三十夜能有大火烤，此外，还会烧几大锅热水用于白家所有成员洗澡，因为今年身上的污垢、脏渍不能保留到崭新的一年，全身洗得干干净净后方可睡觉。正月初一到初五期间可以适当休息几天，此后又开始干活。正月十五当天，白家依然会下地干农活，但是当天内当家王万珍会给家人们煮一顿肉吃。

每年的清明节，白家的男性总是会娱乐一天无须下地干活，因为当天白家男性需要参加清明会，与族人共同参与白氏家族祭祀活动。而白家女性有时可以参加清明小会，清明大会时，白家女性则不被允许参加，内当家王万珍便在家干一些杂活。

（二）家户空间观

1.一房多用

白家的木质茅草房整体坐东向西，包括堂屋、睡房与灶房。堂屋用于接待客人，房屋中只有一张桌子，客人来白家做客时，白家人便将饭菜置于木桌之上，由当家人白文彦陪同客人吃饭。当天气晴好之时,白家人便招呼客人坐在街沿上晒太阳,太阳过于晒或者下雨之时,则招呼客人坐在堂屋之中休息。同时堂屋还会用于放置粮食,白家人将麦子收割回家之后,便将其堆放在堂屋角落边,尽量不挤占太多空间。当夜晚来临,白家人还会在堂屋搭建床铺用于居住。此外,白家打建一个地坪作为院坝,便在院坝之上打麦子、晒苞谷等。院子前有五棵大柏树,这些柏树均有几百年的历史,夏季时分,白家人经常在大树之下乘凉。

白家的院坝坎下面便是猪圈与牛圈,使用石头堆砌一圈,然后在中间砌一道墙将猪圈与牛圈予以分开,分别制作圈门,但均处于露天状态,下雨时白家人便搭几根竹竿,并放置一些杂草在上面以实现遮雨功效。白家无专门的茅房,在房屋之后挖一个大坑,在坑上面搭几根竹竿,在顶部放一些苞谷杆。

白家人口众多,但房间较少,平时只能挤在一起勉强居住。对于白文彦与王万珍夫妻二人的房间,白家孩子们作为儿女都可以随意进入,而长子白焕光婚后与妻子李成茂的房间,作为公公的白文彦、婆婆王万珍与其他白家人一般不会进入这对夫妻的房间,当需要使用家具或拿粮食时才会进入,将家具或粮食拿到手后立马出来,不会在其房间内长时间逗留。当客人来白家留宿时,客人便与家长白文彦同睡一间房,内当家王万珍便暂时与孩子们睡一宿。

2.外人不可随意进入

白家房屋没有门,仅使用木棒夹起来,若白家当家人白文彦与内当家王万珍上山干活或有事外出,总会留一个孩子在家守门,并告诉孩子不允许陌生人进入白家。此时其他外人包括邻居与亲戚想进入白家之时,需要先和孩子们打招呼,但仍然不能进入白家房屋之内,只被允许暂时坐在白家院坝或街沿上等候,等到当家人们回家之后,经过白文彦与王万珍允许后,才能进入白家堂屋休息。同时白氏家族拥有祖先堂,仅白氏家族举办公共活动以及祭拜祖先时能够使用,他姓成员一般情况下不可进入白氏祖先堂。

白家到本乡即骑马乡驻地蛤蟆场约八里路程,步行约一小时。距附近的板桥乡、天隍乡约三十里路,步行需两到三小时左右。甘肃省碧口镇虽与白家所在的四川省属于不同省份,但两地相距不算太远,约九十里路程,步行单程需花费一天一夜的时间。当家人白文彦去过最远的地方则是平武县城,超过一百里路,购买土地制作地契时走到县城花费大概三天时间,往返共五天。

(三)家户生活观
1.白家成员各负其责

在 1949 年之前,对于白家而言,理想生活便是有饭吃、有衣穿。白家认为,每个家庭成员都拥有自己应承担的责任,大人有大责任,小孩则有小责任。对于家长白文彦而言,必须管理好整个家庭,白文彦的行为需要对全体白家成员负责,不能做违背家庭成员利益的事情。同时白文彦需要对白氏祖宗以及子孙后代负责,不能做违背祖宗们与子孙后代的事情。春节、清明节、端阳节等节日时,白家人均需要给老祖宗烧纸,若家长白文彦不亲自前去,便会派长子白焕光与三子白焕华前往。家中孩子们的责任是必须参加家庭劳动,哪怕只是简单的捡柴或捡木叶也行。如果不做好这些事情便没有尽到应尽的家庭责任与义务。对于白家女性而言,必须做好家务。最初白家孩子们参加劳动并非自愿,而是被家长白文彦所强迫,如果不去干活,家长白文彦便会打骂孩子。等到孩子们逐渐长大,渐渐懂事以后,便知道家长白文彦的安排属于正确的决定,这样做对整个白家有益,此后孩子们也会主动为当家人分担,积极从事家庭劳动。

2.一切皆为生活

为了更好地生活,白家人会辛勤劳动、团结友爱、力求节约、精心盘算、坚持互惠、注重人情、好学、待人忍让。

首先,在劳动方面,白家人追求辛勤劳动,其一是为了整个家庭,其二是为了个人从小能够得到锻炼。在消费方面,整个白家倡导勤俭节约。白家长子白焕光曾与不三不四、不会过日子的败家子在一起玩耍,家长白文彦便使用棍棒将白焕光责罚了一顿,不允许长子与那些败家子厮混,也不允许白焕光夜晚出门,害怕长子被外面的败家子带坏。

同时白家会精心盘算,"做有头脑的人,心中要有一本账,精耕细作为自己,劳动生产把家发"。家长白文彦平日会考虑家人们应该做什么,以及怎样做更加划算,如何做能够存钱、怎样做会贴本①,若经营庄稼不好好盘算,便会导致白家没有好收成。白家与邻居换工时也同样需要盘算,在天气晴朗时,邀请邻居来帮忙换工干活,一天便将自己家的农活干完。内当家王万珍经营锅锅窑时也会算计,怎样做能够赚更多的钱。白家人认为,若不精心盘算"闷着头傻兮兮地做",没有妥善计划与安排,会导致家庭变得越来越穷。

白家经常与他人换工,红白喜事也会互相帮忙,借贷过程中今天白家借别人的物品,明天别人家又借白家的物品,总之对双方家庭都有益处,即互惠互利。但当地也有好吃懒做之人,平时他们不会找白家帮忙,白家也不会找他们帮忙,这种人渐渐地被大家孤立起来。

此外,白家非常注重人情往来,与亲戚、朋友、街坊四邻、地邻、白氏族人、外保人等都有一定交情。白家人平时与邻居往来最多,逢年过节时则与亲戚来往较多,每当过年时,当家人白文彦便会去给妻子王万珍的娘家拜年。对于同一宗族的人,白家也仅与自家关系好的家庭有人情来往,而不与关系不好的家庭往来。同时白家在街上赶集认识了一些外保人,久而久之熟络起来,便也会开始交往。

当白家在集市上与他人进行经济交换时,如购买食盐时白家人会优先与熟人交换,熟人会给自己家多称一点食盐,有时甚至允许白家暂时赊账。对于不讲人情的家庭,白家则不会染指②他们。总体而言,将人情与互惠相比,白家更注重人情,因为讲人情的同时也会带来一定好处,即便讲人情可能没法立即对白家产生现实收益,但长久以往最终还是会给白家带来益处。

白家十分重视学习。家长白文彦虽然没有到学校接受过教育,但是平时会让儿子们当着自己的面背诵在私塾或学校学习到的书本内容,在此过程中,白文彦也会顺便学习文化知识。有一次白焕华因家中交不起私塾学费停学在家期间,白文彦想识字,由于望狮山有识字的人,白文彦看到这些街坊邻里在山坡上干活,便拿着书本去请教他们,这个字是什么字,应当怎么读。

白文彦经常告诉白家成员,"天大的事情不要愁",白家有人生病或在上山干活不小心摔伤,家人们也不要着急,大家一起想办法解决。同时白家人在为人处事的过程中十分注重忍让,倡导"以和为贵",待人和气生财。一般情况下,即便白家成员因小事被外人欺负时,白家

---

① 贴本:亏本。
② 染指:此种表示与人交往。

人也会尽量选择容忍了事。

四、家户习俗

(一)年节习俗各不同

1.春节习俗多

(1)缝制新衣与制蜡

春节从大年三十夜开始直至正月十五,春节之前,白家需要做一系列的准备工作。内当家王万珍于冬月底或腊月初便开始给白家人们缝制新年衣物,大年三十白家人吃完年夜饭便开始洗澡,洗完澡便将新衣服、新鞋穿在身上。白家人会购买一升米来制作年夜饭,"三十夜的头,四十夜的尾",若白家已经宰杀年猪,三十夜便食用猪脑壳①。白家人于腊月二十五至腊月二十九一直打扫扬尘、清扫地面、清洗衣物,腊月二十九开始购买香纸,并且自家制作蜡烛,即首先将木棍削成筷子的形状,再用纸将木棍缠一圈,然后将漆蜡油与醛油煮熟,并将所有的油全部裹到纸上,之后将其放在簸箕里晾凉,共计浇三次油,蜡烛便基本成型,过年期间白家人便可以使用它敬神。

(2)敬神与祭祖

听闻大年三十夜天上的神仙会下凡,因此白家人会敬天神,将香蜡插在自家房屋街沿前的柱头之上。同时由于白家供奉了多个家神,在多处摆放香蜡,放一些地灰在红纸碗里,然后将香蜡插进去。白家人需要一直留意,哪一处的香蜡快熄灭时,便立马更换新香蜡。虽未供奉灶神,但是白家人会在灶房给灶神老爷烧香、点灯。此外,白家还需要敬磨神与水井,在家里的小水磨旁摆放香蜡。由于家里没有水井,平时自小水坑取水饮用,于是在小水坑旁摆放香蜡。大年三十的一系列拜神活动自天黑开始,大约持续到十二点。白家人会一起坐岁②,在院坝中敬天地,烧完天纸以后便可以睡觉。大年初一早晨起床后,白家人又开始祭拜家神,由家中男性进行,每天共两次,通常早上起床后祭拜一次,晚上七点左右再祭拜一次,白家祭拜家神活动直到正月初四为止。

白家人于初一早晨上坟祭祖,白氏族人都必须到祖坟去祭祀祖先,但无须族人们一同前往,可各家各户分散前去。白家孩子尚年幼时,由家长白文彦负责祭祖,当儿子们长大后,最初白文彦会带孩子们去祭祖,告诉孩子们共有多少座祖宗坟墓,让孩子们认祖先。此后则由长子白焕光与三子白焕华负责祭祖,同时白家还会给掌管坟地的土地老爷烧香、磕头,回家路上给沿途的水观音烧香。

(3)给亲戚拜年

大年初一上午祭祖以后,下午长子白焕光便独自一人去给继拜的干爹白文炳家拜年。白家年景好时,白焕光便提一个猪腿杆③前去,年景较差时,他便携带两把面、三个馍馍、一壶酒。从正月初二开始,家长白文彦会陆续给舅舅、外公家及妻子王万珍的娘家拜年,初四再返回家中。拜年时会携带一斤酒、三个馍馍、两把面,白文彦有时会把长子白焕光带上一同前

---

① 猪脑壳:即猪头。
② 坐岁:即守岁。
③ 猪腿杆:即猪脚。

去,白焕光需要给长辈们磕头,说一声"外公、舅舅,我来给你们拜年了!",长辈们便将用麻绳串起来的小钱给白家孩子挂在脖子上,走起路来如同铃铛一般发出铛铛声响。此外,白文彦曾过房到大户白泽沛家,即便最终回继,但名义上二人仍属于父子关系,每年依然会给沛大爷拜年,知晓沛大爷家缺柴,白文彦便于腊月提前上山砍柴,将柴晾干放置在家,等到初六或初七背几背篼柴到沛大爷家,一般上午去,下午便返回家中。

(4)打臭

大年三十吃完午饭后,白家人会与邻居们一起打臭作为娱乐,打臭即六七个孩子一起,在土地上挖两个坑,拿一个臭菠萝,一拨孩子将臭菠萝向坑里打,另一个孩子则将其向其他坑送,被称为"换巢"。

(5)耍狮舞龙

正月初二开始耍狮子①与龙灯,正月十四开始倒灯②,耍狮之人会到每家每户包括白家来耍狮,顺便向白家收取一点礼钱。一般是相对富裕的家庭所组织,雇一拨年轻人,包括打灯笼、说吉令、记账、吼堂、打锣以及耍狮的人,派一个人提前去各个家庭放信。白家居住的望狮山相对凋零,且白家相对贫穷,一般耍狮之人不愿意来白家,当白家人看到有人到邻居家耍狮,便可以一同赶到邻居家观看。当白家孩子们长大,家境逐渐改善以后,也有耍狮之人来到白家耍狮,放信使提前告诉白家,当晚哪一拨狮子会来到白家,白家便提前为他们准备好钱、小菜、馍馍、夜酒等,在白家耍狮结束后对方若愿意吃饭便在白家享用饭菜,若不愿意吃饭便将礼钱收取后又到下一家继续耍狮。

2.清明祭祖

瓮家坝关于清明节有一个传说,当地有一名恶霸想霸占一位寡妇,为躲避恶霸,寡妇的儿子便把母亲背到深山老林中躲避,后来儿子再到深山老林寻找母亲时,发现深山老林中长出了一根竹子,竹子上还长出了白点,儿子便知道可能是上天将母亲收走了,于是这位儿子为纪念自己的母亲,每年清明节时便给母亲挂纸,还会举办清明会。因此白氏家族每年清明节时便会举办清明会,当家人白文彦带着儿子们与族人们于清明节早晨一起到祖坟地祭祀先祖,内当家王万珍与女儿棉花子、童养媳等白家女性不能参与祭祀活动,但有时可以参加清明小会宴席。

3.端午扯艾看高牛

五月端阳节时,白家人会上山扯艾蒿,传说"八大王③剿四川"时恰逢五月端阳,由于八大王的舅舅居住在四川,于是八大王提前传信告知舅舅,需要在房屋门前挂一些艾蒿草,当自己看到艾蒿后便可以不剿杀,八大王的舅舅心地善良,便广为告知他人,让大家在房门前挂艾蒿,许多人便因此逃过一劫,白家祖辈为纪念此事,故每年都会在堂屋前挂端午艾。家长白文彦一般派长子白焕光与童养媳李成茂扯端午艾。知晓饮雄黄酒可以避蛇,因此白文彦自己在家兑制雄黄酒,而内当家王万珍则在家制作锅盔馍馍、包抄手。此外,端午节时白家还会看高牛早晨一起床,白家三子白焕华把耕牛放到山上,至山坡上位置越高处越好,其一在于通

---

① 耍狮子:即舞狮。
② 倒灯:此处意为结束。
③ 八大王:指张献忠。

空气,其二在于如此一来耕牛所繁殖的小牛生长得更快。内当家王万珍提前烧几个大馍馍让白焕华带上,肚子饿了便吃馍馍,放牛近正午时分再回家与家人一同吃饭。

4.七月半烧纸祭亡人

俗话说:"七月半,亡人回来走一转",当天白家人需要给白氏先祖烧纸以纪念他们,家长白文彦将纸钱印好,下午太阳落山后,他便带上家里的孩子们一同前去山下的河边烧纸纪念亡人。

5.中秋月夜敬月亮

八月十五日中秋月圆之夜白家人会"敬月亮",内当家王万珍会烹饪一锅白米干饭,煮熟后首先舀一碗置于白家院子中的桌子上,同时白家人会用石榴、核桃等食物敬天老爷[1],等到天老爷将美食享用之后白家人方可食用。

(二)家人共度年节

大年三十夜,白家人仅与同居共财、同爨共食的小家庭一同吃年夜饭即过年,"你不走我家,我不走你家,讨口子[2]也有一个三十夜",白家人不会去亲朋好友家吃饭,外人也不会来白家吃年夜饭。白文彦的大哥白文连与二哥白文堂虽已入赘到他人家中,但某些年份的大年初一会携带孩子们返回白家祭祖,于是初一中午,白文彦家便与前来白家拜年的至亲们一同团圆,共吃团圆饭。清明节时白家人尤其是男性会与白氏族人们共度,而每逢端午佳节与中秋佳节,则仍是白家人单独度过,白焕光在外读私塾期间,若私塾未放长假,他便不会特意赶回家过节。

(三)少亡公坟葬死娃儿[3]

白氏家族在瓮家坝祖坟地旁边的梅子沟划分出一块副坟地,用于埋葬本家族少亡、跳河跳井等非正常死亡人员与死娃儿,被称之为"少亡公坟",60岁以上去世的白家人可以被埋葬至白族老坟地,60岁以下死亡则埋葬至公坟。白文彦与王万珍所生育的某些孩子刚出生便夭折,于是使用一些杂草将夭折的孩子包裹起来,并将其埋葬至少亡公坟,年仅4岁的奎生娃、年仅6岁的棉花子因病而亡后同样被埋葬至少亡公坟。

五、家户信仰

(一)供奉财神为主

白家在祭祀家神的过程中,以供奉财神为主,平日将财神老爷供奉在堂屋的神龛之上,其原因在于听闻把财神菩萨供奉好,白家就能变得更加富裕,家庭财产越来越多,总之希望白家能够发财。虽然白家未供奉灶神与门神,但过年时也会祭拜灶神、门神,且连续三至四天都需要祭拜。一方面,只有白家男性包括当家人白文彦与儿子们才可以祭拜家神,由白文彦向儿子们教授祭拜神灵的规矩,什么时间及如何给神灵烧香、点蜡,内当家王万珍与童养媳们则不允许参拜家神。另一方面,白家祭拜家神时,仅局限于白家内部这一单元范围,白家人不会祭拜亲朋好友家的家神,外人亦不会前来参拜白家的家神。总体而言,白家人在家供

---

① 天老爷:即上天。
② 讨口子:乞丐。
③ 死娃儿:年幼夭折的孩子。

奉与祭拜家神的原因不在于其对家神有着虔诚的信仰，主要因素在于这属于当地的一种风俗习惯，每家每户都会祭拜家神。

（二）祖先至高无上

白氏族谱记载了白氏祖先是谁、曾担任何种官职、从何处迁来及怎么安家落户等内容，一方面白家成员通过翻阅族谱以知晓祖先们的事迹，另一方面，白族的祖先堂中保存了先祖的影案即画像。此外，白家人通过族人们口口相传尤其是族长经常会向大家宣传祖先的各种光辉事迹。

白氏祖先堂主要由最初到瓮家坝插占为业的白家一世祖白丹衷修建，共有三间房，其中包括一间正房与两间偏房，建筑面积约一百平方米。在祖先堂的正房中供奉着白丹衷的牌位与影案，同时白氏每个房支都会在祖先堂的偏房摆放单独的房分牌位。对于白家而言，祖先堂神圣不可侵犯，白家人会与族人们共同保护祖先堂，严禁外姓人氏进入。

祖先们在白家人心中具有至高无上的地位，是祖先们赐予了白家人生命，通过一代又一代人不断繁衍传承下来才有了后代。且白氏祖先们在明清时期为朝廷高官，为朝廷做出了重大贡献，也将白氏家族发展壮大，因此白家人一直以祖先们为荣。每逢过年及清明时节，当家人白文彦便与儿子们一同到白氏祖坟地以及祖先堂祭祀祖宗，给祖先烧香、烧纸、磕头，祈求白氏祖先保佑白家全家人平安健康、一帆风顺。

白家共有两处祖坟地，皆由白家祖先白丹衷插占为业之时出资修建。白丹衷提前请风水先生看坟地，一处坟地位于原天隍乡木鱼镇坝，虽与白家所在的瓮家坝相距较远，但白丹衷考虑到该地风水不错，且土地面积大，约三十亩土地，便将其购置入手。此处只可埋葬白家的男性，按照代际顺序即辈分埋葬。白家祖先白丹衷去世后便埋葬在此坟地之上，后人还为其修建了一座墓碑，白文彦之祖父与父亲去世后也均被埋葬于此。白家另一处坟地则是位于瓮家坝的坟地，此坟地超三十亩，但埋葬时不针对某一性别，既可埋葬白氏男性，也可埋葬女性，白文彦的母亲李君被豹子咬伤而亡后便是埋葬于此。此外，白家曾在白氏族长的牵头下，与白氏族人们共同出资修缮祖坟地。但仅允许白家男性祭拜祖坟，女性不可到祖坟祭拜。

同时白氏家族拥有族谱，既有总谱，又有分房谱牒。但白家仅允许男性包括家长白文彦与白家的儿子们载入族谱，白家女儿棉花子不允许载入族谱，嫁到白家的媳妇王万珍以及童养媳等属于外来人口，同样不允许载入族谱。

（三）上庙与朝山

瓮家坝保有多处神灵庙宗，包括永佛寺、卢家寺、玉皇冠、文昌宫、大老爷庙，以及三处观音庙与四处土地神庙。白家会定期上庙与朝山，在此过程中所产生的一切费用由整个白家集体承担，由家长白文彦负责开支。

距白家不远处的山上便有一座土地神庙，庙里供奉着一个土地老爷的塑像。土地老爷负责掌管一方土地及土地之上的庄稼，当白家种植的农作物经常被野猪、野兔等动物偷吃时，白家人便经常去祭拜土地老爷，给他供奉香蜡，拜托他好好看管白家的庄稼，若此事终如白家所愿，当年粮食收成好且未被偷吃，当家人白文彦便从家中捉一只鸡去生祭土地爷。此外，白家过年祭祖时也会顺便前去祭拜土地爷。但祭拜过程中，仅允许白文彦以及长子、次子等男性前去祭拜，王万珍等女性不可前去。

瓮家坝拥有三座观音庙，距白家最近的一处位于骑马乡场镇，约八里路程。由于观音老母①主要掌管各家生儿育女之事,王万珍未生育孩子时,及长子白焕光新婚后,白家女性曾去观音庙烧香,祭拜送子娘娘,给她磕头、作揖,祈祷白家能够实现儿女双全。

此外,白家人会定期去朝山②,白家附近的平台山之上有一个大老爷庙,每逢大老爷的诞辰时,内当家王万珍便会去朝望他。朝望大老爷之前,王万珍首先会将衣物清洗得干干净净,穿上洁净的衣物并携带香蜡纸前去。拜庙时王万珍首先给大老爷作揖磕头,然后再向大老爷祈祷,愿菩萨老爷保佑白家人全都平平安安,新的一年家庭能够发财发福。

六、家户娱乐

(一)结识好友

白氏家庭成员在与人相处过程中结交了一些朋友。通常而言,白家成年人一般结交成年朋友,当家人白文彦与邻居中的同龄男性结成朋友,互相换工帮忙。对于白家的孩子们而言则结交孩子朋友,放牛时结交放牛娃儿朋友,大家一起玩耍如捉鱼、打臭等,白焕光与白焕华在私塾读书期间,也曾与同学们结成朋友。童养媳李成茂、赵芝秀长期在家里干杂活,除上山干活以外一般不允许出门,因此没有机会与外人交朋友。白家结交的朋友们也属于农民,且家庭条件与白家相似,均来自小户家庭。同时白文彦于冬季外出贩口袋期间有时也与同行之人结成朋友。而内当家王万珍长期在骑马乡场镇做生意,在此过程中也结交了一些生意客朋友。当朋友家遇到困难,白家会积极为其提供帮助,朋友向白家借钱时,若白家手中有闲置资金,便会慷慨借出。

(二)家贫少串门

平时白家当家人白文彦一般不允许白家成员到别人家串门,一方面望狮山的各个家庭居住地相对比较分散,另一方面在于白家比较贫穷,无像样的衣裳裤子可穿,比较邋遢,去别人家也不招他人喜欢。有时白家儿子们去邻居家玩耍一会儿,看到他们家快要吃饭时便立马回家,否则就被认为是"守人家的嘴"③,会遭到白文彦责罚。白家的幼女棉花子、童养媳李成茂与赵芝秀则完全被禁止到其他家庭串门。

(三)舞牛与舞彩龙船

白家所在的骑马乡或望狮山在过年时会公开举行一些娱乐活动,包括舞龙灯、舞狮子等,白家人都曾去观看过。某些资金相对富裕的邻居家组织过牛社伙④,邀请白家长子白焕光一起入伙参加舞牛,用纸掐一个牛脑壳,正月间在骑马乡场镇街上舞牛,舞牛所赚到的钱会与白焕光分成。有时白家人一起到骑马乡镇观看舞彩龙船,彩龙船是一个纸制小船,男孩男扮女装钻进船里打彩,在街上前后摆动,有钱人便向彩龙船扔钱,但白家无钱可扔,只能在一旁静静观赏。

某些家中相对富裕的家庭如白家的干亲家白焕新家在父母去世三年后,请道士先生为亡人念落地经禅时,家长白文彦曾携带孩子们一同观看过,若未经白家当家人同意,孩子们便不敢私自前去。

---

① 观音老母:即观音菩萨。
② 朝山:即上山朝望老爷。
③ 守人家的嘴:即想吃别人家的食物。
④ 牛社伙:即组织起来举办舞牛活动的会社。

第五章 家户治理制度

在白家,由白文彦担任家长,他在家庭中掌握主要财产管理权、分工安排权、对外交往权等大权,以及在白家购买与租佃土地、修房翻屋等大事决策中发挥主导权,同时也肩负着养家糊口、照顾白家妇幼、面临天灾人祸时保护白家全体成员等责任。在日常生产生活中,白家逐渐形成了食不言、贵客优先坐、入袍哥组织需请示等一系列默认家规,并逐步实现家规与爱护父母与家族间长辈、"良民该保,贼盗该除"等一系列白氏族规相融合。同时在白文彦的带领下,白家人积极参与清明会等白族公共事务、龙洞取水等村庄公共事务以及上交皇粮国税等国家事务。

一、家长当家

(一)顺理成章成家长

在望狮山,白文彦等家长被称为"当家人",一方面白文彦的父母双亡、兄长均入赘到他人家中,自己的孩子们尚且年幼,白文彦作为白家的唯一成年男性,顺理成章地成为家长与户主,同时从现实条件而言,也只能由白文彦当家;白氏家庭内部具体管事之人被称之为"内当家",由王万珍担任白家内当家。而在白家内部,孩子们直接称呼白文彦为父亲,称呼王万珍为母亲。总体而言,"一家无二主,一山无二虎",内当家王万珍最终必须听家长白文彦的安排,同时白家全体成员充分信任并且尊重家长白文彦,全家人对白文彦当家一事均表示满意。

(二)家长权力多样化

1.天赋家长权

白家人认为家长白文彦的权力属于天赋,是自然而然生成,他的权力被全体白家成员所承认。家长白文彦管理的范围包括白家所有家庭成员,以及整个白家方方面面的事务,包括白家购买土地、租佃土地、暂时抵押土地等重大事宜均由白文彦决定,修建茅草房、长子成婚等亦由白文彦做主。白家发生大事时,家长白文彦有时会与内当家王万珍商议,但不会与年幼的儿子们商量。当长子白焕光成为新任白氏家长之后,白家扩建房屋等事宜则主要由白焕光做主。

2.主要财产管理权

白家的收入主要来自农业生产收入与副业收入等两方面,财产由全家人共有,但家长白文彦拥有管理全家财产的权力,有权对家庭财产进行分配。白家在土地买卖与租佃等重大事情上,主要由白文彦决定,有时会与内当家王万珍商量,但白家孩子们尚且年幼,因此当家人不会与家中孩子商量。此外,在土地房屋买卖、租佃、抵押的过程中所签署的文书均需要签署家长白文彦的名字,平时家长白文彦将地契、当约等贵重物品保存在小木匣子里,无须将其上锁,置于自己平时所居住的睡房之中。粮食是白家一项重要的财产,因此家中收获粮食后由白文彦统一进行管理,何时晒粮食以及如何存放粮食皆由他安排,但白文彦不会具体安排每顿饭的餐食。就白家零散资金来看,家长白文彦不会掌管家中所有的钱,内当家王万珍经营小吃生意所赚取的资金无须交给白文彦,可由内当家为全家需要所支出。

3.分工安排权

白家成员在生产、生活中具有一定的劳动分工,由家长白文彦根据家人的劳力状况对家庭劳动分工做出具体安排,且白家成员们均对家长的安排表示听从。在家庭分工方面,白家男性主要负责农业生产,女性则主要从事家务劳动。实质上白家女性也会适当从事农业耕作活动,王万珍虽因缠足导致行动不便,但农忙时仍会到山坡地锄草、收割粮食,而童养媳李成茂长到 10 岁以后,劳动能力逐渐增强,尤其是与白家长子成婚后,李成茂便发展为家中的主要劳动力,除无法干犁地、耙地等类型的重活以外,其他农活包括背柴、挑粪等都可以干。白家的小男孩一般在 5 岁就开始参加劳动生产,上山扯猪草、捡柴等,小女孩 5 岁开始学习清扫扬尘、生火等简单家务。白家在从事锄草等农业活动时,白文彦等大人使用锄头薅草,而长子白焕光、幼子白焕华等小孩则有时使用锅铲或徒手拔草。

4.婚姻祭祀管理权

长子白焕光结婚一事,主要由家长白文彦安排,事先也曾征求长子白焕光与童养媳李成茂的意见,但婚礼的一切开支皆由白文彦负责。家庭的祭祀祖先、家神等活动主要由家长白文彦代表整个白家开展祭祀,后来随着家中几个儿子们年岁增长,逐渐明事理,则由白文彦授权儿子们前去祭祀。

5.对外交往权

在白家对外关系中,由家长白文彦代表整个白氏家庭开展,同时当白家面临经济危机时,家长白文彦能以白家的名义向外人进行借贷钱粮。此外,家中次子白焕明外出打工时,也曾事先征得家长白文彦的同意,并由白文彦亲自将儿子送到主户家,当白焕明打工结束时,最终也是主户通知白文彦去亲自将儿子接回家中。

6.内当家代理部分家长权

当家长白文彦于冬月暂时外出贩口袋期间,妻子王万珍作为内当家可以暂时代理白文彦当家,出面向邻居借用钱粮以及负责白家的人情支出,但在礼簿之上署名时仍旧签署白文彦之名,当白文彦返回家中后,王万珍必须将一切事宜向当家人白文彦进行汇报。

(三)家长之责

白文彦作为家长,在白家行使各项权力的同时也应当对整个白家承担一定的家庭责任。首先,白文彦需要把白家管理得井井有条,负责白家人衣食住行等方方面面的事务,同时需要有效平衡白家的各类收支。当家中无钱可使用时需要白文彦想尽办法赚钱,白家缺乏粮食、食盐、猪油时需要白文彦购买或亲自向他人借用,家中的各个房间修建与维修等也由白文彦负责。其次,白家当家人还必须对家人提供应有的保护,家长白文彦需要爱护妻子王万珍,关心与呵护儿女,当白家儿子们犯错误后,应当由当家人白文彦代表白家去给别人家赔礼道歉。最终,在白文彦对整个白家的辛苦操劳与奉献之下,白家人都认为白文彦属于好家长。

(四)长子接替家长一职

随着家长白文彦的年纪逐渐增大,1949 年白文彦已为迟暮之年,而长子白焕光正青春焕发之际,白文彦便不愿意再继续担任家长,于是白焕光接替白文彦成为白家新任当家人。在更替家长时,长子享有优先权,同时也会适当考虑能力因素。对于白家而言,其一在于白焕光作为家中长子,为人非常能干,既有口才,也有文化,不仅写得一手好字,且撰写报告、标语等都非常好,同时还在担任村里的武装队长,其二在于次子白焕明常年在外打工,而三子白焕华尚且年幼,此二人均无能力掌家。

白家交家①时,白文彦将家里存放地契与房契等贵重文书的木匣子也交由新的当家人白焕光保管,在当地被称之为"交文书"。同时交家时还一并移交粮食掌管权与人情往来权。因此白家内部大事转为由白焕光做主,与外界的人情往来、村内会议等事宜皆由白焕光负责,白文彦此时仅可就家庭事宜向新当家人白焕光提出建议。

白家更替当家人一事,无须特意告知四邻与亲戚,若外人找到白文彦商量事情时,白文彦便告知他们,"不要找我,去找我们家老大②!"当外人了解到白家诸事皆改由白焕光做主,人情礼簿上亦改为署白焕光之名后,便自然知晓白家的当家人已然发生更替。于是四邻们便称呼白焕光为"当家人",在称呼白家老当家白文彦时便改为直呼其名。

二、家户决策

白家的大小事务决策主要由作为一家之长的白文彦决定,白家的大事包括购买与租佃土地、修建房屋,以及与伙计家伙牛伙马、家里向别人借贷钱粮、长子白焕光成婚、对外人情往来等重要事宜都必须由家长白文彦做主,而部分资金的使用、平时食用多少粮食、每顿饭吃何种食物、为家人置办衣物等事宜则主要由内当家王万珍负责具体安排,无须家长白文彦决定。白家诸事决策不需要通过白家人共同商量决定,一般情况下,白文彦仅会就某些事宜适当与内当家王万珍商量,对于王万珍提出的建议,当家人白文彦会选择性地听从,孩子们于年幼时则不享有任何发言权。当白文彦与王万珍于吃饭期间商量事宜时,白家孩子们只能在一旁静静聆听,不可以向白文彦提出建议,之后随着长子白焕光年岁增长,可以就部分生产资料与生活资料的置办、借用等事宜向家长白文彦提出建议。对于家长白文彦所做出的决定,都是为了整个白家的利益着想,因此白家全体成员都对其表示服从与支持。

三、家户保护

(一)家长出面调解

当白家人在生产及生活上与别人家发生一些矛盾时,一般由当家人白文彦出面调解,他会教育家人们应宽以待人,尽量忍让。当白焕华在外闯祸时,家长白文彦首先在家惩罚白焕华,然后带着孩子去给对方家庭赔礼道歉,有时长子白焕光也会代表家长前去赔礼道歉。白家主要采取忍让的方式解决的原因在于白家属于小户家庭,为了家庭更好地生存,不能轻易得罪他人,总之,忍让的目的亦是为了更好地保护白家人。

---

① 交家:指家长更替。
② 老大:此处意为长子。

（二）全家团结以御灾

白家遭受过多类天灾，包括旱灾、风灾、雪灾等，最严重的一次是1935年，旱四十八天，涝四十八天，粮食大量减产。除此之外便是1946年的冬天，白家遭遇暴雪侵袭，连续降雪七天七夜，导致白家生活极为不便，不能及时上街购买食盐、猪肉等生活必需品，未对粮食产量产生太大影响。在天灾发生期间，白家成员们会统一听从家长白文彦的安排，全家人团结起来，一起节衣缩食，麦子还未完全成熟便收割回家食用，有时去山坡上挖野菜混搭着食用。同时白家会向家中拥有存粮、存食盐的家庭借用粮食与食盐。旱灾时，白家便与村民们一同去龙洞拜龙王祈雨。此外，面对灾荒时，白家会优先保护孩子，白家内外当家人会将家中的粮食与食物优先让家中的孩子们食用，剩余的食物再留给自己食用。

（三）看耗[①]防野猪

曾有野猪到白家耕作的山坡地里偷吃苞谷、豌豆、荞子等。为保护自家粮食收成，当苞谷与麦子等粮食快要成熟时，比如苞谷米生长出来以后，白家人发现附近有野猪偷吃粮食迹象后，于是夜晚家长白文彦与妻子王万珍一同去山上看耗，即看野猪，留下童养媳李成茂在家照顾几个孩子。夫妻俩在土地里搭一个简易窝棚，把梆子挂在窝棚门上，通过大声打锣与敲梆子欲把野猪吓走，两人轮流在土地里行走、查看，一整宿都不睡觉。等到快要天亮时，白文彦便采摘一些苞谷在地里烤着吃，吃完以后便又开始下地干农活，扯田埂上的草，等到晚上又继续看耗。白家人生一盆火，野猪闻到烟火味便不敢到地里偷吃粮食，但是一旦烟火熄灭，野猪就又跑到土地里偷吃，于是白文彦便大声地吼耗，从而将野猪吓跑。如果不看耗，一晚上约十来只野猪来到白家地里偷吃，一亩地的粮食在一个晚上便被其吃光。后来白家孩子们长大以后，有时分别在三块土地上搭建三个窝棚看野猪，家长白文彦单独看守一块土地，内当家王万珍与长媳李成茂共同看守一块土地，长子白焕光与三子白焕华则看守另外一块土地。

（四）捉拿保长白文鹏

保长白文鹏曾将土地强行出售给白文彦家，但"田地房屋十八反，二十四个不要脸"，保长三天两头到白家来蹭吃蹭喝，让白家给他购买鸦片吸食。有一年腊月快要过年时，因为保长白文鹏未将向老百姓征收的税款上交，而是私自挪用，最终被他人告发，于是昭化[②]的部队奉命捉拿保长白文鹏，当得知保长藏匿在白文彦家之后，部队便找了几个混混带路前来望狮山，来白文彦家活捉保长，保长听到风声以后便迅速离开，仅将办公文案留在白家。

白家的各个房间是使用木棒暂时夹住，没有正式的房门作为防卫，当晚部队十几个人首先举着枪将白家团团围住，知晓部队人马只找当家人，不会轻易伤害孩子，内当家王万珍便使眼色让家长白文彦出去找一些木叶给大家生一团火烤，于是白文彦便趁机从家逃跑到山林里。部队人马本来使用绳子将王万珍绑在柱子上，但捆绑得不甚紧密，于是她趁大家不注意，悄悄挣脱绳索后从后门逃跑。当时大儿子白焕光外出读私塾，次子白焕明干抱给白氏族人白文李家，唯独剩下其他几个孩子在家，两个童养媳以及其余几个孩子们全都被吓呆了，不知道到底发生了什么事情，互相拥抱着躲在被窝里哭泣。

随后部队人马便在白家煮饭吃，由于白家刚宰了猪，家中储备了几斤猪油，内当家王万

---

① 看耗：指夜晚看守野生动物以防止庄稼被破坏。
② 昭化：今广元市昭化区。

珍为过年还准备了几大盆凉粉、杂面,他们便使用这些材料煮了几大锅饭,有些人静静吃饭,有些则去寻找保长与白文彦,但是因为天黑,根本找不到他们。由于没能捉到人,于是部队人马吃完饭以后便将白家一切值钱的物品包括蚕丝、丝帕、栓刀等全部抢光带走。白文彦与妻子看到这些人离开之后才回到家中,但白家囤积的过年用品被一抢而光,于是家长白文彦不得不又找他人借粮食。若告知族长抢劫人的姓名,族长也可为白家做主,但部队抢白家一事是由于捉拿保长而引起,因此白氏家族的族长也无法对此事进行管理。

(五)韩坡垭偶遇抢贼

有一年,白文彦在和他人一起去碧口镇贩口袋的途中,不幸在韩坡垭遇到抢贼,这些土匪专门躲在半山腰,抢劫来往于路上前去贩口袋与做生意的人。白文彦背粮食去碧口镇的路上一般不会遭到抢劫,等到将粮食贩卖赚到钱以后,土匪再出来抢钱。抢贼用枪指着白文彦及其同伴的头,之后土匪便把他们捆绑在树上,然后土匪把他们身上的钱全部搜出来拿走。因为土匪把白文彦等人捆绑的松紧程度有所不同,尤其是把有力气的小伙子例如白文彦死死地捆绑着,把年龄相对比较大的老汉①捆绑得松一点,等到土匪走后,这些老汉便想办法使劲挣脱绳索,再帮白文彦等青壮年人解掉绳索,回家时大家却已经一无所有。由于此事件发生在荒山野林之中,因此这种情况也无人可进行管理。

(六)施舍讨口子②

白家的经济条件在望狮山处于低下水平,但仍有讨口子偶尔来白家乞讨,内当家王万珍认为讨口子十分可怜,出于善心,她便会给讨口子适当施舍一些粮食,即便白家仅有三碗饭可供白家人食用,也会给讨口子施舍一碗饭食。若比白家更贫困的家庭向白家借用钱粮,白家人在家庭条件允许的情况下也会向对方施以援手。

四、家规家法

(一)默认家规及主要内容

白家有一定的默认家规,部分家规是家长白文彦与内当家王万珍告知家人,部分家规是在生产生活中自然而然形成的。对于这些默认规矩,白家全体成员均需要自觉遵守。

1.做饭及吃饭规矩

平时白家主要由内当家王万珍做饭,若王万珍到集市上经营小吃生意,便由童养媳李成茂做饭。家中每餐吃什么饭菜由内当家王万珍来决定,白家人把粮食看得很珍贵,因此白家妇女做饭时会提前进行规划,每个人食量为多少碗,因此一般不会有多余的饭食。

孩子尚且年幼时,内当家王万珍将饭食烹饪出来以后,首先给每个孩子舀一碗饭菜,让孩子端到街沿或者院坝中食用,剩余的饭菜再由家长白文彦与内当家王万珍一起食用。等到白家儿子们年龄稍微长大一点约5岁时,一般内当家给家长白文彦盛饭,然后使唤孩子们端到白文彦手中。之后白家制作了一个木柴桌子,内当家便将饭菜端到桌子上,大家一起食用,每个家庭成员的饭量不一样,能吃多少便舀多少,想吃何种菜品便夹该种菜品,不可在其中挑肥拣瘦。王万珍坐月子期间享有一定特权,可以吃得更好一点,白文彦会专门为妻子烹饪

---

① 老汉:此处意为年龄大的男性。
② 讨口子:指四处讨饭的乞丐。

白米饭。当有客人来白家做客时,内当家便给客人们煮一碗酸菜汤,若对方是贵客,白家人便再为其炒一碗肉,由家长白文彦陪同客人一起上桌吃饭。

白家大人们会教小孩子们一些关于吃饭的规矩,譬如"食不言",即吃饭期间应保持安静,不允许孩子们叽叽喳喳。若孩子们在吃饭期间一直说话,白文彦便会数落孩子,"好好吃你的饭!你哪里来这么多话?饭都遮不住你的嘴吗?"于是孩子们便感到十分害怕,立马端着饭碗走开。此外,白家人吃饭时必须将碗中的饭菜悉数吃尽,不能浪费粮食。

农忙季节,如果家长白文彦上坡干农活,中午无法回家吃饭,王万珍做好饭食后,便允许一个孩子在家随便食用一点饭菜,然后携带一罐酸菜汤与两个馍馍送到山坡地给白文彦食用。家长吃饭期间孩子便在山坡上玩耍,等到白文彦吃完饭以后,孩子又负责把盛饭菜的家什送回家。

白家刷碗洗锅的人属于轮流而非固定,一般谁有空洗碗便由谁洗,内当家安排谁洗碗便由谁洗。农忙期间,其他成员们都上坡干活,内当家王万珍在家做饭,吃完饭后通常也由王万珍负责刷碗洗锅。农闲期间,内当家外出做生意不在家,便由孩子们洗锅,白家的男孩与女孩都可以刷碗洗锅。

2.座位规矩

在日常座位方面,冬日烤火取暖时,家长白文彦的座位是固定位置,该座位不但遮风,而且便于抽烟,其他家庭成员只要看见白文彦走过来,立马将座位给他让出来。

长子白焕光成婚宴请宾客时,餐桌座位具有主次之分,划分为上半位与下半位,由白家所请知客[1]安排,共有三张餐桌,无主桌与客桌之分,根据如何摆放桌子来具体判断上座与下座,三张桌子的上方均属于上席,一般以紧邻堂屋门的位置方向为上座。

同时也具有陪客与主客之分,白家近三代的姻亲们等均为主客,他们通常被安排在上座,等到大家全都上桌以后,再划分左右。在为白家本家亲戚安排座位时,一按辈分,二依年龄,辈分高、年龄大的人通常坐上席,而年龄虽大,但辈分却小的人则无法坐上席,因此坐上席之人的辈分一定比下席之人的辈分大,而左右横席则可以随意入座。当白家的街坊邻居们落座时,则是以街坊邻居的辈分安排座次。

长子白焕光结婚之时,白文彦邀请白泽沛大爷出席,因白文彦称呼沛大爷为爸爸,他的辈分高、年龄大,且属于大爷,因此首先将他安排在上半位,然后再安排妻子王万珍娘家中有出息的亲戚陪同沛大爷入座。

当客人中同时有多类亲戚时,"奶奶的外家[2]"即白文彦已故母亲的娘家为最大,其次是"老外家",即妻子王万珍的娘家,再次是"小外家",即白焕光之妻李成茂的娘家。如果主客多,则遵从"客让客"的原则。

3.请示规矩

白家在生产生活及外界交往过程中,均需要或多或少地向家长白文彦进行请示,但所有请示均属于简单的口头请示汇报。

在生产活动方面,对于白家土地的经营管理,由家长白文彦做主。白家全年的农业生产

---

[1] 知客:帮助主家招待宾客之人。
[2] 外家:此处表示娘家。

与种植计划，包括从事农业耕作过程中种植何种农作物，分别种植多少面积苞谷与麦子，怎样耕地、犁地、背粪、点苞谷、薅草、收割粮食，以及各项农业生产环节中白家成员们如何分工，家庭农具与耕牛的使用及借用，与邻换工等事宜均由当家人白文彦安排。内当家万珍从事小吃生意之前也曾请示家长白文彦。

在家庭生活方面，白家每顿餐食制作何类饭菜、何时为家人缝制新衣，以及由谁来制作、购买简单日用物品等由内当家王万珍决定即可，无须请示家长白文彦，但家中小孩上学一事则必须由白文彦安排。

在外界交往中，白家成员们上街赶集、到土地庙烧香、外出走亲访友、外出观看舞狮等需要请示家长白文彦，一般结交朋无须请示白文彦，但白文彦知晓长子白焕光结交滥友时，则明令禁止长子外出。白焕光参加五行袍哥组织时，也曾事先请示白文彦，经过当家人同意后方可参加。

4.请客规矩

（1）买地修房需宴请

在生产活动中，白家购买土地时曾专门宴请证人、代笔先生及地邻。当修建房屋上梁时，白家曾宴请木匠及其徒弟、道士先生、来白家帮忙的邻居以及少部分亲戚。此类宴请活动属于小型宴请，均由家长白文彦出面邀请。

（2）长子成婚宴宾客

生活方面，白家仅因长子白焕光成婚一事大型宴请宾客。由于白文彦曾过继到大户白泽沛家，于是由白文彦亲自到沛大爷家上门邀请。对于奶奶与母亲的娘家客人，也需要白文彦亲自登门邀请，携带一斤酒到对方家，该家中有一个头目人，他便邀请亲戚们到自己家，让大家与白文彦共饮一杯酒，并告知他们，白文彦家某某时候家中过事。在邀请奶奶以及母亲的娘家客人时，则由准新郎白焕光亲自上门邀请。而对于街坊邻居、朋友，白家不需要特意上门邀请，因为白家人已提前找他们前来帮忙。

白焕光与李成茂两夫妻举办婚宴之前，由家长白文彦出面向他人借锅碗瓢盆，提前几天给邻居家打招呼，白家某某期限过事①，他们除日常吃饭所用以外家中剩余有多少碗，借予白家。同样地，向邻居借桌椅板凳亦是如此。明天白家举办婚宴，今天提前找四至五个邻居来家里帮忙，邀请临近的妇女来家帮忙做饭，包括煮珍珍饭、做菜与擀面等。举办正席时，白家使用七大碗待客，由邻居中会做厨的人负责掌勺，白家首先拿出一定数量的粮食、肉类、蔬菜等，然后由厨师来进行合理安排，既能保证大家吃好，又不能浪费粮食。由于白家的土院坝不足以摆放多张桌子，于是在门前铲出一块平地，将三张桌子挤着摆放，每张席桌坐八人，三张桌子共坐满二十四人以后便可以逐渐开席。

白家作为主人，宴请时会在每个桌子安排一个能说会道、擅饮酒之人作为陪客，让陪客必须把"客人陪好了"，照顾客人们吃饱喝好。陪客需要负责给大家夹菜斟酒，"上席辗碗，下席撤碗"，将菜碗统一摆成一个花样，还需注意空碗应当如何摆放。近三代的姻亲对于白家而言属于贵客，白家人会邀请贵客陪同贵客。

在宴席正式开始之前，白家首先请知客发言，"今天是白家的红事日子，白焕光与李成茂

---

① 过事：即举办红白喜事。

成婚配对",主持夫妻二人拜堂,这一活动结束后,白家便命人给各个席桌上菜,即准备开席。由知客邀请白家的客人们上席,每张桌子坐八人,其中有一个头目人,即落座于白家上席之人,他指挥大家夹菜即开席,坐下席之人才敢动筷子,一般情况下上第一碗菜便可以开席。然后给每个人盛一小碗饭,将饭吃完以后可以继续盛饭,但至多仅允许盛三碗饭。散席时,当全桌人均吃完饭菜以后才能一起下席。白家实行轮流坐席,这一批人吃完下桌以后,帮忙的人便将碗收拾回厨房清洗干净以后,又摆放好菜品端上桌,另一批人可以上桌吃饭,依旧使用上一批人所使用过的筷子,还有盛黄酒的涮碗杯。

5.制衣洗衣的规矩

白家全家人的衣服均由内当家王万珍制做,李成茂的针线活不太好,即便其与白焕光成婚以后,白焕光的衣服仍然由母亲王万珍制做。就清洗衣物而言,白家人的衣物有时由妇女清洗,有时由家中个人清洗。长子白焕光成婚以后,衣物主要由妻子李成茂负责清洗,李成茂比较空闲时,还会为公公的白文彦以及婆婆王万珍清洗衣物。夏季时,天气炎热,白家男女们也可以自己到水沟旁使用皂角或地灰清洗自己的衣物,在水沟旁放置一张石板,使用脚踩踏衣物或者用木棒敲打衣物,洗净后将其置于阳光之下曝晒,晾干后白家人又立马将其穿在身上。冬季天气寒冷,白家妇女通常会烧一锅热水用于洗衣,将衣物浸泡在脚奎①里清洗。晚上烤火时,内当家王万珍有时发现孩子们的衣服太脏,便让孩子将衣服脱下来,使用热水洗净后,当场使用大火烘干,第二天又让孩子将衣服穿上。

(二)家庭禁忌

1.一年忌多雾

端午节规定不能下地干活,若当天白家下地薅草,此后不仅粮食会被野猪偷,还会导致粮食被虫子钻芯,甚至不能上山放牛,于是白家人通常会提前一天将草割回家,直到下午四点才允许上山动土。

此外,白家所在的当地有忌雾这一风俗,忌雾包括病痛雾、春雾、鸟雾等多种类型。白氏家族规定忌雾期间禁止动土,派族人四处巡逻,若白氏族人发现谁家动土,便会对那一家人罚款,因此白家人此时会在家做一些轻松活,不会下地干农活。忌雾的类型之一是忌病痛,若白家人在忌病痛雾时动土,那么便会导致白家人身体抱恙,全年多病痛。还有一种类型是鸟雾,白家必须忌所有的飞禽走兽,此时白家人也不会下地干农活。白家人于忌春雾期间,也不允许干农活与推磨,若白家此时下地薅草或推磨,便可能导致当年雨水少,其他家庭发现后会举报此种行为,此时白家人便会被带到祖先堂,族人会告诉白家人,若当地之后未下雨,便会找白家人对其负责,族长还会向白家人征收罚款。

2.生病忌症

白家人生病时需要忌症,主要表现为生病期间需忌门,规定陌生人勿进,否则将导致白家生病之人病情愈加严重。大年三十夜的早晨,白家人不允许坐在家门口,否则会长坐板疮。此外,白家人在正月期间不能扫地,因为扫地会导致这一年份的风力大,最终将即将成熟的庄稼吹倒在地。

---

① 脚奎:即洗脚盆。

(三)白氏族训与族规

一方面白氏一直坚持以诚、信、忠、义、敦、亲、睦、邻、礼、孝、友谊、奉献、和平为族训,具体表现为"创业艰苦,勤劳简朴;力学为先,读书为本"等治家箴言、"养子莫溺爱,娇宠必惯坏"等教子谚语,以及"百善孝为先"等具体白氏家族训则。另一方面白氏家族拥有成文族规,由族长与各户家长包括白文彦所商议后订立,白文彦可以就某些族规提出个人建议,族规经族人一致通过后便将其粘贴在白氏祖先堂之中,族人们按其执行,同时族长当场声明会对犯法之人做如何处置,对族人实行肉体责罚与经济处罚相结合,若家庭拿不出足够的钱与物品,族长便命其到祖坟地给先祖们烧一定数量的香蜡纸。

白文彦在祖先堂开完家族会议以后,便回家向白家成员介绍族规制度,白家人到祖先堂祭拜祖先时也要族规,主要内容包括爱护祖坟地与坟墓、爱护父母与家族间的长辈、保护祖先堂、"良民该保,贼盗该除"、严禁未婚生子、忌雾等一系列内容。白文彦警告白家人勿犯这些错误,若白家孩子犯错,不仅孩子会遭受惩罚,由于父母未将族规给孩子交代清楚,于是父母也会遭到家族的相应处罚。总体而言,白氏族规与白家默认家规相互融合与统一。

白氏族长一般仅管理祖坟地是否被乱砍乱伐、族人过继与过房、招上门女婿、各个房分中是否有人忤逆不孝、族人中是否出现偷盗之人,以及女性是否守贞操等事宜,白文彦过房与次子白焕明干抱等事宜皆由族长主持、白氏族人共同见证,对于白家买卖土地、夫妻间发生小争执等琐事则由家长白文彦管理,族长一般不会介入。

五、奖励惩罚

(一)口头表扬

当白家成员在生产生活上表现较好时,家长白文彦感到非常高兴,会口头表扬孩子,"今天你真能干,知道务农了,捡这么多柴和猪草!"孩子对此亦表示十分开心,此时白文彦会进一步激励孩子,你以后继续这样干,必定有吃有喝!有穿有戴!白文彦此举也同时对白家其他孩子们起到激励作用,孩子们干活时变得更加具有积极主动性,从而带动整个白家的发展氛围。

(二)家长惩罚孩子

在白家,孩子们犯错误后,通常由家长白文彦惩罚儿子,内当家王万珍惩罚女儿与童养媳。童养媳李成茂洗碗时,有时不小心将碗摔坏,于是王万珍便会轻轻拍打李成茂几下,以示惩罚。同时白家长子白焕光也可以适当教育兄弟们,并代替家长白文彦去向其他家庭赔礼道歉。而外人则不可介入白家惩罚孩子这一家事之中。

白文彦不会随意打孩子,当儿子们犯小错误时,白文彦有时只会瞪孩子一眼,有时会黑着脸警告孩子,"下回再被我发现你这样干,可能是你的背痒痒了,想挨打!"孩子们便感到十分害怕,开始反省自己所做的错事。在山坡地干农活时,孩子们偷奸要滑,未将家长白文彦分配的任务干好,白文彦会让孩子重新返工。有时家长白文彦给孩子们安排活干,但孩子们并未行动,白文彦便会黑着脸指责孩子,"今天我给你安排的事情你为什么没干?"。若孩子们犯原则性的错误时,或者很多小错误累积起来之后,白文彦则会重打重罚孩子,并指出孩子前几次所犯的错误。

长子白焕光为人比较机灵,知晓自己犯错误后,便主动去向父亲白文彦认错,并保证下次不会犯同样错误,因此白文彦一般不会打白焕光。

而白家三子白焕华小时候比较调皮。有一次,白焕华与附近一个小名为牛娃子的孩子玩耍时,白焕华射箭玩,却一不小心将弓箭射到牛娃子的光头上,牛娃子立马血流不止,变成了血人。夜晚时分,牛娃子的父母便带上孩子找上白家门来,白文彦作为家长立马给对方赔礼道歉,并支付医疗费用。而白焕华一听见他们来,马上就跑到山崖上藏起来,后来白焕华回家以后,作为父亲的白文彦马上拉着儿子就开始打,将孩子的整个屁股打开花。作为母亲的王万珍在一旁也不敢为孩子求情,只能默默容忍白文彦责罚孩子。

白文彦严禁孩子们做偷鸡摸狗的事情。有一次,三子白焕华出去玩耍回家时,看见路边的苞谷已经成熟,便顺手掰了一个他人家的苞谷,准备回家烧苞谷吃,结果被白文彦看到后欲将儿子打骂一番,白焕华见状撒腿就跑,白文彦没有去追赶他。夜晚烤火时,白文彦故意让三子拿点儿柴草来生火,当白焕华将柴草拿过来以后,白文彦一把抓住儿子的脖子就开始打。

当三子白焕华偷拿别人家的东西被白文彦责罚后,感到心服口服,认为父亲白文彦教育自己的行为是正确的,其他家庭的孩子偷拿别人家的东西反倒被父母夸奖的教育方式是错误的,此类父亲是最坏的父亲。

六、白族公共事务多

白氏家族于每年的清明节会举办大型祭祀活动,即做清明会,但清明会又划分为清明大会与清明小会。清明会当天,白文彦与白氏族人们首先需要到祖坟地祭祀先祖,给祖先们扫墓、烧香等。当举办清明大会时,仅允许白氏男性族人参加,白家的成年男性白文彦与未成年的儿子们皆可参加。而在瓮家坝举办清明小会时,男女皆可参加,白文彦的妻子王万珍便可以在此处去吃清明会。

白氏家族拥有多达几十亩的白族集体土地,又称之为会地。当下一年轮到白文彦家担任清明会会首,便由白文彦一家人在清明会举行的前一年便开始负责耕作本族会地,并以耕作会地的粮食收入作为筹办清明会的全部来源,不需各房分摊派费用,办一次清明会大概需要一整头猪,若经营得好,白文彦家可以稍微结余一些钱,若经营得不好,即便白文彦家亏本也依然必须把清明会做下去。此前族长会统计参加清明会人数,共需要多少馍馍、肉、酒,然后给白文彦家安排任务,为每位参会人员准备一个一斤二两的大馍馍、半斤肉、两碗黄酒以及二两清酒。清明会召开当天便由白氏族长点名来给每个人分配食物,盛几盆饭菜置于祖先堂的桌子上,大家一起夹着吃。

白氏家族翻修祖先堂时,首先将此事交给专人负责,不需要各个小家庭出劳役,最终安排房分摊派翻修费用即可,白文彦便为其摊派了一定的费用,同时还曾筹款维修祖坟地。

当白氏家族里出现比较会读书的孩子,但是他的家境比较贫穷,由于家族望子成龙,白文彦等族人们都希望家族出几个顶天立地的人才,于是白文彦便在族长的组织下,与族人们捐赠出一定数量的钱,共同出资送该孩子上学。白文彦与族人们聚集到白氏祖先堂,告诉该孩子,每个房分的何人给他捐赠多少钱,并叮嘱这个孩子,以后即便为官也必定不能当贪官,应当做一位清官。若白氏族人们发现他以后变成了贪官,不仅需要将族人们所捐钱悉数归还,还会对其进行罚款。

七、家户纵向关系

（一）白焕光入五行袍哥

白家所在当地有一个五行袍哥组织，奉行"仁义礼智信"等五行，该组织一年召开一次圣人会即五月十三关圣人磨刀，向关圣人求雨，若五月十三未下雨，那么六月六就会下雨，六月六当天便无法晒袍①。加入袍哥组织虽没有任何身份条件，但除小老幺以外的参会成员均需要捐钱，同时也需要承担一定的责任。圣人会通常依据捐款股份多少，以及个人能力给每个人划分职位与工作，包括红旗官司与黑旗官司、场头与乡约等，家中有钱有势、田地比较多之人通常被划分为大爷，家族便会对此表示认可，当发生土地边界纠纷时，往往找大爷前来做主解决，白文彦曾过房的父亲白泽沛便被称为沛大爷。

白家长子白焕光在家长白文彦的许可下曾在木鱼镇兴寺福加入五行袍哥组织，但这是以其个人名义而非整个白家的名义参加。袍哥组织在寺庙里悬挂了七把刀，白焕光入会时便跪下来发誓，"上座是关圣人，下座弟子是白焕光，我如果在大哥、二哥面前三心二意，五尺钢炮打当心，一刀划到屁股门"，最终白焕光因年龄小被划分为小老幺，既不需要捐钱，也不拥有任何职权，但可以免费吃会，白焕光还曾带白家三子白焕华与其一起前去吃过一次会。

（二）白家与保甲

保、甲均是按照地域进行划分，白氏在当地虽属于主要姓氏，但保甲中也夹杂了其他姓氏之人，属于杂姓混居。白家系骑马乡瓮家坝保望狮山，瓮家坝保约有三百户人，由白文鹏担任保长，主要掌管保里的征兵、拉壮丁事宜。而白家所在的望狮山仅有近二十户人，由白培兴担任甲长，甲长主要管理本甲的征税收款事宜，通常由甲长白培兴亲自到白家征收皇粮国税后再交给保长白文鹏，保长再转交给乡长李自由。白家买卖土地后无须到保、甲长处过户，而是直接到县政府制作地契。当有外保甲甚至外乡的亲戚来到白家时，无须主动向保、甲长报告，保、甲长亦不会开口询问此事。

总体而言，白家与保长白文鹏之间私下渊源颇深，一方面同属于白氏族人，另一方面，保长曾强迫白家当家人白文彦购买他的土地，即便购买土地过程中两人曾同去平武县政府印约，白文彦手中拥有地契在手，最终白文鹏家庭破败以后还是经常到白家耍赖，向白文彦索要过年钱粮。后来白家更因部队上山前来捉拿白文鹏一事而损失惨重。

（三）白家与乡长李自由

骑马乡拥有乡公所，除乡长李自由平日在此办公以外，一般因未交齐税款而被抓之人以及所拉壮丁都被关押至骑马乡公所。白文彦曾因未交皇粮国税被乡长李自由关进乡公所，乡长派一个人专门看守，当白家把应交的款项交齐以后，乡公所掌管钥匙之人才打开房门将白文彦放出来。

有一年，骑马乡乡长李自由在全乡范围内征收猪厘金，每个家户但凡宰杀一头年猪，腊月便需要向乡长上交七斤猪肉，而且必须上交肥肉，不允许上交瘦肉，此外还需要额外上交二两猪毛。当白家宰杀年猪以后，甲长白培兴便到白家将猪肉与猪毛收走以后交给保长白文鹏，各个保长再将全保范围内所收到的猪毛及猪肉一并转交给乡长李自由，然后乡长再请几

---

① 晒袍：即晒衣服。

个人将其背到外地贩卖以赚钱。

除此之外，乡长李自由将房屋修建在木鱼镇坝，乡长欲骑马、坐轿，但苦于道路不通，于是乡长李自由便向每个保、甲分派劳役为其修路，保、甲长再通知各个家庭派一个主要劳动力前去，白家当家人白文彦曾出过劳役，携带家中的草锄为乡长李自由修过两天路。

八、村庄龙洞取水

当发生自然灾害时，如遇干旱时节，白文彦便与望狮山的其他家户们联合组织龙会以共同抵御天灾，一起参拜龙王老爷。但当地并无龙王庙，而距望狮山十分遥远的深山老林中才有一座龙王庙，约三十至四十里路程，大家便一同组织起来前去龙洞取水。由端工主持，使用纸编织成一条龙，行进途中白文彦等望狮山众人一边走一边跳，至龙洞后便给龙王烧香、烧纸，祈求龙王老爷保佑望狮山风调雨顺，再使用一些罐子去接取龙洞中石柱上滴下来的水滴，之后白文彦等人从龙洞出来后将水滴洒向大地，使得水分蒸发至天空，再将锣鼓敲打几下，天便开始下雨。

九、国家事务

（一）"做庄稼要完粮①"

白家人时常道，"做庄稼要完粮，做生意要帮行"，家中每年须向国家上交皇粮与国税两大部分。其中交纳约八十斤皇粮，按照白家自有土地计算应纳税额，而不按照实际耕作土地的数量进行计算，白家所租佃的土地仍然是由原来的土地拥有者而非白家完粮。此外，白家每年大概还需要交纳五十块钱国税，并非按照白家家庭人口总数进行计算，而是按照家庭贫富程度进行计算，富裕家庭一般需要缴纳更多的税款，贫穷家庭的皇粮国税可适当减、免、缓，有时可以分文不交。有一年白家年景十分差，且出现人祸，便完全被减免了国税。

无论家长白文彦是否在家，甲长会提前给白家发一张皇粮国税征收单，上面写着应交数额与上交日期，等到家长白文彦回家后，有文化的长子白焕光便将税收征收单上的内容读给白文彦听，此后白文彦便开始着手筹备。白家上交皇粮国税时，可适当延期十天，但一般在推迟的十天范围内必须交齐。有时甲长会携带账本到各家各户征收皇粮国税，因为账本上记录着每家应交税收与实交税收数额，比如白家应交二十块钱税收，甲长会向白家征收二十二块钱，然后甲长一般会在税收中扣除自己奔波劳累一天的零工费，再将剩余的资金转交给保长。有时甲长派狗腿子带着账本来白家收款，此时白家人不只需要交款费，还需要向狗腿子付当天的人工费，要是家里没钱也要拿出一些粮食交给他们。收获粮食后，白家人便背一升或两升粮食去场镇街上出售以换取钱上交。当到达上交国税的最后期限，白家依然无资金，有时也会找邻居借钱交税。

某一年，甲长白培兴知晓白家的粮食迎来大丰收，于是甲长主动到白家找当家人白文彦催收一至两次税款，可白家因事务繁忙，来不及贩卖粮食以换取钱，因此迟迟未上交税收。有一天发现白文彦到骑马乡场镇赶集时，乡长李自由便派人立马将其抓起来关进乡公所，白家什么时候交钱便什么时候放人。当上街赶集的邻居看到白文彦被抓起来后便立马带信给白

---

① 完粮：此处表示上交税收。

540

家内当家王万珍,告知白文彦已被关进乡公所,需要准备多少钱才会放人。但由于白家亲戚们比较贫穷,且某些亲戚与白家相距较远,于是王万珍便找有一定积蓄资金的邻居借钱,最终凑足税收上交给乡长李自由,实行"钱到人回",此时乡公所才将家长白文彦放出来。

(二)大爷庇护未拉壮丁

白文彦共育有三个儿子,长子白焕光与次子白焕明正值青春年少之际,因此白文彦十分担心儿子们被拉壮丁,恰巧白文彦曾短暂过继的同族大户白泽沛属于当地拥有权势的大爷。一方面,白家积极上交壮丁费;另一方面,家长白文彦时常巴结白泽沛大爷,有时于农忙时节去帮沛大爷家干农活,有时主动给沛大爷家赠送木柴,并拜托沛大爷提前就白家抓壮丁一事向保长白文鹏打点,让他们尽量不要在白文彦家拉壮丁,最终在沛大爷的庇护下,白家人都未曾被拉过壮丁。

(三)任命有能力之人为保甲长

白家所在瓮家坝的保甲长均通过任命而非由白文彦等村民集体选举产生。其中,瓮家坝保长白文鹏由骑马乡乡长李自由任命产生,乡长瞧得起白文鹏,认为他不仅家庭条件好,且个人能力强,便直接任命他担任瓮家坝保长。此后,保长白文鹏又任命有能力、能说会道且在本地具有一定威望之人担任甲长,白家所在望狮山的甲长白培兴便是由保长白文鹏任命产生。

调查小记

就个人而言，初识家户制度调查时思绪尚且凌乱，完全按照提纲一字一句询问，而此次的家户调查则相对更加清晰明了。最初寒假尝试寻找了两位老人，但结果却不尽如人意，有幸在机缘巧合之下遇见白爷爷，老人十分配合，便尝试访谈了一些基础问题，最终确定以明白老人为此次主要调研对象。

每天从早到晚的访谈，老人十分耐心地回答我的每一个问题，由初期的渴望了解白家的每一项制度，渴望知晓每一个属于白家的故事案例，到访谈中期自己也出现了一丝浮躁。其一在于老人现居住于场镇街边，每天坐在嘈杂的街边访谈，来往车辆与行人过多，因此干扰因素较多；其二在于老人的妻子不太配合我的工作，且天气较寒冷，访问过程中自己的身体与老人的身体都有一些吃不消。幸而后来搬去了老人家相对安静的客厅之中访谈，老人的妻子之后也因为老人的坚持，以及我个人热情的态度而逐渐对访谈一事有所改观，最终转为支持我的工作，考虑如何御寒等因素每天主动为我们生火，因此非常幸运地完成了此次家户制度访谈。

相比于暑假所调研的外地逃生而来的中户家庭，对此次具有名门望族底蕴的百年老户白家而言，不仅内外关系丰富，故事也跌宕起伏。白家曾一度陷入人去楼空的绝境，竟又绝处逢生。从空无一人到人丁兴旺，由家长一个主要劳动力养育多个幼儿，当逐渐度过家庭瓶颈期，儿女逐渐长大，举全家之力才使得境况有所好转。虽白家人称"有男州而无女县"，但自己还是深切感受到内当家王万珍的机智过人之处，在白家的重大转折点中发挥的重要作用。白家曾遇到过许多曲折，但家长白文彦始终秉持和气生财、忍字更比饶字高的家户意识，遇保长多次侵扰，以及遇地邻侵犯疆界时，白家考虑到家庭势力暂时较弱，以忍让的方式处理，而未以扩大冲突的方式解决，细细想来，倒也不失为一种保全整个家庭的方式。白氏先祖屡立战功被封赏、白文彦购他妇作妻、部队来白家捉拿保长、外出贩口袋被抢劫、外出龙洞取水……每一个画面似乎都在我的脑海里跳动，并最终在两月有余的时间里绘制出一幅属于白氏家户的报告画卷。

2018年1月开始调研，6月完成报告写作，在此我想表达多份感激之情：首先，感谢中国农村研究院给予我此次进行家户调研的机会，感谢徐勇老师、邓大才老师的鼓励和教诲，感谢黄振华老师的辛勤指导，感谢母亲杨伯琼女士为我联系老人，感谢白培国叔叔提供的白氏家谱作为调研以及写作参考，最最感谢的是白焕华老人不厌其烦的讲述。

附录　调查图片

1 杨秀兰家

受访者杨秀兰

杨秀兰家房屋

2 谢运昌家

调研员与受访者谢运昌合照

谢运昌家门楼

3 张立祥家

受访者张立祥

受访者家房屋照片

4 王英庆家

受访者王英庆

受访者加房屋正门

5 刘希普家

受访者刘希普

6 白焕华家

受访者白焕华

受访者房屋照

后　记

　　2016年年末,在徐勇教授和邓大才教授的主持下,作为华中师范大学中国农村研究院的"世纪工程"之一——"家户制度调查"顺利启动。"家户制度调查"以家户制度为核心,以家户关系为重点,对1949年以前的传统典型家户进行全面深入的调查,其内容涵盖家户的由来与特性、家户经济制度、家户社会制度、家户文化制度、家户治理制度等诸多方面。调查者通过对传统时期典型家户的当事人进行系统访谈,搜集了大量详实、第一手的文献资料、访谈资料、录音资料和图片资料,并在此基础上完成家户制度调查报告。本卷从调查员所撰写的家户调查报告中择优选择5篇编辑而成,力求以平实客观的文风、原汁原味的笔触还原传统时期典型家户的运行与变迁。

　　2017年1月,"家户制度调查"开始试调查,同年7月,"家户制度调查"项目全面启动。两批共二百余位调查员分赴全国各地,实地采访仍然健在的传统典型家户的亲历者;大量搜集有关典型家户的各类家谱、族谱、账本等文字文本资料;走进乡镇、县市政府档案部门搜集查找典型家户相关资料;整理和撰写家户调查报告……正是调查员们前期深入的调查,中期不厌其烦的整理,后期认真仔细的写作,使本卷能收录到质量极高的调查报告。在此,感谢各位调查员认真负责的态度、吃苦耐劳的精神,以及对学术孜孜不倦的追求。

　　本卷的问世首先要感谢接受访谈的薄凤兰、邓守德、谢运昌、王英庆、刘希普等诸位老人。同时还要感谢为家户制度调查员提供帮助和便利的河口区、雁塔区、博兴县、招远市、淮滨县、诸城市、青川县等市县的朋友们。感谢邓安树先生和陈树红女士对调研员王晓琳在寻找调研对象以及调研过程中的帮助与照顾;感谢薄凤兰老人、邓守德老人对调研员家户访谈的支持与配合;感谢西安市雁塔区丁家村赵存忍先生对调研员赵雯在调研对象选取上的建议,以及对调研员生活上的照顾,感谢谢运昌老人的精彩讲述;感谢博兴县兴福镇张立祥、张立新两位老人及其家人对调研员李灿在选择调研对象和调研过程中给予的帮助、关心和支持;感谢招远市辛庄东北村王英庆老人及其家人对调研员王顺平在家户制度访谈过程中的热情帮助与大力支持;感谢信阳市淮滨县项营村刘永飞对调研员刘冬旭在甄选调研对象与调研过程中的支持与帮助,感谢刘希普老人的讲述。这些提供支持和帮助者有各市、县的领导干部,也有调查员的亲友,正是在他们的支持和帮助下,我们的调查员才得以顺利完成调查并撰写出高质量的调查报告。

　　本卷得以顺利付梓,最为重要也是最要感谢的是徐勇教授和邓大才教授的倾力贡献。他们前瞻性、创造性地开拓了"家户制度调查"这一重大调查领域,并持续推动着家户调查工作的开展。为了打造这一"学术三峡工程",徐勇教授和邓大才教授不辞辛苦、孜孜以求,为本卷内容的构思、写作、编排、出版倾注了极大的心血。从调查前的理论指导到调查提纲的设计修改,从调查培训到调研指导,从报告撰写再到报告定稿出版,两位老师全力支持、全程参与、全心投入。正是两位老师倾注的心血,才能使得本卷得以保质保量地完成。

本卷收录了6位调查员的家户调查报告:一是王晓琳的《稳和相聚:凝力共筑中户生存路》,二是赵雯的《幼子当家:农耕小户的自强》,三是李灿的《自给独立:家内共商与外部帮扶》,四是王顺平的《叔嫂分治:以工辅农的经济大户治理》,五是刘冬旭的《小户糊口:循规蹈矩的家户传承》,六是刘娜的《内生外助:以副促耕的老户衰败与重振》。感谢华中师范大学中国农村研究院黄振华老师对家户报告出版的指导,同时感谢黄老师及张航、朱露、何婷对家户报告审核的倾力付出,正是他们卓有成效的工作,保证了调查报告的前期质量和水准。此外,还要感谢天津人民出版社王玲老师等对著作出版的大力支持与辛勤劳动。本卷的统稿、编辑与校对工作由朱露负责,内容核实与修改工作由各位报告的撰写者负责,在此表示感谢。

由于编者的水平有限,错漏之处难以避免,敬请专家、学者及读者批评指正,我们将在今后的编辑中不断改进和完善。

编者谨记